KB124553

경도 · 중등도 장애 학생을 위한

교수전략

Mary Anne Prater 저

김자경 · 최승숙 공역

Teaching Strategies
for Students with
Mild to Moderate Disabilities

학지사

역자 서문

최근 장애학생 집단의 다양성이 급격히 확대됨에 따라 특수교육 전문가는 각기 다른 장애를 지닌 학생들을 '그럼 어떻게 가르쳐야 하는가?' 하는 문제로 매일 고민하게 된다. 이 책은 '어떻게'의 문제에, 특히 경도 및 중등도 장애를 지닌 학생 지도와 관련하여 어느 정도 방향성을 제시해 줄 수 있는 내용으로 구성되어 있다. 특수교육 현장에서 정신지체, 학습장애, 정서·행동 장애와 같이 출현율이 높은 장애 유형의 학생들은 장애 특성에 따른 고유한 특성을 보이기도 하지만, 교육 전문가들은 이들을 지도하는 과정에서 교수방법 간 중첩되는 경향이 높음을 느끼게 된다. 또한 경도 및 중등도 장애학생의 경우 특수학교보다는 일반학교의 특수학급에서 부분적 교육지원을 받는 경우가 많기 때문에 특수교육 전문가는 양성과정에서 이들을 위한 학습적·정서적 지원 방법을 구체적으로 습득할 필요가 있다. 이 책에서는 특정 장애를 중심으로 구분하는 범주적 접근보다는 장애 정도에 따라 교수방법을 계획하는 비범주적 접근을 제시하고 있고, 적용되는 사례도 일반학급 혹은 특수학급을 배경으로 하고 있다.

이 책이 지니고 있는 기존 전공 관련 서적과의 또다른 차별성은 장애 특성에 관한 이론적 부분을 최소화하고 이들을 지도하기 위한 교수적 접근의 실제와 그와 관련된 철학적 배경을 제시하고 있다는 점이다. 또한 각 장마다 마지막 부분에 다양한 문화적 배경을 지닌 학생 지도를 위한 시사점을 제시하고 있는데,

이는 국내 다문화 학생의 급격한 증가에 따른 특수교육 전문가의 개별화된 교육적·정서적 지원의 필요성과 관련하여 이해될 수 있다.

책의 구성을 소개하면 1장과 2장은 장애 특성과 관련된 법적인 배경에 관한 정보를 제시하고 있고, 3장은 교육자의 협력적 관계 형성을 통한 향상된 교수적 접근, 4장은 경도 및 중등도 학생을 위한 행동과 교실관리 접근, 5장은 최근 국내 특수교육 분야 내에서 실질적인 준비가 요구되는 보조공학에 관하여 논의하고 있다. 6장은 이들을 위한 형식적·비형식적 사정체계에 관한 정보를 제시하고 있으며, 7~9장은 경도 및 중등도 학생을 위한 효과적인 교수적 접근 중 교사 주도적인 교수방법과 학생 주도적인 교수방법에 관한 정보를 제시하고 있다. 10장은 대상 학생들의 학습 능력 향상을 위한 실질적인 학습전략을 소개하고 있으며, 11~13장은 이들을 위한 읽기, 쓰기, 수학, 그 외 교과 영역의 구체적인 지도방법을 다루고 있다. 14장은 경도 및 중등도 학생의 사회적 특성을 평가하고 지도하기 위한 정보를 제시하고 있으며, 마지막 장은 이들의 성인 생활 준비를 위해 습득해야 하는 생활기술과 전환교육 접근에 대하여 논의하고 있다.

효율적인 번역 작업을 위해 1~7장은 최승숙 교수가, 8~14장은 김자경 교수가 맡아 진행하였으며, 전체 통일성을 위해 교차 확인 작업을 거쳤다. 최대한 내용을 이해하는 데 어려움이 없도록 노력하였으나 그럼에도 여전히 부족한 부분이 남아 있을 것이다.

미비한 부분에 대해서는 추후 지속적으로 수정해 나갈 것을 약속하며, 이에 대해서는 독자 여러분의 양해를 바란다.

좋은 책을 소개할 수 있는 기회를 주신 학지사 김진환 사장님과 더딘 작업과정을 기다려 주시고 전문적인 편집 능력과 조언으로 이 책을 만들어 주신 김경민 과장님께 깊은 감사를 드린다. 그리고 교정 작업에서 피드백을 해 준 강남대학교와 부산대학교의 예비 특수교사 및 특수교육 전문가들에게 사랑과 감사의 마음을 전한다.

이 책이 경도 및 중도 장애학생을 지도하고 계신 현장의 특수교육 전문가들과 대학의 예비 특수교사에게 유익한 정보를 제공하여 장애학생을 위한 양질의 특수교육 실현에 조금이나마 도움이 되기를 기대한다.

2011년 1월
역자 김자경, 최승숙

저자 서문

일곱 살 즈음 나는 책을 쓰기로 결심했다. 그 결심이 진지하게 행동으로 옮겨지기까지 40년의 시간이 걸렸고, 이 책은 내 어린 시절 큰 꿈의 결과다. 『경도·중등도 장애 학생을 위한 교수전략(Teaching Strategies for Students with Mild to Moderate Disabilities)』은 경도·중등도 장애를 가진 학생을 가르치는 예비 특수교사를 양성하는 학부와 대학원 과정생을 위해 집필되었다. 이 책은 특수한 교육적 요구를 가진 학생을 어떻게 가르치는지와 관련된 준비를 하는 사람에게 참고문헌의 역할도 할 수 있다.

이 책은 효과적인 학습자의 특성(1장)에 대한 기술로 시작하면서, 2장은 미국의 특수교육 법적 기반에 대해 설명한다. 1장과 2장은 이 책의 나머지 내용의 배경 정보를 제공한다. 3, 4, 5, 6장은 교실에서 효과적인 교수가 발생되기 위해 보조적이지만 꼭 필요한 기술을 다루고 있다. 3장은 특수교사에게 필요한 협력적 과정과 관련 기술의 개요를 제공한다. 성공적인 특수교사가 되기 위해 필수적인 행동수정과 조직적인 기술은 4장에 기술되어 있다. 5장은 개별 학생과 교실 안 교수에서의 기술 사용에 관해 다루고 있고, 6장은 학습에서의 사정 역할에 대해 살펴보고 있다.

7, 8, 9, 10장은 교수방법의 핵심을 담고 있다. 7장은 효과적인 교수 실행, 즉 명백한 교수를 통한 직접 교수에 대한 윤곽을 그리며 시작하고 있다. 8장은 일반적인 교육과정에 대한 사정에 초점을 맞추면서 경도·중등도 장애를 가진 학생을 위해 교수를 어떻게 차별화하고 편의를 제공할 것인지에 대해 설명한다. 9장은 협동학습, 또래교수, 자기관리를 통해 학생이 자신의 교수를 중재하도록 가르치는 데 초점을 두고 있다. 주의, 기억, 조직화, 시험, 노트 필기 전략과 같이 학습에 필요한 일반적인 전략이 10장에서 다루어지고 있다. 7, 8, 9, 10장에서 제시된 전략은 모든 교과 영역에서 효과적이다.

11장에서 15장까지는 읽기와 쓰기(11장), 수학(12장), 과학과 사회(13장), 사회적 유능성 사정과 교수(14장), 생활 기술(15장)을 포함한 특정 교육과정 영역을 다루고 있다. 각 장은 경도·중등도 장애를 가진 학생이 특정 교육과정 영역에서 겪을 수 있는 어려움, 모든 학생을 위해 전문적인 기관에 의해 조성된 기준, 교수를 위한 특정 전략에 대해 간단하게 논의한다. 15장은 학습, 직업, 삶, 여가를 포함하여 중등학교에서 중등학교 이후 삶으로의 전환에 초점을 맞춘다.

각 장에는 여러 가지 유익한 특징이 포함되어 있다. 독자가 해당되는 장을 읽는 동안 곰곰이 생각해 볼 수 있도록 독려하는 주요 개념과 질문 목록으로 시작한다. 각 장에는 다음과 같은 글상자가 제시되어 있다.

- **공학의 활용**(Technology Spotlight)은 논의된 주제와 관련하여 공학이 어떻게 적용될 수 있는지에 대한 추가 정보를 제공한다. 글상자에는 웹사이트, 보조공학 기기, 교사 도구 등이 기술되어 있다.

- **교실예시**(Classroom Example)는 다루어진 기술이 적용되는 학생과 교사의 예를 제공한다.
- **교사를 위한 정보**(Teacher Tip)는 교사에게 교수를 위한 구체적인 아이디어를 제공한다.
- **수업예시안**(Sample Lesson Plan)은 장애 학생을 가르치는 데 있어 명확하고 구체적인 지시사항을 제공한다.

각 장은 문화적으로 다양한 집단의 학생을 위한 시사점을 다루고 있다. 그리고 요약, 연습 문제, 활동, 특수아동협의회(Council for Exceptional Children: CEC) 기준으로 마무리하고 있다.

이 책을 저술하면서 나는 과학적으로 증명된 실제에 초점을 맞추어 왔다. 여기에 설명된 교수방법들은 경험적인 연구를 통해서 입증되어 온 것이다. 그러나 어떤 경우는 연구가 제한적으로 실시되었고 해당 주제에 관한 향후 연구가 실시되어야 하는 경우도 있다. 이러한 내용은 본문에 언급하였다. 경험적으로 입증되지 않은 현재 연구는 의도적으로 제외되었다. 자료의 대부분은 구성주의에 대한 관심과 함께 학습의 행동주의적 모델에 기초하고 있다. 13장은 학습의 다양한 이론에서 벗어나 사회적 유능성 교수를 다룬 장이다.

모든 연구 작업을 진행하면서 나에게 영향을 주고 도움을 준 사람들은 대단히 많지만, 여기에서는 그중 몇몇에게만 인사를 전하고자 한다. 나에게 언제나 말과 행동으로 지원해 주고 격려해 준 나의 스승이자 동료이자 친구인 Tom Sileo에게 감사하고, 놀랍도록 침착하고 전문적인 방식으로 이메일로 답문과 격려를 보내 준 Virginia Lanigan, 공동 집필한 나의 동료 Rhonda Black(14, 15장), Dave Edyburn(5장), Gordon Gibb(11장), Cecily Ornelles(14장), Garnett Smith(15장)에게 감사한다. 이들은 각자 자신들의 매우 귀중한 경험과 통찰력을 이 책에 더해 주었다. 특별히 각 장 공학의 활용 대부분을 제공해 준 Dave Edyburn에게 감사한다. 그리고 여러 장(8, 11, 12, 13장)을 공동 집필하고 10장의 공학의 활용을 제공했을 뿐만 아니라, 연구의 틀을 마련하고 보충 자료를 쓰고, 초안의 교정을 보고, 참고문헌을 확인하고, 저작권이 있는 자료를 처리하고 컴퓨터그래픽을 해 준 대학원생 Nari Carter에게 고마움을 표한다. 그녀가 내 옆에 없었더라면 나는 이 책을 끝내지 못했을 것이다. 또한 가치를 따질 수 없을 정도의 피드백과 제안을 해 준 Tamarah Ashton(University of California, Northridge), Debra Bauder(University of Louisville), Nettye Brazil(University of Louisville), Douglas Carothers (Florida Gulf Coast University), Laura Carpenter(Auburn University, Montgomery), Virginia Kennedy(California State University, Northridge), Suneeta Kercood(Butler University), Kalie Kossar(West Virginia University), Stephanie Kurtts(University of North Carolina, Greensboro), Mildred Lane(Duquesne University), Mei-Ling Li(Eastern Illinois University), Jacqueline Phillips(University of Hawaii), Candace Sawyer (University of Northern Iowa), Marcee Steele(University of North Carolina, Wilmington), Deborah Stewart (University of Louisville)에게 감사한다.

내가 경영이나 법을 공부해야 한다고 생각하셨음에도 특수교육자가 되려는 나의 결정을 늘 지지해 주시고, 내가 일곱 살 때 언젠가 책을 쓰겠다고 한 이후 단 한 번도 그 사실을 의심하지 않으셨던 나의 부모님 Herman Bates와 Barbara Mathis Prater께 이 책을 바친다.

Mary Anne Prater

차 례

01

학습자 특성

▶▶ 13

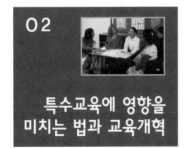

02

특수교육에 영향을
미치는 법과 교육개혁

▶▶ 35

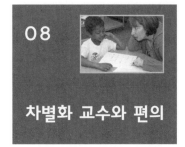

14

사회적 유능성
사정과 교수

▶▶ 399

15

생활 기술과 전환

▶▶ 431

01

학습자 특성

주요 개념

정의와 출현율

- 범주적 대 비범주적 장애
- 학습장애
- 정서행동장애
- 정신지체
- 주의력결핍 과잉행동장애
- 중복 진단

교수에 영향을 주는 특성

- 인지
- 학업
- 사회적 유능성
- 동기와 귀인

다양한 집단

- 사회경제적 및 가족 구성의 다양성
- 장애

 주요 질문

1. 특수교육 교수에 있어 범주적 접근과 비범주적 접근 간의 차이는 무엇인가?
2. 미국에서 특수한 교수를 요구하는 학생 수가 급격히 늘어난 이유는 무엇인가?
3. 경도·중등도 장애 학생은 공통적으로 어떤 학습 욕구를 가지고 있는가?

이 책이 교수 방법론에 관한 내용을 다룸에도 학습자의 특성을 정의하기 위해 이 장을 할애한 것에 대해 독자는 의문을 가질 수 있을 것이다. 이에 대한 근거는 세 가지다. 첫째, 다양한 학습 욕구를 가진 학생 수가 급격하게 증가하고 있다는 것이다. 확인된 장애 학생뿐만 아니라 자국의 언어를 배우고 있는 학생, 가정적 혹은 환경적 요소로 인한 학교 실패를 겪는 장애위험 학생도 특수한 학습 요구를 지니고 있다. 이러한 집단의 학생 비율이 증가하고 있는 시점에서 교사는 모든 유형의 다양한 학습자를 위해 준비되어 있어야 한다.

둘째, 교사가 학생에게 익숙해지기 위해서는 학생의 특수성에 대한 폭넓은 이해를 가져야 한다. 특수한 서비스를 받는 학생은 일반교육 체계에서 성공하지 못하고 있기 때문에 특수한 서비스가 적합하다. 이 장은 경도 · 중등도 장애 학생이 비장애 학생과 비교하여 어떠한 다른 특성을 지니고 있는지를 다루고 있다. 모든 유사한 토론과 마찬가지로 집단 내의 모든 개개인에게 본문에서 다룬 내용이 적용될 것으로 생각하고 진술하는 것은 위험하다. 이 책에서 진술된 내용은 일반적인 사실이라는 것을 명심해야 한다. 각각의 학생은 독특한 욕구와 특성을 가지고 있다. 교사는 개별 학생의 특성에 익숙해져야 한다.

셋째, 학습자의 특성을 정의하는 것은 연구자가 책에 제시되어 있는 방법과 전략을 개발하고 검증하는지의 이유와 이런 방법이 이 책에 포함된 배경 정보를 제공한다. 예를 들어, 장애 학생이 종종 기억에 어려움을 보인다는 사실을 아는 것은 기억증진 전략이 중요한 이유를 이해하도록 도와줄 것이다.

1장은 여러 부분으로 나뉘어 있다. 첫 부분에서는 각 장애로 판별된 학생의 출현율 혹은 대략적인 비율을 포함하여 장애 상태의 정의가 제시되어 있다. 또한 향후 미래에 대한 전망뿐만 아니라 정의와 관련된 몇 가지 논쟁점을 다룬다. 두 번째 부분은 교수에 영향을 주는 특정한 학습자 특성으로 구성된다.

이 책에서는 사람 우선 언어(person first language)가 사용되었다. '정신적으로 지체된' '정서적으로 불안한' 혹은 '학습에 장애가 있는'이라고 장애를 언급하기보다는 이런 집단을 정신지체, 정서장애 혹은 학습장애를 가진 개인, 학습자, 학생으로 표현하였다. 언어는 강력한 도구가 될 수 있다. 우리가 사용하는 어휘는 우리의 태도, 지각, 믿음, 가정을 반영한다. 사람 우선 언어는 정치적인 공정성을 뛰어넘고 장애보다는 개인에게 초점을 맞춘다. 사람 우선 언어의 사용은 우리로 하여금 모든 사람은 독특하며 어떤 능력이나 장애는 특성일 뿐 개개인을 규정해 주는 것이 아니라는 사실을 기억하도록 돕는다.

1. 정의와 출현율

미국에서는 학생이 장애인교육법(Individuals with Disabilities Education Act: IDEA)에서 제공하는 기준에 적합해야 특수교육을 받을 수 있다. 1975년에 처음으로 통과되고 1997년과 가장 최근인 2004년에 미의회에서 재인준된 장애인교육법은 어떤 사람이 특수교육 서비스를 받기에 적합한지에 대해 정의하고 있다. 연구자들이 장애 학생의 특성에 관한 연구를 계속하고 있는 데 반해 미국 연방정부는 실제 특수교육 서비스를 받으려면 어떤 특성을 지녀야 하는지를 정의하고 있다. 희망적이게도, 특수교육을 요구하고 정의한 법은 연구자들에 의해 확인된 가장 실제적인 내용을 반영한다. 장애 학생을 가르칠 준비를 하는 교육자는 연구를 기반으로 하는 학습자의 특성을 이해해야 할 뿐만 아니라 교육자가 가르치고 있는 집단의 법적 기준과 정의를 이해해야 한다.

범주적 대 비범주적 장애

장애인교육법(IDEA)은 3~9세의 학생은 신체적, 인지적, 의사소통, 사회/정서적, 그리고/또는 적응발달 영역 중 하나 혹은 그 이상의 영역에서 발달적으로 지체된 것으로 확인될 수 있다고 제시하고 있다(USDOE, 1999). 9세 이후에는 다음 영역 중 하나 혹은 그 이상으로 진단된 학생에게 특수교육을 받을 자격이 주어진다.

- 특정학습장애
- 말/언어장애
- 정신지체
- 정서장애
- 중복장애
- 청각장애
- 지체장애
- 기타 건강장애
- 시각장애
- 자폐
- 농-맹
- 외상성 뇌손상

이는 판별을 위한 범주적 접근으로 여겨진다.

역사적으로 특수교육 서비스 대상 학생을 판별하기 위한 범주적 접근이 서비스 제공을 위한 토대가 되었다. 다시 말하면, IDEA에서 다른 장애로 판별된 학생끼리 교실 안에서 섞일 수 없다는 것이다. 예를 들어, 학습장애 학생은 정서장애를 가진 학생과 같은 교실에서 교육받을 수 없었다. 학생의 진단은 필요한 서비스와 교수의 유형을 알려 준다고 여겨졌다(Benner, 1998). 교사 자격증 또한 장애 상태에 근거를 두었다. 예를 들어, 학습장애 학생은 학습장애 자격증을 가진 교사에 의해 학습장애 교실에서 교육을 받았다.

시간이 지나면서 특수교사는 장애 상태에 상관없이 장애 학생을 위한 적절한 서비스와 교수적 방법이 중첩되는 부분이 있음을 깨닫기 시작했다. 교육자와 옹호자는 장애 학생 간에 차이점보다는 공통점이 더 많다는 것을 깨달았다. 학교는 다양한 장애 학생을 같은 교실에서 교육하기 시작했고, 각 주는 교사 자격증의 영역을 없애기 시작했다. 경도, 중등도, 그리고 중도 장애 표시는 학생의 교육적 요구를 더 잘 반영한다고 여겨졌다(Benner, 1998). 또한 이런 표시는 장애 유형에 대해 덜 집중하게 했다. 특수교사는 이를 비범주적 접근이라고 부른다. 반대로 장애 범주에 의해 학생을 분류하는 것(예, 학습장애 또는 정신지체)은 특수교육에서 범주적 접근이라 말한다. 교사 자격증 또한 범주적 접근에서 비범주적 접근으로의 형태로 전환되었다. 예를 들어, 교사는 학습장애나 정신지체 교사 자격을 얻는 것이 아니라 경도·중등도 장애 학생을 교육하도록 준비되고 자격을 부여받았다. 〈표 1-1〉은 장애의 범주 대 비범주 분류를 보여 준다.

대부분의 주에서 서비스 전달과 교사 자격증은 엄격한 범주적 분류를 따르지 않는다. 그러나 IDEA는 아직도 특수교육 서비스 대상 학생을 판별하는 데 있어 이런 범주를 적용하고 있고, 연구들도 어느 정도의 뚜렷한 차이를 지지한다. 사용되는 다른 용어에는 높은/낮은 출현율의 장애가 있다. 높은 출현율의 장애

표 1-1 범주 대 비범주의 장애 분류

장애 정도	학습장애	정신지체	정서행동장애
경도	경도 학습장애	경도 정신지체	경도 정서행동장애
중등도	중등도 학습장애	중등도 정신지체	중등도 정서행동장애
중도	중도 학습장애	중도 정신지체	중도 정서행동장애

는 미국에서 10만 명 이상 발생하는 장애를 말한다 (USDOE, 2001). 특수교육에서 출현율이 높은 집단은 말/언어장애, 학습장애, 정서장애, 그리고 정신지체다. 낮은 출현율의 장애는 나머지 다른 장애 상태를 의미한다. 네 가지 주요한 장애 상태는 일반적으로 경도·중등도 범주에 해당한다. 이 책에는 학습장애 (LD), 정서행동장애(EBD), 정신지체(MR), 주의력결핍 과잉행동장애(ADHD)가 포함된다. ADHD는 IDEA에서 장애 상태로 포함되지 않았으나, ADHD를 가진 학생은 다른 높은 출현율의 장애와 유사한 학습 요구를 가지고 있기에 이 책에 포함되었다. ADHD를 제외한 세 가지 범주에서 1991~1992년, 2000~2001년에 IDEA에서 서비스를 받은 6~21세의 학생 수는 〈표 1-2〉와 같다.

표 1-2 IDEA 하의 서비스를 받은 6~21세 학생 수

장 애	1991~1992	2000~2001	비율 변화
학습장애	2,247,004	2,887,217	28.0
정신지체	553,262	612,978	10.8
정서행동장애	400,211	473,663	18.4

출처: USDOE. (2002).

학습장애 학생

이름이 머리카락 색깔을 나타내는 듯한 샌디는 4학년 여학생이다. 그녀는 미국 대도시 근교에서 엄마와 남동생 샘과 살고 있다. 샌디는 나이에 비해 체격이 작지만 신체적·정서적 발달은 정상 수준이다. 그녀는 자전거 타기와 동생과 보드게임 하기, 엄마와 함께 과자 굽기를 좋아한다.

학교에서 샌디가 좋아하는 과목은 예술이고 싫어하는 과목은 읽기다. 그녀는 친구가 많고 담임교사와 친구들은 그녀를 학급 리더로 인정하고 있다. 샌디의 3학년 담임교사 모리스 여사는 샌디가 읽기에서 친구들보다 뒤처지는 것이 걱정되어 그녀의 어머니에게 이 사실을 말하였고, 어머니의 동의하에 검사를 받게 하였

다. 학교 진단 팀에 따르면 샌디는 지능검사에서 평균 이상을 받았고, 수학에서는 평균점을, 그리고 읽기와 쓰기 기술에서는 동 학년보다 2년 이상 낮은 점수를 받았다. 샌디는 읽기와 쓰기에서 학습장애를 가졌기 때문에 특수교육 서비스를 받기에 적합하였다.

샌디가 읽기와 쓰기를 위해 하루에 1시간 학습도움실에 있을 때를 제외하고는 4학년 교실에서 생활하였다. 샌디가 향상을 보이고 있음에도 그녀의 장애는 독립적인 읽기와 쓰기를 요구하는 교과 영역의 수행에 영향을 주고 있다. 샌디의 특수교사 언더우드 양과 4학년 담임교사 퀸 씨는 일반교육 기준을 수정하기 위해 협력해 왔다(그래서 샌디는 스스로 읽기 자료를 요구할 필요 없이 정보를 얻을 수 있다). 또한 샌디는 교사의 동의가 있을 때 그녀가 알고 있는 내용을 쓰기 대신 구두로 표현할 수 있다.

학습장애는 미국에서 가장 큰 범주의 장애다. 실제로 IDEA 하의 서비스를 받고 있는 모든 장애 학생의 반수가 학습장애를 가지고 있다(USDOE, 2002). 미국 인구의 20% 정도가 학습장애를 가지고 있다고 추정되었음에도(NICCYD, n.d.), 학교 출현율은 5%를 맴돌고 있다(USDOE, 2001).

역사적으로 학습장애의 정의에는 어려움이 많았다 (Benner, 1998; Kavale & Forness, 2000). 현재까지 학습장애를 확인하기 위한 특정 신체적 표지(mark)는 알려진 바 없다(Fuchs, Fuchs, & Speece, 2002). 역사적으로 전문가들은 다른 표지를 찾으려고 했고 두 가지를 제시하였고 그것은 불일치와 배제의 원칙이다 (Fletcher, Morris, & Lyon, 2003).

불일치 원칙은 학습장애를 가진 개개인이 그들이 수행하는 것보다 학업적으로 더 나은 성취를 할 것이라는 기대를 반영한다. 기대된 성취는 학생의 지능지수(IQ)에 근거한다. 배제의 원칙은 사회경제적 요인, 문화적 차이, 부적절한 교수, 그리고 다른 장애 상태로 인한 낮은 성취는 제외하는 것을 말한다. 학생이

그들의 IQ에 의해 예견된 것보다 낮은 성취를 보이고 낮은 성취가 배제 요인으로 설명될 수 없을 때 학습장애를 가진 것으로 본다. IQ와 학업성취 불일치는 학습장애 판별에서 논쟁의 중심이 되어 왔다. 그리고 몇몇 전문가는 능력성취 불일치 공식의 사용을 포기할 것을 제안했다(예, Vellutino, Scanlon, & Lyon, 2000). 예를 들어, 연구자들은 불일치 기준이 저성취 아동과 학습장애 아동을 정확하게 구별할 수 없다는 논쟁을 해 왔다. 게다가 불일치 기준으로는 초등학교 저학년 학생이 학습장애를 가지고 있는지를 판별하는 것이 매우 어렵다(Hallahan & Mercer, 2002). 가장 최근에 재인준된 IDEA는 학교가 학습장애를 가진 학생을 판별할 때 학생이 능력과 성취에 심한 불일치를 보이는지에 대해 더 이상 고려할 필요가 없다고 밝히고 있다. 대신 학생들은 과학적이고 연구를 기반으로 하는 중재에 반응하는지에 관해 평가를 받을 것이다.

　교육자는 중재에 대한 반응 개념을 포함한 학습장애 정의를 옹호해 왔다(예, Vaughn, Linan-Thompson, & Hickman, 2003). 중재에 대한 반응은 적절한 교수에 기인한 행동 또는 수행의 변화로 정의된다. 만약 주 정부가 학습장애의 정의에서 중재에 대한 반응을 포함한다면, 학생이 집중적인 교수를 받은 후 만족할 만한 향상을 보이지 않는 경우에 한하여 학습장애를 지니고 있는 것으로 판별될 것이다.

　중재 반응 준거에는 장점뿐만 아니라 단점도 있다. 일부 연구자에 따르면 중재 반응을 적용한 판별은 학습장애 학생의 확인과 서비스에 영향을 미칠 뿐 아니라 현장에서 학습장애를 어떻게 개념화할 것인가에 변화를 가져오게 된다(예, Scanlon, 2003). 현재 관점에서 학습장애는 인지적 과정의 장애로 추정되고, 여기서 기대보다 낮은 학습에 대한 다른 가능한 설명은 제외된다. 중재 반응 요소를 포함시키는 것은 낮은 학업성취로서 학습장애를 재정의할 수도 있다는 논쟁이 계속되고 있다(예, Scanlon, 2003).

　학습장애의 정의에만 논쟁점이 있는 게 아니라 장애 상태로 학습장애가 존재한다는 것에도 이의가 제기되어 왔다(예, Sternberg & Grigorenko, 2001). 그럼에도 학습장애에 대한 몇몇 정의가 국립 협회(예, 국립학습장애연합회)에 의해 채택되어 왔다. 가장 보편적으로 사용되는 정의는 IDEA의 정의다.

특정학습장애는 다음과 같이 정의된다.

(i) 일반적 정의: 이 용어는 구어와 문어를 이해하고 사용하는 것과 관련된 하나 이상의 기본 심리과정상의 장애를 말하며, 듣기, 생각하기, 말하기, 읽기, 쓰기, 철자 혹은 수학 계산에서 결함을 나타낼 수 있다. 이 용어는 지각장애, 뇌손상, 미세뇌기능장애, 난독증, 발달성 실어증과 같은 장애를 포함한다.

(ii) 제외된 장애: 이 용어는 시각/청각/운동장애, 정신지체, 정서장애, 환경/문화/경제적 불이익의 결과로 나타나는 학습 문제는 포함하지 않는다(USDOE, 1999, p. 12422).

정서행동장애 학생

　벤저민은 7학년으로 부모, 형과 함께 작은 농촌에서 살고 있다. 벤저민은 나이에 비해 몸집이 크고 학교에서 좋아하는 과목은 체육이다. 벤저민은 좋은 신체 조건을 가지고 있어 대부분의 스포츠에 능숙하지만, 팀 경기를 할 때 늘 논쟁과 싸움을 벌인다. 벤저민은 친구가 거의 없어 집과 학교, 동네에서 혼자 놀고 있는 모습이 자주 눈에 띈다. 그가 가장 좋아하는 활동은 비디오 게임과 농구다. 벤저민은 학교 농구 팀에서 뛰고 싶어 하지만, 농구 팀 코치는 벤저민이 팀 경기에서 보였던 부정적 행동을 전해 듣고 그를 팀에 넣지 않을 생각이다.

　벤저민은 미첼이란 형이 있는데 미첼은 모든 면에서 뛰어나다. 벤저민이 5학년이었을 때, 부모는 그의 성취 부족, 특히 형이 벤저민과 같은 나이일 때 했던 것을 벤저민이 능숙하게 하지 못함을 걱정하였다. 그들은 벤저민이 매우 밝고 형에 버금가는 능력이 있음을 알았다. 부모가 학교에 벤저민의 검사를 문의한 후, 학교 진단 팀은 그가 특별한 대처가 필요한 정서행동장애를 가지고 있다고 결론 내렸다. 그 후 벤저민은 매주 학교 심리학자와 소집단 상담에 참여하고 있다. 이 시간에 그는 적절한 사회성 기술을 배운다. 게다가 학교 심리학자는 자기관리 과제 완성 체크리스트를 개발하였고, 벤저민은 매주 일반학급 담임교사에게 보여 준 후 학교 심리학자에게 다시 제출한다. 현재 그의 사회성 기술과 과제 완성 비율은 향상되고 있다.

정서행동장애(EBD)를 가진 학생은 미국에서 전체 장애 학생 중 약 8%를 차지한다(USDOE, 2001). 이는 정서행동장애 출현율이 2~3배 더 높이 나타났음에도 전체 학령기 아동 중 대략 0.9%만을 차지한다는 것을 나타내 준다(Kidder-Ashley, Deni, Azar, & Anderton, 2000). 실제로 정서행동장애는 모든 장애 범주 중 실제보다 적게 나타나며, 이것은 "주마다 정의와 기준이 다를 뿐 아니라 조작적으로 제시하기 어려운 연방 정의의 모호한 용어 탓이다"(Kidder-Ashley, Deni, Azar, & Anderton, 1999, p. 598).

정서행동장애를 지닌 학생의 정의와 판별은 학습 장애를 정의하고 판별하는 것과 마찬가지로 어려운 과정이다. 1975년 미국 전장애아교육법(Education for All Handicapped Children Act, PL 94-142)이 통과되었을 때, 이 집단의 학생들을 설명하기 위하여 심각한 정서장애(SED)라는 명칭이 사용되었다. SED 표시와 관련 정의에 관하여 교육자와 부모는 의문을 갖게 되었다. 구체적 우려는 (1) '심각한'이란 수식어가 명칭에 포함된 것, (2) 정의에서 사회 부적응 학생이 제외된 것, (3) "이 집단을 정의하기 위해 더욱 자세한 행동과 환경에 대한 설명이 제공되지 않은 것"(CCBD, 1987, p. 11)이다. 자폐는 1975년의 SED 정의

에 포함되었다가 그 후에 제외되었고, IDEA에서 개별적인 장애 범주로 분류되었다. SED 명칭에 대응해, 전문가는 이 집단을 바라보는 자신들의 견해를 가장 잘 표현하는 용어를 만들었다. Ysseldyke, Algozzine과 Thurlow(2000)는 어느 정도는 농담조로 같은 집단의 학생들을 판별하기 위해 사용된 다음의 약자를 나열하였다. "EBD, ED, EH, BD, SM, SED, SLBP, EL 혹은 EIEIO."(p. 103) 그리고 나서 그들은 "동화에서나 좋을 법한 주관적 어구나 단어 놀이는 특수교육에서 장애를 정의를 할 때 중요한 문제를 나타낸다."(p. 103)라고 하였다.

연방 명칭과 정의에 관한 모든 우려를 가지고 30개의 전문 기관이 연합하여 정서행동장애(EBD)라는 새로운 명칭과 함께 해당 정의를 제안하였다. 제안된 정의는 다음과 같은 요소를 포함한다.

- 정서행동장애는 학교에서 행동이나 정서 반응이 적절한 연령, 문화 또는 인종 규준과 너무 달라 교육 수행(예, 학업, 사회, 직업 또는 개인 기술)에 불리한 영향을 미친다.
- 정서행동장애는 (1) 스트레스 받는 환경이 일시적인 것 이상이고, (2) 두 가지 다른 상황에서 일관되게 나타나는데 적어도 하나는 학교와 관련이 있으며, (3) 일반교육의 직접적인 중재에 반응하지 않거나 일반교육 중재로는 불충분한 상태를 말한다.
- 정서행동장애는 다른 장애와 동시에 나타날 수 있다.
- 정서행동장애는 정신분열증, 정동장애, 불안장애, 또는 교육 수행에 불리하게 영향을 미치는 기타 확인된 품행장애나 적응장애를 포함한다(Forness & Knitzer, 1992; McIntyre & Forness, 1996).

이러한 명칭과 정의가 부모와 특수교사, 정신건강

전문가 사이에서 널리 지지받고 있음에도, 국립학교위원연합회는 이전에 서비스를 받지 못한 많은 학생이 지금은 특수교육 서비스에 적합하게 되어 학교구 예산에 추가적인 부담을 줄 것을 두려워하며 새로운 변화를 반대하고 있다. 1997년 IDEA가 재인준되었을 때 '심각한'이라는 수식어가 명칭에서 빠지는 한 가지 변화만이 이루어졌다. 그리고 2004년의 재인준에는 추가적인 변화가 없었다. 따라서 현재 IDEA의 정서장애(ED)의 정의는 다음과 같다.

정서장애는 다음과 같이 정의된다.

(i) 이 용어는 다음의 특성 중 하나 이상이 장기간 동안 심한 정도를 보이며 지속되어 교육적 수행에 불리한 영향을 미치는 상태를 의미한다.

(A) 지능과 감각 그리고 건강 요인으로 설명할 수 없는 학습의 무능력

(B) 또래 및 교사와의 만족스러운 대인관계 형성·유지 곤란

(C) 정상적인 상황에서의 부적절한 행동이나 감정

(D) 일반적으로 만연된 불행감 혹은 우울

(E) 개인 혹은 학교 문제와 관련된 신체 증상이나 두려움

(ii) 이 용어는 정신분열증을 포함한다. 그러나 정서장애가 있다고 결정되지 않는 한 사회부적응 아동에게 적용되지 않는다(USDOE, 1999, p. 12422).

학습장애 정의와 마찬가지로, 정서장애에 대한 연방 정의의 미래는 불투명하다. 현재의 정의는 전혀 경험적인 지원이 없는 구시대적인 개념에 근거하고 있다고 비난받고 있다(Forness & Kavale, 2000). 그럼에도 입법자는 필요한 변화를 만드는 것을 꺼리고 있다. 모두의 동의하에 이 책에서는 정서장애가 아닌 정서행동장애라는 명칭을 사용할 것이다.

정신지체 학생

제니스는 15세로 할머니와 두 여동생과 함께 살고 있다. 10년 전 그녀의 부모가 이혼한 후, 제니스의 할머니는 유일한 후견인이 되었다. 제니스가 학교에서 좋아하는 과목은 읽기다. 그녀는 모든 종류의 아동문학을 좋아한다. 또한 집안일을 돕고 두 여동생과 노는 것을 즐거워한다. 제니스가 6세에 학교 입학을 하였을 때, 담임교사 크누드센 양은 제니스가 또래보다 더디게 향상을 보이는 것을 걱정하였다. 몇 달 후에 담임교사는 제니스의 할머니를 만났고, 그들은 제니스를 위한 검사를 의뢰하기로 결정하였다. 제니스는 지능검사와 적응 행동에서 모두 평균 이하의 점수를 받았다. 그리고 취학 준비도 사정 검사에서도 모든 영역에서 평균 이하의 점수를 받았다. 담임교사, 교장, 제니스의 할머니로 구성된 진단 팀은 그녀가 정신지체를 가지고 있고 특수교육에 적합하다고 결정했다. 그들은 또한 제니스가 종일반 특수교육 유치원에서 교육받는 것이 더 좋을 것이라는 결론을 내렸다. 그 이후로 제니스는 필요에 따라 매년 다른 형태의 특수교육을 받아 왔다. 가장 최근 그녀의 특수교육 목표는 일상 생활 기술 개발이다.

IDEA에서 장애 학생 중 10% 조금 넘는 학생(10.8%)이 정신지체를 가지고 있는 것으로 나타났다(USDOE, 2001). 정신지체(MR)는 인종, 민족, 교육, 사회, 경제적 배경을 뛰어넘어 어느 가정에서도 나타날 수 있다. 실제 미국에서 열 가정 중 한 가정은 정신지체의 직접적인 영향을 받고 있다(ARC, 2003). 이러한 상태는 인구의 2~3%가량 존재하는 것으로 여겨진다(Daily, Ardinger, & Holmes, 2000).

정신지체는 정의하기 어려운 개념이었다. 미국정신지체협회(AAMR)는 정신지체를 정의하기 위해 주도적인 역할을 해 왔다. 1959년 미국정신지체협회는 세 가지 기준, 즉 (1) 평균 이하의 일반지능, (2) 적응행동의 손상, (3) 발달기 동안의 출현으로 정신지체를

개념화하였다. 그 이후 정신지체의 정의는 진보해 왔다. 1961년 미국정신지체협회는 평균 이하의 일반지능을 검사한 결과 평균이나 평균보다 1표준편차 이하라고 밝혔다. 지능검사의 평균은 100으로 15의 편차를 가지고 있다. 이것은 85 이하(평균에서 1편차 이하)의 지능을 가진 사람은 누구든지 정신지체로 진단받는다는 것을 의미한다. 통계적으로 인구의 약 16% 정도가 정신지체를 가진 것으로 진단될 수 있다(Smith, 1997).

1973년 정신지체를 정의하는 IQ 절삭기준(cut off score)이 평균에서 1~2 편차로 수정되는(70 이하) 상당한 변화가 일어나면서, 정신지체를 가졌다고 판별된 사람 수가 통계적으로 16%에서 약 2.25%로 줄어들게 되었다(Smith, 1997). 그리하여 갑자기 소수의 학생만이 특수교육 서비스를 받을 수 있게 되었다. 또한 1973년의 정의는 적응 행동에 중점을 두면서, 적응행동은 사람들이 학습해 온 개념적·사회적·실제적 기술을 일상생활에서 사용할 수 있는 것으로 정의해 왔다(AAMR, 2002).

1973년 이후에 추가 수정이 이루어졌다. 1992년에는 IQ검사에서의 수행에 의해 확인된 결함 수준에 의존했던 과거의 기준에서 벗어나 지원 시스템으로의 상당한 변화가 일어났다(Wehmeyer, 2003). 과거의 장애 정도에 따른 분류(예, 경도, 중등도, 중도, 최중도)는 그 정도(severity)가 개인에게 요구되는 지원 강도와 형태에 의해 분류되는 시스템으로 대체되었다. 여기에는 간헐적 지원, 제한된 지원, 확장적 지원, 전반적 지원이 포함된다. 이러한 1992년 정의는 2002년에 개정되었는데, 이는 다음과 같다.

정신지체는 지적 기능과 함께 개념적, 사회적, 실제적 적응 기술에서 심각한 제한성을 보이는 장애를 의미한다. 이러한 장애는 18세 이전에 나타난다.

다음의 다섯 가지 가정은 정의를 적용하는 데 필수적인 것으로 간주된다.

1. 현재 기능의 실질적인 제한성은 그 개인의 동년배와 문화의 일반적인 환경이나 맥락 안에서 고려되어야 한다.
2. 타당한 평가는 문화적이고 언어적인 다양성뿐만 아니라 의사소통, 감각, 운동과 행동 요인에서의 차이점도 고려되어야 한다.
3. 개인의 제한성은 흔히 장점과 함께 존재한다.
4. 제한성을 진술하는 목적은 필요한 지원 프로파일을 만들기 위한 것이다.
5. 일정 기간 동안 개별화된 적절한 지원이 주어지면 정신지체인의 생활 기능은 일반적으로 향상될 것이다(AAMR, 2002, n.p.).

학교에서 사용되는 IDEA의 정신지체 정의는 학생의 교육적 수행에 미치는 영향에 대한 진술을 포함한다는 점에서 1973년의 미국정신지체협회 정의와 유사하다. 그 정의는 다음과 같다. "정신지체는 현저하게 낮은 평균 이하의 지적 기능과 동시에 적응 행동에서의 결함이 발달기 동안 명백하게 나타나며, 아동의 교육적 수행에 불리한 영향을 미친다."(USDOE, 1999, p. 12422)

정서장애 명칭을 둘러싼 논쟁과 유사하게, 많은 전문가는 정신지체 명칭에 불만을 나타낸다. 이 용어는 미국 속어에서 사용되는 부정적 의미를 함축하고 있다. 몇몇 정부기관과 전문기관은 정신지체 명칭을 지적장애나 발달장애로 대체하고 있다. 그러나 정신지체라는 용어는 가장 보편적으로 받아들여지는 명칭이므로 이 책에서도 정신지체라는 명칭을 사용한다.

학습장애, 정서행동장애와 마찬가지로, 향후 정신지체 영역에서 어떤 변화가 있을지는 명확하지 않다. 연구가 발전하고 정치적 분위기가 변화함에 따라 정신지체의 정의는 계속 진화될 것이다. 현재 많은 전문가가 지능의 구성 개념에 동의하지 않고 있고, 지능을 측정하는 유일한 도구로 IQ 수치를 사용하는 것에 만족하지 않고 있다(Greenspan, 1999). 어떤 사람은 정신지체를 진단하는 데 있어 현재의 이해를 뛰어

넘는 미래의 의학 연구가 신체적 표지(예, 생물학적 유전자)와 기법(예, 뇌 이미지화)을 가능하게 할 것으로 보고 있다(Detterman, 1999).

주의력결핍 과잉행동장애 학생

에릭은 7학년의 중학생으로 전형적인 12세 청소년처럼 보인다. 그는 외아들로 부모, 친할아버지와 함께 미국 대도시에 살고 있다. 에릭은 학교 가는 것을 좋아하고 친구가 많다. 그리고 특히 수학과 체육 과목을 좋아한다. 집에서는 스케이트보드 타는 것을 좋아한다.

소아과 의사는 에릭이 8세 때 주의력결핍 과잉행동장애로 진단하였다. 의사는 에릭이 학교에 있을 때 집중할 수 있도록 약물을 처방하였다. 일반교사는 에릭이 집중할 수 있도록 최소한의 조정(accommodations)을 제공하였다. 에릭이 처음 진단 받았을 때, 교사는 그가 과제를 완성하지 못하는 점과 대집단 교수 혹은 독립 과제에 잘 참여하지 못하는 점을 걱정하였다. 에릭은 기타 건강상의 장애 진단을 통해 특수교육 서비스를 받게 되었다. 특수교사 라일리 여사가 에릭에게 자기관리 절차를 지도하여 에릭은 예전보다 훨씬 과제에 집중을 잘하고 과제를 완성할 수 있게 되었다.

미국 학생의 3~5%는 주의력결핍 과잉행동장애(ADHD)를 가지고 있다(Salend & Rohena, 2003). 남아가 여아보다 ADHD를 가진 경우가 약 3배나 더 많다(Pastor & Reuben, 2002). ADHD는 개별 장애 범주로 IDEA에 포함되지 않았으나, 미국정신의학회(APA, 2000)에 의해 정신장애로 정의되어 왔다. 그 정의에는 다섯 가지 주요 기준이 포함된다.

주의력결핍 과잉행동장애(ADHD)는 발달 수준에서 전형적으로 관찰되는 것보다 더 자주 그리고 심하게 부주의나 과잉행동이 지속되어야 한다(준거 A). 장애를 일으키는 일부 과잉행동 충동성 혹은 주의력결핍 증상이 7세 이전에 발생되어야 한다(준거 B). 증상으로 인한 장애가 둘 이상의 장면에서 나타나야 한다(준거 C). 발달적으로 적절한 사회적 · 학업적 · 직업적 기능을 방해하는 명백한 증거가 있어야 한다(준거 D). 이 장애는 [정신과적 장애로 인해] 단독으로 나타나지 않고 다른 정신장애로 설명할 수 없어야 한다(준거 E)(APA, 2000, p. 85).

ADHD와 관련된 행동은 부주의, 과잉행동, 충동성으로 나뉜다. 전형적인 행동의 예는 다음과 같다.

- 과제나 놀이 활동에서의 부주의
- 세부적인 면에 주의를 기울이지 못하는 것이나 부주의로 인한 실수
- 할당된 과제를 완성하지 못함
- 다른 사람이 말할 때 듣지 않음
- 가정이나 학교에서 지시에 따르지 않음
- 물건을 잃어버리거나 제자리에 두지 않음
- 정보를 조직하는 데 어려움을 겪음
- 지나치게 움직이거나 말을 많이 함
- 성급하게 대답함
- 차례를 기다리기 어려워함
- 다른 사람의 일을 방해하고 참견함
- 놀이나 대화에서 차례를 지키지 못함(D'Alonzo, 1996; Salend & Rohena, 2003)

1997년 IDEA의 재인준 과정에서 의회는 독립된 장애 범주로 ADHD를 포함시키는 것에 대해 심각하게 고려하였다. 실제로 ADHD를 장애 범주로 법에 포함시켜야 할지의 여부에 대한 심각한 논쟁으로 의회에서 IDEA 재인준 통과가 지연되기도 했다. 지지자들은 ADHD를 포함시키는 것이 현재 장애를 가진 것으로 확인되지 않았거나 다른 장애, 특히 학습장애나 정서행동장애로 부적절하게 분류되었던 많은 학생을 도울 수 있다고 주장했다. 반대자들은 ADHD의 정의와

확인 과정이 현재는 심각하게 의문스럽다는 점을 주장하고 있다(Ysseldyke, Algozzine, & Thurlow, 2000). 결국 ADHD를 기타 건강장애(OHI) 범주에서 서비스 받도록 하는 절충안이 마련되었다. IDEA의 기타 건강장애의 정의는 다음과 같다.

> 기타 건강장애는 어떤 환경자극에 대하여 지나치게 민감한 상태나 둔감한 상태로 결과적으로 교육에 영향을

미칠 수 있는 상태를 포함해 제한된 체력, 활기, 기민성을 갖는 것을 의미한다.

(ii) 천식, 주의력결핍장애 또는 주의력결핍 과잉행동장애, 당뇨병, 간질, 심장질환, 혈우병, 납중독, 백혈병, 신장질환, 류머티즘, 악성 빈혈 같은 만성 또는 급성 건강 문제에 기인한다.

(iii) 아동의 교육적 수행에 불리한 영향을 미친다(USDOE, 1999, p. 12422).

공학의 활용
장애를 이해하는 데 도움이 되는 웹사이트

특정 장애에 대한 지식을 얻게 되면서, 당신은 아동 혹은 학생의 장애에 대해 자세히 알지 못하거나 더 자세히 알고 싶은 부모나 다른 교육자를 만나게 될 것이다. 이 경우 아래의 웹사이트를 알려 주어 타인이 배울 수 있도록 도울 수 있다. 다음 웹사이트는 장애에 대해 더 많이 배울 수 있는 유용한 시작점이 될 수 있다.

장애에 대한 포괄적인 정보
The Cornucopia of Disability Information
  http://codi.buffalo.edu/
Disability Resources on the Internet
  http://www.disabilityresources.org/
Family Village
  http://www.familyvillage.wisc.edu/
Special Education Resources on the Internet
  http://seriweb.com/

주의력결핍 과잉행동장애
Attention Deficit Disorder Association
  http://www.add.org/
Children and Adults with Attention Deficit Hyperactivity Disorder
  http://www.chadd.org/

정서행동장애
The Behavior Home Page, Kentucky
  http://www.state.ky.us/agencies/behave/homepage.html
The Council for Children with Behavior Disorders
  http://www.ccbd.net/

You Can Handle Them All
  http://www.disciplinehelp.com/

학습장애
LD Online
  http://www.ldonline.org/
LD Resources
  http://www.ldresources.com/

정신지체와 발달장애
The ARC
  http://thearc.org/
The American Association on Mental Retardation
  http://www.aamr.org
The National Down Syndrome Society
  http://www.ndss.org

부모를 위한 웹사이트
National Parent Information Network
  http://www.npin.org
Our Kids
  http://www.our kids.org
PACER Center
  http://www.pacer.org
Parents Helping Parents
  http://www.php.com/

[생각해 보기] 특정 장애에 관해 학습하도록 돕기 위해서 당신은 위의 웹사이트에서 얻은 정보를 어떻게 활용할 수 있는가?

현장에서는 ADHD에 대한 잘못된 인식이 많다. 심지어 ADHD 아동이나 청소년을 둔 부모나 그들을 지도한 경험이 있는 교사도 공통적으로 오해하고 있는 부분이 있다(Pancheri & Prater, 1999). 대부분의 논란과 오해는 ADHD 학생을 치료하기 위해 각성제(stimulant medication)를 사용하는 데 있다. 각성제가 ADHD를 가진 대부분의 학생에게 효과적인 중재이지만, 그렇더라도 약물이 교수적 · 행동적 관리 중재 없이 단독으로 사용되어서는 안 된다(Howell, Evans, & Gardiner, 1997).

중복 진단

지금까지 네 가지 주요 장애의 정의에 관해 논의하였다. 이들 장애는 각각 고유한 특성을 가지고 있는 것으로 간주되나, 일반적으로 학생은 장애 범주를 넘나드는 특성을 나타낸다. 예를 들어, 이중 진단이라는 용어는 정신지체와 같은 발달장애를 가진 개인이 정서행동장애를 동시에 지니고 있음을 의미한다(Graziano, 2002). 또 다른 예는 이중 특수성(dual exceptionality)인데, 이는 장애(예, 학습장애)와 천재성이 동시에 존재하는 상태를 말한다(Graziano, 2002).

그러나 교육자는 이러한 조항이 있어도 장애의 모든 가능한 조합을 설명하기 위한 명칭을 사용하지 않는다. 예를 들어, ADHD를 가진 학생은 자주 다른 장애 특성을 보인다. 학생의 학습과 행동 특성이 학습장애나 정서행동장애를 가진 학생과 유사하다면 그 학생을 ADHD로 판별하는 것은 특히나 어렵다(Salend & Rohena, 2003). 실제 이것은 1997년의 IDEA 재인준에서 ADHD를 독립된 장애 범주로 포함시키면 안 된다는 내용의 주요 근거였다.

학습장애와 ADHD는 동시에 나타나는 경우가 많다(Maynard, Tyler, & Arnold, 1999). 한 연구는 ADHD로 판별된 아동의 70%가 학습장애를 가지고 있다고 밝혔다(Mayes, Calhoun, & Crowell, 2000). 다른 국가 수준의 연구에서는 6～11세 아동 중 4%가 ADHD와 학습장애를 동시에 가진 것으로 진단되었다고 밝혔다(Pastor & Reuben, 2002). 연구자는 또한 정신지체를 가진 학령기 아동 중 9～19%가 ADHD 진단의 준거에 부합한다고 추정하였다(Handen, Janosky, & McAuliffe, 1997). 이것은 하나 이상의 장애로 특수교육 서비스를 받는 학습자 비율을 보여 주는 예일 뿐이다.

2. 교수에 영향을 주는 특성

장애 영역과 상관없이 경도 혹은 중등도 장애 학생은 유사한 특징을 보이며 동시에 장애 범주 간에 차이점도 나타난다. 여기에서는 교수에 영향을 미치는 인지, 학습, 사회적 유능성, 동기적 특성 영역과 관련하여 장애 영역별 유사점과 차이점에 대해 논의하려고 한다.

인지적 특성

인지는 인식과 판단을 포함한 앎의 과정 혹은 행위라고 정의된다. 일반적으로 말하면, 경도 · 중등도 장애 학생은 다양한 인지적인 측면에서 일반 또래와 다르다. 아래에 주의집중, 기억, 개념 형성의 세 가지 측면을 간단히 다루고자 한다.

주의집중　　경도 · 중등도 장애 학생의 공통된 특징 중 하나는 주의집중 곤란이다. Rooney(1993)는 주의집중을 부호화와 선택의 두 가지 종류로 구분한다. 부호화는 들어오는 자극과 처리를 위한 자극의 저장에 어려움이 있는 것을 말한다. 여기서의 자극은 보통 감각자극(예, 시각, 청각, 운동 감각)을 말하지만 내부적인 것(예, 생각)일 수도 있다. 부호화 문제를 가진 학생은 주의 지속시간, 초점 주의집중, 주의 분산, 집중력 지속, 집중 강도 혹은 연속적인 집중에 어려움이 있다(Rooney, 1993).

주의집중의 두 번째 종류는 선택적 집중으로, 오랫동안 기억해야 하는 정보를 처리하기 위하여 부호화된 정보를 선택하는 것을 말한다. 예를 들어, 선택적 집중 능력이 부족한 학생은 관련 있는 정보에서 관련 없는 정보를 걸러내는 데 어려움을 겪는다. 그들은 또한 자발적 집중에도 어려움을 가진다. 자발적인 집중은 초기에는 에너지와 연습이 요구되지만 점차 자동화될 수 있다. 당신이 처음 운전하는 것을 배울 때는 운전하는 데 온 신경을 집중한다. 그러다 경험이 쌓이면 더 이상 모든 신경을 집중하지 않아도 되고, 라디오를 듣거나 동승자와 얘기하면서도 운전을 할 수 있게 된다(Rooney, 1993).

정신지체, 학습장애, ADHD, 정서행동장애를 가진 학생은 낮은 성취를 보이는 학습자와 마찬가지로 자주 주의력 문제를 보인다(Graziano, 2002; Hallahan, Kauffman, & Lloyd, 1999; Raymond, 2000). 많은 학생에게 학습장애와 주의력결핍장애가 동시에 존재한다는 것은 주의력과 학습 문제가 상호 연관되어 있고 일반적으로 함께 존재한다는 것을 증명한다(Mayes et al., 2000). 교사는 주의집중에 문제가 있는 학습자의 요구를 수용하기 위해 그들의 교수뿐만 아니라 교실환경도 주의 깊게 설계해야 한다. 학습자의 주의력 결함을 보상하기 위한 교수전략과 교실환경 전략에 대해서는 10장에서 논의할 것이다.

기억　경도·중등도 장애 학생은 종종 기억하기에 어려움을 겪는다. 기억은 "제시된 정보를 부호화, 처리, 인출(산출, 재생)하는 능력"(Swanson & Saez, 2003, p. 182)으로 정의한다. 기억 문제는 정보를 부호화, 처리, 인출하는 어려움의 결과일 수 있다. 기억이 학습과 분리될 수 없기 때문에 학문적·인지적 영역에서 학생의 수행은 기억과 직접적으로 연관됨을 뜻한다.

두 가지 다른 종류의 기억인 의미적 기억(개인적 경험을 제외한 세계에 대한 사실과 개념의 기억)과 일화기억(개인적으로 경험한 사건에 대한 기억)(Mastropieri & Scruggs, 2000)은 학교생활에서 성공하기 위해 중요하다. 기억의 다른 종류로는 장기기억과 단기기억이 있다. 장기기억은 무한하고 영구적인 정보의 저장을 의미한다. 반대로 새로운 정보는 우리가 해당 정보를 사용할 때 또는 장기기억을 위한 처리과정 동안 단기기억에 저장된다.

많은 경도·중등도 장애 학생은 기억을 하는 데 어려움을 가지고 있다. 예를 들어, 연구에서 학습장애와 경도 정신지체 학생은 정보 회상을 돕기 위한 적절한 전략의 사용이 부족하다는 점을 지적하고 있다(Mastropieri & Scruggs, 1998; Turner & Matherne, 1994). 전략은 학습자가 정보를 저장하고 인출하고 문제를 해결하도록 돕는 계획적이고 의식적으로 적용된 절차다. 일반적인 학습자는 전략적 지식을 개발하고 전략의 사용이 그들의 기억 작업 수행을 향상시킨다는 것을 인식한다. 경도·중등도 장애 학생은 일반적인 학습자가 적용하는 전략을 개발하지도, 사용하지도 않는다. 전략의 사용 없이 수행은 제한될 수밖에 없다(Raymond, 2000). 그러나 적절한 전략을 배우면 경도·중등도 장애 학생도 기억 기술을 향상시킬 수 있다(Mastropieri & Scruggs, 2000). 결과적으로 교육의 한 역할은 경도·중등도 장애 학생이 기억전략을 개발하고 사용하도록 돕는 것이다. 교사가 학생이 정보를 획득하고 보유하고 회상하도록 돕는 기억 전략을 어떻게 가르치고 사용할 수 있는지에 대한 내용은 10장에 제시되어 있다.

개념 형성　"개념은 전 생애에 걸친 사고의 기본적인 구조다."(Prater, 1998, p. 417) 수년 전에 Ausubel(1968)은 다음과 같이 말하였다.

문제에 대해 오랫동안 충분히 생각하는 사람은 누구든지 인류가 사물, 사건, 그리고 상황의 세상보다는 개념의 세상에서 살고 있다는 결론을 피할 수 없다…. 비유적으로 말해, 현실은 개념적 혹은 범주적 여과기를 통해 경험된다(p. 505).

일반 아동은 관찰, 경험, 학교교육을 통해 개념을 배운다. 어린 아동은 그들의 이해를 구체화시키는 누군가에 의해 개와 고양이를 구별하는 법을 배운다. 한 유아는 처음에 고양이를 개라고 부르다가, 고양이는 왜 개가 아닌지 설명해 주는 부모에 의해 생각이 수정된다. 유아는 개와 고양이의 차이를 이해하기 시작하며, 소나 말과 같은 다른 가축을 접했을 때 그 동물들을 자신의 개념적 틀에 추가시킨다. 그 후 동물원에 가서 원숭이, 사자, 코끼리를 보면서 동물에 대한 개념적 이해를 확장하기 시작한다. 이것은 아동이 개념적 지식을 개발하는 기본적인 방법이다.

경도 · 중등도 장애 학생은 종종 개념에 대한 제한된 지식을 보여 준다. 사회적 또는 지각적 문제는 학생이 주변의 세상을 경험하고 관찰하는 것을 통해 개념을 배우는 능력을 제한할 수도 있다. 특히 정신지체를 가진 학습자는 비공식적으로 혹은 자연스럽게 발생하는 상황에서 배우기 어렵다. 예를 들어, 경도 정신지체를 가진 어린 아동은 기본적인 방향 개념(예, 왼쪽, 오른쪽)과 위치 개념(예, 위, 아래)을 이해하고 사용하는 데 상당한 결함을 가지고 있다고 보고된다. 언어 기술 또한 개념 발달에 영향을 준다. 예를 들어,

학습장애 학생은 오직 문자적 단어 의미만을 이해하고 있음이 증명되어 왔다(Prater, 1998).

효과적인 개념 교수는 모든 학생에게 유익하다. 경도 · 중등도 장애 학생은 (1) 경험을 통한 개념학습이 어렵고, (2) 언어에 어려움을 보이며, (3) 추상적인 개념을 학습하는 데 특히 어려움을 보이기 때문에, 그들에게는 개념 교수가 매우 중요하다(Prater, 1998).

학업 기술

정의에 따르면 학습장애, 정신지체, 정서행동장애, ADHD를 가진 학생은 모두 학업에 어려움을 보인다. 학습장애 학생은 하나 이상의 학업 영역에서 낮은 성취를 보이고, 정신지체 학생은 일반적으로 모든 학업 영역에서 평균 이하의 성취를 보인다. 그리고 정서행동장애나 ADHD 학습자는 그들의 문제가 교육적 경험을 제한하지 않는 이상 특수교육을 받을 수 없다. 그래서 우리는 경도 · 중등도 장애로 판별된 모든 학습자가 학업 영역의 결함을 가지고 있다고 가정할 수 있다.

우리는 과잉일반화를 하지 않도록 주의해야 하지만, 이 책에서 다루어지는 4개의 장애 범주별 '일반적인' 성취 유형은 확인할 수 있다. 이런 경향은 〈표 1-3〉에 제시되어 있다.

표 1-3 경도 · 중등도 장애 학생을 위한 '일반적' 성취 경향

장애	'일반적' 성취 경향	예
학습장애	강점과 결함에서 양극단을 보임	수학에서는 평균 이상, 읽기 기술에서는 평균 이하
정신지체	일반적으로 모든 영역에서 평균 이하	수학, 읽기, 다른 과목에서 평균 이하
정서행동장애	교육에 미치는 어려움을 제외하고는 경향이 전형적이지 않아서 몇몇 영역에서 낮은 성취를 기대함. 매우 높은 성취를 보일 수도 있음	검사에서는 매우 높은 능력을 가지고 있다고 제시되었음에도 수학에서 성취 불일치, 읽기는 평균
주의력결핍 과잉행동장애	교육에 미치는 어려움을 제외하고는 경향이 일반적이지 않아서 몇몇 영역에서 낮은 성취를 기대함. 매우 높은 성취를 보일 수도 있음	검사에서는 모든 영역에서 높은 능력을 가지고 있다고 나왔지만 모든 과목에서 성취 불일치

사회적 유능성

모든 학생은 사회 구조 안에서 살아간다. 사회적으로 유능성을 가진다는 것 혹은 사회적으로 수용되고 실현되기 위해 필요한 기술을 가지고 있다는 것, 특히 적절한 대인관계 기술을 보이는 것은 학교생활과 그 이후의 삶에서 성공하기 위해 매우 중요하다. 경도ㆍ중등도 장애 학생은 연령에 맞는 사회적 유능성을 계발하지 못한다. 예를 들어, 정서행동장애로 판별된 학생은 또래와 관계를 맺는 데 어려움을 보이고, 친구가 없다거나 조직된 사회 집단에 참여할 수 없는 어려움이 있을 수 있다(Blackorby & Wagner, 1996). 학습장애를 가진 학생과 더불어 다른 학생들은 얼굴 표정과 몸짓 같은 사회적 단서를 익히는 데 어려움을 겪는다(Most & Greenbank, 2000). 자기 차례를 기다리기 어려워하거나 성급하게 대답해 버리는 등 주의력에 문제가 있는 학생은 또래나 다른 사람에게 무례하고 둔감한 사람으로 보일 수 있다(Csoti, 2001). 한 가지 장면에서 학생이 적절한 사회적 기술을 보인다 하더라도 다른 상황으로 기술을 일반화시키거나 전이시키지 못할 수 있다(O'Shea, O'Shea, & Algozzine, 1998).

경도ㆍ중등도 장애 학생에게 사회적 유능성의 필요는 종종 무시된다. 사실 이러한 집단의 학생은 특정 학업 결함보다 삶의 사회적 차원에서 더 큰 문제를 보인다(Hardman, Drew, & Egan, 2006). 경도ㆍ중등도 장애 학생에게는 사회적 유능성을 향상시킬 수 있는 직접적이고 계획적인 교수가 요구된다. 이 주제에 대해서는 14장에서 다룬다.

동기와 귀인

학생들이 학교에서 성공하는 데 필요한 능력 혹은 기술을 가지고 있다 하더라도 성공하려는 동기가 없다면 실패할 수 있다. 동기란 누군가로 하여금 행동하게 하는 필요 또는 욕구다. 성공하거나 공헌하거나 참여하기 위한 호기심 또는 욕구 때문에 참여하거나 행동한다면 학습자는 내재적으로 동기부여가 된다. 반면에 외재적으로 동기부여가 된 학생은 외적인 결과, 종종 눈에 보이는 형태의 보상을 받기 위해 참여한다.

동기는 학습과정에 영향을 준다. 학생은 동기가 없다면 배우려 하지 않을 것이다. 그러나 그 반대가 반드시 참은 아니다. 동기부여가 된 학생이라도 그들이 알맞은 필수 기술을 가지고 있지 않다면 배우지 못할 수도 있다. "동기는 학생들이 할 수 있는 무엇인가를 계속해서 하도록 촉진하는 것일 뿐이다"(Raymond, 2000, p. 238). 경도ㆍ중등도 장애 학생은 과거의 낮은 학업적 성취로 더 낙담하는 경향이 있다. 이것은 학습에 대한 낮은 동기로 이어질 수 있다. 예를 들어, 한 연구에서는 ADHD 학생은 일반 학생과 비교할 때 더 쉬운 과제를 선호하고, 공부를 적게 하는 것을 좋아하고, 학습 지속력이 짧고, 그들의 성취를 판단하는 데 있어서 내적 기준보다 외적 기준에 더 의존하는 것으로 나타났다(Carlson, Booth, Shin, & Canu, 2002).

또 다른 중요 개념은 귀인방식이다. 사람들은 그들의 성공과 실패의 원인을 내적/외적, 안정/불안정, 전체/특정 요소로 돌린다.

성공을 내적(능력과 노력), 안정적('그것은 영원히 지속될 것이다'), 그리고 전체적('그것은 나에게 일어나는 모든 것에 영향을 미칠 것이다') 요소로 설명하거나 귀착시키는 사람은 긍정적 귀인방식을 보여 준다. 반면 그들의 성공을 외적(운), 불안정('그것은 일시적인 것이다'), 그리고 특정('그것은 오직 이 상황에만 영향을 줄 것이다') 요소에 귀착시키는 사람은 부정적 귀인방식을 보여 준다(Tabassam & Granger, 2002, p. 142).

일반적으로 경도·중등도 장애 학생, 특히 학습장애 학생은 그들의 실패를 안정적 내부 원인에, 그들의 성공은 외적 요소에 귀착시킨다(Tabassam & Granger, 2002). 어떤 학생은 시험에 통과한 것은 '선생님이 나를 좋아한다'거나 '운 좋은 날'이기 때문이고, 반대로 시험에 통과하지 못한 것은 '내가 멍청하기 때문이다'라고 믿을지 모른다. 교사는 학생이 과제의 성공 혹은 실패를 노력과 기술의 적용, 전략과 연결함으로써 지식, 노력, 성취를 관련짓도록 도울 수 있다(Kozminsky & Kozminsky, 2002).

Stevens(1995)는 "동기부여가 안 된 학생들은 교사로 하여금 어깨를 움츠리며 깊은 한숨을 쉬고 슬퍼하게 한다. '당신은 말을 물가로 이끌 수는 있지만 물을 마시게 하지는 못한다'."(p. 1)라고 했다. 그러면서 그녀는 해결책을 제시했다. "우리는 말이 목마르게 할 수 있다. 우리가 항상 말해 왔던 것은 사실이다. 우리는 말이 물을 마시게 만들 수는 없지만 건초더미에 소금을 뿌릴 수 있다."(p. 3) 교사는 다음의 방법을 통해 학생을 목마르게 만들 수 있다.

- 교실을 긍정적이고 격려하는 환경이 되도록 만들기
- 학생이 이해할 수 있는 적절한 수준에서 가르치기
- 학생이 스스로 학습하도록 만들기
- 재미있고 흥미로운 학교 만들기
- 실수 없는 학습 구성하기
- 실패로 연결되는 자연스러운 결과를 교수의 기회로 활용하기
- 학생이 자신의 학습과 행동에 책임질 수 있도록 자기관리와 자기결정 기술 가르치기
- 노력, 지식 혹은 기술을 결과와 연결시키기

이와 더불어 동기를 증가시킬 수 있는 다른 아이디어가 이 책 전반에서 다루어지지만, 특히 4, 7, 9, 10장에서 중점적으로 논의된다.

3. 인종적으로 다양한 집단의 학생 [*]

장애를 가진 학생과 더불어, 학교는 다른 특수한 요구를 가진 많은 학생에게도 도움을 주고 있다. 이것은 미국이 점점 인종적으로 다양한 사회가 되어 가고 있기 때문이다. 미국은 최근 비영어권 국가의 많은 이민자와 다양한 집단에서의 출생 인구가 증가하고 있다. 이러한 다양성은 학교에 영향을 미칠 수 있다. 왜냐하면 일반적으로 다양한 인종 집단의 평균 연령이 전통적으로 다수 집단으로 불리는 집단보다 더 어리기 때문이다(Yates & Ortiz, 2004). 이런 환경에서 다양성이라는 단어는 소수라는 단어로 대치되어 사용된다. 용어의 변화는 두 가지 이유 때문에 중요하다. 첫째, 소수라고 불리던 집단이 다수가 되고 있기 때문이다. 실제로 인종적·언어적으로 다른 학습자는 이미 많은 도시 학군에서 다수를 차지하고 있다(Yates & Ortiz, 2004). 둘째, 소수라는 단어는 이 집단에서 미국 시민으로서의 특권을 어느 정도 박탈하고 있기 때문이다. 다양성은, 예를 들어 인종, 국가, 종교, 계급, 언어의 기원 등과 같은 많은 다른 특징으로 정의될 수 있다. 이런 범주는 집단의 민족성을 정의한다. 민족은 인종과는 다르다. 인종의 사전적 정의는 "뚜렷한 인간 유형으로 특징짓기에 충분하고 혈통에 의해 유전될 수 있는 인류가 지닌 특성의 구분"(Merriam-Webster, n.p.)이다. 그러나 인종을 사회적이고 정치적인 구성 개념으로 인식하는 사람도 있다.

---

[*] 국내 다문화 학생의 증가와 관련하여 이에 대한 내용을 이해할 수 있다.

인종적 정체성은 신체적 기준에 근거한 특별한 집단과 공통된 유전자를 공유하는 사람의 인식에 근거한 집단적 정체성이다…. 사람들은 백인과 같은 인종적 집단이 아닌 아일랜드계 미국인과 같은 민족적 집단에 근거해 정체성을 찾을 수 있다. 반면 흑인 아이티인은 아이티인이라는 소집단의 구성원으로 믿고 있지만, 미국의 지배적 집단에 의해 그들의 인종적 정체성은 흑인으로 그리고 민족적 집단은 아프리카 미국인으로 여기도록 강요받았다(Atwater & Crockett, 2003, pp. 58-59).

2000년 미국 인구조사 자료는 인종적 구성이 10년 전과 다르다는 것을 보여 준다. 〈표 1-4〉는 1990년과 2000년의 인종에 따른 미국 인구수를 보여 준다. 1990년에는 인구조사 질문이 하나의 인종만을 선택하도록 되어 있던 반면, 2000년에는 하나 이상의 인종에도 답할 수 있도록 했다. 그래서 1990년과 2000년의 인종에 관한 정보는 직접적으로 비교할 수 없다.

라틴아메리카계는 인종이 아닌 민족이기 때문에 〈표 1-4〉에 나타나지 않는다. 라틴아메리카계 태생의 사람은 어떠한 인종에도 포함될 것이다. 2000년 인구조사국은 응답자에게 자신의 태생을 직접 선택하도록 하였다. 만약 그들이 멕시코, 푸에르토리코, 쿠바, 중미나 남미 또는 다른 라틴아메리카계라고 했다면 그들은 라틴아메리카계 목록에 포함되었을 것이다. 〈표 1-5〉는 미국에 사는 라틴아메리카계 인구

표 1-4 1990년과 2000년의 인종에 따른 미국 인구수

인종	1990		2000	
	총 인구수 (백만)	비율	총 인구수 (백만)	비율
백인	199.7	80.3	211.5	75.1
흑인 혹은 아프리카계 미국인	30.0	12.1	34.7	12.3
아메리카 인디언과 알래스카 원주민	2.0	0.8	2.5	0.9
아시아인	6.9	2.8	10.2	3.6
하와이 원주민과 다른 태평양섬 주민	0.4	0.1	0.4	0.1
일부 다른 인종	9.8	3.9	15.4	5.5
두 개 이상의 인종	NA	NA	6.8	2.4

주: NA: 자료 없음
출처: U.S. Census Bureau. (2000). Accessed November 16, 2004, at http://www.census.gov/population/cen2000/phc-1/tab04.pdf.

표 1-5 출신별 미국 내 라틴아메리카계 인구

인종	1990		2000	
	총 인구수 (백만)	비율	총 인구수 (백만)	비율
멕시코	13.4	61.2	20.6	58.5
푸에르토리코	2.7	12.1	3.4	9.6
쿠바	1.1	4.8	1.2	3.5
중앙아메리카	1.3	2.4	1.7	4.8
남아메리카	1.0	6.0	1.3	3.8
도미니카	0.5	4.7	0.7	2.2
그 외 모든 라틴아메리카계	1.9	8.8	6.1	17.3

출처: U.S. Census Bureau. (2000). Accessed November 16, 2004, at http://www.census.gov/population/cen2000/phc-t10/phc-t-10.pdf.

수와 그들의 출신을 정리한 것이다.

미국 내 인종적 · 민족적 다양성의 증가와 관련하여, 우리는 모국어가 영어가 아닌 학생의 수가 급격하게 증가하는 것을 볼 수 있다. 다른 언어를 사용하는 인구수에 대한 이해를 돕기 위해 1990년과 2000년의 인구조사 자료가 〈표 1-6〉에 제시되어 있다. 두 해 모두 상위 15개 언어뿐만 아니라 총 인구수도 나타나 있다.

스페인어는 미국에서 가장 많이 쓰이는 제2언어다. 서유럽 국가의 언어가 일반적으로 상위권이지만 아시아 국가의 언어도 점점 우세해지고 있다. 예를 들어, 중국어는 1990년에 5위였지만 2000년에는 2위로 올라섰다. 같은 기간에 타갈로그어(필리핀)는 6위에서 5위로, 베트남어는 9위에서 6위로 상승했다.

영어학습자(ELL)는 "지원 없이 일반교육 교수로는 효과를 얻지 못할 정도로 영어 기술이 제한된 사람" (Yates & Ortiz, 2004, p. 45)으로 정의한다. 2000년의 인구조사는 5~17세 인구의 18%가 가정에서 영어가 아닌 다른 언어를 사용한다고 보고하였다. 이 중 13%는 영어가 유창하지 못하거나 전혀 하지 못하는 것으로 나타났다. 제한된 영어 지원을 받는 학생 비율이 캘리포니아의 24.5%부터 버지니아의 0.3%까지 나타났고, 전국 평균은 8.2%다(NCES, 2002b).

사회경제적 및 가족 구성의 다양성

미국은 또한 사회경제적으로 더욱 다양해지고 있다. 2002년에는 전체 아동 중 17%가 극빈층 가정 출신인 것으로 나타났다. 그리고 5%는 국가 보조를 받는 가정에서 살고 있고, 11%는 식권을 받는 것으로 나타났다. 반대로 2000년의 전체 아동 인구 중 29%는 가정의 연수입이 최소 7만 5,000달러인 것으로 나

표 1-6 5세 이상 아동이 가정에서 사용하는 언어와 영어말하기 능력(상위 15개 언어)

인종	1990		2000	
	순위	총 인원 (백만)	순위	총 합계 (백만)
모든 언어		31.8		46.9
스페인어	1	17.3	1	28.1
프랑스어(케이준 포함)	2	1.7	3	1.6
독일어	3	1.5	4	1.4
이탈리아어	4	1.3	7	1.0
중국어	5	1.3	2	2.0
타갈로그어	6	0.8	5	1.2
폴란드어	7	0.7	10	0.7
한국어	8	0.6	8	0.9
베트남어	9	0.5	6	1.0
포르투갈어	10	0.4	12	0.6
일본어	11	0.4	13	0.5
그리스어	12	0.4	16	0.4
아라비아어	13	0.3	11	0.6
힌두어	14	0.3	15	0.3
러시아어	15	0.2	9	0.7
프랑스 크레올어	19	0.2	14	0.5

출처: U.S. Census Bureau. (2000). Accessed November 16, 2004, at http://www.census.gov/population/socdemo/language/table4.txt and http://www.census.gov/population/cen2000/phc-t20/tab05.pdf.

타났다(Fields, 2003).

아동이 속해 있는 가족 구성 또한 다양하다. 2002년에는 다수의 아동(69%)이 양친과 살고 있는 반면, 거의 1/4(23%)은 엄마, 그리고 5%는 아빠와 살고 있고 4%는 부모와 함께 살고 있지 않았다(Fields, 2003). 오늘날 조부모는 아동을 키우는 데 중요한 역할을 담당한다. 엄마와 살고 있는 아동 중 10%는 조부모와도 함께 살고 있었고(아빠와 함께 살고 있는 경우에는 8%), 2002년에 양 부모 모두와 함께 살고 있지 않은 아동의 44%는 그들의 조부모와 함께 살고 있었다(Fields, 2003).

사회경제적 지위와 가족 구성 간의 상호작용 또한 간과할 수 없다. 예를 들어, 2002년에 부모 없이 조부모와 살고 있는 아동은 한 부모와 조부모가 같이 살고 있는 아동보다 2배나 많이 극빈층에 속해 있었다(Fields, 2003). 자료에 따르면 민족도 사회경제적 지위에 영향을 끼치는 것으로 나타났다. 예를 들어, 2002년 아시아인 가정과 태평양섬 가정은 백인 가정보다 7만 5,000달러 이상의 소득을 더 많이 올렸지만, 더불어 소득이 2만 5,000달러에 미치지 못한 가정도 많은 것으로 나타났다(Reeves & Bennett, 2003). 다른 예로 2001년에 전체 인구의 빈곤층 비율이 12%였는데, 23%는 아프리카계 미국인이었고 8%만이 라틴아메리카계가 아닌 백인이었다(McKinnon, 2003).

장애를 지닌 학생

미국의 인구통계학적 변화는 특히 특수교육분야에서 도전이 되고 있다. 장애 학생은 인종적, 민족적, 언어적으로 다양한 집단 출신이다. 장애를 가진 아동이 있는 가정은 월등하게 한부모 가정과 빈곤층 가정이 많다(Birenbaum, 2002). 장애 청소년은 일반 청소년보다 2만 5,000달러 이하의 소득이 있는 가정에서 살 가능성이 더 높다(USDOE, 2002). 장애를 가진 영어 학습자의 정확한 수는 모르지만, 대략 50만 명의 영어학습자가 특수교육 서비스 대상자인 것으로 나타났다(Thurlow & Liu, 2001). 즉, 영어학습자 학생은 특수교육 프로그램에서 불균형하게 나타난다(Ortiz & Yates, 2001). 30년이 넘는 기간 동안 주요 논쟁의 중심은 민족적으로 다양한 집단의 학생이 장애로 판별되는 비율에 관한 것이다. 일반적으로 말하면, 민족적으로 다양한 학생이 인구 비율에 비해 더 많이 혹은 더 적게 장애를 가진 것으로 판별되었다. 연구자는 다른 요소 중에서 인종적으로 편견이 있는 검사, 인종적으로 편견을 가진 전문가, 불충분한 지역사회 자원 같은 요소로 인해 불균등한 장애 판별 비율이 나타났다고 제시하고 있다(Hallahan & Mercer, 2002).

〈표 1-7〉에 IDEA를 통해 인종/민족별로 서비스를 받는 학생의 비율이 제시되어 있다. 이 비율은 마지막 줄의 인구 비율과 함께 비교될 수 있다. 자료에 근거

표 1-7 6~21세의 장애별, 인종/민족별 학생 비율(2000-2001학년도)

	아메리카 인디언/알래스카 원주민	아시아/태평양섬 주민	아프리카계 미국인(비라틴계)	라틴아메리카계	백인(비라틴계)	백인 외
학습장애	1.7	1.7	18.0	17.5	61.2	38.9
정서행동장애	1.4	1.3	26.7	8.1	62.6	37.5
정신지체	1.1	1.7	33.8	11.2	52.1	47.8
발달지체	2.3	2.4	18.5	9.7	67.2	32.9
모든 장애(IDEA 하의)	1.5	1.9	19.8	14.5	62.3	37.7
거주 인구	1.3	4.1	17.2	16.3	61.2	38.8

주: 반올림으로 인해 총합이 100%가 되지 않을 수 있음.
출처: USDOE. (2002); NCES. (2002a)에서 발췌한 내용으로 표 작성.

하면 특수교육에서 아메리카 인디언/알래스카 원주민과 아프리카계 미국인 학생은 과도하게 측정되었고, 아시아/태평양섬 나라와 라틴아메리카계는 과소측정되었음을 알 수 있다.

불균등한 비율은 복잡한 쟁점이다. 미국 정부의 발표는 이 문제를 복잡하게 만들었다. 현재 미국 교육부 인권위는 발표 목적으로 민족 집단을 없앴다. 예를 들어, 아시아계 미국인과 태평양섬 주민이 한 집단에 포함되었다.

몇몇 주는 인종과 민족을 더 자세하게 분리시켜 너 좋은 상황을 제공하고 있다. 예를 들어, 하와이 주의 자료에서는 많은 장애 범주에서 태평양섬 주민은 더 많이 아시아계 미국인은 더 적게 판별된 것으로 나타났다(Sileo & Prater, 1998).

민족적으로 다양한 집단 학생의 장애 비율이 불균형하게 나타난 연구 결과가 많이 있다. Dunn(1968)은 경도 정신지체를 가진 학생을 위한 특수학급에서 소수 학생이 지나치게 많음을 처음 언급한 것으로 알려졌다. 그 이후로 많은 국가적·지역적 연구에서 이런 쟁점을 연구했는데, 최근의 연구 결과는 다음과 같다.

- 아프리카계 미국인과 라틴아메리카계 학생은 몇몇 주에서 불균등하게 학습장애로 판별되었다(Hallahan & Mock, 2003).
- 아메리카 인디언/알래스카 원주민과 아프리카계 미국인 학생은 정서행동장애로 과도하게 판별되었다(Forness & Kavale, 2000).
- 라틴계가 아닌 백인 학생은 아프리카계 미국인 혹은 라틴계 학생보다 종종 더 많이 ADHD로 판별되었다(Pastor & Reuben, 2002).
- 아시아/태평양섬 여학생은 학습장애를 가진 것으로 가장 적게 판별된 데 반해 아메리카 원주민 남학생은 제일 많이 판별되었다(Coutinho, Oswald, & Best, 2002).

인종적, 민족적, 언어적으로 다양한 집단의 학생 수가 증가하는 것을 포함한 인구의 변화를 통해 모든 교사는 다양한 학습자에게 어떻게 적절한 교수를 제공해야 하는지 알아야 한다. 다문화 집단에 대한 추가 정보와 자세한 내용은 책 전반에서 통합적으로 다루어진다.

요약

- 장애 특성과 정의에 대한 이해는 교사로 하여금 학생을 더 잘 이해할 수 있도록 한다.
- 사람 우선 언어는 정치적인 공정성보다 더 중요하다. 그것은 장애가 아닌 사람에게 초점을 맞추기 때문이다.
- 미국에서는 학생이 특수교육 서비스를 받으려면 장애인교육법(IDEA)에서 정한 기준에 부합해야 한다.
- 범주적 접근은 학생이 가진 장애 영역(예, 학습장애, 정서행동장애, 정신지체)에 근거해 학생의 장애를 확인하고 서비스를 제공하는 것을 말한다. 비범주적 접근은 장애 정도(예, 경도·중등도 장애)와 관련이 있다.
- 대부분의 서비스 전달과 교사 자격증 취득과정은 비범주적 접근방법을 따르는 반면, IDEA 하에서는 여전히 범주적 접근을 고수하고 있다.
- 비록 ADHD가 IDEA 하에서 장애 범주에 속하지 않는다고 하나, 일반적으로 경도·중등도 장애 범주에 속하는 네 가지 장애에는 학습장애, 정서행동장애, 정신지체, ADHD가 속한다.
- 네 가지 장애 범주는 정의하기 어렵고 또 앞으로도 그럴 것이다.
- 2004년에 개정된 IDEA에서는 학습장애 정의의 일부분으로서 불일치 기준이 중재 반응 준거로 대체될 수 있음을 명시하고 있다.

- 전문기관은 정서장애에 대한 IDEA의 정의와 명칭을 바꾸고자 시도하였으나 지금까지는 성공하지 못했다.
- 미국정신지체협회(AAMR)는 최근 정신지체의 정의에서 장애 정도를 지원 수준으로 대체하였다.
- ADHD는 IDEA의 장애 범주에는 포함되지 않았지만 다른 건강장애에 추가되었다.
- 미국 학교는 특히 민족적, 사회경제적, 언어적으로 점점 다양해지고 있다.
- 민족은 인종과 다르다. 라틴아메리카계는 인종이 아닌 민족이다.
- 한부모 가정이나 빈곤층 가정에서 장애 학생은 불균형적으로 나타난다.
- 민족적·인종적으로 다양한 집단의 장애 학생은 일반학교 집단보다 과잉 혹은 과소 판별되었다.
- 대부분의 경도·중등도 장애 학생은 집중력, 기억력, 개념 형성, 학업적 기술, 사회적 유능성에서 부족한 학습 특성을 가지고 있다.
- 경도·중등도 장애 학생은 낮은 학습 동기를 가지고 있을 수 있다.
- 장애 학생, 특히 학습장애 학생은 그들의 학교 실패를 내적 요인 탓으로, 성공은 외적 요인 탓으로 돌리는 경향이 있다.

연습 문제 ·············

1. 장애 아동을 판별하는 데 있어 범주적 접근과 비범주적 접근의 차이를 설명하라. 이런 다른 접근은 장애 학생의 교수에 어떠한 영향을 미치는가?
2. 어떤 장애가 높은 출현율 장애로 분류되는가? 어떤 장애가 낮은 출현율 장애로 분류되는가? 이런 범주가 존재하는지를 아는 것은 왜 중요한가?
3. 장애 상태의 네 가지 주요 범주는 무엇인가? 각 장애의 양상을 정의하라.
4. 역사적으로 다양한 장애를 정의하는 데 있어 어떤 어려움이 있었는가?
5. 정신지체로 판별하기 위한 기준은 무엇인가?
6. 학생을 정서 혹은 행동 장애로 분류하기 위해서는 어떤 행동이 꼭 나타나야 하는가? 정서 혹은 행동 장애 학생의 학문적 수행이 일치하지 않는 이유에 대해 토론하라.
7. 분리된 장애 범주로서 ADHD의 양상은 어떠한가? ADHD를 가지는 것이 학습에 어떻게 부정적인 영향을 미치는지 설명하라.
8. 장애 학생이 지니는 또래와 다른 세 가지 인지적 측면에 대해 토론하라. 각각을 설명하고 각 영역에서 결함을 가진 학생이 어려워할 수 있는 학교 관련 과제를 기술하라.
9. 특수교육에서 다양한 집단의 과도한 판별과 관련 쟁점에 대해 토론하라.
10. 이 장을 복습하면서 장애가 학생의 삶에 미치는 영향에 대해 배운 것을 설명하라.

활동 ·············

1. 당신은 장애 상태를 어떻게 인지하고 있는가? 이 장에 서술된 장애 상태 중 하나를 선택하여 개인이나 그 장애를 가진 개인과 상호작용한 개인적 경험에 대해 서술하라.
2. 당신이 살고 있는 지역의 특수교육 법칙과 시행령을 확인하라. 당신이 살고 있는 지역은 학습장애, 정신지체, 정서행동장애에 대해 어떻게 정의하고 있는가?
3. 특수교육 자격 부여과정이 장애 학생에게는 어떨지 생각해 보고, 학생이 평가받고 장애로 진단받을 때 어떻게 느낄지 당신이 생각하는 바를 한 페이지 분량으로 설명하라.
4. http://www.ldonline.org를 방문하여 LD in

Depth를 클릭해 보라. 아동의 장애를 어떻게 판별하는지에 대한 부모의 이해를 돕는 논문은 어떤 것인가? 논문을 읽고 주제를 요약하여 기술하라.

 ### 특수아동협의회(CEC) 기준

특수아동협의회는 특수교사, 보조교사, 관련 서비스 인력, 부모, 그리고 장애인 또는 영재에 관심이 있는 인력으로 구성된 국립 최고 전문기관이다. 이 기관은 특수교사를 위한 준비로 열 가지 기준을 만들었다. 이들 기준은 각 장에 그 내용과 관련된 것들이 열거되어 있다. 1장에 적용되는 기준은 기준 2와 3이다.

기준 2: 학습자의 특성 발달

특수교사는 우선 그들의 학생이 독특한 인간이라는 사실을 알고 존중한다. 특수교사는 인간 발달에 있어 유사점과 차이점, 그리고 특수교육 요구(exceptional learning needs: ELN)를 가지거나 가지지 않는 개인 사이의 특성을 이해한다. 게다가 특수교사는 특수한 상태가 인간 발달 영역과 어떻게 상호작용할 수 있는지를 이해하고 이 지식을 ELN 학생의 다양한 행동과 능력에 대응하기 위해 사용한다. 특수교사는 ELN 학생의 경험이 가족에게 어떻게 영향을 미칠 수 있는가뿐만 아니라 학습하고 사회적으로 상호작용하고 지역사회 구성원에게 공헌하며 사는 개인의 능력을 이해한다.

기준 3: 개인적 학습 차

특수교사는 특수한 상태가 학교에서의 개인의 학습과 삶 전체에 미치는 영향을 이해한다. 특수교사는 문화 내 그리고 문화 간 믿음, 전통, 가치가 학생과 가족, 학교 공동체 사이의 관계에 영향을 미칠 수 있음을 이해한다. 아울러 특수교사는 주요 언어, 문화, 가족 배경이 어떻게 개인의 특수한 상황과 상호작용하여 개인의 학업, 사회적 유능성, 태도, 가치, 흥미, 직업 선택에 영향을 주는지 이해하기 위한 풍부한 자원을 가지고 있고 적극적이다. 이런 학습 차이에 대한 이해와 적절한 상호작용은 특수교사가 교수를 개별화하여 ELN 학생에게 의미 있고 도전적인 학습을 제공하는 기초를 마련한다.

출처: Council for Exceptional Children, *What Every Special Educator Must Know: Ethics, Standards, and Guidelines for Special Educators.* Copyright 2005 by the Council for Exceptional Children, 1110N. Glebe Rd., Suite 300, Arlington, VA 22201. 이 출판물의 부분적인 복사와 변형이 허가되었음.

○2

특수교육에 영향을 미치는 법과 교육개혁

주요 개념

주요 법률

- 장애인교육법
- 재활법 504조
- 아동낙오방지법

IEP 절차

- IEP 팀 구성원
- IEP 문서
- 서비스 전달
- IEP 검토와 수정

교육과정과 기준

- 교육과정
- 기준
- 일반교육과정에의 접근
- 보편적 설계

교육과정, 기준 및 IEP 연계시키기

 주요 질문

1. 교사가 미국의 주요 법률 시행령을 이해하는 것은 왜 중요한가?
2. 주요 법률 시행령은 무엇이며 그것이 미국의 특수교육 서비스에 어떠한 영향을 미치고 있는가?
3. 이러한 법률 시행령은 장애 학생에게 제공되는 서비스 관계와 어떻게 연계되는가?

1. 주요 법률

연방법의 제정은 40년 이상 특수교육 분야에 영향을 미쳐 왔다. 미국에서 이러한 법률은 특수교육이 무엇이고 누가 해당 서비스를 받을 자격이 있는지에 대해 정의하고 있다. 초기 법률은 탈시설화와 정상화, 장애인의 권익 옹호, 그리고 시민권 운동을 향한 역사적 움직임에 의해 추진되었다(Murdick, Gartin, & Crabtree, 2002). 이 장에서는 지금까지의 모든 법률 시행령과 소송사건에 대해 이야기하는 대신, 오늘날 특수교육자에게 가장 큰 영향을 미쳤던 장애인교육법, 재활법 504조, 그리고 아동낙오방지법의 세 가지 법률 시행령에 대해서 이야기하고자 한다.

장애인교육법

우리가 오늘날 장애인교육법 또는 IDEA(Individuals with Disabilities Education Act)라고 부르는 이 법률은 1975년 11월에 전장애아교육법(EAHCA, PL 94-142)이라는 명칭으로 통과되었다. EAHCA가 1990년 재인준되었을 때는 명칭이 IDEA로 바뀌었다. 그리고 이 법은 1997년과 2004년에 다시 재인준되었다.

미국 헌법에 의해 교육은 주(州)의 책임이다. EAHCA(현 IDEA)가 처음 통과되었을 때, 주는 장애와 상관없이 모든 아동과 청소년에게 서비스를 제공하도록 규정되었다. 이 법은 또한 학생에게 서비스를 제공해야 하는 교육적 책임이 증가된 주를 위해 연방 재정을 지원하였다. 따라서 IDEA는 아동의 기본권에 대한 법안이며 학교에 연방의 재정적 지원을 제공하기 위한 지시(mandate)라고 할 수 있다. 그러나 연방 정부는 IDEA에 의해 각 주에 약속된 만큼의 충분한 재정을 지원하지 못하고 있는 실정이고, 학교들은 현재 충분한 연방 재정 없이 IDEA의 요구를 충족시켜야 할 책임을 갖고 있다.

IDEA의 전반적 목적은 다음과 같다.

- 모든 장애 학생에게 그들의 특별한 요구를 충족시키기 위한 특수교육과 관련 서비스를 포함하는 무상의 적절한 공교육을 보장하라.
- 장애 학생과 그들의 부모가 보호받을 수 있는 권리를 보장하라.
- 모든 장애 학생에게 교육을 제공하기 위해 주와 지역을 지원하라.
- 장애 학생을 교육하기 위한 노력의 효과를 평가하고 보장하라(Murdick et al., 2002).

EAHCA(현 IDEA)가 통과되기 이전, 각기 주 법률이 요구하지 않을 경우 장애 아동과 청소년은 교육 기회에 대한 동일한 접근을 보장받지 못했다. IDEA는 특수교육 서비스에 적합한 학생의 구체적 분류를 명확히 하였다. IDEA는 계속적인 재인준을 통해 장애 집단을 추가시켜 왔다. IDEA 하의 서비스 적합 대상은 다음의 장애 영역 중 하나 또는 그 이상의 문제를 보이는 학령기 아동인데, 이들은 손상(impairment) 때문에 특수교육과 관련 서비스를 필요로 한다.

- 정신지체
- 특정학습장애
- 정서장애
- 기타 건강장애
- 말/언어장애
- 청각장애
- 농
- 전맹을 포함한 시각장애
- 지체장애
- 자폐증
- 외상성 뇌손상
- 농-맹
- 중복장애

학습장애, 정서장애, 정신지체, 그리고 기타 건강장애(주의력결핍 과잉행동장애 포함)에 대한 IDEA의 자세한 정의는 1장에서 다루었다.

학령기 학생에게 서비스를 제공하는 것 이외에, 발달지체를 보이는 3~5세 아동도 이러한 서비스를 받을 수 있다. 주는 발달지체를 명확하게 정의하고, 신체적, 인지적, 의사소통, 사회적 또는 정서적, 또는 적응성의 발달 영역 중 하나 또는 그 이상의 영역에서 적절한 진단 도구와 절차에 의해 지체된 정도를 측정하도록 보장해야 한다.

IDEA가 어떻게 작용하는지에 대한 대부분의 법과 법규의 정의는 여섯 가지 주요 원칙에 의해 좌우된다 (Murdick et al., 2002). 이러한 원칙은 1975년의 EAHCA 초기 내용에서 변하지 않았다.

완전취학(배제 금지)　완전취학(zero reject)은 "법령의 이론적 핵심"(Murdick et al., 2002, p. 23)으로 정의되어 왔다. 완전취학은 모든 아동은 그들의 장애의 정도 또는 특성에 상관없이 배울 수 있고 교육받을 수 있다는 원칙에 기본을 두고 있다. 따라서 학교는 반드시 모든 학생을 교육해야 한다. 어떤 학생도 공교육에서 제외되어서는 안 된다. 이 원칙은 무상의 적절한 공교육을 보장하는 시행령(free, appropiate public education[FAPE]이라고 불림)을 통해 강화된다. 모든 학생은 학교에 갈 수 있는 기회가 있어야 하고, 학교교육은 공적 비용으로 제공되어야 한다.

비차별적 평가　비차별적 평가(nondiscriminatory assessment)는 아동의 장애 진단, 적절한 프로그램 계획 마련, 그리고 교육적 배치 시 편향되지 않고 다양한 측면의 평가방법을 적용하는 것이다. 검사와 평가 자료는 인종적·문화적 차별이 없어야 한다. 모든 검사는 학생의 모국어 또는 다른 적절한 의사소통 방식으로 사용 목적에 타당하게 이루어져야 하고, 훈련된 검사자에 의해 실시되어야 한다. 또한 하나의 검사 또는 절차만을 적용하여 판별 또는 배치 결정을 해서는 안 된다.

적법절차에 의한 보호　적법절차에 의한 보호 (procedural due process)는 장애 학생의 교육에 참여하는 모든 당사자에게 보장된다. 적법절차는 장애 학생의 장애 선별과 배치 결정에서 불일치가 나타날 때 부모와 학교의 권리를 보호한다. 예를 들어, 부모가 학교의 평가 결과에 동의하지 않는다면 공적 비용으로 독립적인 평가를 요구할 수 있다. 그리고 학교와 부모가 선별, 평가, 배치, 학생을 위한 관련 서비스 등에 대해 다른 의견을 보인다면 각기 적법절차 증언을 요구할 수 있다. 주는 또한 공청회를 열기 전에 제삼자에 의한 중재를 통해 이러한 불일치를 해결하기 위한 기회를 반드시 제공해야 한다.

부모 참여　부모 참여(parental participation)는 적법절차에 의한 보호 원리와 밀접한 관련이 있다. '부모'는 법적으로 정의되며, 필요한 경우 대리부모를 지명하기 위한 조항이 제시되어 있다. IDEA는 부모가 아동의 교육에 대한 결정을 할 수 있는 다학문적 협력 팀의 일원으로 참여하길 요구한다. 부모의 책임에는 다음 사항이 포함된다.

- 검사와 평가에 대한 서면 동의 제공하기
- 자녀의 서비스 적격성 여부 결정에 참여하기
- 자녀의 개별화교육 프로그램(IEP) 개발 돕기
- 적어도 매년 자녀의 진보 여부 살펴보기
- 자녀 옹호하기

최소제한환경　최소제한환경(least restrictive environment: LRE)이란 장애 학생이 장애를 가지지 않은 학생과 최대한 함께 교육받는 것을 의미한다. 법률은 장애 아동이 일반교육 환경에서 소외되는 상황은 일반학급에서의 교육이 장애의 정도와 특성으로 인해 추가 지원과 서비스가 만족스러울 만큼 주어지기 어려울 경우에 한한다고 명시하고 있다(34 CFR Section 300.550).

개별화교육 프로그램 개별화교육 프로그램 (Individualized Education Programs: IEPs)은 장애 학생에게 적절한 교육이 제공되도록 보장하는 주요 요소다. IEP는 부모와 교직원 간의 협력을 통해 개발되는 문서다. 본질적으로 IEP는 학생의 교육적 요구와 구체적으로 관련된 세부 서비스와 목표에 관한 개별화된 프로그램 계획이다. 여섯 가지 원칙이 IDEA의 방향을 좌우하지만, IEP는 학생의 교육적 프로그램의 모든 측면을 검토하는 방법을 지시하고 제공한다는 점에서 특수교육의 핵심이라 여겨진다. 실제로 IEP는 장애 학생을 위한 무상의 적절한 공교육을 공식화한다(Drasgow, Yell, & Robinson, 2001).

IDEA가 1997년과 2004년에 개정되었을 때 몇 가지 개정조항이 추가되었는데, 다음의 세 가지 개정조항은 교사에게 큰 영향을 미쳤다.

IEP 팀의 구성과 작성된 문서 수정하기 1997년 IDEA는 일반교사가 IEP 팀에 참여하도록 요구함으로써 일반교육에 대한 강조 내용을 추가하였다. 또한 부가적인 요구 요소가 IEP 문서에 더해졌다. IDEA의 증가되는 서류 업무와 비교수적 시간의 요구에 대한 관심이 제시되면서, 2004년 개정안에서는 15개의 주가 무상의 적절한 공교육(FAPE) 또는 적법 절차에 의한 보호에 영향을 미치지 않는 요구사항의 권리 포기를 추진하도록 하였다. IEP 팀과 IEP 문서에 대한 더 많은 정보는 뒤의 'IEP 절차'에서 다루어진다.

장애 학생을 주 또는 지역 범위 사정에 포함하기 주와 지역은 책무성의 목적으로 모든 학생의 학업성취를 문서화하는 데 대규모 사정도구를 사용한다. 이러한

사정을 통해 학생이 지역 또는 주의 기준을 만족시켰는지의 여부를 확인한다. 몇몇 주에서는 학생의 수행이 다음 학년 수준 또는 졸업할 만큼 진보되었는지를 결정한다. 현재 IDEA는 학교가 모든 사정 프로그램에 (필요한 경우 수정을 통해) 모든 장애 학생을 참여시키도록 요구한다. 주는 또한 대규모 검사에 참여할 수 없는 학생을 위해 대안적인 사정도구를 개발해야만 한다(NICHCY, 1998).

법률상 징계규정 조항 추가하기 1997년 IDEA에서는 징계규정에 관한 항목이 추가되었으며 2004년에는 개정되었다. 만약 장애 학생이 행동 문제를 보인다면, IEP 팀은 해당 문제들을 다루기 위한 전략에 대해 고려해야만 한다. 기능적 행동사정(functional behavioral assessment)에 근거한 예방적 행동관리 계획이 포함되어야만 한다. 장애 학생은 비장애 학생과 마찬가지로 정학될 수 있지만, 그들의 정학기간 또는 배치 변화는 학기 중 연속 10일을 초과해서는 안 된다. 또한 학생이 1년 중 연속 10일 이상 학교에서 정학을 당한다면 해당 학교는 교육적 서비스를 제공해야만 한다. 1997년 IDEA는 장애 학생이 학교에 무기를 가지고 오거나 소지하거나 사용하거나 팔거나 또는 학교에서 불법 약물 또는 제한된 물건의 판매를 요청할 경우 45일 이하로 적절한 대안적 교육환경에 배치될 수 있다고 명시하였다(Katsiyannis, Yell, & Bradley, 2001). 2004년 개정안은 이 위반 항목에 '심각한 신체적 손상'을 추가하였다. 이와 더불어 정학은 비장애 학생에게 적용될 경우 45일을 넘을 수도 있다.

추가 변화가 2004년 재인준을 통해 이루어졌다. 이러한 변화의 대부분은 IDEA와 아동낙오방지법(NCLB)을 관련짓고 있다. 예를 들어, 높은 자격을 갖춘 특수교사의 자격 조건이 새로운 개정안에 추가되었는데, 이것은 NCLB 항목에서 다루어지는 내용이다. IDEA에 제시된 변화 중 교사에게 가장 큰 영향을 준 변화는

추가적 서류 업무와 학생의 학습에 영향을 미치지 않는 비교수적 시간 부담을 줄이도록 포기 권한을 부여한 15개 주 지침의 인정이다. 아울러 법령의 명칭은 2004년 장애인교육진흥법(Individuals with Disabilities Education Improvement Act of 2004)으로 변경되었다. IDEA 약자를 보편적으로 사용하기 때문에 2004년 개정안을 언급할 때 IDEA를 계속 사용할 것이다.

교직원, 부모, 학생 모두 IDEA에 의해 큰 영향을 받았다. 미국 특수교육의 대부분은 이 법에 의해 정의된다. 특수교사는 장애 학생을 판별하고 평가하고, 개별 교육계획을 작성하고, 부모와 다른 전문가와 협력하고 서비스를 전달하는 데 있어서 IDEA의 요구사항을 알고 이해하고 적용해야 한다.

재활법 504조

1973년에 미 의회는 재활법을 통과시켰다. 이 법은 정신적·신체적 장애를 가진 사람의 재활과 훈련을 위한 연방 지원의 권한을 부여하였다. 재활법 504조(Section 504 of the Rehabilitation Act)는 공립학교를 포함하여 모든 연방 재정 지원의 수혜자에게 영향을 미치는 비차별적 규정이다(Smith, 2002). 504조는 다음과 같다.

장애인으로 판별된 개인은 그 혹은 그녀가 가진 장애만의 이유로 참여로부터 배제되고, 이익을 거절당하며, 연방 재정 보조를 받는 활동 또는 어떤 프로그램에서의 차별을 받아서는 안 된다(29 U.S.C. Section 794).

만약 장애 학생이 장애를 가지지 않았으면 적합했을 서비스에서 제외된다면 차별로 여겨질 것이다. Smith(2002)는 이 개념에 대해 다음 예를 통해 설명한다.

그 또는 그녀는 장애의 존재가 차별의 요소가 되기

전에 무엇인가를 하기 위한 자격을 갖추어야 한다. 만약 학생이 자격을 갖추지 못한 활동에 참여하기를 원하는데도 참여시키지 않는 것은 차별로 여기지 않을 것이다. 예를 들어, 주의력결핍 과잉행동장애(ADHD)를 가진 16세 소년이 농구 팀에 들어가길 원하지만 드리블, 슛, 패스를 할 수 없는 경우 농구 팀의 코치는 그가 팀에 적합하지 않으므로 농구 팀에서 경기를 하도록 허락하지 않을 것인데, 이는 504조에 의해 차별이라고 할 수 없다.

최근까지 학교 운영자는 IDEA를 만족시킴으로써 504조의 요구사항 역시 만족시킨다고 생각했기 때문에 사실상 504조는 공립학교에서 무시되어 왔다(Smith, 2002). 그러나 항상 그러한 것은 아니다. 부모와 장애 학생을 위한 다른 옹호자는 504조에 대해 더 많이 알게 되면서 504조에 관한 보호와 서비스를 요구하고 있으며, 학교는 그에 응할 필요가 있다. IDEA와 달리, 504조는 장애 학생을 지원하는 데 어떠한 연방 재정 지원도 하지 않는다. 하지만 학교가 504조를 준수하지 않는다는 것이 밝혀지면 다른 연방 재정 지원을 잃게 될 것이다(deBettencourt, 2002).

504조의 보호와 서비스를 위한 적격성은 IDEA 내용과는 다르다. IDEA는 서비스에 적합한 학생을 판별하는 데 범주적 접근을 사용한다. 이에 비해 504조는 기능적·비범주적 접근을 활용한다. 만약 그 사람이 (1) 주요 일상 활동의 하나 혹은 그 이상을 심각하게 제한하는 신체적·정신적 장애를 가졌거나, (2) 그러한 장애의 기록을 가졌거나, (3) 그러한 장애를 가졌다고 여겨지는 경우에는 장애를 가진 것으로 여겨진다(29 U.S.C. Section 706[8]).

신체적 또는 정신적 장애는 다음과 같이 정의된다.

• 다음의 신체 조직 중 하나 이상에 영향을 미치는 어떤 생리학적 장애 또는 상태, 성형적인 손상, 또는 해부학적 손실: 신경계, 근골격계, 특별한

감각기관, 조음기관을 포함한 호흡계, 심혈관계, 생식계, 소화계, 비뇨생식계, 림프계, 내분비계
- 정신지체, 기질성 뇌 증후군, 정서적 또는 정신적 질병, 그리고 특정학습장애와 같은 정신적 혹은 심리학적 장애(29 U.S.C. Section 706[8])

신체적 또는 정신적 장애는 주요 일상 활동에 영향을 미친다. 주요 일상 활동은 걷기, 대화하기, 보기, 듣기, 말하기, 숨쉬기, 공부하기, 일하기, 손으로 하는 과제 수행하기 등의 행위로 정의된다. 공립학교에서 504조 서비스를 받고 있는 대부분의 아동과 청소년은 그들의 장애가 학습에 영향을 미치므로 서비스를 받는다. 하지만 그들은 다른 주요 일상 활동 때문에도 504조에 의한 보호와 서비스를 받기에 적합할 것이다.

학생의 장애가 주요 일상 활동에 심각하게 영향을 미치는지를 결정하기 위해 전문 평가를 사용하는 것은 학교의 책임이다(deBettencourt, 2002). 504조는 IDEA 서비스에 적합하지 않은 학생뿐만 아니라 IDEA 하의 서비스를 받고 있는 모든 장애 학생을 포함한다(Murdick et al., 2002).

IDEA와 504조는 유사한 규정을 가진 동시에 차이를 보이는 규정을 가진다. 두 법 모두 최소제한환경 내에서 무상의 적절한 공교육이 이루어지도록 보장한다. 그러나 둘 간에는 요구되는 평가 절차상의 차이가 있다. IDEA에서 학교는 종합적인 평가를 수행하기 이전에 서면으로 작성된 부모의 동의서를 얻어야만 한다. 학교는 또한 필요할 경우나 부모가 요구할 경우 적어도 3년에 한 번씩 개별 학생의 재평가를 실시해야 한다. 504조는 부모의 동의를 요구하지 않는다. 단지 평가 통지와 '정기적' 검토 및 재평가만이 요구된다(deBettencourt, 2002).

504조는 형식적인 IEP 작성을 요구하지 않는다. 하지만 이 법에서는 학교로 하여금 서비스 수혜 자격이 있는 개별 학생을 위한 504조 계획을 작성하도록

요구한다. 학교가 그 계획을 서면으로 작성할 필요는 없으나 이는 매우 권장되는 방법이다. 어떤 학교는 504조 계획을 위해 IEP 양식을 사용하기도 하며, 또 어떤 학교는 개별 양식을 개발하기도 한다. "보편적 믿음과 달리, 504조는 일반교육에 근거한 서비스 또는 일반교육 프로그램의 수정에 제한되는 것이 아니다."(deBettencourt, 2002, p. 21) 504조의 서비스를 받기에 적합하다고 판별된 학생은 일반학급 안에서 특별화된 교수, 관련 서비스 또는 편의를 제공받을 수 있다.

504조 서비스에 적합하다고 판별된 학생에는 IDEA 서비스에 적합하지 않은 학생(예, IQ는 낮지만 정신지체로 판별될 만큼 낮지 않은 학생)뿐만 아니라 ADHD, 의학적 상황 또는 전염성 질환(예, 심장병, 암, HIV/AIDS)을 가진 학생이 포함될 것이다. 일시적 장애 학생 또한 504조 서비스의 혜택을 받을 수 있을 것이다(deBettencourt, 2002; Smith, 2002).

아동낙오방지법

가장 최근에 공립학교와 교사에게 영향을 끼친 세 번째 법령은 아동낙오방지법(No Child Left Behind Act [NCLB], 2001)이다. 이 법은 1965년 미 의회에서 통과된 초·중등교육법(ESEA)의 재인준안이다. NCLB는 "1965년 이후로 국립 학교 법령 중 가장 급격한 변화"(Bloomfield & Cooper, 2003, p. 6)로 설명되어 왔다. IDEA가 공립학교 내에서 특수교육의 시행을 정의하는 방법과 유사하게, NCLB는 일반교육 교수방안을 형성하는 데 연방정부를 주된 역할자로 제안하였다. 교사에게 직접적으로 영향을 미치는 NCLB의 주요 요소는 다음과 같다.

NCLB는 주, 학군 및 학교에 증가된 책무성을 요구함
NCLB는 주가 모든 공립학교에서 모든 학생을 포함하는 주 단위의 책무 시스템을 실행하도록 요구한다.

3~8학년까지의 모든 학생은 매년 읽기와 수학 영역에서 주 단위의 진보 목표를 근거로 하여 검사를 받아야 한다. 이러한 검사 결과는 공적으로 제작되어야 하며, 어떠한 집단도 배제되지 않았음을 확고히 하기 위해 빈곤층, 인종, 민족, 장애, 제한된 영어 능력 등을 포함한 하위 집단도 보고해야만 한다. 주 전체의 성취 목표에서 충분한 연간 진보(AYP)를 보이는 데 실패한 학교는 목표 수준까지 달성하도록 관리 대상이 된다. NCLB에 따르면 학생 인구의 단 1%만이 대안적 성취기준으로 사정되고 AYP를 만족시킨다고 간주된다 하더라도 주는 학생 인구의 2% 이상을 위해 수정된 검사를 사용할 수 있다.

NCLB는 부모의 선택을 유의미하게 증가시킴   특정한 경우에 지역 교육청(LEA)은 저소득층 학생의 부모가 자녀의 교육을 보조하거나 또는 다른 학교로 전학하기 위해 승인된 제공자(사적 또는 공적 제공자)를 통해 연방 자금을 사용하도록 허락해야만 한다(Bloomfield & Cooper, 2003). 이와 더불어 계속해서 위험한 학교에 다니는 학생 또는 학교에서 폭력적인 범죄의 희생자가 된 학생은 지역 내에서 안전한 학교에 다닐 선택권을 가지게 된다.

NCLB는 과학 기반 프로그램과 교수 실제를 사용하도록 강조함   NCLB는 엄격하게 과학적인 기반을 둔 연구에 기초하여 교육 프로그램과 교육 실제를 결정하는 데 강조점을 둔다. 이러한 프로그램과 교수방법의 사용을 지원하기 위한 자금의 이용이 가능하다. 예를 들어, 읽기 영역에서 NCLB는 읽기 우선 프로그램(Reading First Program)에 의해 저학년을 대상으로 과학 기반 읽기교수를 지원한다. 읽기 우선 프로그램의 한 가지 주요 목표는 저학년 동안 적절한 읽기교수의 부족 때문에 특수교육 대상으로 판별된 아동 수를 감소시키는 것이다(USDOE, 2002).

NCLB는 교사마다 높은 자격을 갖추어야 함을 명시함

높은 자격을 갖춘 교사란 교과 능력을 나타내는 학사학위와 완전한 자격을 가진 교사로 정의된다. 초임 초등교사는 엄격한 주 테스트를 통해서 교과 지식과 교수 기술을 증명해야만 한다. 초임 중등교사는 주의 엄격한 학업적 교과 테스트를 통과하거나 그들이 가르치는 각각의 핵심 교과 과목에서 학위(또는 그에 상응하는 자격 증명서)를 취득해야만 한다. 주는 핵심 학업 교과 능력을 증명하기 위한 주 테스트에서 능숙도를 결정하거나 통과 수준에서 유연성을 가진다. 핵심 학업 교과는 영어, 읽기 또는 문학, 수학, 과학, 외국어, 윤리, 정치, 경제학, 미술, 역사, 지리학을 포함한다(USDOE, 2002). NCLB는 높은 자격 수준을 갖춘 특수교사에 대해 특별히 정의하지는 않는다. 이것은 2004년 IDEA 개정안에서 다루어지며 NCLB와 동일한 양상, 즉 내용 지식에 대한 높은 의존도를 띤다. 핵심적으로 높은 자격을 갖춘 특수교사는 일반교사의 교과 요구사항을 동등하게 만족시켜야 하는 동시에 특수교육의 자격을 갖추어야만 한다.

NCLB는 압도적인 초당파적 지지를 받고 통과되었지만, 학교는 이러한 새로운 연방의 지시사항을 적극적으로 환영하지는 않았다. 대부분의 비평가는 지방 자치의 손실과 함께 증가된 교육의 연방화에 중점을 두었다(Bloomfield & Cooper, 2003). 더구나 많은 교육자는 기대 수준이 너무 높다고 믿었다. 이 법령은 또한 장애 학생을 위한 융통성이 충분하지 않다는 비판을 받아 왔다(Scheuermann, 2003).

2. IEP 절차

504조와 NCLB는 특수교육 대부분의 영역에 영향을 끼치는 중요한 법이지만, IDEA에서의 IEP 절차는 장애 학생에게 교육 서비스를 제공하도록 한다. IDEA는 학군에서 지원하는 서비스를 제공하는 방법에 대한 일련의 절차를 개략적으로 설명해 준다.

태평양섬 미국인인 4학년 에노사는 또래와 같은 수준의 수학 기술을 가지는 데 어려움이 있다. 그는 학급 내에서 인기가 많고 리더처럼 여겨진다. 에노사의 3학년 담임교사는 학년 말에 에노사가 또래보다 수학 능력이 뒤처지는 것을 걱정하였다. 그리고 이 사실을 학기 초에 몇 번의 개별 중재를 시도한 에노사의 4학년 담임교사 윌리엄스 여사와 공유하였다. 예를 들어, 담임교사는 보충학습으로 또래교수 방식을 계획하여, 에노사에게 모눈종이를 주고는 숫자를 더 잘 정렬시킬 수 있도록 하였고 그의 책상에 수직선을 붙여 놓았다. 윌리엄스 여사는 중재의 시도 전과 시도 중의 자료를 수집하였다. 에노사의 수학 기술은 향상되었지만 여전히 다른 아동에 비해 뒤처졌다. 그리하여 교사는 그의 부모와 의논하였고, 개별 평가를 위한 구어적 동의와 서면 동의서를 얻었다.

IEP 절차의 첫 단계는 장애를 가졌다고 추정되는 학생을 의뢰하는 것이다. 의뢰는 교사, 부모/가족 구성원 또는 전문가에 의해 이루어질 수 있다. 전형적으로 의뢰건은 평가 절차를 통합한 다학문적 협력 팀으로 보내진다. 특정한 아동에 대한 자료가 수집되면 협력 팀은 (1) 그 학생이 IDEA 서비스에 적합한지, (2) 특수교육과 관련 서비스가 필요한지, 그리고 (3) 학생의 교육적 필요사항을 결정한다. 학생이 특수교육에 적합하고 서비스를 필요로 한다면 IDEA에 의해 필요한 서비스가 제공된다. IEP 팀은 개별화교육 프로그램 개발을 위해 모이게 된다(Drascow, Yell, & Robinson, 2001). 다학문적 협력 팀과 IEP 팀은 같은 구성원으로 이루어질 수도 있고 아닐 수도 있다. 혹 동일한 구성원이라면 일단 아동이 특수교육에 적합하다고 결정되었을 때 IEP를 개발하기 위한 회의를 지속하여 학생에게 특수교육 서비스를 제공할 수 있는 최선의 방법을 결정하게 된다.

IEP 팀 구성원

IEP 팀 구성원은 학부모, 학교 전문가, 학교 또는 학부모의 재량에 따른 다른 전문가로 이루어진다. 팀은 적어도 해마다 IEP를 개발하고 재검토하고 필요에 따라 수정한다. 법령이 명시적으로 요구하는 IEP 팀의 구성은 다음과 같다.

- 학부모
- 학생이 일반교육 환경에 참여하거나 그럴 수 있을 경우 최소 한 명의 일반교사
- 되도록이면 학생에게 서비스를 제공할 최소 한 명의 특수교사
- 지역 교육기관의 대표자. 지역 교육기관은 보통 학군과 상응한다. 대표자는 일반교육과정과 지역 교육기관의 자원 이용에 대한 식견뿐만 아니라 장애 학생을 위해 특별히 고안된 교수 전달을 감독하거나 제공하는 데 적합해야 한다.
- 검사 결과에 대한 교육적 적용 해석이 가능한 자
- 적절한 관련 서비스 제공자를 포함해서 학생에 대해 알고 있는 학교 또는 학부모의 재량에 따른 그 밖의 사람
- 적절한 경우 해당 학생

부모 참여   유의미한 부모 참여는 IDEA의 기본 원칙이다. 1975년 IDEA가 처음 통과되었을 때, "공립학교 교육 역사상 처음으로 장애 학생 부모는 공식적인 교육계획에 관하여 교사, 관리자와 동등한 지위를 얻게 되었다."(Martin, Marshall, & Sale, 2004, p. 285). 그러나 부모 참여에 대한 허가와 격려가 부모에게 활동적이고 협력적인 팀 구성원이 되는 것을 보장하지는 않았다. 팀의 태도와 관습은 부모가 얼마만큼

환영받고 편안함을 느끼도록 하는지에 큰 영향을 미쳤다(Dabkowski, 2004). 팀의 태도는 다음과 같은 방식으로 증명되었다.

- 학교는 회의 전에 부모를 얼마나 잘 준비시켰는가
- 언제 어디서 회의가 개최되었는가
- 누가 회의를 주도하고 팀 구성원에게 어떻게 참여를 요구하는가
- 의사결정 과정에서 부모의 인식은 어떻게 영향을 미치는가

부모 참여가 권장되었다 하더라도, 전문가는 부모 참여가 부족한 경우 상황을 잘못 해석할 수 있다. 때로 부모는 그들 자신이 팀의 동등한 구성원으로서 여겨지지 않거나 IEP 절차와 특수교육 용어에 친숙하지 않기 때문에 좌절감을 느낀다. 전문가는 부모가 참여하지 않는 것이 무관심과 인식의 부족 때문이라 추정해서는 안 된다(Lytle & Bordin, 2001). 문화적 또는 언어적 차이 또한 서로를 이해하고 생산적인 작업을 하는 데 장벽이 될 수 있다. 부모와 가족 구성원과 함께하는 다양한 문화를 교차하는 협력에 대한 자세한 논의는 3장에서 다루어질 것이다.

일반교사 참여   1997년 IDEA가 재인준되었을 때, 학생이 일반교육 환경에 참여하거나 참여할 수도 있을 시에는 일반교사가 IEP 팀의 필요 구성원으로 추가되었다. 학생에게 한 명 이상의 일반교사가 배정되었다면 모든 교사가 회의에 참석할 필요 없이 한 명만 참석이 요구된다. 그러나 한 명 이상의 참여가 학생의 성취에 유익할 수 있다면 모든 교사가 참여하는 것이 적절할 것이다.

일반교사 참여는 모든 IEP 회의나 전체 회의 동안에 필요하지 않을 수도 있다(NICHCY, 1999). 예를 들어, 일반교사는 학생이 일반교육과정에 적응하도록

교사를 위한 정보 2.1

부모 참여 증가를 위한 방법은 다음과 같다.

1. 첫 회의 전에 특수교육에 관하여 다른 부모와 이야기를 나누고 싶은지 물어보라.
2. 부모 지원 집단과 전국 단위의 조직, 기구에 관한 정보를 제공하라.
3. 회의 전에 학급을 방문하도록 초대하라.
4. 가정방문을 하라.
5. 학교에서의 학생 모습을 녹화한 후 부모와 공유하라.
6. 연락하고 만나기에 가장 좋은 시간을 확인하라.
7. 학생에게 문제가 있을 때뿐만 아니라, 향상을 보였을 때 부모와 접촉하여 긍정적 피드백을 제공하라.
8. 교육 전문용어를 사용하지 않도록 하라(Lytle & Bordin, 2001).

하는 최상의 방법에 관한 토론과 결정에는 참여해야 한다. 하지만 교사가 관련 서비스(예, 물리치료 또는 작업치료)를 이행하는 데 책임을 갖지 않는다면, 해당 서비스와 관련된 심의와 결정에 참여할 필요가 없다.

장애 아동과 청소년을 위한 국가정보시설(National Information Center for Children and Youth with Disabilities [NICHCY], 1999)은 IEP 회의에 앞서 학교와 부모는 일반교사가 특정한 회의에 참석해야 하는지에 관해 동의해야 하며, 만약 그렇다면 어느 시기에 필요한지에 대해 결정해야 한다고 제안한다. 이것은 사례에 따라 다르다.

교사를 위한 정보 2.2

일반교사가 느끼는 IEP 절차에서의 단절감과 IEP 회의 참석으로 소요되는 많은 시간에 대한 부담감을 줄이기 위해

다음의 전략을 시도하라.

1. 일반교사가 회의에 참석하고 IEP 절차에 참여하도록 개인적으로 초대하라.
2. 회의를 조직화하고 사전준비를 통해 회의에 소요되는 시간을 조정하라.
3. 회의를 조정할 때 일반교사의 일정을 고려하라.
4. 일반교사의 학급에서 회의를 주최하라.
5. 회의를 위해 일상적인 서류 업무를 처리하고 수업을 보충해 주는 특수교육 보조원을 공유하라.
6. 회의의 조직화를 위해 회의 일정표를 사용하라.
7. 회의 전에 일반교사에게 그들이 제공할 수 있는 유용한 정보가 무엇이고 무엇이 의논될지 알려 주라.
8. 일반교사가 학급 편의시설을 포함한 IEP 목표를 계획할 수 있도록 고무시키라.
9. 일반교사에게 IEP 복사본을 제공하라(Menlove, Hudson, & Suter, 2001).

학생 참여　　1975년 처음 IDEA가 서명되어 법률로서 승인되었을 때 IEP 팀에서 학생 참여는 선택사항으로 포함되었다. 하지만 1997년 개정안에서는 학생 참여에 대한 강조 내용이 확대되었고 그 후 2004년에는 개정되었다. 늦어도 16세의 학생들은 그들의 IEP 회의에 참석하도록 초대받아야 한다. 추가적으로 회의에서 정해지는 심의와 결정 사항은 학생의 흥미와 선호를 반영해야만 하고, 그들의 중등과정 이후의 포부는 학업의 계획과 필요한 전환 서비스의 방향을 제공해야 한다(Martin et al., 2004). 전환 서비스에 관한 추가 정보는 15장에 제시되어 있다.

최근 보고서에서는 학생이 그들의 IEP 회의 구성원이 되어야 하지만 많은 교사가 학생을 참여시키는 데 실패하고 학생이 참여하여도 필요한 자기 의사결정기술과 팀 구성원에게 도움을 줄 자기옹호 주장 능력을 갖추지 못했다고 지적한다. Martin 등(2004)은 1,600명 이상의 IEP 팀 구성원을 조사한 결과 학생의 회의 참석 여부에 따라 구성원의 답변에서 중요한 차이가 있음을 발견하였다. 학생이 참석하였을 때, 부모는 회의의 이유에 대해 더 잘 이해하였고, 그들의 생각을 좀 더 편안히 말하였으며, 의견을 더욱 잘 받아들였다. 학생이 참석하였을 때, 관리자는 학생의 흥미와 요구, 강점에 대해 더 많이 말하였다. 일반교사 또한 그들의 의견을 더 편하게 말하였고 회의에 대해 더욱 긍정적으로 느꼈다.

연구는 IEP 회의 촉진자와 관련하여 회의에 앞서서 간행된 교육과정 또는 개인 중심 계획을 사용한 직접교수가 학생의 참여를 늘리는 데 효과를 보인다고 언급하고 있다. 회의에서 촉진자의 역할은 학생에게 직접 질문하고, 전문용어를 피하면서 친숙한 말과 어휘를 사용하는 것이다(Test, Mason, Hughes, Konrad, Neale, & Wood, 2004). IEP 회의 참여를 위한 학생의 준비를 돕기 위해 간행된 교육과정의 견본 목록은 〈표 2-1〉에 나와 있다.

IEP 팀의 의무는 학생의 특수교육 프로그램과 관련 서비스를 고안하는 것이다. 팀은 결정사항을 IEP 문

표 2-1　IEP 참여를 위한 학생의 준비를 도와줄 교육과정 견본 목록

교육과정	저자(연도)	출판사
S.T.E.P.: 학생 전환과 교육적 계획	A. S. Halpern, C. M. Herr, B. Doren, & N. K. Wolf (2000)	Pro-Ed(Austin, TX)
자기 주도적 IEP	J. E. Martin, L. H. Marshall, L. Maxson, & P. Jerman (1997)	Sopris West(Longmont, CO)
학생 주도 IEP: 학생 참여를 위한 지침	M. McGahee, C. Mason, T. Wallace, & B. Jones (2001)	Council for Exceptional Children (Arlington, VA)

서에 기록한다. 그 후 IEP에 기록되고 결정된 사항에 근거하여 어느 곳에서의 서비스가 학생에게 가장 적합하게 제공될 수 있는지에 대해 결정한다. 그리고 IEP 문서의 개발은 서비스 전달이나 장소 결정에 선행되어야만 한다(Drascow et al., 2001).

에노사는 특수교육 서비스를 3년 동안 받아 왔다. 이제 막 14세에 접어들었지만, 그는 매년 IEP 회의에 참석하도록 권유를 받고 참석하였다. 첫해에 에노사는 수동적으로 참여했지만 지금은 몇 가지 구체적인 자기결정과 사회성 기술을 배웠고, 매년 회의에 도움이 되기 위해 더욱 준비된 상태로 참석한다.

 교사를 위한 정보 2.3

당신은 학생의 활동적인 IEP 회의 참여 준비를 돕기 위해 다음 정보를 일상 교육에 통합할 수 있다.

1. IEP와 IEP 절차의 목적을 가르치라.
2. 학생의 IEP 팀 구성원과 그들의 역할, 책임을 인지시키라.
3. 회의 중에 사용하게 될 어휘를 가르치라.
4. 학생들에게 그들의 현재 IEP를 숙지시키라.
5. 학생에게 경청, 반응과 같은 적절한 사회적 상호작용 기술을 가르치라.
6. 학생의 흥미와 잠재적인 전환 목표에 관해 이야기하라.
7. IEP 회의를 역할놀이 하라(Snyder & Shapiro, 1997).

 교사를 위한 정보 2.4

학생이 IEP 회의 전과 회의 동안에 적용할 수 있는 기억전략을 지도하라. 10장에서 다루어지는 절차를 사용하여 머리글자를 가르치라.

IPARS(Lancaster, Schumaker, & Deshler, 2002)

Inventory your strengths, weaknesses, goals, interests, and choices for classroom learning. (학급의 학습을 위한 강점, 약점, 목표, 흥미, 선택의 목록을 만들라.)

Provide your inventory information during the meeting. (회의에서 해당 목록 정보를 제공하라.)

Ask questions. (질문하라.)

Respond to questions. (질문에 답하라.)

Summarize your IEP goals. (IEP 목표를 요약하여 말하라.)

I PALN(Hammer, 2004)

Inventory your strengths, areas to improve or learn, goals, and choices for learning or accommodations. (학습 또는 조정을 위해 강점, 개선 또는 학습 영역, 목표, 선택의 목록을 만들라.)

Provide your inventory information. (목록 정보를 제공하라.)

Listen and respond. (듣고 답하라.)

Ask questions. (질문하라.)

Name your goals. (목표를 명명하라.)

SHARE(Hammer, 2004)

Sit up straight. (바르게 앉으라.)

Have a pleasant tone of voice. (즐거운 어조를 사용하라.)

Activate your thinking (tell yourself to pay attention, participate, and compare ideas). (생각을 활성화 하라[스스로에게 집중하고 참여하고 생각을 비교하도록 말하라].)

Relax (don't look uptight, tell yourself to stay calm). (긴장을 풀라[초조하게 바라보지 말고 자신에게 안정하라고 말하라].)

Engage in eye communication. (눈으로 대화하라.)

IEP 문서

IDEA는 IEP 문서에 다음의 사항이 포함되어야 한다고 명시하고 있다.

- 학업성취와 기능적 수행과 관련된 학생 현행 수준에 대한 진술: 이것은 학생의 장애가 일반교육과정 참여와 진보에 어떠한 영향을 미치는지를 의미한다.
- 측정 가능한 연간 목표와 대안적 사정을 완수한 학생의 경우 대안적 성취기준과 관련된 세부 기준 또는 단기목표에 대한 진술: 이러한 진술은 장애와 관련된 다른 교육적 요구를 만족시킬 뿐만 아니라 학생이 일반교육과정에 참여하고 진보할 수 있도록 도와주기 위해 학생의 요구를 만족시키는 것과 관련되어야 한다.
- 제공되는 특수교육과 관련 서비스 및 프로그램의 수정 또는 학교 관련자 지원에 대한 진술: 이러한 사항은 학생이 (1) 연간 목표를 달성하는 방향으로 진보할 수 있도록 도와주며, (2) 일반교육과정에 포함되고 진보할 수 있도록 도와주고, (3) 과외 활동과 다른 교과 이외의 활동에 참여할 수 있도록 도와주고, (4) 장애 학생이 비장애 학생과 함께 교육받고 참여할 수 있도록 도와주기 위해 제공된다.
- 만약 있다면, 학생이 일반학급 내에서 비장애 학생과 함께 참여하지 않을 범위에 대한 설명
- 학생이 사정에 참여하기 위해 주 또는 학군 전체 사정 시행에서 필요한 개별적 수정에 대한 진술: 만약 IEP에서 학생이 참여하지 않을 것을 결정한다면, IEP 팀은 왜 해당 사정이 학생에게 부적절하며 적절한 사정방법은 무엇인지에 대해 진술해야만 한다.
- 서비스가 제공되는 예상 빈도, 위치, 지속시간뿐만 아니라 계획된 정보 서비스의 시작 날짜
- 최소한 16세에는 훈련, 교육, 고용, 독립적인 생활 기술, 전환 서비스의 적절한 장소와 관련된 측정 가능한 학령기 이후의 목표가 설정되어야 한다. 주 법에 따라 성년의 나이에 도달하기 최소한 1년 전에, 성년이 되었을 때 얻게 되는 권리

에 대한 정보 진술이 포함되어야 한다.

- 학생의 진보 정도를 측정할 방법과 부모에게 그 결과를 정기적으로 알려 줄 방법에 대한 진술: 부모는 그들의 자녀가 연간 목표를 향해 진보한 정도와 학생이 학년 말까지 목표를 성취할 수 있도록 하기에 충분한 진보의 정도에 대해 안내를 받아야만 한다.

IEP 양식의 예시는 [그림 2-1]에 제시되어 있다.

IEP 팀은 학생의 교육 프로그램 개발에서 득별한 요소에 대해서 고려해야만 한다. 고려해야 할 요소로는 (1) 학생의 학습 또는 동료의 학습을 방해하는 행동, (2) 제한된 영어 능력, (3) 감각 손상, (4) 보조공학 요구가 있다(NICHCY, 1999).

학업성취와 기능적 수행에 관한 현재 수준   현재 수행 수준(present levels of performance: PLP)은 교육계획 개발의 시작점이기 때문에 IEP 문서상에서 요구되는 첫 번째 요소로 열거되어 있다. PLP는 학생의 현재 교육적 강점과 제한점 그리고 향상이 필요한 기술을 의미한다. 이 정보는 부모에 의한 정보뿐만 아니라 가장 최근에 실시된 학생의 형식적·비형식적 사정에서 얻을 수 있다.

현재 수행 수준은 장애가 학생의 일반교육과정 참여와 진보에 어떠한 영향을 미치는지에 대한 진술과 장애에 의해 영향을 받는 기술 영역에서 학생의 수행 수준에 대한 진술을 포함해야만 한다. 이러한 진술은 연간 목표를 작성하고 필요한 경우 성취 기준 또는 단기목표를 작성하는 데 도움이 되기 때문에 반드시 서면으로 제시되어야 한다(현재 수행 수준의 예시는 뒤의 [그림 2-2]에 제시되어 있다).

연간 목표, 성취 기준 및 단기목표   IEP 문서의 핵심은 측정 가능한 연간 목표와 단기목표 또는 성취 기준(benchmark)이다(Lignugaris/Kraft, Marchand-Martella, &

Martella, 2001). 예전에 모든 IEP는 연간 목표뿐만 아니라 현재 수행 수준에서 묘사된 각 영역과 관련된 단기목표 또는 성취 기준을 포함하였다. 2004년 개정안에서는 모든 IEP가 단기목표 또는 성취 기준을 포함해야 한다는 조건을 두 가지 이유에서 삭제하였다. 첫째는 교사의 요구 사항처럼 과다한 서류 업무를 줄이려는 의도에서였다. 둘째는 어떤 사람들은 단기목표가 장애 학생의 일반교육과정 접근을 막는 장해물이라 인식한다(Gartin & Murdick, 2005). 표준화된 사정에 대한 대안적 양식에 참여하는 학생만이 그들의 IEP의 한 부분으로 단기목표 또는 성취 기준을 필요로 한다.

연간 목표는 학생이 한 학년 동안에 성취할 수 있는 내용에 대한 IEP 팀의 최선의 평가 또는 예측을 나타낸다. 만약 학생이 표준화 검사의 대안적 양식에 참여한다면, 각각의 연간 목표는 현재 수행 수준과 연간 목표 사이에서 유의미한 중간 수준과 측정 가능한 결과를 나타내는 3~5개의 단기목표 또는 성취 기준으로 나뉘어야 한다. 이러한 목표 또는 성취 기준은 대안적 성취기준과 관련이 있어야 한다. 단기목표는 연간 목표가 분리된 기술 요소로 나뉠 때 사용되어야 한다. 성취 기준은 연간 목표가 분리된 요소로 나누어지지 않을 때 사용될 수 있다. 성취 기준은 한 학년의 일정한 기간 내에 학생에게 기대되는 목표 지향적 진보의 양을 나타낸다. 만약 학생이 모든 성취 기준 또는 단기목표를 달성한다면 연간 목표를 성취할 수 있어야만 할 것이다(Drasgow et al., 2001). [그림 2-2]에 소개된 조이와 텔리의 연간 목표, 성취 기준, 단기목표의 예시는 [그림 2-3]에서 볼 수 있다. 측정 가능한 장기목표, 단기목표, 성취 기준을 작성하는 방법에 대한 추가 정보는 7장에서 다룰 것이다.

특수교육과 관련 서비스   IEP는 학생에게 제공될 특수교육과 관련 서비스에 대한 진술을 반드시 포함해야만 한다. IDEA에서 특수교육이란 장애 학생의

파트 B: 오리건 표준 개별화교육 프로그램 개별화교육 프로그램과 관련하여 사용되기 위함, 파트 A: IEP 작성을 위한 지침		
학생 이름	학군	연간 IEP 회의 날짜
성별	홈스쿨	연간 IEP 수정 날짜(필요한 경우)
생년월일	출석 학교/학군	
학년	사례관리자	재평가 마감일
학번	장애 유형	

IEP 회의 참석자		
부모	일반교사	기타
특수교사/서비스 제공자	학생	기타
지역 대표	개별적 해석 평가	기타

*만약 참여가 요구되는 참석자가 서면 제안서를 통해 참여하거나 IEP 회의의 전체 또는 일부분에 참여하지 못하면, 부모와 지역은 그에 대한 동의서를 첨부하라.

특별히 고안된 교수	예상되는 양/빈도	예상되는 장소	시작일	종료일	제공자 (예, LEA, ESD)
관련 서비스	예상되는 양/빈도	예상되는 장소	시작일	종료일	제공자
추가적인 도움/서비스	예상되는 양/빈도	예상되는 장소	시작일	종료일	제공자
학교 관련자를 위한 지원	예상되는 양/빈도	예상되는 장소	시작일	종료일	제공자

[그림 2-1] IEP 양식 예시

학생 이름 _____ 날짜 _____ 학군 _____

특별한 요소에 대한 고려

A. 학생은 보조공학 기기 또는 서비스를 필요로 하는가?
　　____네(IEP에서 서비스/기기가 다루어짐)
　　____아니요
B. 학생은 의사소통 요구가 있는가?
　　____네(IEP에서 다루어짐)
　　____아니요
C. 학생은 자신의 학습 또는 다른 사람들의 학습을 방해하는 행동을 보이는가?
　　____네
　　____아니요
　　(만약 그렇다면 IEP 팀은 그 행동을 해결하기 위한 전략, 긍정적 행동 중재, 지원의 사용을 고려해야만 한다.)
D. 학생은 제한된 영어 능력을 보이는가?
　　____네
　　____아니요
　　(만약 그렇다면 IEP 팀은 IEP와 관련된 요구로서 학생의 언어적 요구를 고려해야만 한다.)
E. 학생이 전맹 또는 시각장애를 가지고 있는가?
　　____네
　　____아니요
　　(만약 그렇다면 IEP에 점자의 필요성이 다루어지거나, 읽기/쓰기 요구의 평가를 실시하고 점자가 적절하지 않다는 결정이 이루어진다.)
F. 학생이 농 또는 난청인가?
　　____네
　　____아니요
　　(만약 그렇다면 IEP 팀은 학생의 언어와 의사소통 양식에서 직접교수를 위한 기회를 포함하여, 학생의 언어적 요구와 의사소통적 요구, 학생의 언어와 의사소통 양식으로 동료 또는 전문가와 직접 의사소통할 기회, 학업 수준, 모든 범위의 요구를 다루어야 한다.)

비참여의 정당화

학생이 일반학급, 과외 활동, 그리고 비학업 활동에서 장애를 가지지 않은 학생과 함께 참여하는 데에서 배제될 필요가 있는가?
　　____네
　　____아니요
　　(만약 그렇다면 배제될 환경의 범위를 설명하고 그 이유를 제시하라.)
　　_____

ESY(Extended School Year) 서비스
ESY 서비스가 이 학생을 위해 제공될 것이다.
　　____네(제공되는 ESY 서비스는 서비스 요약 페이지에 설명됨)
　　____아니요

____고려된다: ESY를 고려하기 위해 _____(날짜)에 만날 것이다.

전환 서비스

(16세가 되었을 때 실시되도록 하기 위해 늦어도 첫 IEP 때 시작)
적절한, 측정 가능한 전환 목표(전환 사정에 근거함)
_____

학업과정(매년 갱신됨)
_____

전환 목표에 도달할 수 있도록 도와주기 위해 학생에게는 다음이 필요하다.
A. 교수 그리고/또는 관련 서비스
　　____네(IEP에서 다루어짐)
　　____필요하지 않음
B. 지역사회 경험
　　____네(IEP에서 다루어짐)
　　____필요하지 않음
C. 고용과 다른 학령기 이후 성인생활 목표
　　____네(IEP에서 다루어짐)
　　____필요하지 않음
D. 적절한 경우 일상생활 기술의 습득
　　____네(IEP에서 다루어짐)
　　____필요하지 않음
E. 적절한 경우 기능적 직업 평가
　　____네
　　____필요하지 않음

기관 참여
전환 서비스를 제공하고 비용을 치룰 책임이 있는 다른 기관 대표가 참석하지 않았다면 전환 서비스를 계획하는 데 고려하도록 정보를 제공하라.

졸업
예상 졸업일 _____
_____일반 졸업증서 취득_____
_____대체 문서(설명하라)_____

권리의 위임
학생은 성년으로서 학생에게 권리를 위임하는 IDEA의 파트 B 하에 자신의 권리에 대해 통보받는다.
　　____네　학생이 통지받은 날짜_____

지역은 학생이 성년의 나이가 되었을 때 학생과 부모에게 권리 위임에 대한 서면 통지서를 제공해야만 한다.

[그림 2-1] IEP 양식 예시(계속)

학생 이름 _____ 날짜 _____ 학군 _____

학업성취와 기능적 수행의 현재 수준

현재의 학업성취 수준과 기능적 수행 진술을 개발하는 단계에서 IEP 팀은 다음을 고려해야 한다.

- 학생의 장애가 일반교육과정에 참여하고 향상을 보이는 데 있어서 어떠한 영향을 미치는가
- 학생의 강점은 무엇인가
- 학생의 교육을 강화하는 데 있어서 부모의 우려는 무엇인가
- 학생의 학업적, 발달적, 기능적 요구는 무엇인가
- 처음 또는 가장 최근의 평가 결과(기능적, 발달적 정보 포함)는 무엇인가
- 적절한 경우 주 또는 지역 전체 사정에서 학생의 수행 정도는 어떠한가
- 학생을 대안적 성취기준과 연관된 대안 사정으로 사정할 것인가의 여부는 어떠한가
  (만약 그렇다면 IEP는 연간 목표와 함께 단기목표를 포함해야만 한다.)
- IEP가 효력을 발휘할 때, 16세 또는 그 이상의 학생을 위한 학생 선호도, 필요, 흥미, 연령에 적합한 전환 사정의 결과는 어떠한가

[그림 2-1] IEP 양식 예시(계속)

학생 이름 _____ 날짜 _____ 학군 _____

장기목표/단기목표: IEP가 효력을 발휘할 때 15세 또는 그 이하의 학생들

측정 가능한 연간 목표	향상 정도가 측정되는 방법		향상 정도가 부모에게 보고되는 방법	향상 정도가 부모에게 보고되는 시기
	준 거	평가 절차	목표에 비춘 학생의 향상 정도	

[그림 2-1] IEP 양식 예시(계속)

학생 이름 _____ 날짜 _____ 학군 _____

장기목표/단기목표*/활동/전략: IEP가 효력을 발휘할 때 16세 이상인 학생

*대안 사정을 필요로 하는 학생을 위해 요구되는 단기목표는 대안적 성취기준과 연관된다.

측정 가능한 연간 목표	향상 정도가 측정되는 방법		향상 정도가 부모에게 보고되는 방법	향상 정도가 부모에게 보고되는 시기
	준 거	평가 절차	목표에 비춘 학생의 향상 정도	
측정 가능한 단기목표				
활동 또는 전략			담당자/기관	

[그림 2-1] IEP 양식 예시(계속)

학생 이름 _____   날짜 _____   학군 _____

주정부에 의한 사정

IEP 기간 동안에 학생은 주 전체 사정에 참여할 것인가?

☐ 아니요. 학생의 해당 학년 수준에서 주 전체 사정은 수행되지 않음(시험시간에)

☐ 네(_____ 시험시간에 학생의 해당 학년 수준). 만약 그렇다면 아래에 참여 결정을 기술하라.

일반 사정	대안 사정	*설명 학생이 일반 사정에 참여할 수 없는 이유와 특정한 대안 사정이 학생에게 적절한 이유를 진술하라.	조정	수정

읽기/문학
3, 4, 5, 6, 7, 8, 10/CIM
☐ 기준(조정을 포함할 수 있음)
도전점
(학년 밑에 나열하라)
☐ Up _____
☐ *Down _____
	☐ *심사된
	☐ *수정된 사정
	
	대안적 기준
	☐ *확장된 읽기/문학
	☐ *확장된 직업과 생애역할 사정체계
	   (Extended Career and Life Role
	   Assessment System: CLRAS)			

수학 3, 4, 5, 6, 7, 8, 10/CIM ☐ 기준(조정을 포함할 수 있음) 도전점 (학년 밑에 나열하라) ☐ Up _____ ☐ *Down _____	☐ *심사된 ☐ *수정된 사정 대안적 기준 ☐ *확장된 수학 ☐ *확장된 CLRAS			
쓰기 4, 7, 10/CIM ☐ 기준(조정을 포함할 수 있음) 도전점 (학년 밑에 나열하라) ☐ Up _____ ☐ *Down _____	☐ *심사된 ☐ *수정된 사정 대안적 기준 ☐ *확장된 쓰기 ☐ *확장된 CLRAS			
과학 5, 8, 10/CIM ☐ 기준(조정을 포함할 수 있음) 도전점 (학년 밑에 나열하라) ☐ Up _____ ☐ *Down _____	☐ *심사된 ☐ *수정된 사정 대안적 기준 ☐ *확장된 과학 ☐ *확장된 CLRAS			

[그림 2-1] IEP 양식 예시(계속)

학생 이름 _____ 날짜 _____ 학군 _____

지역 전체 사정

IEP 기간 동안 학생은 지역 전체 사정에 참여할 것인가?

□ 아니요. 학생의 해당 학년 수준에서 지역 전체 사정은 수행되지 않음(시험시간에).

□ 네(_____ 시험시간에 학생의 해당 학년 수준). 만약 그렇다면 아래에 참여 결정을 제시하라.

일반 사정	대안 사정	*설명 학생이 일반 사정에 참여할 수 없는 이유와 특정한 대안 사정이 그 학생에게 적절한 이유를 진술하라.	조정	수정
사정 _____ 시행 학년 _____ □ 기준 시행	□ *수정된 사정 □ 기타 _____			
사정 _____ 시행 학년 _____ □ 기준 시행	□ *수정된 사정 □ 기타 _____			
사정 _____ 시행 학년 _____ □ 기준 시행	□ *수정된 사정 □ 기타 _____			
사정 _____ 시행 학년 _____ □ 기준 시행	□ *수정된 사정 □ 기타 _____			

특수교육 배치 결정

배치 팀(이름과 직함)

아동에 대해 잘 알고 있는 사람	평가 결과에 대해 잘 알고 있는 사람	배치 선택에 대해 잘 알고 있는 사람
부모	기타	기타

이 배치는 다음에 근거한다

□ 첨부된 IEP, _____에 기입됨

□ 첨부된 평가 정보

평가 정보는 이곳에 기록된다. _____

_____

아래에 배치 선택에 관한 논의를 기록하고, 결정된 배치를 기술하라.

고려되는 배치 선택	이점	아동에게 해로울 수 있는 영향 그리고/또는 제공되는 서비스	해로운 영향을 줄이기 위해 고려되는 수정/추가적 도움과 서비스	어떤 선택이 이루어졌는지와 선택 또는 선택 불가된 이유

[그림 2-1] IEP 양식 예시(계속)

출처: Oregon Department of Education에서 양식 사용함. *Oregon Standard IEP, Part B* (2005). Retrieved August 23, 2005, from
    http://www.ode.state.or.us/pubs/forms/IEP/. 허락하에 재사용됨.

4학년인 조이는 읽기에 어려움을 보이고 있고, 이로 인해 일반학급의 핵심 교육과정 자료 읽기에 곤란을 겪고 있다. 조이의 읽기 유창성은 1학년 수준의 읽기자료로 분당 58개의 단어를 100%의 정확하게 소리 내어 읽는 수준이다. 그러나 조이가 단어를 해독하기 위해 주의를 기울일 때는 읽기 유창성이 떨어진다. 세 차례의 시도를 통해—조이에게 읽기자료를 읽어 주었을 때 조이는 4학년 수준의 자료에 관한 모든 질문에는 정확하게 답하였으나, 스스로 소리 내어 읽은 읽기자료(1학년 수준)에 관한 읽기 이해력 질문에는 5개 중 3개만 정확하게 대답하였다.

텔리는 12학년 학생으로, 일반학급 수학수업에서 성공하기에는 제한적인 수학 기술을 가지고 있다. 그는 계산기를 사용하여 소수점 이하 자리가 없는 수학기본 연산(더하기, 빼기, 곱하기, 나누기)을 정확하게 할 수 있다. 그러나 소수가 포함되면 연산 정확도가 떨어진다. 텔리는 소수가 있는 달러와 센트의 양을 정확하게 쓸 수 있다. 그는 개인 수표책을 쓰고 사용하는 법을 배우는 데 매우 흥미를 보인다.

[그림 2-2] 현재 수행 수준(PLP)의 예시

특별한 요구를 만족시키기 위해 특별히 고안된 교수라 정의된다. 이는 교실, 가정, 병원, 시설과 그 밖의 환경 내에서 수행되는 교수뿐만 아니라 체육수업 내에서의 교수도 포함한다.

IDEA는 관련 서비스를 장애 학생이 특수교육에서 이점을 얻을 수 있도록 돕기 위해 필요한 발달적, 교정적, 그리고 다른 지원적 서비스라 정의하고 있다. IDEA에서 제시하는 특정한 서비스에는 교통수단, 말-언어병리학과 청각학, 심리치료, 물리치료와 작업치료, 여가, 치료적 레크리에이션, 사회사업 서비스, 상담 서비스, 재활상담, 방향정위와 보행 서비스, 의학 서비스(진단과 평가를 위한 목적에 한함), 그리고 장애 상태의 조기 판별과 사정이 포함된다.

IEP 팀은 설정된 목표를 달성하기 위해 학생에게 요구되는 특수교육과 관련 서비스의 유형을 결정한다. 일단 서비스의 유형이 확인되면, 팀은 그 목표를

조이의 연간 목표
2학년 수준의 읽기자료가 주어졌을 때, 조이는 연속 두 번의 시도에서 1분에 100개 단어를 98%의 정확성으로 유창하게 읽을 것이다.

- 성취기준 1: 1.0학년 수준 읽기자료가 주어졌을 때, 조이는 연속 두 번의 시도에서 1분에 100단어를 98%의 정확성으로 소리 내어 읽을 것이다.
- 성취기준 2: 1.5학년 수준 읽기자료가 주어졌을 때, 조이는 연속 두 번의 시도에서 1분에 100단어를 98%의 정확성으로 소리 내어 읽을 것이다.
- 성취기준 3: 2.0학년 수준 읽기자료가 주어졌을 때, 조이는 연속 두 번의 시도에서 1분에 100단어를 98%의 정확성으로 소리 내어 읽을 것이다.
- 성취기준 4: 2.5학년 수준 읽기자료가 주어졌을 때, 조이는 연속 두 번의 시도에서 1분에 100단어를 98%의 정확성으로 소리 내어 읽을 것이다.

텔리의 연간 목표
계산기가 주어졌을 때, 텔리는 100%의 정확성으로 모조 수표책을 작성할 것이다.
- 단기목표 1: 달러와 센트가 사용된 소수점 덧셈 문제 10개와 뺄셈 문제 10개가 계산기와 함께 제시되었을 때, 텔리는 5번 중 5번 정확한 답을 쓸 것이다.
- 단기목표 2: 달러와 센트로 이루어진 금액과 회사 이름이 제시되었을 때, 텔리는 5번 중 5번 모두 견본 수표책에 정확하게 완성된 수표를 쓸 것이다.
- 단기목표 3: 작성된 수표 10개, 두 개의 지불영수증, 그리고 계산기가 주어졌을 때, 텔리는 5번 중 5번 모두 정확한 잔금을 얻기 위해 덧셈과 뺄셈을 하고 견본 수표책 잔금란에 정확한 액수를 쓸 것이다.
- 단기목표 4: 은행 거래내역서, 기입된 견본 수표책의 잔금란, 계산기가 제시되었을 때, 텔리는 5번 중 5번 모두 은행 거래내역서의 잔금과 수표책의 잔금을 비교하고 불일치가 발생했을 경우 해당 오류를 확인하고 정확하게 바로잡아 쓸 것이다.

[그림 2-3] 단기목표와 세부 기준을 포함한 연간 목표의 예시

달성하기 위해서 어디에서(즉, 서비스 전달 또는 배치) 학생이 해당 서비스를 가장 잘 받을 수 있는지에 대해 결정한다.

서비스 전달

연계적 배치 서비스　IDEA의 원칙 중 하나는 최소제한환경인데, 이는 가능한 한 최대 범위까지 장애를 가지지 않은 또래와 함께 장애 학생에게 교육적 서비스를 제공하는 것으로 정의된다. 대부분의 경도·중등도 장애 학생을 위한 최소제한환경은 일반학급이지만, 학군은 다양한 배치 선택권 또는 연계적 배치 서비스를 제공해야만 한다. 연속체 전반을 살펴볼 때, 일반학급은 가장 전형적인 환경이며 가정과 병원은 가장 제한적인 환경이다. 한편에서는 최대한 많은 장애 학생이 일반학급에서 교육받고 최소한의 학생이 가정과 병원에서 교육받기를 기대한다.

[그림 2-4]는 연계적 배치 서비스를 시각적으로 제시하고 있다. 위쪽으로 올라갈수록 각 단계는 더 적은 수의 학생이 서비스를 받는 제한적인 환경이 된다. 맨 아래 단계에서 학생 또는 교사는 일반학급에서 이루어지는 지원을 받는다. 이 수준에서 학생들은 특별한 교수를 위해 분리(pulled out)되지 않는다. 하지만 그들은 다음 수준에서 학습도움실의 지원을 받기 위해 분리된다. 학습도움실의 지원을 받는 학생은 하루

[그림 2-4] 연계적 배치 서비스

일과 중 한두 시간을 제외하고는 모든 시간을 일반학급에 출석한다. 학습도움실에서 보내는 대부분의 시간에는 특수교육 서비스가 제공된다. 서비스 배치의 위쪽으로 이동하여, 시간제 일반/특수학급에 소속된 학생은 학교 일과시간의 대략 반반을 두 교실에서 보낸다. 다음 단계인 일반학교 내 전일제 특수학급은 학교 내에 설치된 장애 학생을 위한 특수학급(self-contained classroom)이다. 특수학교 단계의 학생은 집에서 장애 학생을 위한 학교로 통학을 한다. 반면 기숙학교에서 교육받는 학생은 학교경험의 일환으로 기숙사에서 산다. 서비스 전달의 가장 제한적인 형태는 가정과 병원이다.

통합교육　연계적 배치 서비스가 장애 학생에게 반드시 제공되어야 함에도, 많은 전문가와 부모는 더 집중적인 서비스가 필요한 학생이 해당 서비스를 받기 위해 또래와 분리되어야만 한다는 가정에 의문을 제기해 왔다. 이것은 학생이 일반학급 내에서의 전통적인 학업 기대를 만족시킬 수 없다면 환경이 아닌 기대 수준이 변화되어야 한다는 믿음이다. 이런 관점은 '통합(indusion)'이라는 용어로 설명될 수 있다. "통합은 장애 학생이 일반교육 학급과 학교에 완전하게 흡수되어야 하며, 교수는 그들의 장애가 아닌 능력에 근거하여 제공되어야만 한다는 믿음 또는 철학을 대표한다."(Friend & Bursuck, 2002, p. 4)

최근 몇 가지 요인이 통합을 향한 움직임에 공헌을 하였다. 이것은 특수교육 서비스를 제공받는 학생들의 낮은 학업 수행, 장애인에 대한 사회적 공정성의 요구 증가, 서비스가 필요한 것으로 판별된 학생 수의 증가, 특수교육 비용의 증가 등을 포함한다(Rea, McLaughlin, & Walther-Thomas, 2002). 통합을 지지하는 사람들은 장애 학생이 학업적 효과보다는 사회적 효과가 더 클지라도 통합 환경 내에서 이익을 얻을 수 있다고 주장한다. 반대자들은 완전통합이 IDEA의 필수 요구사항인 일반교육 교실에서는 최상으로 제

공될 수 없는 개별화되고 특수화된 교수의 제공에서 멀어지게 한다고 주장한다(예, Chesley & Calaluce, 1997; Collins, 2003).

학교가 통합을 실행하는 방법은 다양하다. 어떤 학교에서는 특정한 일반학급을 통합학급으로 지정한다. 다른 학교에서는 일반적인 인구집단에서 나타나는 장애인의 비율을 고려하여 모든 학급에 장애 학생을 나누어 배치한다. 교사는 대부분의 통합학급에서 특별한 요구를 가진 학생에게 제공하는 조정을 통해 일반교육과정을 적용한다. 때때로 일반교사와 특수교사는 통합된 일반학급 내에서 협력교수(co-teaching)를 한다. 언어치료와 같은 특수화된 서비스가 일반학급 내에서 제공될 수도 있다. 서로 다른 통합 모델이 학교와 지역마다 적용되며 모든 상황에 맞는 한 형태의 통합모델이 있는 것이 아니다. 통합을 적용하는 교사는 그들의 필요에 가장 적합한 모델을 찾아야만 한다.

IEP 검토와 수정

IDEA는 IEP가 검토되고, 필요한 경우 적어도 일년에 한 번은 수정되어야 한다고 요구한다. 이 요건은 학교가 IEP를 개별 학생의 요구에 대해 지속적인 변화와 발전적인 작업으로 다룰 것을 확실히 하고 있다. IEP를 검토할 때, 팀은 다음의 사항을 고려해야만 한다.

- 일반교육과정 내에서 그리고 연간 목표를 지향한 향상의 부족(적절한 경우)
- 재평가의 결과
- 부모가 제공한 학생의 정보
- 학생의 예상되는 요구
- 필요할 경우 기타 고려사항(Drasgow et al., 2001)

IEP 과정에 관해 교사가 가지고 있는 주된 우려 중

하나는 주어지는 서류 업무량이다. 공학활용은 IEP의 개발, 유지, 검토 단계에서 교사를 도울 수 있다.

비록 IEP가 학생의 장기목표와 단기목표를 구체화하지만, IEP는 교육과정이 아니다. IEP의 장기목표와 단기목표는 교육과정을 보충하고 지원할 뿐 교육과정을 대체하지 않는다. 특수교사는 교육과정에 대한 이해 작업, 특히 장애 학생이 일반교육과정에 접근할 수 있도록 하는 요구사항에 대한 이해 작업이 필요하다. 특수교사는 또한 장애 학생의 교육에서 기준의 역할을 이해해야 한다. 교육과정, 기준, 그리고 IEP 사이의 관계는 복잡해질 수 있다. 이 관계에 대해 논의하기 전에 교육과정과 기준에 대해 먼저 설명하고자 한다.

3. 교육과정과 기준

교육과정

교육과정이란 교육 분야에서 사용되는 일반적인 용어이지만, 놀랍게도 이 단어의 정확한 의미에 대한 동의는 거의 존재하지 않는다. 전통적으로 교육과정은 교육기관에서 제공되는 과정 또는 전문 분야를 구성하는 일련의 과정이라 정의되어 왔다. 하지만 교육자는 종종 이 용어를 연속된 일련의 교수적 자료라는 의미로 사용한다.

Nolet과 McLaughlin(2000)은 의도된 교육과정과 지도된 교육과정 그리고 학습된 교육과정 사이의 차이를 설명하였다. 의도된 교육과정은 일반적으로 주 또는 지역 정책에 의해 채택된 공식적인 교육과정이다. 그것은 학생이 학습하도록 기대되는 내용으로 구성된다. 의도된 교육과정은 내용 영역의 폭넓은 기술로 이루어지는데, 이는 학생이 만족시킬 것으로 기대되는 수행 기준을 명시한다. 사회과 국가협의회(National Council for the Social Studies)와 수학교사를 위한 국가협의회

(the National Council for Teachers of Mathematics)와 같은 전문가 조직 또한 기대되는 학생의 결과와 기준을 포함하여 어떠한 내용이 지도되어야만 하는지를 명시하는 지침을 만든다.

지도된 교육과정은 의도된 교육과정을 지도하는 과정 중 교실 내에서 발생하는 매일의 사건을 포함한다. 이러한 사건은 공식적인 수업계획과 교사의 교수적 행동뿐만 아니라 우연한 대화와 의도된 교육과정과 관련된 교사의 태도 및 신념과 같은 공식적이지 않은 교수 측면도 의미한다. 지도된 교육과정은 또한 교과서를 포함한 교육과정 자료를 포함한다. 하지만 자료와 교과서는 지도된 교육과정의 일부일 뿐이다. Nolet과 McLaughlin(2000)은 다음과 같이 설명하고 있다.

많은 교사가 교과서와 같은 교육과정 자료를 "교육과정"이라 말하지만 이것은 잘못된 명칭이다. 아무리 잘 조직되고 구체적인 자료라 하더라도 교육과정으로 구성되지 않는다. 교육과정 자료는 교실에서 이루어지는 교수에 강력한 영향을 발휘하지만 교사의 자료 사용은 매우 다양하다…. 교과서는 지도된 교육과정의 대용물이 아니다(pp. 16-17).

교육과정의 세 번째 유형인 학습된 교육과정은 학생이 실제로 학습한 것을 의미한다. 불행히도 학생이 학습한 것은 교사가 가르친 것이나 교사가 학생이 배우도록 의도한 것이 아닐 수 있다. 대부분의 경우에 학생은 교사가 학생이 배우길 기대한 것을 학습한다. 하지만 부정확성, 오개념, 불완전한 정보 또한 학습된 교육과정의 일부가 될 수 있다(Nolet & McLaughlin, 2000).

이 책의 목적에 맞게, 교육과정이란 실행되었을 때 학생의 학습 결과를 초래하는 특정한 내용에 근거한 교수적 계획과 활동의 상호 관련된 조합으로 정의된다.

기준

교육과정은 종종 기준에 의해 좌우된다. 이러한 기준은 주, 지역, 그리고 전문가 조직에 의해 정의된다. 내용기준과 수행기준의 두 가지 유형의 기준이 존재한다. 내용기준은 기술, 지식, 그리고 배운 교과 문제 적용이나 내용을 의미한다. 수행기준은 다양한 내용 영역 내에서 학생이 도달해야만 하는 수준을 정의한다. McLaughlin과 Shepard(1995)는 세 번째 유형의 기준인 학습기회 기준을 추가 제시하였다. 이 기준은 전략, 자료, 구조가 적재적소에 존재함으로써 학생이 성공적으로 학습할 수 있음을 확고히 한다.

기준의 주요 목적은 교육과정이 중요 정보의 핵심에 초점을 맞추는 것과 모든 학생이 동일한 내용을 교수받는 것을 보장하는 것이다(Nolet & McLaughlin, 2000). 전문가 조직에 의해 채택된 수학, 과학, 사회교과의 기준 예시는 12장과 13장에 제시되어 있다.

기준의 목적 중 하나가 모든 학생이 동일한 내용을 교수받도록 보장하지만 항상 그러한 것은 아니다. Kluth와 Straut(2001)에 따르면 기준이 모든 학생에게 포괄적으로 적용되기 위해서는 다음의 다섯 가지 조건이 만족되어야만 한다. 즉, 기준은 다음과 같아야 한다.

- 모든 접근에 적용되는 한 가지 방법이 아니라 발달적이고 융통성이 있어야 한다.
- 광범위한 사정도구를 요구해야 한다.
- 의미 있는 내용에 대한 동등한 접근을 하도록 해야 한다.
- 모든 학교와 지역사회 책임자가 참여하도록 해야 한다.
- 다른 개선을 위한 촉매제 역할을 해야 한다.

장애 학생에 대한 기준 기반 교육의 영향은 비판과 옹호를 받아 왔다. 역사적으로 교육자들은 학습과 행동 문제를 가진 학생에 대해 낮은 기준을 설정하는 경향이 있었다. 지지자들은 기준 기반 교육을 이러한 경향을 변화시키는 수단으로 여겨 왔다(Hoover & Patton, 2004). 반면 반대자들은 기준을 개별화 권리에 대한 위협이자 특수교육 분야에서 중요한 논쟁점으로 여긴다(McDonnell, McLaughlin, & Morrison, 1997). 기준 기반 교육을 강조하는 최근의 법령(예, NCLB)에서 특수교사는 장애 학생의 교육에서 개별화와 기준 모두를 만족시킬 수 있는 방법에 대해 확인해 보아야 한다.

일반교육과정에의 접근

IDEA는 장애 학생이 일반교육과정에 접근할 수 있

(공학의 활용)
전자공학적 IEP

개별화교육계획(IEP)의 개발과 관련된 서류 업무는 특수교사의 업무 부담 중 중요한 부분이다. 장애인교육법(IDEA)의 2004년 개정안이 서류 업무를 줄이고 책무성을 유지하도록 하는 문제를 해결하기 위해 노력하는 동안, 특수교사는 특수화된 교수를 계획하고 학생의 성취를 증명해야 한다는 특별한 책임감을 가지게 되었다.

특수교육 운영의 특성 때문에 지역, 협력, 주 모두는 그들 자신의 IEP 양식을 개발하게 되었다. 반드시 있어야만 하는 IEP의 핵심 요소가 있지만, 학교의 IEP 양식 간에 획일성이 존재하지는 않는다. 1970년대 중반 IEP의 시행명령 이래로 IEP에 사용된 가장 보편적인 공학은 앞서 제시한 NCR(no carbon required) 양식을 포함한다. 여기서 교사는 IEP 회의 동안 자필로 IEP를 작성한 후 부모, 학교, 특수교사에게 나누어 주기 위해 색으로 표시하여 페이지를 구분한다. IEP 준비 과제는 시간이 많이 소비되는 과정이며, 이러한 문서는 전문성 있게 보이지 않는다.

IEP가 방대한 양의 자필 작업을 필요로 하고 정기적으로 갱신되어야 한다면, 공학의 사용은 필수적이다. IEP 과정을 지원하기 위한 초기 공학 사용의 노력은 워드프로세서로 IEP 양식을 다시 만드는 작업을 포함한다. 이를 통해 교사는 정보에 쉽게 접근할 수 있고, 저장할 수 있으며, IEP를 인쇄하고, 수정이 필요할 때마다 파일에 접근할 수 있었다. 몇몇 교사는 공학에 대해 정통하지 못한 반면, 대다수의 교사는 그것이 IEP 준비의 사무적 측면을 줄여 주는 데 매우 중요한 개발이라는 것을 안다. 이후의 노력은 데이터베이스 내에 IEP 단기 목표를 설정하고 해당 목표들을 워드프로세서화된 IEP 양식에 병합하기 위해 워드프로세서의 메일머지 기능을 사용하는 데 초점을 두었다. 그로 인해 교수적 목표의 특성이 표준화되었고, 교사가 IEP에 정보를 입력하는 데 필요한 시간량이 줄어들었다. 이러한 초기의 '우리 스스로가 이룬' 노력은 더욱 정교한 상업적 IEP 소프트웨어 제품의 개발을 촉진하였다.

상업적으로 이용 가능한 IEP 소프트웨어를 지역 또는 주에서 채택했을 때, 지역의 요구 조건과 선호도를 만족시키기 위해 주문을 받고 만드는 데 상당한 노력이 소요된다. 결과적으로 많은 주는 주 내의 일관성과 연방 지시사항에 순응하기 위해 IEP 소프트웨어 선택과정에 관여해 왔다.

최근 IEP 소프트웨어 개발자들은 그들의 제품을 소프트웨어 기반 도구에서 웹 기반 체계로 전환시켰다. 이는 교사가 더 이상 IEP 개발을 위해 특정 컴퓨터에 앉아 있을 필요가 없다는 것을 의미한다. 오히려 IEP는 웹을 통해 접근 가능하며(물론 알맞은 비밀번호를 가질 경우), 결과적으로 이것은 교사의 가정용 컴퓨터를 통해 갱신되거나 회의 중에 수정될 수 있다.

이러한 진보는 개별 장애 학생의 기대 수준과 성취 수준을 문서화하라는 기존의 지침에 준하여 더욱 전문적이고 정확하고, 반응적인 IEP 개발을 위한 중요한 움직임이다.

다양한 컴퓨터화된 IEP 제품에 대해 더 많이 알고 싶다면 다음의 웹사이트를 방문하라.

Excent Online
   http://www.excent.com/
GoalView
   http://www.Itools.com/GOALVIEW/index.asp
IEP Maker Pro
   http://IEP ware.com/
SpecEd
   http://www.infohandler.com/SpecEd/
The e-IEP Pro
   http://www.e-IEP.com/

[생각해 보기] 전자공학적 IEP 양식을 사용하는 것의 이점은 무엇인가?

도록 요구하였다. 여기서 접근이란 교육과정을 장애 학생에게 이용하는 것 이상을 의미한다. 접근은 학습을 하기 위해 교육과정과 상호작용하는 기회를 의미한다(Orkwis & McLane, 1998). 신체적, 감각적 또는 인지적 장애와 같은 몇 가지 조건은 일반교육과정에의 접근을 막는 장해물이 된다. 이러한 장해물은 학생에게 제공되는 지원을 통해 제거되어야만 한다. 하지만 장해물을 제거하는 것만으로는 충분하지 않다. 완전한 접근권을 가지기 위해 학생은 교육과정 자료에 적극적으로 참여할 필요가 있다. 다시 말해, 일반교육과정에의 접근은 의미 있는 접근을 의미한다. 장애 학생을 위한 접근권에는 추가 지원이 필요할 것이다(Nolet & MnLaughlin, 2000).

보편적 설계

보편적 설계(universal design)란 일반 대중에게 적용될 수 있는 체계를 만드는 요소 또는 특징을 의미한다. 보편적 설계의 개념은 건축에서 시작되었다. 1990년 미국장애인법(Americans with Disabilities Act: ADA)의 통과에 따라, 미국의 공공장소는 변화하기 시작하였다. 경사로, 승강기, 넓은 현관은 일반적인 것이 되었다. 대부분의 빌딩은 새롭게 개장될 필요가 있었으며, 이 작업은 비용이 많이 들고 매력적이지 않은 작업이었다. '보편적 설계'라는 문구는 시작부터 개개인에게 가능한 한 가장 넓은 범위에서 접근 가능한 시스템을 대표하기 위해 고려되고 고안되었다(Pisha & Coyne, 2001).

학습의 맥락 안에서 보편적 설계는 "보기, 듣기, 말하기, 이동하기, 읽기, 쓰기, 영어 이해하기, 주의 집중하기, 조직화하기, 참여하기, 그리고 기억하기에서 폭넓은 능력 차이를 가진 개인이 학습 목표를 성취하도록 만드는"(Orkwis & McLane, 1998, p. 9) 교수적 자료의 설계과정을 의미한다. 이것은 유연한 교육과정 자료를 제작하고 자료의 교수적 설계에 포함된 대안을 제공함으로써 이루어질 수 있다. 보편적 설계 내에서 적합화를 추가적으로 적용하는 것은 보편적 설계의 정의에 부합하지 않는다. 교사는 보편적으로 설계된 자료를 활용하려 할 때는 특별한 요구를 가진 학생을 위한 어떠한 적합화 계획 없이 그 자료를 사용한다.

보편적 설계는 장애 학생과 장애를 가지지 않은 학생 모두를 위한 체계를 향상시킨다. 예를 들어, 휠체어 사용자의 접근을 용이하게 하기 위해 가구와 선반을 수정한 레스토랑과 백화점은 유모차를 밀고 있는 사람의 접근 또한 쉽게 만들 것이다. 연석을 낮게 만드는 것은 자전거 또는 스케이트보드를 타는 사람이나 손수레를 미는 사람이 인도에 더 쉽게 접근하도록 한다는 점에서 유사한 효과를 낸다.

이와 유사하게, 보편적으로 설계된 교육과정은 장애를 가지거나 그렇지 않은 학생을 모두 포함하여 다양한 요구를 가진 학습자를 위한 자료의 호환성을 강화한다. 교육과정적 내용은 변형 가능한 양식 또는 모든 학습자가 접근 가능한 다양한 방법으로 이용 가능해야 한다는 것이 기본 전제다.

완전히 보편적으로 설계된 교육과정 또는 자료는 존재하지 않을 것이다(Orkwis & McLane, 1998). 특정 학생을 위한 몇 가지 적합화가 언제나 필요할 것이다. 다시 말해, 학생들의 요구를 가장 잘 조정할 수 있는 방법에 대해 알아야 한다. 보편적으로 설계된 교육과정은 이루어져야 하는 적합화를 감소시킴으로써 교사의 업무를 부담스럽지 않게 만든다.

IDEA의 2004년 재인준안 전반에 통합된 보편적 설계의 개념은 기준, 사정, 교육과정과 교수적 방법의 개발에 있어서 가능한 한 보편적 설계 원리의 사용을 포함하고 있다. 공학은 학습을 위한 보편적 설계를 개발하는 우리의 능력을 향상시켜 왔다.

4. 교육과정, 기준 및 IEP 연계시키기

교육과정, 기준, 그리고 IEP와 관련해서 최근의 법률은 모순을 나타내고 있다. IDEA는 장애 학생이 장애가 없는 또래와 마찬가지로 동일한 교육과정에 의미 있게 접근할 수 있어야 함을 명확히 제시하고 있다. 하지만 개별 학생의 요구를 기반으로 한 개별화의 기본 전제 또한 IDEA에 스며들 필요가 있다. IDEA는 모든 장애 학생이 IEP에 나타난 것처럼 조정과 대안적 사정을 포함한 모든 사정에 참여해야 함을 명시한다(검사 조정에 대한 논의는 8장에 제시되어 있다).

아동낙오방지법에서는 장애 학생이 장애를 가지지 않은 또래와 동일한 성취기준을 적용할 의무가 있음을 요구한다. 학생 인구의 1%까지는 대안적 성취기준을 사용하여 사정될 것이다. NCLB가 통과된 이래, 미 교육부는 특정한 조건하에 주에서 학생 인구의 2% 이상의 학생까지 수정된 검사를 사용하도록 허가해 왔다.

[그림 2-5]는 서로 대조되는 지시사항을 어떻게 통합시킬 수 있는지에 대한 윤곽을 제시하고 있다. 모든 학생을 위한 보편적인 단계는 그림 왼편에 묘사되어 있다. 모든 학생은 (1) 일반교육과정에 접근하며, (2) 미리 설정된 기준을 달성하도록 기대되고, (3) 효과적인 교수방법에서 이익을 얻으며, (4) 성취기준에 대한 책임을 가지게 된다. IEP 과정은 장애 학생을 위해 이러한 절차를 적용해야만 한다. 이것은 [그림 2-5]의 오른편에 묘사되어 있다. IEP의 장기목표와 단기목표는 학생의 현행 수준뿐만 아니라 일반교육과

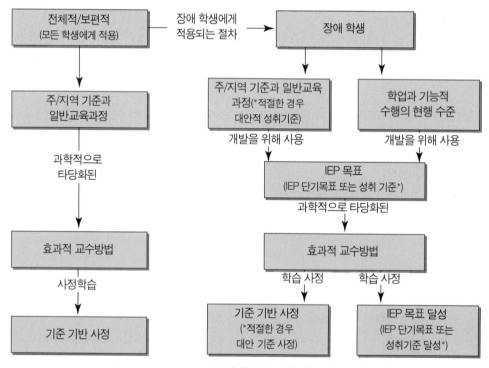

[그림 2-5] 기준, IEP 및 사정을 연계시키는 절차

정과 기준에 의해 결정되어야만 한다. 미 교육부에 의해 이루어진 가장 최근의 수정을 포함하여, NCLB 는 학교 인구의 3%까지 대안적 기준 기반 사정을 통하여 사정할 수 있도록 허락한다. 대안 사정을 실행하는 학생은 대안 기준과 연계된 IEP 단기목표 또는 성취 기준을 가져야만 한다. [그림 2-5]에 반영된 것처럼 일단 IEP가 개발되고 서비스 전달모형이 결정되면, 학생은 과학적으로 타당화된 교수방법을 사용하여 지도받아야 한다. 기준 기반 사정 이외에 IEP 목표 달성 여부가 평가되어야 하며, 목표 달성 여부가 어떻게 측정될 것인지에 관한 진술 역시 IEP에 포함되어야만 한다.

지금까지 특수교사가 누구를 가르칠 것인가와 우리가 이러한 서비스를 제공해야 할 근거와 법적 이유에 대해 다루었다. 이제 우리는 이 책의 주요 목적인 경도·중등도 장애 학생을 지도하는 방법으로 넘어가도록 한다.

🌿 요약 · · · · · · · · · · · · · · · ·

- 미 의회가 주에게 교육의 책임을 위임하였다 하더라도, 주요 연방법은 학교 교육에 상당한 영향을 미친다.
- 미국에서 장애인교육법은 공립학교 내에서 특수교육의 실행을 규정하는데, 이는 무엇을 그리고 어디에서 특수교육 서비스가 제공되는가뿐만 아니라 누가 그 서비스에 적합한가를 포함한다.
- 재활법 504조는 IDEA 하의 서비스에 적합하지 않는 장애 학생이 특성화된 서비스를 받도록 허락한다.
- 아동낙오방지법은 (1) 장애 학생이 학교 책무성 측정에 포함되고, (2) 모든 특수교사가 높은 자격 수준을 갖추도록 요구함으로써 일반교육뿐만 아니라 특수교육에도 영향을 미친다.

- 모든 장애 학생은 개별화교육 프로그램(IEP)을 가지고 있어야만 하는데, 이것은 그들이 받는 서비스를 결정한다.
- IDEA는 IEP의 개발과 실행에 누가 포함되어야만 하는지를 명시한다. 부모, 일반교사, 특수교사, 학생, 그 외 다른 사람이 포함된다.
- 학생은 최소제한환경에서 교육받아야 하며, 이것은 통합환경이거나 아닐 수 있다.
- 교육과정이란 특정한 내용을 근거로 한 교수적 계획과 활동의 상호 관련조합으로 실행되었을 때 학생의 학습으로 이어지게 된다.
- 기준은 주, 지역, 그리고 전문적 조직에 의해 설정된다. 기준의 주요 목적은 모든 학생이 동일한 내용으로 교수받는 것을 보장하는 것이다.
- 교육과정이 보편적으로 설계되었다면 모든 학생을 위한 일반교육과정으로의 접근은 더 쉬울 것이다.
- 특수교사는 장애 학생의 개별화된 목표와 일반교육과정과 기준을 연계시키려는 책임감을 가져야 한다.

🌿 연습 문제 · · · · · · · · · · · · · ·

1. IDEA의 여섯 가지 주요 원칙은 무엇인가? 왜 이러한 원칙이 장애 학생의 교육적 이익을 보호하는 데 중요한가?

2. 1997년과 2004년 교사에게 큰 영향을 미친 IDEA의 세 가지 차이점을 확인하라. 왜 이러한 요소가 IDEA에 추가되었다고 생각하는가?

3. 504조하에서 서비스를 받기에 적합한 학생이 IDEA 하에서 적합하지 않을 경우는 언제인가?

4. 교사에게 직접적으로 영향을 미치는 NCLB의 네 가지 주요 요소에 대해 설명하라.

5. NCLB의 책무성 조항이 특수교육 분야에 어떠한

영향을 미치는지에 대해 논의하라.

6. IEP 팀에 포함되어야만 하는 사람은 누구인가? 그들의 역할은 무엇인가?

7. 부모, 일반교사, 그리고 학생이 IEP 과정에 참여하는 것은 왜 중요한가? 이러한 IEP 팀 구성원의 적극적 참여를 장려하기 위해 특수교사가 할 수 있는 것은 무엇인가?

8. IEP 문서의 여덟 가지 필요조건을 나열하라.

9. 교육과정과 기준을 정의하고 장애 학생을 위한 중요성을 설명하라.

10. 교사가 일반교육과정, 기준, 그리고 IEP를 연계시킬 수 있는 방법을 설명하라.

활동 · · · · · · · · · · · · · · ·

1. 도서관 자료를 활용하여 IEP 과정에서 부모 참여를 향상시킬 방법에 대해 다루는 기사를 찾으라. 이러한 절차에서 부모 참여를 촉진하기 위해 당신이 할 수 있는 것을 요약하여 쓰라.

2. Menlove, Hudson, & Suter (2001). A Field of IEP Dreams: Increasing General Education Teacher Participation in the IEP Development Process. *TEACHING Exceptional Children, 33*(5), pp. 28-33을 찾아 읽어 보라. IEP 절차에서 일반교사의 참여를 막는 장해물과 특수교사가 이러한 문제를 처리하는 방법에 대해 논의하는 한 페이지 분량의 보고서를 작성하라.

3. IDEA와 504조를 비교 · 대조하는 두 페이지 분량의 보고서를 작성하라.

4. 특수아동위원회 홈페이지(http://www.cec.sped.org)를 방문하라. 이 위원회에서는 특수교육 관련법에 대해 어떤 정보를 제공하는가? 이 웹사이트에서 이용할 수 있는 정보를 요약하여 쓰라.

특수아동협의회(CEC) 기준

기준 1: 설립

특수교사는 철학에 근거한 발전하고 변화하는 학문, 증거 기반 원리와 이론, 관련 법과 정책, 다양하고 역사적인 관점, 특수교육과 교육학 분야에 역사적이고 지속적으로 영향을 미친 인간 논쟁, 학교와 사회 안에서 ELN 학생에 대한 대우로서 이 분야를 이해한다. 특수교사는 이러한 것이 사정, 교수계획, 실행, 프로그램 평가를 포함한 전문적 실행에 어떠한 영향을 미치는지에 대해 이해한다. 아울러 인간의 다양성에 대한 논점이 가족, 문화, 학교에 어떻게 영향을 미칠 수 있는지에 대해 이해하며, 이러한 복잡한 인간에 대한 논점이 특수교육 서비스의 전달과정에 대한 논점과 어떻게 상호작용할 수 있는지에 대해서도 이해한다. 특수교사는 또한 특수교육 조직과 조직의 관계를 이해하고 학교, 학교체계, 그리고 다른 기관의 기능을 이해한다. 그들은 또한 이러한 지식을 그들 자신의 특수교육 철학과 개인적 이해를 구성하는 기반으로 사용한다.

기준 9: 전문적 · 윤리적 실행

특수교사는 직업의 윤리적 · 전문적 실행기준에 의해 좌우된다. 특수교사는 광범위한 연령과 발달 수준 전반에 걸친 복잡한 환경과 다양한 역할 속에서 활동한다. 그들의 수행은 심각한 전문적 · 윤리적 고려사항과 함께 법적 문제에 대한 계속적인 주의를 요한다. 특수교사는 전문적인 활동에 참여하고 ELN 학생, 그들의 가족, 동료, 그리고 그들의 전문성 개발에 유용한 학습 공동체에 참여한다. 그리고 그들 자신을 평생 학습자로 생각하며 그들의 활동에 대해 계속적으로 반성하고 조절한다. 특수교사는 그들 자신과 다른 사람의 태도, 행동, 의사소통 방식이 그들의 역할 수행에 어떠한 영향을 미치는지에 대해 인식한다. 특수교사는 문화와 언어가 상호 특수성을 가지고 있음을 이해하며, ELN 학생과 그 가족들의 많은 다양성 측면에 민감하다. 특수교사는 그들의 전문성 개발을 촉진하기 위해 적극적으로 활동을 계획하고 참여하는데, 이러한 활동은 그들로 하여금 증거가 뒷받침된 실천과 함께 동향을 읽을 수 있게 한다. 특수교사는 역할 수행에서의 그들 자신의 제한점을 알며 그 안에서 활동한다.

3

교육적 협력

주요 개념

협력 모델
- 자문
- 협력교수
- 코칭
- 멘터링

협력과정
- 협력 기술
- 상호적 의사소통

- 문제 해결
- 갈등 해결

특정 집단과의 협력
- 특수교육 보조원
- 부모 및 다른 가족 구성원

다문화를 통한 협력

 주요 질문

1. 협력 모델 간의 차이점과 유사점은 무엇인가?
2. 특수교사는 누구와 협력해야 하며 어떤 방법으로 협력해야 하는가?
3. 특수교육 보조원, 가족 구성원과의 협력과 관련하여 중요한 논점 또는 문제는 무엇인가?
4. 문화의 차이는 협력하는 개인의 태도, 방법에 어떻게 영향을 미치는가?

1. 협력 모델

특수교사는 혼자서 일하지 않는다. 장애 학생을 위한 양질의 교육을 위해 특수교사는 학생의 가족, 특수교육 보조원, 다른 학교 관련인, 정부 또는 사설기관의 전문가와 함께 일한다. 이 장에서는 모든 학생이 가능한 한 최고의 교육을 받도록 함께 일하기 위해 필요한 기술과 과정을 논의하고자 한다.

협력(collaboration)은 다른 사람과 일하기 위해서 선택한 모델과 상관없이 적용될 수 있는 상호작용 유형이다. 협력에 대해 자세히 논의하기 전에, 특수교사가 사용하는 네 가지 모델에 대해 먼저 논의하고자 한다. 네 가지 모델은 자문, 협력교수, 코칭, 멘터링이다. 특수교사는 다른 전문가와 학생의 수행 향상을 위해 일할 때 자문과 협력교수를 적용한다. 또한 특수교사가 자신의 교수 수행을 향상시키는 데 중점을 둘 경우 코칭과 멘터링에 참여한다.

학생 수행을 향상시키기 위한 협력

자문   교사와 다른 전문가는 학생의 이익을 위해 함께 일하지만 그들이 사용하는 협력 모델은 매우 다양하다. 예를 들어, 특수교사는 장애 학생이 일반학급에서 성공할 수 있는 제안을 하기 위해 일반교사와 매주마다 만날 수 있다. 이것이 자문 모델이고 교육, 심리, 경영과 같은 전문직에서 적용되는 기본 과정이다(Kratochwill & Pittman, 2002).

카밀은 학습장애로 판별된 7학년 학생으로 일반학급의 모든 수업에 참여한다. 카밀은 수학을 제외한 다른 과목에서는 학년 수준 능력을 보인다. 카밀의 특수교사인 헤링 여사는 카밀의 향상을 점검하기 위해 수학교사 어니스트 씨를 매주 5~10분 정도 만난다. 헤링 여사는 카밀을 직접 가르치지 않는다. 어니스트 씨는 회의

에서 카밀의 학습 결과물, 주간 평가 결과, [그림 3-1]과 비슷한 형식의 자료를 제시한다. 헤링 여사는 카밀의 성공을 돕기 위한 교수적 절차, 학급환경, 과제, 평가에 대한 수정을 제안한다. 예를 들어, 카밀은 대부분의 수학 개념을 이해하긴 하지만 때때로 계산 오류를 보인다. 헤링 여사는 카밀이 계산 점검을 할 수 있도록 계산기 사용을 제안하였다. 또한 카밀은 가끔 자릿값 맞추어 쓰기를 잘못하기 때문에 숫자를 정확하게 일렬로 쓰기 위한 눈금판을 사용하길 제안하였다. 헤링 여사는 카밀에게 시험 시간을 더 줄 것과 학급에서 주의가 산만하지 않은 곳에 자리를 배치하도록 제안하였다. 어니스트 씨는 이러한 수정을 기꺼이 받아들이고 성공적으로 수행하였다.

Friend와 Cook(2003)은 학교 자문을 "제3자의 문제를 다루기 위해 한 전문가가 다른 전문가를 돕는 자발적인 과정"(p. 151)이라 정의한다. 교육에서 대부분의 자문은 학생(예, 카밀)을 돕기 위해 자문가(예, 헤링 여사)가 교사(예, 어니스트 씨)를 통해 일하는 것을 기초로 한다. 일반적으로 상담 의뢰인 또는 교사는 문제를 확인하고, 자문가를 찾고 자문가에게 받은 제안들을 실행할 책임이 있다. 전문가가 조언을 제공하기 때문에 의사소통은 한 가지 방향으로 이루어진다. 문제와 해결의 소유권은 조언을 구하거나 받은 개인에게 있다.

헤링 여사와 어니스트 씨는 매주 협의를 돕기 위해 [그림 3-1]과 유사한 안내지를 사용한다. 어니스트 씨는 모임 전에 '학생이 겪을 수 있는 문제'와 '제안된 수정' 부분을 제외하고 내용을 완성한다. 두 가지 정보는 회의에서 헤링 여사가 제공한다.

자문 모델은 특수교육 현장에서 적용할 때 어려움이 있다. 첫째, 자문 모델은 한 교사가 다른 교사보다 더 많은 지식을 가지고 있다는 위계관계를 의미하기

일반교사 _____   일시 _____
특수교사 _____

주간학습 평가

학생 이름	평가 (한 가지 체크)			의견
	더욱 좋음	동일함	더욱 나쁨	

계 획

다음 주 주제 _____
사용될 교수적 절차 _____
주어질 과제 및 시험 _____
사용될 평가 기준 _____

학생 이름	학생이 겪을 수 있는 문제	제안되는 수정

추가 의견:

[그림 3-1] 특수교육 자문을 위한 논의 안내서

때문에 교사가 자문 모델 적용을 거부할지 모른다. 둘째, 자문가에 의해 제안된 중재를 교사가 어느 정도 실행하는지에 관해 알기 어렵다(Noell & Witt, 1999). 앞으로 이 영역에 관한 더 많은 연구가 요구된다.

협력교수   특수교사는 일반교사 동료와 협력교수를 할 수 있다. 특수교육에서 협력교수는 "학급에 속한 모든 학생을 가르칠 책임을 갖는 일반교사와 특수교사의 협력"(Gately & Gately, 2001, p. 41)이다. 협력교수는 두 일반교사 또는 두 특수교사로 이루어질 수 있지만, 이 장에서 고려된 협력교수는 일반교사와 특수교사가 함께 교수하는 것을 의미한다. 효율적으로 협력하는 학급에서 두 교사는 함께 계획하고 교수하고 평가하며 행동관리를 실행한다. 그들은 함께 차별

화된 교육과정을 개발하고 다양한 학생 집단의 필요에 맞는 적절한 학습환경을 촉진한다.

리버데일 고등학교 경도·중등도 장애 학생은 주요 일반교육(영어, 수학, 역사, 과학) 수업을 받는다. 노리 씨와 루 여사는 특수교사이지만, 주요 교과에서 일반교사와 협력교수를 한다. 노리 씨는 영어와 역사 시간에 일반교사와 협력교수를 하고 루 여사는 수학과 과학 시간에 협력교수를 한다. 실시한 교수의 효과를 평가하고 다음 단원을 계획하기 위하여 일반교사와 매주 모임을 갖는다. 서로 역할을 바꾸어 가며 가르치더라도 일반교사는 교수 내용에 주전 책임을 지고, 특수교사는 교수, 과제, 시험, 학급환경이 모든 학생에게 적절한지를 확인하는 데 우선적인 책임을 갖는다.

협력을 위한 공동계획 소프트웨어 기술 도구

효과적인 협력교수 관계를 개발하는 것은 어려울 수 있다. 다행히도 당신의 협력교수 노력이 성공적으로 이루어질 수 있도록 이용 가능한 자원이 있다. 정부의 재정 지원을 받은 캔자스 대학교의 프로젝트는 협력교수에 관한 지식과 자원을 공유하는 수단으로 웹의 힘을 이용하도록 노력해 왔다. "두 사람의 힘"(Power of Two)(http://www.powerof2.org/)이라 알려져 있는 이 웹사이트 방문자들은 협력교수에 대한 온라인 훈련을 받을 수 있으며, 협력교수를 위한 효과적 전략을 배우고, 질문을 하거나 자료를 읽을 수 있다. 이 웹사이트는 교사가 혁신적인 교수전략을 적용하고자 할 때 그들을 지원할 수 있는 방법의 강력한 예시를 제공한다.

일반적으로 로테크(low-tech)라 불리는 공학의 다른 유형 역시 협력교수를 위한 중요한 요구사항(교수계획을 지원하는 도구의 부족)을 다루는 자원이다. 이러한 부족을 채우기 위해 센트럴 플로리다 대학교의 저자 Lisa Dieker는 『협력교수 수업계획(The Co-teaching Lesson Plan Book)』(2002, Knowledge by Design, Inc.)을 만들었다. 이 책은 협력교수 관계를 촉진하기 위한 다양한 자원을 특징으로 하며, 매주의 교수전략을 강조한다. 이 계획서의 특징은 책의 왼쪽 페이지가 일반교사로 하여금 매일의 교수 목표, 수업 활동, 사정계획에 대한 윤곽을 그릴 수 있도록 한다는 것이다. 대응되는 오른쪽 페이지는 협력교수 전략과 교육과정, 교수, 사정을 위한 관련수정을 알려 주는 특수교사에 의해 완성된다. 이 책의 가치는 이것이 IDEA의 요구처럼 일반교육과정의 문서화를 제공하며 공동계획기간을 공유하지 않는 전문가 간의 의사소통을 원활하게 한다는 것이다.

[생각해 보기] 당신이 효과적인 협력교수 관계를 개발하고자 할 때 어떠한 어려움에 직면할 수 있는가? 그리고 위에 제시된 자료는 당신이 그 문제들을 해결할 수 있도록 어떻게 도울 것인가?

유능한 협력교사가 되기 위한 기술을 발달시키기 위해 시간과 경험이 필요하다. 교사가 협력교수를 시작할 때는 교실, 자료, 교수 책임을 공유하는 데 불편함을 느낄지 모른다. 그들은 자신의 교수 내용, 교육철학, 혹은 학생에 대해 경계하고 방어적인 태도를 보일 수 있다. 관계가 발전함에 따라, 교사는 더욱 마음을 열어 타협해 가기 시작하고 동등한 동료로서 기꺼이 함께 일하게 된다. 궁극적인 목표는 협력의 수준에 도달하는 것이다.

두 교사가 같은 학생 집단을 동시에 가르칠 때는 하나 혹은 그 이상의 협력방법을 적용할 것이다. Friend와 Cook(2003)은 여섯 가지 협력교수 접근을 제시하였다.

일인 교수, 일인 관찰 일인 교수, 일인 관찰(one teaching, one observing)은 관찰자 교사가 구체적인 목표를 가질 때 적절하다. 보통 목표는 우려가 되는 행동을 보이는 한 학생, 소집단 학생, 전체 학급을 관찰하는 것이다. 이 접근이 계획성 없이 또는 독점적으로 사용되면 주요한 문제가 발생할 수 있는데, 이는 한 교사, 대개는 특수교사가 지원의 역할을 하도록 만들 수 있기 때문이다. 교사는 이 접근을 가끔 사용하고 주기적으로 교사역할을 바꾸어 가며 적용함으로써 효율적으로 사용할 수 있다.

갈라도 여사가 7학년 과학을 가르치는 동안 맥머리 씨는 대니, 헤이든, 아델의 과제집중 행동 자료를 수집한다.

일인 교수, 일인 지원 일인 교수, 일인 지원(one teaching, one drifting)은 일인 교수, 일인 관찰과 비슷하지만 차이점이 있다면 한 교사가 교실을 돌며 도움이 필요한 학생을 지원하는 것이다. 이 접근의 두 가지 단점은 돌아다니는 교사가 지원자로 보일 수 있고 학생의 주의를 산만하게 할지도 모른다는 것이다. 뿐만 아니라 학생이 자신의 과제를 스스로 시도하기보다 도와줄 교사를 기다리기 때문에 의존적인 학습자가 되도록 할 수 있다.

맥머리 씨가 7학년 과학을 가르치는 동안 갈라도 여사는 도움을 필요로 하는 학생을 관찰하고 돕는다.

스테이션 교수　　스테이션 교수(station teaching)를 실시하는 협력교사는 교수 내용을 나누고 학급 안에서 작은 집단들을 동시에 가르칠 책임을 갖는다. 이 접근의 장점은 장애 학생을 따로 분리하여 개별적으로 교수하기보다는 소집단 속으로 통합한다는 점과 교사 대 학생 비율이 낮다는 점이다. 단점은 한 집단에서 다른 집단으로 이동하는 데 시간이 소요되고 주의를 산만하게 하는 소음과 이동이 발생할 수 있다.

갈라도 여사와 맥머리 씨는 7학년 과학수업에서 학생들을 두 집단으로 나눈다. 모든 집단에 장애 학생이 포함된다. 협력교사들은 교육과정을 동시에 배울 수 있는 수업으로 나눈다. 각 교사는 두 집단의 수업을 가르칠 책임을 갖는다. 예를 들어, 갈라도 여사가 지구 물질의 농도 계산방법에 대해 한 집단을 가르치는 동안, 맥머리 씨는 다른 집단과 실험을 한다. 교사는 집단을 이동하게 하고 모든 학생이 두 가지 수업에 대해 교수를 받도록 한다.

평행교수　　평행교수(parallel teaching)에서 교사는 함께 계획하지만 학급을 두 개의 이질적인 집단으로 나누어 각 집단을 독립적으로 교수한다. 교사는 스테이션 교수와 같이 집단을 서로 바꾸지 않는다. 두 교사가 해당 수업 제재를 지도하는 데 능숙하지 않다면 초기 교수를 위해서 이 접근은 적절하지 않다. 평행교수는 종종 반복과 연습, 평가 복습, 교사의 많은 감독이 필요한 프로젝트에 사용된다. 평행교수의 장점

과 단점은 스테이션 교수와 유사하다.

스테이션 교수에서처럼, 갈라도 여사와 맥머리 씨는 학급을 두 집단으로 나누지만 집단을 서로 바꾸지 않는다. 그들은 두 집단에 비슷한 내용을 동시에 가르친다. 예를 들어, 갈라도 여사와 맥머리 씨는 지구 물질의 농도 계산방법에 대해 각 집단을 지도한다. 그리고 각자의 집단과 함께 실험한다.

대안교수　　대안교수(alternative teaching)는 대집단 학생과는 다른 방법으로 지도해야 할 소집단 학생들이 있는 경우 사용된다. 대안교수는 일반학급 안에서 일어나고 협력교사 간 역할이 바뀌어야 한다. 이 접근은 적합화 또는 수정이 제공될 때 또는 사전교수, 복습, 재교수가 필요할 때 사용될 수 있다. 몇몇 학생이 심각한 행동 문제를 보이고 소집단 내 학습에서 이익을 얻을 수 있을 때 사용될 수 있다. 소집단 학습에 계속 선택된 학생의 경우 낙인을 받을 가능성이 있다는 것이 이 접근의 단점이다.

대니, 헤이든, 아델은 보충학습, 행동에 부가적인 도움이 필요하다. 갈라도 여사가 학급의 다른 학생을 교육하는 동안 맥머리 씨는 해당 세 명의 학생을 지도한다. 대니는 행동이 향상되면 대집단 교수로 이동한다. 두 교사는 교수집단을 교대로 바꾼다. 매니와 타일러는 개념 형성에 어려움을 가진다. 그들은 해당 기술을 학습할 때까지 소집단에서 지도를 받는다. 학생은 필요에 따라 대집단에서 소집단으로 이동하는 것을 계속한다. 두 교사는 지속적으로 각 집단의 교수를 번갈아 한다.

팀티칭　　팀티칭(team teaching)에서는 두 교사가 모든 학생의 교수와 계획을 공유한다. 그들은 보통 같이 교수하는데, 예를 들어 한 교사가 개념을 설명하고 다른 교사는 그것을 실물이나 실험으로 설명하라. 두

교사는 학생들이 독립적인 학습을 하거나 협동학습 집단에서 작업하는 동안 학생 사이를 돌아다닌다. 각자 필요할 때 다른 접근을 적용할 수 있지만, 교사는 항상 유연한 방법으로 역할을 교대한다. 팀티칭은 함께 어우러지는 교수형태뿐만 아니라 상호 간 신뢰와 책임을 요구한다.

갈라도 여사와 맥머리 씨는 매일 전체 학습 교수를 공유한다. 예를 들어, 맥머리 씨가 주의가 필요한 학생을 돕는 동안 갈라도 여사는 새로운 개념을 가르친다. 그러면 맥머리 씨는 안내된 연습으로 학생을 지도하고, 갈라도 여사는 개별 학생을 돕는다. 학급이 독립적인 연습 단계로 갈 때, 두 교사는 학생 사이를 순회하고 필요할 때 지원한다.

모든 협력교수 접근들은 두 교사가 수업 내내 학급에 머무는 것을 가정한다. 그러나 특수교사의 수가 각 일반학급에 있는 특수교육대상 학생을 가르칠 만큼 충분하게 고용되지 않았다. 이러한 상황은 일반학급 내 장애 학생이 불균형적으로 배치되는 것을 유발하게 된다. 협력교사 배치 문제를 해결하기 위해 Walsh와 Jones(2004)는 네 가지 협력교수 일정을 제시하고 있다.

- 특수교사는 하루에 서로 다른 두 학급에 시간을 나누어 들어간다.
- 특수교사는 서로 다른 학급의 수업에 서로 다른 날에 들어간다.
- 특수교사는 각 학급의 활동계획에 따라 융통적인 일정을 갖는다.
- 특수교육 보조원이 특수교사의 지도에 따라 일반학급 협력교수에서 특수교사를 대신한다.

중등 수준(예, 중·고등학교)의 협력교수는 몇 가지의 이유로 더욱 어려움이 있을 수 있다. 첫째, 교사는 더욱 복잡한 교육과정 내용을 강조한다. 둘째, 장애 학생과 동료의 기술 간의 차이가 초등학교보다 더 크게 나타난다. 셋째, 중등학급은 강의 교수에 더 의지하는 경향이 있다. 마지막으로 중등교사는 내용 전문가로 교육받았고 수업운영에 상당한 자율성(autonomy)을 가진다(Cole & McLeskey, 1997). Dieker(2001)는 성공적으로 협력교수를 하는 중등학급을 관찰한 결과 다음의 공통점을 발견하였다.

표 3-1 중등 단계에서의 협력교수 전략

협력교수 준비하기	협력교수 하기
• 현재 상황 평가하기	• 협력교수 접근에 대한 지식 확장하기
• 관리자 참여시키기	• 서로의 교수 스타일 차이점 논의하기
• 교수 파트너와 친해지기	• 이동, 필요한 지원, 교사 보조요청을 위해 방해되지 않는 신호 만들기
• 실행 가능한 일정 만들기	• 학생과 함께 지속적인 주의집중, 전이 신호 사용하기
	• 구조화된 학급 규칙 붙여 놓기
협력교수 계획하기	
• 공동계획 시간 또는 계획을 지원할 수 있는 다른 방법 찾기 (예, 보결교사)	평가하기
• 일반교사에게 교과 내용, 교육과정, 성취 기준의 개요 요청하기	• 사전에 점수 산출 절차 논의하기
• 무엇을 가르치고 어떻게 가르칠 것인가 논의하기	• 다양한 평가방법 고려하기
	• 성적 산출을 위한 루브릭 개발하기
	• 평가 업무 공유하기

출처: Murawski & Dieker(2004)에서 발췌한 내용으로 표 작성.

- 교사와 학급 구성원이 모든 학생을 수용하는 긍정적인 학급 분위기였다.
- 교사와 학생은 협력교수를 긍정적인 경험으로 생각하였다.
- 학생은 높은 수준의 능동적 학습에 참여하였다.
- 두 교사 모두 행동, 학습 수행에 대해 높은 기대를 가지고 있었다.
- 두 교사 모두 계획시간에 참여하였다.
- 학생 진보를 평가하기 위한 다양한 방법이 사용되었다.

전략적인 계획 접근의 적용은 중등 단계에서의 협력교수(〈표 3-1〉 참조)에서 도움을 줄 수 있다.

 교사를 위한 정보 3.1

수업을 공동 계획할 때는 다음 단계를 따르라.

1. 수업의 주제, 제재, 학습 목표를 정의한다.
2. 주제, 제재, 목표를 다루는 교과서 또는 다른 자료의 내용을 확인한다.
3. 해당 자료 중에서 유용한 것과 모두, 거의 모두, 대부분, 단지 몇몇 학생이 학습할 수 있는 것으로 분류한다.
4. 학생이 효과를 얻을 수 없는 내용이 있는지 확인하라.
5. 적용할 수 있는 교수 유형 또는 활동을 결정한다(예, 전체 집단, 소집단, 개별).
6. 각 집단이나 활동에 누가 참여할지 결정한다.
7. 개별 학생이 학습동기를 얻고 능동적인 학습을 유지할 수 있는 활동을 확인한다.
8. 언제, 어디서, 얼마 동안 수업이 이루어지는지를 확인한다.
9. 단원계획의 각 부분에서 누가 주요한 책임을 가질지 결정한다(Dettmer, Hurston, & Dyck, 2005).

협력교수에 관한 몇몇 연구에서 교사, 행정가, 학생, 부모가 높은 만족감을 나타냈다(Gerber & Popp, 1999; Walther-Thomas, 1997; Zigmond & Magiera, 2001). 예를 들어, 교사는 장애 학생이 자신감, 자기존중감, 학습 및 사회 기술 수행, 또래관계에서 향상을 보였다고 하였다(Walther-Thomas, 1997). 그러나 이러한 자료는 교사 보고에 기초하고 있고, 학생 수행결과에 근거한 협력교수의 효과성 검토 연구는 제한적으로 이루어졌다. Zigmond와 Magiera(2001)는 문헌 연구를 실시하였는데 확실한 연구 절차를 사용하여 협력교수를 경험적으로 조사한 연구는 4개밖에 없다고 보고하였다. 4개 연구 결과들은 초등학급에서 협력교수를 받은 학생의 학업 측정 결과가 학습도움실의 학생과 동등하거나 더 나은 결과로 나타났다. Murawski와 Swanson(2001)은 또한 문헌 연구를 시행하여 구체적인 연구절차가 적용된 소수의 연구를 검토하였다. 이런 몇몇 연구에 기초하여 그들은 "협력교수의 효과성은 적당히(moderately) 성공적이었다."(p. 266)라고 결론지었다. 협력교수가 장애를 가지거나 가지지 않은 학생에게 효과적인 교수 방법임을 증명하는 추가 연구가 필요하다.

교사 수행을 향상시키기 위한 협력

코칭 코칭(coaching)은 교육에서 종종 사용된다. 사실상 동료 코칭은 교사를 위한 강력한 훈련도구의 하나로 알려져 왔다(Swafford, 1998). 동료 코칭은 두 명 또는 더 많은 전문가 동료가 함께 일하면서 현재의 교수방법을 반성하고 새로운 기술을 개발하고 정련하고, 아이디어를 공유하며 활동을 연구하고, 한 사람이 다른 이를 가르치고 문제를 해결하는 과정을 말한다(Robbins, 1995). 어떤 사람은 코칭과 멘터링을 동등하게 생각하지만, 동료 코칭은 새로운 교수적 실제의 습득과 개발을 촉진하기 위해 구체적으로 설계되었다(Kohler, Crilley, Shearer, & Good, 2001).

두 가지 동료 코칭 모형인 전문가, 상호적 코칭은 함께 또는 독립적으로 사용될 수 있다. 전문가 동료 코칭은 기술이 부족한 교사를 위해 훈련된 교사가 관찰, 지원, 피드백을 제공·제안을 하는 것이다. 상호적 코칭은 공동으로 기술을 향상시키고 최상의 교수방법을 반영하기 위해 서로를 관찰하고 서로에게 피드백을 제공하는 둘 또는 소집단의 교사로 구성된다(Donegan, Ostrosky, & Fowler, 2000).

학급 경영에 어려움을 갖고 있는 초임 특수교사인 헌팅턴 씨는 학교 내 행동 전문가인 가르시아 여사에게 도움을 구하였다. 가르시아 여사는 헌팅턴 씨의 교실을 관찰하고 목표를 세우기 위한 모임을 한 후, 헌팅턴 씨에게 효과적인 교실경영 전략을 시범 보였다. 학급 분위기가 향상됨에 따라 가르시아 여사는 점차 참여를 줄이고 관찰자가 되었다. 두 교사는 1년간에 걸쳐 전문가 동료 코칭 모델에 참여하였다.

네버스 씨와 후페이 여사는 루스벨트 초등학교 특수교사다. 둘은 몇 년 동안 학생을 가르쳤고 읽기 유창성 향상을 위한 전문가 개발 워크숍에 참석해 왔다. 그들은 학습한 새로운 전략을 적용하는 데 서로 돕기로 결정하였다. 이런 아이디어를 논의하면서 그들은 서로의 학급을 관찰하는 것이 필요함을 알았다. 두 교사는 계획을 위해 교장선생님에게 지원을 요청하였다. 교장선생님은 일과 중 짧은 시간 동안 두 교사의 학급에 자원봉사자를 활용하도록 허락하였고, 그들은 그 시간 동안 서로의 수업을 참관할 수 있었다. 두 교사는 서로 피드백을 받기 위해 점심시간이나 방과 후에 만날 것을 계획하였다. 네버스 씨와 후페이 여사는 상호적 코칭모델을 적용하고 있다.

동료 코칭은 다음과 같은 많은 이점을 가진다.

• 교사 기술의 향상

• 전문가 발달 워크숍에서 배운 지식을 교실에서 적용할 때 교사를 지원
• 혼자 일하는 교사의 소외감 감소
• 교사 사이의 동조와 신뢰관계 증진
• 반성적 실제의 촉진(Donegan et al., 2000)

연구들은 참여하는 전문가의 유형과 경험 수준, 가르치는 환경, 제공되는 코칭 유형과 관계없이 동료 코칭의 효과성을 지지하고 있다. 예를 들어, 동료 코칭은 경험 없는 교사가 새로운 읽기전략(Vaughn & Coleman, 2004), 사회기술 전략, 교수와 자료를 적합화하는 방법(Kohler, Ezell, & Paluselli, 1999)을 가르치는 데 효과적이다. 대부분 교사는 전통적 워크숍 참여보다는 파트너와 일하는 것을 선호한다(Vaughn & Coleman, 2004).

모든 좋은 교사가 좋은 코치를 할 수 있는 것은 아니다. 코치를 잘하는 데 필요한 중요한 특성은 다음과 같다.

• 코칭을 위한 적절한 성향
• 적절한 대인관계 기술
• 변화과정을 이해하기
• 교과 제재와 학생의 학습방법에 관한 깊은 이해
• 교육과정에 대한 친근성
• 코칭과정에 대한 지식(Feger, Woleck, & Hickman, 2004; Herll & O'Drobinak, 2004)

멘터링   교육 맥락 안에서 멘터링(mentoring)의 목적은 초임 교사에게 성공적으로 교직업무를 시작하고 유지하는 데 필요한 기술적·정서적 지원을 제공해 주는 것이다. 예를 들어, 효과적인 멘터는 믿을 만한 친구이자 상담자(조언자)일 뿐만 아니라 아이디어 제공자이고 자료 제공자다(Gibb & Welch, 1998). 학생과 마찬가지로, 교사는 학습 공동체의 소속감을 느끼고 지원을 받을 필요가 있다(Ballard, 2001). 효

교사를 위한 정보 3.2

성공적인 코칭은 효과적인 발문 기술을 요구한다. 다음은 그에 관한 몇 가지 조언이다.

1. 발문의 유형, 횟수, 일어나는 시기에 민감하라.
2. 단답형 질문보다는 생각을 요구하는 추론 질문을 사용하라.
3. 대답하기 전에 교사가 신중하게 생각하게 해 주라.
4. 교육과정과 학생의 필요에 초점을 둔 질문을 하라.

과적인 멘터링은 교사에게 다음과 같은 지원을 제공한다.

20년 경력의 특수교사 베하 씨는 학교의 초임 특수교사 윌크스 여사의 멘터가 되었다. 매주 베하 씨는 윌크스 여사의 교수 향상과 학교에서 학생과 부모를 참여시키는 것에 관한 조언을 제공한다. 먼저 윌크스 여사는 초반에 교육과정 자료를 얻는 방법 또는 하교 버스 지도와 관련하여 학교 요구사항을 이해하는 데 어려움을 가졌다. 베하 씨는 이러한 구체적인 절차와 기대를 설명하였다. 윌크스 여사는 또한 어떻게 교육 평가적 수정을 하고 문제에 관해 부모에게 어떻게 접근하는지 질문을 하였다. 윌크스 여사는 점차 전문성이 진보함에 따라 자신감을 얻고 있고 베하 씨의 지원에 덜 의존하게 되었다. 지역 멘터링 프로그램이 설계되어서 그들은 3년 동안 이러한 관계를 유지할 것이다. 베하 씨가 2년 더 멘터가 되어 준다는 사실은 윌크스 여사를 편안하게 만든다. 두 교사는 특정 상황에서 처음 일을 시작하는 누군가에게 믿을 만한 안내를 제공하는 전문가 멘터링 모델을 보여 주고 있다.

초임 교사가 어려움을 겪을 때 멘터링과 안내 프로그램은 특수교육과 일반교육 현장에서 관심을 받아왔다. 잘 설계된 멘터링 프로그램은 두 교사(멘터 교사, 멘티 교사)에게 도움을 준다. 멘터링 프로그램은 초임 교사가 그들의 유능성, 태도, 기술을 향상시킴으로써 재직률을 증가시킨다. 뿐만 아니라 멘터링 프로그램은 전문가 교사가 초임 교사를 도우면서 자극을 받고 스스로 유용성이 있다고 느끼도록 한다(Darling-Hammond, 2003).

좋은 교사가 모두 좋은 멘터는 아니다. 멘터는 다음 특징에 기초하여 선택되어야 한다.

• 멘터의 역할에 대한 헌신
• 초임 교사의 수용
• 동료의 인정을 받는 전문가
• 교수적 지원 제공과 관련된 기술
• 대인관계 상황에서의 유능성
• 자신 스스로의 교수 향상에 관한 기록
• 희망적이고 낙관적인 의사소통자(Gold, 1999; Rowley, 1999)

유능한 멘터의 구체적인 특성은 '열려 있는, 보살피는, 친절한, 남을 편안하게 하는, 긍정적인, 겸손한, 위압적이지 않은, 융통성 있는, 좋은 청취자, 신뢰할 수 있는, 편협하지 않은'으로 정의되어 왔다(Gibb & Welch, 1998).

멘터의 적용에서 제안하는 실제는 다음과 같다.

• 이상적으로 멘터와 초임 교사는 같은 건물 안에 있어야 하며, 최소한 그들은 같은 유형의 학생을 가르치고 있어야 한다.
• 멘터는 자신의 역할이 평가자가 아닌 촉진자임을 기억해야 한다. 이는 그들의 관계를 적절한 분위기로 이끈다.
• 교수를 하는 첫 달에는 반나절 동안 여러 차례 학급을 관찰하는 것이 도움이 될 수 있다.
• 멘터는 그들의 역할과 라포 및 신뢰 구축을 위한

방법, 피드백 제공, 성인 동료와 말하기 위한 적절한 전략을 교육받을 필요가 있다.

- 멘터는 업무 관련 및 심리적 지원 모두를 제공해야 한다(Gold, 1996; Griffin, Wohlstetter, & Bharadwaja, 2001; Lloyd, Wood, & Moreno, 2000).

멘터링 경험이 초임 교사의 교수 기술을 향상시킬 수 있음이 연구결과에서 나타나고 있다(Danielson, 1999). 멘터링은 또한 교사 근속을 증가시키는 것으로 알려져 있다(Gold, 1996; Darling-Hammond, 2003). 초임 교사와 함께 일하기 위해 멘터를 제공한 학교는 인력감소율을 2/3 이상 줄일 수 있다. 뿐만 아니라 이러한 초임 교사는 그 직업을 오래 유지하고 더 빨리 유능해진다(Darling-Hammond, 2003).

교사를 위한 정보 3.3

멘터와 멘티가 짝지어지면 다음과 같은 활동을 시도해 보자.

1. 관찰, 공식적인 회의, 비형식적 모임의 계획을 마련하라.
2. 멘터가 멘티의 교수를 관찰하도록 많은 기회를 계획하라.
3. 관찰 전에 무엇을 관찰할 것인지 결정하라. 특히 멘티는 멘터가 관찰했으면 하는 것을 정의해야 한다.
4. 관찰에 따르는 즉각적인 추후 회의를 실시하라. 멘터는 자신이 평가자가 아닌 촉진자임을 기억해야 한다.
5. 멘티가 멘터의 교수를 관찰할 기회를 마련하고 이어서 회의를 하라.
6. 학급 교수 영역 이외의 질문이 생길 때 비형식적인 모임을 하라(예, 학군 내 자원을 이용할 수 있는 곳은 어디인가?).

2. 협력과정

클라크 씨와 페라라 씨는 28명의 학생으로 구성된 4학년 학급을 협력교수 하고 있는데, 그중 5명은 특수교육 대상 학생이다. 클라크 씨는 특수교사이고 페라라 씨는 일반교사다. 그들은 2년째 협력교수를 하고 있으며, 유연한 자세로 함께 일한다고 느낀다. 그들은 교수할 때 서로의 역할을 자주 바꾸고 명확한 설명이 필요할 때마다 끼어들어 말하는 것을 편안하게 생각한다. 두 교사는 다음 수업을 계획하고 하루 일정을 점검하는 데 매일 30분 정도를 할애한다. 학급의 모든 학생은 두 교사를 동등하게 생각하고 질문이 있거나 설명이 필요할 때 둘 중 한 교사에게 질문한다. 두 교사 모두 이런 경험에서 많은 것을 배우고 있다고 말한다. 클라크 씨는 일반교사의 요구에 대해 더 많이 이해하게 되었고, 페라라 씨는 다양한 학습자를 위한 조정에 관해 더 많이 배우고 있다.

린은 학습장애 가능성을 검사하기 위해 의뢰되었다. 학교 다학문적 팀의 각 구성원은 린의 평가 정보를 수집하였다. 특수교사는 행동 관찰을 하고 학교 심리학자는 표준화 검사를 하였다. 일반교사는 린의 학교 학업과 관련된 모든 자료를 수집하였다. 그녀의 부모는 사전에 린의 능력과 필요 목록을 준비하길 부탁받았다. 모든 팀 구성원은 평가 정보를 검토하고 결정하기 위해 모임을 가졌다. 교장은 각 구성원이 정보를 설명하는 모임을 실시하였다. 그리고 린이 학습장애를 가지고 있다고 최종 결론을 내렸다. 모임에서 제시된 정보를 사용하여 IEP가 개발되었다. 그 팀은 린의 IEP 목표가 학습도움실에서의 읽기 지원과 함께 일반학급에서 이루어지는 것이 최선이라고 결정하였다.

협력은 당신이 팀 구성원이나 협력교사로 일하건 혹은 일하지 않건 간에 다양한 학교환경 내에서 이루어지질 수 있다. 협력은 행동이 아니며, 최소한 둘 이상의 동등한 두 사람이 "같은 목표를 가지고 일하면서 공유된 의사결정에 자발적으로 참여하는 직접적인 상호작용의 형태"(Friend & Cook, 2003, p. 5)다. 린의 간학문적 팀은 모든 팀 구성원이 구체적 영역의 전문가(즉, 동등한 각 분야 전문가)로서 협력하고 있다. 그들은 린을 위한 서비스와 적격성(즉, 공동의 목표)에 관한 공동의 결정(즉, 공유된 의사결정)을 위해 함께 일하고 있다. 협력교수 사례에서 두 교사는 마치 하나인 것처럼 함께 협력한다.

협력에 대해 더욱 자세한 설명을 하기 위해 Friend와 Cook(2003)은 협력의 여섯 가지 특성을 제시하고 있다.

- **협력은 자발적인 것이다.** 협력은 상호작용적 형태이기 때문에 강요될 수 없다. "국가(주)는 법 제정을 승인하고, 학군은 정책을 적용하며, 지역관리자는 프로그램을 이행한다. 그러나 학교 전문가와 동료가 협력하길 선택하지 않으면 그들은 협력하지 않을 것이다."(Friend & Cook, 2003, p. 6)
- **협력은 모든 참여자의 동등함을 요구한다.** 동등함은 균등한 특성 혹은 상태다. 집단을 위한 각 개인의 공헌이 동등한 가치를 지녀야 하고 의사결정에서도 개인은 동등한 힘을 가져야만 한다. 비록한 명의 팀 구성원이 다른 환경에서 또 다른 구성원보다 힘을 가진다 해도(예, 교장과 교사), 구성원이 협력적인 활동에 참여할 때는 동등함이 존재해야만 한다. 린의 간학문적 팀의 경우 모든 구성원은 동등한 활동가로 보인다. 학교 심리학자, 특수교사, 부모, 일반교사, 교장은 팀에 대한 각 구성원 모두의 공헌을 동등하고 가치 있게 여긴다.
- **협력은 공동 목표에 기초한다.** 많은 영역에 걸쳐 개인 간에 다른 의견과 목표를 가지고 있더라도 각

개인은 협력의 관계 속에서 지향하는 특정 목표가 상호 간에 가치 있고 서로의 동의하에 설정된 것임을 인정해야 한다.
- **협력은 참여와 의사결정을 위한 책임감을 공유하는 것에 달려 있다.** 협력 팀의 모든 구성원은 책임성을 공유하고 있다. 공유된 책임성은 전체 과정에서 동등한 책임성을 의미하는 것은 아니기 때문에 종종 불공평이 존재할 수 있다. 예를 들어, 린의 경우 학교 심리학자는 평가과정에서 가장 큰 책임을 갖고 교사는 IEP 실행에 가장 큰 책임을 갖게 될 것이다. 이로 인해 팀이 참여와 의사결정을 위한 책임을 공유하는 것이 방해되지는 않는다.
- **협력자는 자원을 공유한다.** 자원은 전문적 지식, 시간, 이용할 수 있는 것 혹은 자료를 포함한다. 개인 구성원은 그들에게 이용 가능한 각기 다른 자원을 가질 것이다. 자원이 부족할 때는 공유하는 것이 어렵게 된다. 그럼에도 진정한 협력자는 연합된 자원의 이점을 통해 함께 일한다. 클라크 씨와 페라라 씨는 그들의 자원을 연합시키고 필요할 때 그것을 공유한다.
- **협력자는 결과에 대한 책무성을 공유한다.** 결과에 대한 책무성을 공유하는 것은 공유된 책임감의 당연한 결과다. 린의 IEP가 부적절하다면 팀은 부적절하게 쓰인 IEP에 대해 책무성을 공유한다.

Walther-Thomas, Korinek과 McLaughlin(1999)은 협력의 다른 정의적 특성을 제시하고 있다.

- **협력과 통합은 동의어가 아니다.** 일반교육에 장애학생을 더 많이 통합하려는 움직임과 함께, 어떤 교사는 통합을 실천한다면 협력을 하고 있다고 생각한다. 협력은 통합을 성공적으로 이루기 위한 도구이지만, 통합은 자문 모델과 같은 다른 방법을 통해서도 일어날 수 있다. 이와 유사하게

교사는 학급의 통합 모델을 적용하지 않고도 협력을 할 수 있다.

- **우정은 성공적인 협력에 필수조건이 아니다.** 협력을 하는 이들은 다른 사람과 적절한 대인관계와 의사소통 기술을 보여야 한다. 이것이 우정과 같은 뜻은 아니다. 페라라 씨와 클라크 씨는 함께 일을 잘하고 지역에서 협력의 모델로 여겨지고 있다. 그들은 서로에게 고마워하고 즐거워하지만, 업무와 관련된 것을 제외하고 학급 밖에서 사교적이지는 않다.
- **효과적 협력은 쉽게 혹은 빨리 성취되는 것이 아니다.** 협력은 서서히 발전하는 과정이고 초기에 매우 집중적인 노력이 필요할 수 있다. 1년간 힘든 노력이 있은 후, 클라크 씨와 페라라 씨는 결국 그들이 진정으로 협력하고 있다고 느끼게 되었다.
- **협력을 처음 시작하는 개인은 그 과정상 의도치 않게 과도하게 일하게 될 수 있다.** 모든 학교 관련 결정 상황에서 협력이 적절한 것은 아니다. 결정을 공유하는 것은 기초적인 문제를 다룰 때 중요하지만 매일의 구체적인 책임을 협력적으로 결정하는 것이 바람직하거나 필수적인 것은 아니다.

협력 기술

효과적으로 협력하는 사람들은 적절한 개인적 특성과 상호적 의사소통 기술을 보인다. 효과적 협력은 개인이 적절한 방법으로 상호작용하는 것에 달렸다. 앞서 제시한 유능한 멘터의 특성과 비슷하게, 유능한 협력자는 친절하고 공손하며 공감하는 능력을 가진다. 그들은 팀의 모든 구성원과 긍정적인 라포를 형성하고 유지한다. 또한 다른 팀 구성원과 적절히 의사소통하고 피드백을 주고받는 방법에 대해 알고 있다. 많은 방법 중 적절한 의사소통은 효과적인 협력의 시작이고 실제다.

상호적 의사소통　의사소통은 정보가 한 사람에서 다른 사람으로 전달되는 수단이 된다. 메시지는 아이디어와 생각으로 구성되고 의사소통의 구어적·비구어적 형태를 통해 전달된다. 의사소통은 소음에 의해 방해받을 수 있는데, 소음이란 메시지를 주고받는 능력을 왜곡시키거나 방해하는 요소로 정의된다. 소음은 심리적인 요소(예, 공상)뿐 아니라 물리적인 요소(예, 큰 목소리, 더운 온도의 방)를 포함한다.

① 듣기. 듣기는 의사소통과 협력의 중요한 요소다. 듣는 것은 이해를 증진할 뿐 아니라 라포 형성을 돕는다. 몇몇 장해물이 효과적 듣기를 방해할 수 있다. 연구 결과에 따르면 우리가 듣는 내용의 75% 이상이 무시되고 잘못 이해되며 빨리 잊힌다고 한다(Thomas, Correa & Morsink, 2001).

당신은 누군가가 말하는 동안 상대방의 말을 듣기보다는 당신의 대답을 준비하거나 보고하기 위해 자신의 자료를 검토할 때 죄책감을 느낄지도 모른다. 당신은 스스로가 공상에 빠져 있거나 당신의 생각을 말하는 사람의 메시지로부터 멀어지게 만드는 '최신' 단어(예, 통합)에 반응하는 자신을 발견할지도 모른다. 그것은 당신의 생각을 말하는 이의 메시지에서 멀어지게 한다. 특히 이미 알고 있는 정보를 듣고 있을 때 당신은 귀를 기울이지 않을 것이다. 신체적, 구어, 몸짓, 환경적인 산만함은 모두 효과적인 듣기를 방해할 수 있다.

진정하게 좋은 청취자는 많지 않다. 그러나 당신은 의도적으로 주의 산만함을 차단하면서 경청하기 위해 머릿속으로 준비하고 들은 내용의 주요 내용을 머릿속으로 시연하고 분류하고 중요한 세부사항을 기록하고, 비구어적 행동에 주의 기울이고, 추론, 사실, 의견을 연결하고, 말해지지 않은 무언가를 듣기 등을 통해 더 나은 청취자가 될 수 있다(Friend & Cook, 2003).

② 비언어적 의사소통. 메시지는 말보다 더 많은 것을 통해 전달된다. 사실상 메시지 내용의 90%는 목소리 억양과 비언어적 행동을 통해 전달된다(Thomas et al., 2001). 의사소통의 비언어적 방법은 공간, 접촉, 의사소통 시간, 몸의 움직임, 신체적 표현의 사용을 포함한다(Finnegan, 2002). 비언어적 메시지는 언어적 메시지를 확인하고, 부정하고, 혼동시키고, 강조하고, 통제할 수 있다. 당신은 다른 사람과 주고받는 비구어적 메시지에 민감해야 한다.

비언어적 행동은 개인이 속한 문화 맥락 속에서 학습된다. 따라서 문화적인 규범은 우리가 적절한 비구어적 행동을 해석하는 방법을 결정한다. 예를 들어, 전통적인 유럽계 미국 문화에 속한 개인은 다음과 같을 것이다.

- 말하는 사람을 정면 또는 비스듬한 각도로 마주한다.
- 자유로운 자세(손, 다리를 꼬지 않는)를 취한다.
- 가끔 말하는 사람 쪽으로 기대는 태도를 보인다.
- 눈 맞춤을 유지한다.
- 편안하고 흥미로움을 보이고 안절부절못하거나 시계를 보지 않는다(Thomas et al., 2001).

그러나 어떤 문화에서는 너무 많은 눈 맞춤은 무례한 것으로 여겨진다. 어쩌면 미소가 난처함을 나타낼지도 모른다. 교사는 상호작용하는 이들의 문화적 환경과 학습한 비언어적 행동을 문화적 맥락에 근거하여 민감하게 반응하고 잘 알아야 한다.

③ 말하기. 개인이 말할 때 그들은 일반적으로 정보를 제공하거나 공유하거나 안내하는 진술을 사용한다. 또한 진술은 정보를 구하기 위해 사용될 수 있고('실제 검사 점수를 알려 주세요'), 정보를 분명히 하거나('당신이 말하는 것을 내가 잘 이해하고 있는지 확신할 수 없어요') 요약하는 데('우리는 이전 결정을 가지고 향후 방향에 관해 결정한 것으로 보이네요') 사용될 수 있다.

비언어적 의사소통과 같이 언어적 신호와 기술 또한 정확한 의사소통에 기여한다. 속도, 음조, 크기, 목소리의 특성은 말하고 있는 것이 무엇인지 해석하는 데 영향을 준다. 어조 또한 중요한 요소다. 예를 들어 '제발 책상에 연필을 내려놓으세요'라는 문장에서는 어떤 단어를 강조하느냐에 따라 다르게 해석될 수 있다(〈표 3-2〉 참조).

④ 피드백 제공. 다른 사람과 함께 일할 때 피드백을 제공하는 것은 효과적인 의사소통의 중요한 면이 될 수 있다. 피드백은 다른 사람에게 그들의 수행 또는 행동에 관한 정보를 제공하는 것을 말한다. 피드백은 간결하고 구체적이고 직접적이며 즉시 제공되거나 혹은 사건이 발생한 후 가능한 한 빨리 제공되는 것이 가장 효과적이다. 효과적인 피드백은 평가적이기보다는 기술적(설명적)이며, 변화 가능한 행동 또는 상황에 초점을 맞추는 것이다. 피드백이 의도한 대로 주어졌는지 확인해야만 한다(Friend & Cook, 2003; Thomas et al., 2001).

표 3-2 어조가 의미에 미치는 예

문장	강조 단어	숨겨진 의미
제발 책상에 연필을 내려놓으세요.	연필	다른 어떤 것도 두지 말고 단지 연필만 두라.
	책상	연필을 다른 곳에 두지 말고 책상에 두라.
	제발	좌절

교사를 위한 정보 3.4

피드백을 주기 위한 추가적인 정보는 다음과 같다.

1. 우선 모든 사실 정보를 가지고 있는지 확인하라.
2. 비난하거나 편협함을 보이지 말라.
3. 충동적이지 않고 사려 깊게 피드백을 제공하라.
4. 피드백을 개별적으로 제공하라.
5. 비언어적 의사소통이 말과 모순되지 않는지 확인하라.

피드백을 받아들이는 것 또한 협력의 중요한 기술이다. 피드백을 받을 때, 많은 사람들이 메시지의 부정적 측면에 초점을 둔다. 스스로에 대해 자신감과 자부심을 느끼는 사람은 자신의 약점이나 향상되어야 할 부분에 대해 듣기 싫어한다. 개인은 또한 피드백이 자신들에게 어떤 해로움을 줄 수 있는지에 진심으로 걱정하여 반응할 수 있을 것이다.

교사를 위한 정보 3.5

피드백이 주어질 때 그것이 배울 수 있는 기회임을 기억하라. 피드백을 받는 데 있어서 다음을 고려하라.

1. 말하는 것을 가로막거나 항의하거나 부정하지 않고 기꺼이 듣는다.
2. 주의 깊게 듣고 말하는 이를 이해하고자 한다.
3. 말하는 이의 입장을 존중한다.
4. 필요하다면 설명을 부탁한다.
5. 피드백을 받는 데 진심 어린 관심과 필요하다면 기꺼이 변화의 의지가 있음을 보인다.

문제해결 과정　　효과적인 의사소통이 협력의 본질에 있어 중요한 방법이나, 협력자는 문제 해결에서도

능숙한 기술을 가질 필요가 있다. 혼자 가르치는 것이 지속적인 문제 해결의 과정이라 여겨질 수 있다 (Snell & Janney, 2000). 교사는 하루에도 무수히 많은 문제를 해결한다. 사실상 "당신에게 책임이 있는 거의 모든 전문적 과제 또는 활동은 해결되어야 할 몇 가지 유형의 도전 또는 문제로 개념화될 수 있다" (Friend & Cook, 2003, p. 96).

교사는 매일의 일과에서 혼자 결정을 하는 경우가 많다. 그러나 점차 교사와 다른 학교 전문가가 협력 팀 내에서 문제 해결을 위한 책임을 공유하는 기회가 늘고 있다. 문제 해결은 적어도 다음의 네 가지 주요 단계를 포함한다.

① 문제 확인하기. 문제 해결의 첫 단계는 문제를 진단하고 정확하게 확인하는 것이다. 이러한 맥락에서 문제는 주로 학생의 목표와 능력, 학생 참여, 학급 공동체 등으로 분류될 수 있는 학생 중심 문제다(Snell & Janney, 2000). 이 단계는 알기 쉬워 보이지만 정확히 문제를 진단하는 것이 문제 해결에 있어서 가장 중요한 단계다. 사실 문제 해결의 잠재적 성공은 문제를 정확히 서술하는 것에 달려 있다. "잘 진술된 문제는 반은 해결된 것이다."(Melamed & Reiman, 2000, p. 18) Friend와 Cook(2003)은 잘 확인된 문제는 다음의 특성을 가진다고 설명한다.

- 모든 참여자가 문제가 있다는 것에 동의한다.
- 현재 상황과 기대하는 상황 사이의 불일치가 확인되고, 참여자는 불일치를 나타내는 요소에 동의한다.
- 문제 진술이 다양한 해결방법을 시도할 정도로 광범위하다.

② 가능한 해결법을 산출하고 선택하기. 문제를 결정했다면 다음 단계는 최대한 가능한 해결방법을 찾아보는 것이다. 이 과정에서 팀의 각 구성원은 비평과 평

가 없이 자발적으로 아이디어를 제시한다. 그런 다음 잠재적 해결방법을 판단하게 될 기준을 만들고 아이디어 목록에 적용한다. 각각의 잠재적 해결방법의 긍정적 · 부정적 측면을 서술한다. 그리고 최종 방법을 선택한다. 최소한의 기준은 학생과 그들의 학습, 학급 상황에 관한 지식을 포함해야 한다. 추가적인 기준은 해결방법에서 있을 수 있는 방해 요소와 실행 가능성을 포함할 것이다.

③ 해결방법을 계획하고 실행하기. 효과적인 계획은 무엇을 해야 하는지 뿐 아니라 누가 하고 언제까지 할 것인가를 포함한다. [그림 3-2]는 계획하는 정보가 구체화될 수 있는 양식의 예를 보여 준다. 협력자가 구체적이고 상세한 계획을 설계할 때 해결방법을 더욱 성공적으로 실행할 것이다. 문제해결 과정의 단계에서 또 다른 측면은 성공 여부를 평가하기 위해 사용될 기준을 확인하는 것이다. '정확한' 기준이 존재하는 것은 아니지만, 그 기준은 모든 참여자가 이해하고 동의해야만 한다(Friend & Cook, 2003).

④ 결과 평가하기. 결과를 평가하는 것은 참여자의 만족 여부뿐만 아니라 목표 달성의 성공에 대한 평가를 모두 포함한다. 여기에 세 가지 가능한 결과가 존재한다. 첫 번째는 해결방법이 문제를 해결했고 목표에 도달한 경우다. 이 경우라면 문제해결 과정은 완성된 것이다. 두 번째는 해결방법이 부분적으로 성공한 경우다. 팀이 문제 분석, 해결방법의 선택과 실행에 신중했다면 적어도 부분적인 성공이 이루어져야 한다. 부분적인 성공이 이루어졌다면 처음부터 다시 시작하기보다는 필수적인 문제해결 단계를 반복하라. 문제를 다시 확인하거나 해결방법을 적용하고 다시 찾아보도록 한다. 세 번째는 성공하지 못하는 경우다. 성공이 이루어지지 못한 이유에 대해 평가하고, 필요하다면 두 번째 결과에서 시도했던 행동과 유사하게 문제해결 과정을 반복하라. 하지만 부분적인 성취와 달리 성공하지 못한 것은 처음부터 다시 시작

학생 이름 _____　　일시 _____　　팀 구성원 _____

문제 _____　　_____

가능한 해결방법 _____　　_____

성공 여부 평가기준 _____　　_____

과제/활동	책임자	완성 일시	결론/결과	기준에 따른 평가

전체 결과 _____

다음 단계 _____

[그림 3-2] 가능한 해결방법 실행을 위한 계획안내

해야 할 것이다.

갈등 해결

팀은 학생 중심의 문제뿐 아니라 팀 중심의 문제 또한 다룬다. 문제를 확인하고 해결방법을 선택하는 데 합의에 이르지 못하는 어려움이 발생할 수 있다. 이에 더하여 의사소통의 장해물과 팀원의 협력이 요구되는 상황, 역할 강제성이 갈등을 일으킬 것이다 (Snell & Janney, 2000). 학교 내 팀의 갈등은 다른 사람이 목표 달성을 방해한다고 느낄 때나 어떤 참여자라도 현재의 상호관계나 시스템이 운영되지 않는다고 볼 때 발생한다(Friend & Cook, 2003; Melamed & Reiman, 2000).

사람들이 상호작용할 때 갈등은 불가피한 일이다. 사실 갈등은 좋은 것도 나쁜 것도 아니다. 갈등은 새로운 해결방법을 찾고 향상의 결과를 가져올 수도 있는가 하면 적대적이고 파괴적인 결과를 가져올 수도 있다(Thomas et al., 2001). 문제는 사람들이 갈등에 어떻게 반응하는가의 여부다.

어떤 사람은 권력 다툼을 통해 갈등에 반응한다. 그들은 자신의 관점을 굽히지 않을 것처럼 보인다. 또 다른 사람은 갈등이 없는 척하며 갈등 상황을 피한다. 어떤 이는 그들의 결정권을 주거나 타협 의지를 표현함으로써 갈등상황을 자동적으로 조정한다. 자신의 방식을 아는 것은 갈등이 발생했을 때 더 나은 준비를 할 수 있도록 돕는다. 만일 당신이 권력 다툼 상황에 놓이게 된다면 문제상황이 그러한 강한 태도를 취할 가치가 있는 것인지에 대해 신중히 살펴보아야 한다. 어떤 경우는 그럴 수 있으나(예, 도덕적인 결정) 대부분의 경우는 그렇지 않을 것이다. 만일 당신이 갈등을 피하는 경향을 가지고 있다면 이러한 접근이 문제를 해결할 수 없음을 인식해야 한다. 실제적 합의에 도달하기 위한 논의와 시도 없이 타인을 수용하는 것 또한 문제를 해결할 수 없음을 인식해야 한

다. 타협은 아마 학교 내 결정에서 가장 많이 사용될 것이다. 타협의 부정적인 면은 강한 의견을 가진 팀 구성원이 불만족을 느낄 수 있고, 이것은 후에 또 다른 갈등을 야기할 수 있다는 점이다. 다른 방식보다 좋은 특정한 방식이 존재하는 것은 아니다. 모든 것은 긍정적인 면과 부정적인 면을 가지고 있고 각기 다른 상황에서 적절하게 적용될 수 있을 것이다(Friend & Cook, 2003).

때때로 갈등을 만드는 사람들은 협력적 노력을 계획적으로 방해하는 것처럼 보인다. 이러한 행동을 하는 사람은 종종 자신이 갈등을 만든다고 인식하지 못한다. 대인관계 갈등의 유형과 가능한 해결방법의 예가 〈표 3-3〉에 제시되어 있다.

Melamed와 Reiman(2000)은 학교 갈등을 해결하기 위한 다음 원칙의 적용을 추천한다.

- 참여자가 그들의 관점을 공유하도록 하라. 서로의 의견을 경청하도록 하라.
- 공통적인 관심사를 고려하라. 모든 사람은 공통되는 관심 대상을 가진다. 동의하기 쉬운 점을 찾으라.
- 감정, 관계의 문제를 적절히 다루라. 참여자가 과거의 어려움을 현재, 미래 문제와 구분할 수 있도록 도우라.
- 결정의 기준이 무엇이 될 것인지 미리 결정하라. 예를 들어, 모든 사람이 동의할 것인지 혹은 다수결로 할 것인지 결정하는 것이다.
- 토의 규칙을 마련한다. 누군가가 이러한 기대를 어긴다면 모두에게 기본 규칙을 상기시키라.

때때로 협상은 갈등을 해결하는 데 필수적일 수 있다. 협상은 참여자 사이에 주고받는 과정을 사용하는 갈등관리 기술이다. 이는 형식적이거나 비형식적으로 사용될 수 있으며, 일반적으로 다음 단계를 따른다.

표 3-3 대인관계 갈등과 가능한 해결책의 유형과 예시

갈등의 유형	정의	가능한 해결책
합의의 방해	개인이 관련없는 정보를 도입해 집단이 합의에 도달하는 것을 막으려고 한다.	극도의, 관련없는 정보를 확인한다. 극단적인 감정이 나타나면 회의를 끝마치고 개인적으로 토론을 한다.
권력 추구	개인이 집단의 통제권을 가지려 한다.	역할 정의를 분명히 함으로써 이 문제를 피할 수 있다. 사전에 이루어지지 않았다면 역할을 분명히 할 기회로 사용한다. 권력을 추구하는 이의 의견을 묻는 것은 통제 요구를 확산시키도록 도와준다.
인정을 구함 또는 시간을 독점함	개인이 스스로 부적절한 진술, 부적절한 행동을 보임으로써 타인의 관심을 자신에게 집중시킨다. 또는 개인이 의사소통을 독점한다.	팀의 각 구성원이 말할 수 있는 시간량을 제한하라. 회의 밖에서 당사자에게 말하라. 그 사람이 기꺼이 변하고자 하면 다음에 문제가 발생하려 할 때 작은 신호를 주라.
심하게 농담하기	개인이 신경질을 다루는 방법으로 농담을 사용한다. 약간의 농담은 긴장을 완화시킬 수 있지만 심하면 성취되어야 할 작업에 혼란을 주고 어렵게 만들 수 있다.	협력자의 참여도를 점검하라. 적절하다면 개인적으로 이야기하라.

출처: Pugach & Johnson(2002)에서 발췌한 내용으로 표 작성.

- 당신과 다른 사람의 동기를 이해하라.
- 주제를 분명히 하라.
- 기대와 목표를 확인하라.
- 각각의 세부 주제를 토론하라.
- 제안을 하거나 타인의 제안에 반응하라.
- 윤리와 정직함을 점검하라(Friend & Cook, 2003).

학교 관련자들이 함께 협력을 지속할 때는 갈등이 필연적이지만 그것이 부정적인 요소가 될 필요는 없다. 갈등은 건설적이고 매우 유용할 수 있다. 개별 팀 구성원은 협력의 전체적인 목표가 장애 학생 교육의 질을 향상시키는 것에 있음을 항상 기억해야 한다.

3. 특정 집단과의 협력

특수교사는 특수교육 보조원과 학생의 부모 및 가족 구성원과 함께 협력한다. 상호 의사소통 기술과 문제해결 과정과 같은 효과적인 협력의 모든 원칙은 당신이 어떤 개인 또는 집단과 협력하느냐에 관계없이 적용된다. 특수교육 보조원과 가족과 관련된 구체적 지침은 특별한 관심이 요구된다.

특수교육 보조원

특수교사 자격을 새로 받은 퀸시 여사는 한 달 전부터 일하게 되었다. 그녀는 특수교육 보조원인 앨런과 후앙 씨와 함께 일할 것이다. 앨런 씨는 10년 동안 학교에서 일하고 있고 후앙 씨는 특수교육 보조원 1년차다. 교장선생님은 퀸시 여사에게 보조원 인터뷰에 참여하도록 요청하였다. 후앙 씨는 하루 내내 특수학급과 일반학급에서 공부하는 오팔이라는 학생을 돕기 위해 고용되었다. 앨런 씨는 특수학급에서 머물며 다양한 과제와 관련하여 교사를 보조한다. 퀸시 여사는 새로운 보조원을 교육시켜야 하는 것이 다소 긴장되고, 또한 오랫동안 학교에서 일해 온 앨런 씨와 일하는 것이 걱정되었다. 퀸시 여사는 앨런 씨가 이전 교사가 했던 것과 같은 방식으로 학급 운영을 기대할까 봐 걱정하였다.

대부분의 특수교사는 매일 한 명 또는 그 이상의 특수교육 보조원과 일한다. 교사는 일반적으로 보조원의 훈련, 조언, 형식적인 평가의 우선적인 책임을 가진다. 과거에 보조원은 보조 전문가, 교수보조자, 교육 지원자로 불렸다. 보조원이라는 용어가 전문가와 나란히 일하는 사람으로 의료보조원과 변호사 보조원의 의미를 반영하기 때문에 오늘날 이 용어가 사용되고 있다(Doyle & Gurney, 2000; Morgan & Ashbaker, 2001).

특수교육 보조원은 교사 또는 다른 자격을 갖춘 학교 전문가에 의해 지시되고 감독되는 과제를 수행하는 직원이고 이들은 적절한 훈련을 받은 사람들로 정의된다. 교사는 항상 프로그램의 계획, 평가, 수정뿐만 아니라 학생과 가족의 요구를 사정할 책임을 갖는다(IDEA Partnerships, 2001). 비록 앨런 씨가 새로운 특수교사 퀸시 여사보다 특수교육 보조원으로서 더 많은 경험을 갖고 있지만, 퀸시 여사는 학급에서 발생하는 일에 대한 궁극적인 책임을 진다.

최근 법률은 특수교육 보조원의 역할과 준비에 영향을 미치고 있다. 장애인교육법(IDEA)과 아동낙오방지법(NCLB)은 보조원을 정의하고, 학교가 보조원을 훈련하고 역할을 제한하며 감독할 것을 요구한다(Ashbaker & Morgan, 2004). 준비에 대해 NCLB는 2002년 1월 2일과 2006년 1월 8일에 새로 고용되고 이미 2002년 1월 2일과 이전에 고용된 특수교육 보조원에게 다음 요구사항을 지시한다. 특수교육 보조원은 다음 요구사항 중 하나를 만족시켜야 한다.

- 교수, 읽기, 쓰기, 수학의 구체적인 지식과 관련된 엄격한 자격기준을 만족시키는 자
- 고등교육기관에서 최소 2년간 학업을 마친 자
- 기관 학위 또는 고등 학위를 취득한 자(Trautman, 2004)

최근 법에 따라 특수교육 보조원의 기준 자격은 향

상되었다. 퀸시 여사와 같은 특수교사는 종종 특수교육 보조원 채용에 참여한다. 고용 가능성이 있는 특수교육 보조원의 특성은 다음과 같다.

- 최근 법적 요구에 따른 자격
- 이전 직업 경험, 특별히 학교에서 근무한 경험
- 직장에서의 적절한 기술
- 아동 및 청소년에 대한 긍정적 태도
- 자기 향상에 대한 관심
- 대인관계 기술 능력
- 의사소통 기술 능력
- 서면 지시 또는 구어적 지시의 수행 능력
- 적절한 조직화 기술
- 인생에 대한 긍정적 시각(Trautman, 2004)

최근 IDEA 재인준과 NCLB 요구는 과거보다 보조원 훈련에 더 많은 강조점을 준다. 훈련은 사전 봉사 경험과 전문성 발전 모두를 목적으로 실시되어야 한다. 사전 봉사훈련은 보조원 일을 시작하기 전에 이루어지고 대개 여름, 학교 시작 전 최소 며칠 동안 실시된다. 사전 봉사훈련은 보조원에게 영향을 주는 학교정책 설명회와 같은 일반학교 오리엔테이션을 포함해야 한다. 추가적으로 지도해야 할 중요한 주제에는 가정-학교 의사소통, 행동관리, 응급 상황과 관련된 절차 등이 있다. 그들이 함께 일하게 될 학생들의 특성, 개별화교육 프로그램(IEP), 교수방법, 그리고 일반적 역할과 책임에 대해서도 다루어져야 한다(Trautman, 2004). Ashbaker과 Morgan(2004)은 교사가 보조원 훈련과 관련된 활동에 함께 참여하거나 적어도 보조원이 받는 훈련에 대해 알고 있어야 하며 보조원 훈련 및 감독과 관련된 모든 활동은 문서화되어야 한다.

전문성 개발은 특수교육 보조원이 학교에서 일하는 동안 몇몇 형태로 이루어질 수 있다. 특수교육 보조원은 지역 대학의 수료과정에 등록하고 학군에서

후원하는 워크숍에 참석하거나 앞서 설명한 코칭 모델과 비슷한 방법으로 직업을 안내받을 것이다. 하지만 코칭 모델은 특수교육 보조원의 코치로 일하는 사람이 특수교사일 경우 신중하게 사용되어야 한다. 이는 코치와 평가자의 역할 간에 갈등이 발생될 수도 있기 때문이다.

퀸시 여사와 같은 초임 특수교사는 새로운 특수교육 보조원의 고용 및 훈련에 참여할 것이다. 혹은 그들은 오랫동안 학교에서 일한 특수교육 보조원과 일하게 될지 모른다. 특수교육 보조원과 교사의 경험 수준과 관계없이 두 사람이 함께 거쳐야 할 몇 단계가 있다. 첫 번째 단계는 서로에 대해 파악하고 서로의 작업 방식을 아는 것이다. 예를 들어, 어떤 보조원은 구조화되고 매우 지시적인 상황에서 일하기를 선호할지 모른다. 다른 보조원은 덜 구조화되고 더욱 독립적인 상황을 바랄 것이다. 어떤 교사는 스스로 일하는 보조원을 선호하는 반면, 다른 교사는 보조원 일의 대부분을 교사가 지시하길 원할지도 모른다. 서로의 작업 방식 간 차이가 클 때, 토론과 해결책은 일어날 가능성 있는 문제에 대해 미리 계획할 수 있게 한다(Trautman, 2004).

서로에 대해 알았다면, 다음 단계는 역할과 책임을 분명히 하는 것이다. 특수교육 보조원은 교수적 활동과 비교수적 활동에 모두 참여할 것이다. 구체적인 책임이 결정되면 하루 일과가 함께 계획되어야 한다. 그리고 매일의 학급 활동은 책임자가 누구인지에 따라 목록화되어야 한다. 쉬는 시간, 점심시간, 기타 휴식을 포함해야 한다. 한 해가 지나면 그 일정이 바뀌거나 재조정될 필요가 있는지를 결정하기 위해 평가되어야 한다.

특수교육 보조원은 교수적 활동과 비교수적 활동 모두에 책임을 갖는데, 한 연구는 특수교육 보조원이 업무시간의 85~90%를 교수 준비와 학생과 교수적 활동에 참여하는 데 쓴다고 보고하였다. 이러한 활동에는 특수교사의 지시에 따라 개별 학생 또는 소집단

의 지도, 자료 수집, 교사가 만든 행동관리 계획의 이행을 포함한다(ERIC/OSEP, 2003). 또한 특수교육 보조원은 자료 준비, 수집, 조직, 문서 수정, 학급 정리와 같은 사무 및 교실관리 업무를 수행할 것이다. 특수교육 보조원의 의무와 책임은 서면으로 직무 지침안에 명시되어 있어야 한다.

학생이 일반교육 환경에서 성공하기 위해 개별 특수교육 보조원의 지원을 필요로 하는지를 결정하는 책임은 IEP 팀에 달려 있다. 연구결과들은 너무 많은 보조원의 지원은 다음과 같은 부정적 영향을 미칠 수 있다고 제시하고 있다.

- 특수교육 보조원이 학생을 과잉보호할 수 있는데, 이는 학생의 다른 사회적 상호작용을 방해할 수 있다.
- 학급교사의 학생에 대한 책임의식이 없어질 수 있다.
- 부모가 특수교육 보조원을 학생의 교사로 여길 수 있다.
- 또래 상호작용의 횟수와 질이 감소할 수 있다.
- 독립적 학습자가 되기 위한 학생의 능력이 방해받을 수 있다(Mueller & Murphy, 2001).

특수교육 보조원은 학교 공동체의 가치 있는 구성원이고, 학생의 구체적 필요에 따라 IEP 팀에 의해 배치되어야 한다. Mueller와 Murphy(2001)는 IEP 팀이 보조원의 요구와 역할에 대해 체계적으로 결정할 수 있는 과정을 설계하였다. IEP 팀은 다음 질문에 답해 보아야 한다.

- 자신과 다른 사람을 위한 안전한 배려가 있는가?
- 교수 동안 학생은 지속적인 교사의 촉진을 요구하는가?
- 다른 시간 동안 학생은 지속적인 교사의 촉진을 요구하는가?

• 다른 학생이 교실 활동에서 대상 학생을 참여시 키는가?
• 대상 학생은 또래교수와 협동학습을 잘 수용하 는가?

팀이 학생에게 보조원 지원이 필요하다고 결정한다면 학생의 학교 일과를 주의 깊게 분석하고 하루를 시간 단위로 나누는 것이 좋다. 팀은 체계적으로 각 수업시간을 검토해야 하며, 검토 내용은 학생이 할 수 있는 것과 할 수 없는 것, 지원이 필요한 범위, 사회적인 수용을 위해 사용할 수 있는 영역과 또래를 어떻게 활용할 것인가, 독립에 목표를 둔 영역에 초점을 맞추도록 한다. 보조원 지원에 대한 계획은 언제, 어디서, 어떻게 지원을 하는지, 또래를 포함하여 학생교육에 관련된 모든 것이 사회적 상호작용과 독립성 증진에 어떻게 사용될 수 있는지에 초점을 맞출 수 있다(Mueller & Murphy, 2001).

장애 학생이 보조원에게 지나치게 의존하지 않도록, 특히 일반학급에서 지원을 제공하는 보조원의 경우 주의해야 한다. 보조원에 대한 지나친 의존은 "장애 학생의 사회적 · 학업적 성장에 부정적 영향을 미치며, 이는 불충분한 교수와 또래 상호작용을 야기한다"(Giangreco, 2003, p. 52). 장애 학생은 보조원의 지원을 단독으로 받기 때문에 낙인찍힌다고 느낄지 모른다. 지나친 의존을 줄이는 방법은 장애 학생을 또래와 함께 앉히고, 친구와 교사와의 상호작용을 격려하며, 보조원과의 필요치 않은 접근은 피하는 것이다. 또한 교사와 학생의 상호작용을 원활하게 하기 위해 보조원에게 다른 업무를 주고, 9장에서 살펴보듯이 학생 중심 전략(예, 협동학습, 또래교수)을 사용하는 것이다.

보조원을 관리, 감독, 평가하는 것은 특수교사의 부가적인 역할이다. 당신은 규칙적으로 보조원을 만나야 한다. 어떤 교사는 매주 구체적인 시간 일정을 정하는 것을 선호한다. 다른 교사는 점심시간이나 방

과 후에 만나는 것을 선호한다. 문서화된 협의 안건은 주의해야 할 모든 주제를 다루도록 해 준다. 회의 결과를 기록하는 것은 모든 사람이 계속해서 일할 수 있도록 한다(Trautman, 2004).

대부분의 학군은 매년 보조원 평가를 요구한다. 그러나 당신은 더 자주 평가를 실시해야 한다. 몇몇 형식적 평가는 매년 계획될 것이다. 규칙적으로 일정화된 모임시간이 비형식적 평가의 기회로 사용될 수 있다. 자신만의 형식을 만드는 것은 보조원 평가가 직무 설명과 연관되도록 보장하는 것을 도울 수 있다.

최근 법률은 보조원의 자격과 활용에 부가적인 요구사항을 둔다. 특수교사는 보조원의 훈련, 관리, 감독, 평가에 더 많은 책임을 지게 되면서 특정한 능력을 증명할 필요가 생겼다. 한 연구는 보조원과 일할 때 교사에게 요구되는 능력을 알아보기 위해 행정가,

교사를 위한 정보 3.6

Riggs(2004)는 보조원이 제시한 '교사가 알았으면' 하는 상위 열 가지를 제시하였다.

1. 보조원의 이름, 배경, 관심사 알기
2. 보조원과 관련된 지역정책 알기
3. 보조원을 팀 구성원으로 여기기
4. 학급의 기대사항을 보조원에게 설명해 주기
5. 교사와 보조원의 구체적 역할과 책임을 정의하기
6. 보조원을 지시하고 감독하기
7. 보조원에게 피드백을 제공하고 의사소통하기
8. 보조원이 공유할 수 있는 경험과 지식 인식하기
9. 모든 학생에 대한 책임의식 가지기
10. 보조원을 존중하기

출처: C.G. Riggs, "Top 10 List to Teachers: What Paraeducators Want You to Know" (2004), *TEACHING Exeptional Children, 36*(5), 8–12. Copyright 2004 by the Council for Exceptional Children. 에서 발췌함. 허락하에 재사용됨.

특수교사, 보조원을 대상으로 설문조사하였다. 그 결과, 보조원과의 의사소통, 계획과 일정 잡기, 교수적 지원 제공, 보조원을 위한 모델링, 공적 관계 행동, 보조원 훈련, 보조원 관리와 같은 일곱 가지 주요 내용이 제시되었다(Wallace et al., 2001). 참여자는 교사의 이러한 능력을 관찰한 정도에 관한 질문을 받았다. 불행히도 응답자는 이러한 능력을 매우 중요하게 생각했지만 실제 해당 능력이 자주 관찰되지는 않았다.

부모 및 다른 가족 구성원

보조원과 다른 전문가 이외에, 특수교사는 그들이 가르치는 학생의 부모 및 다른 가족 구성원과 협력한다. 2장에서 논의되었듯이, 부모는 장애 아동의 권익에 관한 의사결정 팀의 주요 구성원으로서 참여할 권리와 책임이 있다. 부모와 가족의 참여는 IDEA의 기본 방침이고, 그들의 역할은 법이 재인준되어 감에 따라 확대되었다. 그러나 전문가는 실제적인 협력관계를 구성하기 위해 IDEA의 최소한의 요구 조건 외에 더 많은 활동을 해야 한다(ERIC/OSEP, 2001).

부모 및 다른 가족 구성원과 협력관계를 개발하는 것은 다른 전문가와 협력관계를 이루는 것과 비슷하다. 지금까지 다루어진 효과적인 협력 기술과 능력은 부모 및 가족 구성원과의 협력에도 적용된다. 사실 가족과 일할 때 의사소통과 대인관계 기술의 역할은 과장하지 않을 수 없을 만큼 중요하다. 연구자들은 장애를 가지거나 가지지 않는 아동의 성인 가족, 서비스 제공자, 행정가를 인터뷰하였다. 이 정보에 기초하여 그들은 가족과 전문가 사이의 협력관계를 촉진하는 전문가 행동 지표를 산출하였다. 가족과의 협력을 위한 독특한 지표의 일부는 다음과 같다.

- 일을 직업 이상으로 여기고, 학생과 가족을 단지 하나의 사례 이상으로 여기는 것
- 다른 전문가와 학생, 가족을 옹호하는 것
- 전체의 학생, 가족을 고려하는 것

연구자들은 다음과 같은 결론을 내렸다. "이 연구의 결과는 상식과 기본적인 인간에 대한 예의가 가족과 장애를 가진 아동을 대하는 전문가 사이의 긍정적 관계의 핵심임을 강조한다."(Blue-Banning, Summers, Frankland, Nelson, & Beegle, 2004, p. 179)

일반적인 대인관계 기술과 의사소통 기술도 중요하지만 부모, 가족과 구체적으로 협력하기 위한 부가적인 전략 또한 필요하다. 전략의 예는 다음과 같다.

- **개별 학생에 대한 교사의 걱정, 관심을 분명하고 지속적으로 표현하라.** 아동의 능력과 강점을 인식하고 칭찬하는 데 초점을 두라. 가족 구성원은 당신이 학생과 학생의 필요(요구)에 대한 가족 구성원의 관점을 가치 있게 여기고 있다는 것을 구체적으로 알아야 한다. 교사가 아동에게 진정한 관심을 보일 때, 부모는 더 솔직하게 얘기할 것이다(Felber, 1997).
- **부모의 입장에서 생각하라.** 부모는 그들의 좌절과 관심을 이해하는 전문가에게 감사한다. 그들은 매일 삶의 현실에 지치고 싸우고 있을 것이다. 부모의 견해를 알아보는 것은 비판적이지 않은 전문가가 되도록 돕는다(Davern, 1996; Felber, 1997).
- **학생의 가족에 관해 가정하지 말라: 정형화하는 것을 피하라.** 어떤 부모는 장애 아동이 있기 때문에 전문가가 가족과 부모의 양육 기술에 관해 의심한다고 믿는다(Davern, 1996).
- **부모가 얼마나 자주, 어떤 방법으로 의사소통하기를 원하는지 물어보라.** 학교와 주로 연락하는 사람을 확인하는 것이 도움이 될 수 있다. 특정 교사 혹은 전문가가 학생과 활동한다면 특히 그럴 것이다. 어떤 부모는 휴대폰 또는 알림장을 집에 보내는 것을 선호한다. 다른 부모는 직접 만나길

원할 것이다. 대부분은 세 가지 의사소통 방법을 결합하는 것이 유용할 것이다(Davern, 1996).

- **일상적인 언어를 사용하라.** "부모는 기술적인 전문 용어가 사용되지 않고 신뢰성 있는 자원에 의해 제공되며 그들의 질문과 관심에 초점을 맞춘 정보를 원한다."(Martin & Hagan-Burke, 2002, p. 63) 부모는 사용되는 언어를 이해하지 못할 때 소외되거나 배제당한다고 느낄 수 있다. 기초적인 단어를 사용한 말(예, '주 3회 30분' '평행 교육 과정')이라도 그 내용에 친근하지 않는 이들에게는 혼란을 줄 수 있다(Davern, 1996).

- **부모와 가족 구성원이 당신을 활용할 수 있도록 만들라.** 때때로 부모는 아동과 장애에 관한 질문을 누구에게 해야 할지 모른다. 그들이 대중매체를 통해 대부분의 정보를 얻는다면 정보가 부정확할지 모른다. 그들이 당신을 신뢰할 수 있고 배우는 데 도움을 줄 수 있는 사람으로 인식하도록 노력하라(Felber, 1997).

- **각 가족의 독특성을 존중하라.** 모든 가족은 똑같지 않다. 각 가족은 자녀에 대한 독특한 요구와 꿈을 가진다(Muscott, 2002).

- **부모 및 다른 가족의 이야기를 들으라.** 한 연구에 참여한 다수의 부모는 교사가 "부모가 그들의 자녀에 대해 알고 이해하고 있음을 인식해야 하며, 그들의 헌신과 제안이 가치 있는 것이고 교사는 그것을 경청하고 존중해야만 한다"(Pruitt, Wandry, & Hollums, 1998, p. 163)고 응답하였다.

때때로 교사는 자녀 교육에 참여하지 않는 부모에 대해 가정을 한다. 예를 들어, 부모는 IEP 모임에 참여하기로 사전에 동의했더라도 모임에 참석하지 않을 수 있다. 부모와 가족 구성원을 가정할 때는 매우 신중해야 한다. Goodwin과 King(2002)은 부모 참여에 대한 일반적인 오해를 다음과 같이 제시한다.

- **오해: 학교에 방문하지 않는 부모는 자녀 교육에 관심이 없다.** 부모는 여러 이유로 학교에 방문하지 않을 수 있다. 어떤 부모는 권위적인 학교 관련자에게 부담을 느낄지 모른다. 어떤 부모는 하나 이상의 직업을 갖거나 자녀가 어려움을 겪고 있다는 사실을 다시 듣는 것을 꺼릴 수 있다. 아마도 어떤 부모는 본인이 부정적 학교 경험을 가지고 있어 학교환경에 대해 계속 불편함을 느낄 수도 있다.

- **오해: 좋은 부모 참여는 모두 같은 모습을 가지고 있다.** 매일 밤 아이에게 책을 읽어 주는 모습과 같은 부모 참여에 대한 많은 기대는 중산층의 기준에 따른 것이다. "이러한 암묵적 규칙을 따르지 않는 부모는 쉽게 비난의 대상이 된다."(Goodwin & King, p. 10)

- **오해: 모든 부모는 같은 전략에 반응한다.** 부모-교사 회의, 가정 방문, 부모-교사-학생 협의회 참여와 같은 전형적인 부모 참여는 모든 사람에게 적용되지 않는다. 사실상 어떤 부모는 제외될 수 있다.

- **오해: 부모의 재정적 어려움이 학교를 지원하는 것을 막는다.** 부모는 다른 방법으로 학교를 지원할 수 있다. 학교는 재정적 혹은 많은 시간이 소요되는 방법이 아닌 부모가 학교에 공헌할 수 있는 많은 창의적인 방법을 마련해야 한다.

- **오해: 모든 부모는 자녀에 대해 같은 목표를 갖는다.** 교사는 아동에 대한 부모의 바람을 알고 있다고 가정할 수 없다. 의사결정을 내리는 팀 구성원 간의 신중한 대화는 중요하다.

4. 다문화를 통한 협력

오늘날 미국의 학교 문화는 유럽계 미국과 중산층 문화를 반영한다. 학교에서 일하는 전문가들은 대부분 미래 지향적이고 성취에 집중하며 독립적이다. 이러한 가치는 종종 다른 문화의 가치와 갈등한다. 적어도 세 가지 원칙을 고수한다면 당신은 문화적 배경이 다른 사람과 효과적으로 협력할 수 있다. 첫째, 당신의 문화적 배경에 대해 인식하고 그것이 교사로서의 당신 역할에 어떠한 영향을 주는지 잘 알아야 한다. 둘째, 학생의 문화와 학생과 함께 일하는 다른 사람들의 문화에 대해 잘 알고 민감해야 한다. 셋째, 학생의 문화를 존중하고 교수 절차, 교육과정, 협력적 노력에 진정한 문화적 관점을 제공하기 위하여 학생과 가족의 문화적 경험을 끌어들인다.

이러한 세 가지 원칙에 근거하여 다양한 문화의 특수교육 현장 전문가는 특수교육 프로그램의 준비에서 문화적 다양성에 관한 중요한 주제를 확인해 왔다. 이러한 중요한 요소에는 (1) 자신의 문화에 대한 인식, (2) 문화적 다양성에 대한 전반적 민감성의 개발, (3) 문화적 집단 내 또는 집단 간 공통적 특성과 독특한 특성에 대한 확인, (4) 문화적으로 다양한 집단의 의사소통 방법에 대한 민감성, (5) 문화적으로 다양한 학습방법에 대한 확인 및 교수, (6) 문화적으로 다양한 집단 학생들 위한 적절한 교수전략 등이 있다 (Prater, Sileo, & Sileo, 1997).

문화의 네 가지 측면

문화는 많은 측면에서 다양하다. 다른 문화적 배경을 가진 사람과 일하는 교사는 문화적 측면에 대한 민감성을 발달시켜야 한다. 또한 교사가 다른 사람과의 상호작용에서 가질 수 있는 영향력을 알고 그에 따라 반응해야 한다. 효율성, 독립성, 공정성 및 의사소통 방식의 네 가지 측면이 아래에 간단히 논의된다.

효율성 효율성에 대한 관심은 시간에 대한 문화적 지각과 직접적으로 연계된다. 유럽 기반 문화는 시간을 지혜롭게 사용하는 데 큰 강조를 둔다(예, '시간

은 돈이다'). 미국 원주민과 태평양섬 나라와 같은 다른 문화권은 시간을 덜 의식한다. 예를 들어, 알래스카 원주민 문화에서는 말하기 전에 함께 생각하며 몇 분 동안 조용히 앉아 있는 것(30분까지도)이 예의다 (Sileo, Sileo, & Prater, 1996). 한 연구에서 미국 원주민 부모 지원집단은 항상 구성원이 도착한 후 적어도 30분이 지나 모임을 시작했다. 유럽계 미국인 촉진자는 모임이 항상 늦게 시작된다는 것을 알고 그것을 지적하였다. 그러나 원주민 어머니들은 모임 전에 모임의 한 부분으로 비형식적인 시간을 보낸다고 인식하기 때문에 모임이 늦게 시작한다고 생각하지 않았다 (Kalyanpur, 1998).

학생들이 성장한 사회경제적 계층 또한 시간과 돈에 대한 그들의 인식에 영향을 준다. 빈곤층은 현재에 중점을 두고 감정이나 생존에 기초하여 결정한다. 돈은 사용하거나 쓰는 것이다. 중산층은 좀 더 미래 지향적이다. 그들의 결정은 미래에 기초한다. 돈은 관리되어야 할 대상이다. 부유층은 전통과 역사에 집중한다. 그들의 결정은 종종 전통과 예절에 영향을 받는다. 돈은 유지되거나 투자하는 것이다(Payne, 2003). 공립학교 교사는 전형적으로 중산층이고 직장에서 그들의 가치를 적용한다. 교사가 지닌 가치는 그들이 가르치는 학생, 특히 빈곤층 아동이 교육받은 가치와 다를 수 있다. Payne(2003)은 이러한 차이를 설명하는 한 예를 제시하였다. 어느 학교의 교사는 한 가족에게 냉장고를 제공하였다. 그 후 그 가족의 아동이 일주일 동안 결석하였고 아동이 학교에 돌아왔을 때, 교사는 가족이 냉장고를 팔고는 스트레스를 해소하기 위해 여행하는 데 그 돈을 썼다는 것을 알았다.

독립성 유럽계 미국인은 독립성과 개인의 자율성에 가치를 둔다. 다른 문화는 집단의 변화, 특히 가족에 의지한다. 스페인계 아동은 그들의 부모에게 의존하고 부모의 승인을 얻도록 가르침을 받는다(Grossman,

1995). 반면 미국 원주민 아동은 일찍이 독립성을 키우고 개인적인 선택을 하도록 격려받는다(Kalyanpur, 1998). 중국 문화에서는 거만하게 보이는 것을 피하기 위해 성취를 가치 절하하는 경우가 있지만 가족 구성원 중 한 명이 성공하면 모든 가족이 명예를 얻는다(Cheng, Ima, & Labovitz, 1994). 많은 특수교육법은 독립성이 중요한 결과라는 가정에 기초하고 있다. 예를 들어, IDEA에 명시된 전환 서비스는 유럽계 미국 문화에 기초하고 있는데, 그것은 다른 문화(예, 라틴계 미국)의 가치와 양립할 수 없을 것이다(Kalyanpur & Harry, 1999).

독립성과 관련된 사회적 영향은 또한 사회경제적 지위에 따라 다양하다. Payne(2003)은 빈곤층은 좋아하는 사람들의 사회적 영향과 사회적 배제를 강조하는 부에 더 많이 의존하는 반면, 중산층은 자기통제, 자기 효율성을 강조한다고 말한다.

공정성　공정성과 권한의 방침에 둔 가치는 문화에 따라 다양하다. 어떤 문화에서는 젊은이가 '어른'이 내린 주요 결정에 의지한다. 예를 들어, 전통 아시아계 미국인 문화 학생들은 결혼, 직업과 같은 중요한 인생의 결정을 할 때 부모의 바람을 따른다(Sileo et al., 1996). 공정성은 문화의 위계적 구조를 부정하는 것이기 때문에 그러한 문화에서 가족과 협력할 때 커다란 의미를 갖는다(Kalyanpur, Harry, & Skrtic, 2000). 개인은 전문가를 권위자로 보고 팀의 노력에 대한 그들 공헌의 가치를 감소시킨다. 푸에르토리코 같은 다른 문화에서는 그들의 가족 단위를 전통적인 대가족보다(예: 조부모, 이모, 삼촌, 사촌) 확장하여 대부, 가까운 친구, 이웃을 포괄한다(Correa & Jones, 2000). 이것은 또한 공정성의 개념에 영향을 미친다.

사회경제학적 지위 또한 공정성에 대한 믿음에 영향을 준다. 중산층의 가치는 그들 스스로가 미래를 변화시킬 선택권과 영향력을 가진다고 믿는다. 빈곤층은 그들의 미래를 변화시키기 위해 자신이 할 수 있는 것이 없다고 믿는다(Payne, 2003).

의사소통 방식　의사소통 기술은 문화적 맥락을 통해 배운다. 모든 협력적인 관계에서처럼, 전문가와 가족 구성원 간의 의사소통은 중요하다. "부모가 전문가와 어려움 없이 대화를 나눌 수 있을 만큼의 충분한 영어 실력을 가지고 있다 하더라도, 다른 의사소통 방식은 여전히 장벽에 될 수 있다."(Turnbull, Blue-Banning, Turbiville, & Park, 1999, p. 169) 일반적으로 유럽계 미국인은 정확하고 논리적인 구어 의사소통에 초점을 둔다. 아시아, 미국 원주민, 아랍, 라틴, 아프리카계 미국 등 다른 문화는 다른 사람과 의사소통할 때 "상황적 단서, 위계질서, 암묵적 반응"에 의지하는 경향이 있다(Turnbull et al., 1999, p. 169). 중국, 일본, 아랍, 라틴계 미국과 같은 어떤 문화에서는 구어적인 접촉이 의무적이다. 일반적으로 동의는 작성되는 것이 아니라 '이해되는 것'이다(Harris, 1996). 개인의 공간 사용, 눈 맞춤, 신체 접촉, 침묵과 같은 비구어적 의사소통은 정확한 문화 상황을 이해하지 않는다면 오해를 낳을 수 있다. 예를 들어, 많은 동남아시아인은 슬프거나 비난받을 때 웃는 경향이 있다(Sileo et al., 1996).

다문화 사람들과의 협력

대부분의 학교 프로그램이 유럽계 미국인과 중산층 가치에 기초한다 하더라도 학교에서 일하는 사람들, 특히 보조원은 다른 문화를 가질 수 있다. 학생, 부모, 다른 가족 구성원 또한 독특한 문화를 지닐 수 있다. 효과적인 협력을 이루는 것은 팀 구성원이 비슷한 문화적 배경을 가질 때조차 어려운 과정일 수 있다. 배경과 가치가 다양하면 잠재적 어려움이 증가된다. 성공을 위해 팀 구성원은 협력적으로 일하는 데 영향을 주는 다른 문화적 측면을 인식해야 한다. 첫 번째 단계는 당신 고유의 문화를 이해하는 것이다.

앞서 논의된 네 가지 측면은 다문화 사람들과의 협력을 이해하는 데 기본적인 틀을 제공할 수 있다. 다음의 질문을 스스로에게 해 보자. '나는 시간에 어떤 가치를 두는가?' '나는 돈에 어떤 가치를 두는가?' '완성된 결과와 완성된 결과를 향해 일하는 과정 중 어떤 것이 더 중요한가?' '나는 어떤 방법으로 최선의 의사소통을 하는가?' '나는 다른 사람과 의사소통을 할 때 어떤 방법의 사용을 선호하는가?' '나는 독립적으로 일하기를 좋아하는가, 아니면 함께 일하기를 좋아하는가?'

다음 단계는 당신의 문화를 다른 팀 구성원의 문화와 연관시키는 방법을 인식하는 것이다. "자신의 문화를 인식하고 그것이 행동에 어떻게 영향을 주는지는 필수적이긴 하지만 문화적으로 다양한 사회에서 효과적으로 협력하기에는 충분하지 않다. 협력자는 자신의 관점이 함께 일하는 사람들과 어떻게 다른지에 대해서도 평가할 수 있어야 한다."(Harris, 1996, p. 356)

학교 전문가는 현재 전문적 실제에 묻힌 당연한 믿음에 대해 질문함으로써 이 단계를 따라야만 한다. 예를 들어, Kalyanpur(1998)는 원주민 보호구역에서 미국 원주민 부모의 부모지원 그룹 참여를 연구하였고 문화 간 상호작용에서 발생되는 네 가지 당황스러운 점을 확인하였다. 첫째, 전문가는 그들이 보호구역에 들어오는 것이 공동체에 이롭다고 생각했다. 미국 원주민은 '우리 스스로가 우리를 보살핀다'고 답한다. 미국 원주민은 서로를 돕고 돌보고 협력적인 방법으로 일하는 경향이 있다. 둘째, 전문가는 주류 문화에 반대되는 아동의 기술을 측정하고 미국 원주민 문화가 아동에게 필수적인 기술을 제공하지 않아서 도움이 되지 못한다고 결론지었다. 셋째, 전문가는 부모의 기술이 비효과적이고 부족하다는 가정이 담긴 믿음을 인식하지 못한채 부모 기술을 가르치려는 기회로서 지원집단을 개념화하였다. 넷째, 전문가는 그들이 지닌 가치와 규준이 미국 원주민 문화와 근본적으로 다름에도 부모 지원집단의 구조와 기대가 적절하다고 가정하였다. 이러한 문화에서는 자연적으로 발생된 집단의 사건이 특정 목적을 위해 외부에 의해 고안된 모임보다 지원을 위한 필요 기반시설을 만들어 낼 수 있다.

다른 문화를 배우는 것은 공동체에 문화적 다양성이 존재할 경우 특히 어렵게 보일 수 있다. 그럼에도 당신은 학교와 공동체의 문화를 이해하기 위해 노력해

표 3-4 다문화 부모와 가족 구성원의 참여를 위한 전략

1. 학교 공동체 내 가족에 관해 배우라.
2. 가족의 문화와 동일한 문화를 지닌 문화적 중재인과 협력하라.
3. 가족 언어로 인사를 배우고 사용하라.
4. 의미 있고 문화적으로 반응적인 가족 참여를 위해 참여를 명확히 표현하라.
5. 어떤 가족은 미국에서 그들에게 기대되는 참여량에 놀랄 수도 있다는 것을 인식하라.
6. 어떤 가족은 미국 내 학교에 대해 현실과 다르게 인식하고 있음을 알라.
7. 비영어권 부모를 위해 최소한의 문서 양식을 적용하라.
8. 학교 프로그램에 참여하는 부모가 직면하게 될 잠재적 문제에 대해 인식하라.
9. 가정 언어, 문화적인 관례, 요구, 관심, 관점, 생각에 관해 가족 구성원을 조사하라.
10. 조사에 기초하여 가정-학교 협력 활동을 계획하고 실행하라.
11. 가정-학교 활동을 감독하기 위해 가족 연락 담당을 지정해 두라.
12. 학교 문화 자료집을 만들라.
13. 학교 일과 동안 가족이 모일 수 있도록 학교 내에 공간을 마련하라.
14. 가족의 참여와 가족에게 학교를 알리기 위한 다양한 방법을 만들라.

출처: Goodwin & King(2002); Lynch & Hanson(1998); Correa & Jones(2002)에서 발췌한 내용으로 표 작성.

야 하며, 특히 그러한 문화를 가진 사람과 협력 관계를 발전시키려 할 경우 더욱 노력해야 한다. 읽고, 관찰하고, 질문하고, 활동에 참여하며, 가정과 공동체에 방문하는 등의 활동을 통해 다른 문화를 배우라.

다양한 문화를 가진 부모와 가족을 참여시키기 위

한 전략은 〈표 3-4〉에 목록화하였다. 이러한 개념은 문화적 민감성을 발전시키는 시작점을 제공한다. 그러나 다양한 문화를 가진 이들과 효과적으로 협력하기 위해서는 더 구체적인 전략이 필요하다. 그 예시로 〈표 3-5〉를 사용하라. 첫째, 이전에 논의된 네 가

표 3-5   다양한 문화의 민감성을 발전시키기 위한 전략 예시

차 원	나의 문화	다른 사람의 문화	전 략
효율성	• 시간은 매우 중요하다.	• 시간을 효율적으로 사용하는 것은 중요하지 않다.	• 모임 간의 일정을 너무 가깝게 잡는 것을 피한다.
독립성	• 직접적 접근을 통해 과제에 대한 권리를 얻는다. • 사적인 감정을 보호하길 원한다. • 부모는 아동을 양육하는 데 책임을 갖는다.	• 간접적 접근, 먼저 주제에 대해 개인적으로 토론한다. • 개인적 감정을 공유한다. • 아동을 키우는 책임은 가족이 공유한다.	• 상호작용의 특성을 존중한다. • 개인의 감정을 다른 이와 공유하는 것을 존중한다. • 부모가 다른 사람들과 결정할 시간을 허락한다.
공정성	• 모든 팀 구성원은 동등한 참여자다. • 적극적인 가족 참여의 활동을 선호한다.	• 권위의 위계가 팀 작업에서도 중요하다. • 교사 의견을 수용한다.	• 모든 구성원 사이의 역할과 책임을 분명히 확인한다. • 모든 프로그램의 단계에 부모를 참여시킨다.
의사소통 방식	• 모든 형식적인 결정을 기록한다. • 한 번에 한 사람만 말한다.	• 구어적 동의를 한다. • 다른 사람이 말할 때 끼어드는 사람에 대해 수용적이고 일반적인 일이다.	• 구어적 의사소통은 최종 결정이 아니면 하지 않도록 한다. • 길게 말하는 것이 방해되고 무례한 것이 아니라는 인식을 발전시킨다.

출처: Adapted from T. W. Sileo, A. P. Sileo, & M. A. Prater, "Parent and Professional Partnership in Special Education: Multicultural Consideration" (1996), *Intervention in School and Clinic, 31,* 145-153.

표 3-6   다문화 간 협력에 관한 잘못된 통념

1. 문화 집단 내 미덕을 가지고 멤버십을 공유하는 이들은 다른 문화 집단과 문화적으로 유능한 방법으로 함께 일할 수 있다.
2. 문화적으로 다양한 집단의 구성원은 항상 그들의 공동체를 대표한다.
3. 문화적으로 다양한 집단의 한 구성원은 전체를 대표할 수 있다.
4. 지역과 학교는 다양한 집단의 관심을 나타내기 위해 집단의 대표자를 선택해야 한다.
5. 많은 민족 공동체에서 그들이 모두 협력하는 것은 실행이

어렵거나 비용 면에서 비효율적이다.
6. 앵글로 미국 문화가 U.S. 문화다.
7. 문화 간의 중요한 차이점은 언어, 생활방식, 음식 등과 같이 쉽게 관찰되는 것들이다.
8. 문화적 능력은 다른 문화 사람들과 일하는 단순한 방법을 통해 발전된다.
9. 공동체로부터 정보를 수집하는 것은 인간관계에 기초하지 않고 과제를 기반으로 한다.
10. 기록된 정보는 구어 정보보다 더 신뢰성 있고 타당하며 중요하다.

출처: C. Elliott, R. J. Adams, & S. Sockalingam, *Ten Myths That Prevent Collaboration* (1999). www.awesomelibrary.org/multiculturaltoolkit-myths.html에서 참조. 허락하에 재사용됨.

지 차원에 걸친 당신의 문화적 인식을 확인한다. 다음으로 다른 사람 또는 다른 가족의 관점으로 네 가지 차원의 문화적 인식을 확인하라. 마지막으로 차이가 존재한다면 그것들을 연결하는 전략을 만들라. 다른 문화를 가진 사람과 협력하는 것에 대한 통념과 오해를 확인하는 것은 문화에 걸친 협력을 발전시키는 데 중요하다(〈표 3-6〉 참조).

가정과 학교에 걸친 문화 간 협력을 발전시키는 것은 어려운 과제가 될 수 있다. 그러나 우리 모두 장애학생을 위한 양질의 교육이라는 같은 결과를 마음에 두고 있다. 주요한 학교 문화 밖의 다른 학교 관련자와 가족을 환영하고 그들과 협력하길 격려하며 그들이 필요로 하는 지원을 제공하는 것은 학교, 가족, 장애 학생 모두에게 힘을 실어 주는 것이다.

🦋 요약 · · · · · · · · · · · · · · · ·

- 자문과 협력교수는 학생의 수행을 향상시키기 위해 사용된다. 코칭과 멘터링은 교사 자신의 교수 수행을 향상시키기 위해 사용된다.
- 일반적으로 학교 자문은 자문가가 학생을 지도하는 교사와 일하는 것이다.
- 어떤 사람은 일반교사와 특수교사 간의 전문가 자문 모델이 최선이라 생각하지 않는다. 이 모델은 한 명의 교사가 다른 교사보다 더 많은 지식을 가졌다는 것을 의미하기 때문인데, 이것은 교사 간의 갈등을 일으킬 수 있다.
- 협력교수를 하는 특수교사와 일반교사는 학급에 배정된 모든 학생을 지도할 책임을 동등하게 공유한다.
- 유능한 협력교사가 되기 위해서는 시간과 경험이 필요하다. 궁극적인 목표는 협력 수준에 도달하는 것이다.
- 여섯 가지 협력교수 접근과 네 가지 협력교수 일

정이 제안되었다.
- 중등 특수교사와 일반교사의 협력교수는 특히나 어려울 수 있다.
- 동료 코칭은 전문가들이 함께 반성적 사고의 실제 과정을 통해 교사를 훈련시키는 가장 강력한 도구 중 하나다.
- 교사 멘터링의 목적은 초임 교사가 성공할 수 있도록 전문적 기술과 정서적 지원을 제공하는 것이다.
- 협력은 행동 자체가 아니라 모든 참여자가 공유된 의사결정에 참여하고 공동의 목표를 향해 일하는 동안에 이루어지는 상호작용 유형 또는 과정이다.
- 효과적인 협력이 이루어지기 위해서는 적절한 상호적 의사소통 기술, 문제해결 과정에 대한 지식과 절차, 갈등해결 기술이 필요하다.
- 특수교사는 보조원을 관리, 감독, 평가할 책임이 있다.
- 보조원은 학생에 대한 독점적인 책임을 가져서는 안 된다. 이것은 특수교사의 책임이다.
- 학생의 부모 및 다른 가족 구성원과 협력하는 것은 IDEA의 요구 조건일 뿐만 아니라 학생의 성공을 지원하는 중요한 전략이다.
- 교사는 아동의 교육에 참여하지 않는 것처럼 보이는 부모에 대해 추측을 해서는 안 된다.
- 미국의 학교는 대개 유럽계 미국 문화를 반영한다. 하지만 문화는 효율성, 독립성, 공정성, 의사소통 유형 등 여러 차원에서 다양하다.
- 특수교사는 협력적 노력에 대한 그들 자신의 문화적 가치와 다른 사람의 문화적 가치에 대한 민감성을 개발해야 한다. 교사는 문화 간 협력을 위한 전략을 개발하고 실행해야 한다.

연습 문제 · · · · · · · · · · · · · · ·

1. 자문이란 무엇인가? 자문하기의 장점과 단점을 설명하라.
2. 협력교수의 여섯 가지 접근법에 대해 각각의 이점과 단점을 포함하여 설명하라.
3. 코치와 멘터의 역할을 비교 · 대조하라.
4. 협력을 정의하라. 왜 그것을 과정 또는 유형이라 여기는가?
5. 상호적 의사소통 기술과 효과적 문제해결 절차가 협력과정에 어떠한 영향을 미치는지에 대해 논의하라. 그리고 상호적 의사소통이 의미하는 것이 무엇인지 설명하고, 문제해결 절차에 대해 설명하라.
6. 특수교사가 학교 팀 내에서 협력을 할 때 갈등 상황에서 사용할 수 있는 몇 가지 전략에는 무엇이 있는가?
7. 보조원과 최적의 협력관계 조건을 만들기 위해 특수교사는 어떤 전략을 사용할 수 있는가?
8. 장애 학생의 부모 및 가족 구성원과의 의사소통을 위해 추천되는 지침은 무엇인가? 이러한 지침을 따르는 것은 교사와 학생 부모 및 가족 구성원과의 관계에 어떤 영향을 미칠 것인가?
9. 문화에 따라 다양한 네 가지 차원을 정의하고 각각의 예시를 제시하라.
10. 교사가 그들 자신과 문화적으로 다양한 집단 간 문화적 차이를 연결하기 위해 사용할 수 있는 몇 가지 전략의 예시는 무엇인가?

활동 · · · · · · · · · · · · · · ·

1. 특수교사와 연락하여 학급에서 자원봉사를 계획하고 학급에서 최소 두 시간을 보내라. 당신이 학급에서 무엇을 했는지에 대해 한 페이지 분량의 요약서를 작성하라. 교사가 당신의 활동을 지시했는지의 여부와 당신이 자원봉사를 하기 위해 어떤 기술을 사용했는지, 그리고 만약 규칙적으로 자원봉사를 한다면 어떤 훈련이 필요할지에 대해 논하라.
2. 다른 학생과 함께 다른 협력 모델을 비교 · 대조하여 두 페이지 분량의 보고서를 작성하라. 보고서에는 당신이 무엇을 했는지, 당신이 책임을 어떻게 분배했는지, 둘 다 그 과정에 동등하게 공헌했는지 등을 포함하여 당신의 협력 경험에 대한 토론을 포함하라.
3. 당신의 의사소통 유형에 대한 피드백을 얻기 위해 친구, 동료 또는 다른 사람에게 요청하라. 특히 당신의 듣기 습관, 비언어적 단어, 말하기 유형, 그리고 당신이 피드백을 주고받는 방법에 대해 다루라. 무엇을 배웠는지에 대한 요약문을 작성하라.
4. 협력교수에 대한 기사를 찾기 위해 도서관의 전산화된 데이터베이스를 검색하라. 두 개의 기사를 읽고 요점을 요약하라.

특수아동협의회(CEC) 기준

기준 10: 협력

특수교사는 문화적으로 민감한 방식으로 가족과 다른 교육자, 관련 서비스 제공자, 지역사회 기관의 담당자와 일상적이고 효과적으로 협력한다. 이러한 협력은 학교 전반에서 ELN 학생의 요구가 다루어지도록 보장한다. 또한 특수교사는 ELN 학생의 옹호자로서의 역할을 수행한다. 그리고 다양한 범위의 환경과 학습 경험에 걸쳐 ELN 학생의 학습과 안녕을 촉진하고 옹호한다. 특수교사는 ELN 학생을 효과적으로 지도하고 통합하기 위한 협력을 추구하는 수많은 사람에 의해 전문가로 여겨진다. 아울러 특수교사는 ELN 학생과 관련된 법과 정책을 이해하는 데 그들의 동료를 도와줄 수 있는 자원이다. 특수교사는 여러 상황과 서비스에서 ELN 학생의 성공적인 전환을 촉진하기 위하여 협력을 이용한다.

기준 7: 교수계획(일부)

개별화된 의사결정과 교수는 특수교육 실행의 핵심이다. 특수교사는 일반교육과정, 특수교육과정과 모두 관련된 장기 개별화 교수계획을 개발한다. 뿐만 아니라 특수교사는 이러한 개별화 계획을 개인의 능력과 요구, 학습환경, 수많은 문화적·언어적 요소를 고려하여 신중하게 선택된 단기목표와 수업목표로 전환한다. ……또한 특수교사는 ELN 학생, 가족, 동료 전문가, 다른 기관의 담당자를 포함한 협력적 상황 내에서 이러한 교수계획을 용이하게 한다.

출처: Council for Exceptional Children, *What Every Special Educator Must Know: Ethics, Standards, and Guidelines for Special Educators.* Copyright 2005 by the Council for Exceptional Children, 1110N. Glebe Rd., Suite 300, Arlington, VA 22201. 이 출판물의 부분적인 복사와 변형을 허가받음.

4

행동과 교실 관리 및 조직

주요 개념

행동 모델

교실관리
- 교실의 물리적 환경
- 효과적 시간관리
- 교실 스케줄
- 교실 규칙

행동관리 전략
- 행동의 증가와 유지
- 행동의 감소와 제거
- 후속결과의 영향 비교
- 토큰경제
- 유관계약
- 응용행동분석
- 기록보존
- 다문화 학습자를 위한 시사점

 주요 질문

1. 행동의 원리를 이해하는 것이 교사에게 왜 중요한가?
2. 공간 활용과 학생의 학습 모두를 극대화하기 위해 교사는 교실을 어떻게 배치할 수 있는가?
3. 문화적 배경은 적절한 행동과 훈련 절차에 관한 관점에 어떠한 영향을 미치는가?

1. 행동 모델

오길 양은 1년차 특수교사다. 그녀는 앞으로 시간제 특수학급에서 다양한 장애 학생과 함께 수업할 것이다. 그리고 특수학급 수업 이외의 시간은 일반교사와 팀티칭을 할 것이다. 그녀는 교사로서의 첫해가 흥분되기도 했지만 두려웠다. 교생 실습 때 그녀의 담당교사는 특별했으며, 그녀에게 교실 조직과 행동관리에 대해 훌륭한 본보기를 제공했다. 그러나 지금 오길 양은 스스로 업무를 해야 한다. 그녀의 학생을 위해 행동관리 프로그램을 계획하고 물리적으로 효율적인 교실 환경을 구성해야 할 것이다. 이것은 누군가가 만들어 놓은 계획을 통해 배우는 것보다 더욱 어려울 것이다. 그녀는 어디서부터 시작해야 할지 잘 알지 못했다.

교사가 교실을 조직하고 관리하는 방법은 학생의 학습에 큰 영향을 미친다. 실제로 학습은 학습자의 경험과 세계 간의 상호작용 결과에 따른 행동과 수행의 변화로 정의될 수 있다(Driscoll, 2005). 교사는 효과적인 교실 운영과 조직을 통해 학생의 행동과 수행을 향상시킬 수 있다.

학습이론은 일반적으로 행동적, 발달적, 인지적 혹은 구성주의의 범주로 나눌 수 있다(Driscoll, 2005). 특수교육은 하나의 학문 분야로서 이러한 학습이론과 관련이 있다. 특수교육에서 가장 중요한 학습이론은 행동 모델인데, 이것은 다음의 다섯 가지 일반 가정을 바탕으로 한다. 첫째, 의식할 수 없는 동기에 대한 추측보다는 학생이 무엇을 하는지와 같은 관찰 가능한 것에 초점을 맞춘다. 둘째, 행동은 학습된다. 신경학적 또는 신체적 요인과 같은 다른 요인이 행동에 영향을 줄 수 있지만, 일반적으로 행동은 학습의 결과다. 셋째, 학습이 발생하였는지 알 수 있는 유일한 방법은 행동 변화를 관찰하는 것이다. 넷째, 행동 변화는 효과의 법칙에 의해 좌우된다. 다섯째, 행동은

또한 그 행동이 발생하는 상황에 의해 결정된다.

교사는 교실 규율에 대해 주된 관심을 보이지만, 일반교육 문헌에서 규율은 거의 관심을 받지 못하고 있다. Hardman과 Smith(2003)는 10년에 걸쳐 13개의 주요 일반 초등교육 학술지를 분석한 결과 논문의 0.1%만이 교실 규율을 다루었다는 것을 발견하였다. Hardman과 Smith는 비록 교육자가 읽기, 수학, 과학, 사회 교과의 지도방법에 대해서는 정확한 연구를 주장하지만 교실훈육 방법에 대한 연구를 거의 수행하지 않는다고 주장하였다. 행동 문제를 다루기 위한 교사의 중재를 논의하는 논문에서 가장 빈번하게 제시되는 제안은 학생들에게 이야기를 하고 그들 자신이 자신의 행동에 대해 생각하도록 요구하는 것이다. 이 방법은 일부 학생에게 효과적일 수 있으나 많은 학생은 더욱 세부적인 절차가 필요하다.

학기가 시작되기 전, 오길 양은 규율과 행동관리와 관련된 다양한 프로그램을 소개하는 주 규모 전문성 개발 회의에 참석하였다. 프로그램의 대부분은 그녀가 교사준비 프로그램에서 배운 기법과 원리에 근거하는 것처럼 보였다. 그곳에서 오길 양은 처음으로 많은 다양한 프로그램에 대해 알게 되었고, 또 프로그램이 매우 많다는 사실에 놀랐다. 그녀는 프로그램이 얼마나 효과적인지, 그리고 그러한 기법의 사용을 고려해야 하는지에 대해 의문이 생겼다.

많은 교실 운영 프로그램은 교사가 선택하여 이용할 수 있다. 최고의 프로그램을 선택하기 위해, Kame'enui와 Darch(1995)는 효과성, 유용성, 적합성, 교수와의 연관성, 순행성의 다섯 가지 기준으로 프로그램을 평가하여야 한다고 제안하고 있다. 그들의 최근 네 가지 교실관리 접근―행동관리, 단정적 규율(Canter & Canter, 2001), 교사 유능성 훈련(Gordon, 2003), 협력적 훈육(Albert, 1996)―에 대한 조사에서는 행동적 접근이 5개의 기준을 부분적으로 또는 완전하

게 만족시키는 유일한 접근이었다.

비록 교실 운영을 위한 행동관리는 행동수정이라고도 불리는 경험적 근간을 지니고 있지만 순종을 강요하고, 원인이 아닌 행동 자체만을 다루고, 제한적인 전이만 나타나는 단기간의 효과를 발생케 하며, 자기규제 가치를 저하시킨다는 등의 몇 가지 이유로 비판을 받는다. 그러나 행동관리가 적절히 적용된다면 보조적인 학습환경을 만드는 강력한 도구라는 것이 여러 차례 기술되어 왔다(예, Cooley, 1997; Rooney, 1993; Rutherford & Nelson, 1995; Webber et al., 1993).

이 장의 앞 부분에서는 성공적인 교실관리와 교실조직에 기여하는 환경적 고려사항 및 시간관리 등을 포함한 전반적인 교실관리에 대해 다루고자 한다. 그리고 나머지 부분에서는 행동의 원리와 적용에 대해 다루고자 한다. 이러한 원리는 개별 학생 또는 전체 학급뿐만 아니라 경도·중등도 장애 학생이나 학교 실패 위험이 있다고 판별된 학생들과 함께 활동할 때 적용될 수 있을 것이다.

2. 교실관리

효과적인 교실관리 기술을 가진 교사는 학생의 학습에 긍정적인 영향을 줄 수 있는 환경을 조성하는 방법과 교실 공간을 물리적으로 적절하게 배열하는 방법에 대해 알고 있다. 그들은 또한 하루 동안의 학생 활동을 효과적으로 계획하는 방법뿐만 아니라 그들 자신의 시간을 현명하게 사용하는 방법 또한 알고 있다. 유능한 교사는 교실 규칙을 만들고 지속적으로 적용하며, 학생에게 순응할 것만을 요구하는 것이 아니라 학생과 다른 사람의 안전과 안녕을 책임진다.

교실의 물리적 환경

오길 양은 채용된 직후 그녀의 교실을 방문하였다. 교실이 8~10명의 학생을 반나절 정도 가르치기에는 다소 작다는 것을 알았다. 교실의 한 면에는 운동장을 내다볼 수 있는 창문이 3개 있었고, 다른 면에는 게시판이 있었다. 교실 앞쪽에는 큰 칠판이 있었고, 뒤쪽에는 개수대, 작은 컵을 놓을 수 있는 선반과 함께 아늑한 공간에 옷걸이가 있었다. 교실에는 12개의 학생용 책상과 의자, 1개의 교사용 책상과 의자, 2개의 작은 책꽂이, 4칸 서랍의 캐비닛, 그리고 강낭콩 모양의 작은 탁자가 하나 놓여 있었다.

일반적으로 교사는 그들에게 배정된 교실의 물리적 환경을 거의 통제하지 않는다. 그러나 유능한 교사는 교실환경을 가능한 한 학습에 긍정적 영향을 줄 수 있도록 만들기 위해 자원을 최대한 활용하고 환경을 창의적으로 구성한다. 목표는 환경의 모든 요소가 학습의 방해자가 아닌 촉진자임을 확인하는 것이다. DiGiulio(1995)는 물리적 환경을 디자인하는 것은 교사에게 가구, 자료, 인적 요소(또는 어떤 자료를 활용할 수 있는가), 그리고 교실의 분위기와 느낌에 초점을 맞추도록 요구하는 것이라 하였다.

가구, 자료 및 인적 요소 학생의 신체 사이즈와 신체적 요구에 따라 교실의 가구와 배치를 결정한다. 모든 책상, 탁자, 의자는 학생의 체격에 맞아야 하며 학생 간 적절한 간격을 두고 배치되어야만 한다. 게시판과 같은 전시품을 가능한 한 학생의 눈높이에 맞게 게시해야 한다. 학생보다 큰 책꽂이와 선반과 같은 가구는 바깥쪽 벽에 놓아야 한다. 가구는 학생들이 교실을 돌아다닐 수 있도록 배열해야 한다. 일반적으로 복도는 두 명의 학생이 서로 편안하게 지나다닐 수 있어야 한다. 많은 통로는 교실 안 학생의 수,

학생의 나이, 교실 크기에 따라 좌우된다. 전체 교실 공간에 다양한 좌석 배치가 가능하지 않는다면, 학생들의 책상, 의자, 그리고/또는 탁자를 이동시켜 학습시킬 수 있다(Clayton & Forton, 2001).

교사는 가구와 자료의 수에 제한을 둘 수 있다. 지나치게 많은 가구는 학생을 붐비게 할 수 있고 위험하게 할 수 있다. 지나치게 많은 자료는 과도하게 자극적인 환경을 만들 수 있다. 모든 가구는 적어도 하나의 명백한 목적을 가져야 하며 하루 중 잠시라도 적극적으로 사용되어야만 한다. 정기적으로 사용되지 않는 가구는 치워 두어야 한다. 또한 모든 자료는 학생의 필요에 근거한 명확한 목적을 가져야 하며, 교사는 그것이 깔끔하고 안전하고 쉽게 접근될 수 있도록 보관 공간을 통제해야만 한다(Clayton & Forton, 2001).

특정한 신체적·학습적 요구를 가진 학생은 교실 공간의 설계에서 고려되어야 한다. 예를 들어, 휠체어를 이용하는 학생은 집단에 참여하거나 또는 교실 여기저기를 이동하기 위해 추가 공간이 필요할 것이다. 주의가 쉽게 산만해지는 학생은 자습을 하기 위한 열람석이 필요할 것이다.

교실의 물리적 측면은 학습에 대한 교사의 접근을 드러낸다. 책상이 분리되어 교실 전체에 퍼져 있는 교실은 보통 학생들이 독립적으로 학습하기를 기대한다는 것을 나타낸다. 만약 책상이 집단별로 배치되

어 있다면, 그 교사는 아마 협동학습 또는 소집단 학습을 선호할 것이다. 그리고 모든 책상이 칠판을 향하고 있다면, 교사는 아마 대집단 교수를 적용할 것이다. 칸막이 책상, 컴퓨터, 조용한 읽기 공간과 같은 학습 장소가 교실의 한 부분일 때, 학생들이 이따금씩 독립적으로 또는 짝을 이루어 학습한다는 것을 나타낸다. 가구 형태에 관계없이, 교사는 언제나 모든 학생을 볼 수 있도록 배치해야 한다. 다양한 학습 공간을 만들기 위한 아이디어는 〈표 4-1〉에 제시되어 있다.

교사는 각 학생이 개인적 공간, 학습할 수 있는 공간, 자료를 저장할 수 있는 공간을 가지고 있는지 확인해야 한다. 어떤 학생에게는 개인적 공간의 이용 가능성과 소유의식이 중요할 수 있다. 예를 들어, 노숙을 경험한 학생은 아마 자신의 개인적 공간에 대해 매우 방어적일 것이며, 학교에서 배정받은 책상과 공간이 그들에게는 아마 자신의 것이라 부를 수 있는 유일한 공간일 것이다.

오길 양은 책상을 열로 배치하여 한 학기를 시작할 것이다. 일단 그녀가 교실 규칙을 만들고 학생들이 규칙에 익숙해지면, 그녀는 책상을 집단으로 이동하여 학생들이 함께 무리 지어 활동하게 할 것이다. 그녀는 2개의 학생용 책상을 여분으로 남겨 두고 교수 공간에

표 4-1 학습 공간을 만들기 위한 아이디어

학생 학습의 유형	교실에서 학습 공간 만들기를 위한 아이디어
협동학습	• 소집단 활동을 위해 지정된 공간을 마련하라. 각 집단이 동시에 활동 하기에 공간이 충분하지 않다면 소집단 활동 공간에서 번갈아 하도록 하라. • 교실의 다른 구역에 원 모양으로 배열된 둥근 탁자 또는 의자를 사용하라. • 책상을 3~5개의 단위로 무리 지으라.
또래교수	• 책상을 2개씩 짝지으라. • 파트너가 함께 학습할 수 있는 컴퓨터 스테이션을 만들라.
개별학습	• 교실 어디서든지 활동하기 위한 클립보드를 만들라. • 학생들이 다리를 뻗을 수 있는 양탄자를 마련하라. • 교실 곳곳에 학생들이 개별 과제를 수행할 수 있는 추가 의자를 제공하라.

출처: Clayton & Forton(2001)에서 발췌한 내용으로 표 작성.

서 멀리 떨어지게 배치하였다. 그리고 그 책상은 컴퓨터 작업 공간으로 활용할 것이다. 교실의 다른 구석에 소집단 학습을 위한 강낭콩 모양의 탁자를 배치할 것이다. 그녀는 학생들이 집단 활동을 위해 자신들의 의자를 가져올 필요가 없도록 하기 위해 탁자에 필요한 추가 의자를 요청할 것이다. 아울러 작은 수납장에 학생들의 이름표를 붙여 학생들의 개별 물품을 보관할 것이다.

교실분위기　　교실분위기는 학생이 얼마나 학습을 잘 할 수 있는지에 영향을 준다. 교사는 우호적이고 편안하고 매력적인 교실을 구성하여 대부분의 학생이 많은 시간 동안 즐거워하는 교실환경을 만들어야 한다(Clayton & Forton, 2001).

다섯 가지 감각에 영향을 주는 환경적 요소가 고려되어야 한다. 예를 들어, 교사는 교실의 온도, 빛, 소음 정도, 냄새, 그리고 학생의 학습에 영향을 주는 다른 감각적 변인을 인식해야 한다. 이러한 환경적 변인은 특히 쉽게 주의가 산만해지는 학생에게 중요하다. 예를 들어, 시각적인 움직임에 의해 쉽게 주의가 산만해지는 학생은 문 또는 창문 쪽으로 바로 향해서는 안 된다. 교사는 불빛이 흐릿한 곳에 탁상용 램프 또는 스탠드를 두는 것을 고려할 수 있다. 몇몇 학생은 자연광에서의 학습을 선호할지도 모르는데, 이는 합당한 이유가 있을 때만 허락하도록 한다. 일반 소음 정도를 낮추기 위해 교사는 가능하면 조용한 공간과 시끄러운 공간을 분리하도록 한다. 헤드폰 또는 귀마개는 조용한 환경을 선호하는 개별 학생을 위해 사용될 수 있다.

비록 개별 학생의 학습 선호도가 다를지라도, 어떤 교사는 각 학생을 위한 최적의 학습환경을 결정하기 위해 학습방식 목록(learning style inventory)을 사용하는 것을 지지한다(예, Brand, Dunn, & Greb, 2002). 이러한 목록과 그 이후의 학습환경의 수정의 타당성은 의문시되어 왔다. Stellwagen(2001)은 학습방식에

대한 연구 검토를 실시하고 다음과 같이 결론지었다.

분명하게 학습방식 교수를 중심으로 교실을 관리하는 교사는 논란의 여지가 있는 가치를 실천하는 데 참여하고 있다. 학습방식 교수의 사용과 이론적 근거에 대한 근본적 오해, 타당성과 신뢰성이 의문시되는 학습방식 목록, 뒷받침하는 연구의 부족 등과 같은 실제적 문제가 존재한다(p. 267).

학습방식 사정과 교수의 타당성을 뒷받침하는 연구가 부족하다면, 저자는 그 사용을 지지하지 않는다. 하지만 학생들은 합당한 이유에서 몇 가지 선택이 주어질 수 있고, 공식적 학습방식 사정 없이 그들이 가장 편안하게 느끼는 환경적 상황에서 학습하도록 할 수 있다. 예를 들어, 교사는 학생이 교실 안에서 독립적인 읽기 공간을 선택하도록 할 수 있다. 그들은 아마 자연광이 비치는 창문 옆 의자에 앉기를 희망할 수도 있고 귀마개나 램프가 있는 개별 열람석을 이용하길 원할 수도 있다. 어떤 아동은 자신이 좋아하는 의자에서 또는 바닥에 앉아서 읽기를 좋아한다. 학생의 선택에 있어서 이러한 유연성을 허용하는 것은 학생과 교사 모두에게 매우 효과적일 수 있다.

오길 양은 교실의 큰 창문에 대해 생각해 보니 운동장에 있는 학생들의 움직임이 그녀 학급 학생들의 주의를 산만하게 할 것이라는 걱정이 되었다. 그래서 그녀는 위로부터 또는 아래로부터 움직일 수 있는 블라인드를 요청하기로 결정했다. 블라인드를 사용한다면 자연광도 교실로 들어올 수 있고 운동장에서 일어나는 활동에 의해 학생들의 주의도 산만해지지 않을 것이다. 만약 블라인드를 얻지 못한다면 그녀는 창문 아래쪽을 가로지르고 쉽게 제거할 수 있는 가림판을 설치할 것이다.

효과적 시간관리

교사는 그들 자신과 학생의 시간을 효과적으로 운영해야 한다. 7장에서는 학습을 촉진하기 위한 학생의 효과적인 시간 사용에 대해 다룰 것이다. 교사의 시간 활용 역시 중요하다. 교사의 시간 활용을 방해하는 가장 일반적인 활동은 문서 업무다. 문서 업무를 처리하는 데 필요한 시간을 절감하는 몇 가지 방법이 있다. 가능하면 교사는 회의 기록, 가정통신문, 짧은 회의, 관찰 등을 위한 기록양식을 만들도록 한다. 그리고 나서 문서함을 확인하거나 전체적인 메시지 또는 일화 기록을 짧게 정리하여 보관하면 된다. 교사는 문서 업무가 쌓이지 않도록 매일 문서를 처리하는 데 일정시간을 마련해 놓는 것이 유용하다.

이 밖에 시간이 소요되는 활동에는 과제 채점하기와 회의 참석하기 등이 있다. 비록 학생의 학습 활동을 채점하는 데 과도한 시간이 소요될 수 있지만, 학생에게 피드백을 제공하고 그들의 학습 활동을 평가하는 일은 효과적인 교수의 중요한 요소다. IEP와 관련된 특별 회의 또한 시간이 소요되지만 매우 중요하다. 〈교사를 위한 정보 4.1, 4.2〉는 채점하기 활동을 효과적으로 관리하고 회의시간을 좀 더 효율적으로

교사를 위한 정보 4.1

답안을 채점할 때는 다음을 시도하라.

1. 학생들이 자신의 과제를 스스로 채점할 수 있도록 매주 며칠의 시간을 따로 정하라.
2. 채점 시 학생들을 조력자로 활용하라.
3. 채점되지 않은 답안을 돌려주고 학생들이 스스로 채점할 수 있도록 정답지를 제공하라(Cohen & Hart-Hester, 1987).

교사를 위한 정보 4.2

다음 전략 사용을 시도함으로써 교사는 회의시간을 더욱 효율적으로 활용할 수 있다.

1. 모든 참여자에게 회의의 목적과 그들의 역할에 대해 알려 주라.
2. 회의 안건을 미리 작성하고, 모든 구성원과 공유하고, 그것을 지키라.
3. 회의 시작시간과 종료시간을 설정하라.
4. 회의에 꼭 참석해야 할 사람만 초청하라.
5. 회의를 시작하기 전에 이전 회의에서 달성된 내용에 대해 요약하라.
6. 회의의 목적을 명확히 하고 목표를 설정함으로써 문제 해결을 촉진하라.
7. 이틀 안에 간단한 회의록을 작성하여 모든 참석자에게 제공하라(Cohen & Hart-Hester, 1987).

사용하기 위한 아이디어를 제공한다. 효율적인 회의시간 활용을 위한 추가 전략은 3장에서 다룬 바 있다.

교실 스케줄

오길 양은 그녀 자신과 보조원을 위한 일간, 주간 계획을 만들었다. 첫해에는 얼마나 많은 시간이 소요될지 확신할 수는 없지만, 그녀 자신과 보조원이 문서 업무를 완성하고 다음 날을 계획하는 데 하루 40분을 설정하였다. 그들은 일정에 익숙해짐에 따라 시간계획 조절 준비를 하였다.

주간, 일간 계획은 특수교사마다 다양하다. 그들의 계획은 주로 서비스 전달 모델(예, 학습도움실, 특수학급, 순회교사, 통합)과 학년 수준(초등, 중등)에 따라 달

학생의 시간을 홀 패스 타이머로 관리하기

교사는 그들 자신의 시간을 관리하는 것은 물론 교실 밖 학생의 시간을 관리하는 것에 어려움을 겪을 수 있다. 학생이 교실에서 나가고, 교사는 종종 학생들이 얼마나 오래 나가 있었는지를 잊어버린다. 몇몇 학생은 제시간에 교실로 돌아오는데 특히 어려움을 가지고 있는 것처럼 보인다. 홀 패스 타이머(hall pass timer)는 교사에게 필요함에도 그동안 전혀 알지 못했던 훌륭한 제품이고, 앞으로 모든 사람은 이 제품을 갖길 원할 것이다.

홀 패스 타이머는 교사 모니터와 홀 패스의 두 부분으로 구성된다. 교사는 학생이 교실 밖으로 나가도 되는 할당 시간(예, 1~5분)을 지정하기 위해 교사 모니터를 사용한다. 학생이 교실을 떠났을 때, 홀 패스는 얼마나 시간이 남았는지를 보여 주는 카운트다운 타이머가 작동된다. 시간이 맞춰지면 교사 모니터에 나타난다. 홀 패스와 교사 모니터에 동시에 나타나는 경고 불빛(초록, 노랑, 빨강)과 시간 종료 알람은 교사와 학생에게 시간 상황을 일깨워 준다. 교사 모니터에 있는 메모리 타임의 특성은 홀 패스의 마지막 세 번의 사용 시각을 알려 준다. $29. From Stokes Publishing Company, 1292 Reamwood Avenue, Sunnyvale, CA 94089; 800/550- 5254; http://www.stokespublishing.com/timers.html

[생각해 보기] 이 장치의 사용은 교실 이탈 요청 횟수를 얼마나 줄여 줄 수 있을까?

라진다. 서비스 전달 모델 또는 지도하는 학년 수준에 상관없이, 모든 특수교사는 그들의 시간을 현명하게 계획할 수 있어야 한다. 특수교사는 일반교사, 부모와 다른 전문가 등 만나기 위한 시간이 필요하다. 또한 다른 교실 상황에서 정기적으로 학생들을 관찰하기 위한 시간도 배정되어야 한다. 이러한 상황에서 특수교사는 특수교육에 의뢰된 학생을 위한 공식 사정을 수행할 책임이 있다. 교사는 이러한 의무를 이행할 충분한 시간이 필요하다. 그리고 학생을 지도하는 것 이외의 다른 임무를 수행하는 데 필요한 시간을 충분히 배정받기 위해 교장 등 다른 관리자와 협력적으로 활동해야 한다.

교사는 교수시간을 현명하게 사용해야 한다. 그들은 일간 및 주간 일정을 계획, 게시해야 하고 계획에 따라야 한다. 동시에 교사는 유연성이 필요한 상황이 발생했을 때 계획을 기꺼이 수정하는 융통성을 가져야 한다. 교사는 수업시간 중에 학생이 정신이 맑고 또렷할 때 가장 어려운 과목을 가르쳐야 한다. 교사는 선호도가 높은 활동(예, 휴식, 미술, 체육)을 선호도가 낮은 활동(예, 수학, 읽기) 후에 제시할 수 있다. 프리맥 원리(Premack, 1965)라 불리는 이 전략은 행동 발생의 가능성이 높은 행동이 행동 발생 빈도가 낮은 행동에 대한 강화로 사용될 수 있다고 말한다. 프리맥 원리는 교실에서 효과적인 전략으로 설명되어 왔다(예, Geiger, 1996). 강화에 대한 더 많은 정보는 이 장의 뒷부분에 설명되어 있다.

초등학교의 학습도움실은 분리(pull-out) 프로그램으로 계획된다. 학생들은 하루의 일정 부분(보통 30~90분)을 제외하고는 일반교실에 남아 있다. 학년이 시작될 때, 특수교사와 일반교사는 학생이 학습도움실에서 수업을 받아야 할 최선의 시간 결정을 위해 협력해야 한다. 전형적으로 일반교사는 일반학급 학생이 일반교실에서 같은 내용에 대해 수업 받는 동안 장애 학생은 특수교육 수업을 받는 것을 선호한다. 예를 들어, 4학년 교사가 11시부터 11시 45분까지 수학수업을 한다면, 특수교육을 받는 학생은 같은 시간 동안에 학습도움실에 가서 수학수업을 받는 것을 더 좋아할 것이다. 이러한 선호는 일반교사가 여러 학년에서 같은 내용을 동시에 가르칠 때 문제가 된다. 하지만 학습도움실의 서비스가 하루 중 다른 시간에 계획된다면 학생들은 그들의 일반학급에서 분리(pull-out)되어, 다른 필수적인 내용 또는 재미있는 활동을 놓치게 될 것이다. 이러한 우려는 어떠한 분리 프로그램에서도 항상 존재한다.

특수학급에서 가르치는 특수교사는 그들의 일간/주간 계획에 더 융통성이 있다. 하지만 그들은 학생들의 모든 요구가 교실계획 내에서 다루어져야 함을 명심해야 한다. 2장에서 다루었듯이 특수학급은 교수를 위한 가장 이상적인 장소가 아니며, 특히 IDEA의 조항인 최소제한환경(LRE)과 일반교육과정의 접근을 고려할 때 그렇다.

중학교 특수교육 교실을 위한 시간표는 종종 학교에 의해 만들어진 계획표에 기초한다. 중등학교를 위한 묶음시간표(block scheduling)는 최근 몇 년간 인기를 끌어 왔다. 전통적인 6~7교시의 계획 대신 하루 동안 제공되는 수업의 수는 감소되었고, 각 수업시간의 길이는 증가하였다(예, 90~120분). 묶음시간표의 몇 가지 변수가 나타났다. 어떤 지역에서는 한 학기 동안 하루에 4개 수업을 한다. 다른 지역에서는 한 학년에 걸쳐 8개 수업을 계속하는데, 4개씩 교대로 이루어진다(예, A/B 일간 계획).

비록 교사는 묶음시간표가 특수교육을 받는 학생에게 유용한 방법이라 제안해 왔지만, 이 분야에 관한 연구는 거의 수행되지 않았다. 한 연구에서 특수교사는 전통적 수업시간표보다 묶음시간표를 더 선호하는 것으로 나타났다(Santos & Rettig, 1999). 예를 들어, 유연한 묶음시간표는 교사에게 특수학급 시간표 구성을 가능하게 하였다. "한 학교에서 묶음시간표는 일반교사의 본 수업이 끝난 후에 학생들이 묶음시간표의 한 부분으로서 보조적 도움을 받기 위해 특수학급에 오는 것을 용이하게 해 준다."(p. 55) 추가 이점에는 다음이 포함된다. (1) 교사에게 더 다양하고 활동적인 학습전략을 포함하기 위해 교수방법의 수정이 요구됨, (2) 개별화된 교수를 위한 더 많은 시간, (3) 학생의 행동에서 전반적인 향상. 단점도 나타나는데 그중에서 (1) 학생이 수업 제재를 기억하는 데 어려움을 겪게 하는 긴 수업 간격, (2) 학생에게 그들 자신이 어디에 있어야 하는지에 대한 혼란 야기, (3) 준비되지 않은 상태로 교실에 오는 학생의 증가가 있다.

다른 연구에서 Weller와 McLeskey(2000)는 일반교사와 특수교사가 팀티칭을 하는 중서부 통합 고등학교에서 묶음시간표가 미치는 영향을 조사했다. 그들은 묶음시간표의 이점을 발견하였다. 그것은 (1) 팀티칭과 통합을 용이하게 하며, (2) 더 많은 학습자 중심의 학습 활동이 이루어지도록 하며, (3) 모든 학생

공학의 활용
학생의 학습 시간표와 일정을 도와주는 장비

교사가 시간표를 게시한다 하더라도, 장애를 가진 많은 학생은 여전히 일정과 계획을 기억하고 따르는 데 어려움이 있다. 이것은 교사와 부모가 학생의 주의를 맴돌며 지속적으로 상기시켜 줘야 함을 의미하나 그러한 책임을 학생에게 전가할 수 있는 도구가 있다.

타임패드(TimePAD)는 작은 휴대용 장비로, 사용자가 72초짜리 음성 메시지를 5개 녹음하고 각각의 메시지가 재생되도록 시간을 설정할 수 있다. 예를 들어, 영어수업의 마무리 일정에서 교사는 "교과서를 선반 위로 다시 가져다 놓으세요."라는 음성이 오전 10시 55분에 재생되고, 이어서 10시 56분에 "마무

리되지 않은 과제는 숙제로 공책에 끼워 넣으세요."라는 음성이 재생되도록 녹음할 수 있다. 그리고 수업이 끝나는 종이 울리는 10시 58분이 되기 전인 오전 10시 57분에 "과제물 공책에 숙제를 기록하세요."라고 녹음할 수 있다. $29. From Attainment Company, Inc., PO Box 930160; Verona, WI 53593-0160; 800/327-4269; http://www.attainmentcompany.com/Technology

[생각해 보기] 이 장치를 사용하여 학생을 지도하는 것은 당신의 학생이 더욱 독립적이 되도록 어떻게 도와줄 것인가?

에게, 특히 묶음시간표는 전통적 배경을 가지지 못한 학생에게 유익하다. 그들은 또한 묶음시간표는 (1) 교사와 학생이 더욱 조직화될 필요성을 증가시켰고, (2) 결석 일수가 증가하였고, (3) 일부 학생에게 적응상 어려움이 있음을 발견하였다.

교실 규칙

모든 교실에는 규칙이 필요하다. 이러한 규칙은 우리 사회의 법칙과 유사해야 할 것이다. 규칙의 목적은 학생이 순종적이도록 강요하는 것이 아닌, 교실에 있는 모든 학생의 안전과 안녕을 위한 것이다. 교실 규칙의 계획과 실행에 대한 제안은 다음과 같다.

1. **학년이 시작될 때 규칙을 만들라.** 교실 규칙은 매 학년 시작 시 만들어져야 하며, 한 해 동안 정기적으로 학생과 논의되어야 한다.

2. **적절한 경우라면 규칙을 만드는 과정에 학생을 참여시키라.** 학생은 연령과 지적 수준에 따라 규칙 만들기에 참여해야 한다. 교사는 학생의 규칙이 교사가 만든 규칙보다 엄격하다는 것을 알게 될 것이다. 규칙을 만들 때 참여한 학생은 만들어진 규칙을 따르는 학생에 비해 자진해서 규칙을 지키는 경향이 있다.

3. **규칙에서 행동은 관찰 가능하고 측정 가능해야 한다.** 규칙은 행동이 관찰 가능하고 측정 가능하도록 묘사되어야 한다는 점에서 행동 목표와 유사하다. '학생은 다른 학생의 재산을 존중해야 한다'와 같은 규칙은 피해야 한다. 대신 이 규칙은 '학생은 다른 학생의 물건을 사용하기 위해서 물건 소유주인 학생에게 허락을 구할 것이다'고 진술할 수 있다.

4. **규칙은 긍정적인 용어로 진술되어야 한다.** '학생은 다른 학생을 때리지 않는다'와 같은 규칙은 '학생은 자신의 손과 발을 바르게 두어야 한다'로 쓰여야 한다. 규칙을 긍정적인 용어로 서술하는 것은 학생에게 그들이 해서는 안 되는 행동보다는 그들이 지향해야 하는 행동 목록을 제공한다.

5. **규칙 수는 5개를 초과해서는 안 된다.** 한때 교육자들에게 운동장 벽이 거의 100개의 규칙으로 둘러싸인 사진이 배포되었다. 운동장을 사용하는 사람은 모든 규칙을 읽을 시간이나 읽으려는 마음이 없다. 교사는 최소한의 규칙 수를 지켜야 한다. 그래야만 학생들이 기억하기 쉽고 교사가 강화하기 쉽게 만들기 때문이다.

6. **규칙은 교실 안에 게시되어야 한다.** 규칙을 게시하는 것은 학생과 교사에게 기억을 상기시키는 역할을 한다. 게다가 교사가 학생에게 규칙을 상기시키거나 또는 그것을 검토하고 수정하려고 할 때 규칙 차트를 쉽게 참고할 수 있다.

7. **규칙을 지키거나 어길 때의 결과가 잘 정의되어야 하며 학생이 이해할 수 있어야 한다.** 학생과 규칙을 지키거나 어겼을 때의 결과에 대해 의사소통하고 정의하는 것은 중요하다. 그러나 이는 교사에 의해 종종 무시된다. 행동의 결과에 대해서는 이 장의 후반부에 자세히 논의된다.

8. **교사는 규칙을 지켰을 때와 어겼을 때의 결과를 일관되게 적용해야 한다.** 많은 교사는 규칙을 만들고 잘 쓰인 규칙을 게시하면서도 학생에게 결코 그것을 지키도록 요구하지 않는다. 예를 들어, 교실에서 일반적으로 적용되는 규칙은 다음과 같다. '학생은 발표하기 위해서 손을 든다.' 하지만 실제로 학생에게 그들이 무언가를 말하려 할 때마다 손을 들어야 한다고 요구하는 교사는 거의 없다. 그러므로 이러한 규칙을 정하는 것은 유용하지 않을 뿐더러 오히려 교실 규칙이 중요하지 않다고 학생에게 가르치는 것이 된다. 규칙이 적절하고 학생들이 일반적으로 순응적이라고 가정하면, 가장 기본적인 것은 규칙을 어겼을

때 일관되게 결과를 적용하고(예, 체벌) 규칙을 지킨 학생을 강화하는 것이다. 규칙개발 단계에서 교사는 어떻게 일관되게 규칙 위반에 대한 결과를 제공할 것인가를 고려해야 한다. 이러한 생각은 규칙을 만드는 것을 도와줄 수 있다.

9. **필요하다면 한 학년 동안 규칙이 검토되고 수정되어야 한다.** 규칙을 수정하는 이유는 관찰을 통해 규칙이 모호하거나, 불필요하거나, 실시하기 어려운 경우이다. 또한 한 해를 보내며 규칙이 더 빨리 조정되었더라면 피할 수 있었을 사건이 발생했을 경우 규칙은 검토되고 수정되어야 한다. 학급에 새로운 학생이 전학오거나 학생이 성장한 것도 규칙이 수정되는 데 영향을 준다. 적절하다면 학생이 수정에 참여해야 한다.

수업 첫 시간에 오길 양은 그녀의 학생들과 교실 규칙에 대해 토론하였다. 규칙으로 만들고 싶은 내용이 있었음에도, 그녀는 학생들이 규칙을 선택할 수 있도록 허락하였다. 오길 양은 규칙을 긍정적 용어로 써야 하며, 수적으로 많지 않아야 함을 분명히 알고 있었다. 그녀는 규칙들을 큰 보드에 적었고 게시판에 게시하였다. 규칙은 다음과 같다.

1. 학생들은 종이 울렸을 때 교실에 있어야 한다.
2. 학생들은 그들의 손과 발을 바르게 두어야 한다.
3. 학생들은 오길 양의 첫 번째 요구를 따라야 한다.
4. 학생들은 모든 물건을 적절한 위치로 되돌려 놓아야 한다.
5. 학생들은 수업시간에 복도에서 조용히 걸어야 한다.

오길 양은 결과를 실행하는 방법뿐만 아니라 규칙을 지키거나 어겼을 때의 결과를 고안하였다.

3. 행동관리 전략

교사는 효과적인 교실관리 기술이 필요할 뿐만 아니라 개별 집단의 학생을 위한 행동관리의 원리를 이해하고 적용하는 것 또한 필요하다. 여기에서는 행동의 증가, 유지, 감소, 제거 등 행동관리에 대해 다룬다. 문화적 기대가 행동에 영향을 줌으로써 다양한 학습자를 위한 시사점 또한 포함한다.

트윌라는 정서행동장애로 판별된 4학년 학생이다. 트윌라는 친구들에게 먼저 언어적·신체적 싸움을 시작하기 때문에 친구들과도 잘 지낼 수 없다고 하고 학교가 싫다고 한다. 트윌라는 하루 종일 레인스 씨의 4학년 일반학급에서 수업을 받는다. 특수교사인 로드리게스 여사는 레인스 씨와 일주일에 두 차례 상담을 한다. 첫해에 트윌라는 교실과 운동장에서 계속해서 문제를 일으켰다. 로드리게스 여사는 트윌라와 그녀의 학급 친구를 관찰했고, 트윌라와 친구들의 싸움 전후에 어떤 일이 발생하는지를 확인하였다.

학습을 위한 행동 접근의 가장 우선 원리는 행동이 선행사건(행동에 앞선 사건)과 후속결과(행동 발생 후에 따르는 사건)에 의해 통제된다는 것이다. 후속결과는 행동을 강화, 유지, 약화 또는 제거하는 역할을 할 것이다. 아울러 선행사건은 행동의 신호 또는 단서가 될 수 있다. 선행사건 그리고/또는 후속결과가 변화될 때는 행동 역시 변화된다. 이 장의 대부분은 후속결과에 대해 논의하고 있다. 하지만 교사는 행동을 발생시키고 유지시키는 데 선행사건 또한 중요한 역할을 한다는 것을 인식하는 것이 중요하다. 선행사건에 대해서는 6장과 14장에서 더 자세히 다룰 것이다.

행동의 증가와 유지

로드리게스 여사는 1시간 동안 트윌라를 관찰하였다. 관찰 시간 동안 트윌라는 친구와 세 차례 싸움을 하였다. 로드리게스 여사는 트윌라가 싸움을 시작하기 전 매 순간에 교사 또는 학급 친구들에게 무시를 당하거나 또는 학업적 · 신체적으로 어려운 무언가를 하도록 요구받는 것을 관찰하였다. 매 상황마다 발생된 행동은 교사와 친구들의 관심을 끌었다.

강화인자는 이전의 반응이나 행동을 증가 또는 유지시키는 결과다. 증가되거나 유지되는 행동 반응이 반드시 긍정적이거나 바람직한 행동은 아니다. "강화는 바람직하거나 바람직하지 않은 어떠한 행동에도 적용할 수 있는 윤리적으로 중립적인 과학 원리다."(Justen & Howerton, 1993, p. 37) 트윌라의 경우, 교사와 학급 친구들로부터의 관심은 그녀가 싸움을 시작하는 행동, 바람직하지 않은 행동을 강화하는 것처럼 보인다. 자리를 이탈한 학생에게 고함을 치는 교사는 학생의 바람직하지 않은 자리이탈 행동을 강화할 수 있다. 자신의 과제를 제시간에 완성한 학생을 칭찬하는 교사는 학생의 바람직한 과제완수 행동을 강화할 수 있다. 교사는 행동(싸움 시작하기, 자리이탈 행동 또는 제시간에 과제 완수하기)의 이후 발생 정도를 알아봄으로써 후속결과(고함치기 또는 칭찬하기)가 강화인자인지 아닌지를 결정할 수 있다. 만약 해당 행동이 유지되거나 증가되었다면 후속결과는 강화인자이다.

정적 강화 모든 강화인자와 같이, 정적 강화인자는 행동의 발생에 이어 전달될 때 행동을 유지 또는 증가시킨다. 정적 강화인자(positive reinforcer)는 바람직한 행동이나 바람직하지 않은 행동 모두를 증가 또는 유지시킨다. 앞의 예에서 교사의 고함과 언어적 칭찬은 정적 강화인자다. 하나는 바람직하지 않은 행동을 증가시켰고, 다른 하나는 바람직한 행동을 증가시켰다. 트윌라가 받은 관심은 그녀의 싸움 시작 행동을 강화하는 것처럼 보인다. 그래서 교사와 친구들의 관심(후속결과)은 트윌라의 부정적인 행동(싸움)을 강화하는 정적 강화인자다.

정적 강화인자는 어느 것이든 될 수 있다. "그것은 아름다운 꽃이 될 수도 있고 못생긴 꽃이 될 수도 있다…. 그것은 단순하게 무색의 아주 작은 종잇조각이 될 수도 있고 소리가 나는 예쁘고 향기 나는 스티커가 될 수도 있다."(Kame'enui & Darch, 1995, p. 106) 교사는 무엇이 학생의 행동을 강화할지에 대해 가정할 수 없다. 강화를 사용하는 첫 번째 규칙은 "당신이 어떤 주어진 사건을 직접 시도해 보거나 행동에 대한 효과성을 관찰하기 전까지는 그것이 행동에 대한 강화인자가 되는지 아닌지에 대해 말할 수 없다."(Hall & Hall, 1998a, p. 4)라는 것이다. 참인지 아닌지의 검증은 미래 행동으로 나타난다. 만약 강화인자가 행동의 발생에 따라 주어지고 행동이 증가 또는 유지되었다면 그 후속결과는 학생을 강화한 것이다. 이러한 원리에 대한 또 다른 예는 〈표 4-2〉에 제시되어 있다.

교사는 어떤 것이 한 학생은 강화하고 다른 학생은 강화하지 않는지 분명히 알아야만 한다. 그러면 교사는 어떠한 강화인자를 사용할 것인지를 어떻게 결정할 수 있는가? Hall과 Hall(1998a)은 다음과 같은 제안을 한다. 첫째, 학생의 연령, 성별, 흥미, 배경에 대해 생각하라. 예를 들어, 고등학교 3학년 학생을 강화하는 것은 6세 아동의 강화인자와는 매우 다르다. 둘째, 학생이 나타내야 하는 행동을 평가하라. 물건이나 활동이 학생을 강화한다 하더라도 요구되는 노력이 강화제보다 더 클 수 있다. 이를테면 시간당 임금을 10센트 높이기 위해 추가 업무를 하는 사람은 거의 없을 것이다. 셋째, 가능하면 자연적 강화인자 또는 그 상황 안에서 자연스럽게 이용할 수 있는 강화인자를 사용하라. 자연적 강화인자는 "만약 어떤 사람이 강화하고자 하는 행동을 위해 자연적 강화인자를

표 4-2 정적 강화의 예

선행사건	행동	후속결과	미래 사건
킴의 교사는 학급 학생들에게 수학 과제에 이름을 쓰라고 상기시켰다.	킴은 처음으로 자신의 이름을 수학 과제물에 썼다.	킴의 교사는 그녀의 수학 과제물 이름 옆에 별 스티커를 붙여 주었다.	킴은 그녀의 수학 과제물에 이름을 쓰는 것을 계속한다. (바람직한 행동)
제임스와 빌리는 복도에서 서로를 바라보았다.	빌리가 제임스의 이름을 불렀다.	제임스가 울었다.	빌리는 계속해서 제임스의 이름을 부른다. (바람직하지 않은 행동)
타이런의 교사는 시험 성적이 마지막 수업의 등급을 결정할 것이라고 설명했다.	타이런은 중간고사에서 85%, 기말 역사시험에서 82%를 받았다.	타이런은 역사 과목에서 B학점을 받았다.	타이런은 계속해서 시험공부를 한다. (바람직한 행동)
너대니얼은 생일선물로 수채화 세트를 받았다.	너대니얼은 첫 번째 수채화를 그렸다.	너대니얼은 부모와 친구들에게서 칭찬을 들었다.	너대니얼은 수채화 그리기를 계속한다. (바람직한 행동)
마사의 학급 친구들은 그녀를 제외시키고 대화를 했다.	마사는 수업 중 부적절한 순간에 농담을 했다.	마사의 친구들은 그녀의 농담에 웃었다.	마사는 계속해서 부적절한 순간에 농담을 한다. (바람직하지 않은 행동)

수반적인 강화인자로 만들 만큼 현명하다면 이용 가능한 것이다"(Hall & Hall, 1998a, p. 16). 예를 들어, 진취적인 교사는 종종 칠판 지우기 또는 줄반장의 기회 주기와 같은 교실 특권을 강화제로 사용한다. 자연적 강화인자는 행동이 형성된 이후의 학생에게 이용이 용이하며 비용이 적게 들기 때문에 유리하다.

강화인자를 결정하는 또 다른 방법은 학생에게 직접 묻는 것이다. 이는 형식적 강화 목록, 개별 면접 또는 문서로 작성된 양식을 가지고 이루어지기도 한다. 어떤 목록은 '만약 내가 학교에서 자유시간을 가진다면 나는 ~할 것이다'와 같은 개방형 질문을 포함한다. 다른 목록은 학생에게 선택권을 제공한다. '만약 학교에서 자유시간을 가지게 된다면 나는 (1) 음악을 들을 것이다, (2) 보드게임을 할 것이다, (3) 컴퓨터 활동을 할 것이다, (4) 바깥에서 놀 것이다, (5) 퍼즐을 완성할 것이다'. 학생의 연령, 태도, 인지 능력에 따라 학생이 무엇을 말하고 써야 하는지 모르는 경우라면 선택권을 제공하는 것이 더 좋다. 덧붙여 학생에게 선택권을 제공하는 것은 선택된 강화인자가 교사의 통제 안에 있다는 것을 확실하게 한다. [그림 4-1]

은 강화물 조사 목록의 예시를 제공한다.

강화인자를 결정하기 위한 다른 전략은 학생과 함께 지냈던 교사에게 질문하기, 학생의 가족 구성원에게 질문하기, 학생에게 선택권이 주어졌을 때 선택하는 것 관찰하기 등이다. 예를 들어, 어린아이의 강화물을 결정하기 위해서는 자유놀이 시간 동안 어떤 활동과 장난감을 선택하는지 관찰할 수 있다.

트월라의 싸움 행동은 그녀가 받는 관심에 의해 강화받는 것처럼 보였다. 로드리게스 여사와 레인스 씨는 트월라가 적절하게 행동했을 때 그녀에게 더 많은 관심을 주기 위해 사용될 수 있는 다른 강화인자에 대해 브레인스토밍을 했다. 레인스 씨는 트월라의 어머니에게 이야기를 했고, 트월라가 매일 밤 그녀의 남동생과 여동생에게 책 읽어 주기를 좋아한다는 것을 알게 되었다. 레인스 씨는 트월라가 특별한 독자라는 것을 알고는 매일 점심시간이 끝난 뒤 교실에서 읽어 주는 책의 몇 페이지를 트월라가 읽도록 하였다. 그녀는 동의하였다. 비록 이것이 트월라가 적절한 행동에 관심을 가지도록 하는 것이기는 하지만, 그들은 트월라

강화물 조사 목록

이름 _____   날짜 _____

당신이 가장 선호하는 활동이나 물건 앞에 ✓ 표시를 하세요.

가장 좋아하는 활동	가장 좋아하는 물건
☐ 체육시간 5분 추가	☐ 사탕
☐ 도서관에서 5분	☐ 분필
☐ 자유시간 5분	☐ 만화책
☐ 색칠하기	☐ 크레용
☐ 컴퓨터 시간	☐ 지우개
☐ 그림 그리기	☐ 자유시간 티켓
☐ 교무실로의 심부름	☐ 게임
☐ 휴식	☐ 껌
☐ 선생님 도와드리기	☐ 뽑기 장난감
☐ 교실 보조원 돕기	☐ 줄넘기
☐ 음악 듣기	☐ 열쇠고리
☐ 종이 나눠 주기	☐ 구슬
☐ 물품 나눠 주기	☐ 마커
☐ 게임 하기	☐ 알림장
☐ 체육시간	☐ 연필
☐ 교실 애완동물과 놀기	☐ 모형 돈
☐ 잡지 읽기	☐ 팝콘
☐ 읽기 코너에서 독서하기	☐ 퍼즐
☐ 친구에게 책 읽어 주기	☐ 학용품
☐ 연필 깎기	☐ 우표
☐ 함께 이야기하기	☐ 스티커

[그림 4-1] 강화물 조사 목록의 예시

가 친구들과 상호작용을 하기 위해서는 적절한 사회적 기술을 배우는 것 또한 필요하다고 결정하였다.

부적 강화　모든 강화인자는 행동을 유지 또는 증가시킨다. 그러므로 부적 강화 역시 행동을 유지 또는 증가시킨다. 다만 이 경우는 혐오자극을 피하거나 종결시키기 위해 행동이 유지되거나 증가된다. 혐오자극은 일반적으로 고통과 불편을 야기하고 도피 또는 회피 행동을 발생시킨다(CCBD, 1990). 우리 삶에서 부적 강화에 반응하는 예로는 자동차에서 발생하는 경고음을 피하기 위해 안전벨트를 채우는 것, 방에서 눈부심을 피하기 위해 창문 블라인드를 내리는 것이 있다. 여기서 증가된/유지된 행동은 안전벨트를 채우는 것과 창문 블라인드를 내리는 것이며, 혐오자극은 자동차의 경고음과 빛으로 인한 눈부심이다.

학습장애를 가진 8학년 래러미는 과제를 완성해 본 적이 없다. 그가 완성한 과제는 늘 지저분하고 읽기가 어려웠다. 수학교사 제닝스 씨는 매달 학생이 자신의 과제를 검토할 수 있는 협의회를 연다. 그는 래러미가 협의회 예정일에 항상 결석한다는 것을 알았다. 제닝스 씨의 바쁜 스케줄로 인해 래러미가 협의회 예정일에 결석을 하면 협의회를 할 시간이 없게 된다. 결국 그들은 한 차례도 함께 협의회를 할 수 없었다.

부적 강화는 교실에서도 발생한다. "대부분의 교사는 알아차리지 못하게 부적 강화를 사용한다. 많은 아동은 교사가 주는 정적 강화 때문이 아니라 오히려 만족스럽지 않은 과제물에 이어지는 굴욕감을 피하기 위해 학교 과제를 완성한다."(Justen & Howerton, 1993, p. 37) 부적 강화는 그것이 야기하는 도피 또는 회피 행동 때문에 교실에서 촉진되어서는 안 된다. 예를 들어, 한 학생은 벌 받는 것을 피하기 위해 수업에 결석할지도 모른다. 래러미는 그의 과제가 불완전하다는 이야기를 듣지 않기 위해 협의회가 개최되는 날 수업에 결석한 것으로 보인다. 〈표 4-3〉은 교실에서의 부적 강화의 예를 보여 준다.

표 4-3 부적 강화의 예

선행사건	행 동	후속결과	미래 사건
조는 에릭에게 점심값을 주지 않는다면 때리겠다고 위협했다.	에릭은 조에게 점심값을 주었다.	조는 에릭을 때리지 않았다.	에릭은 계속해서 자신의 점심값을 조에게 준다. (바람직하지 않은 행동)
교실 규칙은 학생이 제시간에 교실에 오지 않으면 방과 후에 남는 것이다.	쇼나는 제시간에 수업에 왔다.	쇼나의 교사는 그녀에게 방과 후에 남지 않아도 된다고 하였다.	쇼나는 계속해서 제시간에 수업에 온다. (바람직한 행동)
교사는 읽기시간이라고 알려주었다.	빌리는 짜증을 부렸다.	빌리는 읽기 행동에 참여하는 것을 피했다.	빌리는 계속해서 읽기시간 전에 짜증을 부린다. (바람직하지 않은 행동)
빈스는 컴퓨터를 고장 내서 교장실로 보내졌다.	빈스는 컴퓨터 고장 낸 것을 교장선생님께 거짓말을 했다.	빈스의 부모는 학교로 불려오지 않았다.	빈스는 계속해서 그의 행동에 대해 거짓말을 한다. (바람직하지 않은 행동)
몰리의 부모는 몰리가 모든 과목에서 통과되지 못한다면 그녀에게 외출 금지를 할 것이라 경고했다.	몰리는 그녀의 첫 학기에 모든 과목에서 통과되었다.	몰리의 부모는 그녀에게 외출 금지를 하지 않았다.	몰리는 두 번째 학기에도 통과하기 위해 공부한다. (바람직한 행동)

표 4-4 실행 가능한 이차 강화제

2차 강화제의 예			
실재적	활 동	특 권	사회적
스티커와 별 학용품(예, 연필, 지우개) 작은 장난감 책과 잡지 패스트푸드 쿠폰	자유시간 음악 듣기 컴퓨터 하기 게임 하기 퍼즐 완성하기 영화 보기 교실 파티 현장학습	줄반장 되기 칠판 지우기 그날 하루 숙제 감면 시험 면제 체육관 가기 선생님과 점심 식사하기 그날 하루 동안 앉을 자리 선택하기 게시판 장식하기 또래교사 되기	하이파이브 악수하기 구어적 칭찬 학생에게 짧은 편지 쓰기 부모에게 짧은 편지 쓰기 부모에게 전화 걸기

일차 및 이차 강화인자　강화인자는 일차적 또는 이차적으로 정의될 수 있다. 일차적 강화인자는 개인에게 생물학적으로 중요한 것이다(Alberto & Troutman, 2006). 음식과 음료수는 일차적 강화인자의 예다. 일차적 강화인자는 어린아이나 중도장애를 가진 학생을 위해 쓰여야만 한다. 이차적 강화인자는 일차적 강화인자와 짝지어져 강화 효과를 가지게 되는 것이다. 성적, 구어적 칭찬, 스티커, 활동 등은 학교에서 일반적으로 사용되는 이차적 강화인자의 예다. 〈표 4-4〉에는 고비용(시간, 노력, 그리고 경제적 관점에서)에서 저비용으로 배열된 이차적 강화가 열거되어 있다. 교사는 가능하면 저비용의 강화인자를 사용해야만 한다.

강화스케줄　강화가 제공되는 빈도는 강화계획이라 불린다. 교사는 연속적 강화스케줄을 적용할 수 있는데, 이는 학생이 행동을 보였을 때마다 강화를 받는 것을 의미한다. 연속적 스케줄은 학생들이 학습에서 습득 단계에 있을 때(예, 새로운 행동을 학습할 때) 가장 유용하다(Hall & Hall, 1998a).

제닝스 씨는 래러미가 수업에 결석해서 협의회를 피할 수 없도록 학생들과의 협의회를 무작위로 잡을 것을 결정하였다. 그는 또한 래러미가 과제를 제시간에 깔끔하게 완성하기 위해서는 추가적인 동기가 필요하다는 것을 알았다. 첫 번째 협의회를 하는 동안, 학생들은 과제를 제시간에 깔끔하게 제출하도록 하는 데 필요한 것에 대해 토의했다. 그들은 매일 래러미가 제시간에 과제를 제출하면 2분의 자유시간을 주기로 결정하였다. 그리고 제출한 각 과제물이 깔끔하게 작성되었을 때 2분씩 추가할 것을 결정하였다. 래러미는 모여진 자유시간을 매주 금요일에 컴퓨터를 하거나 학급 친구들과 게임을 하거나 퍼즐 맞추기를 하는 데 사용할 수 있을 것이다.

제닝스 씨는 연속적 강화스케줄로 래러미를 강화할 것이다. 이와 대조적으로 간헐적 강화스케줄에서는 행동의 발생 또는 정확한 반응에 따라 매번 강화가 주어지는 것이 아니라 때때로 강화가 주어진다. 간헐적 계획은 (1) 학생이 강화인자에 포화되는 것을 막고, (2) 학생이 더 오랜 기간 동안 과제를 하도록 가르치며, (3) 학생으로 하여금 만족을 뒤로 미루고 더 오랜 기간 동안 과제를 하도록 가르친다. 교사는 비율, 간격 또는 반응지속 스케줄을 선택할 것이다(Alberto & Troutman, 2006). 덧붙여 이러한 각각의 강화계획은 고정 또는 변화될 수 있다(예, 고정비율, 변동반응 지속 시간). 교사는 종종 강화스케줄을 지속적인 것에서 간헐적인 것으로 이동시킨다.

비율 강화스케줄에서는 학생이 특정한 횟수만큼 행동을 나타낸 후에 강화를 받는다. 비율스케줄은 고정 또는 변동될 수 있다. 고정비율 강화스케줄에서는 학생이 특정한 횟수만큼의 정반응을 한 후에 강화를 받는다. 변동비율 강화스케줄은 학생이 특정한 횟수만큼 정반응의 평균을 나타낸 후에 강화를 받는 것이다. 간격 강화스케줄은 시간의 경과를 포함한다. 학생은 특정 시간 간격 동안 적어도 한 번은 정반응을 나타내야 한다. 고정간격 강화스케줄에서는 고정비율 강화스케줄에서처럼 시간 간격이 일정하게 유지되는 반면, 변동간격 강화스케줄에서 시간 간격이 다양하다. 세 번째 주요 범주는 반응지속 강화스케줄이다. 이 계획 유형에서 학생은 선택된 시간 간격의 기간 동안 행동을 나타내야 한다. 다른 강화스케줄과 마찬가지로 반응지속 스케줄 역시 고정 또는 변동될 수 있다. 〈표 4-5〉는 강화스케줄의 예를 제시하고 있다.

강화가 효과가 없는 것처럼 보일 때　다음에서 제시된 교실의 사례처럼, 교사는 종종 "어떤 것도 이 학생을 강화하지 못한다."라고 이야기할 것이다.

표 4-5 강화스케줄의 예

	비 율	간 격	반응지속
고정	할이 7개의 수학 문제마다 정확하게 답하면 1분의 자유시간을 얻는다.	낸시가 한 시간 동안 화장실에 간다면 별스티커를 받는다.	교사는 자습시간에 마이크가 5분 동안마다 책상에서 과제를 수행하면 구어적 칭찬을 한다.
변동	마시는 평균 3개의 탁자를 닦을 때마다 1점을 얻는다.	멜리사가 평균 10분 동안 소집단 토론에 적어도 한 번 기여를 한다면 아이스크림콘을 위한 5센트를 받는다.	찰스는 자신의 작업 공간에 평균 10분 동안마다 머물러 있으면 상금 1달러를 얻는다.

오길 양은 교실에 정적 강화체계를 확립하였다. 그녀는 행동관리와 강화의 기본 원리에 대해 배웠고, 학생이 처음 학교에 도착하기 전에 모든 것을 고려하였다고 믿었다. 그러나 첫 주가 지나자 그녀는 좌절하였다. 그녀의 학생 중에 줄리언은 어떠한 강화체계에도 반응하지 않았다. 오길 양은 다른 강화제로 사용해 보았지만 어떤 것도 효과가 없는 것처럼 보였다. 그녀는 다음에 무엇을 할지 알 수 없었다.

강화가 효과가 없는 것처럼 보일 때, 교사는 다음의 다섯 가지 관점을 고려해야 한다.

1. **교사는 해당 행동 또는 과제가 학생의 수행목록 안에 있는 것인지를 질문해 보아야 한다.** 즉, 대상 학생은 기대되는 방법으로 과제를 하거나 행동할 수 있는가? 어느 저자는 자신의 컴퓨터 문제를 해결할 수 있는 동료에게 하와이 자유여행권을 제안하였다. 그 결과가 동료들에게 매우 강화적이라 하더라도, 저자는 아무도 그 문제를 해결할 수 없을 것이라고 확신했기 때문에(실제로 해결하지 못했다) 그러한 약속을 하는 것이 안전하였다. 교사는 학생들을 위와 같은 실패에 놓이게 하는 건 아닌지 살펴보아야 한다. 만약 대상 학생이 강화의 결과를 야기하는 과제를 수행할 수 없거나 또는 행동을 나타낼 수 없다면 강화인자는 효과적이지 못할 것이다. 강화인자는 효과적인 교

수를 대신할 수 없다.

2. **교사는 후속결과가 실제로 대상 학생을 강화하는지를 분석해야 한다.** 교사는 주의 깊게 관찰하거나 학생에게 직접 물어봄으로써 강화인자를 선택했을 수 있다. 그러나 기대되는 효과가 나타나지 않는다면 목표, 활동 또는 사회적 상호작용이 대상 학생을 강화하지 않는 것이므로 재검토해 보아야 한다.

3. **행동의 발생과 강화인자의 운영 사이에 소요되는 시간량을 평가해 보아야 한다.** 즉, 강화와 행동이 짝을 이루고 효과적이기 위해 행동이 발생한 후 가능한 한 빠르게 강화가 전달되어야 한다.

4. **교사는 강화계획, 특히 강화가 제공되는 빈도에 따른 계획을 검토해 보아야 한다.** 강화인자가 너무 자주 제공되면 학생은 포화를 경험할 수 있다. 반면 강화인자가 너무 드물게 제공되면 그것들이 강화인자로 기능하기에 충분히 강력하지 않을 것이다. 강화계획은 느슨하게 해야 한다. 예를 들어, 학생은 새로운 기술을 배울 때 각각의 정확하고 적절한 반응마다 강화를 받을 필요가 있을 것이다. 만약 당신이 모으기를 통해 두 자릿수의 덧셈을 가르치고 있다면, 당신은 학생이 모든 문제를 정확하게 해결할 때마다 강화를 함으로써 연속적 강화스케줄을 시작할 것이다. 그리고 고정비율 강화스케줄(5개 문제마다 정확하게 수행할 때)으로 이동한 다음 변동비율 강화스케줄(평균

10개 문제마다 정확하게 수행할 때)으로 바꾸고, 마침내 모든 강화를 소거할 것이다.

5. 학생을 강화하는 것이 교사의 통제하에 있지 않다면 부모 또는 다른 가족 구성원을 포함시키라. 부모는 학교에서의 사회적 또는 학업적 행동을 조건으로 하는 행사나 특혜를 집에서 가질 수 있다. 예를 들어, 학생은 가족과 함께 소풍을 가거나 또는 텔레비전을 보는 시간을 얻을 수 있을 것이다.

오길 양은 그녀의 지도교사와 상담을 한 후, 강화체계에 대해 그녀가 갖고 있는 가정과 그것이 왜 줄리언에게 효과가 없는지에 대한 재검토가 필요함을 인식하였다. 그녀는 교실 규칙을 지키는 것과 강화가 주어지는 사이의 지연된 시간이 다른 학생에게 효과가 있지만 줄리언에게는 효과가 없다고 결론지었다. 그녀는 학생들이 교실 규칙을 지켰을 때 매일 마지막 시간에 강화를 받도록 강화체계를 독창적으로 디자인했지만 줄리언은 좀 더 즉각적인 강화를 필요로 했다. 오길 양은 줄리언을 위해 그녀의 시스템을 수정했다. 그녀는 3개의 다른 시간 간격으로 구성된 체크리스트를 만들고 줄리언의 책상에 붙였다. 그녀는 줄리언에게 만약 그가 각 시간 간격 후에 체크 표시를 받는다면 하루의 마지막 시간에 강화인자를 받게 될 것이라고 말했다. 그 후 매 시간 간격 마지막에 체크리스트에 표시를 했고, 그가 규칙을 지켰다는 것을 칭찬했다. 그녀는 이것이 줄리언에게 훨씬 더 효과적이라는 것을 알게 되었다.

강화가 적절히 작용하기 위해서는 다음의 규칙이 적용되어야 한다.

• 학생이 요구된 행동을 수행할 수 없거나 배운 적이 없다면 강화는 작용하지 않을 것이다.
• 강화를 시도하거나 그것이 행동에 미치는 효과

에 대해 관찰함으로써 강화가 작용하는지의 여부에 대해 말할 수 있다.

• 특정 학생을 강화하는 것이 다른 학생을 강화하지 않을 수 있다.
• 강화인자는 바람직한 행동이 이루어지는 동안이나 해당 행동이 이루어진 직후에 적용되어야 한다.
• 강화인자는 바람직한 행동이 이루어졌을 때 적용되어야 한다.
• 새로운 행동은 더욱 빈번하게 강화되어야 한다. 일단 새로운 행동이 형성되면, 해당 행동은 드물게 제공되는 강화를 통해 유지되어야 한다.

행동의 감소와 제거

강화인자는 관련 행동을 증가시키거나 유지시킨다. 후속결과가 행동을 감소시키거나 제거시키는 과정을 벌이라 한다. 행동을 감소시키거나 제거하는 또 다른 행동 기법은 소거다.

발달장애 유아인 행크는 집에서 짜증 내는 행동을 보인다. 행크가 학교에 입학했을 때, 어머니는 행크의 선생님인 킹 씨와 관련 정보를 공유하였다. 학교에 입학한 첫 주에 행크는 하루에 한 번씩 짜증 내는 행동을 보였다. 킹 씨는 행크가 주변의 어른들로 인해서(예, 선생님, 보조원, 자원봉사자) 자기 마음대로 하지 못하게 될 때 이러한 행동을 보임을 알게 되었다. 어머니는 주변 어른들에게 행크의 짜증내기 행동을 무시하도록 요구하였다. 시간이 흘러 행크는 학교에서 짜증내기 행동을 보이지 않았다.

소거 행동을 유지시키던 강화가 억제되고 행동 발생 비율이 감소 또는 제거되는 과정을 소거(extinction)라 한다. 소거는 행동을 유지시키던 강화인자가 무엇인지 확인되고 교사의 통제하에 있을 때 효과적일 것이다. 예를 들어, 수업시간에 재미있는 소리를 내는 학생은 아마 교사의 꾸짖음과 친구들의 웃음에 의해 강화를 받을 것이다. 교사는 꾸짖지 않을 수 있지만 반 친구들의 웃음은 통제할 수 없다. 즉, 친구들의 웃음이 통제되지 않는다면 소거는 효과적일 수 없다. 트월라가 싸움을 시작하는 행동에 소거가 적용되지 않는 한 가지 이유는 교사가 그녀의 반 친구들의 반응을 통제할 수 없기 때문이다.

강화가 억제된 기간 후에 어떤 행동이 강화된다면 그 강화스케줄은 행동을 유지하고 증가시키는 데 강력한 간헐적 강화스케줄이 된다. 즉, 소거는 보통 효과가 나타나는 데 시간이 많이 소요된다. 일단 강화가 통제되면, 행동의 현저한 감소가 나타나기 전에 행동이 지속되거나 종종 증가한다. 그러므로 소거는 신체적 싸움, 물리적 자산의 파괴와 같은 환경과 다른 사람, 그리고 학생 자신에게 잠재적 위험이 있는 행동을 감소시키거나 제거할 경우에는 사용되어서는 안 된다. 이것은 트월라의 싸움 시작 행동을 다루기 위해 소거를 사용하는 것이 적절하지 않은 또 다른 이유다.

소거는 종종 계획된 무시의 형태를 취한다. 예를 들어, 행크의 짜증내기 행동을 강화했던 것은 그가 받았던 주위 어른들의 관심이었다. 시간이 지나 그는 더 이상 짜증내기 행동에 대한 강화를 받지 못했고,

교사를 위한 정보 4.3

다음의 지침은 계획된 무시 또는 소거를 적용하는 데 적용될 것이다.

1. 문제 행동을 정의하라.
2. 기초선 자료를 기록하고, 프로그램을 진행하는 동안 자료를 계속 수집하라.
3. 목표 행동의 목적을 설정하라.
4. 사용하게 될 계획된 무시의 절차를 결정하라.
5. 역할극을 통해 계획된 무시를 연습하라.
6. 당신이 언제 그 절차를 사용하게 될지 결정하라.
7. 바람직한 행동에 대한 정적 강화를 제공하라.
8. 발생 가능한 문제점을 예상하고, 후속 계획을 마련하라.
9. 수집한 정보를 사용하여 절차의 효과성을 평가하라. 필요하다면 수정하라(Hall & Hall, 1998b).

마침내 그 행동은 중단되었다. 소거를 사용한 다른 예는 〈표 4-6〉에 있다.

표 4-6 소거의 예

선행사건	행동	과거 후속결과	현재 후속결과	미래 사건
재커리의 교사가 질문을 했다.	재커리는 손을 들지 않고 소리를 질러 대답했다.	교사는 재커리에게 손을 들어야 한다고 상기시켰다. 교사의 관심은 재커리의 행동을 유지시켰다.	교사는 일관되게 재커리의 행동을 무시한다.	재커리는 소리를 치며 질문에 답하는 행동을 하지 않는다.
에밀리와 매슈는 스쿨버스에서 서로를 바라보았다.	에밀리는 매슈에게 얼굴을 찌푸렸다.	매슈도 에밀리에게 얼굴을 찌푸렸고, 이것은 에밀리의 행동을 유지시켰다.	매슈는 에밀리를 바라보지 않거나 더 이상 그녀를 향해 얼굴을 찌푸리지 않는다.	에밀리는 매슈를 향해 얼굴을 찌푸리는 행동을 하지 않는다.
미아는 치과 예약 때문에 미술 활동에 참여하지 못했다.	미아는 자신의 수학 과제에 적절하지 않은 그림을 그렸다.	교사는 미아에게 그림에 대해 이야기하였고, 그러한 관심은 미아의 행동을 유지시켰다.	교사는 미아의 그림을 무시한다.	미아는 그녀의 수학 과제에 더 이상 그림을 그리지 않는다.

표 4-7 벌의 예

선행사건	행동	후속결과	미래 사건
눈으로(소리 내지 않고) 읽기 시간에 켈리는 자신이 선택한 책에 나온 몇 단어를 해독하는 데 어려움이 있었다.	켈리는 큰 소리로 읽기 시작했다.	켈리 반의 다른 학생들은 그녀를 향해 웃었다.	켈리는 눈으로 읽기시간 동안 큰 소리로 읽는 것을 멈춘다.
후안의 친구는 점심시간에 줄을 서 있는 동안 후안의 질문에 답하지 않았다.	후안은 점심시간 줄에서 다른 친구를 밀어냈다.	교내식당 교사는 후안에게 줄의 맨 뒤로 가도록 지시하였다.	후안은 다시는 점심시간 줄에서 다른 친구들을 밀지 않는다.
나탈리의 교사는 나탈리에게 연필로 책상을 두드리는 것을 멈추도록 요구하였다.	나탈리는 연필로 책상 위에 낙서를 하였다.	나탈리의 교사는 그녀에게 책상 위를 깨끗이 닦아 내도록 하였다.	나탈리는 다시는 책상 위에 낙서를 하지 않는다.

벌 후속결과가 강화인자인지 알기 위해서는 그것이 행동에 미치는 효과를 알아보아야 한다. 벌도 마찬가지다. 정의에 따르면 벌은 행동을 감소시키거나 제거하는 어떤 결과적 사건이다. 벌의 예는 〈표 4-7〉에 제시되어 있다. 특정한 벌 기법에는 타임아웃, 반응대가, 과잉정정이 있다.

① 타임아웃. 학생이 특정한 행동 발생 직후에 수반된 강화 기회에 접근하지 못하게 하는 고정된 짧은 시간을 타임아웃(time-out)이라 부른다. 이것은 '정적 강화를 위한 타임아웃'이라는 구문 형태로 축약된다(Alberto & Troutman, 2006). 타임아웃은 고립을 포함할 수도 있고 포함하지 않을 수도 있다. 사실 타임아웃의 다른 수준은 다음과 같이 특징지어진다. (1) 유관 관찰 타임아웃에서는 학생이 다른 학생이 적절하게 행동하는 것을 관찰하도록 요구받는다. (2) 배제된 타임아웃에서는 학생이 다른 학생을 관찰할 수 없고 다른 학생 또한 대상 학생을 관찰할 수 없는 곳에 배치된다. (3) 격리형 타임아웃에서는 학생이 안전한 교실 안에 혼자 배치된다(CCBD, 1990).

모든 학생이 타임아웃에 적절한 것은 아니다. 예를 들어, 자기자극 행동이 나타나는 학생에게는 배제된 또는 격리형 타임아웃이 적용되어서는 안 된다. 타임아웃 시간이 짧아야 함을 기억하는 것 또한 매우 중요하다. 타임아웃에서 1분은 학생의 연령이나 학년 수준

교사를 위한 정보 4.4

타임아웃을 적용할 때는 다음의 지침을 사용하라.

1. 타임아웃을 실시하기에 적절한 학생을 확인하라.
2. 문제 행동을 정의하라.
3. 기초선 자료를 기록하고, 프로그램을 실시하는 동안에 계속적으로 정보를 수집하라.
4. 목표 행동의 목적을 설정하라.
5. 어떤 장소에서 타임아웃을 실시할지 결정하라. 그곳이 안전한지, 어떠한 강화도 없는지, 밝기는 적절한지, 쉽게 감독될 수 있는지, 주의 산만 성향이 매우 적은 학생의 자리와 충분히 가까운지 확인하라.
6. 타임아웃 외의 환경이 보상되는지 확인하라.
7. 얼마나 오래 타임아웃을 지속할 것인지 결정하라.
8. 역할극을 통해 타임아웃 절차를 연습하라.
9. 학생에게 타임아웃을 설명하라.
10. 필요한 경우 타임아웃을 실시하라.
11. 수집된 정보를 사용하여 절차의 효과성을 평가하라. 필요하다면 적용 절차를 수정하라(Hall & Hall, 1998c).

에 관계없이 매우 중요하다. 1학년 학생을 위한 적절한 타임아웃은 1～6분, 중학생의 타임아웃은 6～14분 이내로 이루어져야 한다. 일단 타임아웃이 끝나면, 학생들은 가능한 한 빨리 적절한 행동에 강화를 받고 반응을 수정해야 한다.

타임아웃은 학생이 저항할 경우를 제외하고는 상대적으로 실시하기 쉬운 절차다. 교사는 학생이 타임아웃 장소로 가는 것을 거절했을 경우 타임아웃 시간에 추가시간을 준비해야 한다. 교사는 침착해야 하며 언성을 높여서는 안 된다. 만약 교사 스스로 자신이 화가 났음을 느꼈다면 진정한 후에 학생에게 돌아와 타임아웃을 위한 시간을 더 부여하거나 학생의 특권을 제거해야 한다(Hall & Hall, 1998c).

 교사를 위한 정보 4.5

다음은 반응대가를 실시하기 위한 지침으로 사용될 수 있을 것이다.

1. 문제 행동을 정의하라.
2. 기초선 자료를 기록하고, 프로그램을 실시하는 동안 계속해서 자료를 수집하라.
3. 강화인자의 범위를 명확히 하라.
4. 제거될 강화의 수준과 양을 명확히 기록하라.
5. 반응대가 절차를 실시하라.
6. 수집된 정보를 사용하여 반응대가 절차의 효과성을 평가하고, 필요하다면 수정하라.
7. 적절한 대체 행동에 대해 간헐적 정적 강화를 제공하는 등 가장 자연스러운 전략을 통해 변화를 유지하라(Thibadeau, 1998).

② 반응대가. 반응대가(response cost)는 특정 행동 발생에 수반된 정적 강화를 제거하는 것으로 정의된다. 제거되는 강화인자는 이전에 얻었던 것(예, 자유시

간 획득, 점수) 또는 단순히 노력 없이 주어진 것(예, 휴식시간, 노력 없이 얻은 허락)이다. 교사는 학생이 획득한 것보다 더 많은 강화인자를 빼앗거나 또는 강화인자 획득 가능성을 빼앗지 않도록 주의해야 한다. "어떤 상황에서는 반응대가에 대한 강화가 어린 학생들의 적절한 행동을 유지시키는 데 실패할 경우에는 반응대가가 화, 도피, 기피 행동을 유발할 수 있다."(CCBD, 1990, p. 248) 다른 면에서 반응대가 절차 사용에서의 몇몇 부작용이 보고되었다. 반응대가는 실시하기에 쉽고, 바람직하지 않은 행동에 대한 수용 가능한 정도의 가벼운 혐오자극이다. 게다가 행동은 일반적으로 강화만 제공하는 것보다는 반응대가를 함께 제공하는 것으로 더 빠르게 변화한다(Thibadeau, 1998).

③ 과잉정정. 과잉정정(overcorrection)에서는 학생이 '경험의 과장'을 통해 옳은 행동을 배울 수 있다(Alberto & Troutman, 2006). 과잉정정은 실수와 부적절 행동이 단순히 수정되는 전형적인 행동수정의 절차와 다르다. 과잉정정에는 복원과 정적 연습의 두 형태가 있다. 복원적 과잉정정에서는 학생이 환경에서 방해를 야기했던 자신의 행동을 복원할 뿐만 아니라 그것을 향상시켜야 한다. 정적 연습 과잉정정에서는 학생이 적절한 행동을 과장된 연습을 통해 나타내야 한다. 과잉정정 절차를 적용하는 데는 일대일 교수가 필요하며, 결과적으로 많은 교수시간이 소요된다. 〈표 4-8〉에는 타임아웃, 반응대가 및 과잉정정의 예가 나열되어 있다.

잘못된 행동에 대한 반응으로 과잉정정을 선택하기 전에 다음 두 가지 질문이 반드시 고려되어야 한다. 첫째, 그것은 고의적, 자주 일어나는, 심각한, 매우 성가신 문제인가? 만약 문제가 이 중 몇 가지 또는 모두를 만족시키는 행동이라면 과잉정정은 적절한 절차가 될 것이다. 둘째, 수정의 절차가 복잡한가 또는 단순한가? 과잉정정은 단순한 절차에 더 적절하

표 4-8   타임아웃, 반응대가 및 과잉정정의 예

행동	후속결과	기법
고등학생 마크는 체육시간에 너무 거칠게 경기를 했다.	마크는 경기로 돌아오기 전 '진정하기'를 위해서 운동장 바깥쪽으로 보내졌다. 그는 그곳에서 약 10분을 보냈다.	타임아웃(유관 관찰 타임아웃)
우르술라는 크레용을 친구와 나눠 쓰라는 요구를 받았을 때 울음을 터뜨렸다.	교사는 우르술라에게 집단과 따로 떨어져 혼자 앉도록 했다. 1분 후 그녀가 울음을 그칠 경우 다시 집단으로 돌아오도록 한다.	타임아웃(배제)
제리는 탁자 위의 모든 연필을 부러뜨렸다.	제리는 타임아웃 장소로 8분 동안 보내졌다.	타임아웃(격리)
캐틀린은 집에서 가져온 장난감으로 놀이를 하며 과제를 끝내지 않았다.	캐틀린은 과제를 끝내기 위해서 휴식시간에도 자리에 머물러 있어야 했다.	반응대가
제니는 숙제를 끝내지 않았다.	제니, 교사, 부모는 제니가 숙제를 끝내지 못할 때마다 1주일 용돈에서 25센트를 줄이는 것에 동의했다.	반응대가
숀은 욕실 벽에 낙서를 했다.	숀은 그가 한 낙서를 지워야 했고, 욕실 벽 전체를 청소해야 했다.	과잉정정(복원적)
에디는 복도를 뛰어 내려갔다.	관리인은 에디에게 복도를 바르게 걸어 내려가도록 여러 번 반복하였다.	과잉정정(정적 연습)

교사를 위한 정보 4.6

과잉정정을 적용할 때는 다음의 지침을 활용하라.

1. 문제 행동을 정의하라.
2. 기초선 자료를 기록하고, 프로그램을 실시하는 동안 계속적으로 자료를 수집하라.
3. 학생이 문제 행동을 보일 때 사용할 언어적 단서를 선택하라.
4. 문제 행동과 관련이 있는 복원 활동을 선택하라.

　또는

5. 학생의 행동에 영향을 주기에 충분한 길고 광범위한 정적 연습 과잉정정 활동을 선택하라.
6. 언제 중재가 효과를 발휘할지 결정하라.
7. 학생이 문제 행동을 보일 때 언어적 단서를 제공하고 중재를 시작하라.
8. 과잉정정 활동 중 불필요한 신체적 접촉과 대화는 피하라.
9. 만약 과잉정정 절차 중 학생이 다시 문제 행동을 보인다면 반복하여 진행하라.
10. 문제 행동이 감소될 때까지 과잉정정 절차와 언어적 단서를 함께 사용하지 말라.
11. 항상 적절한 행동에 대한 정적 강화의 기회를 충분히 제공하라.
12. 수집된 정보를 사용하여 절차의 효과성을 평가하고 필요한 경우 수정하라(Gable et al., 1994).

다. 왜냐하면 학생이 단순한 절차를 더 정확하게 수행할 수 있기 때문이다(Gable, Arllen, & Rutherford, 1994).

후속결과의 영향 비교

후속결과의 영향이 미래 행동의 발생에 어떤 영향을 미치는지 설명하는 것은 후속결과가 강화인지 벌인지를 결정하는 것이다. 그 예는 〈표 4-9〉에 제시되어 있으며, 각 예에 대한 간단한 논의는 다음과 같다.

첫 번째 예에서 줄리는 친구를 때렸고 교장실로 가게 되었다. 만약 그녀가 친구를 때리는 행동을 계속한다면 교장실로 보내지는 것이 정적 강화가 되었고/또는 교실을 떠나는 것이 부적 강화가 되었을 가능성이 있다. 하지만 줄리가 친구를 때리는 행동을 하지 않는다면 교장실로 보내지는 것은 벌로 작용한 것이다.

두 번째 예에서 패트릭은 수학연습 과제를 잘해서 칭찬을 받았다. 이것은 정적 강화 또는 벌이 될 수 있다. 공개적인 칭찬은 교사가 정적 강화라고 가정하는 좋은 예 중 하나다. 그러나 그것은 많은 학생, 특히 다양한 문화적 배경을 가진 학생에게는 정적 강화가 되지 않을 수 있다.

세 번째 예에서 교사가 벌이라 생각하는 타임아웃 장소는 부적 강화가 될 수 있다. 해리가 교실에서 돌출 행동을 해서 타임아웃 장소로 보내졌을 때 돌출 행동을 멈춘다면 타임아웃은 벌이 될 것이다. 그러나 그가 돌출 행동을 계속한다면 타임아웃은 오히려 교실에서 공부하는 것을 피하게 해 주는 기회가 되므로 부적 강화가 될 것이다.

이러한 비교는 행동관리 기술의 적절한 적용을 위해 중요하다. 전문가들은 종종 타임아웃과 같은 프로그램이 학생의 행동에 어떠한 영향을 미치는지에 대한 평가 없이 프로그램을 계속 적용한다. 그리고 나서

표 4-9 강화와 벌의 유형 비교

행 동	후속결과	미래 사건	원리와 기법 정의
1. 줄리는 교실에서 다른 친구들을 때렸다.	줄리의 교사는 줄리를 교장실로 보냈다.	줄리는 친구를 때리는 행동을 계속했다.	교장실로 가는 것은 정적 강화다.
위와 동일	위와 동일	위와 동일	교장실로 가는 것은 줄리가 교실에서 벗어나도록 하며, 이것은 부적 강화다.
위와 동일	위와 동일	줄리는 교실에서 친구를 때리는 행동을 멈추었다.	교장실로 가는 것은 벌이다.
2. 패트릭은 수학연습 과제를 처음으로 정확하게 완성하였다.	교사는 교실 앞에서 패트릭을 축하해 주었다.	패트릭은 수학연습 과제를 계속해서 정확하게 완성하였다.	공개적 칭찬을 받는 것은 패트릭을 정적으로 강화하였다.
위와 동일	위와 동일	패트릭은 더 이상 그의 수학연습 과제를 잘 하지 않았다.	공개적 칭찬을 받는 것은 패트릭에게 벌로 작용하였다.
3. 해리는 교실에서 돌출 행동을 하였다.	해리의 교사는 그를 타임아웃 방으로 보냈다.	해리는 돌출 행동을 멈추었다.	타임아웃 방으로 가는 것은 해리에게 벌이 되었다.
위와 동일	위와 동일	해리는 돌출 행동을 계속하였다.	타임아웃 방으로 가는 것은 해리가 교실에서 벗어날 수 있도록 하며, 이는 부적 강화가 되었다.

문제 행동이 감소하지 않는다면 '타임아웃은 효과가 없다'고 결론짓는다.

벌과 관련하여 고려할 점   벌은 바람직하지 않은 행동을 감소시키는 데 효과적일 수 있다. 하지만 Drasgow(1997)는 벌이 몇 가지 이유로 인해 효과적이지 않은 후속결과임을 밝히고 있다. 첫째, 벌은 사용하기에 쉽고 빠르기 때문에 교사가 자신의 첫 번째 '방어선'으로 벌을 선택하기가 쉬워진다. 이것은 불필요한 벌의 남용을 야기할 수 있다. 둘째, 벌은 바람직하지 않은 행동을 감소시키는 것뿐만 아니라 학생이 그에 반항하거나 또는 위축, 도피, 회피 행동을 보이는 것을 초래한다. 셋째, 교사는 학생에게 성인 행동의 모델이기 때문에 벌에 의존하는 교사는 사실상 성인이 바람직하지 않은 행동에 어떻게 반응하는지를 보여 준다. 넷째, 벌이 다양한 개인에 의해 다양한 상황에서 적용되거나 관리되지 않는다면 그 효과는 지속되거나 일반화되지 않을 수 있다. 마지막으로 벌은 학생에게 새로운 기술을 가르치지 않는다. 학생은 바람직하지 않은 행동은 감소될 수 있어도 수용 가능한 행동의 형태를 배울 수 없다.

토큰경제   토큰경제(token economy)는 가장 보편적으로 사용되는 행동관리 시스템 중 하나다(Kazdin, 1982). 학생들은 일정한 행동이 나타날 때 토큰을 얻고, 나중에 얻은 토큰들은 후속 강화인자로 교환될 수 있다.

허바드 씨는 초등학교 특수학급에서 8명의 정서행동장애 학생을 가르치며 그들이 교실 규칙을 지킬 때 '모형 돈'을 얻을 수 있도록 행동관리 체계를 사용하고 있다. 학년 초에 학생들과 함께 어떤 규칙을 만들어야 하는지를 결정하였다. 프로그램이 어떻게 운영될 것인지 설명한 후, 허바드 씨는 학생들에게 1, 5, 10, 20의 '모형 돈' 단위를 구별할 수 있도록 하기 위해 색깔을 다양하게 한 모형 돈을 디자인하도록 하였다. 학생들은 얻은 모형 돈을 교환할 강화인자의 메뉴를 만들었다. 허바드 씨는 교실 규칙을 지킨 경우 어떻게 모형 돈을 얻을 수 있고, 그것들을 언제 사용할 수 있는지에 대한 체계를 결정하였다.

토큰경제를 실행하기 위한 첫 단계는 목표 행동을 선택하는 것이다. 목표 행동들은 학업적 기술(예, 과제 완성, 정확성, 비율), 사회적 행동(예, 출석, 이야기하기, 자리에 앉기) 모두를 포함한다. 다음으로 토큰이 결정되어야 한다. 토큰은 구체물 또는 상징물이다. 토큰 하나로는 강화의 가치가 적으며 그것이 정적 강화물과 짝을 이룰 때 가치가 있다. 토큰은 점수를 나타내기 위한 포커 칩에서 종이 카드까지 어떤 형태든 될 수 있다. 토큰을 선택할 때에는 지속성, 운영의 수월성, 위조와 손실의 보호 등을 고려해야 한다. 토큰이 나중에 후속 강화제로 교환되어야 하기 때문에, 교사는 토큰이 어떻게 저장되며 기록될지를 결정해야 한다. 허바드 씨는 토큰으로서 '모형 돈' 사용하기를 좋아하였다. 왜냐하면 그것은 실제 돈과 유사하고 저축과 소비의 원리를 강조할 수 있기 때문이다. 교사는 효과적인 강화인자를 결정하기 위해서 강화 목록을 관리할 것이다(활용 가능한 후속교환 강화인자의 목록은, 앞서 〈표 4-4〉의 '실제적' 강화/활동 강화/특권 강화를 참조하라). 교사는 포화를 막기 위해 강화인자를 정기적으로 교환할 필요가 있음을 명심해야 한다.

토큰경제가 효과적이기 위해서는 복잡해질 필요가 없다. 실제로 단순함은 지속성을 증가시킨다. 더불어 시스템 운영에 학생을 포함시키는 것은 교사가 시간을 절약하도록 도와줄 수 있으며 학생에게 책임감을 가르칠 수 있다. 허바드 씨는 그의 학생들이 토큰경제 시스템에서 흥미를 가지길 원한다. 그래서 학생들과 '모형 돈' 그리기 대회를 마련하였다.

더욱 효과를 높이기 위해서는 토큰을 얻거나 잃는 데 일정한 규칙이 있어야 하며 토론, 모델링, 공적인 게시 등을 통해 학생들과 의사소통해야 한다. 각 목표 행동에 대한 토큰의 비율과 후속교환 강화인자의 교환 비율은 구체적으로 마련되고 게시되어야 한다. 교사는 각 목표 행동과 학생이 얻게 될 토큰의 수와 더불어 후속교환 강화인자에 대한 토큰의 비율과 교환 비율을 나타내는 규칙 차트를 마련할 수 있을 것이다. [그림 4-2]는 규칙 차트의 예시이며, [그림 4-3]은 각 메뉴 차트의 예시다.

교사는 토큰 교환의 절차 또한 마련해야 한다. 보통 토큰은 일정 시간이 끝날 때(예, 수업시간의 끝, 하루의 끝, 일주일에 한 번) 교환된다. 토큰 교환시간은 교사와 학생의 요구에 따라 다양해질 수 있다.

토큰경제 프로그램을 실시하기 전에 교사는 목표 행동뿐만 아니라 토큰 제공과 교환 절차를 논의하고 시범 보이도록 한다. 일단 프로그램이 실행되면, 토큰은 학생의 바람직한 행동이 발생된 즉시 제공되어

야 한다. 책임감 있는 교사는 프로그램의 효과성, 특히 후속교환 강화인자에 대해 평가한다. 학생이 종종 후속교환 강화인자에 포화될 수 있으므로, 교사는 강화인자를 정기적으로 변화시켜야 한다. 또한 교사는 토큰의 제공과 함께 언어적 칭찬을 결합하여 함께 제공하도록 한다.

교사는 학생의 학업적·사회적 행동이 바람직한 수준으로 향상되었을 때 토큰경제 프로그램을 점차 없애도록 해야 한다. 점진적 소거는 일정하게 주어지는 토큰의 수에 따른 행동 기대를 증가시키거나, 특정 행동에 주어지는 토큰의 수를 감소시킴으로써 성취될 수 있다. 이때 언어적 칭찬의 비율은 그대로 유지되어야 한다(Naughton & McLaughlin, 1995).

만약 토큰경제 프로그램 내에서 문제가 발생한다면, 교사는 그들 자신에게 몇 가지 질문을 해 보아야 한다. 첫째, 토큰은 바람직한 행동이 나타난 즉시 제

교실 규칙

수업시간에 책, 연필, 종이 가져오기	토큰 2개
교사의 지시를 즉시 따르기	토큰 1개
도움이 필요할 때 손 들기	토큰 1개
말하도록 허락되었을 때 말하기	토큰 1개
수업 시작할 때 과제 제출하기	토큰 2개

[그림 4-2] **규칙 차트의 예시**

토큰경제 강화인자 메뉴

채점하기	토큰 15개	지우개	토큰 10개
선생님 의자에 앉기	토큰 15개	공	토큰 15개
물고기 먹이 주기	토큰 20개	책갈피	토큰 15개
점심 줄 서기 반장 하기	토큰 20개	뽑기 장난감	토큰 15개
퍼즐 맞추기	토큰 20개	사탕	토큰 20개
음악 듣기	토큰 30개	연필	토큰 20개
과제 면제	50점	게임	토큰 30개
추가 점수 5점	50점	칩	토큰 40개

[그림 4-3] **메뉴 차트의 예시**

공되었는가? 정적 강화에서 설명된 이 원리는 토큰경제에서도 적용된다. 둘째, 강화 메뉴는 정기적으로 조절되었는가? 포화와 지루함을 통제하기 위해서 변화는 필수적이다. 셋째, 강화인자를 얻기 위해 필요한 토큰의 수가 요구에 따라 변화되었는가? 만약 강화인자를 얻기 위해 요구되는 토큰의 수가 너무 적다면 학생은 강화인자를 쉽게 얻은 후 포기해 버릴 것이다. 반대로 너무 많다면 학생은 좌절할 것이며 또 포기해 버릴 것이다. 넷째, 학생이 참여하기를 원하지 않는가? 학생들이 토큰 체계 과정 개발에 참여할 경우 더욱 적극적으로 참여할 것이다. 일단 학생들이 강화인자를 얻고 나면 이후에 더욱 참여하기를 원할 것이다. 다섯째, 토큰경제 체계가 시간과 노력이 지나치게 많이 요구되는가? 단순한 체계일수록 더 오래 지속될 수 있을 것이다. 여섯째, 토큰과 함께 사회적 강화가 제공되었으며, 토큰경제 체계가 점차 사라졌는가? 목표

는 더욱 자연스러운 결과를 위해 토큰의 사용을 점차 소거하는 것이다. 이때 상황 속에서 발생할 수 있는 강화를 사용하는 것이 점진적 소거를 쉽게 해 준다 (Ayllon, 1999).

유관계약　토큰경제와 같이, 유관계약(contingency contracting)은 종종 특수교사가 적용할 수 있는 절차다. 하지만 둘 사이에는 몇 가지 주목할 만한 차이점이 있다. 토큰경제가 일반적으로 학생 집단을 위해 개발·적용되는 데 반해서, 유관계약은 학생집단에 적용될 수 있다 하더라도 개별 학생을 위해 더 자주 사용된다.

허바드 씨는 8명의 학생을 가르치고 있으며, 6학년의 일반교실에 완전 통합된 마리오를 감독할 책임이 있다. 마리오는 학업 능력이 매우 뛰어나지만 요구나

 교사를 위한 정보 4.7

토큰경제를 실행하기 위해서는 다음의 단계를 따르라.

1. 문제 행동을 정의하라.
2. 기초선 자료를 기록하고, 프로그램을 실시하는 동안 계속해서 자료를 수집하라.
3. 지속성, 적용 용이성, 위조과 손실을 피할 수 있도록 고려하여 토큰을 결정하라. 필요하다면 자료(예, 점수 카드)를 제작하라.
4. 학생이 얻은 토큰이 어떻게 저장되고 기록될지 결정하라.
5. 후속교환 강화인자를 선택하라. 필요하다면 강화인자 목록을 작성하라.
6. 후속교환 강화인자로 교환될 토큰의 비율(예, 10개의 칩 = 1자루의 연필, 25개의 칩 = 30분의 자유시간)을 결정하라.
7. 목표 행동과 각 행동에 대해 획득할 수 있는 토큰의 수를 나타내는 규칙표를 만들라.
8. 후속교환 강화인자와 각각의 교환 비율을 나타내는 메뉴 차트를 만들라.
9. 얼마나 자주 교환하는지(예, 매일, 매주 금요일) 등 후속결과를 교환하기 위한 절차를 결정하라.
10. 학생과 목표 행동에 대해 논의하고 모델링을 보이라.
11. 프로그램의 실시 절차를 논의하고, 규칙과 강화 메뉴를 게시하라.
12. 언어적 칭찬과 토큰 전달을 짝지어 토큰경제 체계를 실시하라.
13. 프로그램의 효과성, 특히 후속교환 강화인자에 대해 정기적으로 점검하라. 필요하다면 바꾸라.
14. 프로그램이 적절하다면 점차 토큰경제 체계를 소거하라.

지시를 잘 따르지 않는다. 이를테면, 마리오는 할당된 학습 과제를 완수할 수는 있지만 하지 않는다. 허바드 씨는 여러 차례 마리오와 만나면서 개인적 관계를 형성하였다. 허바드 씨는 자신과 마리오, 그리고 그의 담임선생님인 짐머만 여사와 함께 유관계약을 개발할 것을 제안했다. 세 사람은 회의를 했고, 마리오가 2주 동안 과제를 제시간에 완성한다면 방과 후 허바드 씨가 그와 농구 게임을 할 것을 결정했다. 그들은 동의서를

작성하고는 모두가 계약사항을 따를 것임을 나타내는 서명을 했다.

유관계약은 강화의 유관성을 나타내는 서면 문서다('만약 언제까지 ~한다면 ~할 것이다' 형식의 진술문). 여기서 '만약'은 목표 행동을, '언제까지'는 목표 행동이 성취되는 날짜를, 그리고 '그러면'은 강화인자를 나타내는 부분이다. 유관계약은 참여한 모든

과제 완수 계약

행동: 수학시간이 시작되면, 얼리셔는 수학 과제를 제출할 것이다.
기준: 만약 얼리셔가 5일 중 4회 수학 과제를 제출한다면

1	2	3	4	5

강화: 얼리셔는 젤 펜을 획득할 것이다.
계약기간: 3월 24일~3월 28일
서명: _____ 톰슨 여사
_____ 얼리셔

[그림 4-4] 유관계약의 예시 1

손과 발을 바르게 하고 복도 걷기

다음 시간 동안, 안톤은 그의 손과 발을 바르게 한 채로 복도를 걸을 것이다.

휴식시간 [＿＿＿＿]
점심시간 [＿＿＿＿]
체육시간 [＿＿＿＿]
하교시간 [＿＿＿＿]

매일 안톤이 손과 발을 바르게 하고 걷는다면 5분의 컴퓨터 사용을 위한 쿠폰을 얻을 것이다. 쿠폰은 다음 날 학교에서 상품으로 교환될 수 있을 것이다.
이 계약은 10월 15일부터 10월 29일까지 효력을 발휘한다.

서명: _____ 존슨 씨
_____ 안톤 스트라보우스키

[그림 4-5] 유관계약의 예시 2

교사를 위한 정보 4.8

유관계약을 만들기 위해서는 다음의 규칙을 사용하라.

1. 관련된 모든 사람과 회의를 하라. 구성원은 각자 무엇을 잘할 수 있는지, 그리고 무엇이 향상될 수 있는지에 대해 확인해야 한다.
2. 집단이 만든 목록에 근거하여 중요한 교육적 그리고/또는 사회적 행동을 선택하라.
3. 목표 행동과 밀접하게 관련된 하나 또는 소집단을 확인하라.
4. 의미 있고 공정하고 이용 가능한 강화인자의 목록을 작성하라.
5. 행동과 후속결과에 관련된 특정한 언어로, 긍정적인 용어를 사용해 계약서를 작성하라. 계약이 효력을 발휘할 기간의 시작과 끝을 명확히 포함시키라.
6. 계약서에 서명하라.
7. 계약을 실행하기 위하여 진보에 대한 칭찬을 제공하라.
8. 수행 기록을 유지하라.
9. 새로운 행동이 형성된 후에는 계약 내용을 서서히 없애라(Hall & Hall, 1999).

관계자(예, 학생, 교사, 부모)에 의해 동의되고 서명되어야 한다. 좋은 계약은 협상에 의해 이루어지고 모든 구성원에게 정당하며 필요한 경우 재협상이 가능하기 때문에 성공을 보증한다(Hall & Hall, 1999). 유관계약의 두 가지 예시가 [그림 4-4]와 [그림 4-5]에 제시되어 있다.

응용행동분석

Baer, Wolf와 Risely(1968)는 응용행동분석(applied behavior analysis: ABA)을 "특정 행동 개선을 위해 행동의 잠정적인 원칙을 적용하는 과정, 동시에 주목할 만한 어떤 변화가 적용과정에 귀인되는지를 평가하는 것"(p. 91)이라고 정의한다. 그러므로 응용행동분석은 일반적으로 행동수정 또는 행동관리라 불리는 것보다 더 엄격하다. ABA는 행동원리의 적용과 체계적인 기록 보존과 결정과정 절차를 통한 원리의 확인을 포함한다. 그래서 서술되는 모든 원칙과

기법은 ABA의 표제로 훨씬 적합하다.

기록 보존과 결정과정 절차 학교체계는 학생의 개인 정보(예, 부모의 이름, 주소, 전화번호), 학업 수행(예, 표준화 검사 점수, 학급 성적), 의학적 기록(예, 예방주사 기록) 등 학생에 대한 많은 기록을 가지고 있다. 특수교육 서비스를 받고 있는 학생에 대한 IEP 문서, 개별 검사 결과, 관련 서비스 기록 등과 같은 추가 정보도 보존된다. 이러한 모든 중요한 문서와 더불어, 유능한 교사는 IEP 목표에 대한 학생의 진보, 교육과정 숙달에 대한 정보, 특정 목표 행동의 진보에 대한 기록도 함께 보존한다.

6장에서 더 자세히 다루어지겠지만, 선행사건-행동-후속결과(ABC) 사정이 수행되며 가설이 설정된다. 그리고 가설은 검증된다. 친구들과의 싸움을 먼저 시작하는 4학년 트월라를 기억하는가? 특수교사인 로드리게스 여사는 트월라를 관찰하고는 그녀가 싸움을 시작하기 전에 무시를 당하거나 어려운 무언가를 하

도록 요구받았다는 가설을 설정하였다. 본질적으로 로드리게스 여사는 ABC 사정을 실시한 것이다.

일단 가설이 설정되면, 다음 단계는 기초선 자료를 수집하는 것이다(특정한 자료 수집 절차는 6장에서 약술된다). 기초선 동안에는 중재 이전의 학생 행동에 대한 자료가 수집된다. 기초선 자료는 교사에게 예비검사와 유사한 행동 상황을 제공한다. 가정된 행동 형태, 선행사건, 후속결과는 기초선 자료를 수집하기 전에 고려되어야 한다.

기초선 자료 수집 이후에는 중재가 적용된다. ABC 사정에서 제시된 것처럼 중재는 행동, 선행사건, 후속결과 사이의 가정된 양식과 직접적으로 관련이 있다. 로드리게스 여사는 트윌라가 싸움을 시작하여 받는 관심이 해당 행동을 강화한다고 생각하였다. 그래서 그녀에게 적절한 관심을 주기 위한 다른 중재―주로 학급을 대상으로 큰 소리로 책 읽기―가 시도되었다.

응용행동분석은 행동 유형과 중재 사이의 기능적 관계를 파악하기 위해 사용된다. 이는 행동과학의 발전 측면에서 매우 중요하다. 교실에서 사용되는 중재의 효과성을 확실히 하기 위해 교사에 의해 같은 원칙이 사용된다. 하지만 단순히 정보를 수집하는 것만으로는 충분하지 않다. 교사는 자료를 도표로 만들고 실행이 계속되어야 할지 또는 변화가 정당화될지에 대한 결정을 하는 데 수집한 정보를 사용해야 한다. 도표와 결정과정 절차에 대해서는 6장에서 더 자세히 다룰 것이다.

다문화 학습자를 위한 시사점

행동은 학생의 경험과 주변 환경 간의 상호작용 결과로서 학습된다. 행동의 유형은 의미 있는 타인과 매일의 교류를 통해 형성된다(Neal, McCray, Webb-Johnson, & Bridgest, 2003). 문화적 다양성은 어떠한 행동이 수용 가능한 것으로 받아들여지는가뿐만 아니라 아동이 집에서 어떻게 훈육받는가에 영향을 줄

수 있다.

우선 문화적 집단은 수용 가능한 훈육 행동의 관점에서 볼 때 매우 다양하다. 다수의 중류층 유럽계 미국 문화는 정적 강화를 촉진하며 벌을 금지하는 소수 중 하나다(McIntyre & Silva, 1992). 때리기, 엉덩이 때리기, 꾸짖기 등의 신체적 벌은 많은 문화에서 수용되며 종종 문화에서 없어서는 안 되는 부분이다. Hines와 Boyd-Franklin(1996)은 다음과 같이 밝히고 있다.

전형적으로 아프리카계 미국인 부모는 우리 사회에서 아프리카계 미국인 청소년들에게는 매우 적은 실수만이 허용된다고 믿는다. "매를 아끼면 자식을 망친다."라는 속담은 가장 보편적인 경험 법칙이며, 신체적 처벌은 훈육에서 수용되는 부분이다(p. 79).

다른 문화에서도 아동을 가르치는 주된 방법으로 벌을 사용한다. 훈육자는 아버지, 어머니 또는 둘 다일 것이다. 예를 들어, 이란인 아버지는 종종 아이를 꾸짖고 때림으로써 가정교육을 실시한다(Jalali, 1996). 반면에 자메이카인 어머니는 아동을 호되게 꾸짖고 때림으로써 그들을 가르칠 책임이 있다(Brice-Baker, 1996). 벌의 형태로서 특권을 박탈하는 것은 또한 다양한 문화적 집단에서 사용된다(Kalyanpur & Harry, 1999).

소수 문화에서 수용되는 훈육방법의 몇몇 예는 지배적인 문화의 관점에서 볼 때 부적절할 뿐만 아니라 남용되는 것으로 보일 수 있다. 예를 들어, 전통적인 베트남 가정에서는 벌로 잘못을 저지른 아동의 귀를 문손잡이에 묶어 둔다. 카리브 해 섬에 살고 있는 저소득층 히스패닉 가정의 보편적인 훈육 절차는 아동이 잘못을 저질렀을 때 생쌀 위에 꿇어앉히는 것이다(McIntyre & Silva, 1992). 교사는 문화적으로 수용되는 훈육방법에 대해 친숙해지고 받아들일 수 있어야 한다. 또한 훈육과 그 남용에 대한 교사 자신의 믿음에 대해 자기평가를 해 보아야 한다.

훈육 절차는 문화에 따라 다양하며, 적절하고 부적절한 행동에 대한 인식은 문화의 영향을 받는다. 예를 들어, 많은 문화권에서는 협력적이고 집단적인 절차를 촉진한다. 이러한 태도는 학생이 다른 사람과 공유하고 배려하는 인식에 영향을 미친다. 예를 들어, 히스패닉 아동은 종종 그들의 소지품을 다른 사람과 공유하도록 배운다. 결과적으로 그 아동은 다른 사람의 소유물을 위해 자신이 돕는 것을 잘못이라 여기지 않을 수 있다(Grossman, 1995). 비록 교사가 자신의 문화적 편견을 알고, 다양한 문화직 배경을 가진 학생의 관점에 대한 민감성을 발달시켜야 하지만, 교사는 또한 개인적이고 전문적인 책임감도 증진시켜야 한다.

Kalyanpur와 Harry(1999)는 '문화적 상호작용의 자세' 라 불리는 접근법을 개발하고, 가족과 "다른 문화적 가치와 관행에 관한 명백한 논의"(p. 118)에 참여하는 동안 이 접근을 적용하도록 제안하였다. 문화적 가치의 맥락 속에서 학생의 행동을 조사할 때 적절한 접근법은 다음 단계를 포함한다.

1. **학생의 잘못된 행동에 대한 교사의 판단이 담긴 문화적 가치를 정의하라.** 예를 들어, 애너는 키스 양이 부적절하다고 생각하는 시간에 질문과 의견 제시를 계속하여 수업을 방해한다. 유럽계 미국 문화적 가치의 맥락에서 키스 양은 이 행동을 무례하다고 바라본다.

2. **학생의 문화가 교사와 같은 가치와 가정(假定)을 지니고 있는지 찾아내라.** 키스 양은 애너의 문화를 잘 알고 있는 마르티네즈 여사와 애너의 행동에 대해 논의하였다. 마르티네즈 여사는 애너의 문화에서는 몇 사람이 동시에 말하는 것이 매우 일반적인 일이라고 설명하였다. 이러한 맥락에서 애너의 행동은 무례하게 여겨지지는 않지만 완전히 수용 가능한 것은 아니다.

3. **문화적 차이를 인정하고 존중하라.** 키스 양은 애너와 가족에게 그들의 믿음과 가정이 그녀와 어떻게 다른지 설명한다.

4. **두 믿음을 수정하는 가장 효과적인 방법을 협력적으로 결정하라.** 키스 양은 그녀와 애너, 애너의 가족을 위해 수용 가능한 해결책을 적용하였다. 키스 양은 지속적인 질문과 진술이 언제 교수의 흐름을 가로막는지에 대해 설명하였다. 모두는 애너가 다수의 문화에서 무례하다고 여겨지는 행동에 대해 배우는 것이 중요하다는 것에 동의하였다. 그러므로 키스 양은 애너가 방해하지 않으면서 중요한 상호관계 의사소통 기술을 배우는 것을 도와줄 정적 강화를 사용할 것이다. 만약 적절하게 교수가 된다면, 애너는 시간이 지나 언제 어디서 의사소통 방식을 적절하게 사용해야 하는지에 관한 차이를 알게 될 것이다.

요약

- 유능한 교사는 학생의 교실 환경 지원을 통해 학생의 학습을 책임져야 한다.
- 시간관리 전략은 교사가 그들의 시간 대부분을 구성하도록 하고 에너지가 소진되는 것을 피하도록 도와줄 수 있다.
- 주간, 일간 계획은 특수교사마다 다양하다. 그들의 계획은 서비스 전달 모형과 학년 수준의 영향을 받는다.
- 교실 규칙을 만들고 실행하는 절차가 적용되어야 한다. 교사는 규칙의 수를 제한하는 데 주의를 기울여야 하며, 규칙을 긍정적으로 진술해야 한다. 또한 규칙을 지키거나 어기는 것에 대해 지속적으로 결과를 관리해야 한다.
- 행동의 원리를 이해하는 것은 교사가 개별 또는 집단 행동관리를 실행하는 데 도움을 줄 수 있다.
- 강화(정적 강화와 부적 강화)와 벌은 반응과 행동

에 따르는 후속결과다. 강화는 행동을 유지시키거나 증가시키는 반면, 벌은 행동을 감소시키거나 제거한다.

- 부적 강화는 종종 벌과 혼동된다. 부적 강화는 행동을 증가·유지시킨다. 행동은 불쾌한 자극을 피하고 종결짓기 위해 유지되고 증가된다. 벌은 미래 행동의 발생을 감소시킨다.
- 가능하다면 교사는 강화인자를 선택할 때 학생의 피드백을 구해야 한다.
- 교사는 항상 강화와 벌을 결합해야 한다. 처벌의 예에는 소거, 타임아웃, 과잉정정, 반응대가 등이 있다.
- 토큰경제와 유관계약은 교실에서 행동을 관리하는 효과적인 도구가 될 수 있다.
- 교사는 학생이 지닌 문화적 배경이나 가정교육 방법이 어떻게 다양한지 민감해야 하지만 가능하면 긍정적인 절차를 사용하도록 한다.

떻게 결정할 수 있는가?

6. 강화가 효과가 없는 것처럼 보일 때 교사가 고려해야 하는 다섯 가지 관점은 무엇인가? 이 관점들은 강화에 관한 기본 원리를 어떻게 설명하는가?
7. 교사가 행동을 변화시키기 위해 중재를 실시할 때 어떠한 기본 지침이 뒷받침되어야 하는가?
8. 벌을 정의하라. 특정한 벌의 기법은 무엇인가? 각각을 설명하라. 벌이 강화되는 것은 가능한가? 벌은 부적 강화와 어떻게 다른가?
9. 토큰경제 체계가 효과적으로 이루어지기 위해서는 어떠한 기본 요소가 필요한가? 교사로서 당신은 토큰경제 체계의 효과성을 어떻게 평가할 것인가?
10. 학생의 문화적 배경을 이해하는 것은 왜 중요한가? 교사는 구조적인 방법으로 문화적 차이를 어떻게 다룰 수 있는가?

연습 문제

1. 특수교사가 직면하는 시간관리 문제는 무엇인가? 교사는 이러한 문제를 어떻게 효과적으로 다루는가?
2. 교실 규칙을 만들고 가르치는 것이 왜 도전적인 행동을 다루기 위한 순향적인 전략인가?
3. 학습을 위한 행동적 접근을 설명하라. 후속결과는 어떻게 행동에 영향을 미치는가?
4. 정적 강화와 부적 강화 간 차이를 설명하라. 행동에 대한 정적/부적 강화의 효과는 무엇인가?
5. 교사가 학생 행동에 대한 강화를 선택할 때, 특정한 강화를 선택하기 위해 어떤 기준이 고려되어야 하는가? 학생에게 그들의 선호도에 대해 질문하고 체크리스트를 사용하는 것 이외에, 교사는 그들의 학생을 위한 적절한 강화인자를 어

활동

1. 친구 또는 가족 구성원을 관찰하고 평가하기 위한 행동을 선택하라. 5일 동안 특정한 행동에 영향을 주는 선행사건과 후속결과를 기록하라.
2. 당신이 사는 지역의 행동 중재를 위한 지침을 검토하라. 얼마나 다양한 중재가 분류되어 있는지 요약하라. 범주별 중재의 예를 제시하라.
3. 일반교육 교실을 방문하기 위해 준비하라. 교사가 행동을 어떻게 강화하는지에 대한 일지를 기록하라. 30분 동안 교사가 행동을 강화하기 위해 사용하는 정적 수단의 횟수를 기록하라.
4. 3개의 사적 또는 공공 장소를 선택하라(예, 극장, 교실, 도서관). 장소에 명시된 명백한 규칙의 목록을 만들고 그곳을 방문했을 때 지켜지길 바라는 암시적인 규칙 목록 또한 작성하라.

특수아동협의회(CEC) 기준

기준 5: 학습환경과 사회적 상호작용

특수교사는 ELN 학생의 문화적 이해, 안전, 정서적 안녕, 긍정적인 사회적 상호작용, 학생들의 적극적 참여를 촉진하는 학습환경을 만든다. 또한 특수교사는 문화적으로 다양한 세계 속에서 다양성이 가치 있게 여겨지며 개인이 조화롭고 생산적으로 살아갈 수 있도록 가르치는 환경을 촉진한다. 아울러 ELN 학생의 독립성, 자발성, 자기 주도성, 개인적 권한, 자기 옹호를 촉진할 수 있는 환경을 구성한다. 특수교사는 일반교사가 ELN 학생을 일반교육 환경에 통합시킬 수 있도록 도와주며 그들이 의미 있는 학습 활동과 상호작용에 참여할 수 있도록 돕는다. 특수교사는 ELN 학생이 현재 기대에 효과적으로 반응할 수 있도록 가르치기 위해 직접적인 동기적 교수 중재를 사용한다. 그리고 필요할 때 ELN 학생을 위기에서 안전하게 중재할 수 있다. 특수교사는 이러한 모든 노력에 조정 역할을 하며 보조교사를 비롯하여 자원봉사자와 또래교사와 같은 다른 사람에게 안내와 지침을 제공하고 지시한다.

출처: Council for Exceptional Children, *What Every Special Educator Must Know: Ethics, Standards, and Guidelines for Special Education.* Copyright 2005 by the Council for Exceptional Children, 1110N. Glebe Rd., Suite 300, Arlington, VA 22201. 이 출판물의 부분적인 복사와 변형이 허가되었음.

○5

보조 · 교수공학

주요 개념

법적/정책적 근거

보조공학 적용 여부
• 가족 참여와 문화적 다양성

교실에서의 적용
• 공학 통합과정
• 툴박스의 구성

학생 요구에 따른 공학
• 신체적 제약
• 의사소통 요구
• 인지적 손상

교육과정 전반에 걸친 공학의 통합

경향과 논점

 주요 질문

1. IEP 개발과정에서 '보조공학 고려'는 어떤 의미인가?
2. 경도·중등도 장애 학생을 돕기 위해 어떤 유형의 공학 도구가 이용 가능한가?
3. 특수교육공학의 현재 경향과 논점에 대해 어떤 것을 알아야 하는가?

딜런은 읽기와 쓰기 학습장애 진단을 받은 4학년 학생이다. 딜런은 자신의 생각을 구어로 잘 표현할 수 있지만 문어로 표현하는 데 어려움을 가진다. 그의 개별화교육 프로그램(IEP) 목표는 철자 쓰기, 글자 쓰기, 문장/문단 구조를 포함한 쓰기표현 영역에서 설정되었다. 딜런은 하루 종일 일반학급에서 수업을 받는다. 특수교사 자브리스키 여사는 딜런의 4학년 담임교사 잘퍼 씨와 상담을 했다. 최근 부모-교사 협의에서 딜런의 어머니는 잘퍼 씨에게 딜런이 그의 집 컴퓨터를 사용하는 법을 배웠지만 워드프로세싱을 하는 데 능숙하지 않다고 말했다. 어머니는 딜런이 워드프로세싱을 배워서, 쓰기 과제를 자필로 하기보다는 타이핑할 수 있길 원했다. 잘퍼 씨는 딜런의 어머니에게 뭐라고 말해야 할지 확실치 않았지만, 자브리스키 여사와 상담을 한 후 어머니와 다시 만나자고 하였다.

로드리게스 여사는 5학년인 월터에 대해 걱정하고 있다. 월터의 독립적인 읽기 기술은 과학수업에서 요구되는 읽기활동에 참여하기에 충분하지 않다. 로드리게스 여사는 학생에게 도움을 주기 위해 지역 보조공학 전문가와 상의하기로 결정하였다.

특수교육에서 공학의 사용은 개인용 컴퓨터의 이용 확대와 함께 증가해 왔다. 지난 25년 동안, 공학시장은 장애인의 의사소통, 운동성, 독립, 학습을 강화시키기 위해 사용될 수 있는 많은 장치와 중재를 전시해 왔다.

이 장의 목적은 경도·중등도 장애 학생을 위해 보조·교수공학을 학급에 적용하도록 소개하는 것이다. 첫 번째 주제는 특수교육에서 공학의 적용을 안내하는 법적/정책적 근거를 검토하는 것이다. 이는 가족 참여와 문화적 다양성 함의를 포함하여 각 학생의 개별화 교육프로그램(IEP)이 개발되는 것과 마찬가지로 보조공학을 고려하기 위한 법적 지시의 논의를 다룬다. 보조·교수공학의 학급 적용과 학업성취를 용이하게 하기 위해 사용될 수 있는 도구와 방법에 대해서 다룰 것이다. 마지막으로 이 분야에서 변화되는 내용을 전달하기 위해 최근 경향과 논점에 대해 논의하고자 한다.

1. 법적/정책적 근거

컴퓨터공학은 비교적 최근에 발달되었지만, 연구자들은 1800년대로 되돌아가 장애인을 위한 공학의 사용을 추적해 왔다(Blackhurst, 2004; Blackhurst & Edyburn, 2000; Hannaford, 1993). 특수교육공학 분야의 초기 토대는 운동성 손상을 가진 개인을 돕기 위한 혁신적 개발에서 찾을 수 있으며, 이는 시각장애(맹 또는 시각적 손상)인과 청각장애(농과 난청)인이 정보에 접근할 수 있게 하였다.

지난 125년 동안, 연방정책은 장애인을 위한 공학의 사용 확대에 중요한 역할을 해 왔다. 예를 들어, 1879년에 의회는 미국 시각장애인을 위한 프린트 하우스가 점자자료를 만들 수 있도록 지원비를 제공하였다. 1958년에 연방자금으로 자막 필름을 구매하고 농학교에 배급하였다. 가장 최근에는 학령기 학생을 위한 보조공학이 1997년 개정된 장애인교육법(IDEA)에 명시되어 있다.

보조공학(assistive technology: AT)의 두 가지 요소는 연방법에 보조공학 장치와 보조공학 서비스로 제시되어 있다. 연방법은 보조공학 장치를 "장애 아동의 기능적 능력을 향상, 유지, 증가시키는 데 사용되는 상업적으로 판매되거나 수정되거나, 개별 제작된 물건, 장비, 생산체계"라 정의한다.

많은 사람들은 보조공학(AT)이 단지 컴퓨터를 의미하는 것이라 생각하지만, 사실 현재 장애인 삶의 기능을 강화하기 위해 고안된 보조공학 장치는 2만 5,000종이 넘는다(AbleData, 2003). 여기에는 수정된 식사도구, 휠체어, 시력보조기 등의 장치가 포함된다. 사실 보조공학은 (1) 비매체(no technology), (2) 로테크 (low technology), (3) 하이테크(high technology)로 구성된다. 예를 들어, 연필 손잡이와 특수 종이는 보조공학으로 여겨지겠지만 전통적인 관점에서는 공학에 포함되지 않을 것이다. 계산기와 소형 철자검사기는 로테크로 여겨질 것이며, 반면 컴퓨터와 디지털카메라는 하이테크의 예가 될 것이다.

연방법에 명시된 두 번째 정의는 보조공학 서비스에 관한 것인데, 보조공학 서비스는 "장애 아동이 보조공학 장치를 선택, 획득, 사용하는 데 직접적으로 도움이 되는 서비스"라 정의된다. 이 정의는 다음의 내용을 포함함으로써 구체적 서비스의 틀을 이루게 된다.

- 장애 학생의 일상적 환경 속에서 보조공학의 필요 평가
- 보조공학 기기를 얻을 수 있는 구매, 임대 또는 다른 방법
- 보조공학 기기를 선택, 고안, 맞춤, 개별 제작, 개조, 적용, 유지, 수리, 대체
- 보조공학 장치와 더불어 다른 치료, 중재, 서비스의 사용과 조화
- 장애 학생 또는 가족에 대한 훈련 또는 기술적 지원
- 학생의 삶에 지속적으로 포함되는 다른 개인 또는 전문가(교사 포함), 사용자를 위한 훈련 또는 기술적 지원

2. 보조공학 적용 여부

IDEA는 1997년 개정을 통해 IEP 팀이 학생에게 보조공학 장치와 서비스가 필요한지의 여부를 고려하도록 지시하고 있다. 그러므로 보조공학 적용 여부의 논점은 상대적으로 최근에 제기된 것이다. 몇몇 관찰

자는 이러한 추가 내용이 새로운 연방정책을 반영한다고 생각하지만, Golden(1998)은 이를 단순히 이전의 책임을 형식화한 것이라고 주장한다.

> 장애인교육법(IDEA)은 학교에 학생이 무상의 적절한 공교육(FAPE)을 받기 위해 필요하다면 보조공학을 제공하도록 요구한다. FAPE는 특수교육, 관련 서비스, 추가적 도움과 서비스, 프로그램 수정, 학교 직원을 위한 지원 등 다양한 서비스를 포함한다. FAPE의 다른 요소와 마찬가지로, 보조공학은 부모에게 어떠한 재정적 부담 없이 제공되어야 한다(p. 4).

Golden의 분석은 무상의 적절한 공교육(FAPE)과 같은 중요한 문제를 강조하고 있다. 학교는 무상의 적절한 공교육에서 이익을 얻고, 학생의 참여를 위해 필요하다면 보조공학을 제공해야 한다. 이러한 요구의 역사적 의미는 운동성(예, 전동 휠체어)과 의사소통(예, 보완 의사소통 체계)의 경우에서는 문제시되지 않는다. 그러나 1997년 IDEA가 개정된 이래로 주된 손상이 인지적 기능에 있는 경도장애 학생을 위한 보조공학에 대한 관심이 집중되었다(Edyburn, 2000).

Zabala(2005)에 의해 고안된 SETT 구성은 IEP 팀원이 개별 학생을 위한 보조공학을 적용하는 데 고려해야 할 구조를 제공한다. SETT는 학생(Student), 환경(Environment), 환경 내 활동에서 적극적으로 참여하도록 주어진 과제(Tasks), 학생이 해당 과제를 수행하기 위해 필요로 하는 도구(Tools)에 대해 팀원이 주의를 기울이도록 한다. SETT는 보조공학 결정을 증진시키기 위한 자료를 수집하고 조직화하는 것을 용이하게 하고자 고안되었다. 이 모델은 사정과 의사결정에서의 용이성, 그리고 학생에게 주된 초점을 두는 4개 핵심 영역의 직관적 특성 때문에 널리 채택되고 적용되고 있다. 게다가 이 모델은 환경과 과제에서의 변화가 마지막 고려사항인 도구의 요구를 어떻게 변화시킬 수 있는지 설명한다(〈표 5-1〉 참조).

적용 여부의 지시에서 의도하지 않은 결과 중 하나는 적용 여부에 관한 모순(paradox)이다(Edyburn, 2000). 만약 당신이 고려해야 할 가능성에 대해 알지 못한다면 어떻게 보조공학의 적용을 고려할 수 있겠는가? 학교 팀들은 적용 여부 판단과 관련된 지시를 이행하기 위한 충분한 지식과 자원이 없기 때문에 보조공학 고려사항의 모순은 현재 그들을 무능하게 만든다. 결과적으로 그들은 IEP 문서상에 보조공학 적용을 고려했는지 나타내는 칸에 체크함으로써 절차상 지시는 만족시킬지 모르지만, 학생의 학업적 수행을 강화하고 노력을 문서화하기 위해 관련 공학을 적극적으로 탐색함으로써 지시의 목적을 만족시키는 데는 실패하게 된다. 이 분야에서의 최근 한 가지 발전은 특정한 학업수행 문제와 관련되어 탐색되는 보조공학

의 유형에 대해 제안하는 보조공학 적용 여부 판단 퀵휠(Assistive Technology Consideration QuickWheel)의 출판이다([그림 5-1] 참조). 퀵휠이 적용 여부 판단의 모순을 해결하는 데 중요한 단계이지만, 보조공학 적용 여부 판단 과정을 통해 IEP 팀을 안내하고 결정을 강화하기 위한 새로운 도구가 시급히 필요하다.

딜런의 4학년 담임교사인 자퍼 씨는 특수교사인 자브라스키 여사와 딜런의 부모가 딜런이 워드프로세싱을 배우고, 과제와 프로젝트를 타이핑하여 제출하는 것을 원한다는 사실을 공유하였다. 특수교사 자브라스키 여사는 이 문제를 IEP 팀에서 논의하기 위해 회의를 소집하였다. 회의가 이루어지는 동안, 자브라스키 여사는 SETT 구성에 대해 소개하였고 팀은 딜런의

표 5-1 Zabala의 SETT 구성과 관련된 주요 질문

영역	주요 질문
학생 (Student)	1. 학생이 활동하기 위해 필요로 하는 것은 무엇인가? 2. 학생의 특별한 요구는 무엇인가? 3. 학생의 현재 능력은 어느 정도인가?
환경 (Environment)	1. 현재 환경에서 어떠한 자료와 장비가 이용 가능한가? 2. 물리적 배열은 어떠한가? 특별한 우려가 있는가? 3. 교수적 준비는 어떠한가? 변화시켜야 할 것이 있는가? 4. 학생을 위해 어떠한 지원이 가능한가? 5. 학생을 도와주는 사람에게 어떠한 자원이 이용 가능한가? 6. 가족, 직원, 주변인 등의 태도와 기대는 어느 정도인가?
과제 (Tasks)	1. 환경 안에서 어떠한 활동이 일어나는가? 2. 어떠한 활동이 학생의 교육과정을 지원하는가? 3. 활동의 주요 요소는 무엇인가? 4. 학생의 특별한 요구를 수용하기 위해 활동이 어떻게 수정될 수 있는가? 5. 공학은 학생이 활동에 적극적으로 참여할 수 있도록 어떻게 지원하는가? 6. 어떠한 과제가 자연스러운 상황에서 IEP 목표 달성과 진보를 가능하게 하는가? 7. 동일한 환경에서 적극적인 참여를 위해 어떠한 과제가 요구되는가?
도구 (Tools)	1. 학생 수행의 증가를 유도하기 위해 어떠한 전략이 사용되어야 하는가? 환경에서 이러한 과제를 수행하는 데 특별한 요구와 능력을 가진 학생을 위한 체계를 개발할 때, 어떠한 비매체, 로테크, 하이테크 선택이 고려되어야 하는가? 2. 앞으로 학생의 일상생활에서 해당 도구들은 어떤 식으로 사용될 수 있는가?

출처: J. S. Zabala, *The SETT Framework: Critical Areas to Consider When Making Informed Assistive Technology Decisions* (2005). 허락하에 사용됨. 더 많은 자료는 contact joy@joyzabala.com 참조.

[그림 5-1] 보조공학 적용 여부 판단 퀵휠

출처: The Assistive Technology Consideration QuickWheel by the IDEA Local Implementation by Local Administrators (ILIAD) Partnership, the Technology and Media (TAM) Division of the Council for Exceptional Children (CEC), the Wisconsin Assistive Technology Initiative (2002). Copyright 2002 by the Council for Exceptional Children. 허락하에 재사용됨.

IEP 목표에 워드프로세싱 과정을 포함시키기 위한 결정을 하는 데 모형을 사용하였다. 자퍼 씨는 한 해 남은 기간 동안 딜런이 교실에서 컴퓨터를 사용할 수 있도록 하기 위해 노트북 컴퓨터를 점검하였다. 자브라스키 여사는 딜런이 교수적 지원과 자브라스키 여사의 감독하에 또래교사를 통해 기본적인 워드프로세싱을 배울 수 있도록 스케줄을 계획하였다. 자퍼 씨는 딜런이 타이핑한 쓰기 과제를 제출하는 데 동의하였다.

SETT 모형을 사용하여, 로드리게스 여사와 지역사회 공학 전문가는 월터의 보조공학을 위한 잠재적 요구에 대해 토론하는 IEP 팀에 참여하였다. 결과적으로 팀은 또래 지원이 교실 과제와 관련된 읽기 과제에 유용할 것이라고 결정하였다. 또한 로드리게스 여사는 브레인팝(BrainPop, http://www.brainpop.com)과 같은 프레젠테이션 도구를 사용할 것이고, 단지 읽는 것만으로는 주요 개념을 이해하는 데 어려움을 보이는 학생에게 주요 개념을 설명하기 위해 웹사이트를 적용할 것이다. 마지막으로 팀은 월터가 필수적인 정보를 읽기보다는 들어서 정보를 획득할 수 있도록 테이프에 녹음된 책, 교과서 웹사이트, 문자-음성 변환 소프트웨어 등 디지털화된 대안적 교과서를 제공할 필요성에 대해 논의하였다. 그리고 나서 보조공학 전문가는 추가적인 제품의 정보를 찾았고, 다음 단계를 결정하기 위해 월터가 교실과 집에서 시험 삼아 사용할 수 있도록 선택된 제품을 입수하였다.

Golden(1999)은 보조공학을 사용해야 하는 수많은 학생의 조심스러운 예측 수치를 계발하였다(〈표 5-2〉 참조). 그녀는 전형적인 교육적 필요를 학업적 학습 기

표 5-2 장애 학생이 사용하는 보조공학에 대한 Golden의 예상 수치

장애 유형	보조공학 사용이 예상되는 학생의 백분율
농/난청	100
맹/약시	100
지체장애	100
농/맹	100
중복장애	100
외상성 뇌손상	50~75
자폐	50~75
학습장애	25~35
건강장애	25~35
인지장애	25~35
말/언어장애	10~25[a]
정서장애	10~25

[a] 보완 의사소통 기구를 사용하거나 필요로 하는 대부분의 학생은 말/언어 이외의 다른 확인된 장애를 가지고 있다. 즉, 진단된 범위 안에서 더 낮은 예상 수치를 보인다.

출처: D. Golden, "Assistive Technology Policy and Practice" (1999), *Special Education Technology Practice, 1*(1), 12-14. Reprinted with permission from Knowledge by Design, Inc.

술, 일상생활, 여가/오락, 그리고 프로그램 접근성의 영역으로 나누어 제시하였다. 또한 이러한 필요를 수용하기 위해 이용 가능한 보조공학의 유형에 대해서도 고려하였다.

Golden의 추정치는 현재의 실제를 훨씬 초과하였지만, 교사와 관리자에게 현재 보조공학을 사용하는 학생과 보조공학을 통해 이익을 얻을 수 있는 잠재적 학생의 수치에 대한 정보를 제공할 수 있었다. 예상된 백분율은 학교에서 그들이 보조공학에 대한 요구를 충분히 수용하고 있는지를 평가하는 데 사용할 수 있는 기준을 제공한다. 연구들은 보조공학 적용 여부 판단을 위한 연방정부의 지시에 적합한지를 확인하기 위해 특수교육 프로그램 평가의 기본적 도구로 Golden의 예상기준이 타당한지에 대해 검증해 보아야 한다(Edyburn, 2002).

가족 참여와 문화적 다양성

장애 학생을 위한 각 연방의 지시는 특수교육에서의 가족 참여 강화를 강조해 왔다. 보조공학 결정에서 가족의 참여는 지시된 것일 뿐만 아니라 최선의 실제로 여겨져 왔다(Parette, VanBiervliet, & Hourcade, 2000). 하지만 방해요소는 문화적으로 다양한 가족이 보조공학 결정과정에 참여하는 것을 제한할지도 모른다는 것이다. Kemp와 Parette(2000)는 이러한 요소로 (1) 편견과 차별, (2) 보조공학 관련 이점이 자신과 자녀들에게 유익하지 않을 것이라는 인식, (3) 백인 미국계 전문가의 가치와 백인이 아닌 미국인 가족이 지닌 가치 사이의 단절을 포함한다.

전문가들은 가족과 함께 협력적인 보조공학 결정을 하려 할 때 적어도 네 가지 문제를 고려해야 한다고 제시하고 있다(Parette et al., 2000). 첫 번째는 가족 가치의 중요성이다. 전문가의 가치와 가족이 주장

하는 가치가 다를 때는 갈등이 발생된다. 이 경우에 가치는 3장에서 제시된 것과 같이 효율성, 독립성, 공정성, 의사소통 방식의 네 가지 문화적 차원과 유사하다.

두 번째 문제는 가족의 역할을 바꾸는 데 있어서 보조공학의 영향이다. 장애 학생에게 보조공학을 제공하는 것은 부모와 다른 가족 구성원에게 더 많은 것을 요구할 것이다. 전문가들은 종종 보조공학 추천이 이루어질 때 가족에게 주어지는 요구에 대해서는 고려하지 않는다. 특정 장치를 사용, 유지, 수리하기 위한 방법을 배우는 것이 가족에게 요구되는 부분이다. 보조공학 장치의 통합은 가족에게 장애 학생 돌보기 요구 또는 스트레스 요인의 원인이 되기도 하고 또는 그것을 감소시킬 수 있다(Parette, 1999).

세 번째 보조공학 결정에 영향을 미치는 가족의 가치는 기기를 폐기할 수 있다는 가능성이다. "보조공학 계획을 세우는 과정에서 가족 요인을 고려하거나 가족을 의미 있는 방법으로 참여시키는 데 실패하는 것은 보조공학기기의 폐기로 결과지어진다."(Parette et al., 2000, p. 46) 보조공학 기기의 폐기는 학교체계에서 이용 가능한 자원을 낭비하는 것이며 학생에게 손해를 입히는 것이다. 전문가들은 가족이 제공된 보조공학 기기를 사용하지 않거나 또는 단순히 폐기해 버릴 가능성도 고려해야 한다.

네 번째 고려사항은 보조공학에 대한 가족의 수용성이다. 수용성은 사용자가 친밀하고 접근하기 쉬운 정보의 유용성과 훈련에 영향을 받을 뿐 아니라 가족을 위한 추후 지원에도 영향을 받는다. 가족 구성원에게는 정보가 필요하고 정보가 제공되는 방법은 무엇이 제공되는가만큼 중요하다(Hourcade, Parette, & Huer, 1997). 예를 들어, 부모는 (1) 특정한 기기를 어떻게 사용하는지에 대한 구체적인 교수를 받을 수 있고, (2) 전문가가 해당 기기를 어떻게 사용하는지 시범 보이는 것을 볼 수 있으며, (3) 다른 학생이 실제 그 기기를 사용하는 것을 볼 수 있다. 기기가 실제 생활환경에서 사용되는 것에 대한 비디오테이프는 특히 효과적일 수 있다.

보조공학 기기와 서비스, 훈련, 지원금 신청에 대한 더 많은 정보는 문화적 다양성을 가진 가족에게 특히 중요할 것이며, 특히 낮은 사회경제적 배경을 가진 사람에게 그러할 것이다. 공학기기가 제공되었을 때, 전형적인 질문은 실제 누가 그 기기를 소유하는가이다. 만약 학교가 해당 기기를 구매하였다면 가족은 기기를 집에서 사용하지만 학교 소유물임을 이해할 것이다. 학교는 기기가 학교 밖에서 사용될 때 발생되는 손상, 도난 책임에 관련된 정책을 마련해야 한다. 만약 교사가 융자 절차를 통해 부모가 학교 밖에서 기기를 사용할 수 있도록 도와준다면 실제 소유권은 모두에 의해 미리 결정되고 이해되어야 한다(Hourcade et al., 1997).

다음 제시된 기준은 제안된 보조공학의 변화가 가족에게 긍정적인지 또는 부정적인지를 결정하는 IEP 팀에게 도움이 될 것이다.

- 보조공학 기기에 대한 가족 구성원의 지각
- 보조공학 사용에 관한 가족 구성원의 의지 그리고/또는 능력
- 가족을 위해 자원을 지원할 수 있는 가능성
- 전반적인 가족체계와 보조공학의 호환성(Parette et al, 2000)

보조공학, 특히 보조공학 기기의 사용과 관련하여 가장 중요한 전제는 보조공학 기기가 장애 학생의 독립생활에 있어 용이하도록 돕는가에 관한 것이다. 하지만 3장에서 논의된 것처럼 많은 문화권에서는 독립성의 개념을 촉진하지 않으며, 적어도 백인 미국인의 문화에서만 동의되는 부분이다. 의사소통 방식 또한 문화마다 다양하다. 아프리카계 미국인과 태평양섬 문화권 사람들은 종종 동시에 이야기한다. 다른 문화권에서는 순서대로 돌아가며 말하도록 기대된다. 가

표 5-3	보조공학 적용에 대해 가족 구성원에게 물어볼 질문
일반적 범주	**구체적 질문**
독립성에 대한 기대	• 당신은 자녀가 일상의 과제를 스스로 수행하길 원하는가? • 당신은 가정이 아닌 외부 지역사회 환경에서 보조공학을 사용할 것인가? • 만약 그렇다면 성공적인 사용을 위해 어떤 참여가 필요한가?
가정환경	• 가정에서 기기를 사용하지 않는 이유가 있는가? • 보조공학이 자녀와 가정환경에 어떠한 영향을 줄 것인가? • 보조공학이 다른 가족 구성원에게 어떠한 영향을 줄 것인가?
외부 환경	• 외부 환경에서 보조공학을 사용하지 않는 이유가 있는가? • 보조공학이 당신 또는 자녀가 다른 사람의 이목을 의식하게 하거나 또는 공공장소에서 보조공학을 사용한다면 불필요하게 타인의 시선을 끌게 하는가? • 외부에서 보조공학이 사용된다면 다른 사람은 어떻게 느낄 것인가?
이점과 지원	• 당신과 자녀는 해당 기기를 어떻게 사용할 것인가? • 당신의 자녀는 해당 기기를 얼마나 자주 사용할 것인가? • 보조공학이 자녀를 돕는 것을 어떻게 생각하는가? • 당신은 얼마나 빨리 효과를 얻길 기대하는가? • 어떠한 연습이 필요한가? • 당신은 해당 기기를 위한 비용을 어떻게 지불할 것인가? • 만약 자녀가 도움을 필요로 한다면 누가 제공할 것인가?

출처: Parette & McMahan(2002)에서 발췌한 내용으로 표 작성.

족 문화적 가치는 기기 사용을 위한 가족 구성원의 교육뿐만 아니라 보조공학 기기의 촉진과 선택에서 주의 깊게 고려되어야 한다. 다양한 문화권의 가족은 공학에 대해 매우 다르게 인식하고 요구할지도 모른다. 보조공학 결정 절차에서 문화적 요인과 가족의 민감성은 성공 가능성을 매우 증가시킨다(Parette et al., 2000). 〈표 5-3〉은 보조공학 결정 절차에서 다양한 문화권에서 온 사람들로 구성된 가족에게 던질 중요한 질문을 나열한 것이다.

3. 보조 · 교수공학의 교실 적용

특수교사는 보조공학이 무엇인지, 특수교육에서 공학의 사용 목적과 중요성, 그리고 과정에서 가족 참여의 역할을 이해해야 할 뿐만 아니라 학생들과 함께 공학도구를 사용하기 위한 지식과 기술 또한 가져

야 한다. 여기에서는 공학 통합과정 모델에 대한 검토와 공학 툴박스(technology toolbox)의 개념에 대해 논의한다. 마지막으로 경도 · 중등도장애 학생을 위한 보조 · 교수공학 중재의 자원에 대한 설명을 다룬다.

공학 통합과정 도표

교육과정에 공학을 통합하는 것의 목표는 소프트웨어, 미디어, 웹, 공학적 도구를 교수와 학습을 촉진시키는 방법으로 특정 교수 목표와 연관 짓는 것이다. 이 관점은 일반적으로 교육과정 일치(curriculum correspondence)라 불린다. 교육과정 일치의 원칙을 적용하는 것은 중점적이고 의도적이며 다루기 쉬운 공학의 사용을 야기한다. 게다가 학생은 특정한 교수 목표를 더욱 잘 달성할 수 있을 것이다.

Edyburn(1998)의 통합과정 모델은 (1) 교육과정 내의 소프트웨어 통합에 포함된 다양한 과제를 설명

하고, (2) 공학 통합에 관심을 가지는 사람에게 계획을 제공하고, (3) 주요 책임자 간의 절차를 논의하기 위한 도구를 제공하고, (4) 절차를 촉진하기 위한 방법과 자원을 확인하는 것을 지원하도록 개발되었다. 이 모델은 〈표 5-4〉와 이 장의 마지막 부분에서 간단히 설명된다.

공학 통합과정은 선택, 획득, 실행, 교육과정에 통합된 교수공학과 관련된 주요 과제에 대해 설명하고 있다. 과정은 능력의 수준, 과목의 제재 또는 공학의 유형에 관계없이 동일한 절차라는 관점에서 일반적이라 여겨진다. 과정은 4단계로 나뉘며, 주어진 단계의 활동을 통해 완성되어야 하는 3~4개의 과제로 구성된다.

과정은 순환적이다(Edyburn, 1998). 즉, 1단계에서 특정한 교수 목표를 수용하는 전체적인 결과물의 목록을 만들어 내는 반면, 2단계와 3단계 그리고 4단계에서는 새로운 결과물로 반복되어야만 한다. 따라서 해당 과정에서 상당한 시간과 노력을 요구된다는 것이 쉽게 나타난다. 합리적인 목표로서 특수교사는 학생의 다양한 요구를 지원할 3~10개의 결과물을 발견할 때까지 이 과정을 통해 작업하도록 제안된다.

단계 1: 선택　　선택 단계는 교수-학습 증진을 위한 공학, 미디어, 자료의 사용을 계획, 배치, 검토, 결정하는 것에 초점을 맞춘다. 이러한 과제는 프로그램 계획 상황에서 다른 동료와 협력적으로 또는 개별적

으로 완성될 수 있다. 1단계의 완성에서 교육자는 특정한 교수적 목표의 교수-학습을 지지할 전체적이고 우선적인 결과물 목록을 갖게 될 것이다.

① 계획하기. 공학 사용을 위한 교수적 목표와 목적의 확인을 실시한다. 어려움을 개념화하는 것은 어디서부터 시작해야 할지를 생각하도록 하는 방법을 제공한다. 학생이 학습하는 데 지속적으로 어려움이 되는 목표는 무엇인가? 해당 주제를 지도하는 데 이용할 수 있는 제품이 있는시에 대해서는 알 필요가 없다. 학생의 교수적 요구에 대한 목록을 만들고 그것을 우선시하라. 계획하기를 위한 두 번째 접근은 학생이 알아야 한다고 정의된 지역 또는 주의 교육과정 기준에 참여하는 것을 포함한다. 계획하기 과제의 결과는 공학이 증진된 학습환경을 만들기 위해 의도하는 목표에 도움이 될 수 있는 하나 또는 그 이상의 교수적 목표 목록이다. 주 또는 아래의 주제에 의해 확인된 교육과정 기준을 위한 유용한 출처는 다음과 같다.

• Developing Educational Standards
  http://edstandards.org/Standards.html

② 배치하기. 특정한 목표를 지원하기 위한 적절한 공학, 미디어, 자료의 조사를 의미한다. 먼저 목표에 적합한 교수를 강화하기 위해 사용될 수 있는 제품을

표 5-4　　Edyburn의 공학 통합과정 모델

1단계 선택	2단계 획득	3단계 실행	4단계 통합
계획하기	사전 검토	조직하기	연계하기
배치하기	평가하기	교사훈련	관리하기
검토하기	구매하기	학생훈련	사정하기
결정하기			확장하기

출처: D. L. Edyburn, "A Map of the Technology Integration Process" (1998), *Closing the Gap, 16*(6), 1, 6, 40. Closing the Gap, Inc., 526 Main Street, P.O. Box 68, Henderson, MN56044의 허락하에 재사용됨.

확인하기 위해 철저한 조사를 수행하라. 그러고 나서 많은 제품에 대한 평가를 시작한 후 조사를 반복할 필요가 없도록 하기 위해 전체 목록을 구성하라. 적절한 교수적 미디어를 배치하기 과제에서 유용한 출처는 다음과 같다.

- Closing the Gap Solutions
  http://www.closingthegap.com/solutions/
- Educational Resources
  http://www.educationalresources.com
- Learning Disabilities and Assistive Technology
  http://www.gatfl.org/ldguide/
- Google   http://www.google.com
- TrackStar   http://trackstar.hprtec.org/

③ 검토하기. 배치하기 과제에서 만들어진 가능성 있는 목록의 순위 매기기를 말한다. 이것은 다른 도구가 효과를 얻었는지 결정하기 위해 다양한 결과를 조사하고, 다른 평가도구를 참고하여 완성된다. 검토하기 과제를 지원하기 위한 유용한 출처는 다음과 같다.

- Children's Software Revue
  http://www.childrenssoftware.com/
- ConnSense Bulletin
  http://www.connsensebulletin.com/

④ 결정하기. 당신이 수집한 제품 목록과 함께 무엇을 할 것인지 결정하는 것을 의미한다. 예를 들어, 당신은 제품들을 모두 검토할 것인가? 상위 5개만 검토할 것인가? 당신이 해당 과정에 투자해야 하는 시간과 노력에 제한이 있다면 당신은 얼마나 많은 제품을 검토할 것인가?

캐츠 양은 Edyburn의 공학 통합과정 모델을 소개한 학술대회에서 돌아왔다. 그녀 학생의 읽기 기술 향상을 돕기 위한 새로운 도구를 조사함으로써 모델을 적용하기로 결정하였다. 우선 그녀는 많은 학생의 IEP에 기능적 어휘와 관련된 읽기 단어에 대한 단기목표가 설정되어 있음을 알아냈다. 그녀는 인터넷 검색을 실시하였고, 교육 지원(Educational Resources, http://www.deresources.com)과 같은 상업 판매자의 위치를 파악하였다. 그녀는 또한 해답 차이 줄이기(Closing the Gap Solutions database, http://www.closing-thegap.com/solutions)를 이용하였다. 이러한 자원을 활용하여 그녀는 몇몇의 가능한 제품을 두고 목록을 작성하였다. 캐츠 양은 제한된 시간 동안 목록에 제시된 처음 5개 제품의 검토를 결정하였다.

단계 2: 획득   획득 단계에 관련된 과제는 프로그램이 교사, 가족 구성원, 그리고 학생의 기대와 요구를 만족시키는지 아닌지에 대한 사정을 목적으로 제품들을 개별적으로 검토하는 데 초점을 맞춘다. 결과적으로 성공적인 평가 결과는 제품을 구매하기 위한 결정을 하도록 한다. 단계의 마지막에서 학교는 교수-학습을 증진하기 위해 사용될 수 있는 제품을 소유하게 될 것이다.

① 사전 검토. 제품에 대한 개별적인 검토를 위해 필요한 준비를 포함한다. 종종 30일 동안 무료 미리보기 자료를 메일로 수신받기 위해 판매자에게 연락을 취하거나 웹사이트에서 견본을 다운로드하게 된다. 또한 미리보기 센터가 제공하는 사이트를 살펴보는 것을 의미할 수도 있다. 당신이 어떠한 방법을 사용하건 간에 각 제품을 개별적으로 검토하기 위한 기회를 갖는 것은 필수적이다.

② 평가하기. 프로그램이 교사, 가족 구성원, 그리고 학생의 요구와 기대를 만족시킬 것인지 아닌지에 대

교사를 위한 정보 5.1

학생을 위한 컴퓨터 소프트웨어 선택을 돕기 위해 다음 질문을 사용하라.

1. 학생은 얼마나 쉽게 스크린을 읽을 수 있겠는가?
2. 스크린에 목표와 메뉴가 얼마나 일관되게 배치되어 있는가?
3. 형태가 얼마나 직관적인가? 즉, 옵션이 얼마나 명확하고 알기 쉽게 제시되어 있는가?
4. 대상 학생에게 선택이 논리적이고 이해할 수 있는 이름으로 제시되는가?
5. 소프트웨어 프로그램이 난이도, 어휘, 소리, 속도, 그래픽 양 등의 특징에 의해 조절될 수 있는가?
6. 그래픽이 중요한 정보의 전달과 상호작용을 촉진하는가? 그래픽이 문자 읽기에 어려움을 보이는 학생의 접근성을 제공하는가?
7. 소프트웨어에 쉽게 따라 할 수 있는 설명(예, 안내서)이 포함되어 있는가?
8. 소프트웨어가 화면을 통한(on-screen) 수업(예, 도움말 혹은 말풍선)을 제공하는가?
9. 소프트웨어는 인위적인(컴퓨터로 제작된) 또는 디지털화된(녹음된) 말, 소리 또는 음악을 통해 청각적 단서를 제공하는가? 만약 그렇다면 당신은 해당 단서를 지원할 수 있는 적절한 장비를 갖추고 있는가?
10. 소프트웨어는 학생이 과제를 이해할 수 있도록 돕는 시각적 촉진을 제공하는가?
11. 소프트웨어는 스위치, 대안 키보드, 터치스크린 등의 대안적 접근방법을 내장하고 있는가?
12. 철자검사기, 사전 또는 백과사전 같은 도구가 내장되어 있는가?
13. 학생들은 마우스 대신 대안 용품(예, 조이스틱, 키보드)을 사용할 수 있는가?
14. 커서가 변화될 수 있는가? (예, 큰 화살표, 손 모양, 검지손가락, 연필)
15. 소프트웨어가 당신이 참여할 수 있도록 맞춤 제작된 프로그램(예, 특정한 단어 목록 또는 수학문제 세트)을 가능하게 하는가? (Alliance for Technology Access, 2005)

해 사정하는 것을 포함한다. 평가 형식이 유용하게 사용되는 동시에, 3개 또는 그 이상의 유사한 상품에 대한 비교는 주어진 교실과 개별 학생을 위해 가장 적합한 제품이 무엇인지를 결정할 수 있도록 도와준다. 이러한 사전 검토하기와 평가하기의 순환은 배치하기 과제에서 만들어진 목록 전체에 걸쳐 계속될 것이다. 평가하기가 특정한 제품에 대한 선택을 결정하도록 한 후 획득 단계는 다음 과제로 이동한다.

③ 구매하기. 주어진 제품의 충분한 사본을 얻고 관리상의 세부사항을 포함한다. 보통 제품의 구매처, 최선의 가격, 가격 지불과 배송을 위한 준비 등을 결

교사를 위한 정보 5.2

워드프로세싱과 탁상전자출판(desktop publishing) 소프트웨어를 선택할 때는 다음을 고려하라.

1. 어떤 크기의 인쇄가 가능한가?
2. 음성 합성이 가능한가?
3. 학생들에게 쉽고 재미있는 내장 그래픽이 담겨 있는가?
4. 프로그램이 단어예측 기능을 포함하는가? 즉, 프로그램은 단어의 사용을 기록하고 학생이 선택할 수 있는 단어의 목록을 제시할 수 있는가?(Male, 2003)

정하기 위해 필요한 것을 의미한다.

캐츠 양은 그녀의 학생에게 유용할 것이라 생각하는 두 개의 제품을 찾기 전까지 제품에 대한 사전 검토하기와 평가하기를 실시함으로써 2단계를 진행하였다. 그녀는 필수적인 기호와 단어(Survival Signs and Word; http://www.attainmentscompany.com)와 상징 말하기 노트패드(Talking Symbols Notepad; http://www.ablenetinc.com)를 선택하였다. 그녀는 해당 제품들을 주문하기 위해 공학 전문가와 협력하였다.

단계 3: 실행 실행 단계는 당신에게 작동하기와 관련된 요소를 조사하도록 요구함으로써 시장과 쇼핑에서의 선입견을 줄이도록 한다. 해당 단계의 마지막에 당신은 새로운 제품을 학교 공학 시스템에 흡수할 것이며 교사와 학생을 연습시킬 것이다. 그리고 필요하다면 가족 구성원이 그것을 사용하도록 연습시킬 것이다.

① 조직하기. 새롭게 구매한 제품의 목록을 만들고 설치한다. 제품을 개별 기계에 설치할 것인지 또는 통신망에 설치할 것인지에 대한 결정이 이루어질 것이다.

② 교사훈련. 교사가 제품을 완전히 활용하는 데 필요한 것이 제공되어야 한다. 전형적으로 제품의 사본이 하나만 구매되었기 때문에 훈련은 단순히 '스스로 가르치기'를 의미한다. 교사는 프로그램을 작동하고 기본적인 고장 수리를 하며 교실에서 제품을 사용하기 위한 방법과 견해를 소개받기 위해 기술과 지식을 습득해야 한다.

③ 학생훈련. 학생에게 프로그램을 소개하는 것을 의미한다. 즉, 이용하는 방법, 사용하는 이유, 그리고 기본적인 탐색이다. 해당 과제는 프로그램이 후에 교육과정 내에서 소개되었을 때 학생들이 프로그램과 상호작용하기 위한 준비를 확실하게 하도록 한다. 때때로 가족 구성원 또한 훈련이 필요하며, 가족은 교실 밖에서 학생의 실행을 지원할 수 있다.

 교사를 위한 정보 5.3

공학을 실행할 때는 다음의 제안을 고려하라.

1. 교수와 학습이 발생하는 장소에 장비를 배치하라.
2. 기기가 교실 안, 학생들이 접근하기 쉬운 곳에 있는지 확인하라.
3. 가능할 때마다 로테크의 적용을 사용하라.
4. 공학의 사용을 목적 있고 유의미한 방법으로 교실에 통합시키라.
5. 가능하다면 학습의 연속성을 촉진하기 위해 학생의 집과 교실에서 동일한 보조공학을 사용하라.
6. 이후에도 학생에게 계속 이익이 되도록 투입되는 초기 재정과 인적자원을 확인하라.
7. 매년 장치를 재발명하지 말라. 가능하면 기존의 보조공학을 사용하라.

출처: C. Warger (1998). *Integration Assistive Technology into the Standard Curriculum*. ERIC Clearinghouse on Disabilities and Gifted Education, Reston, VA. (ERIC Document Reproduction Service Co. ED426517)

제품들이 도착했을 때, 캐츠 양은 제품증명서에 따라 제품을 네트워크 서버에 설치하고 목록으로 작성하기 위해 제품을 설치공학 전문가에게 주었다. 그러고 나서 그녀는 각 제품의 사용방법을 알기 위해 설명서를 집으로 가져갔다. 그녀는 제품을 작동하는 데 어려움이 없으며 설명서에 그녀의 학생에게 쉽게 사용 절차를 가르칠 수 있는 다양한 교수자료가 있음을 발견하고 기뻤다. 학생들에게 새로운 도구의 사용방법을 보여 주었을 때 학생들이 흥미를 느끼며 각 제품의 작동을 쉽게 숙지하였다. 이 3단계─보조공학의 실행─의 완성을 나타낸다.

단계 4: 통합　교사와 학생이 4단계로 이동한 후 교육과정으로 공학의 통합이 고려될 수 있다. 이 단계에 관련된 과제는 교수-학습 증진을 위해 교실에서의 제품 사용과 함께 적절하다면 가정에서의 사용에 직접적인 초점을 맞춘다. 해당 단계에 도달하기까지 상당한 시간과 노력이 소요되었다. 하지만 4단계에서 교사는 그들의 노력에 대한 결실을 보게 된다.

① 연계하기. 교육과정에 대해 조사하고, 제품이 사용되어야 하는 시기, 학습을 용이하게 하기 위해 프로그램이 사용될 수 있는 최선의 방법, 그리고 어떠한 활동이 학생의 제품 사용 이전과 이후 모두에서 유용할 것인지를 결정하는 것을 포함한다. 교육과정 구조와 달력은 연계하기 과제의 중요한 도구다. 분명하게 공학도구는 한 단원이 끝난 후 몇 주가 지나 사용되는 것보다 적절한 시기에 이용할 때 최상의 가치를 가진다.

② 관리하기. 학생이 제품을 사용하기 위한 시간을 제공하는 것과 모든 학생이 성공적으로 목표 달성했는지 확인하는 것을 의미한다. 실험실의 접근이 유용하다 할지라도, 하나의 컴퓨터 교실을 관리하기 위한 창의적 전략이 사용되어야 한다. 게다가 때때로 컴퓨터의 고장을 대비해 계획을 가지는 것이 유용하다(공

학의 활용 참조).

③ 사정하기. 교수 결과를 평가하는 것과 현재 또는 이후에 어떠한 변화가 이루어져야 하는지에 대해 결정한다. 특수교육에서는 종종 이전에 학습한 기술의 유지를 위한 기회를 제공하기 위해 해당 학년 동안 프로그램이 반복될 수도 있다.

④ 확장하기. 새로운 도구를 위한 추가 교수 적용이 개발될 수 없다면 그것이 언젠가는 물건보관소로 되돌아갈 처지가 될 것임을 인식하는 것이다. 만약 당신이 해당 제품의 가치를 확장하는 방법을 확인할 수 있다면, 전체 과정을 다시 시작하는 것보다는 4단계의 연계하기 과제에서 공학통합과정을 계속 진행하라.

통합 모델의 마지막 단계에서 캐츠 양은 매주 그녀의 수업계획을 준비할 때 학생마다 언제 새로운 제품을 사용할 것인지에 대한 계획을 마련하고, 각 학생의 IEP 목표를 검토하였다. 그녀는 또한 컴퓨터실 사용이 가능한 시간에 대한 관리계획도 하였다. 하지만 휴대용 상징말하기 노트패드는 매일 교실 안에서 이러한 계획을 수차례 사용할 수 있도록 만들어 주었다. 물론 캐츠 양은 학생이 더 많은 것을 학습하고 교육적 진보를 보이는지에 대해서도 관심을 가졌다. 사정하기 과제의 한 부분으로, 그녀는 각 학생의 기능적 어휘 숙달 정도를 사정하기 위해 정기적인 학업시험을 준비하였다. 게다가 그녀는 과거에 사용하였던 다른 도구의 유용성과 비교하여 새로운 도구에 대해 학생이 얼마나 참여하는지를 나타내는 일화적 증거를 수집하였다. 마지막으로 캐츠 양은 그녀가 최근 입수한 기기의 능력을 확장시키기 위한 새로운 아이디어를 얻기 위해 전문 발달 워크숍이나 협의회에 참석하고 전문지를 읽었다. 보조공학의 확장에 관한 그녀의 노력은 새로운 장비를 배치하기 위해 공학통합과정 전체를 반복하는 것보다 그녀가 해당 기기를 더욱 효과적으로 사

용할 수 있도록 만들었다. 결국 총 진행 과정은 처음 생각했던 것보다 오래 걸렸지만, 캐츠 양은 학생의 학습을 도와주는 공학의 사용과 배치를 위한 자신의 노력에 기뻤다.

학생을 위한 보조 · 교수공학을 사용하려고 시도하는 교사는 종종 여기에서 논의된 것과 같은 도표가 없을 경우 또는 그 과정에서 그들을 도와줄 사람이 거의 없을 경우 공학통합 모델의 어려움을 느끼게 된다. 결과적으로 공학통합은 종종 스스로 해결해야 할 과제로 여겨진다.

고장 수리와 문제 해결을 위한 학생훈련

Ashton과 Hall(2000)은 공학을 사용하는 방법과 관련하여 학생훈련과 더불어 공학 사용 일정 중에 발생하는 사소한 고장을 수리하려 할 때 교사가 문제해결 절차를 학생에게 시범 보이는 것이 중요하다고 지적해 왔다. 그들은 고장수리와 문제 해결 과정에서 자신감을 불어넣기 위한 다음의 단계를 제안하고 있다.

1. 단순하게 하라.

• 그것이 컴퓨터, 소프트웨어, 또는 마우스, 키보드, 모니터, 프린터와 같은 주변장치의 문제인지를 구분하라.

• 각각의 케이블이 전원, 모니터, 프로젝션 기기, 프린터, 키보드와 안전하게 연결되었는지 정확하게 확인하라.

• 컴퓨터가 잠겼을 때, 컴퓨터를 다시 시작하지 않고 프로그램을 정지할 수 있는 키의 조합을 배우라. 필요하다면 전원을 끄고 몇 초가 지난 후 다시 시작하여 컴퓨터를 재가동하라.

2. 지속하라.

• 몇몇 주변 문제는 장치를 올바른 순서로 켜지 않음으로써 발생한다. 보통 컴퓨터 프로젝션 시스템과 스캐너는 컴퓨터의 전원을 켜기 전에 먼저 켜야 한다.

• 만약 당신이 케이블 연결상의 문제를 발견하지 못했다면 주변장치와 동일한 다른 것으로 바꾸는 것을 고려해 보라. 예를 들어, 모니터가 작동하지 않는다면 다른 모니터 연결을 시도하라. 만약 작동한다면 당신은 해결책을 찾은 것이다. 그렇지 않다면 문제의 원인은 다른 곳에 있으므로 문제 해결을 계속하라.

• 만약 하드웨어 문제보다 심하지 않다면 소프트웨어 문제는 단지 탐색에서의 문제가 될 수 있다. 컴퓨터를 다시 시작하는 것은 종종 소프트웨어 문제를 해결하는 데 필수적이다. 만약 작동하지 않는다면, 기술적 지원을 찾기 위해 오류 메시지를 주의 깊게 살펴보라.

3. 문제를 집약화하라.

• 고장 수리 절차 전반에 걸쳐, 문제를 집약하고 그것을 하나 또는 그 이상의 하위 요소에 배치하는 것을 계속하라. 비록 그 문제가 지속된다 하더라도 기본적 고장 수리 절차는 당신이 해당 기술 문제에 대해 기술지원 직원과 더욱 효과적으로 의사소통하도록 만들 것이다.

고장 수리가 충분하지 않을 때

다음 문제는 기술지원 직원이 없거나 위에 제시된 고장 수리 단계에서 발생된 문제가 당신의 기술적 능력을 넘어섰다고 확인된 상황에서 무엇을 해야 하는가다. 명백한 선택은 교실에서 이용할 수 있는 대체 컴퓨터를 가지는 것이다. 만약 소프트웨어가 사용되거나 설명된다면 원래의 디스크 또는 CD-ROM뿐만 아니라 백업 복사본을 수업에 가져오라. 이것은 프로그램이 적절히 작동하지 않을 때 당신이 소프트웨어를 다시 준비할 수 있도록 할 것이다.

백업 복사본을 가지는 것 외에도, 다른 대안에 대해 생각하는 것 역시 중요하다. 예를 들어, 당신이 파워포인트를 통해 학생에게 정보를 보여 줄 것을 계획하고 있다면 만약을 위해서 OHP 필름을 준비해야 할지 모른다.

[생각해 보기] 당신은 컴퓨터를 사용하면서 어떠한 문제에 부딪혀 왔는가? 그리고 그 문제를 어떻게 해결했는가?

출처: T. M. Ashton, and K. S. Hall, "What to Do When Technology Disrupts Your Teaching: Suggested Activities and Troubleshooting Steps for Teachers Using Technology" (2000), *Special Education Technology Practice, 2* (4), 15-20. Reprinted with permission from Knowledge by Design, Inc.에서 발췌함.

표 5-5 쓰기에 어려움을 가진 학생을 지원하기 위한 공학 툴박스

쓰기 기술	공학 툴박스
글씨 쓰기를 위한 대안적인 받아쓰기	USB Digital Voice Recorder and iDictate http://www.idictate.com
브레인스토밍	Kidspiration or Inspiration http://www.inspiration.com
휴대용 키보드	AlphaSmarter http://www.alphasmarter.com
키 입력하기와 철자 쓰기를 촉진하기 위한 단어예측 워드프로세서	Co:Writer http://www.donjohnston.com
필기자에게 청각적 피드백을 제공하기 위한 말하기 워드프로세서	Write OutLoud http://www.donjohnstom.com
대안적 쓰기환경: 멀티미디어	Hollywood High (Scholastic)

툴박스의 구성

공학을 교육과정에 통합하기 위한 지속적인 노력이 주어졌을 때, 이 작업을 촉진하기 위한 한 가지 중요한 전략은 툴박스(toolboxes)의 구성 개념에 초점을 맞추는 것이다. 적절하게 구성된 툴박스는 교사훈련과제에서 공학 통합을 촉진하기 위한 잠재력을 지닌다.

많은 특수교사는 쓰기 기술의 발달에 어려움을 갖는 학생 지도에 교수적 어려움을 경험한다. 전통적인 툴박스 교사는 이런 교육적 문제를 해결하기 위해 교과서, 참고서, 종이와 연필을 이용한다. 공학 툴박스는 소형 철자검사기, 워드프로세서 예측하기, 음성지원 워드프로세서, 전자사전, 미리쓰기 소프트웨어, 개념지도 소프트웨어, 도식화된 쓰기환경, 전자통신, 탁상전자출판 도구, 웹 출판, 비디오 제작도구 등의 가능성을 제공한다. 〈표 5-5〉에서 쓰기에 어려움을 가지는 학생을 지원하는 데 사용될 수 있는 공학 툴박스를 설명하고 있다.

교사는 쓰기 표현에 어려움을 갖는 학생 또는 학년 수준의 읽기를 하지 못하는 학생과 함께 공부할 것이다. 왜 교실에 경도 · 중등도 장애의 공통적인 특성에 근거하여 개별 학생의 요구에 해당하는 보조공학 핵심 툴킷을 갖추지 않는가?

보조공학 핵심 툴킷은 무엇을 포함할 것인가? 그것은 아마 키 입력 기술이 느리거나 제한된 학생을 위해 코라이터(Co:Writer, Don Johnston)와 같은 단어 예측 워드프로세서를 포함할 것이다. 커즈와일 3000(Kurzweil 3000, Kurzweil) 또는 WYNN(Freedom Scientific)과 같은 문자-음성 스캐너 또는 음성산출 소프트웨어는 교과서의 지문을 읽을 수 없는 학생이 교과서를 스캐너 위에 놓으면, 정보가 컴퓨터로 스캔되어 컴퓨터의 디지털 음성합성기를 통해 학생들이 들을 수 있도록 한다. 인터넷 접근과 Ask Jeeves for Kids(http://www.ajkids.com)와 같은 특성화된 검색도구는 제한된 읽기 기술을 가진 학생이 내용 영역 수업에서의 과제를 완수하는 데 필요한 사실적 정보를 찾는 것을 도와준다. 물론 소형 철자검사기와 계산기가 필요할 때 사용될 수 있다. 이러한 것은 많은 기능 중 일부분이다.

보조공학 핵심 툴킷의 개념은 보조공학 적용 여부 결정 절차의 첫 단계인 보조공학의 평가를 위해 관련 학생에게 실행 가능한 대안을 제공하는 순차적인 전략이다. 보조공학 툴박스는 교실에서 사용할 수 있는 특별한 도구를 만들고 개별 학생을 위해 효과 있는 것을 수집함으로써 경도 · 중등도 장애 학생의 보조공학 요구를 만족시키기 위한 효과적인 수단이다. 결과적으로 이는 현재 사정체계에 대한 실행 가능한 대안

이 된다. 보조공학 접근을 위한 첫 번째 단계는 요구 평가를 위한 의뢰를 하는 것이다. 공학 툴박스 역시 중요한 공학 통합전략이다.

ADHD를 가진 11학년의 메이슨은 읽기수업에 어려움이 있다. 그의 부모는 메이슨이 교과서를 읽을 때 형광펜을 사용하면 관련 정보를 선택하는 데 도움이 될 것이라 생각한다. 하지만 부모는 교실규칙상 메이슨이 교과서에 무언가를 쓰면 안 된다는 것을 알게 되었다. 교사 중 한 사람에게 해당 문제를 제기했을 때, 홉킨스 양은 메이슨이 펜 대신 강조표시 테이프를 이용하도록 제안하였다. 표시 테이프는 스카치테이프와 유사하게 꺼내 쓸 수 있는 장치로, 책에 흔적을 남기지 않은 채 쉽게 지울 수 있다.

 교사를 위한 정보 5.4

모든 보조공학이 고급공학이 될 필요는 없다. 학생을 위해 다음의 초테크 공학 지원을 고려해 보라.

1. 연필 손잡이
2. 형광펜 또는 테이프
3. 기울어진 판
4. 특수 종이(탄소를 함유하지 않은 종이)
5. 일정표
6. 계산기
7. 테이프 녹음기(Schwab Learning, 2003)

4. 학생 요구에 의한 보조·교수공학

특수교육 관리자는 날씨와 현재 상황에 대해 다루는 수업에 보조공학이 어떻게 사용될 수 있는지를 보기

위해 초이 양의 교실에 방문객을 데려왔다. 그들이 교실에 들어갔을 때 다양한 도구를 사용하며 학습 활동에 깊이 참여하고 있는 여러 학생을 보았다. 신디는 오늘 날씨에 대한 교사의 질문에 대답하기 위해 헤드스위치로 조정하는 휠체어에 부착된 보완 의사소통 체계를 이용한다. 올리버는 지역 일기예보를 알기 위해 인터넷을 검색할 때 스위치를 써서 교실 컴퓨터를 사용하고 있다. 한나는 인지적으로 수정된 주간 독서자를 특수교육 보조원에게 읽어 주고 있다. 수업이 끝난 후, 초이 양은 처음에 그녀의 학생들이 사용하는 보조공학의 양과 종류에 대해 부담을 느꼈다고 방문객에게 털어놓았다. 하지만 그녀는 빠르게 적절한 수업계획을 파악하였고, 학생들이 위와 같은 도구의 유능한 사용자가 되도록 도우며 적절한 교수적 내용에 대한 접근성을 확보하기 위해 보조공학을 활용하였다. 또한 초이 양은 그녀와 보조공학 전문가 사이의 강한 유대감으로 인해, 기기의 고장 수리가 필요할 때나 새로운 도구를 찾고 싶을 때 훌륭한 후원자를 가졌음을 알게 되었다.

신체적 제약, 특별한 의사소통 요구, 인지적 손상을 가진 학생을 위해 보조공학 핵심 툴킷에 추가될 만한 보조공학의 적용은 다음에서 논의된다.

신체적 제약을 가진 학생

경도·중등도 장애 학생과 함께 일하는 교사는 전형적인 키보드가 학생에게 어려울 수 있으므로 컴퓨터를 사용하기 위한 대안적 수단을 제공하는 기기에 친숙해져야 한다. 컴퓨터와의 상호작용에서 신체적 또는 인지적 요구를 단순화하기 위한 많은 대안적 키보드가 있다. 인텔리키스(Intellikeys, Intellitools)와 같은 제품은 장애 학생이 기본 키보드에 접근할 수 없을 때 컴퓨터를 작동할 수 있는 방법을 제공한다([그림 5-2] 참조). 대안 키보드는 장애 학생에게 유용한 많은 방법

[그림 5-2] 인텔리키스 키보드

출처: IntelliTools, Inc. (http://www.intellitools.com)에서 이미지 사용 허가를 받음.

[그림 5-3] 에이블넷 퀵스타트 환경통제키트

출처: AbleNet, Inc. (http://www.ablenetinc.com)에서 이미지 사용 허가를 받음.

을 (1) 학생이 키를 누르는 데 더 넓은 공간을 제공하기 위한 키 확대하기, (2) 해당 소프트웨어 프로그램과 관련되지 않은 키 제거하기, (3) 하나의 버튼으로 저장, 인쇄, 정지를 작동하는 것처럼 다양한 기능을 한 개의 버튼으로 프로그래밍하기 등으로 맞춤 제작할 수 있다.

스위치는 또한 활성화된 환경통제 시스템뿐만 아니라 컴퓨터를 통제하기 위해 사용될 수 있다. 에이블넷 퀵스타트 환경통제키트(AbleNet's QuickStart Environmental Control Kit)와 같은 제품은 연습, 사정, 교실 시행을 위해 필요한 모든 것을 포함하는 하나의 키트를 제공함으로써 교사가 보조공학과 교수를 통합하도록 돕는다([그림 5-3] 참조).

특별한 의사소통 요구를 가진 학생

말하기 손상과 언어 발달 지연은 모든 장애에서 가장 많이 나타나는 특성이다. 말-언어 치료사는 종종 치료의 한 부분으로 공학을 사용한다. 예를 들어, 윈도우용 IBM 스피치 뷰어 III(IBM Speech Viewer III for Windows, IBM Special Needs Systems)와 같은 특별한 소프트웨어를 갖춘 컴퓨터는 조음장애를 가진 아동이나 성인 치료에서 사용될 수 있다.

한 사람이 말을 하지 않거나 이해하기 어려운 말을 할 때, 치료사는 의사소통을 위해 손가락으로 가리킬 수 있고 나열될 수 있는 그림으로 의사소통판을 만들 수 있다. 보드메이커(Boardmaker, Mayer-Johnson)와 같은 제품은 의사소통판을 만드는 데 사용되는 광범위한 단어와 상징의 수집을 특징으로 한다.

음성산출 의사소통지원(voice output communication aids: VOCAs)으로 알려진 특성화된 전자 의사소통 체계는 수백 개의 그림 상징을 저장할 수 있고, 사용자는 개별적으로 또는 순서화된 상징에 모두 접근할 수 있다. 그리고 상징을 읽는 디지털 음성이 산출된다. 어떤 시스템은 사용하는 데 충분한 인지적

기술이 필요한 데 반해, VOCA는 중등도 · 중도 장애 학생을 위한 필수적인 의사소통 도구다. 일반적인 VOCA의 예시는 32 메시지 커뮤니케이터(32 Message Communicator, Enabling Devices), 알파토커 II (AlphaTalker II, Prentke-Romich), 원스톱 커뮤니케이티 20(One-Step Communicator 20, AbleNet), 얼티메이트 8(Ultimate 8, TASH)을 포함한다. VOCA가 복잡하게 보일 수도 있지만, 이러한 기기를 사용하는 학생을 가르치는 교사는 학생이 이점을 최대화할 수 있는지를 확인하기 위해 말/공학 전문가와 협력하도록 필히 노력해야 한다.

교사를 위한 정보 5.5

음성합성 소프트웨어를 사용할 때는 다양한 문단이나 글상자보다는 하나의 문단 또는 글상자에 글을 배치했는지 확인하라. 장식을 위해 별표를 하거나 대시(dash)를 하는 것은 화면 읽기(screen reader) 사용을 더욱 어렵게 만든다. 사용자들은 아마 '대시, 대시, 대시' 또는 '별표, 별표, 별표' 라는 음성을 듣게 될지도 모른다(Alliance for Technology Access, 2005).

인지적 손상을 가진 학생

다양한 상황이 개인의 인지적 능력에 손상을 가져올 것이다. 중등도 인지장애를 가진 사람에게는 개인위생, 쇼핑(Wissick, 1999b), 대중교통 수단의 이용과 같은 일상생활 기술을 습득하도록 하기 위해 상당한 노력을 투자해야 한다. 게다가 금전관리와 같은 기능적 기술(Browder & Grasso, 1999)과 취업 기술(Fisher & Gardner, 1999)은 반드시 지도되어야 한다. 연구의 주요 관심사는 기능적 그리고 지역사회 중심 행동을 획득, 유지, 전환하기 위한 비디오 중심 교수자료를 개발하는 데 초점을 두고 있다(Mechling & Langone,

표 5-6 일반교육과정에서 학생을 지원하기 위한 보조공학 도구

교육과정	기능적 도전점	보조공학 도구
쓰기	쓰기를 좋아하지 않음 글자 쓰기의 어려움 작문의 어려움 쓰기 전 단계(prewriting) 지원	Hollywood High AlphaSmart Co:Writer Kidspiration, Inspiration
읽기	읽기를 좋아하지 않음 제한된 단어 인식 문자-음성 변환의 어려움	Start-to-Finish books Picture It, News-2-You Kurzweil et al.
수학	수학을 좋아하지 않음 기본적 개념의 어려움 컴퓨터 지원 필요	High-interest video-based problem solving Web supports Calculators, Web tools
과학	단계별 학습자료 인쇄물 또는 문자의 대안	Windows on the Universe BrainPop
사회	단계별 학습자료	Ben's Guide to U.S. Government
학습 기술	자료 조직의 어려움 연구 시험 보기 전자 퀴즈	Organization/calendar tools Yahooligans! TestTalker BuildAbility

2000; Wissick, 1999a; Wissick, Gardner, & Langone, 1999).

1장에서 다루었듯이 경도장애는 가장 일반적인 장애 유형이며, 학습장애, 심한 정서장애, 정신지체로 구성된다. 현재 조사에 따르면 6~21세 아동 중약 400만의 학생이 경도장애를 가지고 있으며 그들의 68% 이상이 특수교육 서비스를 받고 있다(U.S. Department of Education, 2002). Meese(2001)는 경도장애와 관련된 특성을 인지적 특성(지적 능력, 주의력 결핍, 기억과 사고 기술), 학업적 특성(읽기, 언어, 수학), 그리고 사회-정서적 특성으로 요약하고 있다.

경도장애 학생을 위한 보조공학의 적용은 '인지 능력의 보완'으로 공학을 사용하는 것에 대한 혼동 때문에 특히 문제가 된다(Edyburn, 2000). 장애가 학습을 어렵게 한다면 수행을 증진하는 데 공학이 어떤 역할을 할 수 있는가? 예를 들어, 아동이 미국의 50개 주와 주도를 기억하는 데 어려움을 가진다면 아동에게 50개

교사를 위한 정보 5.6

일반적으로 학습에 어려움을 가지는 학생이 사용하는 보조공학 기기는 다음의 내용을 다룬다.

1. 문자-음성 소프트웨어는 읽기 문제를 가진 개인을 위해 고안되었다. 소프트웨어는 자료를 소리 내어 읽으면서 동시에 읽는 내용을 강조 표시하여 제시한다.
2. 소형 철자검사기는 휴대용 말하는 전자사전이다. 발음상의 철자 수정과 백과사전을 포함한다.
3. 평상형 스캐너와 시각 특성 인식은 학생이 인쇄된 페이지에 나타나는 것처럼 스크린에 표시된 페이지를 정확하게 소리 내어 읽을 수 있게 한다.
4. 읽기기기는 전자 소형 텍스트 읽기기기로 개인의 손바닥에 놓여 있는 텍스트 중심 파일을 읽을 수 있도록 한다.

주와 주도 목록이 제시된 웹사이트(http://www.50 states.com)에 접근하는 것을 알려 주는 것이 적절한가? 만약 학생이 기초수학 문제를 해결하는 데 어려움이 있다면 답뿐만 아니라 문제해결 방법에 대한 단계별 안내를 볼 수 있는 웹매스(WebMath, http://www.webmath.com)와 같은 도구를 제공해야 하는가? 강력한 인지적 지원전략의 예시 중 하나로 Edmunds(1999)

교사를 위한 정보 5.7

학생은 워드프로세서 문서 작업을 할 때 종종 철자검사기에 의존한다. 다음의 요소를 확인하라.

1. 철자검사 기능을 지닌 워드프로세싱 프로그램을 선택할 때는 학생의 필요를 고려하라. 그것은 다음 중 하나를 제공할 것이다.
   • 정확하게 쓰인 단어
   • 선택될 단어의 목록
   • 완전한 사전과 백과사전
   • 단어를 합성된 소리로 산출하기
2. 철자검사기의 단어 데이터베이스 크기가 클수록 잘못된 철자를 더 많이 인식할 것이며 대안적 철자를 제공할 것이다.
3. 철자검사기는 사용자들이 단어를 추가할 수 있도록 할 뿐만 아니라 잘못된 철자를 추가할 수 있도록 한다.
4. 동음이의어는 소리는 같지만 철자가 다른 단어다(예, they're, their, there). 만약 동음이의어의 철자가 정확하게 쓰인다면 철자검사기는 그것을 수정하지 못할 것이다(예, Their going home).
5. 학생들은 종종 단어의 발음대로 철자를 쓴다(예, fonix). 철자검사기는 대안적 철자를 제공하기 위한 단어를 인식하지 못할 수 있다.
6. 처음 두세 개의 문자가 정확하게 쓰인다면 철자검사기는 그 단어를 더 잘 인식할 것이고 대안을 제공할 것이다(Schwab Learning, 2003).

는 인지적 '신용카드'의 사용을 제시하였다. 학생들은 신용카드 크기로 그들 자신의 수행지원 카드를 만들고, 수업에 카드를 가져올 때마다 정보를 사용하였다. 앞으로 공학이 어떻게 인지적 수행을 증진시킬 수 있는지에 대한 연구, 논쟁, 논의가 지속적으로 이루어져야 한다.

경도장애 학생은 일반적으로 공학에 접근하는 데 신체적 어려움을 가지지 않는다. 중요한 문제는 읽기, 쓰기, 기억, 정보의 유지를 포함한다. 몇몇 학생은 학습의 어려움이 전반적인 반면(예, 학년 수준에서의 읽기 능력이 없음), 많은 학생은 교육과정의 한 측면에서만 어려움을 가진다. 〈표 5-6〉은 일반교육과정에서 교수를 지원하기 위한 보조공학을 탐색하는 데 유용한 시작점을 제공한다.

5. 교육과정 전반에 걸친 공학의 통합

개별 학생의 학습을 용이하게 하기 위해 고안된 보조공학 기기 외에도, 교사는 교육과정 전반에 걸쳐 신중하게 공학을 통합할 수 있다. 이러한 경우 목표는 장애 학생의 기능적 능력을 향상, 증가, 유지시키는 데 공학을 사용하는 것보다 학생이 그들의 지식 내용을 강화하기 위해 공학을 사용하는 방법을 가르치는 것이 된다. 예를 들어, 인터넷 자원은 최신 정보에 대한 접근을 증가시켜 왔다. 적절한 인터넷 연결은 학생들이 주제를 검색하는 데 귀중한 도구가 될 수 있다. 워드프로세싱, 스프레드시트, 프레젠테이션 소프트웨어 등은 서면 결과물을 만들고 제작하는 것을 향상시켜 왔다. 시뮬레이션과 다른 전산화된 도구는 최근까지 이용할 수 없었던 방법으로 학생이 원인과 결과를 시각화하는 것을 가능하게 한다.

때때로 교사는 이상적이지 않은 이유로도 공학 사용하기를 결정한다. 예를 들어, 도구가 이용 가능하거나, 다른 교사가 그것을 사용하거나, 교장이 공학

표 5-7 공학도구의 잠재적 교수 적용

공학 도구	잠재적 적용
워드프로세싱	학생이 쓰고 편집하여 최종 결과물을 만들도록 한다. 학생이 기록하고 저장할 수 있도록 한다. 학생이 교육과정 전반에 걸쳐 쓰기를 할 수 있도록 격려한다.
스프레드시트	수와 관련된 개념을 설명할 때 교사에게 구체적 예를 제공한다. 학생이 결과물을 정확하고 빠르게 만들 수 있도록 한다(예, 도표, 그래프). 스프레드시트가 숫자를 전산화하는 동안 학생은 높은 수준의 개념에 주의 집중할 수 있다. 학생과 교사가 자료를 저장하고 분석할 수 있도록 한다.
데이터베이스	연구와 학습 관련 수업을 위한 도구와 조직상의 기술을 제공한다. 연구를 수행하는 동안 학생이 정보를 검색하도록 한다. 가설을 제기하고 검증하는 데 사용될 수 있다.

표 5-8 교육과정 전반에 걸친 공학 통합의 예

교육과정 단원	기준	관련 공학 목표
지구 표면	학생들은 지구의 표면을 재생성하는 화산, 지진, 융기, 풍화, 침식에 대해 이해할 것이다.	학생은 (1) 인터넷을 통해 지구 표면을 재생성하는 최신의 사건들에 대한 정보에 접근하고, (2) 컴퓨터 소프트웨어를 사용하여 지역에서 발생하는 지진의 영향을 모의 실험할 것이다.
쓰기	학생은 (1) 정보와 생각을 조직하고 수집함으로써 쓰기를 준비하고, (2) 초고를 구성하고, (3) 정교화하고 명료화하며 초고를 수정하고, (4) 관습적인 방법으로 초고를 편집할 것이다.	기준을 성취하기 위해 학생은 쓰기과정의 단계와 유사한 다음의 소프트웨어을 사용할 것이다. (1) 인터넷 자료, 키즈피레이션/인스피레이션(Kidspiration/Inspiration), (2~4) 워드포워드(word-for-word), (4) 철자와 문법 검사기
날씨	학생들은 (1) 날씨의 기본 요소를 관찰, 측정, 기록하고, (2) 기록된 날씨 정보를 단순한 형태로 해석하고, (3) 관찰자료에 근거해 일기예보를 평가할 것이다.	학생은 (1) 현재의 기상조건에 대한 정보를 얻기 위해 인터넷에 접속하고, (2) 매일의 정보를 수집하여 엑셀 스프레드시트에 입력하고, (3) 날씨 보고를 방송하기 위해 비디오 장비를 이용한다.

교사를 위한 정보 5.8

교실에서 공학을 사용할 때 학생들이 잘 따라올 수 있도록 촉진자료를 디자인하라. 그 예는 다음과 같다.

마이크로소프트 파워포인트에서 타이틀 슬라이드(Title Slide)를 만들라.

1. 파워포인트 아이콘을 클릭하라.
2. 포맷(Format)을 클릭하라(위쪽의 툴바).
3. 슬라이드 디자인(Slide Design)을 클릭하라.
4. 슬라이드 디자인 선택은 스크린의 오른쪽에 나타날 것이다. 스크롤을 내리며 선택한다. 배경을 선택하고, 당신이 사용하길 원하는 배경의 그림을 선택하라.
5. 스크린 가운데 당신이 선택한 배경과 슬라이드가 있을 것이다. 제목 추가(Click to add title) 텍스트 상자를 클릭하라.
6. 상자에 제목을 입력하라.
7. 제목을 입력한 텍스트 상자의 아래의 상자를 클릭하라. 그리고 당신의 이름과 날짜를 입력하라.

교사를 위한 정보 5.9

교사가 이용할 수 있는 공학적 도구와 자원은 거의 매일 증가하고 있다. 다음은 인터넷에서 이용할 수 있는 자원의 예시다.

Books2burn 텍스트 파일을 일련의 오디오 파일로 변환시키는데 이 파일은 mp3 또는 다른 파일 형식으로 전환될 수 있다.
http://books2burn.sourceforge.net/

IntelliTools Classroom Suite K-8 학생이 기준 기반 검사에서 학생들의 성취를 향상시키기 위해 고안된 기술 구축 도구다. http://www.intellitools.com/products/classroom_suite/come/htm

4Teachers.org 무료 온라인 도구와 자원을 제공함으로써 교사가 공학을 교실에 통합할 수 있도록 도와준다. 이 사이트는 교사가 교실 달력, 루브릭, 퀴즈, 웹 수업을 찾아내고 그 사용을 위한 준비를 할 수 있도록 도와준다. 또한 학생을 위해 사용할 수 있는 도구도 제공한다. http://4teachers.org/

Classrooms@work Tools@hand 교실에서의 효과적인 공학통합의 예시를 제공한다. http://www.netc.org/classrooms@work/

을 좋아하거나, 공학이 학교 문화의 일부분이기 때문에 사용을 원할 수 있다(Roblyer, 2003). 교실에서 공학을 사용하는 가장 큰 이유는 공학 사용이 현재의 방법을 넘어서는 분명한 이점을 제공한다는 것이다. 교수과정에서 잠재적 이점을 가진 공학의 적용에 대해서는 〈표 5-7〉에 약술되어 있다.

공학통합을 통해 교사는 학생이 분리되지 않은 학습 내용이나 기준 달성의 맥락 속에서 도구를 적절히 사용하도록 가르칠 수 있다. 공학을 통합하기 위한 하나의 효과적 방법은 교육과정 내용기준과 관련된 공학 목표를 설정하는 것이다. 즉, 해당 기준을 검토한 후에 교사는 공학이 어떻게 학생의 기준을 만족시키도록 도울 수 있는지에 대해 질문할 수 있으며, 관련 목표를 작성할 수 있다. 기준과 함께 공학의 통합 예는 〈표 5-8〉에 제시되어 있다.

6. 최신 경향과 논점

공학이 중심에 놓인 모든 분야에서의 급격한 변화

는 계속되는 부분이다. 결과적으로 교사와 관리자가 교육공학의 지속적 변화에 대한 잠재력을 인식하는 것이 중요하다. 여기에서는 이러한 새로운 방향이 특수교육 분야에서 갖게 될 관련성과 더불어 몇몇 최신 경향과 논점에 초점을 맞추고 있다.

특수교육공학 분야는 보조공학 전문가에 의한 고급 능력뿐만 아니라 교실에서 보조 교수적 공학을 사용하는 교사에게 어떤 지식, 기술, 배열이 필요한지를 정의하기 위해 전개되고 있다(Lahm, 2000; Lahm & Nickels, 1999). 현재 특수교사가 보조공학 적용 여부 판단을 위해 필요한 수준의 훈련을 받고 있다는 증거는 거의 없다(Edyburn, 2003a). 결과적으로 모든 교사는 보조공학과 선행 학습 경험과 관련하여 추가 교육을 시급히 받아야 한다.

현재의 과제는 공학과 관련된 모든 분야에서 문제가 있다는 것이다. 특수교육공학 분야에서 시장의 혁신을 통해 매년 더 많은 옵션이 제시되고 있다. 이에 따라 교사와 관리자는 현재 상태를 유지하기 위해 인적·재정적 자원을 투자해야 할 필요가 있다. 이것은 광범위하게 정기 간행물(예, *Closing the Gap*,

Journal of Special Education Technology 또는 *Special Education Technology Practice*)을 읽거나 가능하다면 경도장애 학생의 학업성취를 강화하기 위한 공학 사용의 교수전략과 최신 제품에 대해 배울 수 있는 회의에 참석함으로써 이루어질 수 있을 것이다. 다양한 특수교육공학 회의에 대해 더 많은 것을 알고 싶다면 http://www.closingthegap.com을 방문하여 그들의 회의 일정을 검색해 보라.

보조공학(AT), 교수공학(IT), 보편적 설계(UD) 간의 관계에 대한 질문은 해당 분야에 영향을 줄 수 있는 시작점이다. 역사적으로 보조공학은 신체 및 감각장애를 가진 개인을 위한 특수화된 장치로 간주되어 왔다. 교수공학은 전통적으로 장애가 없는 학생에 의해 사용되는 공학적 제품으로 간주되어 왔다. 그러나 인스피레이션과 키즈피레이션(인스피레이션)과 같은 제품은 그것들이 어떻게 사용되느냐, 누가 그것을 사용하느냐에 따라 보조공학이 될 수도 있고 교수공학이 될 수도 있다. 앞서 논의한 것처럼, 장애가 인지적인 부분을 포함할 때는 보조공학과 교수공학을 구분 짓는 경계가 모호해질 것이다.

교수적 자료와 방법의 보편적 설계는 매우 다양한 개인이 사용하기에 충분히 융통성 있는 제품과 서비스를 만들어 준다(Orkwis, 2003). 보편적 설계의 개념은 개인이 실패하기 전에 차이를 예측하고 대안을 제공하는 환경과 제품을 고안하기 위해 장애에 관해 알려진 내용을 사용하도록 제안한다. 보편적 설계는 모두를 도울 수 있는 공학의 적용을 위한 유망한 방향을 제시하고 있다(Hitchcock, Meyer, Rose, & Jackson, 2002). 예를 들어, 문자-음성변환기(text-to-speech)는 원래 시각장애인을 위해 개발되었지만, 모든 아동과 성인의 생산성을 강화할 수 있는 보편적 적용으로 나타나고 있다. 결과적으로 보조공학, 교수공학 및 보편적 설계 간의 이론적·실제적 관계를 명확히 할 필요가 있다.

특수교육공학 분야는 주로 연구 지식 기반의 성장과는 대조적으로 법적/정책적 지시의 결과로 발전되어 왔다. 따라서 어떤 사람은 특수교육공학의 원천은 지지하는 신념에 입각하고 있다고 생각한다. 결과적으로 전문가들은 장애를 가진 사람을 위한 보조공학의 효과를 증명하는 데 초점을 두어야 한다. 즉, 그것은 다음과 같은 질문에 답하는 것이다. 우리는 보조공학의 성과에 대해 어떻게 알고 있는가? 보조공학의 일상적 사용은 어떤 결과와 관련되는가? 어떤 사람이 보조공학을 사용할 때, 우리는 그 사람의 수행 능력의 향상을 측정할 수 있는가? 만족도? 삶의 질? 독립성? 이러한 질문은 현재 두 국가연구기관(Assistive Technology Outcomes Measurement System『ATOMS』 Project [http://www.atoms.uwm.edu], Consortium of Assistive Technology Outcome Research [CATOR, http://www.atoutcomes.org])에서 수행되고 있는 연구 주제다. 사실 교육에서 보조공학 사용 결과의 측정과 관련하여 많은 내용이 연구되어야 한다(Edyburn, 2003b; Fennema-Jansen, 2001; Smith, 2000).

요약

- 특수교육공학의 기초는 연구 기반 증거보다는 주로 법적/정책적 요구사항을 통해 형성되었다.
- 1997년 IDEA의 개정은 교사와 관리자가 개별 학생의 IEP를 계획할 때 보조공학을 적용하도록 하기 위한 법적 요구사항을 제공한다.
- 보조공학 결정을 할 때, IEP 팀은 가족과 문화적 고려사항뿐만 아니라 학생, 환경, 과제, 도구(SETT 구성)에 대해서도 고려해야만 한다.
- Edyburn의 공학 통합과정은 학생의 능력 수준, 과목의 문제 또는 공학의 유형과 관계없이 공학의 선택, 획득, 실행, 그리고 교수공학의 교육과정 통합을 위한 도표를 제공한다.
- 인지적 인공기관은 특히 인지적 장애를 가진 개

인을 위해 중요한 보조공학의 특수화된 형태다.

- 다양한 하드웨어, 소프트웨어, 그리고 웹 제품이 경도 · 중등도 장애 학생에게 이용될 수 있다.
- 교사와 관리자는 경도 · 중등도 장애 학생의 교육적 수행을 향상시키기 위해 적절한 보조공학을 찾아야 한다.
- 보조공학 툴박스를 만드는 것은 교사로 하여금 특수화된 도구를 시험 삼아 실행하고 평가할 수 있도록 하는 순차적인 전략이다. 이것은 현재의 보조공학 사정체계에 대한 실행 가능한 대안이다.
- 공학은 장애를 가진 개별 학생을 지원하기 위해 고안된 보조공학의 사용 외에도 교육과정 전반에 걸쳐 통합될 수 있고, 교사는 공학도구의 사용과 내용 모두를 가르칠 수 있다.
- 특수교육공학 분야에 영향을 주는 경향과 논점은 (1) 필수 지식, 기술, 배치에 관한 정의의 지속, (2) 현재 상황의 문제점, (3) 보조공학, 교수공학, 보편적 설계 관계 명료화, (4) 보조공학의 결과에 관한 증거 기반의 문서 필요를 포함한다.

연습 문제

1. 적용 여부의 결정과 관련된 모순은 무엇인가? 왜 이것은 보조공학 고려사항 지시의 의도를 감소시키는가?
2. 무상의 적절한 공교육 혜택을 받기 위해 장애 학생에게 보조공학이 필요하다고 IEP 팀이 판단할 경우, 연방법은 학교가 해당 학생을 위해 보조공학을 구매하도록 요구하는가?
3. 보조공학 결정과정에서 가족 참여, 특히 문화적 다양성을 가진 가족을 위한 특별한 고려사항에 대해 설명하라.
4. 공학 통합과정의 단계는 무엇인가?
5. 다음의 과제를 분류하기 위해 Edyburn의 공학 통합과정 모델을 사용하라.
   (예: 학교는 교사가 적절한 소프트웨어를 찾을 수 있도록 도와줄 수 있다는 가정하에 소프트웨어 카탈로그를 수집한다.)
   - 컴퓨터실을 이용하기 위한 관리 일정을 만드는 것은 무엇을 뒷받침하는 전략인가?
   - 소프트웨어의 총 구입가를 협상하는 것은 무엇을 지원하는 전략인가?
   - 특정 소프트웨어의 사용법을 이미 아는 학생을 대상으로 그들이 어떻게 사용할지에 대한 창의적인 생각을 모으는 교사는 무엇을 지지하는 전략인가?
6. 공학적 툴키트를 만드는 것이 왜 학생들이 특정한 교육적 과제에 닥칠 어려움을 예측하기 위한 수단이 되는가?
7. 쓰기에 어려움을 갖는 학생이 사용할 수 있는 세 가지 제품 이름을 말하시오.
8. 문자-음성 변환이란 무엇인가? 왜 이 보조공학이 읽기에 어려움을 가지는 학생을 도와줄 수 있는가?
9. 교사는 언제 공학을 교실 교육과정에 통합해야 하는지, 그리고 이 과정을 어떻게 완수할 수 있는지에 대해 토의하라.
10. 어떤 종류의 전문성 개발 활동이 당신으로 하여금 특수교육공학 분야에서 전문성 개발을 계속하도록 하였는가? 그리고 그것은 학생을 위해 효과적으로 공학을 사용할 수 있도록 당신의 능력을 향상시켰는가?

활동

1. 보조교육 자료를 다루는 웹사이트를 찾아보라. 해당 사이트의 자료와 정보가 얼마나 유용한지 평가하라.
2. 당신이 매일 사용하는 공학 목록을 작성하라. 특

정 공학이 당신의 일을 어떻게 더욱 효과적이고 효율적으로 하도록 도와주는가?

3. 당신은 수학수업을 위해 새로운 계산기를 장만하였다. 당신의 학생을 지도하기 위해 계산기를 어떻게 사용할 수 있을지 수업계획을 세워 보라.

4. 당신의 학생은 숙제를 잊지 않고 제날짜에 제출하는 것에 어려움을 보인다. 당신의 일간 수업 일정에서 일간/주간 계획표를 어떻게 사용할 수 있는지 서술하라.

 특수아동협의회(CEC) 기준

기준 6: 언어(일부)

특수교사는 ELN 학생의 의사소통을 지원하고 강화하기 위해 보완, 대체 및 보조 공학에 대해 잘 알고 있어야 한다.

기준 7: 교수계획(일부)

특수교사는 교수계획과 개별화 교수를 지원하기 위해 적절한 공학을 사용할 때 편안함을 느껴야 한다.

기준 8: 사정(일부)

특수교사는 그들의 사정 절차를 지원하기 위해 적절한 공학을 사용한다.

출처: Council for Exceptinal Children, *What Every Special Educator Must Know: Ethics, Standards, and Guidelines for Educators*. Copyright 2005 by the Council for Exceptional Children, 1110N. Glebe Rd., Suite 300, Arlighton, VA 22201. 이 출판물의 부분적인 복사와 변형이 허가되었음.

06

학습을 위한 사정

주요 개념

사정 유형
- 기능
- 빈도
- 형식성
- 지식/기술

표준화 검사
- 특성
- 지능검사
- 학업/성취 검사

교실 사정
- 교육과정 중심 사정
- 행동 사정

기록 보존 및 의사결정

고부담 책무성 사정

다문화 학생을 위한 시사점

 주요 질문

1. 사정과 검사의 차이점은 무엇인가?
2. 교사는 교실에서 사정자료를 어떻게 사용할 수 있는가?
3. 사정은 왜 장애 학생에게 특히나 중요한가?

조지오 양은 포유동물에 대한 단원을 준비하고 있
다. 그녀는 단원의 교수 내용을 구성하는 것뿐만 아니
라 학생이 학습한 지식을 가장 잘 사정할 수 있는 방법
을 결정해야 한다고 생각하였다. 조지오 양은 학생에
게 단원 말 지필시험, 쓰기 프로젝트, 혹은 구어 발표
를 적용할 것인지에 대해 아직 결정하지 못하고 있다.

학기 중에 전학 온 테런스는 3학년 자코보스키 여사
의 반에 배치되었다. 자코보스키 여사는 테런스가 읽
기 교육과정에서 어느 수준에 배치되어야 하는지 확실
히 알지 못한다. 그녀는 학생이 적절한 교수 수준에서
지도받을 수 있게 하기 위해 읽기 능력을 사정할 것을
결정하였다.

호록스 여사는 7학년 학생인 애지의 학업능력에 대
해 걱정하고 있다. 애지는 영어수업에서 다른 학생만
큼 빠른 향상을 보이지는 않는다. 호록스 여사는 무엇
인지 정확히 말할 수 없지만 애지가 읽기와 쓰기에서
몇 가지 문제를 가지고 있는 것으로 본다. 그녀는 애지
가 특수교육 서비스를 위해 사정받도록 의뢰할 것을
고려하고 있다.

사정(assessment)은 교사에 의해 매일 사용되는 주
요 교실도구다. 교사는 특수교육 서비스가 필요한 학
생을 판별하고, 적절한 교육과정 수준에 학생을 배치
하거나 최종 점수를 부여하는 것과 같은 교육적 결정
을 내리기 위해 검사의 형태와 공식적·비공식적 유
형의 사정을 사용한다. 경도·중등도 장애 학생을 가
르치는 교사는 학생이 적절한 교육을 받는 것을 보장
하기 위해 적절한 사정도구에 대한 전문 지식과 기술
을 갖추어야 한다.

사정은 표준화된 규준 및 준거참조검사, 비공식적
평가, 교육과정 중심 사정, 관찰, 면접, 그리고 체크리
스트의 활용을 포함한다. 참사정(authentic assessment)
은 일반적으로 수행, 결과물 또는 전시를 통해 학생

의 지식을 표현함을 의미한다. 참사정의 예로는 쓰기
표본, 과학실험, 그리고 학생이 연설문을 작성하고
연설하는 것 등이 있다.

1. 사정의 유형과 목적

교사는 사정에서 사용되는 전문용어에 대해 명확
하게 이해하고 있어야 한다. 예를 들어, 사정은 검사
가 아니다. 사정은 교육적인 결정을 위해 학생의 수
행과 행동을 측정하고자 하는 모든 도구 또는 전략의
사용 과정이다. 반면 검사는 미리 결정된 응답을 구
하기 위해 사전에 결정된 질문이나 과제를 적용하는
것이다(Salvia & Ysseldyke, 2004). 검사는 사정의 한
유형이고 점수 세트와 같은 형태로 산출된다. 관찰
또는 면접과 같은 다른 사정도구 유형도 있다. 이러한
모든 유형을 사정도구라고 부른다.

사정은 다음의 네 가지 특징에 의해 분류될 수 있
다. (1) 목적과 정보가 어떻게 이용될 것인지(기능 또
는 참조), (2) 얼마나 자주 사정을 하는지(빈도), (3) 절
차의 형식화 정도(형식화), (4) 사정되는 지식의 유형
또는 기술(지식 또는 기술)에 따라 구분된다. 다음에서
는 각각에 대하여 더 상세히 설명하고 있다.

기능 또는 참조점에 의한 사정

교사는 학교에서 다양한 목적으로 사정을 한다. 사
정의 기능은 보통 사정을 하는 목적에 의해 정의된다.
교사는 사정을 할 때, 학생의 수행을 (1) 다른 학생 또
는 집단, (2) 학생의 이전 수행 능력, (3) 지식의 큰 영
역, (4) 특정한 기준 또는 수준과 비교한다.

사정의 기능을 개념화하는 다른 방법은 참조점에
의한 것이다. 교육자는 일반적으로 검사를 규준참조,
준거 또는 기준 참조, 영역참조 검사를 활용하여 실
시한다. 규준참조 사정은 개인의 수행을 집단의 수준

과 비교하여 확인하기 위해 사용된다. 특수교육을 위한 적격성 확인을 위해 사용되는 대부분의 검사는 규준참조검사다. 이러한 검사는 규준 집단의 수행에 근거하여 고안되고 표준화되기 때문에 규준참조라는 용어를 사용한다. 규준참조검사는 중요한 정보를 제공하지만, IEP 또는 교수 개발을 위한 안내에는 제한점이 있다. 또한 정보가 해석되는 데 있어 한계가 있다는 것이 다른 제한점이다. 즉, 그 결과는 검사 표준화를 하는 데 사용된 인구표본과 개인의 수행 간의 관계만을 반영하는 것이다. 예를 들어, 장애 학생이 표준화 표본에 포함되지 않았다면 장애 학생의 점수와 그렇지 않은 학생의 점수를 비교하는 것은 적절하지 않은 것이다. 만약 호록스 여사가 애지를 특수교육 사정에 의뢰하기로 결정했다면 수행되는 대부분의 검사들은 규준참조검사가 될 것이다.

준거 또는 기준 참조 사정은 특정한 준거 수준이나 기준과 관련된 학생의 수행을 나타낸다. 점수는 학생이 준거 또는 기준을 만족시키는지의 여부(예, 통과 또는 실패) 또는 정반응과 오반응의 수에 의해 보고된다. 일반적으로 이러한 검사의 수행 결과는 현재 가

르치고 있는 교육과정과 직접적으로 관련된다. 따라서 교사가 수업을 계획하기에는 규준참조검사보다 준거참조 검사가 더 유용하다. 영역참조검사에서는 지식 또는 기술의 큰 영역에서 대표적인 질문과 수행이 선택된다. 영역참조검사에서 학생의 수행은 보통 백분율로 보고된다. 사정되는 지식과 기술이 교육과정과 관련된다고 가정하면, 영역참조검사 또한 교사에게 유용한 도구가 될 수 있다. 각 검사 유형에 대한 더 많은 정보는 〈표 6-1〉에 제시되어 있다. 세 가지 검사 범주는 서로 제한적이지 않다. 예를 들어, 한 검사는 규준참조이면서 영역참조 검사일 수 있다. 출판되는 대부분의 성취검사는 두 가지 특징을 모두 가진다. 포유동물 단원의 마지막에 수행된 조지오 양의 사정은 영역참조검사일 것이다. 자코브스키 여사가 수행한 테런스의 읽기 수준 사정은 준거 또는 기준참조 사정의 특성을 가질 수 있다.

빈도에 의한 사정

사정도구의 두 번째 특징은 도구가 적용되는 빈도

표 6-1 기능 또는 참조점에 의한 사정의 유형

사정 유형	목적	선택된 문항의 근거	점수 보고방식	유용한 상황	유용성이 적은 상황	예
규준참조 사정	개인의 수행을 집단과 비교하여 나타내기 위해	개인 간 구별을 위한 질문 문항 (다양성을 최대화함)	집단 분포 내에서의 개인 위치	• 경쟁적 상황 • 상대평가 • 특수교육을 위한 적격성 판별	• 교수	• 표준화 성취도 검사 • 지능검사
준거/기준 참조 사정	개인의 수행을 구체적 준거 수준 또는 기준과 관련시켜 나타내기 위해	학생이 배우는 교육과정 또는 주/지역의 기준	통과/실패 또는 정답과 오답의 수	• 학생이 기준에 도달했는지의 여부 결정 • 교수 • 반복	• 순위 매기기 • 일반화	• 교사 제작 검사 • 주(州) 단위의 졸업시험
영역참조 사정	모든 내용에 대한 학생의 기술 또는 지식을 측정하기 위해	지식과 기술 영역의 대표성	정답의 백분율	• '모든 것'을 검사할 필요가 있을 때 • 교수 • 반복 • 일반화	• 특정한 기술 정보	• 단원 말 검사

다. 대부분의 사람들은 검사가 교수의 마지막에 적용되는 것이라고 생각한다. 이것을 총괄사정이라 하고 학생이 얼마나 많이 학습하였는가를 나타낸다. 조지오 양의 사정은 총괄사정의 좋은 예다. 대조적으로 형성사정은 학습이 이루어지는 중에 빈번하게 적용된다. 형성사정은 학습과정에서 학생을 지원하기 위해 교사가 교수수정을 할 수 있도록 하기 때문에 총괄사정보다 교사에게 더 많은 정보를 제공한다. 형성사정은 이 장의 뒷부분에서 더 자세히 다룰 것이다. 형성사정과 총괄사정의 정의와 예는 〈표 6-2〉에 나타나 있다.

형식성에 의한 사정

교육자는 종종 사정도구를 범주화할 수 있는 형식적 사정과 비형식적 사정으로 구분 짓는다. 사정의 형식성은 사정의 목적뿐만 아니라 사정도구의 적용과 표준화 절차에 기초한 형식화 정도의 연속성으로 개념화할 수 있다.

비형식적 사정과 형식적 사정을 구분 지어 주는 중요한 요소는 사정이 규정되고 미리 결정된 방법으로 실행되는 정도다. 형식적 사정은 사전에 확인된 검사 문항 또는 관찰 절차를 포함하고, 표준화된 절차를 적용하여 관리되어야 한다. 비형식적 사정은 미리 선정된 검사 문항, 표준화된 관리, 혹은 관찰 절차의 사용이 반드시 포함될 필요는 없다.

대개 형식적 사정에서는 검사자가 학생의 수행을 관찰하고 점수화하기 위해 학생이 일반적으로 잘 참여하지 않는 활동(예, 지필 성취도검사)에 참여하도록 요구한다. 반대로 유능한 교사는 매주 철자검사 또는 매일 수학 과제와 같은 활동에서 일간, 주간 교수 일정의 한 부분으로 비형식적 검사를 끼워 넣는다.

특수교사는 형식적 및 비형식적 사정 모두를 실시한다. 예를 들어, 형식적 사정이나 교실기반 결정을 내리기 위해 잠재적으로 의뢰된 학생을 선별할 때 비형식적 검사를 사용할 것이다. 교사는 학생이 특수교육 서비스 대상에 적합한지, 졸업을 위해 주에서 제시한 기준에 도달했는지를 결정하는 활동에서 형식적 사정을 사용할 것이다. 형식적·비형식적 사정은 모두 학생을 다른 학생, 이전 수행 능력 또는 기준과 비교하는 데 사용되곤 한다.

자주 사용되는 또 다른 용어는 표준화 검사다.

표준화는 결과를 해석하기 위해 검사자료, 적용 절차, 채점방법, 기술을 구조화하는 것을 의미한다. 표준화는 학생 집단 또는 같은 학생에게 동일한 방식으로 한 번 더 검사를 실시하는 것을 가능하게 한다. 이것은 진보 정도의 측정, 수행 수준의 결정, 다른 학생과의 수행 능력 비교에서 정확성과 지속성을 보장한다(Venn, 2004, p. 616).

형식적 검사는 표준화되어 있다. 비형식적 검사는

표 6-2 총괄사정과 형성사정

사정 유형	정의	목적의 예	예
총괄사정	교수가 진행된 후에 학생의 수행 능력이 반영된 한 번의 사정	• 학생이 해당 내용을 얼마나 잘 학습하였는지를 결정하기 위해 • 학년 말 성적을 부여하기 위해	• 단원 말 시험 • 기말시험
형성사정	교수가 진행되는 동안 학생의 수행 능력이 반영된 빈번한 사정	• 학생이 매일 진보하고 있는지 결정하기 위해 • 개별 학생을 위한 교수의 효과를 결정하기 위해	• 시간 내에 수학 문제 풀기 • 소리 내어 문단 읽기

표 6-3 형식적, 비형식적 사정

사정 유형	정의	목적의 예	예
형식적 사정	표준화된 도구가 사용될 때 사정이 형식적임. 표준화는 적용, 채점, 결과의 해석, 자료의 선택에 기초함	• 특수교육 서비스의 적격성 결정 • 구체적 기능 수준의 결정 • 졸업을 위해 주(州) 기준에 도달했는지 결정 • 양적인 관찰자료가 요구됨	• IQ 검사 • 성취도검사 • 형식적 행동 관찰 • 표준화된 체크리스트
비형식적 사정	표준화 구성 요소 중 일부만을 포함하는 사정도구가 사용될 때 사정이 비형식적임	• 형식적 사정을 위한 잠재적 의뢰의 선별 • 교실 기반 결정	• 단원 말 시험 • 수행자료 • 일화관찰 기록

표준화의 요소 몇 가지는 포함하지만 모든 요소를 포함하는 것은 아니다. 형식적·비형식적 사정에 관한 자세한 사항은 〈표 6-3〉에 제시되어 있다.

사정되는 지식/기술에 의한 사정

네 번째 사정도구의 특징은 사정되는 지식/기술에 의한 사정이다. 두 가지 구체적 유형인 교육과정 중심 사정과 행동 사정을 먼저 논의하고자 한다. 교육과정 중심 사정은 학생이 교실에서 배우고 있는 교육과정과 관련하여 학생을 사정함을 의미한다. 행동사정은 학생 행동의 직접적인 관찰을 의미한다. 특수교사는 이 두 유형의 사정을 가장 많이 사용하므로, 교육과정 중심 사정과 행동 사정은 뒤에서 자세히 다루도록 한다. 간략한 비교는 〈표 6-4〉에 제시되어 있다.

2. 표준화 검사

표준화 검사는 관리, 채점, 결과 해석을 위한 구조화된 자료와 체계적인 절차를 가진다. 표준화 검사를 실시하는 학교 관련인은 검사 적용 절차에 대한 훈련을 받아야 한다. 대부분 학교에서 학교 심리학자 또는 진단 전문가는 개별화된 표준화 검사를 실시한다.

많은 상업적인 표준화 검사가 제공되고 있는데 그중 표준화 검사의 대표적인 유형인 지능검사와 성취도검사를 논의하고자 한다. 표준화 검사는 규준, 신뢰도, 타당도의 세 가지 기본 특성을 가진다.

표준화 특성

규준　일반적으로 표준화 검사는 한 학생의 수행결과를 학생 집단과 비교한다. 이러한 비교가 가능하

표 6-4 교육과정 중심 사정과 행동 사정

사정 유형	정의	목적	예
교육과정 중심 사정	교수 중 사용된 자료와 절차가 적용되어 지도받은 교육과정의 내용을 직접적으로 사정하는 것	• 구체적인 교수 목표를 충족했는지의 여부를 결정하기 위해 • 교육과정을 통한 진척도를 모니터하기 위해	• 단원 말 시험 • 교육과정 중심 측정 • 포트폴리오
행동 사정	검사 없이 학생 행동을 직접관찰하는 것	• 학생의 행동과 상호작용 양상을 결정하기 위해	• 10분 일화관찰 기록 • ABC 행동분석 • 기능적 행동 사정

도록 하기 위해 검사는 규준(norm) 또는 표준화에서 표본이라 불리는 학생 집단에 의해 이루어져야 한다. 개별 학생의 수행 능력이 집단의 수행 능력과 얼마나 잘 비교될 수 있는지는 규준 표본의 특성에 달려 있다. 예를 들어, 영재교육 프로그램 대상 학생으로 구성된 규준집단의 지능을 측정한다면, 보통 학생은 정신지체 범위의 점수를 획득할 것이다. 규준집단은 보통 광범위한 다수의 인구에 기초한다. 성별, 나이, 학년, 지능, 지리적 위치, 사회문화적 고려(예, 부모, 인종, 문화적 정체성)와 같은 특성을 모두 반영하는 규준 표본의 비율적 대표성은 중요하다(Salvia & Ysseldyke, 2004). 검사 개발자는 인구가 지속적으로 변동되는 것을 고려하여, 제공되는 규준의 자료를 지속적으로 개정해야 한다. 규준에 대한 정보는 검사 요강에 명시해야 하며, 해당 검사를 선택하기 전에 알 수 있어야만 한다.

신뢰도 교사가 사정을 할 때는 결과를 세 가지 방법으로 일반화하려 한다. 교사는 (1) 학생이 유사하지만 다른 검사 질문을 받았을 때, (2) 검사가 다른 시기에 이루어졌을 때(예, 다음 날 또는 다음 주), (3) 자격을 갖춘 다른 검사자가 실시했을 때 모두 같은 결과를 얻을 수 있을 것이라 가정하기를 원한다(Salvia & Ysseldyke, 2004). 신뢰도(reliability)는 우리가 일반화시킬 수 있는 정도를 결정하는 데 도움을 준다.

신뢰도는 검사 점수나 다른 사정방법의 정확성과 일관성 정도로 정의되는데, 이것은 보통 0에서 1.00까지 다양한 수치를 가지는 신뢰도 상관계수(r)로 나타낸다. 만약 r이 0이라면 절대적으로 부족한 신뢰도라 할 수 있고, r이 1.0이라면 완벽한 신뢰도라 할 수 있다. 일반적으로 측정의 충분한 신뢰도를 가지기 위해서는 신뢰도 상관계수 r이 90을 초과해야만 한다(Venn, 2004).

신뢰도는 몇 가지 방법으로 결정된다. 검사-재검사 신뢰도를 측정할 때, 검사는 동일한 집단에게 두 번 실시되고 그 결과 점수로 신뢰도 계수가 계산된다. 동형검사 신뢰도 역시 두 가지 형태의 같은 검사도구를 같은 집단에게 적용하고 두 개의 점수를 사용하여 상관계수를 계산한다는 것을 제외하고는 유사하다. 반분신뢰도는 같은 검사의 반분된 두 부분의 상관관계를 의미한다. 그 검사는 동일한 집단에 한 번만 실시된다. 검사 문항은 반으로 나뉘며, 신뢰도를 측정하기 위해 각 부분의 점수가 서로 비교된다(Venn, 2004). 신뢰도 계수와 그 사용방법은 검사 요강에 제시되어야 한다.

신뢰도의 다른 형태는 측정자간 신뢰도(또는 관찰자간 신뢰도)다. 이 유형의 신뢰도는 두 명의 관찰자가 학생에 대해 직접 듣거나 보고 그 관찰 점수를 비교할 때 결정된다. 몇몇 전문가는 이 방법을 측정자간 또는 관찰자간 동의라고 부르는 것을 선호하는데, 이는 '신뢰도'보다 '동의'가 계산방법을 더 잘 반영하기 때문이다. 보통 다음의 공식이 사용된다.

$$\frac{\text{동의의 수}}{\text{동의의 수} + \text{동의하지 않은 수}} \times 100 = \text{동의의 백분율}$$
$$\text{(전체)}$$

타당도 사정을 할 때, 교사는 그들이 측정하려고 생각했던 것을 실제로 측정하고 있는지에 대한 확실성을 필요로 한다. 타당도(validity)는 사정도구가 측정하기로 계획되었던 것을 측정하는 정도로 정의된다. 타당도는 사정의 기술적 특성 중 가장 중요한 것으로 여겨진다. 사정도구는 타당성 없이도 신뢰할 수 있지만, 도구를 신뢰할 수 없다면 결코 타당할 수 없다. "모든 타당한 검사는 신뢰할 수 있고, 신뢰할 수 없는 검사는 타당하지 않으며, 신뢰할 수 있는 검사는 타당할 수도 있고 타당하지 않을 수도 있다." (Salvia & Ysseldyke, 2004, p. 155)

타당도에는 몇 가지 유형이 있다. 첫째, 내용타당도는 검사가 사정되는 영역을 다루는 정도다. 둘째,

안면타당도는 표면적으로 측정이 타당하다고 보이는지 아닌지를 의미한다. 셋째, 준거참조 타당도는 예언적이거나 또는 동시 발생적일 수 있다. 예언타당도는 검사의 점수가 미래의 행동을 얼마나 잘 예측하느냐에 따른 문제다. 공인타당도는 해당 검사의 결과가 같은 내용의 다른 타당한 검사의 결과와 관련하여 얼마나 상관이 높은지에 관한 타당도다. 타당도의 네 번째 유형은 구인타당도다. 이것은 검사도구가 측정을 위해 고안된 이론적 기반을 얼마나 잘 반영하는지를 나타낸다(Venn, 2004). 규준과 신뢰도와 마찬가지로, 타당도에 대한 정보 역시 검사 요강에 제시되어야만 한다.

표준화 검사의 유형

지능검사   지능은 다양한 인지과정(예, 문제 해결, 의사결정, 지적 추론, 추상적인 사고)과 관련된 추상적 개념이다. 지능검사는 표본 행동(예, 일반적 지식, 어휘, 이해, 추론 기술)을 측정하고, 지능은 이러한 일련의 기술과 지식에 관한 학생 수행 수준에 근거하여 추론된다.

학교에서 가장 일반적으로 사용되는 지능검사는 웩슬러 아동지능검사 제3판(WISC-3; Wechsler, 1991), 스탠퍼드–비네 지능검사(Thorndike, Hagen, & Sattler, 1986)다. 각각의 세부사항은 〈표 6-5〉에 제시되어 있다. 〈표 6-5〉에는 비언어성 지능검사(Brown, Shervenou, & Johnsen, 1997), 보편적인 비언어적 지능검사(Bracken, & McCallum, 1997)에 대해서도 상세히 다루고 있다. 이 두 검사는 비언어적 지능을 측정하기 위해 설계되었고, 특히 구어로 답하기 어려운 학생 또는 언어중심 검사로부터 부정적인 영향을 받은 학생에게 적절하다.

학업/성취 검사   학업 또는 성취 검사는 읽기나 수학과 같이 학교에서 전형적으로 가르치는 지식과 기술에 대한 학생의 수행을 측정한다. 학교는 적어도 1년에 한 번씩 모든 학생에게 학업 또는 성취 검사를 집단적으로 적용한다(예, 아이오와 기초기술검사[Iowa Test of Basic Skills], 스탠퍼드 성취도 검사[Stanford Achievement Test]). 학교 책무성에 대한 관심의 증가에 따라 학업/성취 검사의 시행이 증가되어 왔다. 현재 특수교육 서비스를 받고 있거나 그에 적합하다고 판별된 학생은 적절한 학업 영역에 관해 개별적으로 시행되는 검사를 받는다. 예를 들어, 문

표 6-5 지능검사의 예

이름	목적	학년 또는 연령 수준	포함 내용	기본 특성
스탠퍼드–비네 지능검사 제4판(Thorndike, Hagen, & Sattler, 1986)	전반적인 지능과 학습 능력을 확인하기 위해서	2~16세	언어적 추리, 양적 추리, 추상적·시각적 추리, 단기기억의 하위검사	• 규준참조 • 개별 시행
비언어성 지능검사 제3판(Brown, Shervenou, & Johnsen, 1997)	비언어적 지능과 시각적인 추론 능력을 선별하기 위해서	5~85세	문제해결력 하위검사: 짝짓기, 추론, 분류, 교집합, 수열	• 규준참조 • 개별 시행 • 비언어 검사
보편적인 비언어적 지능검사(Bracken & McCallum, 1997)	비언어적 인지 능력을 측정하기 위해서	5~19세	기억, 추리의 하위검사	• 규준참조 • 개별 시행 • 비언어 검사
웩슬러 아동지능검사 제3판(Wechsler, 1991)	전반적인 일반지능을 확인하기 위해서	6~16세	언어, 수행의 하위검사	• 규준참조 • 개별 시행

표 6-6   학업검사의 예

이름	목적	학년 또는 연령 수준	포함 내용	기본 특성
브리건스 종합 기초 기술 목록 개정판 (Brigance, 1999)	• 특정 학업 기술 사정 • IEP 개발과 학생 진보 정도 관찰을 위해 사용될 수 있음	유치원~9학년	학업 준비, 듣기, 읽기, 철자, 쓰기, 수학과 관련된 22개 하위검사	• 교육과정 중심 • 개별 시행
구어읽기검사 제4판 (Wiederhold & Bryant, 2001)	읽기 숙달 정도 선별	6~18세	구어 읽기, 읽기 이해	• 규준참조 • 집단 시행
아이오와 기초기술 검사 (Hoover, Dunbar, & Frisbie, 2003)	기초 학업 기술 선별	유치원~9학년	읽기, 언어, 수학	• 규준참조 • 집단 시행
카우프만 교육 성취도검사 (Kaufman & Kaufman, 1998)	학업성취 선별 또는 사정	유치원~12학년	읽기, 철자, 수학	• 규준참조 • 개별 시행
키매스(Key-Math) 개정판 (Connolly, 1998)	수학성취 사정	유치원~12학년	기초수학 개념, 조작, 적용	• 규준참조 • 개별 시행
메트로폴리탄 성취도검사 제8판 (2000)	기초 학업 기술 선별	유치원~12학년	읽기, 수학, 언어	• 규준참조 • 집단 시행
피바디 개별 성취도검사 개정판(Markwardt, 1998)	학업성취 기술 선별	유치원~12학년	일반 정보, 읽기, 수학, 철자, 쓰기	• 규준참조 • 개별 시행
스탠퍼드 성취도검사 시리즈 제10판 (2002)	기초 학업 기술 선별	유치원~12학년	읽기, 언어, 수학, 과학, 사회과학	• 규준참조 • 집단 시행
문어검사-3 (Hammill & Larsen, 1996)	문어 표현 사정	2학년~12학년	자발적이고 꾸며낸 문어 표현	• 규준참조 • 개별 시행
웩슬러 개별성취도검사 제2판 (Wechsler, 2001)	학업성취 진단을 위한 성취 사정	4세~성인	구어 언어, 듣기, 쓰기, 철자, 읽기, 수학	• 규준참조 • 개별 시행
광범위 성취도검사 3 (Wilkinson, 1993)	학업성취 선별	유치원~성인	읽기, 수학, 철자	• 규준참조 • 개별 시행
우드콕 존슨 성취도검사 III (Woodcock, McGrew, & Mather, 2001)	학업성취 사정	2세~성인	구어언어, 읽기, 수학, 철자, 쓰기	• 규준참조 • 개별 시행
우드콕 읽기 숙달검사 수정판 (Woodcock, 1998)	읽기 기술 사정	유치원~성인	문자와 단어 인식, 단어 공격, 단어와 구절 이해	• 규준참조 • 개별 시행

어에 어려움이 있다고 확인된 학생에게는 문어검사(Test of Written language; Hammill & Larsen, 1996)를 실시할 것이다. 반면 수학에서 특수교육 서비스를 받고 있는 학생이라면 키매스(Key-Math; Connolly, 1998)를 제공받을지도 모른다. 브리건스 종합 기초기술 목록(Brigance Comprehensive Inventory of Basic Skills; Brigance, 1999), 우드콕-존슨 성취도검사 III (Woodcock-Johnson III Test of Achievement; Woodcock, McGrew, & Mather, 2001)와 같은 몇몇 검사는 더 넓은 범위의 학업 기술을 평가한다. 추가적인 학업/성취 검사의 목록은 〈표 6-6〉에 제시되어 있다.

3. 교실에서의 사정

지금까지 논의된 많은 내용은 보통 교실 밖 장면에서 일어나는 사정과 관계가 있다. 이 장의 나머지 부분은 대부분 교실 안에서 교사가 자주 사용하는 사정에 대해 다루고자 한다. 구체적으로 교육과정 중심 사정과 행동 사정을 다룰 것이다.

교육과정 중심 사정

교육과정 중심 사정(curriculum-based assessment: CBA)을 사용하는 교사는 그들이 가르치는 교육과정 또는 교육 내용과 사정도구를 연계시킨다. CBA에서 교수를 위해 사용되는 실제 교육과정 자료는 사정을 위해 활용되고, 직접 관찰과 학생 수행의 기록은 교수적 결정을 내리기 위해 활용된다. CBA는 형식적 또는 비형식적, 기준 또는 영역 참조, 형성 또는 총괄 형태가 될 수 있다. CBA의 예와 각 유형이 어떻게 특징지어지는가는 〈표 6-7〉에서 제시되고 있다.

〈표 6-7〉에서 볼 수 있듯이, CBA는 다음 내용을 포함한 여러 가지 유형으로 나타날 수 있다.

- 참생활 또는 실생활 과제
- 도표
- 체크리스트
- 회의와 면담
- 계약
- 교육용 게임
- 관찰
- 발표
- 질문지
- 자기 사정
- 모의실험
- 학생 일기
- 검사, 시험, 퀴즈
- 쓰기 결과물(Venn, 2004)

교육과정 중심 측정, 정밀교수, 포트폴리오 사정은 CBA의 세 가지 예다. 세 가지 외에도 학생의 결과물과 수행을 질적으로 평가하기 위해 사용되는 도구인 루브릭에 대해 논의하고자 한다.

교육과정 중심 측정 교육과정 중심 측정(curriculum-based measurement: CBM)은 CBA의 형식적 유형이다. CBM을 사용하는 교사는 시간제한 검사와 학생 수준의 도표화를 포함한 표준 절차를 적용한다. 초점을 두는 부분은 유창성 또는 시간에 따른 수행률이다. CBM은 다음 요소에 의해 다른 교실 사정의 유형과 구분될 수 있다. 첫째, CBM은 표준화된 것이다. 측정되는 행동과 측정하는 동안의 절차는 구체적으로 정해져 있다. 둘째, CBM은 검사 과정과 자료가 지속적으로 남으면서 장기간 사용될 수 있다. 셋째, 매주 검사는 학년 말에 기대되는 수행을 반영하는 내용을 포함한다(Fuchs, Fuchs, Hosp, & Hamlet, 2003).

3학년 담당교사 매시스 양과 특수교사 텀블만 여사는 매일 일정 시간을 팀티칭 하고 있다. 그들은 5학년 학생 몇몇을 대상으로 또래교수 방법과 읽기향상 기록법에 대해 지도하였다. 각 5학년생은 2명의 3학년 학생을 배정받고, 매일 15분 동안 3학년 교실에서 또래교수에 참여한다. 3학년 학생이 번갈아 가며 구어로 읽으면, 5학년 학생은 촉진하고 정확한 피드백을 제공한다. 매주 금요일에, 5학년 학생은 3학년 학생의 읽기향상 자료를 수집하고 도표화한다.

매시스 양과 텀블만 여사는 읽기 사정을 위해 CBM을 사용하고 있다. 그들은 각 학생을 위한 장기 목표(즉, 특정 학년 수준에서의 수행)를 설정하였다. 그리고

표 6-7 교육과정 중심 사정 예

예	형식	비형식	기준 참조	영역 참조	형성	총괄
문어 교육과정						
매일 알파벳 문자 구성		×	×		×	
매일 학생 일기 쓰기		×	×		×	
매주 한 절의 창조적 쓰기		×	×		×	
단원 말 구두점 시험		×	×	×		×
기초 기술의 이해 목록 (Brigance, 1999)	×		×	×		×
생활과학 교육과정						
매일 알맞은 어휘와 정의 일치시키기		×	×		×	
매주의 숙제		×	×		×	
생활과학 교과서 단원 말 시험		×		×		×
주(州) 졸업시험	×		×	×		×

나서 그들은 학년 수준에서 동일한 난이도의 30개 읽기 지문을 확인하였다. 매주 5학년 또래교사는 학생에게 한 지문을 1분 동안 읽도록 요구하여 한 차례의 시험을 실시한다. 정확하게 읽은 단어 수는 점수화되고 시간에 대비하여 도표화된다. 이 정보는 형식적 또는 개인적 성장 정보를 제공할 수 있을 뿐만 아니라, 위험 상태를 확인하기 위해 주어진 시점에서 학생 수행을 다른 학생과 비교하는 규준 정보 또한 제공한다(Fuchs et al., 2003).

교육과정 중심 측정 점수는 세 가지 방법으로 사용될 수 있다. 점수는 추가적인 교수 또는 다른 형태의 교수를 필요로 하는 학생을 확인하기 위한 보편적 선별을 위해 사용될 수 있다. 교사는 또한 CBM 점수를 학생의 학업 향상을 모니터하고 그들의 교수적 프로그램을 개선하기 위해 사용할 수 있다(CEC, 2003).

교육과정 중심 측정의 적용은 학년 수준, 그리고 읽기(Fuchs, Fuchs, McMaster, & Otaiba, 2003), 수학(Calhoon & Fuchs, 2003), 쓰기(Lembke, Deno, & Hall, 2003), 사회(Espin, Busch, Shin, & Kruschwitz, 2001)를 포함한 내용 영역에 걸쳐 연구되어 왔다. 결과는 "CBM이 정확하게 사용될 때, 그 결과는 더욱 효과적인 교수이고, 이는 경도장애 학생에게 더 나은 성취를 가져올 수 있다."(Yell & Busch, 2003, p. 1)라고 말해 주고 있다.

정밀교수 정밀교수(precision teaching)는 시간제한 검사를 통한 유창성과 자료 비율, 학생 수행 결과의 도표화와 평가, 필요한 경우 교육과정 또는 교수 변화가 이루어진다는 점에서 CBM과 유사하다.

예슬람 씨는 매시스 양과 팀블만 여사의 교실에서 어떠한 일이 일어나는지를 관찰하였고, 자신의 반에서 비슷한 무엇인가를 시도해 보기를 원하였다. 전문가 연수를 받은 후, 그는 수학과에 중점을 두고 정밀교수를 실시하기로 결정하였다. 매일 수학수업 시간 후 학생은 1분 동안 개별 문제지에 할 수 있는 최대한 많은 문제를 풀었다. 학생들은 자신들의 수행을 자기 채점, 자기 기록, 자기 도표화하였다. 예슬람 씨는 매일 도표를 검토하고 그 결과에 근거하여 교수 결정을 하였다.

공학의 활용
전자 퀴즈의 개발

전자 퀴즈(e-quiz)의 개발과 사용은 교실수행 사정을 위한 선택사항이다. 전자 퀴즈를 경험하고 다양한 전자 퀴즈 도구를 배우기 위해서 다음 사이트를 참고하면 도움이 될 것이다.

Fun Brain　http://www.funbrain.com
Quia　http://www.quia.com
QuizCenter　http://school.discovery.com
QuizStar　http://quiz.4teachers.org

전자 퀴즈를 해 볼수록 왜 그것을 정기적으로 사용해야 하는지에 대한 많은 이유를 알게 될 것이다. 대부분의 퀴즈 저작 도구는 사용이 간단하고 자판 치기, 복사하고 붙이기, 저장하기와 같은 기본적인 기술을 포함한다. 교사는 그들이 주로 만들었던 지면 검사와 본질적으로 같은 방법으로 퀴즈를 만들어 냈다. 문항의 구성은 도구에 따라서 다양하지만, 공통적인 형식은 참/거짓, 다중 선택, 단답식(한두 개의 단어), 짝짓기를 포함한다. 각각의 문항을 입력하고, 교사는 정답을 표시한다. 이것은 전자 피드백과 퀴즈 채점을 가능하게 한다. 그 결과 교사가 전자 퀴즈를 만드는 데 소비하는 시간은 학생의 시험지에 성적을 기입하는 시간을 없앰으로써 충분히 보상받을 수 있다.

전자 퀴즈의 가치는 학생의 관점에서 고려될 수 있다. 산만한 학생을 위한 전자 퀴즈의 중요한 이점은 교사가 퀴즈의 점수를 매길 때까지 학생이 기다리는 것이 아니라 수행에 따른 즉각적인 피드백이 제공된다는 것이다. 시험의 쓰기 측면에서 어려움을 보이는 학생을 위해 전자 퀴즈는 더욱 매력적일 수 있다. 결정적으로 전자 퀴즈는 학생이 알아야만 하는 주요 사실과 개념에 집중하도록 도와준다. 전자 퀴즈의 규칙적인 사용은 학생의 검사 점수를 높일 것이다.

접근에 관한 문제(인지, 대안적 입력, 화면 판독장치)가 몇 개의 공통적인 전자 퀴즈 도구와 더불어 제기될 것이다. 그 결과, 교사는 접근 가능한 퀴즈와 시험을 만드는 데 사용될 수 있는 특성화된 소프트웨어 도구를 고려하기를 원한다. 특히 다음은 어려움을 갖는 학생을 지원하기 위한 멀티미디어 시험 개발을 위해 이상적인 도구다.

- 단어를 듣기 위해 단어를 클릭하라.
- 단어의 정의를 보고 듣기 위해 촉진자극을 클릭하라.
- 항목의 그림을 보기 위해 링크를 클릭하라.
- 비디오 클립을 보기 위해 링크를 클릭하라.

다음의 제품은 접근 가능한 퀴즈와 시험을 구성하기 위해 일반적으로 사용되는 것이며, 이것은 시험 보기 경험을 학습 경험이 되도록 하기 위해 멀티미디어를 이용한다.

BukldAbility　http://www.donjhonston.com
Hyperstudio　http://www.hyperstudio.com
IntelliPics　http://www.intellitools.com
Kidspiration　http://www.inspiration.com

검사 수행을 향상시키는 한 가지 전략은 그들의 이해 정도를 확인하기 위해서 적절한 연습의 기회를 제공하는 것이다. 현재 전자 퀴즈 분야 공학의 발전은 모든 교사의 공학도구에 영향을 미칠 잠재력을 지니고 있다.

[생각해 보기] 당신의 전반적인 사정 전략과 전자 퀴즈를 어떻게 연합시킬 것인가?

정밀교수란 두 가지 측면에서 교육과정 중심 사정과 중요한 차이가 있다. 첫 번째, CBM 검사는 연간 교육과정에 포함된 모든 기술을 사정하지만, 정밀교수는 작은 단위(예, 구구단의 2단에만 해당)를 사정한다. 두 번째, 정밀교수는 오로지 기준 성취 차트(celeration chart)만을 사용한다.

기준 성취 차트는 자료점을 절대적으로 보여 주기보다는 비례적으로 보여 준다(Mercer & Mercer, 2001). 예를 들어, 학생의 곱셈 문제 풀기 비율이 분당 10단위에서 20단위로 향상하였다면, 변화 비율(2배)은 같은 시간 동안 1분에 5단위에서 10단위로 향상된 학생과 같다는 것이다. 그래프 종이와 유사한

균등간격표는 절대적 변화를 강조한다(위의 두 예에서 10단위의 증가와 5단위의 증가를 대비함). 정밀교수는 직접교수 자료와 결합될 때 더욱 효과적이지만 (Lindsley, 1992), 최소한으로 구조화된 어떤 교육과정 접근과도 사용될 수 있다(Keel, Dangel, & Owens, 1999).

포트폴리오 사정　　　포트폴리오 사정(portfolio assessment)에 관한 관심이 증가되고 있다. 그간 많은 저자가 포트폴리오 사정에 대해 다양한 방식으로 정의해 왔지만, 공통적으로 포함되는 다음 여섯 가지 요소가 포함된다.

• 가치 있는 성과에 중점을 둔다.
• 실생활과 관련된 과제를 요구한다.

• 교사와 학생 사이의 협력을 장려한다.
• 다양한 영역, 차원에서 학생의 결과물을 평가하도록 요구한다.
• 학생의 반성적 사고(reflective thinking)를 확립한다.
• 사정과 교수를 통합한다(Venn, 2004).

Salend(1998)는 학생의 수행 능력을 포트폴리오로 사정하기 위한 여섯 가지 지침을 제시하였다(〈표 6-8〉 참조). 포트폴리오 사정을 고안하기 전, 포트폴리오를 만드는 목적에 대해 아는 것이 필요하다. 가장 일반적인 목적은 (1) 학생 최고의 작품을 전시하기 위해서, (2) 학생의 성장이나 진전을 보여 주기 위해서, (3) 목표기준의 수행을 증명하기 위해서다. 포트폴리오의 내용은 당신이 결정할 수 있다.

표 6-8　학생의 수행 능력을 포트폴리오로 사정하기 위한 지침

지침	예
1. 포트폴리오 사정을 위해 학생의 적절한 목표확인하기	• 연간 IEP 목표 • 일반교육과정 기준
2. 사용될 포트폴리오 유형 결정하기	• 전시하기: 학생의 최고 작품을 나타내는 것 • 반성적 사고: 학생 학습의 다양한 측면을 이해하고 촉진함 • 누적적인: 시간이 경과하면서 학생의 수행 능력이 변화한 것을 보여 줌 • 목표 기반: 미리 설정된 목표의 달성이나 진전도를 보여 줌 • 과정: 최종 결과물이 될 마지막 작품의 진행과정에서 각 요소를 나타냄
3. 포트폴리오 조직과 양식 구성하기	• 내용 영역별, 연대순, 또는 두 가지 모두의 방법으로 조직화 • 파일 폴더, 바인더, 비디오테이프, CD, 웹페이지
4. 포트폴리오 작품으로 사용될 참 결과물 선택하기	• 문어로 표현된 샘플 • 오디오/비디오 기록 • 컴퓨터로 산출된 결과물 • 보고서 • 미술작품 • 교실 내 시험
5. 각 작품을 설명하는 제목 만들기	• 목표, 내용, 날짜 등에 의해 작품 확인하기 • 학생이 왜 그 결과물을 선택하였는지, 그것을 통해 배운 것은 무엇인지, 그것은 다른 결과물과 어떻게 다른지 등에 대한 학생의 반성적 사고
6. 포트폴리오를 평가하고 주기적으로 검토하기	• 학생이 동료, 교사, 부모, 그 외 다른 사람에게 포트폴리오 보여 주기 • 교사가 루브릭이나 다른 도구를 사용하여 포트폴리오 공식적으로 평가하기

출처: Salend (1998)에서 발췌한 내용으로 표 작성.

교사와 학생은 과목 영역에 의해 순차적으로 포트폴리오를 조직화하려는 경향이 있다. 진전향상 포트폴리오는 교과 영역 내의 과제 결과물이 나란히 배열되어 관찰자로 하여금 시간 흐름에 따른 진보 정도를 관찰할 수 있도록 한다.

적절한 때, 학생은 포트폴리오의 일부분이 될 수 있는 작품을 선택하거나 자기 반성적 사고를 준비하는 주요한 역할을 가져야 한다(Davies, 2000). 학생의 반성적 사고는 구두로 이루어지거나 서면으로 이루어질 수 있지만, 이것은 영구적 결과물로 반드시 문서화되어야 한다. 구두로 표현되는 반성적 사고는 오디오테이프나 비디오테이프 등으로 기록될 수 있다.

포트폴리오는 여러 형태로 제시될 수 있는데 그중 하나는 전자공학이다. 전자공학 포트폴리오는 디지털 기술을 사용하여 학생이 오디오, 비디오, 그래픽, 텍스트와 같은 다양한 미디어 유형의 작품을 조직화하고 수집할 수 있도록 한다. 전자공학 포트폴리오는 개발자와 평가자가 데이터베이스 또는 하이퍼링크를 사용하고 기준, 목표, 작품, 반성적 사고 사이의 관계를 증명할 수 있도록 한다는 점에서 유익하다.

다음의 몇 가지 도구는 전자공학 포트폴리오를 개발하는 것에 도움을 줄 수 있다.

- 템플릿 소프트웨어 패키지는 포트폴리오의 구조를 제공한다. 이 소프트웨어는 보통 데이터베이스 소프트웨어에 기초를 두며, 개발자가 시각적으로 문서화된 작품 파일을 첨부할 수 있도록 도와준다(예, Learner Profile, Grady Profile).
- 멀티미디어 프로그램 도구는 더욱 정교한 미디어 프레젠테이션을 가능하게 한다(예, Macromedia Director, Authorware).
- PDF 문서는 도표가 첨부되거나 첨부되지 않는 문서를 나타내고 저장하는 데 사용된다. 이러한 문서는 '그림' 페이지로 여겨지고, 저장하거나 공유하기에 쉽다(예, Adobe Acrobat).
- 데이터베이스는 교사가 많은 학생의 작업을 기록할 수 있도록 하고, 모든 학생이 프로파일을 만들 수 있다는 이점을 가진다(예, FileMaker Pro, Microsoft Access).
- 웹페이지 역시 인터넷에 게시될 것이다. 멀티미디어저작(authority) 도구와 유사하게, 웹 페이지는 정교한 미디어 프레젠테이션을 도와줄 수 있다.
- 비디오는 아날로그(값이 싸고 일차원적) 또는 디지털(더 융통성 있고 상호작용적)로 이용할 수 있다(Roblyer, 2003).

장애 학생을 위한 포트폴리오 사정에 대한 연구는 제한적으로 수행되어 왔다. 연구에서 자기 사정과 자기 성찰이 포트폴리오 사정 절차의 한 부분으로 지도되었을 때, 장애 학생의 내적 통제 소재 또는 외부 환경에 대한 자신의 통제 인식이 증가한 것으로 나타났다(Ezell & Klein, 2003). 다른 연구에서는 포트폴리오 사정 절차를 통해 정신지체 학생의 자기결정 기술(예, 의사소통, 자기 옹호)이 증가했음을 알 수 있었다(Ezell, Klein, & Ezell-Powell, 1999).

루브릭 일반적으로 루브릭(rubrics)은 성적 매기기가 어려운 학생의 작업 형태를 평가하기 위해 사용된다. 루브릭은 "가능한 답변의 설명과 다른 수행수준에서 나타나는 특성과 본질에 대해 묘사하는 점수 기준"(Venn, 2004, p. 615)을 제공한다. 루브릭은 분석적일 수도 있고, 전체적일 수도 있다. 분석적인 루브릭은 각각의 필수적인 특징을 평가함으로써 수행과 결과물을 사정한다. 전체적인 루브릭은 수행과 결과물의 전반적인 인상을 통해 사정한다(Hall & Salmon, 2003). 수필 쓰기 평가를 위해 사용되는 루브릭의 예시가 〈표 6-9〉에 제시되어 있다.

교사는 포트폴리오 자료가 전통적인 표준화 사정

표 6-9 수필 쓰기 평가를 위한 루브릭의 예시

개념적 수준	정확성과 완성도	쓰기
4. 평가 수준: 학생은 주제에 관해 비교, 대조, 해석, 요약, 결론의 절차에 근거한 증거를 포함한 평가적 견해를 나타낸다.	4. 토론은 정확하고 종합적이고 철저하게 뒷받침된다.	4. 수필은 명확하게 조직화되어 있고(예, 서론, 본론, 결론), 하나 이상의 문법적 또는 철자 오류가 나타나지 않는다.
3. 분석 또는 종합 수준: 학생은 한 개념을 여러 부분으로 나누고 상관성을 토론한 후 그 부분들을 원래의 것이나 다른 것 또는 새로운 하나로 다시 융합한다.	3. 토론은 정확하고 중요한 관련 주제의 대부분이 제시되고 잘 뒷받침된다.	3. 수필은 몇몇 문법적 또는 철자 오류가 나타나지만 조직화되어 있다.
2. 이해 또는 적용 수준: 학생은 자료의 의미를 알고, 부연설명을 하거나 예시를 제시함으로써 그것을 해석한다. 또한 그 규칙, 방법과 이론을 새로운 상황에 적용하기 위한 능력을 보인다.	2. 가장 관련 깊은 주제가 제시되고, 제공되는 정보는 일반적으로 정확하고 문서화되어 있다.	2. 몇몇 조직은 명백하고, 소수의 문법적인 또는 철자 오류가 나타난다.
1. 지식 수준: 학생은 이전에 학습한 사실과 이론에 대한 지식을 생각해 낸다.	1. 소수의 관련 주제가 제시된다. 많은 부정확성이 존재한다. 몇몇 증거자료가 제공된다.	1. 조직화가 부족하고, 다수의 문법적 또는 철자 오류가 나타난다.
개념적 수준 점수	정확성과 완성도 점수	쓰기 점수

자료보다 더욱 유용하다고 보고하지만(Rueda & Garcia, 1997), 포트폴리오와 루브릭의 사용에서 문제점이 있다. 예를 들어, 많은 교사는 포트폴리오 사정을 실시하고 고안하기 위한 연습, 지원, 시간이 부족하다고 느낀다(Harris & Curran, 1998). Salvia와

교사를 위한 정보 6.1

자신만의 루브릭을 만들기 위해서는 다음의 절차를 이용하라.

1. 전형적인 반응 또는 수행의 필수적인 모든 요소를 확인하라.
2. 필수요소의 체크리스트를 만들라.
3. 해당 목록을 과제 또는 프로젝트의 용어로 바꾸라.
4. 루브릭 양식(예, 분석적 또는 전체적)을 선택하라.
5. 용어나 요소와 관련하여 낮은 수준의 전형적인 반응을 기술하라.
6. 척도를 결정하라(4점 척도의 사용이 권장된다)(Hall & Salmon, 2003).

교사를 위한 정보 6.2

학생은 자기 사정과 또래 사정을 위해 루브릭의 사용을 배울 수 있다. 사정을 위해 루브릭을 사용할 때 학생이 적용할 수 있도록 다음의 기억전략을 사용하라.

1. 등급을 매기기 위해 루브릭과 자료를 읽으라.
2. 초기 점수를 주기 위해 루브릭을 사용하라.
3. 등급을 다시 매기기 위해 도와줄 친구를 데려오라.
4. 자료를 함께 검토하라.
5. 함께 점수를 확인하고 상을 주라.
6. 점수를 다시 확인하라.

출처: C. W. Jackson & M. J. Larkin, *Rubric: Teaching students to Use Grading Rubrics* (2002), *TEACHING Exceptional Children, 35*(6), 40-45. Copyrignt 2002 by the Council for Exceptional Children. 허락하에 재사용됨.

교사를 위한 정보 6.3

다음의 인터넷 사이트에서는 교사가 루브릭을 개발하기 위한 틀을 제공하고 있다.

http://rubistar.4teacher.org/index.php

http://www.landmark.project.com/classweb/ tools/rubric_builder.php3

http://edweb.sdsu.edu/triton/july/rubrics/Rubric_Template.html

Ysseldyke(2004)는 포트폴리오와 루브릭 사용을 둘러싼 곤란한 문제들에 대해 논의하였다. 첫 번째, 명확하고 객관적인 점수부여 절차가 부족하며, 이것은 신뢰하기 어려운 점수를 만들어 낸다. 두 번째, 학생이 실제로 그 과제를 완성했다는 증거와 편견이 문제가 될 수 있다. 세 번째, 지지자들은 충분한 연구가 없음을 문제시하고 있다. "다른 대안적 사정양식(예, 교육과정 중심 사정)과 관련된 경험적 타당성과 달리… 교사의 증언 또는 근거 없는 주장을 제외하고는 포트폴리오의 역할을 뒷받침하는 증거는 주로 직관적이거나 또는 보고되지 않고 있다."(Salvia & Ysseldyke, 2004, p. 265) 이들은 포트폴리오 사용의 확대를 위해 포트폴리오를 사용하길 원하는 사람들이 "더 객관적이며, 덜 복잡하고, 점수 기록자는 더욱 훈련되어야 하며, 포트폴리오의 내용은 보다 잘 비교될 수 있어야 함"(p. 268)을 강화해야만 한다고 제안한다.

형식적 교육과정 중심 사정의 개발

특수교사가 사용하는 가장 일반적인 사정도구는 형식적 교육과정 중심 사정(CBA)이다. 앞서 이야기한 대로 교사는 교육과정 중심 측정(CBM) 또는 정밀교수를 시행하거나, 자신의 형식적 CBA 도구를 개발할지도 모른다.

King-Sears(1994)는 형식적 CBA의 개발, 실행, 평가를 위한 5단계 절차를 제시하였다. 이 단계는 머리글자를 따서 APPLY로 제시된다. 각 단계에 관한 설명은 다음과 같다.

교육과정을 분석하라(Analyze the curriculum) 학생의 연령 또는 기능적 수준에 관계없이, CBA 전개의 첫걸음은 교육과정 분석이다. 교육과정이란 지도하는 내용을 의미한다. 특수교육 서비스를 받기에 적합하다고 판별된 학생의 교육과정은 IEP 과정을 통해 확인되어야 한다. 교육과정 지침서, 기준뿐만 아니라 내용의 범위와 연속성도 고려되어야 한다. 교육과정에는 학문적, 사회적, 행동적, 직업적 내용이 포함될 것이다.

IEP 연간 목표와 단기목표는 교육과정 분석의 틀을 제공한다. 교사는 목표 행동을 검증하기 위해서 이러한 목적과 목표를 사용해야 한다. 단기목표는 더 세부적으로 나눌 수 있다.

팀버레이크 여사의 반 몇몇 학생의 단기목표는 다음과 같다. 문장제 문제가 제시되었을 때, 학생은 10개 중 9개 문제에 정답을 쓸 것이다. 팀버레이크 여사는 목표의 결과가 정답이라 하더라도 학생이 그 정답에 도달한 방법을 아는 것이 교수를 도울 것이라고 생각하였다. 그녀는 목표를 정확한 연산 선택, 정확한 수치 선택, 그리고 정확하게 답 계산하기의 세 부분으로 나누었다.

교육과정 목표에 맞는 문항을 준비하라(Prepare items to match curriculum objectives) 다음 단계는 교육과정 목표에 알맞은 검사 문항을 선택하거나 만들고 그 문항들을 연속적으로 배열하는 것이다. 배열은 무작위로 이루어질 수 있다. 만약 목표가 특정한 순서를 통해 과제를 완성하는 것이라면, 문항은 따라야 할 단계의 체크리스트를 포함할 수 있다.

팀버레이크 여사는 다양한 연산과 수치를 포함한 문장제 문제로 구성된 문제은행을 만들었다. 그 결과, 그녀는 다양한 능력의 학생에게 문제를 사용할 수 있었다.

자주 시험하라(Probe frequently) 형식적 CBA가 시행되는 빈도는 다양할 수 있지만, 교사는 보통 적어도 주 1회 혹은 매일 시험을 실시하기도 한다. 개별적인 검사기간은 짧은 기간 동안에 이루어져야 한다. 형식적 CBA는 학생이 완성하는 데 3분 이상이 걸려서는 안 된다.

매주 월요일, 수요일 그리고 금요일, 팀버레이크 여사는 목표에 대한 학생의 기술을 사정하였다. 최근 학생의 수준에 적절한 난이도를 가진 10개 문장제 문제 연습지가 주어졌다. 학생들은 2분 동안 수개념, 연산, 그리고 계산 결과의 내용을 써 내려갔다.

도표를 사용하여 자료를 축적하라(Load data using graphs) 일단 자료가 수집되면, 그것은 도표로 기록된다. 시각적으로 나타난 결과는 해석될 수 있다. 도표화는 학생에게 그들 자신의 학습을 향상시키기 위한 동기와 책임감을 함께 제공한다. 이 장의 뒷부분에서 더 상세히 논의하기로 한다.

문장제 문제를 완성한 후, 학생은 팀버레이크 여사가 준 정답지를 사용하여 답안을 자기 수정하였다. 그녀는 학생에게 자신의 답을 수정하는 것뿐만 아니라 결과를 개별적인 도표로 기록하도록 가르쳐 왔다(다음에도 그들 스스로 할 수 있도록).

결과를 산출하라— 수정과 결정(Yield to results— revisions and decisions) 학생 수행의 자료는 단순하

게 수행자료를 모으는 것만을 의미하지는 않는다. 이 정보는 학생의 진보 여부를 결정하기 위해서 분석되어야 한다. 만약 학생이 진보하지 않았다면 교수 프로그램에서 변화가 이루어져야 한다. 구체적인 결정 법칙과 절차는 이 장의 후반부에서 설명될 것이다. 학생 수행에 근거하여 목표 행동 그리고/또는 사정도구의 수정 또한 필요할 수 있다.

팀버레이크 여사는 학생에게 의사결정 법칙과 절차를 가르쳤다. 법칙과 절차에서의 변화가 정당한 것으로 나타난다면, 학생은 팀버레이크 여사에게 수정을 요청할 것이다. 학생들은 변화가 필요한지의 여부에 대해 함께 토론하고, 만약 그렇다면 어떤 변화가 이루어져야 하는지 논의한다.

행동 사정

교육과정 중심 사정뿐만 아니라, 특수교사는 종종 자연발생적인 환경(예, 교실, 운동장, 식당)에서 행동을 사정하거나 학생 행동을 관찰한다.

자료 유형과 관찰기록 체계 행동 사정의 첫 단계는 자료 수집의 체계를 선택하는 것이다. 자료수집 과정은 관찰대상 행동과 기대되는 행동의 변화 유형에 적합해야만 한다. 가장 일반적인 자료 유형은 빈도, 지속시간, 지연시간, 그리고 비율이다.

① 빈도. 행동 빈도는 행동이 발생한 횟수다. 빈도를 기록하는 것은 관찰기간 동안 행동이 발생한 수를 세는 것이다.

- 샤론은 금요일에 동급생을 4번 걷어찼다.
- 릴리언은 10개 철자 단어를 2번 썼다.
- 주니타는 10분 동안 8번 손을 들지 않고 불쑥 대답했다.

• 조는 점심시간 동안 3번 동급생에게 안녕이라고
  말하며 인사했다.

관찰기간(예, 10분, 20분, 금요일)을 기록하는 것뿐만
아니라, 만약 행동이 나타날 기회가 제한되었다면 기
회의 수 또한 기록되어야만 한다. 예를 들어, 릴리언이
10개 단어를 쓸 기회가 있다는 것을 알지 않는 한, 2개
철자 단어를 쓴 것을 아는 것은 도움이 되지 않는다.

② 지속시간. 지속시간은 학생이 행동을 보이는 시
간의 길이다.

• 홀리는 6분 동안 일기를 썼다.
• 카밀의 짜증은 25분 동안 지속됐다.
• 아이린은 15분 동안 또래교사와 함께 작업했다.
• 에단은 다른 누군가와 함께 상호작용하기 전에
  33분 동안 혼자 놀았다.

학생이 행동을 나타내는 횟수보다 행동을 보이는
시간의 양을 아는 것이 더 유용할 때는 지속시간 기록
이 중요하다.

③ 지연시간. 지속시간과 마찬가지로 지연시간은 시
간의 길이에 초점을 둔다. 지연시간은 수행을 위한
교수 또는 지시가 주어졌을 때와 행동이 발생했을 때
사이의 시간 길이를 의미한다.

• 지시를 받은 후 매킨지가 숙제를 시작하는 데 12
  분이 걸렸다.
• 잡담을 멈추라고 코너에게 말한 후 그가 과제를
  실시하는 데 4분이 걸렸다.
• 메다는 교무실에서 출석부를 가져오라고 요구
  받았고, 6분이 지나 교실을 떠났다.
• 토머스는 소리 내어 읽기를 시작하라고 지시받
  았지만 45초 동안 시작하지 않았다.

④ 비율. 행동 비율은 시간에 따른 행동 발생 빈도의
비율이다. 이는 관찰시간의 길이를 발생된 행동 횟수
로 나누어 계산한다. 빈도를 비율로 변환하는 것은 직
접적으로 빈도를 비교할 수 있도록 한다. 예를 들어,
메리가 월요일에는 3분 동안 93개 단어로 이루어진 문
단을, 화요일에는 2분 동안 68개 단어로 구성된 문단
을 소리 내어 읽었다면, 이는 분당 읽은 단어 수로 계
산될 수 있다(1분에 93/3 = 31단어; 1분에 68/2 = 34단어).

• 메이슨은 분당 12개 덧셈 답을 정확하게 썼다.
• 브랜든은 50분의 수업시간당 질문에 답하기 위
  해 5.2번 손을 들었다.
• 카를로스는 분당 0.3번 의자에서 이탈했다.
• 잭은 하루 42분 컴퓨터로 작업했다.

관찰기록 체계   관찰기록 체계는 행동이 일어나는
동안 행동 표집을 기록하기 위해 사용된다. 가장 일
반적인 행동기록 체계는 사건 기록, 간격 기록, 시간
표집, 지속 기록, 지연 기록이다. 각각을 위한 관찰 양
식의 예시는 [그림 6-1]을 참조하라.

① 사건기록. 사건 기록은 행동 발생시간의 빈도 또
는 횟수를 기록하기 위해 사용된다. 이는 가장 자주
사용되는 관찰기록 절차이고 특정한 시간 동안(예, 오
전 9시에서 9시 20분 또는 학교 시간 동안) 관찰된 행동
의 횟수가 부호로 기록되어 있다. 사건 기록은 관찰되
는 행동이 불연속적일 경우에만 사용되어야 한다. 그
것은 관찰자가 행동의 발생이 끝나고 새로운 행동이
시작하는 것을 식별하기 위해 행동의 명백한 시작과
끝이 있다는 것을 의미한다. 사건 기록은 행동이 매우
높은 비율로 발생하거나 긴 시간 동안 발생할 때에는
사용하면 안 된다.

② 간격 기록. 간격 기록은 행동 발생과 관련한 실제
빈도의 어림치를 제공한다. 10~60분에서 구체적인

시간 간격이 선택되고, 그 시간 동안 행동이 관찰될 것이다. 선택된 관찰기간은 균등한 간격으로 나뉘는데 그 간격이 30초를 초과해서는 안 된다. 각 간격 내에서 관찰자는 어느 간격에서 행동이 발생했는지의 여부를 기록한다. 간격 기록이 갖는 문제는 자료가 오직 빈도 평가만을 제공한다는 것이다. 또한 학생이 책상 위에 엎드려 있는 것과 같이 계속되는 행동은 한 간격 이상에서 발생할지도 모른다는 것이다. 추가적인 문제는 관찰자가 학생을 계속 주목해서 보는 것이 필요하다는 것이다. 그러므로 간격기록 체계를 사용하는 동안에는 교수 또는 다른 교실 업무를 시작하는 것이 어렵다. 자료는 전체 간격 수를 행동이 발생한 간격 수로 나눈 비율 또는 백분율로 보고된다.

③ 시간 표집. 시간 표집은 관찰자가 관찰기간을 선택하고 균등한 간격으로 나눈다는 점에서 간격 기록과 유사하다. 그러나 일반적으로 시간 표집에서의 간격은 간격 기록에서의 간격보다 더 크다. 관찰자는 학생이 간격의 끝에서 행동을 시작했는지의 여부를 기록한다. 이 방법은 교사 또는 다른 관찰자로 하여금 관찰 동안 다른 행동을 할 수 있도록 한다. 그러나 관찰자의 주의가 흐트러지거나 관찰자가 간격의 마지막 순간에 학생을 봐야 한다는 것을 잊는 것은 일반적으로 나타나는 일이다. 따라서 타이머 또는 '삐 소리'가 미리 녹음된 테이프와 같은 청각적 단서가 도움이 될 수 있다. 간격 기록과 마찬가지로 시간 표집도 오직 어림치만을 제공한다. 시간 표집은 특히 행동이 자주 또는 길게 지속되는 경우 도움이 될 수 있다. 자료는 전체 간격 수를 행동이 발생한 간격 수로 나눈 비율 또는 백분율로 보고된다.

④ 지속 기록. 행동이 일어나는 시간의 길이가 주된 관심일 때는 지속 기록이 사용될 것이다. 사건 기록과 같이, 지속 기록은 시작과 끝이 쉽게 확인되는 행동에 적절히 사용된다. 스톱워치를 사용하는 것이 지

속 자료를 수집하는 데 가장 쉬운 방법이다. 행동이 시작될 때 스톱워치를 작동시키고, 행동이 끝날 때는 멈춘다. 지속자료를 수집하는 데는 두 가지 방법이 있다. 만약 행동이 규칙적으로 발생한다면 행동이 발생하는 각 시간마다 지속시간이 수집되고 후에 평균 지속시간을 계산할 수 있다. 그리고 특정 시간 내에 얼마나 오랫동안 학생이 행동을 나타내는지가 주된 관심이라면 총 지속시간 기록법을 사용한다.

스톱워치는 시간 제한 내 행동의 발생을 나타내기 위해 행동이 시작하는 시각에 작동을 시작하고 끝나는 시각에 멈춘다. 누적 또는 총 지속시간은 기록된다. 지속은 시간 단위로 기록되고, 행동과 관찰 시간의 길이에 따라 초, 분, 시간으로 나타낸다.

⑤ 지연 기록. 지연 기록은 학생이 행동을 하도록 촉진된 후 해당 행동을 시작하기까지 시간이 얼마나 소요되었는지를 측정한다. 이 과정은 지속 기록과 유사하다. 지시 또는 교수가 주어졌을 때 스톱워치가 작동되고, 학생이 행동을 시작했을 때는 멈춘다. 지연은 보통 분, 초로 기록될 수 있다.

기능적 행동사정 4장에서 논의된 것과 같이, 모든 행동은 환경적 맥락 속에서 특정한 목적을 가지고 발생한다. 행동의 맥락과 목적을 결정하기 위해 기능적 행동사정(funtional behavioral assessment: FBA)을 실시한다. 기능적 행동사정은 목표 행동(문제 행동)의 발생 전, 동안, 후의 환경 변수 맥락 안에서 확인된 문제 행동을 사정하는 절차다(Kerr & Nelson, 2002). 강화와 벌은 학생 행동에 미치는 영향에 의해 정의된다. 즉, 문제 행동은 환경적 사건의 맥락 속에서 직접적으로 관찰되어야 한다. 이 절차는 보통 ABC 사정이라 불린다. ABC는 선행사건, 행동, 후속결과를 의미하는 두문자어다. 선행 자극 또는 사건은 행동이 발생하기 이전의 것이다. 선행사건은 아마 배경사건(예, 특정시간, 학교 오기 전 집에서의 경험), 과제(즉, 학생이

사건 기록

학생 이름 _____ 날짜 _____
상황 _____
행동 _____

수업기간	관찰기간 (시작과 끝 시간)	관찰자	발생 수	총수

비고

간격 기록 또는 시간 표집

학생 이름 _____ 날짜 _____
관찰자 _____ 상황 _____
행동 _____
시간 간격 _____

날짜와 시간	간격															설명
	1	2	3	4	5	6	7	8	9	10	11	12	13	14	15	

비고

[그림 6-1] 관찰기록 체계의 예시

지속 기록

학생 _____
행동 _____
관찰자 _____

날 짜	행동 시작 시간	행동 끝 시간	지속시간

비고

지연 기록

학생 _____
행동 _____
관찰자 _____

날 짜	지시나 교수가 주어진 시간	행동 시작 시간	지연시간

비고

[그림 6-1] 관찰기록 체계의 예시(계속)

하도록 요구받은 것), 다른 사람의 존재(예, 또래) 또는 주어진 수업을 포함할 것이다(Kerr & Nelson, 2002). 행동은 학생의 행동을 의미하며, 후속결과는 행동의 발생에 따라 일어나는 사건을 의미한다.

ABC 분석을 실시할 때, 관찰자는 관찰기간 동안 환경 속에서 발생하는 모든 사건을 일화적으로 기록한다. [그림 6-2]에 제시된 것처럼, 정보를 구성하는 것은 관찰자가 행동과 선행사건, 후속결과 사이의 양식을 확인하는 데 도움을 줄 것이다. 이러한 양식은 무엇이 학생 행동에 영향을 주는지에 관한 가설을 만들고 기능적 관계를 나타내는 데 사용된다. 이렇게 설정된 가설은 검토된다.

IDEA는 기능적 행동사정, 긍정적 행동지원, 그리고 중재를 적용하도록 지시하고 있다. 연구들은 학교

관련자가 전문적인 지원을 받을 때 학교 내 문제 행동 발생 가능성뿐만 아니라 높은 빈도의 문제 행동을 보이는 학생을 위한 기능적 행동사정의 효과성을 지지하고 있다(Reid & Nelson, 2002).

4. 기록 보존과 의사결정 절차

이 장에는 교육과정 중심 사정과 행동 사정에 초점을 두고 있다. 이 시점에서 당신은 이런 질문을 할 수 있다. "교사는 이러한 모든 정보를 가지고 무엇을 해야 하는가?" 이것은 매우 좋은 질문이며 정확히 답변되어야 할 것이다. 교사는 단순히 자료를 모으려고만 해서는 안 된다. 교사는 변화가 필요한지에 대한 교

학생: 제이 　　　　　　　　　　날짜: 10/5/06 　　　　　　　　　　시간: 10:05~10:20
관찰자: 마거릿 오스본
우려하는 행동 문제: 지시 불이행, 과제 이탈, 자리 이탈

선행사건	행동	후속결과
교사는 전체 학생에게 수학책 33페이지를 펴라고 말한다.	제이는 연필과 고무줄을 가지고 논다.	교사는 지시를 반복한다.
교사는 전체 학생에게 묻는다. "내가 뭐라고 말했지?"	제이는 교사를 바라본다.	교사는 제이에게서 연필과 고무줄을 빼앗는다.
교사는 제이에게 33페이지를 펴라고 말한다.	제이는 교사를 바라본다.	교사는 제이의 책 33페이지를 편다.
교사는 태미에게 첫 번째 문장제 문제를 큰 소리로 읽도록 요구한다.	제이는 친구에게 무엇을 해야 하는지 묻는다.	교사는 제이에게 조용히 하라고 말한다.
교사는 제이에게 그 다음의 문장제 문제를 읽도록 요구한다.	제이는 친구에게 책의 어느 부분인지 묻는다.	동료는 문제를 가리킨다.
교사는 제이에게 문제를 읽으라고 말한다.	제이는 문제를 읽는다.	교사는 제이를 칭찬한다.
교사는 학생에게 1~5번 문제를 스스로 풀고, 질문이 있을 때 손을 들라고 지시한다.	제이는 그의 책상을 본다.	교사는 제이의 책상에 가까이 다가간다.
교사는 제이에게 무엇을 해야 하는지 상기시킨다.	제이는 수학 문제를 풀기 시작하고(3분간) 창문으로 이동한다.	교사는 제이에게 앉으라고 말한다.

[그림 6-2] ABC 자료 양식의 예시

육적 결정을 내릴 때 이 정보를 사용해야 한다. 그러면 어떤 종류의 변화를 말하는가? 목표 행동이 적절하게 설정되었다고 가정한다면 여기에서의 변화는 교수 또는 행동 프로그램상의 수정을 의미할 것이다.

두 교사 해리스 씨와 존스 양은 학생 수행자료 수집에 대하여 이야기하고 있다. 해리스 씨는 "나는 학생 수행자료를 모으는 것은 시간낭비라고 생각합니다. 그 시간에 학생을 가르치는 것이 더 좋아요."라고 말했다. 존스 양은 대답했다. "무슨 뜻인지 알겠어요. 그것은 개인 수표책을 쓰는 것과 마찬가지네요. 나는 내가 쓴 개인수표나 은행에 입금한 금액을 기록하지 않아요. 그런 일을 하는 것은 내 시간을 낭비하는 것이니까요." 이에 해리스 씨는 말했다. "제정신이에요? 개인수표를 기록하는 것은 중요한 일이에요. 당신이 입금한 것을 기록하지 않는다면 당신의 잔고가 얼마인지 어떻게 알 수 있죠?" 존스 양이 대답하길, "아! 그것이 바로 제 학생이 얼마나 잘하는지 기록하는 것과 같아요. 내가 알 수 있는 방법이지요."

CBA가 만들어지고 시행되면, 교사는 [그림 6-3]과

교사를 위한 정보 6.4

자료를 기반으로 한 의사결정 시스템을 만들 때는 다음의 지침을 따르라.

1. 준비된 이용 가능한 자료를 사용하라. 때로는 자료가 이미 존재할 수 있다(예, 주간 철자시험).
2. 사용하기에 쉽고 과도한 시간과 자원을 필요로 하지 않는 자료수집 절차를 고안하라. 가장 주요한 원칙 중 하나는 구성원의 매일 시간 중 1% 이상을 소비해서는 안 된다는 것이다.
3. 지속적인 수업 활동과 관련된 자료 수집의 목적이 무엇인지를 잘 알아야 한다.
4. 자주 발생하지 않는 행동에 대한 자료를 수집한다 (CEC, 2003).

유사한 그래프에 결과를 기록한다. 학업 빈도수 자료를 수집할 때는 정반응, 오반응 모두를 계산해야 한다. 예를 들어, 어떤 학생이 1분 동안 한 문단을 소리내어 읽었다면 정확하게 읽은 단어의 수와 부정확하

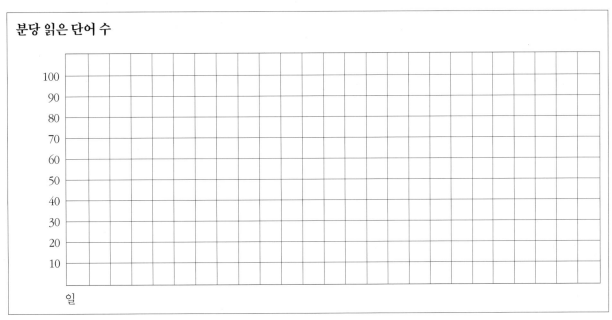

[그림 6-3] 그래프 예시

그림	변화 혹은 수정 제안
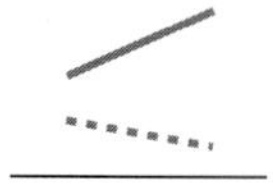	현재 교수를 계속하라. 계속되는 향상을 강화하라.
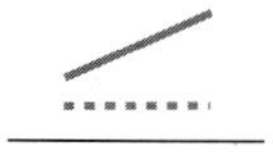	현재 교수를 계속하라. 계속되는 향상을 강화하라. 오류가 걱정된다면 분석하고 교정하고 강화하라.
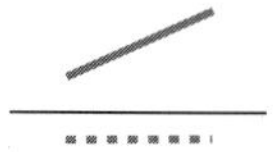	현재 프로그램을 계속하라. 필요하다면 계속되는 향상을 강화하라.
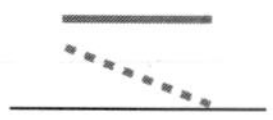	매일의 목표를 설정하라. 연습을 많이 하라. 향상을 강화하라.
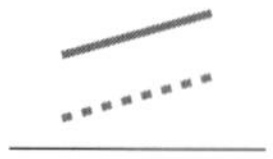	교수적 절차를 분석하라. 매일의 목표를 설정하라. 오류를 분석하고 교정하라. 향상을 강화하라.
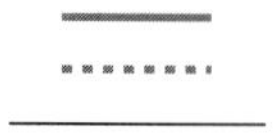	연습을 많이 하라. 매일의 목표를 설정하라. 향상을 강화하라. 오류가 걱정된다면 분석하고 교정하고 강화하라.
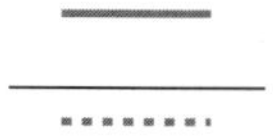	연습을 많이 하라. 매일의 목표를 설정하라. 향상을 강화하라.
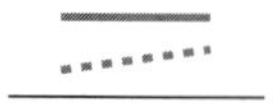	연습을 많이 하라. 매일의 목표를 설정하라. 향상을 강화하라. 오류가 걱정된다면 분석하고 교정하고 강화하라.
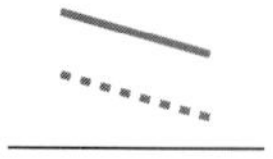	매일의 목표를 설정하라. 향상을 강화하라. 연습을 많이 하라.
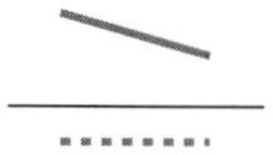	매일의 목표를 설정하라. 향상을 강화하라. 연습을 많이 하라.
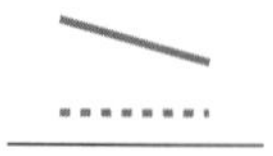	매일의 목표를 설정하라. 향상을 강화하라. 오류가 걱정된다면 분석하고 교정하고 강화하라.
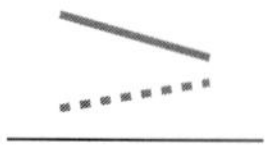	매일의 목표를 설정하라. 향상을 강화하라. 오류가 걱정된다면 분석하고 교정하고 강화하라.

기호설명 ——— 정반응 수, ······ 오반응 수, ——— 0

[그림 6-4] 형식적 CBA에서의 교수적 수정 결정

게 읽은 단어의 수 모두를 기록하여야 한다. 세 번 사정한 후 학생의 정반응과 오반응이 도표화되면 학습의 형태가 나타나게 된다. 교수수정이 제안된 다양한 학습 형태가 [그림 6-4]에 나타나 있다. 이러한 제안은 목표 행동과 교육과정이 학생에게 적합한 것이라는 가정에 근거한 것이다.

5. 고부담 책무성 사정

2장에서 설명된 것처럼, 주와 지역에서는 책무성의 목적을 위해 모든 학생의 학업성취를 기록할 수 있는 대규모 사정을 사용할 것이 요구된다.

이 사정들은 학생이 지역 또는 주의 기준 달성 여부를 확인하는 데 사용된다. 어떤 주에서는 학생의 수행을 가지고 대상 학생이 다음 학년 수준 또는 졸업할 만큼 향상되었는지를 결정한다. "이러한 사정들은 통과하지 못한 아동에게 일어나는 중요한 결과 때문에 '고부담(high-stake)' 사정으로 명명된다."(CEC, 2001, p. 1)

IDEA는 필요한 경우 고부담 사정의 적용과정에서 조정과 수정을 실시하여 모든 장애 학생이 주 및 지역 단위의 사정 프로그램에 참여해야 한다고 요구한다. IDEA에 의해 장애 학생은 일반교육과정에 접근하도록 해야 한다. 학생의 IEP 팀은 일반교육과정에서 일반교육과정과 성취 사정이 적절한지와 필요한 경우 조정과 수정의 정도를 결정한다. 적절한 테스트 조정과 수정에 대해서는 8장에 설명되어 있다.

IDEA 외에 아동낙오방지법(NCLB)에서는 학교가 장애 학생을 포함하여 모든 학생의 성취를 향상시키는 데 책임을 지도록 요구함으로써 교육적 책무성을 증가시키고 있다.

이러한 체계들은 읽기/언어 예술(문학), 수학, 과학(2007년까지 과학)에서의 도전기준, 3~8학년 모든 학생의 연간 시험, 그리고 모든 학생 집단이 12년 내에

숙달 수준에 도달하도록 보장하는 연간 주 단위 진보 목표에 근거해야 한다. 어떠한 집단도 배제되지 않았음을 증명하기 위해 사정 결과와 진보 목표는 빈부, 인종, 민족, 장애, 제한된 언어 능력을 가진 집단에 의해 보고된다(Browder, Spooner, Algozzine, Ahlgrim-Delzell, Flowers, & Karvonen, 2003, p. 45).

주 단위 숙달 목표에 비추어 충분한 연간 진보(adequate yearly progress: AYP)를 보이지 못한 학교는 지속적인 감독 대상이 된다. 이는 장애 학생의 사정에 영향을 미친다. 모든 학생의 적어도 95%는 형식적 학교 책무성 시험에 참여하도록 요구된다. 그들의 시험 점수가 주 단위의 책무성 시험에 포함될 경우에 한하여 학생이 참가자로 집계된다. 예를 들어, 장애 학생을 위한 시험이 조정된다면 그들의 점수는 타당하지 않은 것처럼 보일 것이며, 참가한 것으로 집계되지 않을 것이다. 또한 NCLB는 AYP가 모든 학생에 의해 측정되어야 한다고 명시한다. 학생 인구의 3%까지는 대안적 성취기준을 사용하여 사정될 것이며, 그들은 AYP를 만족시킨다고 간주된다. 많은 교육자는 NCLB의 기준과 기대가 너무 높아 달성할 수 없다고 생각한다. 그것은 또한 장애 학생에게 유용하지 않다고 비판받아 왔다. 예를 들어, 장애 학생은 부적절한 시험을 치르도록 강요받게 되고, 이에 학교는 특정한 행동 문제를 지닌 학생을 제외하는 것을 더욱 원할 수 있다(Scheuermann, 2003). 고부담 시험에서 실패하는 것은 이미 상처받기 쉬운 학생에게 낮은 자존감, 불안 및 학교에서 분리될 가능성 증가, 교육적 발달과 직업 기회의 상실을 초래할 수 있다(Albrecht & Joles, 2003).

6. 다문화 학생을 위한 시사점

1장에서 설명한 것처럼, 민족적으로 다양한 배경을 지닌 학생은 장애로 과잉 판별되는데, 이것은 다

양한 인구 집단의 학생을 개별 사정 대상으로 과도하게 의뢰하게 한다. 일단 의뢰가 되면 검사자는 부적절한 사정도구를 선택하게 되고, 이는 정확치 않은 결과로 인해 결국 다양한 배경을 가진 학생을 장애를 가진 것으로 잘못 확정하는 결과를 만든다. 교사는 이런 구조의 잠재적 위험을 이해하고 있어야 한다. 법률상의 몇 가지 보호장치가 포함되어 있으며, 법정은 차별적 사정으로부터 아동을 보호하기 위한 깊이 있는 해석을 제고해 왔다.

IDEA는 사정 활동 동안 발생할지도 모르는 차별의 유형에 대해 고려하였다. 첫째, 이 법은 개별 학생을 위한 보호조항을 포함하고 적절한 사정 도구와 기법이 사용되도록 보장한다. 사정도구는 사용되는 목적에 타당해야 한다. 둘째, 검사와 다른 사정 자료는 학생이 알고 있는 것과 할 수 있는 것에 대해 정확한 정보를 제공하는 언어와 형태로 제시되어야 한다. 셋째, 사정은 사정 수행 절차에 관하여 자격을 가진 전문가에 의해 실시되어야 한다. 넷째, 사정은 포괄적이어야 하며 의심되는 장애와 관련된 모든 영역과 교육적 요구를 가지는 특정 영역을 포함해야만 한다.

검사자는 검사의 구체적 목적이 장애를 확인하고 특징짓는 것이 아니라면 학생이 어려움을 보이는 특정 기술에 의존한 검사도구의 사용은 피해야 한다. 예를 들어, 비언어성 지능검사 도구는 전통적인 언어성 지능검사 도구보다 표현언어에 문제를 지닌 학생에게 더욱 유용할 것이다. 적절한 사정도구를 선택하는 것 외에 검사자는 검사를 실시하고 채점하고 결과를 해석하는 과정에서 편견을 배제하도록 유의하여야 한다. 검사자가 검사 절차에 익숙하지 않은 것 등을 포함하여, 검사를 실시하는 동안 편견은 여러 상황에서 발생할 수 있다. 또한 검사자의 태도는 학생 반응에 대한 기대에 영향을 줄 수 있다. 검사자는 학생의 첫 번째 의사소통 양식을 통해 학생과 직접적으로 의사소통해야 한다. 검사자의 질문과 학생의 반응을 해석하기 위해 통역자를 사용하는 것은 표준화된 절차를 적용하는 데 어려움이 발생하도록 하며, 검사 결과의 해석에도 영향을 미친다.

검사를 개발할 때, 전문가는 규준집단을 구성하는 특정 인구를 사용한다. 검사자는 사용된 검사가 검사를 표준화할 때의 학생과 유사한 배경을 반영하는지 확인해 보아야 한다. 연구와 법원의 결정은 많은 표준화 검사가 비주류 인구의 학생에게 문화적·언어적 편견을 드러낼 수 있는 문항을 포함한다는 사실을 나타낸다. 예를 들어, 태평양섬 나라의 미국인 아동은 눈을 한 번도 경험해 보지 못했음에도 눈이 오는 사진에 이름을 붙이도록 요구받는다. 반대로 알래스카 원주민 미국인은 한 번도 야자나무를 보지 못했음에도 문항에서 야자나무가 있는 사막 사진을 보게 된다. 이러한 문항은 편향된 것이며, 특히 규준집단에 태평양섬 나라의 미국인이나 알래스카 원주민이 포함되지 않을 경우 그러할 것이다.

많은 다른 검사에도 편견이 존재한다. 예를 들어, 집단 내에서 협력적으로 일하는 것을 강조하는 문화권에서 온 학생은 그들의 개별 사정 상황에서 최선을 다하지 않을 수 있다. 또는 학생은 시험 보기 기술을 향상하기 위한 검사를 받아 본 적이 없을 것이다. 퍼즐이나 게임과 같은 활동을 검사에 포함하는 것은 학생이 그 활동을 해 본 적이 있고 무엇을 해야 하는지 알고 있다고 가정에 의한 것이다. 검사에서는 성별에 대한 편견 또한 존재한다. 예를 들어, 몇몇 문화권에서는 남성이 더 높게 평가되어 학생은 남성 검사자에 의해 사정될 때 더욱 열심히 할 것이다(Winzer & Mazurek, 1998).

Venn(2004)은 검사에서 잠재적인 편견을 만드는 요소가 기능적 사정을 사용함으로써 감소될 수 있다고 제안한다. 왜냐하면 기능적 사정은 학생의 수행을 향상시키고 지속적으로 학생 수행을 감독하기 위해 교수를 수정할 뿐만 아니라 기존의 실제 교수 상황 내에서 학생의 행동과 수행을 직접 평가하기 때문이다. "기능적 사정은 직접적이고 지속적이기 때문에 문화적 차이로 인한 편견을 최소화할 수 있다."(p. 346)

요약

- 사정은 검사가 아니다. 검사는 사정의 한 형태다.
- 사정도구는 목적, 빈도, 형식화, 사정하는 지식과 기술에 의해 범주화될 수 있다.
- 교사는 사정을 할 때 한 학생의 수행을 학생 집단의 수행, 대상 학생의 이전 수행, 지식의 영역 또는 구체적인 기준에 근거하여 비교한다.
- 총괄사정은 학습이 이루어진 후에, 형성사정은 학습이 이루어지는 과정에서 적용된다.
- 표준화 검사는 구조화된 자료, 절차, 채점, 결과 해석을 사용한다.
- 신뢰도는 사정도구의 정확성과 일관성의 정도이며, 타당도는 사정도구가 측정하기 위해 고안된 것을 측정하는 정도다.
- 학교에서 사용하는 표준화 검사의 두 가지 주요 형태는 지능과 성취도검사다.
- 교육과정 중심 사정(CBA)을 사용하는 교사는 그들이 가르치는 교육과정 또는 내용을 사정도구와 직접적으로 관련시킨다. 그 예로는 교육과정 중심 측정, 정밀교수, 포트폴리오 사정이 있다.
- 루브릭은 성적을 매기기 어려운 학생의 과제를 평가하기 위해 종종 사용된다.
- 형식적인 CBA를 개발하는 다섯 가지 단계는 (1) 교육과정 분석, (2) 교육과정 목표에 맞는 문항 준비, (3) 시험 빈도 결정, (4) 도표를 사용한 자료 축적, (5) 결과 산출(수정과 결정)이다.
- 교사에 의해 수집되는 학생의 행동자료의 가장 일반적인 측면은 빈도, 지속시간, 지연시간, 비율이다. 가장 일반적인 관찰기록 체계는 사건 기록, 간격 기록, 시간 표집, 지속 기록, 지연 기록이다.
- 기능적 행동사정은 ABC 분석(선행사건, 행동, 후속결과)을 사용해 행동의 목적과 상황을 결정한다.
- 교사는 교수 또는 프로그램의 효과성을 평가하기 위해 학생의 학업적·행동적 수행의 정보를 수집한다. 필요한 경우 수정이 이루어진다.
- 장애 학생은 주 또는 지역 단위의 사정 프로그램에 참여해야 한다.
- 많은 종류의 검사 편견 요소, 문화적 편견 요소가 존재한다. 그러므로 모든 학생을 위한 차별 없는 사정의 실제가 이루어져야 한다.

연습 문제

1. 사정이 범주화될 수 있는 네 가지 기능 또는 참조점은 무엇인가? 각각을 정의하라.
2. 장애 학생을 사정하기 위해 IDEA에서 무엇을 구체화하고 있는지 설명하라. 특수교사가 이 법을 따르기 위해 표준화 검사에 대해 알아야 하는 것은 무엇인가?
3. 일반적으로 학교에서 표준화 검사가 어떻게 사용되는지 설명하라. 적어도 하나의 예를 들라.
4. 교육과정 중심 사정(CBA)은 전형적인 표준화 검사와 어떻게 다른가?
5. 장애를 가졌다고 진단되면 CBM은 학생의 IEP를 실행하고 운영하는 데서 어떤 역할을 하는가?
6. 교실에서 포트폴리오 사정을 사용하는 데 있어 이점과 문제점을 설명하라. 이러한 문제는 어떻게 해결될 수 있는가?
7. 일반적인 행동관찰 체계의 다섯 가지는 무엇인가? 행동관찰 체계를 사용해서 측정할 수 있는 학습장애, ADHD, 정서·행동장애 학생을 위한 교육적 목표를 서술하라.
8. 선행사건, 행동, 후속결과에 대한 자료를 수집하는 것은 교사가 어떻게 문제 행동을 분석할 수 있게 하는가?
9. 장애 학생이 고부담 책무성 사정에 어떻게 포함될 수 있는지 기술하라. 장애 학생에게 이 시험

에 참여하도록 요구하는 것의 장점과 단점은 무엇인가?

10. 검사 편견의 세 가지 잠재적 원인에 대해 서술하고 그 예를 제시하라.

활동 · · · · · · · · · · · · · · ·

1. 사정 정보가 장애 학생을 지원하는 데 어떻게 사용될 것인지를 설명하는 그래픽 조직사를 만들라. 조직자에 진단 사정뿐만 아니라 진행 중인 교실 사정도 포함시켜야 한다.

2. J. Ysseldyke의 "Reflections on a Research Career: Generalizations from 25 Years of Research on Assessment and Instructional Decision Making (*Exceptional Children, 2001, 67*(3), 295-399)을 읽고, 이 연구에 대한 분석보고서를 쓰라.

3. 적어도 한 명의 특수교사를 포함하여 세 명의 고등학교 교사와 인터뷰하라. 그들 학군의 정책과 장애학생에게 고등학교 졸업시험을 요구하는 것에 대한 의견을 질문하라.

4. 당신이 수학교사라고 가정하라. 지속적으로 학생 수행을 추적하기 위해서 어떻게 사정을 사용할 것인지 예상하라. 당신이 사용할 사정 유형에 대한 계획을 쓰고, 당신의 학습 일정에 알맞게 그것을 어떻게 사용할 것이고 얼마나 자주 어떻게 활용할 것인지를 포함하여 사정에 대해 기술하라.

 특수아동협의회(CEC) 기준

기준 8: 사정

사정은 특수교사의 의사결정과 교수에 필수적이며, 특수교사는 다양한 교육적 결정을 위해 다수의 사정 정보를 사용한다. 특수교사는 특별한 학습 요구를 판별하도록 돕고, 진행 중인 학습과정에 따른 교수를 조정하기 위해서뿐만 아니라 개별화 교수 프로그램의 개발과 실행을 위해서 사정 결과를 사용한다. 특수교사는 문화적 · 언어적으로 다양한 배경을 가진 학생의 의뢰, 적격성, 프로그램 계획, 교수, 배치와 관련된 측정과 사정의 윤리적 원칙과 법률상의 정책을 이해한다. 특수교사는 측정 이론 그리고 타당성, 신뢰도, 기준, 표준, 편견, 사정 결과의 해석에 관한 문제를 다루는 방법에 대해 이해한다. 뿐만 아니라 다양한 사정도구의 적절한 사용과 제한점을 이해한다. 특수교사는 편견이 없고 의미 있는 사정과 의사결정이 이루어지도록 하기 위해 가족 및 다른 동료와 협력한다. 특수교사는 ELN 학생의 성장과 발달을 지원하는 학습 경험을 설계하기 위해 행동과 학습, 학업성취, 환경에 대한 형식적 · 비형식적 사정을 수행한다. 아울러 ELN 학생이 일반교육과정에 접근하고 학교체계와 주 단위 사정 프로그램에 참여하기 위해 요구되는 지원과 수정의 정도를 확인하기 위해 사정 정보를 사용한다. 특수교사는 일반교육과정과 특수교육과정에서 ELN 학생의 진보를 정기적으로 모니터한다. 특수교사는 그들의 사정을 지원하기 위해 적절한 기술을 사용한다.

7

교사 주도 교수

주요 개념

교사 유능성
- 내용
- 시간
- 적극적 참여

직접지도
- 직접교수
- 수업계획
- 수업 요소

다문화 학습자를 위한 시사점

주요 질문

1. 효과적인 교수는 왜 학생의 학습에 차이를 만드는가?
2. 수업 진술에서 교사가 사용해야만 하는 규정된 형식은 무엇인가?
3. 학생들의 문화적 배경은 교사 주도 교수에 어떠한 영향을 주는가?

교사의 교수방법은 교사가 지닌 성격에 따라 매우 다양하게 나타난다. 어떤 교사는 화려하고 열정적인 특성을 보이는 반면, 어떤 교사는 말수가 적고 조용한 특성을 갖는다. 또 어떤 교사는 모든 교수방법에서 창의적이고, 다른 교사는 교수 접근방식에서 보다 정확하고 체계적이다. 비록 교수방법이 그들의 성격과 선호도에 따라 다양하다 하더라도, 특정 교수방법은 학생의 긍정적인 결과 성취에 있어서 다른 방법보다 더욱 효과적이다. 교사 주도 교수는 효과적인 방법 중 하나다.

교사 주도 교수(teacher-directed instruction)는 학생이 자신과 동료와의 학습에 더욱 책임을 갖는 학생 중재 교수와 대조적으로 교사가 교수 전달의 핵심이 되는 방법론을 의미한다. 이 장은 교사 효율성 연구에 근거하여 높은 학생 성취를 유도하는 교사 행동에 중점을 두고 있다. 교사 주도의 교수를 지원하는 데는 문화적으로 다양한 학생들을 지도하기 위한 시사점뿐만 아니라 직접교수, 수업계획, 보조공학이 포함된다. 이 장에서 제시되는 정보는 경도 · 중등도 장애 학생을 지도하기 위한 기초를 고려하고 있다.

1. 교사의 효율성에 영향을 주는 변인

에팅턴 여사는 편모와 7형제 가정에서 자란 조지프에 대해 걱정하고 있다. 조지프의 집은 매우 좁고, 세 형제와 같은 방을 쓰고 있다. 조지프는 학교에 숙제를 해 오지 않고 심지어 학교에서도 과제를 하고자 하는 동기가 부여된 것 같지 않다. 그는 두 달 동안 학습에 거의 향상을 보이지 않았다. 조지프의 어머니는 가족을 부양하기 위해 하루 종일 일을 해야 하고, 조지프는 집에서 숙제를 할 때 누구의 도움도 얻을 수 없다. 에팅턴 여사는 조지프가 가정환경으로 인해 학교 과제를 잘 할 수 없다고 결론지었다.

학생 성취는 학생의 특성, 교사, 학교체계, 가정 등 다양한 요인과의 상호작용에 의해 결정된다. 모든 교사는 학생생활에서 이러한 요인을 인식해야 한다. 교사는 스스로가 영향력 있는 요인 중 하나, 특히 학생 수행을 직접 통제할 수 있는 유일한 요인이라는 것을 받아들이고 인정할 필요가 있다. 실제로 연구에서 학생들이 부유하건 가난하건, 남자이건 여자이건, 학업적으로 재능이 있건 어려움이 있건 교사는 학생들의 학업성취에서 차이를 만들어 낼 수 있다고 제시하고 있다(Adams & Engelmann, 1996).

비록 에팅턴 여사가 조지프의 가정환경을 변화시킬 수는 없지만, 그의 학교 수행을 향상시키기 위해 교사가 할 수 있는 것이 있다. 그녀는 자신의 교수방법을 재검토하고 조지프의 성공을 도울 수 있는 방법을 찾아야만 한다. 교사는 교실에 영향을 주는 교수방법 또는 가정과 사회 문제와 상관없이 학생의 학습에 차이를 만들 수 있다. 예를 들어, 연구에 따르면 유능한 초등학교 특수교사는 유능하지 못한 교사보다 수업에서 다양한 활동을 적용하고, 자주 질문을 하고, 독립 활동을 제한하며(특히 소리 내지 않고 읽기), 학생과의 사회적 상호작용을 위한 시간을 허용한다(Sindelar, Espin, Smith, & Harriman, 1990).

특수교육에서의 효과적인 교수 기법은 일반교육의 것과 크게 다르지 않다. 장애 학생에게 효과적이라고 증명된 교수 원리는 특수학급, 학습 도움실 또는 일반교육 교실에서 교육받는 학생에게도 효과적이다. 저자는 많은 교사, 관리자, 대학생 집단에게 효과적인 교사의 특성 목록에 대해 생각해 보도록 요구하였다. 모든 대상자들은 '어떤 유형의 교사인가?' '어떤 학생의 교사인가?' '교사는 어떠한 내용을 가르치는가?' 또는 '어떤 유형의 환경에서 교사가 가르치는가?'라는 질문 없이 긴 목록을 작성하였다. 결과적으로 지도받는 상황 또는 지도받는 학생의 유형과 상관없이 좋은 교수의 원리는 적용되고 있었다. 하지만 특수교육 서비스를 요구하는 학생과 함께 일하는 교사는 가능한 한 가장 효과적이고 효율적인 교사가 되기 위해 효과적인 교수와 관련한 교수방법에 대해 인식해야 한다. 학생의 학습에 영향을 주는 교사 행동의 세 가지 범주는 (1) 선택한 교수내용, (2) 사용된 교수시간량, (3) 학생의 적극적 참여 정도를 포함한다.

내용

포럼 여사는 특수교사로서의 첫해를 시작하였다. 그녀는 초등학교 고학년 학생들과 학습도움실에서 일하게 될 것이다. 각 학생은 읽기와 수학에서 IEP 목표를 가지고 있다. 포럼 여사는 과학을 전공하였고, 읽기와 수학 지도를 돕기 위해 과학실험과 읽기, 수학을 통합한 수업을 원하였다. 포럼 여사는 학생들의 IEP에 과학과 목표가 없기 때문에 그녀가 원하는 것을 할 수 있을지에 대해 염려하였다.

비록 교과과정 결정은 주 또는 지역의 교육과정 위원회 또는 교육국에 의해 결정되지만, 각 교실에서 지도할 내용을 최종으로 결정하는 사람은 교사다. 교사가 무엇을 지도할지 선택하는 데 영향을 주는 세 가지 요소가 있다. 즉, 과목을 가르치기 위해 요구되는 노력, 학생들에게 과목의 어려운 정도, 그리고 과목을 가르치는 동안 교사의 개인적 즐거움이다(Berliner, 1988). 이 세 요소는 교사마다 다양하게 기대되고 관찰된다. Berliner가 실시한 연구에서 과학을 지도하는 데 즐거움을 느끼는 초등교사는 그렇지 않은 교사보다 28배나 더 많이 과학을 지도하는 것으로 나타났다!

특수교육에서 개별화교육 프로그램(IEP) 과정은 목표가 다학문적 팀에 의해 작성되어야 하며 학생들의 개인적 요구에 근거해야 한다고 요구한다. 동시에 목표들은 학생들이 일반교육과정에 접근할 수 있도록 보장해야 한다. 그러고 나서 IEP 목표는 교수의 실시로 이끌어야만 한다. 하지만 특수교사는 교육과정을 결정할 때 종종 다른 변인을 활용한다. 이러한 변인에

는 교사가 받았던 전문적 발달 경험, 학교정책, 이용 가능한 교수자료, 전문적 판단 등이 있다(Krom & Prater, 1993; Sands, Adams, & Stout, 1995).

전통적으로 IEP 목표의 대부분은 학업적 기술을 개발하는 데 초점을 맞추고 있다(McBride & Forgnone, 1985; Krom & Prater, 1993). 최근의 연구에서는 학생들이 고학년으로 진급함에 따라 그들의 IEP 목표가 기초 기술교육에서 다른 내용으로 변화함을 보여 준다(Catone & Brady, 2005). 이것은 IDEA와 IEP 과정에서의 관심이 중등과정 후의 전환교육에 초점이 맞추어진다는 것을 볼 때 놀라운 일이 아니다.

경도·중등도 장애 학생을 위한 중등교육 이후의 결과는 학업적 개선보다 기능적 학업, 일상생활 기술, 직업교육에 더 초점을 두어야 함을 제시한다. 예를 들어 경도·중등도 장애 학생은(높은 학교 중퇴 비율과 더불어) 중등 이후의 교육에 참여하고 직업을 가지기 위해 경쟁하며 지역사회에 통합되고 사회적 능력과 독립성을 보여 줌에 있어 불이익을 경험하게 된다. 따라서 모든 학생이 성인으로서의 미래를 준비하는 것은 그들의 학교교육 초기에서부터 시작되어야 한다. 일상생활 기술 지도와 중등 이후 삶을 위한 준비에 관한 좀 더 자세한 논의는 15장에서 다루어진다.

내용기준, 교과서, 그리고 다른 교육과정 자료 또한 무엇을 지도하는지에 영향을 준다. 불행히도 대부분의 국가 및 지역 수준의 내용기준 위원회는 "학생들의 교육을 위해 지나치게 야심적인 '필수적' 목록"(McTighe, Self, & Wiggins, 2004, p. 29)을 만드는 데 협력 없이 독립적으로 활동하고 있다. 두꺼운 교과서와 많은 교육과정 자료와 짝을 이룬 긴 내용의 기준 목록은 교사에게 제시된 모든 내용을 가르쳐야만 한다는 인상을 준다. 하지만 최근 연구에서는 소수의 주제와 큰 개념(big idea)에 초점을 맞추는 것이 학생의 성취를 증가시킬 수 있다고 지적되고 있다(McTighe et al., 2004).

교사는 학생에게 가르쳐야 할 내용과 학생을 위한 교육과정의 초점 등에 대한 최종 결정을 내린다. 특수교사는 그들이 가르치는 내용과 IEP 목표를 직접적으로 연관 짓는 것을 분명히 해야 하며, 해당 목표들은 학생들의 요구와 향후 독립성을 준비하는 데 특별한 중점을 두는 일반교육과정에 근거를 두어야 한다.

포럼 여사는 과학실험을 이용해 IEP 목표를 지도하려고 노력하기보다 강화체계를 고안하였다. 만약 학생이 읽기와 수학에서 미리 설정된 목표를 달성한다면 강화체계를 통해 실험에 참여할 수 있도록 하였다. 그녀는 직접적으로 읽기와 수학 기술을 가르칠 것이고, 그리고 나서 매주 마지막 과학실험의 한 부분에 그 기술들을 적용할 것이다.

시간

초임 교사인 채프먼 양은 교실에서 발생되는 많은 방해로 좌절하게 되었다. 예를 들어, 그녀가 수업을 시작하자마자 교장실에서 온 문서를 받는다든지, 도움을 청하려고 다른 교사가 들어오는 경우가 있다. 그녀는

공학의 활용

교수자료에 접근하기 위한 웹 검색 도구

교사는 교수계획을 할 때 학습과정에 필수적인 세 가지 측면을 고려한 결정을 한다. 이 교육과정, 교수와 사정이다. 조정과 수정은 각 단계 또는 모든 단계에서 이루어질 수 있다. 이 장의 초점은 교수(instruction)이며, 이는 지도(teaching)와 학습(learning)으로 나뉠 수 있다. 지도는 어떤 정보가 제시되고 그것을 어떻게 제시할 것인가에 대한 결정을 담고 있다. 학습은 주어진 내용을 완전히 학습하는 데 기여할 수 있는 활동에 학생을 어떻게 적절히 참여시키는가에 대한 결정을 의미한다.

월드와이드웹(World Wide Web)의 출현은 특수교육 전문가 툴키트의 필수적인 도구다. 두 가지 검색도구는 교육자료가 어디에 있는지 찾는 특수교사에게 유용하다.

구글 http://www.google.com

구글(또는 다른 인터넷 검색 엔진)은 사용자에게 웹에서 흥미로운 주제에 관해 검색할 수 있게 돕는다. 검색 엔진은 확실히 사용하기에 쉽다. 물론 당신이 많은 결과에 의해 압도될 수 있다는 결점이 있다. 그럼에도 자주 검색하는 것은 우연한 발견, 즉 어려움을 보이는 학습자를 도울 수 있는 놀라운 자료를 발견할 수 있기 때문이다. 이러한 자료는 교사가 정보를 다르게 제시할 수 있도록 할 것이며, 또는 학생에게 교과서와 상호작용하는 방법과는 다른 방법으로 해당 내용과 교류할 수 있도록 할 것이다.

트랙스타 http://trackstar.hprtec.org

트랙스타(TrackStar)는 학생과 교사가 웹페이지를 쉽고 빠르게 만들 수 있도록 하기 위해 미국 교육부의 지원을 제공받는 웹 유틸리티다. 이러한 웹페이지는 트랙(tracks)으로 알려져 있다. 하지만 트랙을 만드는 방법을 배우기 전에, 당신은 교사와 학생이 이미 만든 트랙을 찾기 위해 기록을 검색할 수 있다. 트랙스타를 검색하는 것은 각각의 링크가 학생 또는 교사에 의해 선택된 것이기 때문에 구글을 이용하는 것보다 관련 웹사이트를 더 효율적으로 찾을 수 있다. 게다가 당신은 학년 수준에 따라 검색을 제한할 수 있는데, 이는 학년 수준보다 낮은 수준의 학생을 위한 적절한 자료를 찾아낼 수 있도록 도와준다.

구글과 트랙스타는 공학을 교수에 통합시키고자 하는 교사가 이용 가능한 자원의 예다. 이는 교사가 교실에 인터넷 연결과 컴퓨터 프로젝션 시스템을 갖추고 있을 때 이상적으로 작동할 수 있다. 이러한 자원은 또한 공학 접근성이 제한되었을 때 교실로 복사 가능한 즉석 프린터기를 쓸 수 있게 해 준다. 마지막으로 해당 자원은 다양한 학습자료에 접근할 수 있도록 하여 교수-학습 상황을 변화시키기 위한 흥미로운 가능성을 제공한다. 교사는 다양한 인터넷 수준에서 자료를 발견할 것이다. 온라인 활동은 쌍방향의 학습과 즉각적인 피드백을 제공한다. 그리고 어떤 웹사이트는 학생의 관심을 사로잡고 학습자의 인쇄상의 어려움을 극복하기 위해 오디오와 비디오를 충분히 활용하는 강화된 미디어 교수를 제공한다.

[생각해 보기] 당신은 교사 주도 수업을 강화하기 위해 웹 자료를 어떻게 사용할 수 있는가?

이러한 방해를 어떻게 해야 할지 잘 몰랐다. 채프먼 양은 교실에서 학업 관련 과제에 소비하는 시간량에 대해 정보를 수집하고 관찰하기 위해 그녀의 멘터에게 요청하였다. 또한 교수와 보다 직접적으로 관련된 시간을 향상시키기 위한 몇 가지 조언도 요청하였다.

시간은 학교와 교사를 위한 주요 요소다. 교사가 시간을 조직하고 활용하는 방법은 학생의 학습에 직접적인 영향을 미친다. 학교시간은 (1) 할당시간(교수를 위해 계획된 시간량), (2) 과제 집중시간(학생들이 학교 관련 과제에 참여하는 시간량), (3) 학습 몰입시간(학생이 관련된 교수 활동에 적극적으로 참여하는 데 소비하는 시간량)으로 나뉜다.

할당시간   역사적으로 일반교육과 특수교육 학생 모두에게 하루 학교시간의 약 50%는 교수를 위해 할당된다. 즉, 이 시간을 할당시간(Allocated time)이라 부른다(Good, 1983; Thurlow, Ysseldyke, Graden, & Algozzine, 1983). 나머지 50%는 점심식사, 휴식, 공지, 조례, 청소 활동, 그리고 교실에서의 일반적인 '휴식시간'으로 소비된다. 평균적인 학교시간은 대략 6시간으로, 3시간만이 교수로 할당된다.

모든 교사는 일반적으로 학생을 지도하는 데 동일한 시간을 보낸다. 하지만 다루어지는 교육 내용 또는 교육과정에 따라 교사 사이에 많은 변화가 존재한다. 한 연구에서 2학년 교사는 하루 중 47~118분 사이에 언어와 읽기 교수를 실시한다. 한 교사는 하루 중 수학에 16분을 할당하는 반면, 다른 교사는 51분을 소요한다(Berliner, 1988). 만약 해당 수치를 한 해의 수업 일수로 곱한다면 교사 간의 불일치는 매우 클 것이다. 다행스럽게도 특정 주제를 위해 사용될 시간이 정해지면서, 최근 주정부는 기준(standard)에 따라 할당된 시간을 배정하였다(Feldman, 2003).

과제집중 시간   학교 일과에서 학교시간의 약 32~42% 정도 소비하고 학생이 학교 관련 과제에 참여하는 시간을 과제집중 시간(Time-on Task)이라 불린다(Hofmeister & Lubke, 1990; Rich & McNeils, 1988). 이러한 비율로 하루 6시간의 학교시간 중 학습에 참여하는 시간은 대략 2시간뿐임을 알 수 있다. 2시간의 수치는 일반적인 어림값이지만, 한 연구는 특수교육에서 과제집중 시간이 하루 중 11분에서 3시간까지 매우 다양하다고 보고하고 있다(Vaughn, Levy, Coleman, & Bos, 2002).

일반교육 교실에 관한 최근 연구에 따르면, 여전히 여러 변수가 일반교육 교실에 존재하고 있다. NICHD(National Institute of Child Health)와 ECCRN(Human Development Early Child Care Research Network)는 800개의 3학년 학급을 연구하였다. 평균적인 3학년 학급은 전체 학급 또는 개별 과제로 수행되는 기초기술 활동이 주를 이루었지만, 결과에서 교실 활동에 따라 많은 다양성이 나타났다. 학생이 학업 활동을 접하게 되었을 때, 학생의 활동이 과제와 관련된다고 여겨지는 약 1/3의 시간이 반드시 생산적인 것은 아니었다(NICHD ECCRN, 2005). 유치원(Pianta, La Paro, Payne, Cox, & Bradley, 2002)과 1학년 교실(NICHD ECCRN, 2002)의 다른 연구에서 역시 이와 유사한 결과를 보여 주고 있다.

연구자는 학생이 과제에 더 많은 시간을 사용할수록 더 높은 성취를 나타냄을 알아냈다. 이것은 단지 시간량 자체를 의미하는 것이 아니라 학생의 학습과 성취를 향상시키는 시간의 구조적인 사용을 의미한다. 학생을 학습에 적극적으로 참여시키거나 집중시키는 교사는 그렇지 않은 교사보다 더욱 높은 교실 수행을 이루어 낼 수 있다. 교사는 (1) 교수 행동, (2) 교수관리, (3) 행동관리를 향상시킴으로써 학생이 과제에 소비하는 시간량을 증가시킬 수 있다(Prater, 1992).

① 교수 행동. 교사가 교실에서 하는 행동은 학생의 학습에 큰 영향을 미친다. 교육이 이루어지는 동안

학생들의 성취에 차이를 만드는 교수 행동은 질문전략, 속도, 학생의 수행 능력 감독 등이다.

제시되는 내용 또는 지도받는 학생들의 유형에 관계없이, 교사의 질문은 집단교수의 큰 부분을 차지한다. 교사가 질문을 하는 방식과 요구되는 질문의 유형 모두 학생의 성취에 영향을 주는 중요한 변수다. 유능한 교사는 집단교수에서 적절한 질문 기법을 활용한다. 예를 들어, 학생의 이름을 먼저 부르고 질문하기(예, "데이비드, 메인 주의 주도가 어디지?")보다는 질문을 한 다음에 대답할 학생을 부른다(예, "메인 주의 주도가 어디지?" "데이비드?"). 만약 교사가 질문하기 전에 특정 학생을 호명한다면 다른 학생은 주의를 기울일 필요가 없을 것이다. 유능한 교사는 학생에게 큰 소리로 읽거나 질문을 할 때 앉은 순서대로 시키는 것과 같이 정해진 순서를 사용하지 않는다. 정해진 순서를 사용하면 학생은 언제 자신의 차례가 될지 예측을 하게 되므로 그 이전까지는 주의를 기울이지 않는다. 예를 들어, 한 학생은 자신이 다섯 번째 줄에 앉아 있으므로 다섯 번째 문단(한 학생이 한 문단씩 소리 내어 읽는다는 것을 알고 있는 경우)을 셀 것이다. 그런 다음 자신의 차례가 될 때까지 연습을 할 것이다.

또한 효과적인 교수방법을 사용하는 교사는 학생이 적어도 몇 번은 전체와 함께 답하고 다른 경우에는 개별적으로 답하도록 질문한다. 학생이 학습의 유창성 향상 단계에 있는 경우, 함께 대답하기(choral and group responding)는 매우 효과적인 반복연습 활동이 될 수 있다. 하지만 함께 대답하기는 학생이 함께 대답하지 않을 경우 통제권을 벗어날 수 있다. 구어적 신호("어떤 단어지?" 또는 "준비, 읽기 시작." 등) 또는 손 신호(손가락 소리 내기, 칠판에 있는 문제 가리키기, 박수치기 등)의 사용은 집단이 동시에 대답할 수 있도록 도와준다. 함께 소리 내어 대답하기는 간결한 반응을 요구하는 사실적 정보에 사용될 수 있으며 대집단 교수에서 모든 학생이 참여하고 학생의 실수를

확인하는 데에는 어려움이 있을 수 있다.

대답 카드는 적극적인 학생의 참여를 확인하는 방법이며, 또 학생의 이해를 점검하는 데 사용될 수 있다. 대답 카드는 (1) 미리 인쇄된 자료(예, 답이 쓰인 카드 또는 모형 아날로그 시계의 움직이는 시곗바늘), (2) 글씨를 쓸 수 있는 재료(예, 칠판, 지울 수 있는 보드, 메모용지) 등의 형태를 취할 수 있다(Cavanaugh, 1994). 한 연구에서는 전체 대답 또는 손들기와 비교할 때 대답카드가 주의력 문제를 가진 어린 아동에게 가장 효과적인 대답 기법이라고 보고하고 있다(Godfrey, Grisham-Brown, Schuster, & Hemmeter, 2003).

유능한 교사는 실제적인 문제에 더 많은 질문을 한다. 그들은 또한 학생들에게 높은 수준의 사고를 요하는 질문을 한다. 예를 들어, 읽기 이해는 종종 문자적(사실적), 추론적(해석적), 평가적(비판적) 수준으로 나뉜다. 유능한 교사는 이 세 가지 수준 모두를 교수의 한 부분으로 통합한다. 추론적 또는 평가적 질문은 종종 토론의 주제로 제기된다. 교사가 학생과 읽은 내용에 대해 토론할 때, 추론적 이해와 평가적 이해는 증가하게 된다(Gambrell & Almasi, 1994).

높은 수준의 사고 기술을 향상시키기 위한 교사의 수업방식은 빠르게 진행되는 사실적 질문방법과 다르다. 만약 사실적 정보에 근거한 유창성 발달 활동에 참여하고 있다면 질문이 제시되고 학생의 반응이 나타나기까지의 지연시간이 중요하다. 즉, 학생은 그들이 정답을 알고 있다는 것을 증명하기 위해 빠르게 대답할 필요가 있다. 어떤 기술은 이 단계에서 발달되어야만 한다. 하지만 높은 수준의 사고 기술에는 생각할 시간이 필요하다. 즉, 질문을 한 후 당신은 학생이 대답하기 전에 생각할 수 있는 시간을 주어야 한다(Freiberg, 2002). 당신에게 생각할 시간을 제공하도록 상기시키는 한 가지 전략은 질문을 한 후 '생각하는 시간 1-2-3'이라고 조용히 그리고 천천히 말하는 것이다. 연구에서는 교사가 학생에게 높은 수준의 대답을 명확히 하기 위한 시간을 줄 때 학생 대답의 길

교사를 위한 정보 7.1

다음의 질문 기법을 시도해 보라.

1. 학생을 짝지어 배치하라. 교사가 질문하기를 시범 보인 후 각자의 짝에게 질문하게 하라(예, "여러분의 짝에게 '말하기의 네 부분을 열거하도록' 물어보세요.") (McConnell, Ryser, & Higgins, 2000).

2. 각 학생에게 하나 또는 그 이상의 표(티켓)를 주라. 학생이 질문에 답할 때마다 주어진 표를 다시 교사에게 돌려주도록 하라. 모든 학생의 표가 없어질 때까지 학생들은 대답할 수 없다. 이것은 모든 학생에게 대답할 수 있는 기회를 제공하며 어느 한 학생만이 토론을 독점할 수 없도록 할 수 있다(McConnell et al., 2000).

3. 큰 개념의 질문과 세부 개념의 질문을 모두 사용하라. 큰 개념의 질문은 개방적인 개념의 질문이다(예, "왜?" "만약 ~라면 어떨까?"). 폐쇄적인 단답형 질문은 세부 개념에 대한 질문이다(예, "누구?") (Bintz & Williams, 2005).

4. 학생의 통찰력과 이해력을 요구하는 질문을 사용하라. 예를 들어, 이야기를 읽은 후 개방형 질문에 근거하여 학생이 배운 것에 대해 표현할 수 있게 질문하라(예, "그 이야기의 어떤 면이 네가 그렇게 느끼도록 만들었니?") (Bintz & Williams, 2005).

이, 정확한 대답의 수, 대답의 질이 향상된다는 것을 보여 준다. 게다가 학생의 대답은 다른 학생이 답하는 데 도움이 될 것이며, 이것은 단순히 교사-학생 주고받기 이상으로 더욱 많은 학생-학생 토론을 만든다(Gambrell & Almasi, 1994).

교사의 수업 진행 속도도 중요한 시간적 요소다. 특수교육 초임 교사는 종종 특수교육 학생의 수업 속도가 '일반적으로' 일반교육 학생의 수업보다 천천히 진행되어야 한다는 잘못된 생각을 가진다. 그러나 이것은 사실이 아니다. 특수교사를 포함한 모든 유능한 교사는 하루, 한 주, 한 달, 일 년에 걸쳐 다루어지는 교육과정 전반에 걸쳐 활기 있는 수업 속도를 유지한다. 새로운 정보를 제시하고 활기찬 속도로 질문을 하는 교사는 학생의 관심과 흥미를 유지하며, 빠르게 다른 내용으로 이동함으로써 학생의 주의를 유지한다. 유능한 교사는 교육과정 전반에 걸쳐 활기 있게 움직이는 동안, 높은 수준의 정확도와 유창성 또한 유지한다(Englert, Tarrant, & Mariage, 1992).

효과적인 교수의 다른 중요한 요소는 학생의 수행에 대한 빈번하고 적극적인 감독이다. 교사는 학생의 수행에 대해 다양한 방법과 수준으로 감독한다. 학생은 집단교수를 받을 때보다 자신의 자리에 앉아

교사를 위한 정보 7.2

과제집중 시간을 증가시키기 위해서는 다음을 시도하라.

1. 빠른 속도의 질문-대답-토론활동과 조용한 읽기 또는 일기 쓰기 시간활동 사이를 번갈아 제시하라.

2. 새로운 내용을 소개하는 데 비디오의 극적인 장면과 같은 특별한 방법을 사용하라.

3. 학생과 흥미로운 내용에 대해 토론하는 데 초청연사를 활용하라.

4. 당신의 개인적 이야기, 열정, 약점, 학습에 대한 애정 등을 공유하라.

5. 학습하고 있는 내용과 학생의 개인적 경험을 연결하라(Intractor, 2004).

서 학습할 때 적극적으로 참여하지 않는다는 사실을 명심하라. 유능한 교사는 자습시간 동안 학생에게 특히 주의를 기울인다. 그들은 학생의 과제 완성도와 정확도를 점검하기 위해 교실을 돌아다닌다. 만약 과제가 적절한 수준으로 주어졌다면 도우미 학생의 도움은 짧은 순간에 이루어져야 할 것이며(30～40초), 대부분의 학생이 많은 도움을 요구하지 않아야 한다.

학생을 감독하는 것은 교실에서 어떤 일이 일어나는지, 학생 생각에 대한 의사소통, 그리고 한 번에 둘 또는 그 이상의 사건에 교사가 참여하는 교실에서 발생되는 일에 대한 교사의 인식(with-it-ness)을 통해 설명된다. 눈 맞춤과 시각적 훑어보기는 학생의 과제집중 행동을 증가시키기 위해 알려진 전략이다. 눈 맞춤이 항상 이루어질 수 없다 하더라도, 항상 모든 학생을 볼 수 있도록 위치에 있도록 한다.

② 교수관리. 학생의 과제집중 행동에 영향을 미치는 두 번째 범주는 당신이 교수관리, 또는 학습과정을 강화하기 위해 교실을 설계하는 방법이다. 효과적인 교실환경을 만들기 위한 몇 가지 생각이 4장에서 다뤄진 바 있다. 교수관리는 또래교수, 협동학습 집단 등 교실에서 사용되는 집단 조직방법을 포함한다. 이에 대해서는 9장에서 더 자세히 다루어질 것이다. 예를 들어, 효과적인 교수관리 기법을 사용하는 교사는 학생이 특정한 개별 과제에서 무엇을 해야 하며, 만약 그 과제를 일찍 끝낸다면 다음에 무엇을 해야 하는지 등에 대한 일정을 계획한다. 학생은 자신의 일정에 관해 명확히 전달받아야 한다. 이러한 단계에 대해 준비를 하고 학생과 함께 연습한 교사는 더욱 성공적일 것이다. 당신은 학생의 일정을 일정표로 게시하거나 칠판에 적을 수 있다.

유능한 교사는 미리 자료를 모으거나, 용품을 수집하거나, 학교 버스를 타기 위한 준비를 하는 등 전환을 위한 일정을 마련한다. 상당한 시간이 전환시간

(transition time)으로 낭비될 수 있다. 실제로 초등학급(Doyle, 1986)과 특수학급(Vaughn et al., 2002) 교실시간의 약 15%가 주요 전환시간인 것으로 밝혀졌다. 특히 특수교육 서비스를 받는 학생은 구조화된 일정이 있어야 하며, 제공된 일정을 따르며 강화를 받아야 한다.

유능한 교사는 과제를 채점하거나 다른 교실정돈 활동에 학생을 참여시킨다. 예를 들어, 학생은 그들 자신 또는 다른 학생의 과제를 채점할 수 있다. 이것은 자기교정 자료 또는 정답지와 함께 수행될 수 있다. 혹은 정답이 구두로 수정될 수도 있다. 당신이 정답을 소리 내어 말해 주기보다는 학생이 정답을 부르고 다른 학생은 그 정답이 맞는지 확인할 수 있다. 그리고 불일치가 있는 문제를 학급 전체 학생과 함께 검토할 수 있다. 다른 교실정돈 역할은 책임감을 지도할 수 있으며 학생의 향상된 행동에 대한 강화로 사용될 수 있다. 학생은 종종 칠판 지우기, 교무실로 메시지 전달하기, 교실 애완동물 먹이 주기 등을 즐긴다. 이러한 교실정돈을 학생이 획득할 수 있는 활동 또는 역할로 배정하도록 교실을 구성하라.

유능한 교사가 지도하는 학생은 교사의 도움을 위해 기다릴 필요가 거의 없다. '기다리는 시간'은 학생이 과제 이외에 소비하는 시간의 주된 부분이다. 학생이 도움을 기다리는 동안 과제에 대한 집중을 유지할 수 있도록 독창적인 방법을 마련하라. 적절하다면 학생에게 다른 학생을 도울 수 있도록 격려하라. 교사 또는 보조원의 도움이 필요한 학생은 도움이 필요함을 나타내는 깃발 또는 카드를 책상 위에 올려놓을 수 있다. 도움을 받기 위해 단순히 기다리기보다는 하나의 과제에서 다른 개별 과제, 프로젝트, 조용히 책 읽기 등으로 이동하도록 학생을 강화하고 격려하라. 이러한 교수관리 전략은 학생의 과제집중 시간을 크게 증가시킬 수 있다.

③ 행동관리. 유능한 교사는 또한 훌륭한 행동관리

자다. 효과적인 행동관리는 필수적이지만 학생의 학습이 이루어지는 데 충분조건은 아니다. 즉, 유능한 교사 관리는 단계를 설정하거나 학생의 성취에 영향을 미치는 다른 변인을 위한 기회를 제공한다.

4장에서 다루었듯이, 잘 관리되는 교실은 적절한 행동에 대해 명확히 정의된 규칙을 가진다. 교실의 규칙은 긍정적인 용어로 제시되며 학생이 이해할 수 있는 용어로 게시된다. 규칙은 설명되고 토론되며, 각 규칙에 대한 이론적 근거가 제공된다. 더불어 규칙은 부적절한 행동을 중단시키기 위해 즉각적으로 적용된다. 유능한 교사는 문제 행동을 예상하고, 그들의 기대에 대해 명확하게 의사소통하며, 학생을 면밀히 관찰하고, 즉각적으로 중재하고, 해당 행동에 대해 미리 구체화된 결과를 적용한다. 또한 유능한 교사는 '규칙을 어긴 학생'에 대해서만 관심을 보이지 않으며, 규칙을 지키는 학생에 대해서도 주의를 기울이고 그에 대해 긍정적인 관심을 제공한다. 더 자세한 정보와 예시는 4장에서 찾을 수 있을 것이다.

학습몰입 시간　인지적·정서적인 학교 수행과 관련된 변인을 조사하는 연구분석에서 Wang, Haertel 과 Walberg(1990)는 "학습 결과에 영향을 주는 가장 중요한 변수는 학생의 참여가 학습하고 있는 자료와 직접적으로 관련되는 것"(p. 37)이라 결론지었다. 학습몰입 시간(Engaged Learning Time)은 학생들이 교수적 활동에 높은 성공률을 보이며 참여하는 시간을 의미한다. 여기서 몰입이란 (1) 학생이 배우고 있는 자료와 직접적으로 연관된 과제 또는 활동, (2) 학습의 적절한 수준과 단계에 제공된 과제 또는 활동, (3) 높은 성공률로 완성될 수 있는 과제 또는 활동에 학생이 적극적으로 참여하는 것을 의미한다. 세 기준을 모두 만족할 때 학습몰입 시간이라 할 수 있다. 만약 학생이 그들의 자리에 앉아 분주하게 연습문제를 수행하고 있다면, 학생은 과제에 집중하고 있다고 여겨질

수는 있지만 학습에 적극적으로 몰입하고 있는 것은 아니다. 만약 학생이 하는 과제가 유지 활동에 근거한 계획된 복습과 직접적으로 연결되며 학생이 높은 수준의 정확도와 유창성으로 해당 과제를 성취하고 있다면(유지활동과 함께 기대된), 학생들은 학습몰입 시간에 참여하고 있는 것이다.

학생이 학습에 적극적으로 몰입하는 시간량은 단지 과제집중 시간이 아닌 모든 교수 프로그램의 최종 목표다. 앞서 과제집중 시간에서 다루어진 교수 기법 중 몇몇은 학습몰입 시간에도 적용될 수 있다. 예를 들어, 당신이 적절한 수준의 관련 질문을 한다면, 학생은 관련 내용에 대해 적절한 교수적 수준에서 학습할 것이고 높은 성공률을 보일 것이다.

 교사를 위한 정보 7.3

　학생들은 종종 교실에서 나가기를 좋아하며 그렇게 하기 위해 변명을 하기도 한다. 화장실 또는 식수대로의 가끔씩의 이탈은 방해 수준은 아니어도 후에는 감당할 수 없게 될 수 있다. 매 성적 평가시기가 시작될 때(예, 6주), 학생들의 이름이 적힌(또는 학생들 스스로 이름을 쓰게 하라) 두 장의 '자유롭게 교실을 나갈 수 있음' 카드를 주라. 그들은 교실에서 꼭 나가야 할 경우 그 카드를 교사에게 주어야 하고, 오직 두 장의 카드만 주어졌기 때문에 학기당 단 2회의 교실 이탈만이 허용됨을 설명하라. 더불어 학생이 사용하지 않은 카드는 그들의 기말성적에서 추가점수를 받거나 과제를 감면받는 데 사용할 수 있음을 설명하라(McConnell, Ryser, & Higgins, 2000).

적극적 참여

치크 양은 초등학교 특수학급에서 경도·중등도 장애 학생을 가르치는 초임 특수교사다. 그녀는 모든 학생들이 자신의 교수적 수준에서 학습할 수 있도록 교실을 구성하였다. 학생이 매우 다양한 수준에 있기 때

문에, 그녀는 개별 학생을 위해 연습 문제와 다른 과제로 구성된 개인별 서류를 만들었다. 치크 양은 학생들 사이를 돌아다니며 질문에 대답하고 과제에 집중시키며 하루를 보냈다. 그녀는 보조원에게 학생들마다 하루에 약 5분씩 큰 소리로 읽는 것을 듣게 하였다. 처음에 이 방법은 순조롭게 진행되는 듯 보였다. 하지만 몇 주가 지나자 학생들은 지루해했고, 긴 시간 동안 과제를 이탈하였다.

유능한 교사는 학생이 학습에 적극적으로 참여하도록 한다. 만약 당신이 앞서 다룬 교수적 절차를 사용하고 있다면 당신의 학생은 적극적으로 학습하고 있을 것이다. 전체 또는 개별 대답 모두를 사용하고, 학생을 교수적으로 관련된 교실 과제에 참여시키며(예, 서로의 숙제 채점하기), 학생의 기다리는 시간을 줄이기 위한 전략을 사용하는 것은 교실에서 학생이 수동적인 학습자이기보다 적극적인 학습자가 되도록 하는, 앞서 이미 다룬 세 가지 교수적 전략의 예다.

학생은 때때로 지도 내용 또는 다른 사람과의 직접적인 관련이 없는 수동적 학습 상황에 놓이게 된다. 예를 들어, 저자는 치크 양처럼 개별화된 수업 목표를 가진 학생에게 독립적으로 완성하도록 연습 문제 묶음을 제공하는 교사를 관찰하였다. 앞서 말했듯이, 개별화된 수업은 각 학생이 혼자서 학습하는 것을 의미하지 않는다. 특정한 과제가 개별 과제건 집단 과제건, 교실은 학생들이 그들의 학습에 적극적으로 참여할 수 있도록 하기 위해 조직되어야 한다. 학생들을 협동학습 또는 또래교수의 짝으로 조직하는 것은 학생들의 적극적인 참여를 증가시킬 수 있다. 또한 자기관리 전략은 학생의 과제집중 행동과 학업성취에 큰 영향을 미칠 수 있다. 자기관리 전략에서 학생들은 그들 자신의 행동 또는 학업적 학습에 대해 감독하는 방법을 배우게 된다. 협동학습과 또래교수는 9장에서, 그리고 자기관리는 10장에서 논의된다.

〈표 7-1〉은 장애 학생을 지도하는 데 중요한 교수 요소를 나열하고 있다. 이러한 요소는 Christenson, Ysseldyke와 Thurlow(1989)가 수행한 종합적 문헌 분석에서 확인되었다. 유능한 교사는 목록에 제시된 것과 같이 조직적이며, 명확하고, 긍정적인 특성을 보이며, 학생의 요구를 적절한 교수와 조화시킬 수 있다.

표 7-1 경도장애 학생을 위한 필수적인 교수 요소

효과적인 교수를 위한 교수 요소
• 교실관리는 효과적이며 효율적이다.
• 학교환경에서 '긍정성(positiveness)'의 느낌이 나타난다.
• 적절한 교수적 경쟁이 있다.
• 학생의 수행과 성공에 대한 지도 목표와 교사의 기대는 명확하게 진술되며 학생이 그 내용을 이해한다.
• 수업은 명확하게 제시되며 특정한 교수적 절차를 따른다.
• 교수적 지원이 개별 학생을 위해 제공된다.
• 학업을 위해 충분한 시간이 할당되며, 교수시간은 효율적으로 사용된다.
• 학생이 대답할 수 있는 기회가 많다.
• 교사는 학생의 진보와 이해를 적극적으로 감독한다.
• 학생 수행은 적절하고 빈번하게 평가된다.

출처: S. L. Christenson, J. E. Ysseldyke, & M. L. Thurlow, "Critical Instructional Factors for Students with Mile Handicaps: An Integrative Review" (1989), *Remedial and Special Education, 10* (5), 21-31에서 발췌됨. Copyright 1989 by PRO-ED, Inc. 허락하에 재사용됨.

2. 직접지도

교사는 교실에서 여러 가지 역할을 수행한다. 교사는 교실 관리자, 중재자 또는 교수자가 될 수 있다. 관리자로서 교사는 자신과 학생의 요구를 만족시키기 위해 교실 환경과 자료를 배열한다. 중재자로서 교사는 학생이 정보에 접근할 수 있도록 도와준다. 교수자로서 교사는 학습 내용을 직접 지도한다. 연구에서는 교사 주도 수업의 상황에서, 특히 학습의 습득 단계에 있을 때 학생의 효과적인 학습 결과를 이끌어 내는 교사의 행동을 확인하였다. 여기에서는 직접지도 원리에 대한 논의에 앞서 직접교수에 대해 간단히 설명하고자 한다.

직접교수

직접교수(direct instruction)라는 용어를 사용할 때는 일반적으로 효과적인 지도 원리나 직접교수(Direct Instruction) 원리, 또는 Englemann과 오리건 대학교가 연합하여 개발한 상업적 교수 프로그램을 의미할 것이다(Adams & Carnine, 2003). 하지만 이 두 가지 해석이 상호 배타적인 것이 아니며 중첩되는 교수 기법을 많이 포함하고 있다(예, 높은 반응률, 빠른 속도, 체계적 오류 정정 절차). 이 내용에 대한 혼란을 피하기 위해 여기서는, 대문자로 표기된 'Direct Instruction(이하 직접교수 프로그램)'은 상업적으로 생산되는 교육 프로그램을, 소문자로 표기된 'direct instruction(이하 직접교수)'은 일반적 원리를 지칭하기로 한다.

직접교수 프로그램은 교수의 전달과 교육과정 구성을 모두 포함한다(Tarver, 2000). 비록 초기에는 불리한 조건에 있는 사람을 위해 사용되도록 설계되고 평가되었지만, 직접교수 프로그램은 특수아동에게도 효과적임이 밝혀졌다(Adams & Carnine, 2003). 전반적 목표는 "교수의 설계와 전달의 효율성을 극대화함으로써 학습을 촉진하는 것"(Tarver, 2000, p. 201)이다.

직접교수 프로그램의 지도 원리는 '교사가 가르칠 수 있는 것을 학생들이 학습할 수 있고, 학생들이 학습할 수 없다면 교사가 가르치지 않은 것이다'라는 것이다. 다시 말해, 인종, 가정환경, 사회적 지위 또는 다른 요인 모두는 학생의 낮은 학업성취를 설명할 수 없다. 교육과정이 부적절하게 설계되었거나(직접교수 프로그램의 교육과정은 광범위한 현장 검증을 거쳤기 때문에 일어나기 어려움), 교사가 해당 교육과정을 정확히 따르지 않았거나(일반적으로 교사가 불충분한 사전교육을 받았거나 시기적절한 지도를 받지 않았기 때문에 발생하는 경우), 또는 교사가 정기적인 교육과정 중심 측정('습득검사')에 의해 드러난 학생의 요구에 근거하여 교육과정을 조절하지 않은 경우(예, 여분의 연습 제공) 낮은 학업성취가 발생한다(Kozioff, LaNunziata, & Cowardin, 2000, p. 59).

직접교수 프로그램 교육과정 자료는 명확한 단계별 수업지도안, 오류 정정 절차, 교사 주도 활동에서 독립 활동으로의 점진적 전환, 누가적 검토, 교육과정을 통해 학생의 진보를 감독하기 위한 지속적인 향상 검사를 제공한다. 개념은 종종 긍정적 또는 부정적 예시를 사용하여 지도되며(Tarver, 2000), 이는 개념 이해를 위한 중요한 교수 요소다(Prater, 1998). 전형적인 직접교수 프로그램 자료는 각 학년 수준에서 180회의 수업을 포함한다. 일반적으로 수업은 약 45분 동안 진행된다(Tarver, 2000). SRA(Science Research Associates)와 맥그로힐(McGraw Hill)에서 출판된 직접교수 프로그램 교육과정 자료는 〈표 7-2〉에 제시되어 있다.

수업에서 직접교수 프로그램 접근은 비판을 받아 왔다(Adams & Carnine, 2003). 일반적인 비판은 직접교수 접근이 학생을 숨막히게 하고 시간의 흐름에 따라 효과가 줄어든다는 것이다. 하지만 연구에서 직접교수 프로그램은 효과적인 교수 모델이며, 특히 특별한 요구를 가진 학생에게 효과적이라 증명되어 왔다. 예를 들어, 직접교수 프로그램은 헤드스타트(Head Start) 프로그램의 연장선인 Project Follow Through[*]에서 9개의 서로 다른 교수적 접근법 중 하나로 실행되었다. 거의 10만 명의 저소득층 유치원생에서 3학년까지의 학생으로부터 수집된 정보를 통해 직접교수 프로그램만이 유일하게 효과적인 교수법이라는 것이 제시되었다(이 연구 결과에 관한 추가 논의는 Stein, Kinder, Silbert, & Carnine, 2006 참조).

또 다른 연구에서도 직접교수 프로그램의 효과성이 입증되고 있다. White(1988)는 특수교육 서비스를 받는 학생을 피험자로 하여 이 프로그램과 다른 교수법을 비교한 25개의 연구를 분석하였다. 어떤 연구도 직접교수 프로그램과 비교되는 교수법에 대해 긍정적인 결과를 보이지 않았다. 초등 수준과 중등 수준 모두에서 실시된 일반교육과 특수교육에 대한 34개의 문헌분석에서도 직접교수가 다른 방법보다 더 큰 효과를 얻었다고 제시하고 있다(Adams & Engelmann, 1996). 학습장애 학생이 직접교수 프로그램을 이용하여 지도받는 것에 대한 17개의 최근 문헌분석 결과에서도 유사하게 나타났다(Adams & Carnine, 2003).

표 7-2 직접교수 프로그램 교육과정 자료

	수준
언어 기술	유아-유치-2학년
스페인어-영어	유아-유치-2학년
읽기 기술	유아-유치-6학년
쓰기 기술/수학 기술	유아-유치-8학년
철자 기술	1~6학년
교정적 읽기, 철자, 수학	4학년~성인

직접교수 수업계획

직접교수 프로그램의 교육과정 자료는 일반적으로 효과적 지도 원리에 근거한다. 이 장의 나머지 부분은 이러한 지도 원리에 대해 설명할 것이다. 지도 원리들은 수업계획 맥락 안에서 제시된다. 초임 교사는 수업계획에 있어서 확고한 기초가 필요하다. 그러므로 수업계획을 작성하는 방법에 대한 많은 세부사항과 수업계획에 대한 많은 예시가 책 전반에 걸쳐 제시되고 있다. 일단 당신이 세부적인 수업계획을 작성하고 적용해야만 해당 단계와 순서를 내면화할 수 있고 이후 자세하지 않은 수업계획안 작성이 가능하다.

효과적인 교사 주도 수업 요소에 대한 종합적인 개요는 〈표 7-3〉에 제시되어 있다. 이 목록에서처럼 교사는 복습하기, 수업 목표 진술하기, 주제 소개하기, 기대되는 행동 시범 보이기, 안내된 연습과 독립 연습 제공하기, 요약하기 등과 같은 요소를 포함시켜야 한다.

〈표 7-4〉는 세 개의 내용 영역—생활 기술(전화번호부 이용하기), 읽기(특정한 음절을 가진 단어), 과학(물의 순환)—에서 수업계획의 윤곽을 제공한다. 이러한 기본 틀을 검토하는 것은 당신이 간단한 수업계획 맥락 안에서 〈표 7-3〉에서 제시된 단계를 이해할 수 있도록 도와준다. 이 장 후반부의 전화번호부 사용에 관하여 작성된 수업계획은 각 단계에 대한 모든 상황을 제공한다(뒤의 〈표 7-8〉 참조).

특수교사는 개별화교육 프로그램(IEP)에서 제시된 것처럼, 학생의 요구에 근거하여 교수를 설계한다. IEP에서 학생의 목표를 검토하는 것이 시작점이다. 당신은 또한 일반교육과정과 주 또는 지역의 기준을 고려해야 한다. 이 정보에 근거하여 교수 단위는 계획될 수 있다. 각 교수 단위로부터 각각의 수업이 만들어질 수 있다. 이 장에서의 논의 주제는 개별 수업

---

[*] 미국 연방의 막대한 예산 지원을 통해 진행된 교육과제

표 7-3	효과적인 교사 주도 수업 제시

효과적인 교사 주도 수업에서의 교사 행동	
1. 수업 시작 전에 학생의 주의를 얻으라. 2. 수업 도입에 지난 시간 배운 개념을 복습하라. 3. 이전에 학습한 자료를 학생이 이해하고 기억하는지 적극적으로 사정하라. 4. 수업에 대한 명확한 개요를 제공하라. 5. 수업 목표를 이끌어 내거나 진술하게 하고 학생들로부터 학습에 참여하겠다는 다짐을 받으라. 6. 알고 있는 것 혹은 하고 있는 것을 책임지는 것이 무엇인지 익숙해지게 하라. 7. 주제를 소개하라. 이것은 학습할 정보 또는 기술과 관련된 이전의 경험과 지식을 활성화한다. 8. 수업 주제와 기존의 지식을 연관 지으라. 9. 학생이 수업 정보를 조직할 수 있도록 돕기 위해 조직적인 구조를 제공하라. 10. 명확하고 간결하며 순차적인 방법으로 교수하라. 11. 교수의 부분으로서 학생에게 기대되는 행동을 시범 보이라. 12. 학생의 성취를 도울 수 있는 자기대화(self-talk)를 시범 보이라(예, 회상전략). 13. 학생의 이해를 평가하기 위해 빈번하게 질문하라. 14. 명백하며 적극적인 참여를 요구하라.	15. 빠른 수업 속도를 유지하라. 16. 교수적 단서를 사용하고 높은 정확도의 대답을 유지하기 위해 촉진하라. 17. 교사 주도 활동에서 높은 성공률을 유지하라(70~90%의 정확도). 18. 학생이 적절한 수준의 이해를 보인 후에 안내된 연습의 기회를 제공하라. 19. 학생의 활동을 감독하고, 피드백을 제공하며, 오류 정정 절차를 적용함으로써 안내된 연습 단계의 학생을 지원하라. 20. 안내된 연습 단계에서 학생들이 높은 성공률(90~100%)에 도달한 후 독립 연습의 기회를 제공하라. 21. 수업 내용의 요약을 제공하고 다른 수업 내용 또는 경험과 통합하라. 22. 일간, 주간, 월간 복습을 제공하라. 23. 지속적인 기록을 유지하고, 학생 수행에 대해 도표를 작성하며, 활동 평가의 결과에 대해 학생과 의사소통하라. 24. 지식을 다른 상황, 환경, 조건에서 일반화하고 적용할 수 있도록 교수하라.

이다. 당신은 13장에서 단원계획에 대한 자세한 내용을 알 수 있을 것이다.

행동 목표 교사 주도 수업은 기대되는 학생의 결과를 포함해야 한다. 결과는 보통 행동 목표로 서술되는데, 이것은 수업이 끝난 후 학생이 무엇을 할 수 있어야 하는지를 나타낸다. 수업 목표를 결정하기 위해서는 일반교육과정과 학생의 IEP 목표 모두가 고려되어야 한다. 예를 들어, 스티븐은 특수교육 서비스를 받고 있는 10학년 학생이다. 일반교육 생활기술 교육과정은 다음의 목표를 포함할 수 있다. '1. 학생은 개인 수표를 정확하게 쓸 수 있고 은행예금 입금표에 내용을 기입할 것이다. 2. 학생은 은행계좌 거래명세서를 가지고 은행 잔금과 수표책의 잔금 개념을 이해할 것이다.' 스티븐의 연간 목표 중 하나는 '9개월 동안, 스티븐은 100%의 정확도로 수표책을 유지할 것이다.'

이런 정보에 근거하여, 스티븐의 담임교사는 은행 이용에 관한 단원계획을 세우고 이를 수업 목표로 다시 나누었다. 스티븐이 학습해야 할 첫 번째 기술 중 하나는 수표를 적절하게 쓰는 방법이다. 그러므로 수업 목표 중 하나는 '견본 수표와 달러와 센트로 나타난 액수를 제공하면, 스티븐은 5번의 시도 중 5번을 정확한 금액에 해당하는 수를 줄에 맞추어 쓸 것이다' 다. 이 목표는 교사 주도 수업을 설계하는 데 기초를 제공한다.

수업 목표는 (1) 관찰 가능하고 측정 가능한 행동, (2) 행동이 발생할 조건, (3) 수용 가능한 행동 수행을 위한 기준의 세 가지 요소를 포함해야 한다.

① 행동. 수업 목표는 수업이 끝난 후 교사가 아닌 학생에 의해 나타나는 행동을 묘사해야 한다. 학생이 나타내는 행동은 관찰될 것이며, 학생이 얼마나 잘

표 7-4   교사 주도 수업계획 구성의 예

목표	예상 단계/목적	검토	시범 보이기/안내된 연습	독립 연습	자료 수집
전화번호부의 업종별 번호란에 포함된 10개의 주제 목록이 제시되었을 때, 학생들은 100%의 정확도로 각 주제 옆에 주제의 페이지 숫자를 쓸 것이다.	학생에게 그들의 집에 불이 나거나 엄마가 아플 때 어떻게 해야 하는지에 대해 질문한다. 학생이 피자 집 전화번호를 모를 때 피자를 어떻게 주문하는지에 대해 질문한다. 이 수업에서 학생은 업종별 번호란에서 주제를 찾는 방법을 배울 것이다.	사전에서 단어를 찾는 방법을 복습한다. 학생에게 house, closet, table 등의 단어를 찾도록 한다.	OHP로 연습 단어와 전화번호부 단어를 모델링과 안내를 통해 제시한다. 1. 단어의 첫 글자에 밑줄을 긋는다. 2. 업종별 번호란에서 1의 글자를 찾는다. 3. 첫 두 글자에 동그라미를 치고 주요 단어를 찾는다. 4. 단어의 첫 세 글자에 밑줄을 긋고 페이지를 훑어본다. 5. 강조된 단어를 읽고 해당 단어를 찾는다.	학생은 독립연습 문제지를 완성한다. 그 독립 연습 문제지에는 10개의 주제가 제시되어 있다.	교사는 독립연습 문제지를 교정하고 정답 수를 기록한다.
'tion, ture, ly'의 접미사를 가진 이음절의 단어 20개가 주어졌을 때, 학생은 90%의 정확도로 해당 단어들을 소리 내어 읽을 것이다.	챕터 북을 제시한다. 챕터 북에 이음절 단어가 많이 있음을 설명한다. 이 수업에서 학생들은 이음절 단어를 읽는 기술을 배울 것이다.	접미사(tion, ture, ly, ing, ed, ment)를 복습할 수 있는 플래시카드를 사용한다. CVC 패턴 단어를 연습할 수 있는 플래시카드를 사용한다.	교사는 다음의 절차를 사용하는 데 있어서 학생을 안내하고 시범 보이기 위해 OHP를 사용한다. 1. 첫 음절에 밑줄을 긋고 읽는다. 2. 접미사에 동그라미를 치고 읽는다. 3. 단어를 읽는다.	학생은 짝지어 연습한 과정을 통해 10개의 단어 목록을 번갈아 읽는다.	학생은 20개 단어 목록을 교사 앞에서 소리 내어 읽는다. 교사는 자료를 기록한다.
물의 순환을 나타내는 그래픽 조직자가 주어졌을 때, 학생은 교사가 예시로 제시한 것처럼 100%의 정확도로 물의 순환에 대한 다양한 측면을 설명하는 주요 단어를 쓸 것이다.	교사는 교실을 돌아다니며 공기 중에 물을 뿌린다. 교사는 학급 전체에게 환경 속에서 물이 어떻게 순환하는지를 아는지 질문한다. 이 수업에서 학생은 환경 전체에 걸친 물의 순환방법에 대해 배울 것이고 물의 순환을 나타내는 단어를 배울 것이다	물의 다른 모습들 이름을 복습한다. (호수, 바다, 강, 연못)	교사는 시범과 안내된 연습을 위해 OHP를 사용한다. 1. 물은 호수, 바다, 강, 개울, 연못에 있다. 물은 공기 중으로 증발한다. (교사는 호수 그림 위에 '증발한다'고 쓰고 증발의 의미를 설명한다.) 2. 공기 중의 물은 구름의 형태로 응축된다. (교사는 구름 그림 옆에 '응축된다'고 쓰고 그 단어를 설명한다.) 3. 물은 공기 중으로 방출된다. 이것은 강수라 불린다. (교사는 비 그림 옆에 '강수'라고 쓰고 비, 진눈깨비, 눈의 의미를 설명한다.)	학생은 물의 순환을 묘사하는 그래픽 조직자를 받는다. 학생은 단어를 대표하는 그림 옆에 물의 순환을 나타내는 주요 단어를 쓴다.	교사는 완성된 조직자를 모으고 학생이 목표를 달성했는지에 대해 기록한다.

수행하는지가 측정될 것이다. 교사는 종종 최종 목표를 보충하거나 그 이상의 활동을 수업에 포함시킨다. 예를 들어, 스티븐의 담임교사는 스티븐이 견본 수표와 분리된 연습지에 금액을 쓰거나 따라 쓰기를 연습하고, 또는 견본 수표책에 자신의 싸인을 그리도록 할지도 모른다. 이러한 활동은 수업을 강화할 수 있지

만 목표로 쓰일 필요는 없다.

일반적으로 수업은 두 개 이하의 목표를 갖는다. 두 개의 목표는 학생들이 행동적/사회적 목표와 학업적/기능적 목표를 동시에 수행하는 경우에 쓰일 것이다. 영어학습자(ELL)인 학생은 언어적 목표 또한 가져야 할 것이다. 한 수업에서 두 개 이상의 목표를 효과적으로 통합시키는 데 어려움이 있다면, 저자는 ELL 학생을 포함한 수업에서 행동적/사회적 목표와 언어적 목표를 통합하거나 또는 학업적/기능적 목표와 언어적 목표를 통합하도록 권한다. 수업 목표의 행동적 요소는 관찰 가능한 동사로 진술되어야 한다. '안다, 이해하다, 판단하다' 등은 관찰 가능한 용어가 아니다. 교사는 종종 '계산한다, 읽다, 열거한다, 설명한다' 등의 동사를 사용한다. 하지만 '계산을 하거나, 읽거나, 열거하거나, 설명하는 것'에 대해 학생이 어떻게 수행해 나갈 것인가에 대한 생각을 확인할 수 없다. 학생은 머릿속에서 계산을 할 것인가? 또는 답을 종이에 쓸 것인가? 관찰할 수 없는 것과 관찰할 수 있지만 명확하지 않은 것, 그리고 관찰할 수 있고 명확한 동사 표현의 예는 〈표 7-5〉에 제시되어 있다.

② 행동 발생 조건. 학생이 행동을 수행할 조건은 목표에 제시되어야만 한다. 전형적으로 조건은 자료, 촉진, 그리고 교수를 포함한다. 행동 발생 조건이 너무도 당연한 것처럼 보이기 때문에 행동 목표의 구성

교사를 위한 정보 7.4

무엇을 수업 목표로 써야 하는지 결정하기 위해 다음의 두 가지 규칙을 사용하라.

1. 교사로서 나는 해당 행동을 시범 보이고 학생들이 행동을 연습하도록 요구할 것인가?
2. 해당 목표에 대한 학생의 수행을 기록(예, 등급 매기기)할 것인가?

위의 두 질문은 수업 목표로서 행동이 포함되기 전에 확실히 대답되어야 한다.

요소에서 종종 간과되고 있다. 하지만 특정 행동을 위해 적용되어야만 하는 특별한 조건이 있다. 수학 문제에 정답을 쓰는 행동을 가정해 보라. 몇몇 학생은 목표 행동을 성취하기 위해 수직선, 구구단 표, 계산기와 같은 보충적 기술 사용 등의 특별한 조건을 요구할지도 모른다. 이러한 항목은 기준에 써야 할 것이다. '휘트니는 세 자릿수 곱셈 문제를 계산기를 이용하여 100% 정확하게 답을 쓸 것이다.'

③ 성취기준. 교사는 행동의 수행에 대해 수용 가능한 기준을 마련해야만 한다. 이것은 종종 백분율로 쓰인다(예, 80 또는 100%의 정확도). 기준은 학생이 수행하도록 기대되는 학습의 단계를 반영해야만 한다. 만약 학생이 기술을 습득한 것만을 증명하도록 기대한다면 백분율 혹은 정확한 항목 비율(10개 단어 중 10개)이 적절할 것이다. 때로는 행동에 따라 백분위 또는 비율이 적절하지 않을 수 있다. 학생이 주어진 시간 간격 동안 목표 행동을 여러 번 나타내는 것을 기대할 수도 있다. 예를 들어, '학생은 학교 일과 중 네 차례 대화를 시작할 것이다'라는 목표가 있을 수 있다. 다른 접근은 흔히 시도 횟수에 대한 우려로 나

표 7-5 행동 목표에 적합한 동사

관찰할 수 없는 동사	관찰 가능하지만 명확하지 않은 동사	관찰 가능하며 명확한 동사
안다	계산한다	쓰다
학습한다	구성한다	물리적으로 만들다
숙달한다	비교한다	구어적으로 비교하다
판단하다	열거한다	열거하여 쓰다
이해한다	읽는다	소리 내어 읽는다
깨닫다	설명한다	구어로 설명한다
좋아한다	분류한다	지적한다
	확인한다	동그라미를 친다

타날 수 있다. 앞서 제시된 스티븐의 목표는 이러한 유형을 포함한다. 그는 5개의 다른 수표에 다른 값을 쓰도록 요구받을 것이고, 5번 모두 정확하게 수행하는 것이 기대된다. 만약 스티븐이 유창함을 증명한다면 시간 제한과 정확도가 기준에 포함되어야 할 것이다.

또 다른 가능성은 기준에 대한 특정한 진술의 사용이다. 이것은 글자 쓰기 기술에서 중요하다. 100%의 정확도가 무엇을 의미하는지에 대해 알지 못한다면 '자신의 이름을 100% 정확하게 쓰기'를 사정하는 것은 불가능할 것이다. 모든 철자를 포함하는 것이 가장 중요한 기준인가? 모든 철자가 순서에 맞아야 하는가? 이름의 첫 글자는 대문자로, 나머지는 소문자로 쓰는 것이 목표인가? 모든 철자가 한 줄로 쓰였는가처럼 문서에서 글자의 위치가 중요한가? 또는 모든 철자가 균형 잡힌 크기로 쓰이는 것이 중요한가? 정확도의 수준에서 사용하기보다는 의도된 결과(예, 바른 순서와 균형 잡힌 크기 모든 철자)가 기준으로 제시되어야 한다. 정확도와 유창성에 대한 다양한 조건과 기준을 사용한 수업 목표의 예는 〈표 7-6〉과

같다.

주의집중 단서   수업 시작 전, 교사는 주의집중 단서를 이용하여 학생의 관심을 얻어야 한다. 학생의 관심을 획득한다는 것은 학습을 방해할지도 모르는 언어적 또는 신체적 행동에 학생이 관여하지 않고 있다는 것을 확실히 하는 것이다. 즉, 학생은 수업 내용과 교사에 대해 보고 듣고 집중하고 있는 것이다.

교육 실습생인 영 양은 잘 조직된 수업계획을 만들었다. 그녀의 협력교사인 킹 여사와 대학의 실습감독자가 그녀를 관찰하고 있어서 그녀는 긴장이 되었다. 수업을 시작하자마자, 영 양은 시작 전에 학생의 주의를 끌어야 한다는 것을 잊었다. 수업이 진행됨에 따라 학생들은 떠들고, 그림을 그리고, 영 양에게 전혀 주의를 기울이지 않았다. 몇 분 후에 킹 여사는 학생들이 이미 알고 있는 수업의 시작 신호를 사용하여 수업을 시작하도록 영 양을 격려하였다. 그녀는 수업 시작 신호를 사용하여 수업을 다시 시작하였고 이번에는 학생들이 보다 더 주의 집중하였다.

표 7-6   수업 목표의 예

학습 단계	목표 예
습득	• *교사가 단어를 읽어 주면* 브렌트는 10개의 단어 철자를 <u>100% 정확하게</u> **쓸 것**이다. • *구매한 물건의 동전이 제시되었을 때,* 이본은 <u>5번 중 4번 정확하게</u> **거스름돈을 세고 구어로 총액을 말할 것**이다. • *주어진 모든 쓰기 과제에서* 제이컵(Jacob)은 자신의 이름을 <u>대문자 J와 소문자 a,c,o,b를 사용하여 오른쪽 위 모퉁이에</u> **쓸 것**이다. • *사회적 기술 수업 종료 후에* 넬슨은 부정적 피드백을 수용하는 **역할극을 할 것**이고, <u>관찰자 검목표에서 90%의 점수를 획득</u>할 것이다.
유창성	• *생활어휘 목록이 주어지면,* 윈스턴은 <u>60개의 단어를 1분에 2개 이상 실수하지 않고</u> **소리 내어 읽을 것**이다. • *질문을 받았을 때,* 토미는 <u>15초 이내에 정확하게</u> 그의 집 주소를 **소리 내어 말할 것**이다. • *개별지도 후,* 칼리는 <u>혼합된 80자리의 문제를 1분에 2개 이상 틀리지 않고</u> **답을 쓸 것**이다.

기호설명
이탤릭체 = 행동 발생 조건
밑줄 = 성취기준
볼드체 = 행동

교사는 신호가 의미하는 것과 어떻게 행동하는 것인지를 알려 주기 위해 학생에게 암시를 줄 수 있는 일상적인 신호를 만들 수 있다. 덜 복잡하고 과감한 신호를 적용할 수 있는 교사는 노력과 힘을 절약할 것이며 학생의 행동 통제를 유지할 것이다. 어느 고등학교 특수교사는 색깔 코드체계를 사용하였다. 신호등 색의 의미에 따라 칠판 앞에 노란색 종이가 제시되었을 때, 학생은 수업의 시작을 알았다. 교사가 빨간색 종이를 제시하면, 학생은 그들이 하고 있던 것을 즉시 멈추고 앞의 교사에게 주의를 기울이도록 지도받았다. 초록색 종이가 제시되었을 때, 학생은 소집단 과제 또는 개별 과제를 계속할 수 있다는 것을 알았다. 다른 주의집중 단서로 '준비' '주목' '시작' 과 같은 간단한 구어 표현이 사용될 수 있다. 특히 어린 학생에게 교사는 짧은 노래나 동시를 제공하면 좋을 것이다. 학생이 교사의 시작을 들었을 때, 그들은 함께할 것이며 참여가 끝나면 교사에게 주의를 기울여야 한다는 것을 알 것이다. 교사는 지도하고 있는 내용과 학생의 능력, 경험, 주의집중 행동 등에 근거하여 주의집중 단서를 선택한다.

예상 단계　　　성공적인 수업은 예상 단계(anticipatory set)에서 시작한다. 예상 단계는 수업 소개를 통해 알 수 있다. 예상 단계가 잘 설계되고 실행된다면 학생들의 관심을 그날의 학습에 집중시킬 수 있다. 또한 예상 단계는 학생의 사전 지식을 연결하고 새로운 수업을 촉진할 기억 또는 몇몇의 연습을 유발할 수 있다(Hunter, 2004). 예상 단계는 짧고 교수시간의 적은 부분을 차지해야 한다. 언제 어떻게 911에 전화하는지를 지도할 때, 어떤 교사는 학생의 동기 유발을 위해 '만약에'를 설명하는 몇 개의 시나리오를 만든다. 다른 교사는 전화번호부 사용을 학습하기 위한 동기 부여를 위해 고학년 학생에게 유사한 시나리오를 사용한다. 세 번째 교사는 과일과 채소가 무엇인지 정의하는 수업의 도입에서 토마토를 과일샐러드에 넣은

한 여자의 이야기를 읽어 준다. 대집단 교수 상황에서 교사는 학생들에게 "화산 폭발을 보고 있다고 상상해 보세요. 그리고 여러분이 보게 될 다섯 가지에 대해 쓰세요."라고 질문할 수 있다.

복습, 선행학습 확인 및 목표 진술　　　유능한 교사는 이전에 학습한 자료를 복습하고, 사전에 필요한 요소를 확인하여 채워 나간다. 그리고 현재 학습 목적을 제시하거나 유도한다(Englert et al., 1992). 이 세 가지의 구성 요소는 다른 순서로 될 수 있으며, 때로는 유사하거나 중복된다. 오스본 여사는 매 수업 제시에서 이 요소들을 확실히 포함하도록 하였다.

오스본 여사는 특별한 특수교사다. 학교구는 그녀의 수업을 관찰하도록 하기 위해 종종 초임 교사를 여사의 학급에 보낸다. 어느 날 그녀는 3명의 참관교사를 받게 되었다. 한 시간 동안의 관찰이 끝난 후 그들은 10분 동안 만남을 가졌다. 관찰자 중 한 명은 오스본 여사가 수업 시작 전에 수업자료의 소개에 매우 많은 시간을 소비하는 것을 보고 놀랐다고 하였다. 오스본 여사는 그것은 학생에게 이전에 학습한 내용을 기억하도록 하는 것이라고 설명하였다. 또한 학생이 새로운 내용으로 옮겨가기 위해 필요한 기술을 가지고 있음을 확인해 보아야 했다. 그녀는 학생에게 수업에 '투자하는 것이' 얼마나 중요한지에 대해 설명하였다. 다시 말해, 학생들이 자신들이 왜 배우고 있는지 또는 왜 그 새로운 내용을 배워야 하는지를 모른다면 어떻게 배우고자 원할 수 있겠는가? 그래서 그녀는 학생에게 수업 내용을 학습하는 것이 그들의 삶 속에서 어떻게 도움을 줄 수 있을지에 대해 질문하는 시간을 준다. 만약 그들이 생각해 낼 수 없다면, 교사는 그들에게 아이디어를 주거나 촉진한다.

복습은 이전에 학습했던 것과 현재의 정보 또는 기술을 연관시키는 데 중요하다. 또한 이전에 학습한

예상 단계를 설계할 때는 다음의 질문을 스스로에게 하라.

1. 예상 단계가 수업과 관련이 있는가?
2. 적극적인 참여를 유도하는가?
3. 과거의 경험과 학습하게 될 새로운 정보를 연관 짓는가?
4. 학생들이 새로운 내용을 학습하도록 동기를 부여하는가?

정보 또는 기술을 유지하도록 해 준다. 학생의 현재 지식은 학생이 각 수업을 위해 준비된 내용을 학습할 준비가 되었는지를 확실히 하기 위해 사정되어야 한다. 선행학습 확인은 종종 복습을 통해 이루어질 수 있다. 이러한 방법으로 학생은 이전에 배운 정보와 관련된 일련의 질문을 받을 것이며, 이것은 현재의 수업 내용과 관련된다.

목표 진술 역시 수업의 중요한 구성 요소다. 수업의 목표는 교사에 의해 직접적으로 제시되거나 학생에게서 유추될 수 있다. 목표 진술은 동기부여의 역할을 하며 학생으로 하여금 참여하고 학습하는 데 집중하도록 유도하기 위해 사용될 수 있다. 학습전략을 지도했던 교사는 일반교육 교실에서 성적을 향상시키기 위해 이 전략을 사용했던 이전 학생들의 성공사례를 현재의 학급학생들과 공유하였다. 그리고 나서 그녀는 학생들에게 정말로 성적 향상을 원하는지 물었다. 만약 그렇다면 그들을 수업에 참여하도록 하였다. 그후 교사는 해당 학습전략이 학교의 성적 향상을 넘어서 어떻게 사용될 수 있을지에 대해 질문하였다. 학생들은 학습전략을 가정 또는 직장에서 특정한 방법으로 사용할 수 있을 것이라 결론지었다. 즉, 교사는 해당 기술을 습득하는 이유를 명확히 하기 위해

학생의 반응을 이끌어 냈다.

목표 진술은 또한 수업에 대한 개요를 제공하는데, 이것은 학생에게 수업시간 동안 무엇을 배울지 예상할 수 있는 '생각의 틀(mental set)'을 제공한다. 목표 진술은 학생을 위한 조직적인 틀을 제공하여 정보를 통합하고 연관 짓고 조직하기 위한 준비를 더욱 잘할 수 있게 한다. 목표 진술의 또 다른 기능은 학생에게 해당 수업에 근거하여 그들이 아는 것, 행동하는 것에 책임이 있음을 알리는 것이다.

교수와 모델링 교수 전달의 일부분으로, 교수 목표에서 요구하는 행동을 모델링하는 것이 포함되어야만 한다. 모델링은 교사, 보조원, 친구, 부모, 직업 코치, 고용주 또는 해당 기술에 숙련된 어느 누구에 의해서도 이루어질 수 있다.

오스본 여사의 수업을 참관한 다른 초임 교사 중 한 명은 왜 그녀가 학생들에게 자주 설명을 하는지에 대해 질문하였다. 이 수업에서 그녀는 그래프 읽는 방법을 지도하였다. 오스본 여사는 그래프를 읽는 단계를 제시하였고, 프로젝터에 그래프를 제시하고 학생 앞에서 단계를 소리 내어 말하며 수행하였다. 질문한 교사는 자주 설명하는 것이 실제로 필요한지에 대해 궁금해했다. 오스본 여사는 학생에게 어떻게 과제를 완수하는지를 보여 주는 데 있어서 모델링이 중요한 요소라고 설명하였다. 교사는 학생에게 어떻게 하는지를 말해 주는 것만으로 충분하다고 생각할 수 없다. 학생은 실제 기술을 시범 보이는 것을 보는 것이 필요하다.

모델링은 행동주의적 모델링과 인지주의적 모델링을 포함한다. 행동주의적 모델링은 기술의 실제 시연을 포함한다. 인지주의적 모델링은 시범 보이는 사람의 사고과정을 이해하는 데 있어서 학생을 도울 수 있는 자기대화를 포함한다. 자기대화를 제공할 때, 교사는 학생이 과제를 수행하는 동안에 그들이 생각하

는 것을 명확히 이야기한다. 이것은 교사로 하여금 과제뿐만 아니라 과제를 완수하는 데 사용된 전략도 함께 시범 보일 수 있도록 한다. 예를 들어, 셈하기에서 받아올림에 대한 교사 모델링은 해당 문제를 완수하는 데 요구되는 단계의 과정을 '자기대화'를 통해 보일 수 있다. 이러한 모델링의 예는 〈표 7-7〉에 제시되어 있다.

교사 주도 수업에서 기술의 모델링은 학생 성공의 가능성을 증가시킨다. 모델링과 더불어 교사는 명확하고 완전하며 일관성 있는 방식으로 교수를 전달해야 한다. 교사는 필요할 때 촉진과 피드백을 사용하여 학생들의 대답을 요구해야 한다. 물론 교수에서 반복 횟수는 다양하며 개별 학생의 필요에 따라 다르다 (Test, Browder, Karvonen, Wood, & Algozzine, 2002).

교사를 위한 정보 7.6

교사는 효과적인 교수 전달 요소를 기억하기 위해 두문자어 SCREAM(Mastropieri & Scruggs, 2002)을 사용할 수 있다.

S	Structure	조직화
C	Clarity	정확도
R	Redundancy	반복
E	Enthusiasm	열정
A	Appropriate rate	적절한 속도
M	Maximum engagement	적극적 참여

표 7-7 올림이 포함된 덧셈 모델링의 예

예시 문제: 163
235
+ 542

교사 발문	교사 행동
1. "올림을 이용해 덧셈 문제를 풀 때, 나는 우선 열에 맞추어 숫자를 쓰고 모두 선에 맞추어 썼는지를 확인합니다."	• 칠판 또는 프로젝터를 이용해 숫자를 쓴다.
2. "숫자들이 줄에 맞춰 쓰였는지 확인할게요. 네, 모두 줄 맞추어졌네요."	• 각 숫자 자릿수를 훑어본다.
3. "지금 나는 내가 덧셈과 등호 표시를 썼는지 확인하고 싶어요."	• 덧셈과 등호 기호를 그린다.
4. "다음에 할 것은 한 세로 열의 모든 숫자를 더하는 거예요. 3 더하기 5는 8에 2를 더하면 10. 이 숫자가 9를 넘으므로 나는 십의 자리로 올림할 필요가 있어요. 그러므로 나는 일의 자리에 영을 나타내는 0을 쓰고, 십의 자리에 십을 나타내는 1을 씁니다."	• 덧셈을 하는 동안 각 숫자들을 가리킨다. 일의 자리 등호 기호 아래에 0을 쓴다. 십의 자리 다른 숫자들 위에 1을 쓴다.
5. "자, 나는 십의 자리에 있는 모든 숫자를 더해야 해요. 올림이 된 1에 6을 더하면 7, 거기에 3을 더하면 10이고 4를 더하면 14예요. 이 숫자 역시 9를 넘으므로 백의 자리로 올림을 해야 해요. 그러므로 나는 십의 자리에 사십을 의미하는 4를 쓰고, 백의 자리에 백을 의미하는 1을 써요."	• 덧셈을 하는 동안 각 숫자들을 가리킨다. 십의 자리 등호 기호 아래에 4를 쓴다. 백의 자리 다른 숫자들 위에 1을 쓴다.
6. "다음으로 나는 백의 자리에 있는 모든 숫자를 더할 거예요. 올림 1에 1을 더하면 2, 2를 더하면 4, 거기에 5를 더하면 9."	• 덧셈을 하는 동안 각 숫자를 가리킨다. 백의 자리 등호 기호 아래에 9를 쓴다.
7. "이제 문제를 다 풀었네요."	

안내된 연습　교사가 행동을 시범 보이면(예, 해당 수업의 행동 목표) 학생은 직접적인 감독하에 수업 목표를 연습할 기회를 가지게 된다. 그러므로 안내된 연습(guided practice)은 학생이 해당 기술에 숙련된 누군가(예, 교사, 보조원, 또래교사)와 함께 연습하는 전략이다. 그것은 질문을 하고, 연습이 부족하여 발생되는 실수를 확인하고 오류를 정정하고, 필요한 경우 재교수함으로써 학생을 돕는 데 쉽게 이용할 수 있다.

　　오스본 여사의 지도방법 중 초임 교사가 관심을 보인 다른 측면은 연습의 사용이다. 그들은 그녀가 왜 학생의 과제를 도와주기 시작하고 그다음에 그것을 멈추는지에 대해 설명해 달라고 질문하였다. 오스본 여사는 그녀가 기술을 지도하고 시범 보인 후, 세 문제를 질문하고 답하여 모든 학생이 문제를 해결하는 방법을 이해했는지 확인한다고 설명하였다. 일단 학생이 할 수 있음이 확인되면, 그녀는 학생에게 나머지 문제를 혼자서 해결하도록 한다.

　　오스본 여사와 학급 전체는 그녀가 개별 학생에게 독립적으로 문제를 해결하도록 요구하기 전에 몇 개 문제를 함께 풀어 본다. 이것은 안내된 연습의 형태다. 만약 안내된 연습 기회가 집단교수 동안에 제공된다면 모든 학생에게 연습할 기회가 주어져야 한다. 안내된 연습의 주된 목적은 학생이 오류를 범하지 않도록 하기 위해 부정확한 반응을 수정하는 것이다. 어느 피아노 교사는 저자에게 만약 악보의 특정한 음표가 3번 계속 잘못 연주되었다면 해당 오류가 학습된 것이라고 말했다.

　　교사는 때때로 안내된 연습을 적절하게 적용하지 않는다. 예를 들어, 어떤 교사는 칠판에 수학 문제를 풀거나 단어의 철자를 쓰도록 하기 위해 개별 학생을 호명한다. 안내된 연습의 원리를 적용하는 교사는 모든 학생에게 자신의 자리에서 문제를 풀어 보게 하거나 단어를 쓰게 하고, 칠판에 문제를 푼 학생이 쓴 해

안내된 연습은 다음과 같다.

1. 모든 학생은 숙련된 기술을 가진 사람(예, 교사, 보조원, 또래교사)의 집중적인 감독하에 혼자서 연습한다.
2. 학생은 학급 전체적으로 또는 개별적으로 답한다.
3. 학생은 집중적인 감독하에 짝 지어 연습한다.

다음은 안내된 연습이 아니다.

4. 단지 한 명 또는 두 명의 학생들이 질문에 답하거나 문제를 해결한다.
5. 과제가 집으로 보내진다.

결과정과 정답을 그들 자신의 것과 비교하도록 한다. 교사는 개별 학생의 수행을 감독하고 피드백을 제공해야 한다.

　　안내된 연습을 위한 또 다른 효과적인 전략은 학생이 짝지어 활동하도록 하고 교사가 각각의 짝을 감독하는 것이다. 학생과 개발되고 있는 기술의 특성에 따라, 학생을 소집단으로 나누어 각 집단에 안내된 연습을 감독할 '숙련자(master)'를 배정받는 것이 필요할지도 모른다. 예를 들어, 화재가 일어나는 동안 화상을 피하기 위한 절차를 지도하고 있는 한 헤드스타트 교사는 학급을 4개의 집단으로 나누어 각 집단에 교사, 보조원, 두 명의 자원봉사자를 배정하였다. 학생은 성인의 직접적인 지도하에 소집단으로 '멈추기' '떨어지기' '구르기' 를 연습하였다.

　　① 촉진. 촉진은 학생이 정확하게 반응할 가능성을 증가시키기 위해 제공되는 보조수단이다. 촉진은 학생들이 답하는 데 어려움을 보이거나 또는 교사가 학생이 정확하게 답하는 데 어려움을 가질 것이라 예상

하는 경우에만 사용되어야 한다. 촉진의 유형에는 (1) 언어적 지시, (2) 모델링, (3) 신체적 안내, (4) 자극적 촉진 등이 있다. 언어적 지시는 소리, 단어, 몇 개의 문장 등이 될 수 있다. 예를 들어, 소리 내어 책을 읽고 있던 학생이 '멈춘다면', 교사는 그에게 '소리 내어 읽으라'고 제안하거나 교사가 소리 내어 읽기를 시작함으로써 학생을 도울 수 있을 것이다. 교사는 또한 학생에게 "그것이 어떤 단어라고 생각하니?"라고 질문할 수 있다.

모델링 촉진에서 보통 교사는 학생이 모방할 수 있도록 하기 위해 바람직한 행동을 제시한다. 하지만 모델링 촉진은 교사 또는 사람으로 제한되지 않는다. 예를 들어, 모델은 카드에 프린트된 단어 또는 모방될 행동의 그림과 같이 시각적 설명을 통해 제시될 수 있다. 신체적 안내 촉진은 행동과 함께 제공되는 신체상의 도움을 포함한다. 예를 들어, 체육교사는 테니스 서브를 연습하면서 학생의 팔을 잡고 안내할 수도 있고, 소근육 조작에 어려움을 가지는 학생이 가위를 사용하거나 연필을 이용해 쓸 때 신체적 안내를 제공할 수도 있다. 촉진의 마지막 유형인 자극적 촉진은 교수자료와 연합하여 사용된다. 예를 들어, 읽기자료에서 화살표를 사용하거나, 굵은 글씨를 사용하거나, 색깔의 변화 등을 사용함으로써 중요한 요점에

 교사를 위한 정보 7.8

촉진을 사용할 때는 다음의 내용을 기억하라.

1. 학생의 주의를 분산시키는 것이 아니라 관련 자료에 집중시키는 촉진을 사용하라.
2. 효과가 있다면 가능한 한 가장 약한 촉진을 사용하라.
3. 가능한 한 빠르게 촉진을 없애라.
4. 정답을 알 수 있는 음성 억양 등 계획되지 않은 촉진의 사용을 피하라(Alberto & Troutman, 2006).

주의를 하도록 한다.

② 소거. 촉진은 학생이 정확하게 답하는 데 어려움이 있을 때 제공된다. 촉진이 완전히 사라질 때까지 촉진의 사용은 점차 소거되어야 한다. 소거는 가장 강한 것에서 가장 약한 것으로의 이동(예, 신체적 안내→시각적 촉진→언어적 지시), 또는 가장 약한 것에서 가장 강한 것으로의 이동(예, 언어적 촉진→몸짓→신체적 안내)을 포함한다. 소거는 점진적 안내(필요할 때에만 신체적 촉진을 사용하는 것), 시간 지연(자극 제시와 촉진 전달 간의 시간을 지연시키는 것), 또는 자극 소거(색깔, 크기, 위치 등을 통해 자극의 물리적 측면을 강조하거나 과장하고 점차 강조와 과장을 소거하는 것)의 형태가 될 수 있다.

독립 연습   독립 연습은 학생이 독립적으로 과제를 수행하도록 기대되며, 교사의 피드백이 안내된 연습에서처럼 빠르게 제공되지 않는다는 점에서 안내된 연습과 다르다. 독립 연습의 몇몇 사항은 학생의 개별적 수행에 대한 '검사'와 동일시될 수 있다.

수업에서 학생이 안내된 연습 동안에 10개 문제를 정확하게 수행하게 된 후, 오스본 여사는 학생들이 숙제로 추가적인 문제를 수행할 준비가 되었다는 것을 알았다. 그녀는 학생에게 집에서 완성해야 하는 연습 문제를 나누어 주었다.

전통적 교수에서는 때때로 독립 연습이 숙제의 형태로 제시된다. 독립 연습은 학생이 안내된 연습에서 높은 성공률(90～100%)을 보이기 전까지는 시작되어서는 안 된다(Englert et al., 1992). 이것은 특히 과제를 부여할 때 중요하다. 독립된 연습으로 숙제를 적절하게 사용하는 교사는 교실에서 안내된 연습 시간을 위한 일정을 계획한다. 유능한 교사는 학생이 그들의 수업 목표를 높은 성공률로 완수할 수 있기 전까

지 숙제를 부여하지 않는다.

앞의 헤드스타트 예에서, 교사는 다음 날 학생에게 성인의 도움 없이 수행하도록 시킴으로써 '멈추기-떨어지기-구르기'의 절차에 대한 학생의 기억을 '시험'하였다. 어려움을 보인 학생은 다시 지도를 받았고 안내하에 연습할 추가적인 기회가 주어졌다. 일단 수업에서 학생이 도움을 받으며 문제를 해결할 수 있으면, 오스본 여사는 학생에게 문제를 혼자서 해결하도록 한다.

이해도 확인　이해도 확인은 질문을 하고 집단 또는 개별 연습 동안 학생의 수행을 확인하는 것을 포함한다. 앞서 다루어진 전체 대답과 반응 카드는 교사가 모든 학생의 내용 이해도를 동시에 확인하고 학생을 더욱 적극적으로 참여시킬 수 있는 방법이다(Cavanaugh, 1994). 교사는 학생의 이해도를 확인하고 그들의 수업계획에서 확인 정보를 포함시킬 특정한 방법을 결정해야 한다.

오류 정정　오류정정 절차는 연습의 유형(안내된 연습 대 독립 연습)에 따라 다양하다. 안내된 연습 동안, 학생은 추가적인 시범, 더 많은 예시, 기술의 재교수뿐만 아니라 왜 그들의 반응이 부정확한 것인지에 대한 명확한 이유가 있어야 한다. 효과적으로 이루어지기 위해 교사의 피드백이 가능한 한 즉각적으로 제공되어야 하며, 학생이 오류를 연습하게 되는 것을 막아야 한다.

독립 연습 동안 오류 정정은 학생이 오류 발생에 대해 주의집중을 하게 하지만, 학생이 독립 연습 단계로 발전하기 전 안내된 연습 단계에서 이미 높은 수준의 성공을 보였기 때문에 추가적인 설명이나 재교수는 거의 필요하지 않다. 교사는 학생이 범하게 될 오류의 유형을 예상하고 수업계획 과정에 오류정정 절차를 만들어 넣도록 한다.

교사를 위한 정보 7.9

교사가 할 수 있는 것에서 가장 중요한 것 중 하나는 학생에게 그들이 얼마나 잘하고 있는지와 얼마만큼 향상될 수 있는지에 대한 피드백을 제공하는 것이다. 피드백을 제공할 때는 다음의 조언을 기억하라.

1. 학생에게 왜 그들의 답이 정확하거나 정확하지 않은지에 대한 설명을 함으로써 교정적 피드백을 제공하라.
2. 적절한 시기에 피드백을 제공하라. 즉각적인 피드백이 가장 효과적이다.
3. 종합적인 피드백은 학생이 다른 학생과의 관계가 아닌 특정 기술과 관련지어 어느 정도 수준인지에 대해 말해 준다.
4. 학생은 그들 자신의 진보를 효과적으로 감독하기 위한 지도를 받을 수 있다. 그러고 나서 학생은 자기 자신에게 피드백을 제공할 수 있다(Marzano, Pickering, & Pollck, 2001).

마무리　유능한 교사는 학습 내용을 요약하고 검토하고 그것을 이전에 학습한 내용 또는 경험과 통합함으로써 수업의 마무리를 제공한다(Englert et al., 1992). 교사는 또한 종종 마무리의 한 부분으로 다음 수업을 위한 예상 단계를 제공한다.

교사가 시간의 흐름을 잃거나 수업을 끝내는 데 필요한 시간을 잘못 판단하여 마무리시간을 제공하는 데 실패하는 경우는 흔히 있는 일이다. 예를 들어, 중등교실의 교사는 학생이 아직 안내된 연습 단계에 있는 동안 수업종료 종이 울려서 마무리 시간을 방해받을 수 있다. 한 교사는 타이머를 사용하고 매 수업이 시작할 때 45분을 설정한다. 타이머가 울릴 때, 교사는 수업 마무리를 제공하고 학생들이 다음 시간으로 이동하기 위해 5분의 준비시간이 남았음을 알게 한다.

진보 모니터링　학생의 진보를 모니터링하는 것은 유능한 교사에 의해 사용되는 또 다른 교수 원리다. 이러한 맥락에서 진보를 모니터링하는 것은 수업의 행동 목표에 대한 학생의 수행을 평가하고 기록하는 것을 의미한다. 앞서 이야기한 것처럼, 행동 목표로 수업 활동을 포함해야 할지에 대해 결정하는 기준 중 하나는 교사가 학생의 행동을 사정하고 기록할 것인가다. 학생의 수행을 기록하는 방법에 대해서는 6장에서 다룬 바 있다.

행동 목표에 따라 학생 수행은 (1) 학생이 '멈추기-떨어지기-구르기'의 예와 같은 독립 연습에 참여하는 동안, 또는 (2) 오스본 여사가 나누어 준 연습 문제와 같이 학생이 영구적 결과물을 제출한 후에 기록될 것이다.

교사를 위한 정보 7.10

　교사는 그들의 지도에 도움이 될 만한 충분한 피드백을 거의 받지 못한다. 교사가 사용할 수 있는 한 가지 전략은 자기 사정이다. 당신의 수업을 녹음하거나 비디오 녹화한 후 분석하라. 어느 고등학교 초임 교사는 실제 수업분석을 하고는 다음의 목표를 설정하였다.

1. 높은 수준의 질문 시 학생에게 대답하기 전 더 많은 시간을 허용하라.
2. 질문을 하고, 기다리고, 그다음에 학생의 이름을 부르라.
3. 학생이 더 많은 질문을 하고 더 많은 피드백을 받도록 하라.
4. 주제를 좁히라.
5. 이전의 개념이 완전히 검토되고 그것이 새로운 수업과 연관되었는지 확인하라.
6. 구체적인 칭찬을 하라.
7. '그래'와 '좋아'를 말하는 것을 그만하라.
8. 자기평가를 더 자주 실시하라(Freiberg, 2002).

〈표 7-8〉에는 수업 상황으로 꾸며진 수업계획안이 제시되어 있다. 이 수업계획안은 기대되는 학생의 반응뿐만 아니라 교사가 무엇을 말하고 행동해야 하는지에 대한 자세한 수업내용과 확인된 중요한 요소를 포함한다. 각본화된 수업계획안을 위한 체크리스트는 뒤의 〈표 7-9〉에 제시되어 있다. 이 체크리스트는 수업에서 모든 중요한 요소가 포함되었는지를 확실히 하기 위해 사용될 수 있다. 더 많은 각본화된 수업계획안은 10~15장에 걸쳐 제시될 것이다.

3. 다문화 학습자를 위한 시사점

역사적으로 다수의 유럽계 중산층 미국인 이외 문화에 속해 있는 학생들은 학교에서 성공하는 데 실패해 왔다. 문화적으로 민감한 교수에 대한 논쟁은 학교와 지역사회의 인구 구성에서 유럽계 미국인이 적어지고, 다양한 개인을 '용광로(melting pot)'처럼 동화시키기보다는 문화적 정체성을 유지하는 것이 중요하다는 주장에 따라 제기되었다(Jones, 2004).

앞 장에서 다루어진 것처럼, 오늘날의 학교 문화는 일반적으로 유럽계 미국 문화를 반영한다. 즉, 학교는 학생이 경쟁적이고, 독립적이며, 학업과 성취에 집중하며, 미래 지향적이길 기대한다. 이러한 가치는 종종 해당 문화를 대표하는 학생의 다른 능력뿐 아니라 다른 문화의 가치와 갈등한다.

문화적 배경은 많은 차원에 걸쳐 다양한데, 특히 교사 주도 수업에 영향을 주는 두 가지는 효율성과 독립성이다. 효율성에 대한 관심은 시간에 대한 문화적 인식과 직접적으로 관련된다. 유럽계의 문화는 시간을 현명하게 사용하는 것을 크게 강조한다(예, '시간은 돈이다'). 다른 문화는 시간에 대해 크게 신경 쓰지 않는다. 교사는 수업시간 질문에 대답하기 전에 망설이는 학생이 정답을 모른다거나 답을 확신하지 못하고 있다고 가정해서는 안 된다. 질문이 제기된 후 학생은 생각할 시간이 필요할 것이다. 예를 들어, 아메리카 원주민은 말을 하기 전에 생각하도록 지도받을 뿐 아니라 다른 사람이 먼저 말하게끔 기다리도록 배웠다(Nel, 1993).

문화적 차이는 교실에서의 학생 수행뿐만 아니라 학생에 대한 교사의 인식에 영향을 미친다. 그러므로 교사는 잠재적인 문화 차이를 인식하고 적절한 경우 교수 절차를 조절해야 한다. 효율성에 대한 문화적 가치의 민감성이 부족한 교사는 아동을 '시간을 낭비하는 사람'으로 인식할지도 모른다. 예를 들어, 히스

표 7-8 기능적 읽기 기술을 위한 각본화된 수업계획안

주제	전화번호부
IEP 목표	전화번호부가 주어졌을 때, 학생은 전화번호와 주소를 얻기 위해 원하는 이름 또는 주제를 100% 정확하게 찾을 것이다.
수업 목표	전화번호부의 업종별 번호란에 포함된 주제의 목록이 제시되었을 때, 학생은 각각의 주제 옆에 페이지 숫자를 100% 정확하게 쓸 것이다.

수업 구성 요소	교사질문과 교수 및 피드백	예상되는 학생 반응
주의집중 단서	질 문: "모두 준비됐나요?" 설 명: "모두 선생님을 보세요."	"네."
예상 단계	질 문: "만약 여러분이 집에 혼자 있는데 집에 불이 났거나 또는 엄마가 갑자기 아플 때 어떻게 해야 하죠?" 피드백: "좋아요! 우리 모두 긴급전화번호 119를 알고 있어요." 질 문: "이 밖에 우리는 전화를 어떻게 이용할 수 있나요?" 피드백: "맞아요!" 질 문: "그런데 여러분이 피자를 주문하고 싶은데 전화번호를 모르면 어떻게 하죠?" 피드백: "전화번호부를 이용하는 것이 제일 좋은 선택일 거예요. 전화번호 안내 서비스는 여러분에게 전화번호를 알려 줄 때 요금을 부과하거든요." 설 명: "오늘 우리는 새로운 기술을 배울 거예요. 우리는 전화번호부에서 피자가게와 다른 가게를 어떻게 찾는지에 대해 배울 거예요."	"119에 전화해요" "친구에게 전화할 때요." "피자를 주문할 때요." "전화번호 안내하는 곳에 전화해요." "전화번호부를 이용해요."
복습	설 명: "우리는 사전을 이용해 본 적이 있어요. 전화번호부도 비슷해요." 질 문: "사전에 대해 무엇을 말할 수 있나요?" 피드백: "모두 맞아요." 설 명: "지금부터 알파벳 순서가 무엇을 의미하고 우리가 사전에서 어떻게 단어를 찾는지에 대해 복습해 봐요." (사전을 건네준다.) 설 명: "종이와 연필을 꺼내세요." (칠판에 house라고 쓴다.) 설 명: "종이에 house라는 단어를 쓰세요. 사전에서 house라는 단어를 찾고 여러분이 단어를 찾기 위해 배웠던 과정을 기억하세요." 설 명: "다 찾았으면 손을 드세요." 질 문: "몇 페이지에 있나요?" 피드백: "잘했어요."	"책." "참고문헌." "알파벳 순서로 되어 있어요." "단어를 찾아요." (학생들이 손을 든다.) (학생들이 페이지 숫자를 말한다.)

복습	질 문: "여러분이 house라는 단어를 찾기 위해 사용한 과정을 말해 보세요."	"첫 번째 글자에 밑줄을 그었어요. 그리고 H로 갔어요. 두 번째 글자에 동그라미를 치고 ho로 시작하는 주요 단어를 찾았어요. 처음 세 글자에 밑줄을 긋고는 house를 찾았어요."
	피드백: "훌륭하게 기억하고 있군요!" (추가적인 예시를 통해 이상의 것을 반복하고, 필요한 경우 피드백을 제공하라.)	
선행학습 확인	질 문: "사전과 전화번호부가 어떻게 유사한지 누가 알고 있나요?" 피드백: "맞아요. 사전과 전화번호부 모두 무언가를 찾을 때 사용해요." 질 문: "전화번호부는 몇 부분으로 만들어졌는지 아세요?" 설 명: "전화번호부는 흰 페이지와 노란 페이지 두 부분으로 구성되어 있어요." (전화번호부를 보여 준다.) 질 문: "전화번호부의 두 부분은 무엇인가요?" 피드백: "개인별 가입자란과 업종별 번호란이에요. (걸어 다니며 두 부분을 보여 준다.) 두 부분은 무엇인가요?" 설 명: "맞아요. 개인별 가입자란에는 주민과 사업체의 전화번호와 주소가 있어요. 업종별 번호란에는 사업체들이 회사를 광고하려고 전화번호와 주소가 쓰여 있어요. 업종별 번호란의 모든 목록은 알파벳 순서로 되어 있어요." (전화번호부를 건네준다.)	"무언가를 찾을 때 사용해요." "두 개요." "모르겠어요." "모르겠어요." "개인별 가입자란과 업종별 번호란이에요."
목표 진술	질 문: "오늘 우리는 업종별 번호란에 대해 배울 거예요. 우리가 왜 업종별 번호란을 사용할 방법을 알아야 하는지에 대해 알고 있는 사람 있나요?" 설 명: "우리가 업종별 번호란 이용방법에 대해 배우는 이유는 여러분에게 어떤 일이 일어났을 때, 어떤 것을 살 때, 어떤 회사가 여러분을 도와줄 수 있는지 알 필요가 있을 때, 또는 어떤 회사에서 여러분이 사고 싶은 것을 파는지 알 필요가 있을 때를 위해서예요. 예를 들어, 여러분의 강아지가 아프다면, 여러분은 아마 강아지를 치료하기 위해 수의사를 찾을 거예요. 업종별 번호란은 여러분이 살고 있는 지역에 있는 수의사의 전화번호를 보여 줄 거예요. 또는 여러분이 새 자전거를 사고 싶을 때, 업종별 번호란이 자전거 가게의 이름을 보여 줄 거예요." 설 명: "오늘 여러분은 업종별 번호란에서 회사의 종류/주제에 대해 찾고, 그 주제가 나열된 곳의 페이지 수를 적을 거예요."	"모르겠어요."
교수	설 명: "여러분의 전화번호부의 노란색 부분을 펴고 4페이지를 보세요." (업종별 번호란을 편다. 펼친 책을 학급 전체에게 보여 준다.) 설 명: "여러분도 이 페이지를 펴세요. 이 페이지의 왼쪽 위에 알파벳 한 글자와 두 개의 주요 단어가 있어요." 질 문: "이 페이지에 어떤 글자가 있나요?" 피드백: "훌륭해요." 설 명: "업종별 번호란은 사전과 매우 비슷해요. 각 페이지는 그 페이지의 처음과 마지막 주제를 말해 주는 주요 단어와 알파벳 철자를 가지고 있어요." 질 문: "각 페이지의 맨 위에는 무엇이 있나요?"	(학생들이 4페이지를 편다.) "A." "알파벳 철자와 주요 단어가 있어요."

교수	질　문: "이 페이지의 주요 단어는 무엇인가요?" 피드백: "맞아요." 설　명: "4페이지를 보면 초록색으로 강조된 회사의 종류 또는 주제를 알게 될 거예요. 다 함께 초록색 부분을 모두 읽어 봅시다. 우리는 이렇게 세로로 읽어 내려갈 거예요." (책을 들고 손가락을 세로로 움직인다.) 설　명: "준비, 읽기 시작." 피드백: "모두 함께 그 주제들을 잘 읽었어요." 설　명: "오늘 우리가 업종별 번호란에서 주의를 기울일 모든 것은 페이지 위쪽에 있는 알파벳 철자들, 주요 단어들, 그리고 초록색으로 강조된 사업의 주제/종류들이에요."	"Adoption, advertising." "Adoption services, adult care services, advertising agencies…"
모델링	설　명: "내가 업종별 번호란에서 특정한 회사의 종류를 찾고 싶을 때에는 사전에서 찾는 것과 같아요. 첫 번째로, 내가 찾고 있는 단어를 보고 첫 글자에 밑줄을 그어요. 내가 찾고 있는 단어는 칠판에 쓰여 있는 거예요. 선생님과 함께 읽어 봐요." (단어를 가리키고 학급 전체가 함께 읽도록 촉진한다.) 피드백: "잘 읽었어요." 설　명: "업종별 번호란에서 이 단어를 찾기 위해서 나는 단어의 첫 번째 글 자에 밑줄을 그을 거예요." 질　문: "첫 번째 글자가 뭐죠?" 피드백: "맞아요. D예요." 설　명: "그리고 나서 업종별 번호란에서 D를 찾아요. 이것은 사전에서 글자 를 찾는 것과 비슷해요. A, B 그리고 C를 모두 지나서 D를 찾았을 때 멈추세요. 일단 내가 D를 찾으면 그 단어를 다시 보고 단어의 처음 두 글자에 동그라미를 칩니다." 질　문: "이 단어의 처음 두 글자는 무엇인가요?" 피드백: "아주 좋아요." 설　명: "자, 내가 단어의 처음 두 글자가 d와 o인 주요 단어를 찾을 때까지 각 페이지의 주요 단어를 계속 찾을 거예요. 내가 do로 시작되는 주 요 단어를 찾을 때까지 D섹션을 알파벳 순서대로 검토할 거예요. (전화번호부의 페이지를 건너뛴다.) Da, de, di,…" 설　명: "251페이지의 두 번째 주요 단어는 doors예요. 이 단어는 첫 번째 두 글자로 d와 o를 가지고 있네요. 자, 내가 찾는 단어를 다시 한 번 확 인하고 첫 세 글자에 밑줄을 긋습니다." 질　문: "이 단어의 첫 세 글자는 무엇인가요?" 설　명: "맞아요. 내가 찾는 단어의 첫 세 글자는 dol이에요. 나는 그 페이지 에 dol로 시작되는 단어가 있는지 보기 위해 강조된 주제를 훑어봅 니다. 만약 있다면 내가 원하는 단어를 찾을 때까지 강조된 주제들을 읽을 거예요." 질　문: "내가 찾는 단어의 첫 세 글자를 가진 단어가 그 페이지에 있다면 나 는 어떻게 해야 하죠?" 피드백: "좋아요." 설　명: "강조된 주제를 읽기 위해 그 페이지의 첫 번째 단에서 초록색으로 강조된 모든 주제들을 읽을 거예요. 내가 원하는 단어인 doll을 찾을 때까지 나는 강조된 모든 주제를 읽을 거예요. 이 페이지에는 dolls- parts와 dolls-retail이 나오기 전에 docks, dog, cat grooming, dog training이 제시되어 있네요."	"Dolls." "D." "Do." "Dol." "강조된 주제를 읽어요."

모델링	설 명: "나는 251페이지의 doll-parts와 doll-retail 부분에서 내가 원하는 단어를 찾았어요. 그래서 dolls라는 단어 옆에 251이라고 적을 거예요."	
	질 문: "나는 무엇이라고 적을 거죠?"	"Dolls."
	정 정: "Dolls는 나의 주제예요. 나는 페이지 숫자를 적을 거예요."	
	질 문: "나는 무엇을 적어야 하나요?"	"페이지 숫자요."
	질 문: "그것은 뭐죠?"	"251."
	피드백: "아주 좋아요." (3~5개의 예를 통해 시범 보이기를 반복하라. 필요할 때 피드백과 오류 정정을 제공하라.)	
안내된 연습	설 명: "지금부터 우리는 함께 업종별 번호란을 사용하는 연습을 해 볼 거예요. 우리가 실제 단어를 함께 찾아보기 전에 과정을 한 번 복습해 봐요. 선생님을 따라 하세요. 첫째, 첫 글자에 밑줄을 긋는다."	"첫 글자에 밑줄을 긋는다."
	설 명: "둘째, 업종별 번호란에서 그 글자를 찾는다."	"업종별 번호란에서 그 글자를 찾는다."
	설 명: "셋째, 첫 두 글자에 동그라미를 치고 그 글자로 시작하는 주요 단어를 찾는다."	"첫 두 글자에 동그라미를 치고 그 두 글자로 시작하는주요 단어를 찾는다."
	설 명: "단어의 첫 세 글자에 밑줄을 긋고 페이지를 훑어본다."	"단어의 첫 세 글자에 밑줄을 긋고 페이지를 훑어본다."
	설 명: "강조된 단어들을 읽고, 원하는 단어를 찾는다."	"강조된 단어들을 읽고, 원하는 단어를 찾는다."
	피드백: "훌륭해요."	
	설 명: "지금 우리는 함께 연습할 준비가 되었어요. 선생님이 칠판에 회사의 주제/종류를 써 놓았고, 이 단어들은 여러분의 유인물에 인쇄되어 있어요. (단어의 목록을 나눠 준다.) 첫 번째 단어를 보세요."	
	질 문: "어떤 단어인가요?"	"Games."
	설 명: "맞아요. 우리는 업종별 번호란에서 games를 찾을 거예요. 첫 번째로 우리는 무엇을 해야 하나요?"	"첫 글자에 밑줄을 그어요."
	피드백: "그래요! 우리는 첫 글자에 밑줄을 그어야 해요."	
	질 문: "첫 글자에 밑줄을 그은 다음 무엇을 해야 하죠?"	"업종별 번호란에서 그 글자를 찾아요."
	피드백: "맞아요. 어떤 글자인가요?"	"G."
	피드백: "정확해요! 단어를 찾아보세요." (학생들을 감독한다.)	(학생들이 G섹션을 찾는다.)
	질 문: "여러분들은 G섹션을 찾았어요. 다음 단계는 무엇이죠?"	"첫 두 글자에 동그라미를 쳐요."
	피드백/질문: "맞아요. 다른 것은 없나요?"	(무응답)
	설 명: "우리는 그 두 글자로 시작하는 주요 단어를 찾아야 해요."	
	질 문: "우리가 첫 두 글자에 동그라미를 치고 나서 어떻게 해야 하나요?"	"그 두 글자로 시작하는 단어를 찾아요."
	질 문: "첫 두 글자는 무엇인가요?"	"Ga" (학생들이 주요 단어를 찾는다.)
	피드백: "아주 좋아요."	
	질 문: "주요 단어들이 무작위로 나열되어 있나요?"	"아니요."
	질 문: "단어들이 어떻게 배열되어 있죠?"	"알파벳 순서로 배열되어 있어요."
	피드백: "그래요. Ga로 시작하는 주요 단어를 찾아보세요."	
	설 명: "여러분이 Ga로 시작하는 주요단어를 찾았을 때 손을 드세요." (모든 학생이 정확한 단어를 찾았는지 확인하기 위해 개별 학생들의 전화번호부를 확인한다.)	(학생들이 손을 든다.)

안내된 연습	피드백: "모두 Ga로 시작하는 주요 단어를 훌륭하게 찾았어요."	
	질 문: "이제 우리는 무엇을 해야 하나요?"	"단어를 찾아야 해요."
	피드백/정정: "우리는 먼저 확인을 해야 해요. 주요 단어를 찾으면 우리가 찾고자 하는 단어로 돌아가 그 단어의 첫 세 글자에 밑줄을 그어요."	(무응답.)
	질 문: "이 단어의 첫 세 글자는 무엇이죠?"	"Gam."
	설 명: "자, gam이라는 단어가 그 페이지에 있는지 확인하기 위해 훑어보세요."	
	질 문: "그 페이지에 gam이라는 단어가 있나요?"	"네."
	피드백: "있군요."	
	설 명: "gam이라는 단어가 그 페이지에 있기 때문에 우리는 우리가 원하는 단어를 찾을 때까지 강조된 주제들을 읽어야 해요."	
	질 문: "우리는 무엇을 해야 하나요?"	"강조된 주제들을 읽어요."
	설 명: "다 함께 읽어 봐요. 준비, 시작."	"Furniture dealers-new, furniture dealers-used, furniture dealers-whsle games."
	피드백: "우리가 원하는 단어를 잘 찾았어요."	
	질 문: "우리는 우리의 종이에 쓰인 games라는 단어 옆에 무엇을 적을까요?"	"페이지 숫자를 적어요."
	피드백: "맞아요."	
	질 문: "몇 페이지인가요?" (학생들이 정확한 페이지 수를 썼는지 확인하기 위해 학생들의 종이를 확인한다.)	"292."
	피드백: "잘했어요." (5~7개의 예를 통해 같은 절차를 반복한다. 학생들의 수행을 감독하고 필요할 때 피드백과 오류 정정을 한다.)	
독립 연습	설 명: "여러분은 업종별 번호란에서 주제를 찾는 것을 훌륭하게 해냈어요. 지금부터 여러분 혼자서 연습하는 시간을 가지도록 할 거예요. 여기 여러분의 수업 중 연습용지가 있어요. (10개의 주제를 가진 연습 문제를 나누어 준다; [그림 7-1 참조) 종이 위에 여러분의 이름을 쓰세요. 첫 번째 단어를 찾으세요. 여러분이 할 수 있는 한 빠르게 찾고 손을 드세요. 내가 여러분의 활동을 확인할 거예요."	(학생들이 활동을 시작한다. 손을 든다.)
	설 명: "내가 여러분의 활동을 확인하고 그것이 맞다면 여러분은 이 연습문제를 계속해서 풀 거예요. 이 연습 단어들을 끝냈을 때는 여러분에게 숙제를 내 줄 거예요. 숙제는 내일까지입니다."	
	질 문: "숙제는 언제까지인가요?"	"내일까지예요."
마무리	설 명: "오늘 우리는 사전과 전화번호부가 어떻게 비슷한지에 대해 이야기를 나누었어요."	
	질 문: "그것들이 어떤 점에서 유사하죠?"	"알파벳 순서요."
	피드백: "기억하고 있군요! 둘 다 알파벳 순서를 사용하고 있어요."	
	질 문: "우리는 전화번호부 어디에서 회사의 목록을 찾을 수 있나요?"	"업종별 번호란에서 찾을 수 있어요."
	질 문: "각각의 업종별 번호란 위에는 무엇이 있나요?"	"알파벳의 철자가 있어요."
	질 문: "각 페이지의 위에는 그 밖에 무엇이 있나요?"	"주요 단어가 있어요."
	피드백: "잘했어요."	
	설 명: "내일도 계속해서 업종별 번호란에 대해 배울 거예요. 우리는 오늘 배운 내용을 복습할 것이고, 특정한 회사의 이름과 주소를 찾는 방법에 대해 배울 거예요."	

전화번호부 기술   학습지

이름 _____   총 맞힌 개수 _____
날짜 _____
주제 _____   페이지 번호 _____

_____

1. 자동차(automobiles)
_____

2. 창문(windows)
_____

3. 가구(furniture)
_____

4. 수영장(swimming pools)
_____

5. 목재(lumber)
_____

6. 동물관리(animal care)
_____

7. 학교(school)
_____

8. 승마(horseback riding)
_____

9. 치과(dentist)
_____

10. 사진사(photographer)
_____

[그림 7-1] 과제용지

표 7-9 **수업계획안 체크리스트**

수업 구성 요소	포함되는 항목
목표	1. 해당 수업에서의 학생 IEP 연간 목표, 세부 기준 또는 단기목표가 포함된다. 2. 한 수업에 두 개 이하의 행동 목표가 제시된다. 3. 각 수업 목표는 적절한 조건, 관찰 가능하고 측정 가능한 행동, 수용 가능한 행동기준을 포함한다. 4. 기준은 주어진 행동과 조건에 적합하다. 5. 수업 목표에 대한 학생의 수행은 유용한 정보이며 IEP 목표의 진보에 대해 증거를 제공하기 때문에 기록될 것이다.
수업 소개	1. 예상 단계는 학생의 흥미를 자극할 것이며 수업 내용과 직접적으로 관련된다. 2. 이전에 배운 정보의 복습이 포함된다. 3. 선행학습 확인은 학생이 수업을 위해 필요한 배경 지식을 가지고 있는지를 확인하기 위해 포함된다. 4. 수업의 목표는 교사에 의해 제시되거나 학생으로부터 유추된다. 5. 수업 종료 후 기대되는 학생의 수행이 진술된다.

교수와 모델링	1. 교수는 수업 목표와 직접적으로 관련된다.
	2. 교수는 정확하고, 분명하며, 완전하고, 간결하고, 순차적이다.
	3. 교사(또는 '숙련자')는 수업 목표를 시범 보인다.
	4. 학생들에게 이해도를 평가하기 위해 자주 그리고 적절한 질문을 한다.
	5. 예상되는 정확하거나 정확하지 않은 학생 반응을 포함한다.
	6. 적절한 오류정정 기법은 오류 반응에 대한 예상을 포함한다.
안내된 연습	1. 모든 학생은 수업 목표와 직접적으로 관련된 안내된 연습 기회를 제공한다.
	2. 학생의 수행을 감독하는 것을 포함한다.
	3. 예상되는 정확하거나 정확하지 않은 학생 반응을 포함한다.
	4. 적절한 오류정정 기법은 오류 반응에 대한 예상을 포함한다.
독립 연습	1. 모든 학생에게 수업 목표와 직접적으로 관련된 독립 연습의 기회를 제공한다.
마무리	1. 수업의 요약과 검토를 포함한다.
	2. 이 수업 내용은 이전에 학습한 정보와 연관 짓는다.

패닉 학생은 일을 빨리 끝내고 다음 과제로 이동하는 것보다는 한 가지 과제를 잘 수행하도록 더 많이 집중한다(Grossman, 1995). 이러한 경우 학생의 문화적 경향을 수용하기 위해 수업의 속도를 늦추거나 휴식시간 또는 과제이탈 시간을 허용하는 것이 적절하다(Sileo & Prater, 1998).

비록 어떤 문화는 다른 문화보다 시간을 덜 강조하고 있긴 하지만 어떤 시간 요소는 학교에서 지도되고 강화될 필요가 있다. Grossman(1995)은 히스패닉과 비히스패닉 교사를 대상으로 히스패닉 학생과 문화에 대한 그들의 믿음을 확인하기 위해 대규모 조사를 실시하였다. 결론에서 Grossman은 다음과 같이 이야기한다.

상당히 높은 비율의 히스패닉 학생이 학교 시간체제 안에서 기능하기 위한 학습이 필요하다는 제안에 동의했다. 적은 수였지만, 그들은 또한 히스패닉 학생은 성급하게 대해져서는 안 되며 단기간의 과제가 주어져야 한다는 것에 동의하였다. 그러나 그들은 히스패닉 학생에게 교실 과제를 완수하는 데 필요한 시간만큼 많은 시간을 허락해야 한다는 제안과 교사의 일정을 히스패닉 학생의 시간 개념에 맞게 조절해야 한다는 제안에는 동의하지 않았다(p. 80).

교사를 위한 정보 7.11

특수교육과 일반교육 모두에서 영어학습자(ELL)의 수가 증가하고 있다. ELL과 함께 활동할 때는 다음의 전략을 시도해 보라.

1. 영어가 아닌 다른 언어(예, 스페인어)를 사용하는 학생을 집단으로 지도할 때는 짝을 이루거나 협동학습을 하는 동안 자신들의 언어를 사용할 수 있도록 허락하라. 필요하거나 적절할 경우, 서로 통역을 해 주도록 허용하라.
2. 가능한 한 많은 시각적 자료(그림, 도표, 비디오)를 통합하라.
3. 비언어적 피드백으로서 학생의 몸짓이나 얼굴 표정을 잘 알아 두라. 의심쩍어하는 눈치는 많은 것을 말해 준다.
4. ELL 학생이 자신의 생각을 표현하기 위해 영어를 사용할 때는 그들의 언어 수준이 아닌 이해도를 평가하라. 언어적 실수를 교정하기 위해 그들을 방해하지 말라. 일대일 수업 또는 쓰기를 통해 일반적인 언어 실수를 지도하라(Rolon, 2002-2003).

Grossman의 연구에서 제시된 히스패닉 학생을 위한 교사 주도 수업의 특별한 수정은 〈표 7-10〉에 제시된다.

어떤 문화권은 미래 지향적이기보다 현재 지향적이다. 히스패닉, 아프리카계 미국인, 그리고 태평양 섬 나라 문화는 미래보다 현재에 더 큰 가치를 둔다. 그래서 학생에게는 장기적인 과제보다는 매일의 과제가 필요할 것이며, 교사는 그들이 장기적인 과제를 완성하기 위해 시간을 조직하고 계획하는 데 도움을 주어야 할 것이다.

유럽계 미국인은 독립성과 개별적 자주성에 가치를 두는 반면, 다른 문화권은 집단과정에 더욱 의존한다(Sileo & Prater, 1998). 그러므로 다른 문화권에서 온 학생은 종종 경쟁적인 환경보다는 협력적인 환경에서 이익을 얻으며, 집단 안에서 학습하기를 즐기고 그들의 동료에게서 이익을 얻는다. 하와이와 베트남 문화에서는 나이가 많은 형제자매는 종종 부모의 역할을 맡는데, 이것은 어린아이가 성인의 권위보다 오히려 나이 많은 동료에게 더욱 수용적이도록 만든다(Cheng et al., 1994). 반면에 아메리카 원주민의 아동은 "자주적이고 동등한 개인, 그들 자신의 선택에 책임이 있는 것"(Nel, 1993, p. 22)으로 여겨진다. 독립성과 협동 대 경쟁의 논점에 대한 문화적 역할의 영향은 9장에서 더 자세히 다루어진다.

직접지도 기법　　교사 주도 수업의 효과성에 영향을 미치는 문화적 차이가 존재한다 하더라도, 대부분의 문화적 학습방식은 이 장에서 논의한 교사의 효율성 원리를 지지한다(Sileo & Prater, 1998). 예를 들어, 아시아 문화권(예, 일본, 한국, 중국)에서는 학교교육을 존중하며 교사를 높이 존경한다. 이러한 문화권의 학생은 열심히 공부하고, 바르게 행동하며, 좋은 성적을 얻고, 그들의 학교교육에서 뛰어나도록 배운다(Cheng et al., 1994). 사실 아시아 문화권은 높은 성취에 강화를 한다는 점에서 유럽계 아메리카 문화권과 유사하다.

다른 문화권은 그들의 특별한 방법으로 직접교수 원리를 지지한다. 미국 흑인 문화(아프리카계 미국인 문화)의 몇몇 측면은 전통적인 교사 주도 교수적 모델과 상반되는 것처럼 보일 수 있지만(Townsend, 2000), 이 학생들도 동시에 많은 자극과 활력이 넘치는 가정환경을 갖고 있다. Franklin(1992)에 따르면

표 7-10　히스패닉 학생을 위한 교사 주도 수업의 수정

제안되는 수정
• 학생이 장기 과제를 완성할 수 있도록 하기 위해 그들의 시간을 조작하고 계획하는 방법을 배우도록 도와주는 동안 장기 과제보다는 매일의 과제를 사용하라.
• 학생에게 즉각적인 피드백을 제공하라.
• 학생이 빠르게 답하지 않거나 빠르게 활동하지 않을 경우 재촉하지 말라. 그러나 그들이 과제를 완성하는 데 원하는 시간 또는 필요한 시간을 모두 제공하지 말라.
• 학생의 관심을 기초 기술을 지도하는 데 통합시키라.
• 직접적인 경험 접근이 이루어지기 위해 강의식 수업을 강조하지 말라.
• 학생이 원한다면 히스패닉 방식으로 그들 자신을 표현하도록 허락하라.
• 초기 학년의 교수는 학교가 그들에게 알기를 기대하는 것 대신에 그들이 알고 있는 것에 기초를 둔다.
• 직업과정을 등록하고 싶어 하는 학생에게는 더 많은 직업교육 과정을 제공하라.
• 학업을 지향하는 학생을 위해 기준 또는 기대 수준을 낮추지 말라.
• 교육과정에 히스패닉이 사회에 공헌한 점과 히스패닉 문화적 관행(예, 음식, 음악, 관습)에 대한 더 많은 정보를 포함시키라.

출처: H. Grossman, *Educating Hispanic Students: Implications for Instruction, Classroom Management, Counseling, and Assessment* (2nd ed., 1995). Printed courtesy of Charles C. Thomas Publisher, Ltd., Springfield, Illinois에서 발췌함.

그들은 학교가 "활기 없고 단조로운 환경(많은 전통적 학교 환경에서 보이는 것처럼)"(p. 118)이라 느낀다. 즉, 빠른 속도의 수업은 아프리카계 미국인의 학습방식을 도와준다. 또한 많은 아프리카계 미국인은 다양한 수업 설명 양식을 선호하고, 특히 신체 움직임을 통합하는 기법을 선호한다(Franklin, 1992).

하와이 문화권에서는 아동에게 무엇인가를 하는 방법을 학습시키기 위해 관찰하고 기억하도록 하게 한다(예, '관찰함으로써 학습한다'). 이러한 문화적 습관은 모델링의 원리를 지지한다. 하와이와 태평양섬 나라 학생을 지도하는 데 적응한 어느 교사는 다음과 같이 말하였다. "나는 학습을 더 효과적으로 시키기 위해 무엇이라도 시범 보여야겠다는 생각을 하기 시작했다. 그래서 나는 더 복잡하고 추상적인 과정을 시범 보일 방법을 찾았다…. 나는 소리 내어 생각하기, 소리 내어 쓰기, 그리고 소리 내어 활동하기를 했다." (Tepper, 1992) 더불어 이 교사는 학습자를 위한 반복과 연습의 중요성에 대해 알게 되었다. "시연은 모든 학습 활동을 위한 암묵적이며 편안한 방법이다."(p. 6)

유능한 교사는 이 장에서 다루어진 방법으로 교사 주도 수업을 적용한다. 다문화 집단의 학습자에게 그들이 익숙한 방법으로 잠재력을 극대화할 기회를 확실히 주기 위해 신중한 변화를 모색해야 할 것이다.

요약

- 교사는 사용하는 지도방법 또는 교실에 영향을 주는 사회적 문제와 관계없이 학생의 학습에 차이를 만든다.
- 장애 학생에게 효과적이라 증명된 교수 원리는 학생이 서비스를 받는 환경에 관계없이 효과적이다.
- 일반적으로 교사는 그들의 학생에게 지도할 내용과 학생을 위한 교육과정의 중점 사항에 대해 최종적인 결정을 한다.
- 교사가 시간을 조직하고 이용하는 방법은 학생의 학습에 직접적인 영향을 미친다.
- 교사는 교수 행동(예, 질문 기법, 속도, 학생의 수행 감독), 교수관리(예, 교실 일과), 행동관리를 향상시킴으로써 학생이 과제에 집중하는 시간량을 증가시킬 수 있다.
- 유능한 교사는 학생이 그들의 학습과정에 적극적으로 참여하도록 보장한다.
- 직접교수 프로그램의 교육과정 자료는 효과적인 교수 모델이며, 특히 특별한 요구를 가진 학생을 위해 그러하다.
- 학습의 습득 단계에 있는 학생을 지도하기 위해 고안된 수업계획은 구체적 단계의 순서를 따라야 한다.
- 각각의 수업계획은 수업 종료 후 학생의 수행을 설명하는 수업 목표를 포함한다. 이러한 목표는 관찰 가능한 행동, 수용 가능한 수행의 조건, 그리고 기준을 포함해야 한다.
- 행동 목표에서 설명된 행동의 모델링은 중요하지만 종종 수업 단계의 구성 요소에서 간과된다.
- 학생은 행동을 독립적으로 수행하도록 요구받기 전에 안내된 상황에서 연습할 기회가 주어져야 한다.
- 교사는 스스로 교실에 영향을 미치는 자신의 문화적 배경에 대해 인식하고 민감해야 하며, 학생의 문화에 대해서도 마찬가지로 민감해야 한다. 효율성과 독립성의 중요성에 대한 몇몇의 문화적 차이가 관찰될 것이다.
- 다문화 집단의 학생은 경쟁, 주변 환경보다는 협동에서 이익을 얻을 수 있지만, 그러한 문화 중 다수는 이 장에서 다루어진 교사 효율성의 원리를 직접적으로 강화한다.

연습 문제 · · · · · · · · · · · · ·

1. 교사가 수업 내용을 결정할 때는 무엇을 고려하는가?

2. 할당시간, 과제집중 시간, 학습몰입 시간의 차이를 설명하라. 각 용어를 정의하라. 이들 용어 간의 차이를 이해하는 것은 왜 중요한가?

3. 학생 참여를 위해 전체 대답이 왜 효과적인 방법인가? 전체 대답을 사용할 때의 제한점은 무엇인가? 그 제한점은 어떻게 해결될 수 있는가?

4. 사실적, 추론적, 평가적 질문 유형에 대해 정의하라. 각 질문 유형의 예를 제공하라.

5. 교사가 수업 중 전환(transition) 동안 낭비되는 시간을 최소화할 수 있는 특별한 방법은 무엇인가?

6. 직접교수 모델의 전체적 목표는 무엇인가? 직접교수 모델의 기초가 되는 가정은 무엇인가?

7. 행동 목표의 모든 요소를 포함하여 다음의 문장을 재진술하라.
   '안젤라는 10개의 CVC(자음, 모음, 자음) 목록을 정확하게 읽을 것이다.'

8. 효과적인 수업계획의 주요 요소를 요약하라. 각 요소의 목표를 설명하라.

9. 수업을 계획할 때 학생의 실수를 예상하는 것은 왜 중요한가?

10. 시간 활용에 대한 당신의 태도는 어떠한가? 당신의 태도는 학생의 문화와 어떻게 충돌할 수 있는가? 교실에서 이러한 갈등은 어떻게 해결될 수 있는가?

활동 · · · · · · · · · · · · ·

1. 매일 당신이 완성하는 과제(이 닦기, 신발 신기, 아침식사하기 등)를 다섯 개 선택하라. 각 과제를 수행하는 방법을 시범 보이기 위한 대화를 작성하라.

2. 인터넷에서 수업계획안을 찾으라. 그 수업과 직접교수 수업을 비교하라. 어떤 요소가 같고 어떤 요소가 다른가?

3. 친구의 각본화된 수업계획안을 평가하라. 계획안의 강점과 약점을 설명하라. 해당 수업이 향상될 수 있는 적어도 하나 이상의 제안을 쓰라.

4. 교사 주도 철자수업의 구조를 쓰라(목표, 과제분석, 모델링, 안내된 연습, 독립 연습, 자료 수집). 소집단 안에서, 해당 수업을 친구들에게 발표하라.

 특수아동협의회(CEC) 기준

기준7: 교수계획(일부)

개별화된 의사결정과 교수는 특수교육 실행의 핵심이다. 특수교사는 개별화 계획을 개인의 능력과 요구, 학습환경, 수많은 문화적 · 언어적 요소를 고려하여 신중하게 선택된 단기목표와 수업목표로 전환한다. 개별화 교수계획은 유지와 일반화를 통해 습득과 유창성을 보장하기 위해서 명확한 모델링과 효율적인 안내된 연습을 강조한다. 개인의 특별한 조건의 함의뿐만 아니라 이러한 요소를 이해하는 것은 특수교사의 선택, 적합화, 자료 제작, 그리고 강력한 교수적 변인의 사용을 안내한다.

출처: Council for Exceptional Children, *What Every Special Educator Must Know: Ethic, Standards, and Guidelines for Special Educators* (2005). Copyright 2005 by the Council for Exceptional Children, 1110N. Glebe Rd., Suite 300, Arligton, VA 22201. 이 출판물의 부분적인 복사와 변형이 허가되었음.

08

차별화 교수와 편의

주요 개념

교수의 차별화와 편의 제공
- 내용, 과정 및 성과
- 실행 가능한 수정 선택
- CRIME 모델

그 밖의 편의 제공
- 교과서 수정
- 시험 편의 제공
- 성적

다문화 학생을 위한 시사점

 주요 질문

1. 모든 학생에게 차별화 교수를 제공하는 것과 장애 학생을 위한 편의를 만드는 것 간의 차이점은 무엇인가?
2. FLEXIBLE과 CRIME 전략의 공통점은 무엇인가? 두 전략은 어떻게 다른가?
3. 교과서 수정, 시험 시행, 등급화를 위한 차별화 교수에서 구체적으로 고려할 점은 무엇인가?

※ 8장은 Mary Anne Prater와 Nari Cater가 공저자임.

장애 학생과 학교에서 낙제할 위험에 처한 학생 수가 증가하고 있는 오늘날, 교사는 학생의 다양한 요구를 충족시키기 위한 차별화 교수의 적용이 불가피하다. 이와 동시에 모든 학생에게 적용 가능한 일반교육과정이 강조되고 있다. 실제로 일반교육과정에의 접근에 관한 사항은 장애인교육법(IDEA)에 포함되어 있으며, 이에 개별화교육 프로그램(IEP) 팀은 장애 학생이 급우와 동일한 교육과정의 내용을 배우도록 보장하게 된다(King-Sears, 2001). 이러한 법적 규정은 장애 학생에게 적절한 교육의 기회를 제공함을 의미한다. 하지만 장애 학생이 장애로 인해 방해받지 않고 일반교육과정에 접근하기 위해서는 구체적인 편의가 필요할 수 있다. 이 단원에서는 장애 학생을 위한 차별화된 교실수업과 편의 제공에 관한 내용을 다룬다.

1. 교수의 차별화와 편의 제공

팀 씨는 7, 8학년 수학 특수교사다. 팀 씨가 올해의 최고 수학교사상을 수상한 후, 신문기자가 그의 교실을 방문하였다. 다음 사설은 기자의 기사에서 발췌한 것이다.

나는 교실로 들어가자마자 교장이 나에게 길을 잘못 알려 줬다고 생각했다. 그곳은 팀 씨의 교실일 수가 없었다. 학생들은 줄맞춰 책상에 앉아 있지 않았다. 대신 학생들은 소집단 활동을 하고 있었다. 어떤 학생은 개별 활동을 하고 있었다. 그리고 두 명의 학생은 작은 책상에 앉아 교사처럼 보이는 성인 한 명에게 수업을 받고 있었다. 한 학생이 교사에게 다가가서 도서관 출입증을 건네받았다. 교사와 자유롭게 대화를 나눌 수 있을 때까지 기다리며 지켜보는 동안, 내가 관찰한 것에 대한 생각이 변하였다. 처음 내가 본 것은 무질서와 혼돈이었다. 하지만 몇 분 이내에, 학생이 각자의 수업과제를 수행하고 있음이 분명해졌다. 몇 명의 과제는 같았고, 다른 몇 명의 과제는 달랐다. 몇 개의 책상은 같았고, 다른 것은 달랐다. 이러한 모습이야말로 바로 팀 씨의 교실인 것이다.

이 책 전체에서 기술하는 바와 같이, 학생은 더욱더 다양해지고 있다. 예를 들어, 인종이나 언어가 다른 가정의 학생이 규준이 되어 가고, 이전보다 더 많은 장애 학생이 일반학급에서 수업을 받는다. 당신이 생각하기에 아동 집단이 동질적이라 하더라도 그들 모두는 같을 수가 없다. 당신은 모든 학생 집단에서 공통점과 차이점을 발견할 수 있다. 차별화된 교실에서 교사는 학생 간의 준비도와 흥미, 요구의 차이에 내용과 과정, 성과를 맞추기 위해 다양한 교수전략을 계획하고 이행함으로써 학생의 공통점과 차이점을 인정하고 확립한다(Tomlinson, 2001). 팀 씨의 교실은 혼돈스러워 보였지만, 좀 더 관찰해 보니 혼돈스럽지

표 8-1 차별화 교수인 것과 아닌 것

차별화 교수가 아닌 것	차별화 교수인 것
• 개별 교수법과 동일 • 혼돈 • 동질 집단화를 제공하기 위한 또 다른 방법 • 기존의 과정에 대한 새로운 명칭	• 친사회적 • 양적이기보다는 좀 더 질적임 • 사정에 기초함 • 내용, 과정, 성과에 대한 다중 접근 • 학생 중심 • 전체 학급, 집단, 개별 교수의 혼합 • 역동적

출처: Tomlinson(2001)에서 발췌한 내용으로 표 작성.

는 않았다. 오히려 학생의 교수적 요구를 충족하도록 설계된 차별화된 교실이었던 것이다.

차별화 교수라는 명칭과 개념은 일반교육에 근거를 두고 있다. 일반교사는 자신의 교실 내 모든 학생을 위해 차별화 교수를 적용하도록 교육받는다. 장애학생을 위해 교육과정과 교수를 수정한다는 개념은 특수교육 분야에서 유래되었으며 장애 학생의 요구를 충족하기 위한 개별화 교수에 초점을 둔다. 이러한 차이가 있음에도 그 과정과 결과는 유사하다. 학생의 요구, 흥미, 준비 정도는 교수 내용, 과정, 성과와 관련된다(Tomlinson, 2001). 〈표 8-1〉은 차별화 교수를 확인하기 위한 요소를 나열하고 있다. 그리고 〈표 8-2〉는 차별화 교수와 편의 제공 간의 유사점을 보여 준다. Tomlinson(2001)이 제시한 세 가지 차별화된 교실 범주에 따라 아홉 가지 편의 제공을 나열하

였다. 시간은 과정과 성과의 범주 모두에 속한다는 점을 주목하자.

팀 씨의 7, 8학년 수학수업에는 IEP가 있는 네 명의 학생이 있다. 그들은 셀마, 테런스, 키넌, 월터다. 셀마는 정보를 회상하고 처리하는 데 도움이 되는 시각적 촉진이 필요하다. 이것만 주어지면 이 학생은 급우에게 뒤처지지 않는다. 셀마는 해석하는 법에 대해 이미 배운 촉구(예, 첫 번째로 완성해야 할 작업을 가리키는 화살표)가 표시되어 있는 수학 교과서와 개별 학습지를 제외하고는 다른 학생과 동일한 숙제를 한다. 테런스는 쓰기에 어려움을 가지고 있다. 그는 수학적 개념은 이해하지만 자신이 이해한 것을 종이에 옮겨 쓰는 데 어려움을 갖는다. 그러므로 팀 씨는 테런스가 자신이 쓰고자 하는 것을 급우에게 적도록 하거나 적절한

표 8-2 차별화 교수와 편의 제공

차별화 교수	편의	예
내용	크기: 학습자가 배우리라 예상되는 내용의 분량	한 번에 배울 어휘나 철자 단어 수
	난이도: 기술이나 활동의 난이도	학생이 계산기를 사용하도록 허용함 지시사항을 간단하게 함
	대안 목표: 같은 자료를 사용하면서 학생을 위한 목표나 성과 기대치 수정	미국의 주와 수도 찾기 목표를 미국 주 이름 알기로 수정함
	대체 교과과정: 학생의 목표를 달성하기 위해 다른 교수법과 자료 사용	낮은 수준의 어휘 읽기자료 제공
과정	투입: 교수가 전달되는 방식	시각적·청각적 촉진 직접 손으로 조작하는 프로젝트 토론이나 강의 수업을 위한 부가적인 구성
	지원 수준: 학생이 제공받는 지원의 양	또래 튜터나 보조원과 같은 개인적 지원 조작물, 시각적 보조기구, 오디오테이프 교재
성과	시간: 학습을 완수하기 위해 주어진 시간량	교수 속도 늦추기
	참여: 학습자가 과제에 능동적으로 개입하는 한도	협동학습 집단에게 서로 다른 역할 부여
	시간: 과제나 시험을 완수하는 데 주어진 시간 분량	시험시간 늘리기
	산출: 학생이 지식과 기술을 보여 주는 방식	리포트 작성 구술 발표 시험

출처: Deschenes, Ebeling, & Sprangue(1994)에서 발췌한 내용으로 표 작성.

단락 조직자

| 가능성 있는 이유: |
| 상세한 문장: |
| 상세한 문장: |
| 과학적 근거: |
| 상세한 문장: |
| 상세한 문장: |
| 결론: |

[그림 8-1] 단락 그래픽 조직자

• 이미 동의된 기준에 따라 급우와 자기 자신에 의한 형성평가와 총괄평가를 실시한다.
• 가능하다면 교사가 아닌 다른 사람이 성과물을 검토하게 한다.

다. 실행 가능한 수정을 선택하기 전 각각의 원칙과 관련하여 점검해야 할 질문은 〈표 8-3〉에 제시되어 있다.

실행 가능한 수정 선택

이상적으로 차별화된 교실은 교실 내 모든 학생의 교육적 요구를 충족하도록 설계된다. 하지만 모든 교사가 차별화 교수를 설계하는 것은 아니며, 과목에 따라서는 모든 교육과정에서 차별화 교수가 용이하게 이행되는 것도 아니다. 일반교실 내에서 장애 학생을 위한 적절한 지원을 제공하기 위해 IEP 팀은 장애 학생에게 필요한 편의와 수정을 구체화한다. Schumm(1999)는 일반교실에서의 수정을 위한 여덟 가지 원리를 두문자어 FLEXIBLE(Feasible-실행 가능한, Lively-활기찬, Eliminated-제거되는, Explicit-명시적인, Intentional-계획적인, Beneficial-유익한, Limelight-주목 끄는, Evaluated-평가되는)로 구성하였

교사를 위한 정보 8.1

학생이 어떤 편의를 선호하는지 정하도록 돕기 위해서 다음의 두 가지 전략을 시도한다.

1. 학생에게 윗부분에 "내가 공부하는 데 도움이 되도록 선생님이 해 줄 수 있는 것"이라고 쓰인 백지를 준다. 필요한 경우 학생에게 문장을 읽고 설명해 준다. 담당 교사뿐만 아니라 다른 교사가 학생을 어떻게 도와줄 수 있는지 그림으로 그리도록 요청한다.
2. 임시계약과 유사하게 편의증명서를 만든다. 학생에게 선호하는 편의를 쓰도록 한다. 그리고 편의가 결정되면 학생, 부모, 교사가 증명서에 서명하게 한다 (Blazer, 1999).

표 8-3 FLEXIBLE 원리: 가능한 수정안을 선택하기 전 질문

원리	질문 예
실행 가능한 (Feasible)	• 수정안은 얼마나 실행 가능성이 있는가? • 일반교실에서 얼마나 용이하게 적용될 수 있는가?
활기찬 (Lively)	• 수정안은 학생을 얼마나 활기차게 끌어들일 것인가? • 수정안은 학습에 흥미를 갖고 동기화하고 재미를 갖게 도와줄 것인가?
제거되는 (Eliminated)	• 시간이 지나면서 편의는 얼마나 쉽게 제거될 것인가? • 학생은 그 기술을 일반화할 수 있을 것인가?
명시적인 (Explicit)	• 수정의 목적은 무엇인가? 그리고 학생에게 그 목적을 어떻게 전달할 것인가? • 수정에 관해 해당 교사와 학생 외에 누가 알아야 할 것인가?
계획적인 (Intentional)	• 이 편의는 학생의 IEP 목적에 얼마나 적합한가? • 이 편의는 지방과 주 규준에 얼마나 적합한가?
유익한 (Beneficial)	• 수정안은 대상 학생에게 얼마나 유익한가? • 다른 학생에게도 유익할 것인가?
주목 끄는 (Limelight)	• 수정안은 장애 학생에게 지나친 관심을 두지 않고 얼마나 잘 실행될 수 있을 것인가?
평가되는 (Evaluated)	• 나는 수정의 효과를 어떻게 평가할 것인가? • 그 평가는 수정 속에서의 변화를 어떻게 알릴 것인가?

출처: J. S. Schumm, *Adapting Reading and Math Materials for the Inclusive Classroom* (1999)에서 발췌함. Copyright 1999 by the Council for Exceptional Children. 허락하에 재사용됨.

CRIME 모델

편의를 개념화한 또 다른 방법은 CRIME 모델의 사용이다(Prater, 2003). CRIME 모델은 교수에 대한 편의를 확장시켜 학급 규칙과 환경을 검사한다. 두문자어 CRIME은 교육과정(Curriculum), 규칙(Rules), 교수(Instruction), 자료(Materials), 환경(Environment)을 나타낸다(Prater, 2003).

교육과정　교육과정은 가르칠 내용을 말하지만 학생이 성취해야 할 주 혹은 지역의 규준과 학생 IEP에 나타난 장단기 목표를 포함할 수 있다. 교사는 교육과정에서 장단기 목표를 성취하는 데 필수적인 내용을 정하고 불필요한 내용은 삭제해야 한다. 일단 필수적인 내용이 선택되면, 교사는 학생의 학습을 극대화하도록 설계된 교육과정 자료를 선정해야 한다.

7장에서 논의한 바와 같이, 전반적인 교육과정 설계에는 학생 수행을 진단하고, 논리적이고 연속적인 방식으로 정보를 제시하고, 교수적 수준에서 가르치고, 모델링해 주고, 진전 여부를 모니터링하고, 체계적인 복습을 포함하는 것과 같은 효과적인 교수적 실제를 통합해야 한다.

게다가 교사는 특정 과목의 성공에 필요한 기술을 확인하고, 교육과정에 기술교수를 포함할 수 있다. 예를 들어, 고등학교 영어수업에서 쓰기 기술은 필수적이다. 교육과정에 기본 단락을 쓰는 방법에 대한 교수와 더불어 읽고 쓰는 형식의 수업활동지를 계획하고 쓰는 방법에 대한 교수가 포함될 수 있다.

교사는 그해의 교육과정에 학습전략을 반영하도록 계획할 수도 있다. 전략교수는 학생에게 과제를 완수하는 법을 교수하는데 그것이 학습을 촉진한다. 과학과 사회 과목에서 학생은 새로운 어휘와 개념을 배워

인터넷상의 학습자료 접근하기

특수교육가는 장애 학생을 위한 교육과정 편의와 수정을 자주 해야 한다. 이것은 최상의 환경에서는 해 볼 만한 과제다. 하지만 대부분의 교사에게 직면한 현실을 볼 때, 교사의 과목에 대한 배경 지식은 불충분하고 접근 가능한 학습자료를 만들 시간은 거의 없다.

교실의 다양성에 대응할 필요성을 인식하면서, 교수 설계자는 공학이 어떻게 정보의 제시를 개별화하고 주제 관련 학습에 독자를 관여시킬 수 있는지를 탐구하고 있다.

Ben's Guide to U.S. Government for Kids
http://bensguide.gpo.gov/

Ben 지침은 국가와 정부 시스템에 관한 정보를 제공한다. 유치원생부터 12학년까지의 아동을 대상으로 하는 정보에 접근할 수 있다.

StarChild: A Learning Center for Young Astronomers
http:/starchild.psfc.nasa.gov/docs/StartChild/StartChild.html

천문학에 관한 정보를 접근할 수 있는 사이트다. 주제와 수준별로 정보가 범주화되어 있다. 읽기에 어려움을 겪는 학생이 정보에 접근할 수 있도록 각 읽을 자료에 대한 오디오 클립이 제공된다.

Windows on the Universe
http://www.windows.ucar.edu/

이 사이트에서는 컴퓨터, 건강, 사회를 포함하여 다양한 주제와 관련된 정보를 접할 수 있다. 각각의 주제와 관련 정보는 상, 중, 하 수준으로 쓰여 있다.

교사는 접근 가능한 교수 단위와 수업을 고안해야 한다. 교육과정 편의와 수정을 위한 계획을 용이하게 해 줄 자원으로는 다음의 사이트가 있다.

4 Teachers
http://www.4teachers.org/

이 사이트를 방문해서 equity index(소유권 색인)를 클릭하면 교실 내 다양한 요구에 활용될 수 있는 자원과 도구에 접근할 수 있다.

Kathy Schrock's Guide for Educators
http://school.discovery.com/schrockquide/

수업지도안을 설계하는 데 도움이 필요하다면 모든 학년에 걸쳐 마련되어 있는 교과목별 수업지도안을 이용할 수 있다. 수업지도안에는 수업 목표, 학습에 접근하는 방법, 수업 목표에 대응하는 규준, 다른 정보 자료를 위한 웹 링크가 포함된다.

Teach-nology
http://www.teach-nology.com/themes

이 사이트는 수업지도안, 조직자, 루브릭, 수업 활동지를 포함해서 다양한 교사자료가 제공된다.

[생각해 보기] www.windows.ucar.edu에서 제공하는 자원은 다양한 읽기 수준의 학생을 위한 수업을 설계하는 데 얼마나 유용한가?

야 한다. 기억술 전략교수는 학생이 이미 알고 있는 정보에 새로운 정보를 연결시켜 용어를 기억하는 방법을 가르치는 것이다. 전략교수의 이점은 학생이 새로운 정보를 배우고 학습 능력을 향상시키는 법을 배운다는 것이다.

규칙　모든 교실에는 규칙이 필요하다. 교사에 의해 기술되어 교실에 부착된 규칙은 명시적인 규칙이

다. 4장에서 설명한 것처럼, 이러한 규칙은 관찰할 수 있고 측정 가능하고 긍정적인 용어로 진술되어야 한다. 규칙을 지키거나 어기는 데 따른 결과는 잘 정의되고 이해되어야 하며 일관성 있게 적용되어야 한다.

교실에는 명시적인 규칙과 더불어 암묵적인 규칙이 있다. 암묵적인 규칙이란 표현되지 않은 규칙이다. 예를 들어, 어떤 교사는 정시에 과제를 제출하거나 교실에 도착해야 한다는 명시적인 규칙은 없지만

학생에게 이러한 기대를 가지고 꼼꼼히 점검한다. 교사는 의식적이건 무의식적이건 지각한 학생을 벌한다. 또 다른 교사는 학생에게 시간을 지켜야 할 때도 느긋해하고 학생이 지체하는 것을 기꺼이 허용한다. 장애 학생은 교사에 따라 다른 이러한 행동의 차이를 잘 분별하지 못한다. 그러므로 교사는 그들의 교실에서 적용되는 암묵적 규칙, 특히 특별한 요구를 가진 학생에게 영향을 주는 암묵적 규칙을 명시적으로 제공해야 한다.

규칙의 수정에는 명시적 규칙과 암묵적 규칙이 모두 포함될 수 있다. 규칙에 대한 편의 제공과 관련된 하나의 좋은 전략으로는 임시계약의 사용을 들 수 있다(4장 참조). 일련의 규칙은 적절한 조정이 포함된 내용의 임시계약을 맺은 학생을 제외하고는 교실 내 모든 학생에게 적용될 것이다. 기대 수준의 차이에 대해서는 교실 내 다른 학생에게 설명해 주도록 한다.

교수　장애 학생의 교수적 요구는 다양하다. 형식적인 진단과 비형식적인 진단을 통해 얻은 정보는 교사가 자신의 학생을 위해 최상의 교수적 수정을 결정하는 데 도움이 될 수 있다. 교사는 학습을 방해할 수 있는 약점을 확인하고 그에 따라 교수를 수정해야 한다. 교수적 적합화(adaptation)의 유형에는 제한이 없지만, 교수가 이루어지는 방식(예: 집단별 협동학습 대 직접교수), 교수 양식(예: 시각적, 청각적), 학생에게 제공되는 시간과 지원의 분량과 같은 범주를 포함한다. 예를 들어, 청각적 처리과정 문제를 가진 학생에게는 시각적 단서와 다양한 시청각적 자료를 통합한 교수가 이득이 되겠지만, 주의력결핍장애를 가진 학생은 속도가 빠르면서 상호작용이 이루어지는 교수에서 주의를 더 기울이게 된다. 정보를 처리하는 속도가 느린 학생은 다른 학생보다 교수시간과 주의집중을 더 요구할 수도 있다. 장애 학생의 요구를 충족시키기 위하여 교수를 수정한 후, 교사는 수행 중인 교수적 편의가 적절하고 효과적인지를 증명하기 위해 학생의 진전 여부를 지속적으로 모니터링해야 한다.

자료　세 번째 범주인 자료는 교실 비치자료, 교과서, 보충자료, 컴퓨터, 계산기 등 교사가 이용할 수 있는 모든 자료와 기기를 포함한다. 교사는 교수를 계획하기 위해 사정 정보를 사용하는 것과 같이, 장애 학생에게 필요한 자료의 유형을 결정하기 위해 사정 정보를 사용할 수 있다. 만약 학생의 일차적 장애가 읽기라면 학생은 자신의 학년 수준 자료를 읽지 않더라도 정보에 접근하도록 해 줄 지원이 필요할 것이다. 카세트테이프에 녹음된 자료, 비디오, 단축형교과서는 읽기 문제를 해결하는 데 도움이 될 수 있다. 정보처리 문제를 가진 학생은 주요 정보를 파악하는 데 그래픽 조직자와 수업 안내가 필요할 것이다. 새로운 어휘를 정의하거나 단원 정보의 개요를 제공하는 교과서 보충자료 역시 도움이 될 수 있다. 어떤 학생은 과제를 완성하여 제출하는 데 어려움을 가진다. 이런 경우 자기점검 체크리스트와 과제 용지로 수행을 향상시킬 수 있다.

환경　학습환경은 체력적 소비(physical outlay), 학생 수 및 학생 집단, 온도, 일광시간, 조명, 소음과 같은 다른 물리적 환경 요소를 포함한다. 교사가 자신의 교실을 점검할 때에는 자료와 기기, 외부인에 대한 접근성과 더불어 방해를 덜 받는 구역에 대해 고려해야 한다. 자리 배치, 유연성 있는 일정표, 교수 집단 구성에서의 조정이 필요할 수도 있다(Gartin, Murdick, Imbeau, & Perner, 2002).

Prater(2003)는 장애 학생의 요구를 충족시키기 위해 일반학급에서 일반교사와 특수교사가 협력하는 데 사용할 수 있는 CRIME 모델체계를 제공하고 있다. 이 체계는 [그림 8-2]와 같이 SHE WILL SUCCEED라는 두문자어로 제시된다.

SHE WILL SUCCEED 과정

일반학급에서 교육받는 장애 학생과 위험아동의 수는 증가하고 있다. 이러한 추세에서 각 학생이 적절하게 교육을 받도록 하기 위해 일반교사와 특수교사가 협력적으로 일하는 것은 필수사항이다(3장 참조). 다음은 개별 학생의 요구에 기반을 둔 교수법과 교육과정, 학습환경에 대한 편의 마련에 있어 교사에게 도움이 되는 14단계를 제시하고 있다.

S 목표 학생에게 관심을 보인다. 교사가 학생에게 진정으로 관심을 갖고 그 관심에 대해 의사소통할 때 학생은 신뢰하기 시작한다. 학생에게 적절하고 진심 어린 관심을 준다.

H 당신 자신과 목표 학생에 대해 신뢰를 가진다. 학교 실패의 경험을 가진 학생은 자주 실패할 것이라 생각하고 자신의 문제를 해결하기 위해 다른 사람에게 의존한다. 그러므로 학생으로 하여금 기술과 노력에 따라 성공하고 실패할 수 있다는 것을 알게 한다. 학생이 성공할 것이라고 당신이 믿고 있다는 것을 학생으로 하여금 알게 한다.

E 당신의 학급을 검토한다. 이 책에서 설명하는 다섯 가지 CRIME 구성 요소를 사용해서 자신의 학급과 관련하여 각 영역에 대해 기록해 나간다.

CRIME	우리 학급
교육과정	
규칙	
교수	
자료	
환경	

W 목표 학생의 강점과 제한점을 기록한다.

I 당신 학급에서 특징적인 기술과 학습 선호도, 행동을 포함한다. 기술, 학습 선호도, 행동의 세 가지 범주를 사용하여 당신이 담당하는 학급환경에서 학생의 강점과 약점을 찾아낸다.

범 주	강 점	제한점
기술		
학습 선호도		
행동		

L 개별 학생의 성공적인 학습에 도움이 되거나, 방해가 되거나, 중립적인 학생의 특성과 학급 특성을 나열한다. 첫 번째 세로 열에는 학급 구성 요소(CRIME)를, 가로 열에는 촉진, 중립, 방해 범주가 적힌 매트릭스를 만든다. 가장 적절한 칸에 학생의 강점과 약점의 예를 써 놓는다.

	촉 진	중 립	방 해
교육과정			
규칙			
교수			
자료			
환경			

L 당신이 수정할 학급 특성과 가르칠 기술을 1~3개 정도 목록으로 작성한다. 당신의 학급 요소에 근거하여 개별 학생의 성공적인 학습에 도움이 되거나, 방해가 되거나, 중립적인 학생의 특성을 찾아냈다면 학생에게 편의를 제공하기 위해 수정해야

할 학급 특성을 찾아낸다.

S 수정과 목표를 선정하고 이행한다. 잠정적인 수정과 목표가 일단 선정되었다면, 당신은 이행할 준비가 된 것이다.

U 목표를 가르치는 데 효과적인 교수 원리를 사용한다. 만약 당신이 새로운 기술을 가르칠 것이라면 효과적이라 확신하는 교수 원리를 사용해야 한다(7, 9, 10장 참조).

C 필요하다면 다른 사람과 협력한다. 적절한 편의를 제공함에 있어서 당신을 도와줄 특수교사나 학생의 가족 구성원과 같은 다른 사람을 구한다.

C 필요하다면 수정안과 교수를 변경한다.

E 결과를 평가한다. 교사가 항상 처음부터 '올바르게 이해시키는' 것은 아니다. 따라서 변경은 필수적이다. 편의의 제공이 성공적인지 지속적으로 평가하고, 그렇지 못하다면 적절히 수정한다(6장 참조).

E 여기서 끝낸다.

D 다시 한다. 만약 제공된 편의가 성공적이라면 더 이상의 변경은 필요하지 않을 것이다. 만약 학생이 여전히 어려움을 겪는 다면 학생의 요구에 따라 동일한 학습 방해 요소에 초점을 두거나 다른 방해 요소를 선정하여 전 과정을 반복한다.

[그림 8-2] SHE WILL SUCCEED 과정

출처: M. A. Prater, "She Will Succeed! Strategies for Success in Inclusive Classroom," (2003). *Teaching Exceptional Children, 35*, 58-64에서 발췌 함. Copyright 2003 by the Council for Exceptional Children. 허락하에 인쇄함.

2. 그 밖의 편의 제공

어떤 교사는 학생이 교과서에 전적으로 의존하여 정보에 접근하도록 한다. 이러한 접근은 중등학교 수 준에서 주로 두드러진다. 경도장애 학생은 자주 일반 학급에서 배제되는데, 이는 그들이 개념을 이해할 수 없기 때문이 아니라 교과서를 적절하게 읽지 못하거 나 사정도구가 그들이 알고 있는 것과 할 수 있는 것 을 적절히 측정하지 못하기 때문이다. 성적 부여 역 시 장애 학생을 담당하는 교사에게 특히나 어려운 문 제다. 여기서 구체적으로 논의되는 것은 교과서 만들 기와 사정, 성적에 관한 편의다.

교과서 수정

학생의 읽기 능력은 다양하다. 학생이 학교에서 발 전해 감에 따라, 읽기 기술에 숙달되도록 가르치는 것에서 교과서에 제시된 내용에 숙달되도록 가르치 는 것으로 바뀐다(Boyle et al., 2003). 교사가 교과서 내용에 너무 의존하는 경우, 읽기 기술이 부족한 학

생은 자신의 내용 지식을 보이는 데 어려움을 갖게 된 다. 충분한 수준의 읽기 기술을 갖지 못하는 읽기장 애 학생과 학습장애 학생은 학급 교육과정의 요구를 자주 충족하지 못한다(Boyle et al., 2003). 교사는 학 급 교과서를 수정함으로써 이 문제에 대처할 수 있다. Dyck와 Pemberton(2002)은 교과서 수정을 위한 모 델을 제시하고 있다(〈표 8-4〉 참조). 첫째, 학생이 선 정된 교과서를 읽고 이해할 수 있는지 사정한다. 만 약 학생이 교과서를 읽고 이해할 수 있다면 수정은 필 요하지 않다. 하지만 학생이 그 교과서로 배우는 데 어려움이 있다면 교사는 다른 교과서를 선정하거나 학생이 수업의 목적과 목표를 달성하도록 도와줄 지 원을 제공해야 한다.

만약 학생에게 교과서를 읽어 줄 때 이해할 수 있 다면 음성전송 매체 읽기가 옵션이 된다(Dyck & Pemberton, 2002). 음성전송 매체 읽기로는 (1) 수업 중 교과서 소리 내어 읽기, (2) 급우가 해당 학생에게 교과서 읽어 주도록 하기, (3) 교과서 내용이 녹음된 테이프 제공하기, (4) 음향공학과 결합된 컴퓨터 교 과서 제공하기 등이 포함될 수 있다. Boyle 등(2003) 은 고 출현 인지장애 중등학생을 대상으로 오디오 교

과서를 듣도록 했을 때 학업성취가 향상되었는지의 여부를 연구하였다. 연구 결과, 오디오 교과서를 사용한 학생이 교과서를 읽은 학생보다 학업 시험 점수에서 더 큰 향상을 보이는 것으로 나타났다. 연구자는 오디오 교과서가 경도 인지장애 학생에게 높은 수준의 내용자료에 접근할 수 있게 했다고 결론지었다.

교과서를 해독할 수는 있지만 유창하게 읽지 못하는 학생을 위해서는 학생이 읽어야 할 자료의 양을 줄여 주는 것이 선택안이 된다. 교사는 교과서에서 어려운 부분을 찾아내고 학생에게 정해진 자료만을 읽도록 할 수 있다. 또한 동일한 내용을 다루지만 읽기 능력이 떨어지는 학생이 덜 힘들어할 대안 교과서를 선정할 수도 있다. 교과서 출판업자는 종종 일부 학생에게 적합한 수준의 편의로 제공될 수 있는 유사한 교과서를 제공하기도 한다.

어떤 학생은 읽기에 대한 부담이 줄어든 교과서로도 이해하지 못할 수 있다. 지원된 읽기(supported reading), 조직화된 읽기(organized reading), 안내된 읽기(guided reading)는 교사가 이해를 촉진하기 위해 사용할 수 있는 선택안이다(Dyck & Pemberton, 2002). 때로는 학생이 교과서를 읽을 수 있지만 교과서 속 어휘 때문에 내용을 이해하지 못하게 된다. 지원된 읽기에는 교과서 여백 부분에 주요 용어의 정의를 보충하는 것과 학생이 적절한 정보에 주의를 기울이도록 돕는 단서와 질문을 제시하는 것이 포함된다. 질문은 학생이 자료를 읽으면서 중단하고 생각하고 반응하도록 촉구하기 위한 것으로, 여백이나 포스트잇에 표시될 수 있다. 교과서 속에 배치된 이러한 지원은 학생의 이해를 증가시킬 수 있다.

이해를 향상시키는 또 다른 방법은 조직화된 읽기다. 교사는 10장에서 논의되는 바와 같이 읽기자료에 제시된 그래픽 조직자를 제공할 수 있다(Dyck & Pemberton, 2002). 시각적 삽화는 장애 학생의 자료 처리를 더 쉽게 해 주는데, 간결한 형식으로 중요한 정보를 전달해 줄 수 있다. 계통나무(hierarchical tree)는 주요 개념을 설명해 줄 수 있으며, 교과서의 정보가 어떻게 주요 개념을 뒷받침하는지 보여 줄 수 있다. 비교-대조 차트는 학생이 개념과 목표 간의 유사점과 차이점을 인식하도록 도와줄 수 있고, 결론을 도출하고 추론하도록 도와줄 수 있다.

마지막으로 안내된 읽기 혹은 학습 가이드는 학생이 교과서 속 중요한 정보에 집중하도록 돕는다(Dyck & Pemberton, 2002). 학습 가이드는 자료를 미리 보고 정보를 조직화하거나 요약하는 데 사용되며 자료를

표 8-4 적용 가능한 교과서 수정

학생 특성	적용 가능한 수정
학생은 교과서를 읽을 수는 없지만 읽어 주었을 때에는 내용을 이해할 수 있다.	• 교사가 모든 학생에게 교과서를 읽어 준다. • 또래가 학생에게 교과서를 읽어 준다. • 학생은 교과서 녹음테이프를 듣는다. • 학생은 컴퓨터 교과서 음성 버전을 듣는다.
학생은 교과서를 해독할 수 있으나 유창하지는 못하다.	• 읽을 분량을 줄인다. • 대안적인 교과서를 선택한다.
학생은 해독할 수 있으나 자료를 이해하는 데 어려움을 가진다.	• 여백에 주요 용어의 정의를 덧붙인다. • 학생이 관련 내용에 집중하도록 도와주기 위해 교과서 곳곳에 단서/질문을 적어 놓는다. • 그래픽 도식자를 제공한다. • 시각적 삽화를 추가한다. • 학습 가이드나 안내 노트를 제공한다.

학습하는 과정 내내 도움이 된다. 미리 보기(preview)는 읽을 자료에 대한 개관으로, 주요 개념, 주요 용어, 자료의 이해에 필수적인 배경 지식에 대한 개요를 학생에게 제공한다. 학생에게 글을 읽으면서 완성해 가는 빈칸 그래픽 조직자를 제공함으로써 읽는 동안 정보를 조직하도록 도울 수 있다. 안내 노트(10장 참조)는 교사의 강의와 교과서 내용이 어떻게 통합되는지를 학생에게 보여 주기 위해 사용된다.

시험 편의 제공

사정은 졸업, 학년 진급, 학교의 질적 평가를 목적으로 모든 학생에게 실시되는 것으로 고부담 시험(high-skates testing)에 속한다. 과거에는 장애 학생의 경우 주와 지역 중심의 고부담 시험에서 배제되었다(Ysseldyke & Thurlow, 1994). 그러나 이제는 더 이상 그렇게 할 수 없다. 2장에서 논의된 바와 같이, IDEA는 주와 지역 중심 사정 프로그램에 장애 학생이 포함되도록 명시하고 있다. IEP 팀은 장애 학생이 이러한 시험에 참여하는 데 필요한 개별적인 편의를 선정하는 권한을 가진다. 팀이 학생을 특정 사정이나 일부 사정에 참여하지 않는 것으로 결정할 경우에는 학생이 어떻게 사정될 것인지에 대해 진술해야 한다.

편의의 제공은 장애 상태로 인한 제약 없이 학생이 자신의 성취를 증명할 수 있게 한다(Johnson, 2000). 편의를 제공하는 것은 측정하고자 하는 구성의 본질을 변화시키고자 하는 것이 아니다. 대신에 편의의 제공은 피험자 간 사정 결과의 비교를 가능하게 함을 의미한다(Elliott, McKevitt, & Kettler, 2002). 편의(accommodation)라는 용어는 조정(modification)과 자주 혼동되어 사용된다. 하지만 이 두 용어는 동일하지 않다. 시험 조정은 시험 내용에 대한 변화와 관련된다. 시험 편의는 시험이 시행되는 방식에서의 변화를 의미한다(Elliott et al., 2002). 〈표 8-5〉는 적용 가능한 편의의 예를 나열하고 있다.

적합한 편의에 대해 고려할 때, 교사는 학생의 강점과 약점을 고려해야 한다. 예를 들어, 처리과정의 손상을 일차적 장애로 가진 학생이라면 추가 시험시간을 제공하는 것이 적합한 방법이다. 이러한 편의에 관해서는 IEP에 기록되고 용인된 후 학급, 지역, 주 시험에서 제공되어야 한다(Wasburn-Moses, 2003). 학생의 요구와 적용 가능한 편의에 대해 설명한 〈표 8-6〉을 참조하라.

편의 제공에 대한 결정은 IEP 과정 동안 작성되고 난 후 실질적으로 적용되어야 한다. 여러 연구에 따르면 편의가 일관성 있게 제공되지 못하는데, 특히 집단 대상 표준화 시험에서 그러하다. 이러한 비일관성을 초래하는 데에는 적어도 세 가지 요소, 즉 (1) 집단으로 시행되는 시험에서 개별 편의를 제공하는 것, (2) IEP가 시험이 시행되는 동일한 학년도에 개발되지 않는다는 것, (3) 시험에 대한 편의를 추천하는 시기와 시험이 시행되는 시기 사이에 IEP 팀 구성원이 변경되는 것이 원인이 된다(Shriner & Destefano, 2003).

표준화된 시험　　표준화된 시험에 대한 편의 제공과 관련된 이슈는 복잡한데, 이는 절차상의 변경이 시험 점수의 해석에 영향을 줄 수 있기 때문이다. 반면에 편의가 제공되지 않으면 장애 학생은 자신의 잠재력을 전부 보여 주지 못할 수 있다. 시험에서 자신이 알고 있는 것과 할 수 있는 것에 비해 낮게 평가되는 장애 학생도 있게 된다.

선행 연구는 표준화된 시험에서 제공되는 가장 흔한 유형의 편의는 추가시간 주기와 소리 내어 시험 문항 음독하기라고 밝힌다. 또 다른 유형은 응답 받아써 주기다. Bolt와 Thurlow(2004)는 시험 편의를 선택하고 적용할 때의 절차를 다음과 같이 제안한다.

- 시험 보기 전에 측정하고자 하는 기술을 명시적으로 밝혀야 하는데, 이는 편의가 그 기술의 사정을 방해하지 않음을 확신하기 위함이다. 예를

표 8-5 시험 편의 제공의 예

편의 유형	예
환경: 시험 상황의 상태를 바꾼다.	• 소집단 • 학습 열람석 • 수정된 가구
형식: 시험 형식을 바꾼다.	• 글자 크기 • 점역 • 쪽당 항목 수
시간: 시험시간이나 시간 분량을 바꾼다.	• 연장된 시간 • 유연성 있는 일정 • 잦은 휴식
제시: 시험이 제시되는 방식을 바꾼다.	• 학생에게 지시문을 읽어 준다. • 녹음테이프로 촉구한다(신호를 준다). • 지시문을 명료하게 한다.
반응: 학생이 시험 질문에 반응하는 방식을 조절한다.	• 책에 표시한다. • 대필자를 사용한다. • 연필 쥐는 그립을 사용한다.
일정: 학생의 요구에 편의를 도모하기 위해 시험 일정을 짠다.	• 하루 내 특정 시간 • 여러 날에 걸쳐서 • 시험을 짧게 분할하여 일정을 짠다.

출처: M. L. Thurlow, J. L. Elliott, & J. E. Ysseldyke, *Testing Students with Disabilities: Practical Strategies for Complying with District and State Requirement* (2nd ed.). Copyright 2003 by Corwin Press. 허락하에 재사용됨.

표 8-6 학생의 요구에 따른 시험 편의 제공의 예

학생 특성	적용 가능한 시험 편의
주의력 문제: 학생은 쉽게 산만해진다.	환경: 시험시간에는 학급을 소집단으로 나눈다. 일정: 당일 이른 시간에 시험을 시행한다. 시간: 시험 치는 동안 잦은 휴식을 제공한다.
텍스트 처리과정 문제: 학생은 다른 학생보다 느리게 읽는다.	제시: 지시문을 읽어 주며, 필요에 따라 학생에게 시험 항목도 읽어 준다.

출처: M. L. Thurlow, J. L. Elliott, & J. E. Ysseldyke. *Testing Students with Disabilities: Practical Strategies for Complying with District and State Requirement* (2nd ed.). Copyright 2003 by Corwin Press. 허락하에 재사용됨.

들어, 쓰기시험의 의도가 사고표현 능력을 사정하는 것이라면 대필이 적절할 것이다. 그러나 필기 능력을 측정하기 위함이라면 대필은 적절치 못하다.

• 편의를 선택할 때에는 최소 한도로 침해하는 것을 선택한다. 한 예로 학생이 답을 쓸 수 없다면 키보드와 워드프로세서의 사용이 대필보다 덜 방해하게 할 것이다.

• 교육과 진단 편의를 맞추었는지 확인한다. 즉, 시험 치기 전에 학생은 수업에서 편의를 적용해 볼 기회를 가졌어야 한다.

• 편의를 시행하는 사람을 훈련시킨다. 대필자가 축어로 답을 적는 것에 대해 확실히 해 두는 것과 같이, 대필자나 대독자를 위한 사전 준비와

교육이 필요하다.

- 편의와 관련하여 발생할 수 있는 문제를 예상하고 대비한다. 예를 들어, 시험지가 큰 글자로 재설정되면 시험 문제가 여러 페이지에 걸칠 수 있다.
- 학생에게 제공된 편의의 효과를 점검한다. 어떤 상황에서는 편의가 학생의 수행에 방해가 될 수도 있다.

교실 사정 교실 시험에 대한 편의도 IEP 과정의 일부분으로 결정되어야 한다. 목적은 표준화된 시험과 동일하다. 즉, 학생의 장애를 보상하기 위해 편의를 제공하는 것이다. 그러나 표준화 시험 시행에 대한 이슈는 다르다. 교실에서는 교사가 교사 제작 시험을 포함하여 다양한 시험 중에서 골라 학생의 학습을 사정한다. 다양한 유형의 시험을 시행하기 위해서 교사는 교과목과 시험의 특징, 평가되는 기술과 지식에

교사를 위한 정보 8.2

학생이 시험을 치는 장소는 주로 시험 편의에 포함되지 않지만 어떤 학생에게는 도움이 될 수 있다. 학생이 급우와는 다른 교실에서 표준화된 시험을 치도록 허용함으로써 산만해짐을 막을 수 있고, 남을 방해하지 않으면서 시험 문제를 소리 내어 읽고 자기대화하는 것을 허용할 수 있다 (Meltzer et al., 1996).

따라 어떤 편의가 적절한지 결정해야 한다.

〈표 8-7〉의 체크리스트는 장애 학생을 위해 시험을 수정하고 편의를 제공하는 데 있어서 교사를 안내하기 위해 설계되었다.

표 8-7 교실 시험에서의 편의 결정을 위한 체크리스트

	질문	예	아니요
1. 학생은 같은 시험을 완성할 수 있는가?	a. 급우와 같은 수준으로? b. 변경되거나 더 간단한 지시로? c. 수정된 기대치로? d. 다른 전달 시스템으로? e. 다른 제한시간으로? f. 유연성 있는 일정으로? g. 추가의 수학 학습도구를 가지고? h. 추가의 문어 학습도구를 가지고? i. 추가의 기억도구를 가지고? j. 언어적 수준을 다양하게 한다면?		
2. 학생은 객관식 시험이 어떤 형태일 때 완성할 수 있는가?	a. 선다형 항목이라면? b. 짝짓기 항목이라면? c. 참/거짓 항목이라면? d. 완성시키기 항목이라면?		
3. 학생은 에세이 질문에 대한 수정이 이루어진다면 반응할 수 있는가?			
4. 학생은 동일한 시험의 부분이나 구체적인 항목을 완성할 수 있는가?			
5. 학생은 제공된 예시로 적절하게 반응할 수 있는가?			
6. 개별 학습 양식에 맞게 사정 유형을 다양하게 한다면 학생은 동일한 과정의 내용을 수용할 수 있는가?			
7. 학생은 시험을 치는 데 있어 심각한 정서적 반응을 보이는가?			
8. 학생은 대안적 사정이 필요한가?			

성적

교실에서 학생의 학업 수행에 관한 정보는 성적으로 학생과 부모에게 전달된다. 이론적으로 성적을 부여하는 데는 여러 목적이 있다. 성적은 (1) 학년 수준 교육과정에서의 학생 수행을 요약한다, (2) 학생의 노력과 공부 습관을 반영한다, (3) 목표로의 진전을 반영한다, (4) 강점과 약점을 나타낸다(Munk & Bursuck, 2001b).

그러나 실제로는 성적이 노력과 진보보다 학생의 장애를 반영할 수 있다. 더구나 성적은 장애 학생의 학업적인 진보를 적절하게 반영하지 못할 수 있다. 일반학급에서 교육을 받는 60~70%의 장애 학생은 평균 이하의 성적을 받는다(Donahue & Zigmond, 1990).

Munk와 Bursuck(2001b)은 장애 학생과 비장애 학생의 부모가 성적이라는 것을 진보와 성취를 보고하기 위한 효과적인 도구로 인식하는지에 대해 조사했다. 성적 처리과정에 불만인 부모는 학생이 특정 작업에서 어려움을 경험하는 것에 대해 성적이 이를 민감하게 반영하지 못한다고 생각하였다. 부모는 교사가 성적을 부여하는 데 있어 일관적이지 못하며, 특히 장애 학생의 경우 부여된 성적이 학생의 기술과 진보를 항상 정확하게 반영하지는 않는다고 말했다.

성적을 매기는 것이 장애 학생에게 비효과적인 도구가 되는 데에는 적어도 세 가지 요인이 있다. 첫째, 학교 성적 지침이 부족하다. Polloway와 Epstein (1994)은 성적에 관한 미국 내 조사에서 조사된 지역의 약 65%가 지정된 성적 지침을 갖고 있었다고 보고했다. 지정된 성적 지침이 있는 지역 가운데 60%는 장애 학생을 위한 수정을 포함하고 있다. 둘째, 교사가 장애 학생을 위해 성적을 수정할 때조차 지침에 의해 결정된 수정에 대해 교사가 설명하지 않으며, 수업계획서 안에도 포함시키지 않는다(Bursuck, Munk, & Olson, 1999). 셋째, 많은 교사가 장애 학생을 위해 성적을 수정하도록 충분히 훈련되어 있지 않다(Bursuck et al., 1996). 이런 어려움이 있음에도 선행 연구는 장애 학생이 개별화된 성적 계획안을 갖는 것이 이점이 된다는 것을 보여 준다. 한 연구에 따르면 개별화된 성적 계획안을 가진 학생은 실패할 위험이 있는 수업에서 통과했고 학생의 성취가 교사와 부모에게 더 잘 통지되었다(Munk & Bursuck, 2001b).

성적은 그 가중치를 조절하는 것부터 문자나 숫자 등급 대신에 체크리스트를 사용하는 것에 이르기까지 여러 방법으로 수정될 수 있다. Munk와 Bursuck (1998), Bursuck 등(1999)은 장애 학생을 위해 성적을 수정하기 위한 여덟 가지 다른 방법을 제안한다.

- 성적 가중치를 조절한다. 교사는 최종 성적에서의 활동이나 성과물의 성적 비율을 조절할 수 있다.
- 학습 목표를 조정한다. 교사는 IEP에 학생이 숙달해야 할 교육과정을 구체적으로 작성하고 나서 그 교육과정에서 숙달한 것으로 성적을 매긴다는 설명이 포함되어야 한다.
- 수업계획안을 조정한다. 계약서와 수정된 수업계획안으로, 장애 학생은 자신의 기술과 능력에 적절한 속도로 수업에서 진보할 수 있다.
- 향상된 수행으로 성적을 매긴다. 교사는 학생의 수행을 추적하고 학업과 자기관리 행동의 향상에 대해 추가적인 점수를 줄 수 있다.
- 설명을 단다. 혼동과 잘못된 인식을 최소화하기 위해 교사는 자신의 성적 준거를 명료화하기 위해 성적 카드에 설명을 달 수 있다.
- 성과물과 수행으로 성적을 매긴다. 글자나 숫자로 매긴 성적에 더하여, 교사는 한 학기 동안의 노력과 진보에 대해 학생에게 성적을 줄 수 있다.
- 통과/실패로 성적을 부여한다. 어떤 조사는 장애 학생이 불평등한 성적 수정을 통해 점수가 매겨진다고 하지만, 저성취 학생은 통과/실패 성적체제가 글자나 숫자로 표시한 성적보다는 덜 비판

적이라 느낀다.

- 체크리스트를 사용한다. 교사는 학생의 IEP 장단기 목표로 체크리스트를 개발하고 학생과 부모는 학기 동안 학생이 수학적 사실, 문법, 덧셈과 뺄셈 절차, 지도 읽기 등과 같은 기술을 숙달했는지 체크리스트를 통해 볼 수 있다.

교사를 위한 정보 8.3

성적체제는 수행의 증거와 획득된 지식을 나타내기 위해 고안되었다. 이러한 체제는 또한 학생이 어떻게 수행하는지에 대해 가족 구성원에게 정보를 전달한다. 항상 낮은 성적을 받은 학생은 사기가 꺾일 수 있다. 특히 일반교실에 통합된 장애 학생이 그러한데, 그들의 수행이 비장애 급우와만 비교되기 때문이다. 이러한 학생은 노력과 개별적인 진전으로 성적을 매길 수 있겠지만, 이런 방법은 학생과 부모에게 잘못된 정보를 전달할 수 있다.

하나의 해결 방안은 과목별로 각 학생에게 두 가지 성적을 부여하는 것이다. 한 성적은 미리 지정된 능력 수준(예, IEP 목표)에 따른 학생의 개별적인 진보를 나타낸다. 다른 한 성적은 학년 규준 기대치나 비장애 급우와 비교한 학생의 수행을 나타낸다.

교사를 위한 정보 8.4

필기시험을 그들에게 제공하는 과정에서 사후 시험만을 실시하는 것이 아니라 수업 전에 사전 시험으로서 동일한 시험을 제공한다. 진보했는지의 여부를 결정하기 위해 학생의 사전, 사후 시험 결과를 비교한다. 이 정보를 성적을 결정하는 데 사용한다(Gregory & Chapman, 2002).

3. 다문화 학생을 위한 시사점

학생마다 학습 선호도가 다르다. 어떤 학생은 돌아다니는 것이 허용될 때 가장 잘 배우고, 다른 학생은 집중하기 위해 한곳에 있는 것을 선호한다. 어떤 학생은 '바쁜' 환경을 좋아하고, 다른 학생은 그런 환경이 산만하다고 느낀다. 어떤 학생은 혼자서 단락을 읽으며 학습하는 걸 선호하고, 다른 학생은 누군가가 단락을 읽어 줄 때 가장 잘 배운다. 개인적인 학습 선호도와 더불어, 문화적 배경은 학습을 하는 데 영향을 미친다. 예를 들어, 문화는 다음과 같은 면에서 학생에게 영향을 준다.

- 학생은 시간을 고정된/융통성 없는 혹은 유연한/융통성 있는 것으로 본다.
- 학생은 감정이 넘치거나 자제된다.
- 학생은 동시적 혹은 순차적으로 가장 잘 배운다.
- 학생은 집단 혹은 개별적으로 작업하기를 선호한다.
- 학생은 창의성 혹은 유사성에 가치를 둔다.
- 학생은 좀 더 반성적이거나 좀 더 충동적이다 (Tomlinson, 2001).

교사가 늘 개인적인 학습 선호도와 문화적인 선호도를 모두 다룰 수는 없다. 하지만 교사는 학생이 서로 다른 학습 접근법을 가진다는 것을 인식하고, 이를 교실 내에 반영하고자 노력할 수 있다. 예를 들어, 그들은 교실을 영역마다 다른 '모습'으로 꾸밀 수 있다. 효과적인 교사는 교실에 존재하는 다양한 범위의 학습적 접근과 문화적 접근을 이해하고, 이렇듯 다양한 접근에 따른 학습이 충분히 일어나도록 교실을 융통성 있게 구성한다(Tomlinson, 2001).

차별화된 교수에서의 문화적 영향은 교실에 영향을 주는 다른 변수와 다르지 않다. 즉, 차별화된 교수를 적용하고 있는 교사는 문화적 학습 양식에 따른 영향이 개별 학생의 필요에 대한 편의를 결정하는 데 한 요소가 됨을 명심해야 한다. 구체적인 문화적 학습 차이에 대한 추가적인 정보는 7장과 9장의 논의를 참조하라.

⚜ 요약 · · · · · · · · · · ·

- 차별화 교수란 학생의 다양한 학습 준비도와 흥미, 요구에 따라 내용과 과정, 성과를 맞추도록 설계된 교수다.
- 내용은 가르칠 것에 대한 수정과 더불어 학생이 배워야 할 것에 접근하도록 하는 수정을 말한다.
- 과정은 그 내용을 어떻게 가르치고 배울 것인가에 초점을 둔다.
- 성과란 학생이 평가되는 방식에 관한 것으로, 일반적으로 시험과 프로젝트, 습작, 구두 발표의 형식으로 이루어진다.
- 차별화 교수는 교실에 있는 모든 학생에게 적용된다.
- 수업을 수정하고 조정하는 목적은 장애 학생의 교수적 요구를 충족하기 위한 것이다.
- 편의에 관한 결정은 일반적 적용에서의 고려사항(예, FLEXIBLE 모델) 혹은 다섯 가지 요소(예, CLIME 모델)에 따라 구체적으로 교실을 분석함으로써 이루어질 수 있다.
- 교사는 장애 학생이 학년 수준의 교과서를 처리하는 데 어려움을 가질 수 있기 때문에 교과서에의 접근을 용이하게 해 주는 편의를 결정해야 한다.
- 교과서 수정은 오디오 교과서나 그래픽 조직자, 다양한 형태의 수업 가이드를 포함한다.
- 시험 편의의 목적은 장애 학생이 장애로 인한 방해가 없이 성취를 보일 수 있게 하기 위함이다.

- 시험 편의가 적절한지의 여부는 IEP 팀에 의해 결정되어야 하고 IEP에 구체화되어야 한다.
- 시험 편의는 시험 장소와 형식, 시험 시간표, 시험 제출, 학생의 반응방식의 측면에서 이루어진다.
- 전통적인 성적체제는 가끔 장애 학생의 노력과 진보를 반영하는 데 불충분하고, 실제적 수행을 전달하는 데 더 많은 선택안을 사용하도록 교사에게 허용함으로써 수정될 수 있다.
- 장애 학생을 위한 적절한 편의를 결정할 때, 교사는 구체적 편의가 학생의 문화적 전통과 함께할 수 있는 것인지의 여부를 고려할 수 있다.

⚜ 연습 문제 · · · · · · · · · · ·

1. 차별화된 교수를 제공하는 교실을 만드는 이점은 무엇인가?
2. IEP 팀은 왜 IEP에 편의를 구체화해야 하는가?
3. 교실수업을 차별화하고 수정하기 위한 세 가지 범주는 무엇인가? 각 용어를 정의해 보자.
4. 교수 수정을 위한 FLEXIBLE 모델은 편의를 제공하는 과정을 어떻게 단순화하고 있는가?
5. SHE WILL SUCCEED의 기본 가정은 무엇인가?
6. 학년 규준 교과서에 있는 정보를 처리하는 것은 장애 학생에게 왜 힘든가?
7. 시험 편의와 시험 조정 간의 차이는 무엇인가?
8. 교사는 시험 편의가 적절한지와 특정 시험의 결과가 타당하지 않은지를 어떻게 결정할 수 있는가?
9. 교사는 장애 학생을 위한 성적체제를 왜 수정해야 하는가?
10. 다문화 학습자의 교수적 요구는 다른 학생과 어떻게 같고 또 어떻게 다른가?

활동 · · · · · · · · · · · · · · ·

1. 적어도 2년 동안 자신의 교실에서 장애 학생을 가르치고 있는 일반교사와 인터뷰를 해 보라. 성적, 숙제, 수업, 시험 편의를 포함해서 교사가 사용했던 편의의 유형을 확인해 보라.

2. 이 장을 다시 검토해 보고, 이 장에서 논의된 '중심 개념'을 확인해 보라. 다른 사람에게 이 개념을 어떻게 가르칠 수 있는지 기술해 보라.

3. M. L. Thurlow, S. S. Lazarus, S. L. Thompson과 A. M. Morse의 "State Policies on Assessment Participation and Accomodations for Students with Disabilities" (*Journal of Special Education, 2005, 38*(4), 232-240)를 읽고, 장애 학생을 위한 시험 편의의 제공과 관련된 이슈에 대해 2페이지 정도 기술해 보라.

4. 두 명의 장애 학생이 포함된 4학년 수학수업을 가르친다고 가정해 보라. 이들 학생은 다른 학생보다 느리게 정보를 처리하며 지시를 이해하는 데 어려움을 갖는다. 그들이 수학 교육과정에 접근하도록 하기 위해 제공될 수 있는 편의를 기술하는 보고서를 작성해 보자. 그리고 구체적 편의를 선정하게 된 근거를 설명해 보라.

 특수아동협의회(CEC) 기준

기준 4: 교수전략

특수교사는 ELN 학생을 위한 교수를 개별화하기 위해 증거 기반 교수전략에 대한 레퍼토리를 소지한다. 특수교사는 일반교육과정과 특수교육과정에서 도전적인 학습 결과를 증진하고, ELN 학생을 위해 학습환경을 적절히 수정하기 위해 이러한 교수전략을 선정하고 수정하고 사용한다. 특수교사는 ELN 학생의 비판적 사고와 문제 해결력 그리고 수행 기술에 대한 학습을 강화하고, 자기인식과 자기관리, 자기통제, 자기의존, 자기존중감을 증가시킨다. 또한 특수교사는 여러 환경과 장소, 연령 주기에 걸쳐 지식과 기술의 발달, 유지, 일반화를 강조한다.

기준 5: 학습환경과 사회적 상호작용

특수교사는 ELN 학생의 문화적 이해, 안전, 정서적 안녕, 긍정적인 사회적 상호작용, 학생들의 적극적 참여를 촉진하는 학습환경을 만든다. 특수교사는 일반교사가 ELN 학생을 일반교육 환경에 통합시킬 수 있도록 도와주며 그들이 의미 있는 학습 활동과 상호작용에 참여할 수 있도록 돕는다. 특수교사는 ELN 학생이 현재 기대에 효과적으로 반응할 수 있도록 가르치기 위해 직접적인 동기적 교수 중재를 사용한다. 그리고 필요할 때 ELN 학생을 위기에서 안전하게 중재할 수 있다. 특수교사는 이러한 모든 노력에 조정 역할을 하며 보조교사를 비롯하여 자원봉사자와 또래교사와 같은 다른 사람에게 안내와 지침을 제공하고 지시한다.

O9

학생 중재 교수

주요 개념

협동학습

- 협동학습 구성 요소
- 협동학습의 이행
- 협동학습과 교사 주도 교수
- 장애 학생의 협동학습

또래교수

- 상보적 또래교수
- 비상보적 또래교수
- 또래교수와 교사 주도 교수
- 또래교수와 장애 학생

다문화 학생을 위한 시사점

 주요 질문

1. 장애 학생에게 협동학습은 어떤 이점이 있겠는가?
2. 학생은 왜 튜터와 튜티로서 모두 이점을 갖는가?
3. 교사는 교실에서 협동적 분위기를 어떻게 조성할 수 있겠는가?

당신은 선정된 주제로 교우 앞에서 구술 발표를 하게 된다면 혼자 계획하고 발표하기를 선호하는가, 아니면 적어도 다른 한 사람과 함께 작업하기를 선호하는가? 당신은 개별 급우와 겨루는 철자 게임을 선택할 것인가, 아니면 틀린 철자 없이 얼마나 할 수 있는지를 하나의 학급 팀으로 게임하기를 원하는가?

교사는 일반적으로 다음과 같은 방법으로 수업을 구성한다. (1) 동일한 목표에 대해 서로 간에 경쟁적으로 작업하게 한다, (2) 공통된 목표를 성취하기 위해 함께 협동적으로 작업하게 한다, (3) 급우와는 관련없는 목표를 성취하도록 개별적으로 작업하게 한다. 비록 일부 교사는 이러한 시스템을 효과적으로 그들의 수업에 결합하지만, 오늘날의 학교에서는 학생과 교사가 경쟁력을 지배적인 모델로 지각하고 실행한다.

7장에서는 효과적인 교수과정으로 대집단, 소집단, 일대일 교사 주도 교수의 관점에 대해 논의했다. 이 장에서는 학생 중재 학습을 촉진하기 위한 학생의 집단화에 중점을 두고 있다. 학생 중재 학습은 학생이 자신 혹은 급우를 교수하고 관리하는 일차적 역할을 하는 것을 의미한다. 교사 주도 교수에서는 교사가 학생에게 정보를 전해 준다. 학생 중재 학습에서 교사는 학생 간의 교수적 상호작용을 촉진하고, 학생에게는 자원 정도로 행동한다. 두 가지 학생 중재과정인 협동학습과 또래교수가 경도·중등도 장애 학생의 학습을 촉진하기 위해 특수학급과 일반학급에서 사용될 수 있다.

1. 협동학습

헌트 여사는 자신의 교실을 다른 중학교 교사와는 다르게 모든 책상을 조로 묶어 배치한다. 학생은 적어도 각 수업시간의 절반을 3~5개 조로 나누어 함께 활동한다. 나머지 수업시간 동안에는 헌트 여사가 대집단이나 소집단으로 교수하거나 학생이 읽거나 쓰기 과제를 독립적으로 수행한다. 헌트 여사는 영어를 가르치는데, 그녀의 수업에 특수교육 서비스를 받는 학생이 적어도 두 명은 있다. 그녀는 그 학생들에게 적절한 편의를 제공하기 위해 특수교사와 협력하여 일한다. 헌트 여사는 협동학습에 심취해 있다. 그녀는 협동학습이 학생들로 하여금 더 긴 시간 동안 학습 과제에 집중하게 하고 질적으로 더 나은 성과물을 만들어 냄을 알아냈다. 그리고 협동학습의 수업방식은 그녀로 하여금 장애 학생의 요구를 더욱 충족시킬 수 있게 하였다.

협동학습(cooperative learning: CL)은 "수업 목표를 집단적이고 개별적으로 성취함에 있어서 협동적 학생-학생 상호작용을 이끌어 내는 교수적 전략"(Goor & Schwenn, 1993, p. 7)이다. 학생은 개인적 책무를 계속하면서 공동의 목표를 달성하기 위해 소집단으로 작업한다. 교사는 학생의 성공을 보장하기 위해 교실 구조와 조직을 갖추어 준다.

협동학습 구성 요소

협동학습이 사용되는 모든 교실이 동일한 것은 아니다. 하지만 모든 협동학습 모델은 적어도 (1) 집단 활동에 적합한 공동의 과제나 활동, (2) 소집단 학습, (3) 협동적인 행동, (4) 긍정적 상호의존성, (5) 개인적 책무와 의무의 다섯 가지 공통된 구성 요소를 갖는다(Davidson, 2002). 각 구성 요소에 대해서는 다음에서 설명된다.

집단 활동에 적합한 공동 과제   모든 협동학습 모델은 집단이나 팀에 의해 달성되는 공동 과제를 포함한다. 종종 과제는 개별 과제로 나뉜다. 이러한 형식을 사용함으로써 개별 학생은 구체적 역할과 책임을 맡게 된다. 학생은 자신의 개별 활동을 완성한다. 그런 다음 함께 모여 각자가 수행한 작업을 팀 프로젝트로 결합시킨다. 또 다른 형식은 팀의 목표를 완수하기 위해 팀 구성원이 협동적으로 작업하는 것이다. 예를 들어, 집단 내의 각 개인은 하위 주제를 조사한다. 개별적으로 얻어 낸 정보는 집단 구성원 간에 공유되고, 집단 보고서가 계획되고 전체 학급에 발표된다. 이 구성 요소의 또 다른 적용은 집단 구성원이 개별적으로 조사를 수행하기보다 함께 작업하는 것이다 (Davidson, 2002). 어떤 형식으로든 핵심 요소는 공동 과제에 대해 학생들이 함께 작업한다는 것이다.

소집단 학습　모든 협동학습 모델에서 공통적인 두 번째 구성 요소는 학생의 학습을 촉진하기 위해 소집단을 사용하는 것이다. 일반적으로 학생은 4~6명의 이질적인 집단에 배정된다. 이질적인 집단 구성은 학생의 성별, 인종, 능력, 성취 수준이 혼합된 것이다. 이 장의 후반부에서는 교사가 집단을 구성하는 구체적인 방법이 논의될 것이다.

협동적인 행동　협동학습 집단이 성공하기 위해서는 학생이 협동적이고 협력적인 기술을 적절하게 사용해야 한다. 학생들은 서로에 대해 알고 신뢰해야 하며, 정확하고 모호하지 않게 의사소통해야 하며, 서로를 받아들이고 지원해야 하고, 건설적으로 갈등을 해결해야 한다(Johnson, Johnson, & Holubec, 1998). 모든 협동학습적 접근이 이러한 행동의 중요성에 동의하지만, 이들 기술을 명시적으로 교수해야 하는지에 대해서는 의견을 달리한다. 몇몇 접근에서는 직접적인 사회성 기술 교수를 지지한다. 반면에 다른 접근에서는 학생의 사회성 기술 훈련에 대한 구체적인 요구가 발생하는 경우를 제외하고는 그것의 직접적인 교수가 이루어지지 않는다. 협동적인 행동은 성공적인 협동학습 경험에 있어서 결정적인 구성 요소이다. 따라서 이러한 기술에 대해 무엇을 어떻게 가르칠 것인가에 관한 추가적인 정보가 이 장 후반부에 제시된다.

상호의존성　모든 협동 모델의 네 번째 공통적인 구성 요소는 상호의존성이다. 상호의존성이란 각 개인은 서로 연결되어 있으며, 개인이 성공하기 위해서는 집단이 성공해야 하며 혹은 그 반대가 되어야 한다는 개념이다. 만약 상호의존성이 이루어지면 학생은 집단 내 모든 구성원이 개인적으로나 팀으로서 함께 성공적일 때에만 성공했다고 느낄 것이다. 상호의존성은 팀을 위한 공동의 목표를 정하고, 집단 구성원 간의 일을 분배하고, 구성원 간에 자료, 정보, 자원을 분배하거나 공유하고, 학생의 다양한 역할을 배정하고, 목표성취에 대한 강화를 제공함으로써 이루어질 수 있다.

개인적 책무와 의무　마지막 공통적인 구성 요소인 개인적 책무와 의무는 보상 책무와 과제 책무의 형태를 취할 수 있다. 보상 책무(reward accountability)는 집단 구성원이 개인별 공헌을 합한 것에 근거하여 보상을 받는 것이다. 예를 들어, 팀의 점수는 개별 팀 구성원의 점수를 더한 것으로 이루어진다. 각 집단 구성원의 수행은 평가되고, 그 결과는 집단 구성원의 책임으로 돌려진다. 과제 책무(task accountability)는 각 학생이 팀 프로젝트에서 자신이 담당한 부문에 대해 책무를 가지는 것이다.

모든 학생은 수업 제재를 학습하고 집단에 기여하는 개인적 책무를 가져야 한다. 이것은 '히치하이킹' 효과, 즉 한 명 혹은 여러 명의 학생이 대부분의 작업을 하고 다른 학생은 공짜로 얻어 타는 것을 피하게 한다(Putnam, 1998).

협동학습의 이행

집단 구성　협동학습의 유형에 따라 권장하는 집단 구성원 수는 다르나 최대 4명까지 허용한다. 하나의 대집단이 4명으로 균등하게 배분되지 않고 한 명이 남는다면 한 팀을 5명으로 구성한다. 2명이 남는다면 3명씩 두 팀을 만든다. 3명이 남는다면 그들로 한 팀을 구성한다(Kagan, 1994).

대부분의 협동학습 접근은 팀 내의 이질적인 구성을 주장한다. 집단 배정은 무작위로 혹은 교사에 의해 이루어질 수 있다. 무작위 배정은 쉽고 빠르다는 이점이 있고, 학급에서의 다양성과 자극이 더해질 수 있다. 학생은 공정하다고 인식하기 때문에 그에 대해 불평하지 않는다. 교사는 학생에 대해 잘 알기 전인 학기 초에 무작위 배정을 자주 사용한다. 무작위 배정은 어떤 학생이 서로 협동적으로 작업을 잘 하는지 또는 함께 배정되면 안 되는지를 결정하기 위해 일시적으로 팀을 구성할 때도 사용될 수 있다. 무작위 배정에는 단점도 있다. 무작위로 배정된 집단의 학생 사이에 성격이 맞지 않거나 능력이 동질적일 수 있다. 가능하다면 무작위로 배정된 집단에 의해 수행되는 과제로 성적을 매겨서는 안 된다.

교사가 집단을 배정하는 이유는 성별, 인종, 능력, 성취에 따른 이질성을 확보하기 위한 것이다. 집단에 구성원을 배정하는 방법 중의 하나는 성취 수준에 따

교사를 위한 정보 9.1

경도·중등도 장애 학생은 일반교육에서 협동학습 집단에 참여하는 것에 대해 불안해하고 두려워할 수 있다. 이러한 일이 발생하지 않도록 예방하기 위해서 다음의 제안을 시도해 보라.

1. 협동학습 과정을 설명함으로써 학생을 준비시킨다.
2. 학생에게 적절한 역할이 배정되었는지 확인한다.
3. 주어진 역할로 인해 수행해야 할 책임에 대해 주의 깊게 설명한다.
4. 학생에게 배정될 역할에 대한 역할극을 한다.
5. 성공적인 집단 활동에 중요한 사회적 혹은 학업적 기술을 사전에 가르친다.

라 학생을 정렬한 후에 사등분하고, 4명의 집단이 되도록 각각의 사분위에서 한 명씩 선정하는 것이다 (Kagan, 1994). 일단 집단 배정이 이루어지면, 교사는 성별과 인종을 맞추고 제일 친한 친구나 최악의 관계인 학생이 함께 배정되는 것을 막는다.

일반교실에서 집단에 장애 학생을 배정할 때에는 장애 학생이 집단에서 수행하게 될 역할, 집단에서의 잠재적 공헌도, 집단 내 다른 구성원의 지원 요청 여부에 대해 고려해야 한다. 각 집단에는 한 명 이내의 범위에서 위험 학생을 배치한다.

협동적 행동 교수 앞에서 언급했듯이, 협동학습 접근은 협동적 행동이 직접적으로 교수되어야 하는지에 대해 의견을 달리한다. 몇몇 연구자는 순서 지키기, 자료 공유하기, 다른 사람 도와주기, 정중하게 말하기, 이해나 동의 점검하기, 격려하기, 적극적인 경청, 바꿔 말하기, 갈등 조정과 같은 기술을 학생에게 가르쳐야 한다고 제안한다(Piercy, Wilton, & Townsend, 2002; Putnam, 1998).

교육가는 다른 형태의 접근으로 협동학습을 통한 사회적 기술 발달을 주장하기도 한다. 자연적인 접근을 사용하는 경우, 교육가는 학생에게 어떠한 사회성 기술 교수도 제공하지 않으며 학생이 상호작용함으로써 이러한 기술을 자연적으로 습득하게 되리라 믿는다. 대조적으로 형식적인 접근을 실행하는 이들은 사회성 기술을 협동학습 수업의 구성 요소로 강조하고, 각각의 수업에 형식적인 사회성 기술 교수를 포함한다. 제한적이기는 하지만, 장애 학생에게 협력에 있어 필수적인 사회성 기술을 명시적으로 교수하였을 때 협동학습 집단에서 더욱 성공적이라는 것이 연구를 통해 밝혀진 바 있다(Prater, Bruhl, & Serna, 1998). 사회적 유능성을 교수하는 방법은 14장에서 찾을 수 있다.

역할 배정 학생의 역할은 교사에 의해 배정되거

교사를 위한 정보 9.2

협동학습 집단에 참여하는 학생은 건설적인 피드백을 적절하게 제공하는 법을 알아야 한다. 다음의 제안을 따르라.

1. 항상 친근하고 지원적인 목소리 톤을 사용한다.
2. 두 가지의 긍정적인 의견 사이에 모든 부정적인 의견을 넣는다.
3. 추천사항을 제공한다('～를 시도해 보는 게 어때?').
4. 간결하고 구체적인 정보를 준다.
5. 다른 구성원의 팀 공헌에 대해 인식한다.
6. 사람이 아닌 생각을 비평한다(Nevin, Thousand, & Villa, 1994).

 교사를 위한 정보 9.3

협력적인 작업에 필요한 사회성 기술이 팀 구성원 사이에서 실행되고 교대될 역할로 사용될 수 있다. 여기에 다양한 아이디어가 제시되어 있다.

1. 칭찬 담당자(모든 참여자가 긍정적인 피드백을 받는지 확인한다)
2. 갈등정리 담당자(갈등이 생길 때 팀이 멈추고 다시 집중하도록 신호한다)
3. 화합 담당자(유머나 비판적이지 않은 설명을 통해 긴장을 감소시키도록 도와준다)
4. 평등 담당자(모든 학생의 참여를 보장한다)
5. '하지만(but)' 관찰자(브레인스토밍이나 문제해결 과정 중 생각을 다르게 하는 학생을 돕는다)(Villa & Thousand, 1996).

나 팀 구성원이 선택할 수 있다. 집단 구성과 활동 유형에 따라 역할은 무작위로 혹은 계획적으로 배정될 수 있다. 무작위 전략은 집단 구성원에게 스스로 번호를 매기게 한다(예, 1~4). 그런 다음 각 번호에 역할이 무작위로 배정된다. 예를 들어, 각 집단 내 1번에 해당하는 학생은 기록자, 2번은 독자, 3번은 토의

진행자, 그리고 4번은 자료 수집자다. 무작위 역할 배정은 집단 내 개별 구성원의 능력이 균등할 때 가장 좋은 방식이다. 계획적인 역할 배정은 집단 구성원이 좀 더 이질적일 경우, 특히 장애 학생이 일반교육에

 공학의 활용

협동학습과 교실 컴퓨터

많은 교사는 한정된 수의 교실 컴퓨터로 인해 협동학습 접근이 필요함을 인식하게 된다. 여기에서 논의되는 협동학습 전략은 한 컴퓨터만이 갖추어진 교실의 운영에 관한 것이다. 고려해야 할 전략은 다음과 같다.

• 학생 집단이 컴퓨터로 함께 작업할 때는 각자의 역할을 명확히 해 준다(예, 키보드 담당자, 노트 필기 담당자, 팀 리더)
• 웹사이트 응용 소프트웨어의 각 유형과 관련하여, 학생 집단이 학급 내 다른 학생의 어떠한 질문에도 공학적 지원을 제공하는 학급 내 전문가가 되도록 훈련시킨다. 그럼으로써 교사는 방해받지 않고 다른 학생과 활동할 수

있게 된다.
• 개인적 교정에 초점을 둔 상품을 사용하기보다는 학생의 도전적인 활동을 강조하는 문제 해결형 소프트웨어와 웹사이트를 찾는다(예, Decisions, Decisions, Tom Snyder, http//www.tomsnyder.com).
• 학생의 기술 개발을 촉진하기 위한 생산성 과제 유형을 활용한 교수 활동(웹 탐색하기, 워드프로세서에서 포스터 만들기, 파워포인트 자료 개발하기)을 계획한다.

[생각해 보기] 만약 당신이 파워포인트 자료를 개발하도록 하는 과제를 네 명의 학생으로 구성된 집단에 내준다면 각 학생에게 어떠한 역할을 부여할 것인가?

서의 협동학습 집단에 참여하는 경우 선호될 수 있는 방식이다. 위의 예에서 읽기 및 쓰기 문제를 가진 학습장애 학생은 토의 진행자나 자료 수집자로서의 역할을 가장 적절하게 수행할 수 있다. 다양한 범주의 역할이 수행될 수 있을 것이다.

활동, 구조 및 프로젝트 사용　협동학습 집단을 위해 사용 가능한 활동과 구조, 프로젝트 목록은 무한할 것이다. 가장 많이 연구되고 가장 적용하기 쉽고 탁월한 것으로는 짝지어 생각하고 공유하기, 번호별 협동하기, 직소가 있다.

① 짝지어 생각하고 공유하기. 짝지어 생각하고 공유하기(Think-Pair-Share) 구조에서는 교사가 질문이나 문제를 내고, 각 학생은 정해진 시간 동안 정답에 대해 생각한다. 그리고 나서 학생들은 2명씩 짝이 되어 자신들의 답에 대해 이야기 나눈다. 이들 짝 중 두 짝이 모여 4명으로 구성된 한 팀이 된다. 따라서 한 짝의 단계에 이어 4명의 팀이 질문이나 문제에 대해 이야기를 나눈다. 이 구조는 학생의 참여를 더 많이 허용한다. 팀들은 전체 학급 수준에서 서로의 해결책이나 답을 공유할 수 있다(Kagan, 1994).

② 번호별 협동하기. 번호별 협동하기(Numbered Heads Together: NHT)는 교사 질문하기의 대안적 전략으로 고려될 수 있다. 이 협동학습 전략은 교사 주도 교수가 이루어지는 동안 교실 내 모든 학생이 적극적으로 참여하도록 하기 위한 것으로, 모든 집단 구성원이 정답을 이해하게 하기 위해 저성취 학생에 대한 비형식적인 팀 코칭을 지원한다(Maheady, Michielli-Pendl, Mallette, & Harper, 2002). 4명으로 구성된 집단에서 학생에게 각각 1에서 4까지 숫자가 부여된다. 그리고 그 집단들 역시 숫자가 부여된다. 교사는 학급 전체에 질문을 제시한다. 각 집단의 학생은 집단의 답을 결정하기 위해 함께 의논한다. 교사는 무작위로

1에서 4까지의 숫자 중 하나를 부르고 나서 집단 번호를 부른다. 교사가 말한 집단과 개인 숫자에 해당하는 학생은 자신의 집단을 대표하여 답한다. 그런 후 교사는 금방 대답한 학생과 동일한 숫자를 가진 학생 중 누가 그 답에 동의하는지 묻는다. 동의하는 학생은 손을 든다. 이것은 교사로 하여금 전체 학급의 반응을 빠르게 점검할 수 있게 한다. 교사는 동일한 숫자를 가진 학생에게 회답자로서 주어진 답을 확장하게 할 수도 있다. 교사는 정답을 제공한 학생과 동의한 학생, 정답을 확장한 학생을 강화한다(Kagan, 1994).

③ 직소. 직소(jigsaw)는 잘 알려진 협동학습 전략으로 다양하게 응용된다. 이 전략이 최초에 설계된 바에 따르면, 학생은 부분으로 나뉜 학습자료와 함께 6명으로 구성된 팀에 배정된다. 각 팀 구성원은 자신에게 배정된 부분을 읽고, 같은 부분이 배정된 다른 팀의 구성원과 만난다. 그런 후 학생은 자신의 팀으로 돌아가 자신들이 담당한 부분에 대해 같은 팀 구성원에게 가르친다(Slavin, 1991).

최초의 직소 구조는 변용될 수 있다. 예를 들어, 학생은 읽어야 할 구체적인 자료를 배정받고 자신들이 전문가가 될 주제를 할당받으면서 '전문가용 활동지'를 받을 수 있다. 동일한 주제를 가진 학생은 토론하기 위해 함께 만날 수 있고, 그런 다음 그들이 배운 것을 급우에게 돌아가서 가르친다. 게다가 직소 구조는 정보를 얻기 위해 읽기 외에 의사소통 형식을 사용하면서 변형될 수 있다. 한 예로 고등학교 교사는 자신을 하나의 정보자료로 활용했다. 다른 학생이 녹음테이프를 듣거나 교재의 정보를 읽는 동안, 그녀는 각 집단의 한 구성원과 정보를 공유했다. 그리고는 각 집단의 구성원이 다시 모여 배운 것을 공유했다. 읽기 이상의 정보입력 방법을 사용하는 것은 읽기장애 학생에게 중요할 수 있다.

학생 평가하기　협동학습의 성과는 다양한 방법으

로 평가될 수 있다. 집단 응집력을 증진하기 위해 집단 성적이 흔히 사용된다. 집단 내 개별 구성원의 기여가 합쳐져 하나의 성과물이나 수행으로 제출될 때 집단 성적이 부여된다. 한 집단의 각 구성원은 같은 점수를 받는다. 또 다른 접근법은 평균 점수를 바탕으로 집단을 평가하는 것이다. 평균 성적은 개별 집단 구성원의 점수에 의해 계산된다. 평균 성적은 개별 집단 구성원이 자신에게 적절한 수준으로 작업하게 될 수학이나 철자와 같은 내용에서 가장 효과적이다.

협동학습에 대한 학생의 반응 역시 평가되어야 한다. 학생에게 개별적으로 혹은 협동적으로 작업하기를 선호하는지, 그리고 협동적으로 작업하는 것에 대해 그들이 가장 좋아하는 것과 가장 싫어하는 것은 무엇인지를 묻는다. 반성 활동을 평가의 일부분으로 사용한다. '나의 팀은 명확한 목표를 가졌으며, 과제에 집중했으며, 모두의 관점에 기초에서 결정하였다' 또는 '우리 팀 친구들은 서로 잘 경청했으며, 서로 도왔으며, 모두 참여하였다' 와 같은 항목을 학생에게 평가하도록 한다. 한 학생의 평가가 다른 집단 구성원

의 평가와 다를 때에는 팀 분류에 대해 조사해야 한다. 그리고 나서 집단 구성원의 기여도를 높이기 위해 목표가 정해질 수 있다(Johnson & Johnson, 1994).

협동학습과 교사 주도 교수

헌트 여사는 교사 주도적인 교수과정에 협동학습을 가장 잘 통합시키는 방법을 의욕적으로 익혀 가고 있다. 그녀는 기초 기술을 가르칠 때는 교수와 모델링의 수행을 통해 학생이 가장 잘 배운다는 점을 발견했다. 따라서 그녀는 지속적으로 교사 주도 교수를 하지만 복습과 안내된 연습, 정리와 같은 수업 요소에서는 협동학습을 통합한다. 실제로 그녀는 안내된 연습을 하는 대부분의 경우 오로지 협동학습만을 사용한다. 학생은 집단 내에서 연습하고, 교사는 그동안 학생들이 오류를 범하지 않음을 확인하기 위해 모니터한다.

협동학습은 교실에서 다른 형태의 교수와 별개로 사용되는 것은 아니다. 교사 주도 교수도 마찬가지다. 효과적으로 장애 학생을 가르치는 데 이 두 가지가 결합되는 방법에는 여러 가지가 있다. 협동학습은 교사 주도의 수업계획 체제 내에서 매우 효과적으로 적용될 수 있다. 예를 들어, 번호별 협동하기는 이전에 배운 정보를 검토하기 위해 사용될 수 있다. 선행학습을 확인하는 방법으로는 교사 및 학급 전체와 집단의 응답을 공유하는 짝지어 생각하고 공유하기 구조를 사용할 수 있다. 직소 전략은 교수가 제공되는 동안 사용될 수 있다. 안내된 연습이 이루어지는 동안, 학생은 짝을 이뤄 혹은 협동집단에서 연습할 수 있다. 독립 연습 단계에서의 개별 수행은 집단 보상에 기여할 수 있게 한다. 협동학습 전략은 마무리 단계에서도 사용될 수 있다. 집단은 그들이 배운 바를 시각적(예, 포스터) 혹은 청각적(예, 노래) 표상으로 만들 수 있다. 교사 주도 및 협동학습 접근을 결합한 사례는 〈표 9-1〉에 제공된다.

교사를 위한 정보 9.4

학생에게 협동학습 집단 활동을 하는 동안 급우에게 도움을 요청하도록 가르친다. 구체적으로 다음을 가르치라.

1. 도움을 요청할 시점(과제의 반만 완성하는 것인지 혹은 과제 전체를 완성하는 것인지 지시사항을 이해할 수 없다면)
2. 급우가 도와줄 수 있는지 아는 방법(1m 내에서 혼자 작업하거나 조용히 앉아 있음)
3. 도움을 요청하는 방법(팔이나 등을 가볍게 두드리면서 도와줄 수 있는지 묻는다)
4. 나중에 할 말('도와줘서 고마워.')(Wolford, Heward, & Alber, 2001)

표 9-1 교사 주도 및 협동학습 접근 결합하기

수업 단계	교사 주도 교수의 예	협동학습의 예
검토	교사는 이전에 배운 자료에 대해 전체 집단에게 질문을 하는데, 개별 학생을 호명하거나 전체집단 응답기법을 사용한다.	번호별 협동하기: 교사는 질문하고 학생들이 협동학습 집단 내에서 그 답을 이야기하게 한다. 교사는 집단 번호와 개인 번호를 무작위로 부른다. 해당 번호가 부여된 사람은 집단을 대신해 답한다. 교사는 동일한 번호를 가진 다른 학생에게 동의하는지 혹은 동의하지 않는지 묻는다.
선행학습 확인	교사는 전체 집단에게 질문을 하는데, 개별 학생을 호명하거나 전체집단 응답기법을 사용한다.	협동학습 집단 내에서 학생은 교수될 개념의 정의나 시각적 표상을 만든다.
교수	교사는 새로운 정보를 제시하고 질문을 통해 학생들이 이해하는지 점검한다.	직소: 같은 번호를 가진 학생들은 같은 자료를 받는다. 그들은 자신들의 협동학습 집단에 정보를 가져와서 공유할 준비가 된다.
모델링	교사는 일반적으로 기술과 절차, 행동을 모델링해 준다.	급우는 협동학습 집단의 구성원을 위해 기술과 절차, 행동을 모델링해 준다.
안내된 연습	교사는 교사 모니터링을 하면서 대집단, 개별 작업을 실시한다.	교사 모니터링과 함께 학생은 협동학습 집단 내에서 연습한다.
독립 연습	개별 학생은 기술이나 절차, 행동을 독립적으로 수행한다.	개별 학생의 수행이 집단 보상에 기여하게 될지라도 학생은 기술이나 절차, 행동을 독립적으로 수행한다.
마무리	교사는 요약한다.	협동학습 집단은 학습된 바에 대한 시각적 혹은 구어적 표상을 만들고 학급 전체를 대상으로 발표한다.

장애 학생의 협동학습

완전통합으로의 움직임 속에서 교육가들은 일반교육 교실에서 장애 학생을 교육하기 위한 수단으로 협동학습 집단의 사용을 지지해 왔다(Jenkin, & O' Connor, 2003; Murphy, Grey, & Honan, 2005). 하지만 장애 학생을 위한 협동학습의 효율성을 조사한 연구는 상대적으로 거의 없다. 그나마 수행된 소수의 연구들도 서로 일치하지 않는 결과를 보여 주었다(McMaster & Fuchs, 2002; Tateyama-Sniezek, 1990). 어떤 연구는 이질적인 협동학습 경험으로 장애 학생의 자기존중감이 향상되고 비장애 급우에 의해 사회적으로 더 잘 수용된다고 지적한다(Jenkins, Antil, Wayne, & Vadasy, 2003; Putnam, Markovchick, Johnson, & Johnson, 1996; Stevens & Slavin, 1995).

몇몇 연구에서는 협동학습 활동에 참여한 장애 학생의 성취도가 증가되었다고 보고되었다. 예를 들어, 학생이 번호별 협동하기 활동에 참여했을 때, 전체 학급을 대상으로 손들게 하는 전통적인 방식에 비해 일일 퀴즈 풀이에서는 더 높은 점수를 얻었지만 개별 반응 카드에서는 동일한 점수를 얻었다(Maheady, Mallette, Harper, & Sacca, 1991; Maheady et al., 2002). 제한된 연구를 검토하여 얻은 결과지만, Jenkins와 O'Connor(2003)는 협동학습이 장애 학생의 성취를 얼마나 향상시키는지에 대해 판단할 수 없다고 결론지었다.

학업적인 성과에 대해서는 아직 결론을 내릴 수 없지만, 협동학습 집단은 통합교육에 도움이 되는 구조다. 하지만 그 구조를 만들고 그 속에 장애 학생을 포함시키는 것만으로는 학생의 요구에 적절한 편의를

충분히 제공했다고 볼 수 없다. 교사는 장애 학생의 구체적인 강점과 요구에 주목하여야 하는데, 교사가 성공적으로 수행이 되도록 집단구성이나 역할책무를 부여할 때에는 특별히 장애 학생의 구체적인 강점과 요구에 주목해야 한다.

한 연구에서는 특수교육 및 교정교육 학생을 가르치는 일반교사를 대상으로 협동학습이 학생에게 도움이 되는지를 물었다. 그들은 협동학습이 자기존중감을 향상시키고, 안전한 학습환경을 만들고, 교실에서의 과제와 필수적인 작품을 더욱 성공적으로 수행한다고 응답했다(Jenkins et al., 2003). 이들 교사의 80%는 다른 교수적 접근과 효과적인 면을 비교했을 때 협동학습을 1순위 혹은 2순위로 평가하였다. 협동

학습에서 효과를 보지 못한 학생은 그들의 행동과 동기에서의 문제로 나타난다고 보았다.

협동학습은 학생이 적절하고 생산적인 방식으로 공부하고 상호작용할 기회를 제공한다. 그렇지만 모든 학생이 자발적으로 참여하는 것은 아니다. 협동학습에서 잘 하지 못하는 학생은 항상 존재하는데, 그들은 집단활동 과정에서 할 일을 하지 않거나 위축되거나 낮은 성취를 보이거나 산만하다(Johnson & Johnson, 1994). 게다가 집단에는 그 집단을 지배하는 학생이 포함되어 있을 수 있다. 이러한 문제에 대한 잠정적 해결책이 〈표 9-2〉에 제시되어 있다.

학업이나 사회성 기술 결함을 가진 학생은 다른 방식으로 집단 활동에 피해를 줄 수 있다(Cosden &

표 9-2 협동학습 집단에서 발생할 수 있는 문제 행동과 적용 가능한 전략

문제 행동	적용 가능한 전략
집단에 대한 기여도 부족	• 집단 구성원에게 명시적인 역할과 책임을 분배한다. • 왜 기여도가 적은지 알아내기 위해 집단으로 하여금 그 문제에 대해 토의하도록 한다. • 기여도가 적은 학생과 함께 왜 참여하지 않는지 토의한다. 그들과 함께 문제를 해결한다. • 그 집단이 교사의 중재 없이 문제를 해결할 것이라 믿는다. • 집단 구성원이 평가되는 방법(예를 들어, 팀 구성원의 평가에 개별 기여도를 포함하여 점수화함)을 바꾼다. • 학생이 완성해야 할 활동의 질을 평가한다.
위축된 행동	• 위축된 행동을 가진 학생을 '지원해 줄' 학생이 속한 집단에 배치한다. • 나눔과 상호작용이 필요한 활동과 자료를 고안한다(예를 들어, 가위를 한 개만 제공한다거나, 직소 구조를 포함한다). • 위축된 행동을 하는 학생에게 '위험성은 낮지만' 참여가 요구되는 역할이나 책임을 부여한다.
저성취 학생	• '위험성이 낮고' 적합한 역할과 책임을 부여한다. • 학생이 집단 과제와 관련된 특정 영역에서 전문가가 되도록 미리 코치한다. • 다른 집단 구성원이 해당 학생을 도와줄 것이고 지원해 줄 것이라는 점을 보장한다.
파괴적인 행동을 보이는 학생	• '해당 학생을 따돌리거나' 파괴적인 행동을 하도록 자극하는 다른 집단 구성원과 함께 배정하지 않는다. • 해당 학생을 관리하기 위한 전략을 다른 집단 구성원에게 미리 가르친다. • 분열적인 행동이 발생하는 상황을 사용하여 모든 학생에게 협력 기술을 가르친다. • 집단 내 학생 수를 줄인다. 분열적인 행동을 가진 학생에게는 파트너 관계만을 사용하는 방안을 고려한다.
집단을 지배하는 학생	• 해당 학생에게 지배하기보다는 지원하는 역할을 부여한다. • 관여 혹은 참여 분량과 질을 평가준거의 일부로 포함한다(예를 들어, 성적의 일정 부분이 동등하게 기여하는지와 관련된 다른 팀 구성원의 평가에 기초한다).

출처: Kelly(2002)에서 발췌한 내용으로 표 작성.

Haring, 1992). 장애 학생은 집단에 의해 사용하게 될 정보를 잘못 제공할 수 있다. 장애 학생은 급우에게 추가적인 도움을 청하게 되고, 이것은 집단이 과업을 완수하는 데 피해를 줄 수 있다(Maheady, 1998). 교사는 협동학습 집단을 활용하기 전에, 특히 집단을 구성하고 역할을 부여할 때, 발생 가능성이 있는 문제를 예상해야 한다.

장애 학생, 특히 일반교실에 통합된 장애 학생이 협동학습 집단에 참여하도록 하기 위해서는 구체적인 편의가 마련되어야 한다. 교사는 그 학생이 일반교육 과정 전체를 배울지, 교육과정의 일부만을 배울지, 다른 내용을 배울지에 관한 것과 같은 교육과정 수정을 결정해야 한다(Nevin, 1998). 이와 같은 교육과정의 결정은 협동학습 구조에 영향을 줄 것이다. 교육과정의 수정은 다양한 방법으로 수행될 수 있다. 여기에는 반응 양식의 변경, 기능적 규준 개발, 완성 속도나 작업량의 차등화 허용, 컴퓨터 보조 교수가 포함된다. 학생이 지속적으로 수행해야 하는 방식에 대해서, 그리고 개별 혹은 집단 간 상호작용에 대해서 끊임없이 점검되어야 한다. 장애 학생은 그들의 차이를 반영한 개인적인 평가 형식이 필요할 수 있다(Nevin, 1998).

초등학교와 중등학교 교실에서 협동학습 집단을 이행함으로써 모든 학생이 편안하고 지원받는다고 느끼는 공동체 분위기를 형성할 수 있다. 협동학습은 차이와 강점, 요구에 대해 열린 마음으로 의사소통할 수 있게 한다. "협동학습을 통해서는 문제보다는 자원을 다양하게 만들 수 있다."(Slavin, 1995, p. 3) 모든 사람은 타인을 돕는 데 이용될 수 있는 강점을 가진다는 것은 물론, 모든 사람이 타인을 도울 자격을 가지며 타인의 도움이 득이 된다는 것을 배운다. 협동학습 구조는 교실에서의 과제집중 교수시간을 증가시킨다. 더구나 협동학습은 경쟁적인 절차와 개별화된 절차를 비교해 볼 때 사회적인 수용에 특별히 영향을 줄 수 있다.

2. 또래교수

세바스찬 여사는 특수학급을 잘 조직하고 운영하는 베테랑 교사다. 이 학급에 새로 온 교생인 야마구치 씨는 학생들이 끊임없이 교실을 들락날락하는데도 교실에서의 활동이 얼마나 잘 지속되는지에 놀라워했다. 하루 내내 교실을 관찰한 후, 그는 혼자 해내야 할 시간이 되었을 때 세바스찬 여사가 하는 대로 자신이 할 수 있을지 걱정스러워졌다. 한 주 동안 세바스찬 여사의 조직적인 계획을 논의한 후, 야마구치 씨는 이해하기 시작했다. 세바스찬 여사는 자신이 제공하는 교사 주도 교수와 더불어 또래교수 체제도 갖추었다. 다른 학급의 학생은 다양한 시간대에 특수학급에 와서 장애 학생을 위한 튜터로 활동한다. 그녀는 튜터를 훈련시켰고, 튜터와 특수학급 학생 모두의 요구를 충족시키는 일정을 구성하였다. 처음에는 야마구치 씨에게 복잡하게 보였으나 지금은 어떻게 되어 가는지 이해하고 있다.

게르하르트 양의 수업에서 학생들은 매일 서로에게 글을 읽어 준다. 그녀는 학생들을 짝지어 배치하고, 그들은 10분간 서로에게 읽어 주기 연습을 한다. 이 프로그램을 시작하기 전, 게르하르트 양은 10분간의 이 절차에 대해 모든 학생에게 가르쳤다. 한 학생은 상대 학생에게 3분 동안 읽어 준다. 튜터는 주의를 기울여 듣고, 함께 읽고, 필요하면 오류를 정정해 준다. 그다음 그들은 역할을 바꾼다. 이 학생들은 읽은 단어 수와 오류 수를 계산하는 법에 대해 미리 배웠다. 그들은 개별적으로 마련된 폴더에 매일 그것을 기록한다. 그들에게 왜 이 활동을 좋아하는지 물어보면 더 잘 읽게 되는 자신을 보는 것이 좋고 친구들과 함께 작업하는 것이 좋다고 응답한다.

또 다른 학생 중재 교수전략인 또래교수법은 일반교육과 특수교육 모두에서 광범위하게 사용되어 왔다. 이 장에서 또래교수(peer tutoring)란 튜티를 직접 가르치는 것을 의미한다. 또래란 관련 학생의 일반적인 생활연령 그리고/혹은 연령 수준이 동일함을 의미한다. 튜터와 튜티의 역할은 상보적일 수도 있고 그렇지 않을 수도 있다. 상보적 또래교수(reciprocal tutoring)는 두 학생이 책임을 서로 바꾸게 됨을 의미한다. 즉, 튜티는 튜터가 되고, 튜터는 튜티가 되는 것이다. 게르하르트 양은 상보적 또래교수를 사용하고 있고 세바스찬 여사는 그렇지 않다.

상보적 또래교수

교사는 세바스찬 여사와 비슷한 상보적 또래교수 프로그램을 만들 수 있겠지만, 연구자들은 전(全) 학급 또래교수, 또래지원 학습전략, 전 학급 학생 또래교수팀을 포함하는 세 가지의 구체적인 상보적 모델을 만들어 연구해 왔다. 각각에 대한 설명은 다음과 같다.

전 학급 또래교수   전 학급 또래교수(Classwide Peer Tutoring: CWPT) 체제는 본래 경도장애 학생과 저성취 학생을 위해 고안되었다(Delquadri, Greenwood, Whorton, Carta, & Hall, 1986). 매주 학급 내 학생은 무작위로 두 팀에 배정된다. 교사는 팀 안에 튜터와 튜티를 번갈아 하는 짝들을 배정한다. 학생은 두 역할의 절차에 대해 훈련받는다. 교사는 또래교수 수업에 도움이 되는 형식으로 매일, 매주 단위의 내용을 조직한다. 또래교수 수업은 일반적으로 하루 20~45분, 일주일에 4~5일 동안 이루어진다(Arreaga-Mayer, 1998; Burks, 2004).

또래교수 짝은 일반적으로 다음의 절차를 사용한다. 튜터는 튜티에게 문제(예, 단어 철자, 수학 문제, 사회교과 질문)를 제시한다. 튜티는 답을 말하거나 쓴다. 답이 맞으면 튜터는 2점을 준다. 답이 틀리면 튜터는 구조화된 오류수정 절차를 따른다. 튜터는 정답을 제

공하고, 튜티에게 정답을 세 번 쓰도록 하고, 오류가 수정되면 튜티에게 1점을 준다. 정해진 시간(5~10분)이 지나면 튜터와 튜티가 역할을 바꾼다. 교사는 짝들을 순회하며, 튜터가 올바르게 자료를 제시하고 점수를 부여하고 오류수정 절차를 사용하고 지원적인 코멘트와 도움을 제공하였는지를 근거로 점수를 부여한다. 수업시간 동안 팀이 완성한 항목 수에 따라 점수가 부여된다. 주 2~4회의 또래교수 수업에 참여한 후, 학생은 정답마다 5점을 얻는 방식으로 개별 평가된다. 총 그 주의 마지막 날 팀별로 합산하고 교실 앞에 게시한다(Burks, 2004; Harper, Maheady, & Mallette, 1994).

또래지원 학습전략   또래지원 학습전략(Peer-Assisted Learning Strategies: PALS) 프로그램은 CWPT를 확장한 것이지만, 학생이 전략적인 학습 활동에 참여하도록 고안되었다. 이 프로그램은 일반학급의 다양한 학습자에게 편의를 제공하고, 일반교실에서 적용할 수 있도록 하고, 학업성취를 향상시키고자 고안된 전략적·도전적·의욕적 활동을 학생에게 제공하기 위해 개발되었다. PALS 전략은 학생의 학년 수준에 따라 다양하지만, 공통적인 특징으로는 튜터와 튜티 간의 고도로 구조화된 활동, 높은 비율의 구두 응답과 약간의 필기 응답, 역할의 상보성이 포함된다(McMaster, Fuchs, & Fuchs, 2002).

PALS 프로그램은 본래 2~6학년 학생들의 읽기 기술을 향상시키기 위해 고안되었다. 그러나 이후에는 더 낮거나 높은 학년으로, 또 다른 교과로도 확장 사용되었다. 유치원과 1학년용 PAL(K-PAL) 읽기 활동은 음운 인식, 초기 해독, 단어 재인을 포함한다. 짝을 이룬 학생들은 운율 찾기, 초성과 종성 찾기, 소리들을 단어로 합성하기, 단어들을 소리로 분절하기를 다룬 게임을 한다. 그리고 학생들이 진전함에 따라 일견단어(Sight word)와 문장이 제시된다(Fuchs et al., 2001a). 2~6학년 수준에서는 읽기 수준이 높은 학생

은 낮은 수준의 학생과 짝이 된다. 그들은 읽기 유창성과 독해 활동에 참여하게 되는데, 구체적으로 파트너 읽기(partner reading), 문단 줄이기(paragraph shrinking), 예측 릴레이하기(prediction relay)가 있다(Mathes, Fuchs, Fuchs, Henley, & Sanders, 1994).

고등학교용 PALS는 2~6학년용 PAL과 유사하나 세 가지 방식에서 차이가 난다. 즉, 학생은 파트너를 더 자주 바꾸며, 동기화 체제가 이들 연령에 더욱 적절하고, 학생은 일반적으로 이야기체 글보다는 연령에 더욱 적절한 설명문을 읽는다(McMaster et al., 2002).

전 학급 학생 또래교수팀　전 학급 학생 또래교수팀(Classwide Student Tutoring Team: CSTT) 프로그램은 CWPT 프로그램과 유사하다. 학생은 먼저 이질적인 학습 집단에 배치되는데, 이는 4~6주 동안 유지된다. 각 팀 구성원은 숫자가 부여된 일련의 카드와 함께 10~30개의 질문과 답이 적힌 학습 가이드를 받는다. 한 학생이 카드를 뽑고 그에 해당하는 질문을 한다. '튜터'를 제외한 각 구성원은 답을 쓴다. 튜터는 학습 가이드의 정답지로 각각의 답을 점검하고, 정답을 쓴 팀원에게는 5점을 주고 틀린 팀원에게는 정답을 알려 준다. 답이 틀린 튜티는 한두 번 정답을 쓴다. 만약 그들이 올바르게 하면 2점을 준다. 튜터의 역할은 집단 내에서 교대로 돌아가며 하고, 이러한 절차는 역할이 바뀔 때마다 반복된다. CWPT에서와 마찬가지로, 보너스 점수가 부여되고 점수가 게시된다. 학생은 개별적으로 평가되고 그들의 점수는 해당 팀의 총 누계 점수에 더해진다(Harper, Maheady, Mallette, & Karnes, 1999).

비상보적 또래교수

이상의 세 모델과는 달리, 또래교수는 비상보적으로 이루어질 수도 있다. 즉, 또래교수에서 튜터와 튜티의 역할을 바꾸지 않을 수도 있다. 세바스찬 여사는 교실에서 비상보적 또래교수를 사용한다. 이 형태는 파트너 학습체제(partner learning system)로도 명명되어 왔다(LaPlant & Zane, 2002). 비상보적 또래교수를 위한 집단 형성이 학급에서 자연적으로 이루어지지 않을 때에는 지원자를 모집해야 한다. 예를 들어, 고학년 학생은 단시간 동안 어린 아동과 짝이 될 수 있다. 성인 자원봉사자 역시 튜터가 될 수 있다. 연령 및 기술 수준에 상관없이 튜터가 직접 질문하기, 이해를 점검하기, 피드백 제공하기와 같은 효과적인 교수 기술을 적절하게 제공하도록 하기 위해서는 훈련이 필요하다.

비상보적 또래교수 프로그램을 만들 때 거쳐야 할 일련의 단계는 〈표 9-3〉에 제시되어 있다. 교사는 처음에는 소수의 학생을 사용하여 또래교수 프로그램을 고안하고 적용해야 한다. 그리고 일단 성공하고 나면 더 많은 학생을 포함한 프로그램으로 확장할 수 있다.

교사를 위한 정보 9.5

간혹 몇몇 학생은 독립적인 작업을 완수하는 데 도움이 필요하다. 다음의 단계를 사용하여 튜터 센터를 만들라.

1. 튜터가 될 내용을 숙달한 몇 명의 학생을 선정한다.
2. 그들에게 적절한 교수 기법을 사용하도록 훈련시킨다.
3. 튜터 센터로 사용될 수 있는 작은 탁자나 두 개의 책상을 배치한다.
4. 독립적으로 작업하는 동안 일부 학생은 센터에서 도움을 받을 수 있다는 점을 학급에 설명한다.
5. 역할극을 통해 적절한 센터 사용법을 가르친다.
6. 튜터 센터의 수행을 점검한다(Goor, Schwenn, & Gorr, 1997).

표 9-3 비상보적 또래교수 적용을 위한 단계

1. 참여자를 선정한다.
   a. 튜티에 대해 확인한다. 기술 결함, 주의 행동, 사회적 기술과 같은 특성을 고려한다.
   b. 튜터를 확인한다. 필수적인 교수 기술과 효과적인 대인관계 기술의 습득 능력과 같은 특성을 고려한다.
   c. 학생에게 개별적으로 접근하거나 공고를 내거나 필요하다면 다른 교사에게 도움을 청함으로써 튜터를 모집한다.

2. 튜터와 튜티를 짝짓는다.
   a. 튜터되는 기술 영역에서 2년 정도의 격차와 집단 내에서 사회적 관계가 이미 형성되어 있는지에 근거하여 짝짓는다.
   b. 학생들이 긍정적이고 부정적인 선호에 대해 사적으로 혹은 글로 표현하게 한다.
   c. 다른 성과 민족 간에 짝을 이루도록 격려한다.

3. 환경을 준비한다.
   a. 또래교수가 이루어질 환경을 결정한다.
   b. 적당한 개인 공간을 마련한다.
   c. 소음을 줄이기 위한 전략에 대해 생각한다.
   d. 학생을 또래교수로 그리고 또래교수에서 이동시키는 효율적인 방법을 정한다.

4. 또래교수 일정을 정한다.
   a. 또래교수 시간을 결정한다.
   b. 또래교수의 지속시간을 정한다. 일반적으로 15~30분간 지속된다.
   c. 또래교수의 빈도를 결정한다. 효과를 보기 위해서는 적어도 일주일에 세 번은 시행되어야 한다.
   d. 몇 주간 또래교수를 할 것인지 정한다. 최소 6주에서 최대 12주를 제안한다.

5. 자료를 선정하고 고안한다.
   a. 구체적인 오류수정 절차를 포함하여 튜터를 위한 각본을 만든다.
   b. 구체적인 강화가 사용될지에 대해 고려한다.
   c. 기술의 수행(예, 바르게 철자한 단어 수), 획득한 강화물 개수를 기록하기 위한 절차를 선정한다.

6. 튜터를 훈련한다.
   a. 훈련자로는 교사나 보조교사, 학교 행정가, 자원봉사자, 또래교수 절차를 숙달한 학생이 될 수 있다.
   b. 최소 5번의 20분짜리 훈련 절차를 계획한다.
   c. 튜터 훈련에 효과적인 교수 기법을 사용한다(예를 들어, 프로그램 목적을 설명하고, 자료를 배정하고, 절차를 모델링해 주고 연습시킨다).
   d. 튜터에게 평가 피드백을 제공한다. 절차적인 오류를 없애기 위해 오류수정을 이행한다.
   e. 필요하다면 튜티의 독특한 요구에 대해 토의한다.

7. 이행한다.
   a. 또래교수 짝을 감독한다. 감독은 훈련된 교내 누군가에 의해 이행될 수 있다.
   b. 점검하는 동안, 또래교수 절차를 따르는 학생에게 칭찬과 다른 강화물을 제공한다.

8. 평가한다.
   a. 또래교수 되고 있는 기술에 대한 학생의 수행을 바탕으로 그 효과를 측정한다.
   b. 감독자의 관찰을 평가 형식으로 사용한다.
   c. 학생에게 또래교수 효과에 대한 자기보고서를 제출하도록 한다.

 교사를 위한 정보 9.6

간혹 교사는 비상보적 또래교수를 위한 튜터 지원자를 배치하는 데 어려움을 갖는다. 다음의 하나 혹은 그 이상을 활용해 튜터를 모집해 보라.

1. 일반학급(교사가 그들에게 추가 점수를 줄 수 있는지 물어본다)
2. 부모나 조부모, 형제
3. 지역사회 내 은퇴한 사람
4. 방과 후 클럽 활동
5. 지역사회 단체
6. 교내 직원(예, 학교 수위)

또래교수와 교사 주도 교수

7장에서 논의된 교사 주도 교수의 원리는 또래교수에서 제안한 절차와 유사하다. 또래교수에서 학생은 적절한 난이도 수준의 학습자료로 일대일 교수를 받기 때문에 여러 가지 면에서 적절하게만 사용된다면 교사 주도 교수보다 더 효과적일 수 있다. 또한 교사는 학생을 점검하고 피드백과 강화물을 제공할 수 있게 되고, 이는 또한 학생의 과제수행 행동을 증진한다.

협동학습 절차와 마찬가지로, 또래교수는 교사 주도 교수와 결합하여 사용될 수 있다. 예를 들어, 교사는 초기에 교수를 제공하고, 그런 다음 또래교수를 통해 연습하게 할 수 있다. 또래교수는 배운 기술을 유지하도록 촉진하기 위한 절차점검 과정으로 사용될 수 있다. 여러 연구는 또래교수와 교사 주도 교수를 결합하여 수학(Harper et al., 1993), 읽기(Simmons, Fuchs, Fuchs, Mathes, & Hodge, 1995)와 같은 내용 영역을 가르쳤을 때 강력한 효과가 있음을 시사하고 있다.

교사를 위한 정보 9.7

튜터가 정확한 오류수정 절차를 사용하였는지에 따라 튜터의 효과가 크게 달라질 수 있다. 이러한 절차를 사용하도록 튜터를 훈련시킨다. 그다음 그들이 올바르게 절차를 수행하였는지 확인하기 위해 점검한다. 오류가 발생했을 때는 다음과 같이 한다.

1. 튜티에게 신호(일반적으로는 비언어적으로)를 한다.
2. 정답을 모델링해 준다.
3. 정답을 따라 하도록 튜티를 이끌거나 촉구한다.
4. 튜티로 하여금 독자적으로 응답하게 한다.
5. 어느 정도 시간이 흐른 시점에 튜티가 여전히 정답을 할 수 있는지 확인하기 위해 재점검한다(Topping, 1988).

또래교수와 장애 학생

또래교수는 장애 학생을 위한 효과적인 또래 중재 전략으로 입증되고 있다. 예를 들어, 전 학급 또래교수(CWPT) 모델은 다양한 내용 영역과 다양한 환경에서 다양한 학생으로 연구되어 왔다. CWPT는 전일제 특수학급의 경도장애 학생(Mallette, Harper, Maheady, & Dempsey, 1991), 학습도움실의 학습장애 학생(Burks, 2004), 통합학급의 경도 정신지체 학생과 또래 일반 학생(Mortweet et la, 1999)의 철자시험 점수를 향상시킨 것으로 밝혀졌다. CWPT는 또한 영어에 능통하지 않는 학생(Arreaga-Mayer et al., 1998)과 주의력결핍 과잉행동장애 학생(DuPaul, Ervin, Hook, & McGoey, 1998)의 학업 참여와 성취를 향상시킨 것으로 나타났다.

또래지원 학습전략(PALS) 역시 장애 학생을 포함하여 다양한 연령과 능력 범위의 학생뿐만 아니라 다문화 혹은 빈곤 가정의 학생에게 효과적인 전략으로 밝혀져 왔다. PALS는 정서행동장애 학생(Falk & Wehby, 2001)과 평균 이하, 평균, 평균 이상 성취 학생(Fuchs et al., 2001)의 읽기와 읽기준비 기술을 향상시켰다. 다른 연구에 따르면 PALS가 학습장애 초등학생의 읽기 유창성과 독해(Simmons, Fuchs, Fuchs, Hodge, & Mathes, 1994), 심각한 읽기 문제를 가진 고등학생의 읽기 이해와 읽기에 관한 신념(Fuchs, Fuchs, & Kazdan, 1999), 9~12학년 학습장애 학생의 수학계산 기술(Calhoon & Fuchs, 2003), 일반학급 내 학습장애 학생의 사회적 수용(Fuchs, Fuchs, Mathes, & Martinez, 2002), 전환기 이중언어 학급 내 학습장애인 영어학습자와 학습장애가 아닌 영어학습자의 읽기 수행(Saenz, Fuchs, & Fuchs, 2005)을 향상시키는 데 효과적이라는 것을 보여 주었다.

일반적인 또래교수 방법과 관련하여, Spencer와 Balboni(2003)는 정신지체 학생에 대한 또래교수 연구 52개를 개관하였다. 그들은 모든 연구가 정신지체 학생이 장애가 없는 또래에게 튜터로서의 역할을 했는지 혹은 상보적 또래교수를 했는지의 여부에 상관없이 우호적인 결과를 보고하고 있다고 밝혔다. 더구나 연구에 따르면 정신지체 학생은 기초적 일상생활, 학업 및 자조 기술에 대해 자신의 또래를 성공적으로 교수한 것으로 입증되었다.

대부분의 연구는 경도장애 학생과 관련이 있다. 선행 연구는 중등도장애 학생의 또래교수 참여가 이득이 될 수 있다고 밝혔다. 예를 들어, 중등도 정신지체로 판별된 학생은 또래교수 전략으로 초기 수학 기술(Vacc & Cannon, 1991)과 요리제품 읽기(Collins, Branson, & Hall, 1995)를 배워 왔다. 더구나 중등도 정신지체 학생은 튜터의 역할을 맡았고, 어린 아동을 대상으로 특정 일견단어의 직접교수를 성공적으로 수행하였다(Koury & Browder, 1986).

또래교수 연구를 개관한 연구자는 이들 절차가 일반 학생과 장애 학생에게 모두 효과적이라는 점에 동의한다. 튜터와 튜티 모두는 또래교수 참여로 이득을 얻는다. 튜티는 일대일 개별화 교수를 통해 학업 수행과 과제 수행 시간이 향상되는 이득을 얻는다. 튜터는 자신이 가르치는 기술에 더욱 유창해질 수 있고, 자신과 다른 학생에 대한 책임감을 가질 수 있다.

또래교수 절차의 주요 장점은 또래교수 활동에서 다루는 것 이외에도 새로운 학습 과제에 학습한 전략을 사용할 수 있게 된다는 점이다. 게다가 튜터는 경우에 따라 학교와 자신이 가르치는 내용에 대하여 그들의 태도가 향상되었다(Mastropieri & Scruggs, 2002). 더 구체적으로 말해, 또래교수에서 학생들이 체계적으로 선정되고 훈련되며, 모든 참여자가 성공하도록 또래교수 활동이 고안되고, 참여자의 훌륭한 수행이 효과적으로 보상되고, 기대하는 바가 태도와 상호작용하고, 진전이 지속적으로 점검될 때 긍정적인 사회적·정서적 이득을 얻을 수 있다(Scruggs & Mastropieri, 1998).

또래교수는 효과적인 통합교실을 조성하기 위해 사용될 수 있다. 앞서 논의된 바와 같이, 단순히 또래 중재 교수가 존재한다는 것만으로는 개별 학생과 그들의 급우, 교사의 역동적이고 상호적인 요구를 충분히 충족시켜 줄 수 없다. 그러나 그것이 시발점이 될 수는 있다.

3. 다문화 학생을 위한 시사점

교실은 경쟁, 협동, 개별화를 강조하기 위해 구성될 수 있지만, 문화에 따라 협동, 경쟁, 개별화를 강조하는 범위는 다르다. 역사적으로 대부분의 학교는 경쟁과 개별화를 강조하도록 구성되어 왔으며, 이러한 접근에 적합한 문화적 배경을 가진 사람을 선호하여 왔다. 그 결과는 다음과 같다.

다문화 학생은 학교에 대한 다른 경험을 가진다. 중국, 일본, 동남아시아 이민자는 수십 년간 미국 학교에서 성공적이었으며 또 지금도 그렇게 유지하고 있다. 그들에 비해 다른 아시아 국가와 태평양 연안으로부터의 이민자는 성공적으로 경쟁하지 못한다. 흑인과 남미계 이민자는 전반적으로 학교에서 자신의 능력만큼 성취하지 못한다. 모든 미국 원주민 집단의 학교성취는 주류문화 집단의 것보다 더 낮다(Tharp, 1989, p. 349).

협동을 장려하는 문화배경을 가진 학생은 경쟁과 개별 성취를 위해 덜 동기화되지만 집단 참여에 호의적으로 반응한다. 교사는 학생의 개별 성취에 하는 것만큼 협동 행동을 강화해 주어야 한다(Grossman, 1995).

또래교수와 협동학습은 다문화 학생에게 효과적이고 적절한 두 가지 전략으로 알려져 있다(예, Franklin, 1992; Harry, 1992; Townsend, 2000). 예를 들어, 하와이 문화에서 협동과 수행의 지원은 흔하다. 가정에서 형제가 어린 아동을 돌보는 것은 일상적이다. 카메하메하 조기교육 프로그램(Kamehameha Early Education Program: KEEP)은 하와이계 아동에게 문화적으로 적합한 국어 프로그램을 만들었다. 소집단의 학생(4~5명)은 프로그램에서 함께 작업하였다. KEEP는 매우 낮은 점수를 국민 규준 이상으로 끌어올리는 데 성공적이었다. 이러한 성공을 거둘 수 있었던 것은 이 프로그램이 문화적으로 적절하였기 때문이었다(Harry, 1992).

다문화 학급의 효과적인 실제에 대해 조사한 연구들은 유사한 결과를 얻었다. 예를 들어, 전형적인 미국 원주민 공동체 문화에 적합한 미국 원주민 교사의 행동을 조사한 연구를 보면 교사의 수업에서 교사 주도의 교수는 거의 없고 또래 주도의 협동 활동을 더 많이 포함하였다(Harry, 1992). 다른 연구에서는 협동학습이 아프리카계 미국인 학습자에게 유의미하게 효과적이라고 밝히고 있다. 또 어떤 연구에서는 협동학습 집단에 참여한 학생이 참여하지 않은 학생에 비해 학업성취에서 유의미하게 더 큰 향상을 보였는데, 이것은 "아프리카계 미국인 학습자에게 괄목할 만한 향상이 있었기 때문이었다"(Franklin, 1992, p. 199).

몇몇 연구는 장애가 있거나 없는 영어학습자(ELL)를 대상으로 또래 중재 전략의 효과를 조사하였다. 한 연구에서는 또래지원 학습전략(PALS)이 학습장애 ELL과 학습장애가 아닌 ELL의 읽기 이해를 향상시킨다는 점을 확인하였다(Saenz et al., 2005). 다른 연구에서는 ELL의 스페인어와 영어 읽기, 쓰기, 언어 성취에서의 협동학습 효과를 조사하였다. 협동학습에 참여한 ELL은 읽기와 쓰기에서 비교집단보다 더 나은 성취를 보였다(Calderon, Hertz-Lazarowitz & Slavin, 1998).

학업적인 향상 이외에도 모국어가 영어가 아닌 학생에게 학생 중재 전략을 사용하여 얻을 수 있는 부가적인 이득이 있다. 언어 발달은 짝이나 소집단에서 개별적이고 개인적인 상호작용의 기회가 증가됨에 따라 극적으로 향상될 수 있다. 학생은 함께 작업하는 동안 타인과 친해질 기회를 얻을 수 있다. 이것은 문화적·언어적 장벽을 줄여 주고, 진정한 우정과 긍정적인 관계를 조성해 줄 수 있다.

교사는 학생의 민족성이나 문화적 배양이 학생 중재 학습전략을 적용하기 위한 학생의 능력을 결정한다고 가정해서는 안 된다. 민족 집단마다 협동을 위한 접근이 다양하다. 유럽계 미국인 문화에서는 개인이 일반적으로 '자신의 역할을 다하도록' 기대된다. 다른 문화에서는 집단 구성원이 능력과 요구에 따라 기여할 것이라 기대된다. 협동 행동을 기르는 문화에서 자란 학생에게는 학교에서 협동이 적절한 때가 언제인지를 지시해 주는 것이 좋다. 예를 들어, 그들은 자신의 것을 재빠르게 급우와 공유할 수 있는데, 이러한 점은 그들이 수행한 학교 과제나 시험의 답을 급우가 베끼는 것을 허용하는 것으로 확대될 수 있다. 학생은 자신이 도움이 되거나 아량이 있는 것으로 여길 수 있으며, 정답을 공유하는 것이 부적절하거나 문제가 된다고 보지 않을 수 있다(Grossman, 1995).

규칙과 같이, 협동학습과 또래교수는 장애나 문화적 배경과는 상관없이 모든 학생에게 강력하고 효과적인 전략이다. 다문화 학생에게 학생 중재 교수가 중요하다는 점에 초점을 둠으로써, 교사는 가르치고 자기평가하는 자신의 능력을 확장할 수 있다.

요약

• 학생 중재 교수에서 교사는 학생 간의 교수적 상호작용을 촉진하고 학생에게 자원으로서의 역할을 한다. 협동학습과 또래교수가 이에 포함된다.
• 협동학습 접근은 다섯 가지 요소를 공유한다. 집단 활동에 알맞은 공동 과제와 소집단 학습, 협력적인 행동, 상호의존성, 개별 책무와 의무가 그것이다.

- 협력적인 행동은 학업 기술처럼 명시적으로 교수되어야 한다.
- 상호의존성(팀 구성원은 서로가 연결되며, 개인이 성공하기 위해서는 집단이 성공해야 하며, 역으로 집단이 성공하려면 개인이 성공해야 한다는 개념)은 협동학습의 중요한 구성 요소다.
- 협동학습 구조는 교사 주도의 수업계획 구조 내에서 매우 효과적으로 적용될 수 있다.
- 교육가들은 일반교육 교실에 장애 학생을 통합하는 수단으로 협동학습 집단의 사용을 지지해 왔다. 하지만 이 영역에 관해 수행된 연구는 거의 없다.
- 여러 가지 또래교수 모델(상보적, 비상보적)이 개발되었다.
- 또래교수는 교사 주도 교수와 결합될 때 효과적일 수 있고 동일한 기본 요소가 반영되어야 한다.
- 또래교수는 장애 학생에게 효과적인 또래 중재 전략으로 밝혀졌다. 선행 연구에서는 장애 학생이 튜티와 튜터 역할을 효과적으로 수행할 수 있는 것으로 나타났다.
- 튜터와 튜티는 둘 다 또래교수에 참여하는 것으로 이득을 얻는다.

🌱 연습 문제 · · · · · · · · · · · · ·

1. 교사로서 당신은 교수의 효과를 높이기 위해 교실에서 협동학습 집단을 어떻게 구성하고 사용할 수 있는가?
2. 모든 협동학습 접근이 갖는 다섯 가지 공통적 구성 요소는 무엇인가? 협동학습 집단을 조직하기에 앞서 이러한 구성 요소를 이해하는 것이 왜 중요한가?
3. 교사가 학생을 협동학습 집단에 배정할 때 고려해야 할 점은 무엇인가? 학생을 무작위로 배정

하는 것이 바람직한 경우는 언제인가?
4. 이 장에서 다루어진 협동적인 구조가 갖는 장점과 제한점을 토의해 보라.
5. 교사 주도 교수와 협동학습 접근을 비교 · 대조해 보라. 교사 주도 학습과 협동학습 접근이 학습 참여시간을 증가시킬 수 있는지 토의해 보라.
6. 협동집단에 장애 학생을 포함함으로써 생기는 잠재적인 이점과 문제점은 무엇인가?
7. 협동학습 집단에 장애 학생을 포함하는 것과 관련된 문제를 다루기 위해 교사는 어떤 전략을 사용할 수 있는가?
8. 교사 주도 수업에 또래교수를 결합시키는 것이 학습의 기회를 어떻게 최대화할 수 있는지에 대해 설명해 보라.
9. 읽기장애 학생이 또래교수를 통해 어떻게 이득을 얻을 수 있는지 토론해 보라. 또래교수 모델은 읽기 기술 향상에 가장 효과적인가? 그렇다면 왜 그런가?
10. 협동학습 접근에서는 다문화 학생을 위한 학업 지원을 어떻게 제공해야 하는지 토론해 보라.

🌱 활동 · · · · · · · · · · · · · · · · ·

1. 장애 학생에게 편의를 제공하는 것에 관한 네 가지 협동학습 활동을 개발해 보라. 각 활동에 활동 목표, 집단 내 각 구성원의 역할, 집단의 수행을 측정하는 방법을 기술해 보라.
2. 협동학습 활동에 대한 파워포인트 프레젠테이션 자료를 만들어 보라. 당신이 기술한 활동 중 적어도 두 가지에 참여하는 대상과 상호작용 할 수 있도록 프레젠테이션을 계획해 보라.
3. 중학교나 고등학교를 방문해서 일정 기간 동안 학급을 관찰하라. 학급 교사는 수업에 학생 중재 학습을 사용하는가? 이 장에서 배운 것과 방문

한 학급을 비교해 보자.

4. 협동학습 집단에 참여한 당신의 경험을 평가해 보라. 당신이 협동학습을 통해 얻은 이점과 다른 학생과 함께 작업하면서 겪은 문제에 대해 기술해 보라. 교사로서 당신이 겪은 문제를 어떻게 다룰 것인가?

특수아동협의회(CEC) 기준

기준 4: 교수전략

특수교사는 ELN 학생을 위한 교수를 개별화하기 위해 증거 기반 교수전략에 대한 레퍼토리를 소지한다. 특수교사는 일반교육과정과 특수교육과정에서 도전적인 학습 결과를 증진하고, ELN 학생을 위해 학습환경을 적절히 수정하기 위해 이러한 교수전략을 선정하고 수정하고 사용한다. 특수교사는 ELN 학생의 비판적 사고와 문제 해결력 그리고 수행 기술에 대한 학습을 강화하고, 자기인식과 자기관리, 자기통제, 자기의존, 자기존중감을 증가시킨다. 또한 특수교사는 여러 환경과 장소, 연령 주기에 걸쳐 지식과 기술의 발달, 유지, 일반화를 강조한다.

출처: Council for Exceptional Children, *What Every Special Educator Must Know: Ethics, Standards, and Guidelines for Special Educators.* Copyright 2005 by the Council for Exceptional Children, 1110N. Glebe Rd., Suite 300, Arlington, VA 22201. 이 출판물의 부분적인 복사와 변형이 허가되었음.

10

학습전략

주요 개념

주의전략
- 과제수행 주의집중
- 선택적 주의집중

기억전략
- 두문자어와 어크로스틱
- 운율
- 핵심어
- 패그워드

조직화 전략
- 그래픽 조직자
- 사전 조직자
- 학습 가이드

시험전략
- 일반적인 시험전략
- 특정 시험전략

노트 필기 전략
- 노트 필기 기술
- 노트 필기를 조장하기 위한 교수

학습전략 만들기

자기관리 학습

주요 질문

1. 전략은 무엇이고, 교사는 학생에게 어떻게 특정 전략을 최상으로 가르칠 수 있는가?

2. 교사는 일상 수업에서 전략을 어떻게 포함시킬 수 있는가?

3. 학생이 자신의 학습에 책임지도록 돕기 위해 교사는 무엇을 할 수 있는가?

교육의 전반적인 목적은 학교교육을 받는 동안과 그 이후에 학생이 그들의 학습 잠재력을 발휘하도록 준비하기 위한 것이다. 앞의 두 장(8, 9장)에서 교사 주도 교수와 학생 중재 교수에 대해 논의하였다. 두 교수 접근법은 모두 학생이 자신의 학습 잠재력을 발휘하는 데 필수적이다. 이 장에서 논의되는 주제인 전략학습 과정의 발달 역시 성공적인 학습을 위해 필수적이다.

1. 전략

매디슨은 경도장애를 가진 7학년생으로 일반교육과 정에 참여하며 특수교육 교사의 지원을 받고 있다. 매디슨은 비장애 급우와 함께 표준화된 시험을 모두 치러야 하며 잘못할 것을 두려워한다. 매디슨의 부모와 교사는 그녀가 내용을 안다고 납득시키지만, 이는 그녀가 이들 시험에 준비되었다고 느끼게 만들지는 못하는 것으로 보인다.

전략은 학생이 학습이나 문제해결 과제를 성취하도록 허용하는 계획과 행위, 단계, 과정이다. "과제에 대한 수행 및 성과를 계획하고 실행하고 평가할 때 사람이 어떻게 생각하고 행동하는지를 포함하는 개별적인 접근을 전략이라고 한다."(Lenz, Ellis, & Scanlon, 1996, p. 5) 전략은 인지와 행동을 모두 포함하며, 과제를 달성하기 위해 사용되는 실제적 기술이나 지식이라기보다는 과제에 대한 접근으로 생각할 수 있다. 매디슨은 자신이 공부한 사실에 대해서는 안다. 그녀에게 부족한 것은 표준화된 시험에서 자신의 지식을 증명하는 데 필요한 시험전략이다.

초인지와 지식 기반, 동기적 신념, 인지 양식과 함께, 전략은 사고의 중요한 특징이다(Pressley et al., 1995). 초인지는 광범위한 수준의 일반적인 인식과 인지(예, 우리가 아는 것)에 대한 앎, 인지적 과정(예,

우리가 어떻게 아는가)을 말한다. 초인지 기술은 학생이 전략을 선택하고 점검하고 실행하도록 돕는다. 또한 초인지적 기술은 전략을 효율적으로 사용하도록 점검하고 통제하게 한다. 초인지의 예로는 행하기 전에 과제나 문제에 대해 반성하기와 과제 수행하기 전과 수행하는 동안 질문하기, 반응 점검하기를 들 수 있다.

전략은 특정 문제나 과제와 관련이 있어야 비로소 교수될 필요가 생긴다(Lenz et al., 1996). 과제 특정적 전략(task-specific strategies)은 인지전략과 연결되어 사용되며, 읽기나 수학 기술 발달과 같이 특정 과제를 달성하기 위해 고안될 수 있다. 예를 들어, 특정적 과제전략으로는 읽기를 가르치는 데 적절한 다양한 단어공략 기술을 들 수 있다. 학업 기술을 가르치기 위한 과제전략의 개발과 사용에 관한 추가적인 논의는 11～15장에서 찾아볼 수 있다.

일반적으로 전략적인 학습자는 다양한 레퍼토리의 전략을 소지하고 이행한다. 많은 학습자는 스스로 전략을 만들어 낼 수 있고, 종종 시행착오를 거쳐 최적의 전략을 이끌어 낼 수 있다. 즉, 학습의 어려움이 없는 학생은 종종 스스로 전략을 만들고 이행한다. 예를 들어, 어떤 학생은 정보를 더 잘 기억하기 위해 운율을 만들 수 있다('Columbus sailed the ocean blue, in fourteen hundred and ninety-two'). 만약 운율이 도움이 된다면 그 학생은 새로운 정보에 계속해서 각운을 사용할 것이다. 그러나 운율이 별 도움이 안 된다면 그것을 다시 사용하지 않을 것이다.

일반적으로 말해서, 경도·중등도 장애 학생은 스스로 학습에 도움을 주는 전략을 만들어 내지 못한다. 따라서 장애 학생을 위한 전략교수는 학습자에게 명시적으로 시행될 때 특히 도움이 되며 가장 효율적이다(Meyen, Vergason, & Whelan, 1996). 학생에게는 명시적인 전략교수가 필요하지만, 전략을 교수하는 궁극적인 목표는 학생이 자신의 학습에 더욱 책임감을 가지고 학습하는 법을 배우도록 도와주기

위함이다.

전략교수는 직접교수나 간접교수로 범주화될 수 있다. 전략의 직접교수(direct teaching)는 과제를 달성하는 데 효율적이고 효과적인 전략을 교사가 선정하고 학생이 그 전략을 적용하도록 가르치는 것과 관련된다. 간접교수(indirect teaching)는 학생이 전략을 사용하도록 촉진하고 안내하는 것과 관련된다(Lenz et al., 1996). 경도·중등도 장애 학생은 일반 또래보다 덜 효율적이고 덜 효과적인 전략 사용자일 가능성이 높다. 전략교수의 궁극적인 목적은 평생 자립적인 학습자로 발달시키는 것이다. 따라서 이러한 집단에 대한 전략교수는 직접적인 접근과 간접적인 접근 모두를 결합하여 수행되어야 한다.

이 장에서는 학습전략, 즉 주의, 기억, 조직화, 시험, 노트 필기 전략이 제시되어 있다. 뿐만 아니라 학생이 자신의 행동이나 학습을 스스로 관리하는 방법을 어떻게 가르칠 수 있는지에 대해 논의한다. 또한 앞 장들과 마찬가지로 학습전략과 관련하여 다문화 학습자를 위한 시사점이 제시되어 있다.

2. 주의전략

10세인 브래이든은 학교에서 어려움을 겪는다. 브래이든은 8세 때 주의력결핍 과잉행동장애로 진단받았고 그때부터 약물을 복용하기 시작했다. 그의 행동은 나아졌으나 여전히 또래가 주의할 수 있는 시간만큼 주의하지 못한다. 교실에 누군가가 들어오거나 교사의 전화벨이 울리는 일처럼, 일단 그는 무언가에 의해 산만해지면 과제에 다시 집중하지 못한다. 이것은 더 큰 문제가 되는데, 그는 다른 학생의 과제 수행을 방해한다.

많은 경도·중등도 장애 학생은 과제에 주의를 기울이는 데 어려움을 가진다. 성공적으로 수행하기 위해서는 학생의 주의를 이끌고 유지하고 재집중하

게 해야 한다. Saphier와 Gower(1997)는 학생의 주의를 이끌고 유지하고 재집중하게 하는 교사 행동의 다섯 가지 범주—중지하기, 경계하기, 적극적으로 참여 구하기, 알고 있음을 표시하기, 설득하기—를 정의하고 있다. 중지하기 행동은 교정적이고 직접적이다. 그들은 학생에게 자신이 부적절한 행동을 하고 있다는 것을 알려 주고는 적절한 행동을 상세히 말해 준다(예, "조! 내게 장난감을 주든지 제자리에 두고 네 과제를 끝내라."). 경계하기 행동은 주로 학생 집단을 표적으로 하며 그 집단을 계속 긴장하게 하고 내다보는 것이다(예, 눈 맞춤, 다른 학생과 이야기하는 동안 한 학생을 주시하기). 직접적으로 제공되는 메시지는 없다. 적극적으로 참여 구하기는 개인이나 집단의 자발적인 활동 참여를 권유할 때 하는 시도와 관련된다(예, 흥미를 더하기 위해 음성을 다양하게 하기, 수업에서 실물 사용하기). 알고 있음을 표시하기는 학생의 부주의 행동에 영향을 끼칠 수 있는 현행 활동 외의 다른 사건에 대한 교사로서의 민감성을 요구하며 그러한 사건을 알고 있음을 표시하는 것이다(예, "나는 네가 방과 후에 있을 게임에 대해 신나 있는 걸 알아. 하지만 지금은 네 짝을 도와주어야 해."). 설득하기는 적극적으로 참여 구하기와 유사하지만, 교사의 행동이 학생의 주의를 활동보다는 교사에게 집중하게 한다는 점에서 다르다(예, 교사가 격려와 의욕, 칭찬을 보여 주기).

이상의 것들은 교실에서 활동하는 동안 학생의 주의를 이끌고 유지하고 재집중하게 하는 좋은 예다. 학생의 수행에 필수적인 주의는 과제수행 주의집중과 선택적 주의집중의 두 가지 유형으로 나눌 수 있다.

과제수행 주의집중

학생은 학교에서 과제에 참여할 때 과제 수행 중이라고 여겨진다. 4장에서 언급하였듯이, 교사는 교수 행동과 교수적 관리, 행동관리의 향상을 통해 학

생이 과제를 수행하는 데 쓰는 시간을 증가시킬 수 있다. 예를 들어, 교사는 전환시간 줄이기, 쉬는 시간을 짧게 갖기, 수업 내내 학생 촉진하기, 무작위로 학생을 불러 질문에 답하도록 하기 등을 통해 학생이 과제 수행에 쓰는 시간을 증가시킬 수 있다(Prater, 1992).

Saphier와 Gower(1997)가 제시한 것을 포함하여 위에 제시된 모든 예는 교사 주도적이다. 교사는 학생의 주의를 이끌고 유지하고 재집중하도록 그러한 활동을 해야 한다. 가능하다면 학생에게 스스로 자신의 주의를 이끌고 유지하고 재집중하도록 가르치는 것이 좋다. 예를 들어, 학생에게 자신의 과제수행 행동을 자기점검하도록 가르칠 수 있다. 과제수행 행동의 자기점검은 그 행동의 비율을 향상시키는 강력한 도구로 입증되어 왔다. 이에 대한 절차는 이 장 후반부의 자기관리 학습 부분에서 상세히 제시된다.

선택적 주의집중

선택적 주의집중은 적절한 자극은 선택하여 그 자극에 집중하고, 다른 모든 관련 없는 자극을 무시해 버리는 능력을 말한다. 이러한 의미에서 관련 그리고 무관련 자극은 환경적·학업적일 수 있다. 교실에서의 전형적인 환경자극은 시각적이거나 청각적이거나 혹은 둘 다로 범주화될 수 있다. 만약 교사가 구두 지시를 제공하는 동안 다른 사람이 이야기를 하고 있다면, 학생은 교사의 음성을 선택하고 교사가 말하는 것에 집중하며 다른 사람의 음성을 무시하여야 한다. 만약 한 학생이 교실 밖에서 잔디 깎는 기계 소리가 들리는 동안 자신이 쓴 시를 읽고 있다면, 다른 학생은 그 학생의 음성을 선택하고 그 음성에 집중하며 잔디 깎는 기계 소리는 무시해야 한다. 이 두 예는 청각적 자극에 관한 것이다. 환경자극은 시각적일 수도 있다. 교실이 방음되어 있어 잔디 깎는 기계 소음은 없지만 잔디밭에서의 기계 움직임이 학생을 방해한

다고 생각해 보자. 이 예에서는 잔디 깎는 기계의 시각적 관찰이 무관련 자극이다. 학생은 적절한 자극(예, 읽어 주는 책, 보고 있는 영화, 교사의 설명)에 집중하는 동안 그러한 움직임을 무시해야 한다.

무관련 자극은 학업적인 것일 수도 있다. 예를 들어, 방해 인자는 주로 수학 문장제 문제에 포함된다. 불필요한 정보는 학생이 주의집중을 하는지 혹은 필요하거나 관련된 것에 집중하는지를 결정하기 위해 제공된다. 다음의 문장제 문제를 생각해 보자. '래리는 고양이 세 마리와 새 두 마리, 장난감 트럭 네 개, 개 한 마리를 가지고 있다. 모두 몇 마리의 애완동물을 가지고 있는가?' 관련 자극에 주의하지 않는 학생은 네 개의 장난감 트럭을 포함하여 6마리가 아닌 10마리를 가졌다고 대답한다.

유창한 독자는 독해를 위해 자주 교과서에 줄을 긋거나(underlining) 자료 내용에 강조 표시를 한다(high-

교사를 위한 정보 10.1

많은 학생은 여전히 착석하는 데 어려움을 가진다. 교실에서 산만함을 줄이기 위해 다음 방법을 사용해 보자.

1. 어떤 학생은 책상 위에 손가락이나 연필을 두드리기를 좋아한다. 두드리는 소리가 나지 않도록 책상 위에 마우스 패드나 종이 깔개 한 장을 놓아 둔다. 이것은 소음 수준을 줄일 것이다.
2. 학생이 손을 계속 움직이도록 부드러운 고무공을 제공한다.
3. 자신의 책상에서 일어서서 돌아다니기 좋아하는 학생에게는 책상 주위에 밝은 색 테이프로 경계 표시를 해 준다. 일어나서 약간은 움직일 수 있을 정도의 충분한 공간은 허용하지만, 다른 학생을 괴롭힐 만큼의 충분한 공간이어서는 안 된다(McConnell, Ryser, & Higgins, 2000).

표 10-1 선택적 주의 결함을 향상시키기 위한 전략의 예

범주	구체적 전략
교사는 관련 자극을 식별해 준다.	• 학생으로 하여금 어떤 정보가 자신들에게 중요한지 회상하거나 기억하게 한다. • 목소리 억양, 크기로 관련 정보를 강조한다. • 학생에게 구두 및 글로 관련 정보를 요약해 준다(예, 강의 노트 주기, 칠판에 중요한 정보 적기). • 관련 정보를 식별해 준다(예, 형광펜으로 표시하기, 밑줄 긋기, 색깔로 코딩하기, 화살표 그리기).
집중전략	• 외부의 방해 환경자극을 제거한다(예, 개인열람실 사용하기). • 방해가 되는 학업정보를 제거한다(예, 활동지나 자료 위에 윈도우상자 열어 두기). • 학생에게 그들이 집중해야 하는 것에 대해 주기적으로 묻는다. • 의미 있는 내용과 활기 있는 속도의 수업으로 학생이 적극적으로 계속 참여하게 한다.
학생에게 관련 자극을 식별하도록 가르친다.	• 학생에게 교과서 속에 제공된 전략을 사용하도록 가르친다(예, 볼드체, 이탤릭체) • 학생에게 구두로 제시된 자료에서 단서를 식별하도록 가르친다(예, 목록, 시리즈) • 학생에게 학업자료에서 방해 인자를 식별하도록 가르친다.

lighting). 밑줄 긋기나 강조 표시하기는 선택적 주의전략이다. 독자는 가장 중요한 정보를 확인하여(적절한 자극을 선택함) 밑줄을 긋거나 강조 표시하고(이러한 자극에 집중함), 다시 읽거나 시험공부를 할 때는 교과서의 나머지 부분은 무시하고 강조되거나 밑줄 그은 부분만을 읽는다(무관련 자극은 무시함).

교사가 선택적 주의 문제를 가진 경도·중등도 장애 학생에게 적용할 수 있는 전략에는 여러 가지가 있다. 대다수의 전략은 (1) 학생에게 관련이 있는 것이 무엇인지 말해 주기, (2) 관련 있는 정보를 강조하는 집중전략 사용하기, (3) 학생에게 관련 자극을 식별하는 방법 가르치기와 관련이 있다. 이 세 가지 범주에서 사용될 수 있는 전략의 목록은 〈표 10-1〉에 제시되어 있다.

3. 기억전략

12세인 마케일라는 정신지체 학생이다. 마케일라는 학업 기술에서 비장애 또래보다 뒤처지지만 읽고 쓰는 것을 배웠으며, 현재 중학교 역사수업에 참여한다. 교사는 마케일라의 수준에 맞게 숙제를 조절해 준다. 이 수업에서 마케일라가 가장 어려워하는 것은 구체적인 역사 정보를 회상하는 것이다.

학교에서 많은 과제는 학생이 정보를 회상하도록 만든다. 그러나 경도장애 학생, 특히 경도 정신지체와 학습장애 학생의 특징 중 하나는 중요한 정보를 회상하지 못한다는 것이다. 학생이 정보를 기억하도록 도와주는 전략은 기억술 전략이라고 한다. 기억술은 기억을 강화하거나 향상시키는 기교나 장치다. 기억전략으로 주로 사용되는 것은 두문자어와 어크로스틱, 운문, 핵심어, 페그워드다.

두문자어와 어크로스틱

두문자어(acronyms)와 어크로스틱(acrostics)은 일련의 정보와 목록을 회상하기 위해 사용될 수 있다. 두문자어는 각각의 정보에서 첫 글자를 가져와 또 다른 단어를 만드는 것이다. 예를 들어, 5대호를 회상하기 위해 HOMES(Huron, Ontario, Michigan, Erie, Superior)라는 두문자어가 사용될 수 있다. 어크로스

틱은 두문자어와 유사하지만, 목록에 있는 단어들의 첫 글자로 구나 문장을 나타내는 새로운 단어를 만들어 낸다는 점에서 다르다. 예를 들어, 태양계 행성을 회상하기 위해 학생은 다음의 어크로스틱을 배울 수 있다. My Very Eager Mouse Jumped Straight Under Nellie's Pillow(Mercury, Venus, Earth, Mars, Jupiter, Saturn, Uranus, Neptune, Pluto).

때로는 학생이 구체적인 순서로 항목을 회상하여야 할 경우가 있다. 어떤 때에는 순서와 관련이 없다. 예를 들어, 누군가가 특별한 순서 없이 5대호를 기억해야 한다면, 두문자어 HOMES가 단어 철자를 보여 주므로 편리하다. 위에 제시한 행성 이름을 회상하기 위한 어크로스틱은 태양에 가까운 순서로 행성 이름을 제시한다. 이것은 행성 이름과 태양으로부터의 행성 순서를 모두 회상하도록 도와준다. 두문자어 전략도 순서를 회상하도록 사용할 수 있다. ROY G. BIV(Red, Orange, Yellow, Green, Blue, Indigo, Violet)란 이름은 무지개색 스펙트럼을 나타낸다. 순서가 중요한 또 다른 어크로스틱의 예인 Every Good Boy Does Fine이라는 문장은 높은음자리 악보상의 다섯 선에 있는 계명의 순서를 나타낸다.

두문자어와 어크로스틱은 학습자가 각 글자가 나타내는 단어를 회상할 수 있어야만 도움이 된다. 다시 말해, 학생이 먼저 Huron과 H를 연상하고 있었어야 HOMES에서 H가 Huron임을 회상할 수 있게 되는 것이다. 시각적인 그림(예, 5대호에 있는 집 그림)을 동반한 두문자어와 어크로스틱은 두문자어를 단독으로 가르치는 것보다 더 성공적일 수 있다(Scruggs & Mastropieri, 1990). 교사는 학생에게 특정한 두문자어와 어크로스틱 전략을 제공해 줄 수도 있고, 학생으로 하여금 자신의 전략을 직접 만들어 내도록 가르칠 수도 있다.

운율

운율 역시 쉽게 회상하도록 하기 위해 사용한다. 'Thirty days hath September, April, June, and November'와 'I before E except after C'와 같이 흔히 배우게 되는 운율은 아동기에 배웠지만 성인이 되어서도 계속 사용한다. 리듬이나 음악을 사용하는 것이 운율에 속한다. 예를 들어, 유아에게 알파벳 철자를 쉽게 회상하도록 하기 위해 '알파벳 송'을 가르친다. 랩을 사용하는 것 역시 정보 회상을 쉽게 하기 위해 사용된다.

핵심어

핵심어 전략은 관련이 없어 보이는 적어도 2개 이상의 정보에 대한 연관 회상을 쉽게 해 준다. 한 예로 미국의 주와 수도, 영어와 스페인어의 단어, 작곡가와 곡명 등을 들 수 있다. 장애 학생을 대상으로 실시된 일련의 연구는 핵심어 방법이 회상을 촉진하는 강력한 도구라고 밝히고 있다(Scruggs & Mastropieri, 2000).

핵심어 절차는 (1) 재부호화하기, (2) 연관시키기, (3) 인출하기의 3단계로 이루어진다. 재부호화하기란 낯선 단어를 음향학적으로 유사하면서 친숙한 단어와 연관시키는 것이다. 예를 들어, Pennsylvania의 핵심어는 pen이 될 수 있다. 그리고 Pensylvania 수도인 Harrisberg의 핵심어는 hairy가 될 수 있다. 두 번째 단계인 연관시키기는 핵심어를 상호적이면서 외우기 쉬운 시각적 이미지와 연관시키는 것(예, hairy pen)이다(Mastropieri & Scruggs, 1991). 마지막 단계인 인출하기는 주 이름이 주어졌을 때 수도 이름을 회상하거나 반대로 수도 이름이 주어졌을 때 주 이름을 회상하는 것이다.

[그림 10-1]은 핵심어 방법의 또 다른 예다. 스페인

[그림 10-1] 핵심어 기억전략의 예

출처: R, M. Carney, M. E. Levin, & J. R. Levin, "Mnemonic Strategies: Instructional Techniques Worth Remembering" (1993), *TEACHING Exceptional Children, 25,* 24-30. Copyright 1993 by the Council for Exceptional Children. 허락하에 재사용됨.

에서 유래한 Hernando de Soto를 학생이 기억하도록 돕기 위해 학생은 우선 소와 스페인을 연관시켜야 한다. 일단 학생이 이런 연관성을 이해하면, 학생은 de Soto에 해당하는 핵심어(soda)와 소다(음료수)를 마시고 있는 소라는 시각적 이미지를 배운다(Carney, Levin, & Levin, 1993). 핵심어가 어떻게 작용하는지, 그것을 왜 사용하는지, 학생이 기억해야 할 것이 무엇인지(유명 인사와 그들의 조국을 연관시키는 것)에 대해 소개한 후에는 다음과 유사한 순서로 가르친다. "스페인에서는 투우경기가 주요 스포츠임을 기억하세요. de Soto의 핵심어는 soda입니다. 내가 스페인을 말할 때면 카운터에서 소다를 마시고 있는 황소(스페인과 관련된) 그림을 기억하세요. Hernando de Soto는 어디 출신인가요?" 교사가 이러한 단계를 거치면서 몇몇 학생을 위해서는 촉진을 해 주어야 할 수도 있다. 예를 들어, 학생이 정확하게 대답하지 못

했다면 "de Soto에 대한 핵심어가 무엇이었지요?" "맞아요, soda지요." "소다에 관한 그림에서 무엇이 있었는지 기억나지요?" "그렇죠, 황소가 소다를 마시고 있지요." "소는 무엇을 상징하나요?" "스페인, 맞습니다." "자, de Soto는 어디 출신인가요?"라고 묻는다.

패그워드

패그워드(pegword) 방법은 핵심어 방법과 유사하나, 배우게 될 사실 정보의 일부분으로 숫자가 포함된다. 개연성 순서에 따라 공룡이 멸종한 열 가지 이유, 미국의 역대 대통령과 대통령 재임 순서, Moh의 광물 강도 수준 등을 예로 들 수 있다(Mastropieri & Scruggs, 1991). 1에서 10까지의 숫자는 널리 알려져 있고 소리상으로 유사한 단어로 기록된다.

one = bun 또는 sun   six = sticks

two = shoe   seven = heaven

three = tree   eight = gate

four = door 또는 floor   nine = vine 또는 line

five = hive   ten = hen

패그워드를 가르치는 절차는 핵심어 방법에서 사용하는 것과 유사하다. 학생에게 운율화된 패그워드를 가르친 다음, 낯선 정보는 패그워드를 통해 숫자와 연결시킨다.

패그워드 방법은 숫자 10을 넘는 정보의 회상을 돕는 데도 사용될 수 있다. 예를 들어, 미국의 역대 대통령을 위의 패그워드 방법에 따라 가르칠 수 있으나, 연관된 계절을 덧붙여 가르칠 수도 있다. 대통령의 첫 10년간은 봄날 정원에, 두 번째 10년간은 해변(여름)에, 세 번째는 추수감사절 저녁식사(가을)에 배치될 수 있고, 네 번째는 눈사람(겨울)을 포함할 수 있

다. 예를 들어, 미국의 16번째 대통령은 에이브러햄 링컨(Abraham Lincoln)이다. 링컨에 대한 핵심 단어는 links일 수 있다. 6의 핵심어는 stick이다. 링컨은 두 번째 10년간 대통령이었으므로, toasting sausage links(Lincoln을 나타냄) on sticks(6을 나타냄) on a beach(여름 또는 두 번째 10년간)[해변에서 나뭇가지에 소시지 토막을 굽고 있는 것으로 쉽게 시각화될 수 있다(Mastropieri & Scruggs, 1991; [그림10-2] 참조) 패그워드는 핵심어와 결합될 수도 있다. 예를 들어, 학생으로 하여금 먼로(Monroe)가 5대 대통령이었다는 것을 회상하도록 돕기 위해, 그들에게 hive(five에 해당하는 패그워드)[벌꿀통]에 벌들이 Monroe에 해당하는 핵심어인 money[돈]를 싣고 가는 그림을 보여 줄 수 있다(Scruggs & Mastropieri, 2000).

학생은 개인적으로 의미 있는 핵심어를 사용하여 이러한 기억전략을 배울 수 있다. 예를 들어, Carney 등(1993)은 배워야 할 20세기 주요 사건과 날짜를 미

[그림 10-2] 패그워드 기억전략의 예
출처: Dena Plant(2005)에 의해 제작된 그림.

국 역사상 유명한 농구선수 이야기와 연관시켰다.

한 학생은 각 연도의 마지막 두 자릿수를 유명한 농구선수의 등번호로 기록하는 숫자기억 전략과 핵심어 방법을 결합함으로써 이러한 사건과 날짜를 기억하는 데 성공하였다. 예를 들어, Harding이 1923년에 heart attack[심장마비]으로 사망했다는 것을 기억하기 위해 이 학생은 농구선수 Micheal Jordan(등번호 23)이 so hard(Harding)[너무 심하게] 슬램덩크해서 팬 중 한 명이 heart attack[심장마비]으로 죽는 그림을 그렸다 (p. 29).

핵심어를 사용하면서, 매케일라의 교사와 보조교사는 매케일라가 중요한 이름과 날짜를 연결시키도록 돕기 위해 기억전략 그림을 만든다. 매케일라는 이러한

교사를 위한 정보 10.2

교사는 자신이 그림을 그릴 줄 모른다고 해서 기억전략의 사용을 중지하면 안 된다. 여기 몇 가지 기억해야 할 사항이 있다.

1. 선행 연구에서는 기억전략 그림이 효과적이기 위해 예술적일 필요는 없다고 밝힌다. 그림은 단지 알아볼 수 있으면 된다.
2. 기억전략 그림은 잡지에서 잘라 낸 것이나 스틱 피겨 (역자 주: 사람을 머리는 원으로, 사지는 직선으로 간략하게 그리는 그림)로 만들 수 있다.
3. 기억전략 그림을 그리기 위해 미술을 잘하는 학생의 도움을 얻는다.
4. 그림을 설명하고 학생으로 하여금 그림을 머릿속에서 형상화하도록 함으로써 시각적 이미지화를 촉진한다. 학생이 더욱 강력한 시각적 이미지를 갖도록 그림의 세부사항을 형상화했는지 확인시킨다 (Mastropieri & Scruggs, 1991).

연합을 배우는 데에는 얼마간의 시간이 걸렸지만 시험에서 올바른 정보를 회상하며 기뻐했다.

상당수의 연구는 장애 학생을 대상으로 기억전략의 효과를 밝혀 왔다. 실제로 기억전략의 교수는 특수교육 문헌을 통해 가장 효과적인 방법으로 밝혀졌다(Forness, Kavale, Blum, & Lloyd, 1997). 다방면에서의 연구를 통해 핵심어 방법의 효과를, 특히 어휘 발달(예, Uberti, Scruggs, & Mastropieri, 2003), 과학(예, Mastropieri, Scruggs, Whittaker, & Bakken, 1994), 사회(예, Mastropieri, Sweda, & Scruggs, 2000)와 같은 학업 내용 영역에서 입증해 왔다. 핵심어 전략 훈련은 기억 과제에 어려움을 보이는 학생과 학습장애 학생(예, Fulk, 1994), 경도 정신지체 학생(예, Mastropieri et al., 1994), 행동장애 학생(예, Mastropieri, Emerick, & Scruggs, 1988)에게 성공적으로 사용되어 왔다.

4. 조직화 전략

적절한 기억전략을 사용하는 것과 더불어 효과적인 교사와 학습자는 내용 정보를 조직화하는 전략을 사용한다. 정보를 조직화하는 데에는 특히 그래픽 조직자, 사전 조직자, 학습 가이드의 세 가지 전략이 사용된다.

그래픽 조직자

그래픽 조직자(graphic organizers)는 연결된 조직 안에 정보를 배열함으로써 지식을 시각적으로 나타낸다. 그래픽 조직자를 지칭하는 다른 용어로는 "구조화된 개요(structured overviews), 수형도(tree diagrams), 의미지도(semantic maps), 의미망(semantic networks), 삽화식 지도(episodic maps), 개념지도(concept maps), 주제 도해(thematic illustrations) 그리

고 순서도(flow charts)"(Horton & Lovitt, 1989, p. 66)
가 있다.

그래픽 조직자를 교실에서 사용할 때는 네 가지
개념을 기억하는 것이 중요하다. 첫째, 중요한 정보
를 분리시키고 관계가 없는 정보를 생략하는 것은 학
습과정을 단순화하는 데 도움을 준다. 둘째, 사전 지
식을 이끌어 내는 것은 학생들이 도식(schemata)이라
고 일컫는 현재의 범주 틀에 새로운 정보를 '정리하
여 보존하도록' 도와준다. 셋째, 시각적인 그래픽 표
현은 텍스트식의 자료보다 기억하기 더 쉽다. 마지막
으로 그래픽 조직자를 만드는 데 시각적·구어적 언
어를 모두 사용함으로써 학생을 학습과정 내내 능동
적으로 만든다(Bromley, Irvin-De Vitis, & Modlo,
1995).

그래픽 조직자는 일관적이고 논리적이고 창의적이
어야 한다. 경도·중등도 장애 학생은 일관된 일상과
구조가 도움이 된다. 따라서 그래픽 조직자를 사용하
기 위해 일과를 정한다. 또한 교실에서 사용할 표준
과 일관된 그래픽 조직자 세트를 만든다. 그래픽 조
직자가 일관되기 위해서는 (1) 개념 간의 관계에 대
해 명확하게 명칭을 붙여야 하고, (2) 다루게 될 아이
디어 수를 제한해야 하고, (3) 불필요한 방해 요소는
피해야 한다. 협동학습이나 숙제를 하는 동안처럼 창
의적인 방식으로 그래픽 조직자를 시행하는 법을 찾
는다(Baxendell, 2003).

그래픽 조직자에는 적어도 다음의 여섯 가지 유형
이 있다.

- 계층적: 때로는 하향식(top-down)이라고 불리
  며, 정보가 개요와 유사하게 중요한 항목과 덜 중
  요한 항목으로 배열되는 것
- 개념적 지도: 주요 개념이나 범주는 세부사항이
  나 하위 범주와 묶이는 것
- 연속적 다이어그램: 연대 순서나 사건의 순서를
  나타내는 것

- 순환적 조직자: 시작이나 끝이 없는 사건들의 지
  속적인 연속을 나타내기 위해 사용되는 것
- 벤다이어그램: 개념의 차이나 동일한 속성 또는
  특성을 묘사하는 것
- 매트릭스: 주제 간 정보의 범주를 분류하는 데
  적합한 것(Bromley et al, 1995; Horton & Lovitt,
  1989; Saunders, Wise, & Golden, 1995)

그래픽 조직자의 유형은 정보의 유형에 따라 결정
될 수 있다. [그림 10-3]에는 각 유형의 예가 제시되
어 있다.

그래픽 조직자는 학생이 배우게 될 것에 대한 틀
을 제공하는 배경 지식을 표시하는 것에서부터 새롭
게 배운 정보를 조직하고 회고하는 교수 후 도구에
이르기까지, 광범위한 학습을 촉진하기 위해 사용될
수 있다. 특히 그래픽 조직자는 관련 정보에 주의를
기울이도록 도와주며, 학생이 새로운 지식과 사전
지식을 결합하도록 지원하고, 개념 발달을 촉진시키
고, 문해 및 사고 기술을 높이고, 초점이 뚜렷한 논
의를 촉진시키고, 교사가 교수계획을 세우도록 도우
며, 사정도구로서의 역할을 한다(Bromley et al.,
1995).

그래픽 조직자는 학생이나 교사 또는 둘 다에 의해
개발될 수 있다. 예를 들어, 교사는 교수하기 전 학생
에게 개별 혹은 집단으로 주제와 관련하여 자신들이
이해하고 있는 개념을 그래픽 조직자로 만들게 한다.
이것은 선수 지식, 수업 내용 지식에 대한 사전검사
로서 사용될 수 있다. 학생은 단원 속 본문을 읽는 동
안에도 그들 자신의 그래픽 조직자를 개발할 수 있
다. 〈표 10-2〉는 그래픽 조직자의 예를 목록화한 것
이다.

[그림 10-4]는 이 장에 대한 학습 가이드로 사용될
수 있는 그래픽 조직자의 예시를 제공하고 있다.

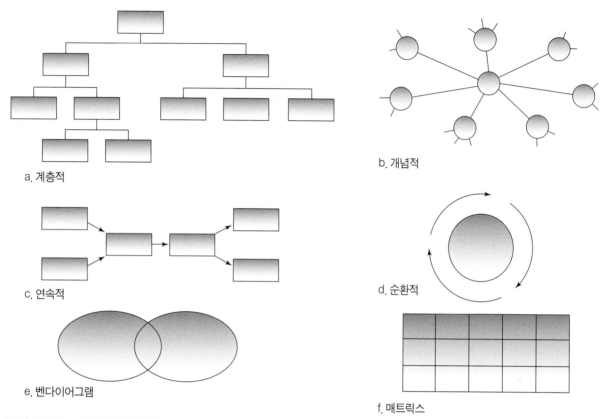

a. 계층적

b. 개념적

c. 연속적

d. 순환적

e. 벤다이어그램

f. 매트릭스

[그림 10-3] 그래픽 조직자의 예

표 10-2 그래픽 조직자의 예

조직자의 유형	예
계층적	• 식물이나 동물 분류하기 • 관현악단 내 악기의 유형 연관시키기 • 정부기관 분류하기
개념적 지도	• 이야기 속 인물들의 관계 묘사하기 • 과학 교과서의 단원 속 핵심 개념 기술하기 • 동일한 숫자를 나타내는 여러 가지 수학 공식 기술하기
연속적 다이어그램	• 역사 속 사건의 원인이 된 문제 설명하기 • 문제해결 과정 기술하기 • 대기 이동의 전개 기술하기
순환적 조직자	• 우기(雨期) 기술하기 • 먹이사슬 기술하기 • 동물의 생활주기 기술하기
벤다이어그램	• 문헌 속 두 가지 이야기 비교·대조하기 • 책과 영화 간의 유사성과 차이점 비교하기 • 두 사람의 관점 간 유사성과 차이점 조사하기
매트릭스	• 여러 나라에서의 몇 가지 역사적 사건의 영향 기술하기 • 과학실험 결과 기록하기 • 다양한 환경 상황에서 시간에 따른 변화 기술하기

단원 조직자: 학습전략

[목적] 이 장은 학습전략을 소개한다. 장애 학생은 가끔 독립적으로 효과적인 학습전략을 개발하지 못한다. 장애 학생을 가르치는 교사는 거의 대부분의 수업에서 전략교수를 통합할 수 있다.

핵심 주제	새로운 어휘
주의전략 기억전략 조직화 전략 시험전략 노트 필기 전략 학습전략 만들기 자기관리 전략	전략: 초인지: 기억술:

주의전략

과제 수행:	
선택적:	

기억전략

기억술 유형	정 의	예 시
두문자어		
어크로스틱		
운율		
핵심어		
패그워드		

그래픽 조직자 유형

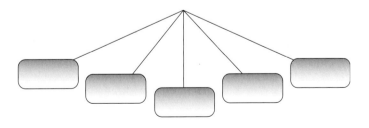

[그림 10-4] 이 장에 대한 그래픽 조직자 예시

<table>
<tr><td colspan="2" align="center">**사전 조직자**</td></tr>
<tr><td colspan="2">주요 요점
·

·

·</td></tr>
</table>

<table>
<tr><td colspan="2" align="center">**학습 가이드**</td></tr>
<tr><td colspan="2">주요 요점
·

·

·</td></tr>
</table>

시험전략	노트 필기 전략
FORCE	ORDER
PIRATES	CALL-UP
SCORER	'A' NOTES
SNOW	

자기관리 전략

유형:

단계:

[그림 10-4] 이 장에 대한 그래픽 조직자 예시(계속)

교사를 위한 정보 10.3

학생이 '관계도(affinity diagrams)'를 사용하여 상당한 분량의 정보를 조직하도록 다음의 단계를 가르친다.

1. 학생은 개별적으로 또는 집단으로 특정 주제(예, 동물)에 대해 브레인스토밍한다.
2. 학생은 각각의 아이디어에 대한 1~3개의 단어를 메모 카드에 쓴다.
3. 볼 수 있는 책상이나 벽에 모든 메모를 부착한다.
4. 학생은 아이디어를 유사한 것끼리 종렬로 배열한다.
5. 학생은 이들 아이디어가 왜 유사한지 토론하고, 종렬로 명칭을 붙인다(Haselden, 2003).

사전 조직자

쓰나미에 대한 수업을 하기 전, 사토 양은 자신이 하와이에 사는 동안 겪었던 한 가지 경험을 나눈다. 태평양에 지진이 일어났고 아침에는 섬 전체에 쓰나미 경보가 울렸다. 쓰나미는 그날 오후에 발생할 것이라 예상되었다. 모든 학교와 대부분의 사업장은 문을 닫았다. 영향권에 있는 모든 해변에는 사람들에게 특정 시간대가 지날 때까지 그 지역을 벗어나라는 경고 표지가 붙여졌다. 사토 양은 쓰나미가 매우 위험할 수 있고, 매우 심각하게 여겨 경계해야 하지만, 당시에는 쓰나미가 일어나지 않았다고 말한다. 그런데 그날 불행하지만은 않았다. 학교를 하루 쉬었기 때문이다. 사토 양은 우리가 쓰나미를 예측하는 것에 대해 더 많이 배워야 한다고 요약한다.

현장 견학에 참여하기 전, 루디 씨는 학생들에게 그들이 방문할 원주민 마을의 지도를 검토하도록 하였다. 그는 학생들에게 그들이 걷게 될 노선과 그들이 방문하게 될 건물에 친숙해질 것을 요구하였다. 루디 씨는 마을의 들판과 집, 상점에서 일하는 원주민의 그림도 보여 준다. 이 학급은 각자가 할 일에 대해 상세히 논의한다. 루디 씨는 현장 견학에 앞서 이러한 정보를 제공함으로써 학생들이 무엇을 경험하게 될지 어느 정도 알 수 있게 한다.

1960년대에 Ausubel이 처음으로 고안해 낸 사전 조직자(advance organizer)는 학습하게 될 새로운 지문 정보보다 더 높은 수준으로 쓰인 단락을 읽는 것이었다. 지금은 사전 조직자란 용어가 "학생에게 제시되는 자료에 대한 개관이나 개설(槪說)을 제공하기 위해 사용되는 구어나 문어 기법(Keel, Dangle, & Owens, 1999, p. 5)"을 나타내는 것으로, 더 보편적인 방식으로 사용된다. 사전 조직자는 주제에 대한 사전 지식을

활성화시키고 전체 수업에 대한 일반적인 설명을 제공하는 것을 목적으로 한다. 7장에서 설명하였듯이, 교사 주도 교수의 시작 부분은 사전 조직자의 형태로 이루어진다. 사토 양과 루디 씨는 간단한 형태의 사전 조직자를 사용하였다.

좀 더 복잡한 사전 조직자도 가능하다. Darch와 Gersten(1986)에 따르면 효과적인 사전 조직자는 다음과 같아야 한다.

- 학생에게 조직자의 목적을 알려야 한다.
- 교사와 학생의 행동을 명료화해야 한다.
- 주제를 밝히고 설명해야 한다.
- 다루게 될 하위 주제와 개념을 밝혀야 한다.
- 배경 정보를 제공해야 한다.
- 수업에 대한 당위성을 제공해야 한다.
- 낯선 어휘를 소개해야 한다.
- 조직적 구조를 제공해야 한다.
- 기대되는 수업의 성과나 결과를 진술해야 한다.

교사를 위한 정보 10.4

사전 조직자를 계획할 때는 다음 사항을 유념한다.

1. 독특한 것이 아닌 중요한 것에 사전 조직자의 초점을 맞춘다.
2. '좀 더 높은 수준'의 사전 조직자는 '좀 더 낮은 수준'의 것보다 더 효과적일 수 있다.
3. 사전 조직자는 잘 조직화되지 않는 정보에 가장 도움이 된다.
4. 다른 종류의 사전 조직자는 다른 결과를 산출한다(Marzano, Pickering, & Pollock, 2001).

학습 가이드

학습 가이드는 질문이나 핵심어를 사용하여 학생을 학업 정보로 이끌어 줌으로써 교수를 향상시킨다. 학습 가이드는 내용에 대한 조직화된 구조를 제공함으로써 학생이 교과서로부터 정보를 학습하고 유지하도록 돕는다(Boyle & Yeager, 1997).

학습 가이드는 전통적으로 시험 치기 전 학생의 독립 연습을 돕기 위해 사용되어 왔으나, 수업에 있어 여러 면에서 효과적일 수 있다. 예를 들어, 학습 가이드는 새로운 어휘를 소개하고, 새롭게 소개된 개념을 복습하고, 새로운 내용에 이전 정보를 통합하고, 특정 기술을 연습하는 데 사용될 수 있다(Hudson, Ormsbee, & Myles, 1994). 학습 가이드는 목적에 따라 다양한 형식으로 만들어질 수 있다.

교사는 지문 독해를 촉진하기 위해 학습 가이드를

만들 수 있다([그림 10-5] 참조). Horton과 Lovitt (1989)은 교과서 단원과 같은 본문 속의 정보를 바탕으로 조직자를 구성하기 위한 4단계 과정을 제공하고 있다. 첫째, 수정할 단원을 선택하여 분할하고, 단락을 각각 대략 1,500개의 단어로 줄인다. 이것은 한 번의 수업시간 동안 학생이 단락을 읽고, 그래픽 조직자를 완성하고, 시험을 치를 수 있는 길이다. 그런 다음 단락의 주요 개념에 대한 개요를 구성하고, 정보의 구조에 적절한 그래픽 조직자 형식을 선택한다. 마지막으로 교사용 및 학생용 그래픽 조직자를 모두 준비한다. 모든 정보를 포함하는 교사용이 먼저 개발되어야 한다. 이 접근에서 본문을 줄이기 위해서는 교사의 시간이 많이 요구되며, 실제적인 교수자료로 일반화가 이루어지지 못한다는 단점이 있음을 고려해야 할 것이다.

종합적인 성격의 학습 가이드는 다음 사항을 포함

학습 가이드: 생화학

이름 _____

부분 1: 어휘
핵:
전자:
동위원소:
합성:
이온 결합:
공유 결합:
분자:

부분 2: 질문
1. 분자의 구조를 기술하시오.

2. 공유 결합이란 무엇인가? 이온 결합은?

3. 합성은 분자와 어떻게 연관되어 있는가?

[그림 10-5] 학습 가이드 예시

학습 가이드의 사용 단계

1. 학습 가이드를 받으면 이름을 적는다.
2. 그다음 학습 가이드의 각 부분을 완성한다. 학습 가이드의 각 부분을 완성하는 것은 시험을 풀기 위해 알아야 할 부분별 제재를 파악하는 데 도움이 될 것이다.
3. 학습 가이드의 부분 1에서는 목록에 포함된 용어의 정의를 쓴다. 이것을 하기 위해 다음을 수행한다.
   a. 각 하위 부분에서 **굵은 활자체**로 된 단어를 찾는다.
   b. 해당 단어를 둘러싼 정의를 읽은 다음 공책에 쓴다.
4. 부분 2에서는 질문에 답을 쓴다. 이것을 하기 위해 다음을 수행한다.
   a. 질문이나 문구를 읽고 질문에서 묻고자 하는 핵심 단어를 알아낸다.
   b. 본문에서 핵심 단어를 찾는다.
   c. 질문이나 문구를 다시 읽는다.
   d. 답을 찾기 위해 핵심 단어가 있는 부분을 읽는다.
   e. 답을 쓴다.

[그림 10-6] 학습 가이드를 사용할 때 학생의 자기대화

해야 한다.

- 읽기자료에 대한 기술
- 목표
- 이론적 근거
- 주요 어휘
- 목표와 직접적으로 연결된 활동 설명
- 다양한 수준별 독해 질문
- 자기교정 절차(Boyle & Yeager, 1997; Hudson et al., 1994)

학생은 자기대화(self-talk) 절차를 배움으로써 학습 가이드를 사용할 때 도움을 받을 수 있다([그림 10-6] 참조).

교사를 위한 정보 10.5

경도 · 중등도 장애 학생은 자신의 학교자료를 조직하는 데 자주 도움이 필요하다. 다음은 자료를 조직하는 데 있어 몇 가지 아이디어다.

1. 학생에게 자신의 과목을 색상별로 조직하라고 말한다. 예를 들어, 영어가 노란색이라면 영어 수업용 공책, 강조용 필기도구, 폴더 등도 모두 노란색이다.
2. 학생에게 각 과목의 색상으로 포스트잇을 사용하도록 가르친다. 숙제가 부여되면 학생들은 책의 색상과 동일한 포스트잇으로 책 속 페이지를 표시할 수 있다. 이것은 학생들이 숙제를 기억하고 쉽게 위치를 찾을 수 있도록 도와줄 것이다.
3. 학생에게 달력이나 계획표 또는 몇 가지 다른 조직자를 사용하도록 가르친다. 그들에게 모든 수업에서 동일한 시스템을 사용하도록 가르친다.
4. 한 개의 폴더는 '숙제용 폴더(take-home folder)'로 해 놓는다(McConnell, Ryser, & Higgins, 2000).

조직화 전략은 장애 학생에게 효과적인 것으로 밝혀지고 있다. 그러나 이 전략에 대한 연구는 기억전략 연구와 비교해 볼 때 제한적이다. 중등학급에서 학습장애 학생을 위한 교수전략에 대해 조사한 연구를 개관한 결과(Hudson, Lignugaris-Kraft, & Miller, 1993), 시각적으로 전시되는 조직자는 일반적으로 다양한 학업 내용에서 효과적이라고 나타났지만 사전 조직자에 대해서는 여전히 일치된 결과를 도출하지 못했다. 학습 가이드는 글로 된 교사 제작 가이드 (Horton & Lovitt, 1989)로 제공되건, 컴퓨터(Horton, Lovitt, Givens, & Nelson, 1989)로 제공되건 간에 일반 중등학생과 학습장애 학생 모두의 독학에 있어 점수를 향상시키는 것으로 나타났다.

5. 시험전략

장애 학생에게는 효과적으로 시험 치는 전략이 필요한데, 특히 일반교육 교실에서의 성공을 촉진하기 위해 그러하다. 이 장의 앞부분에 소개했던 7학년생 매디슨은 시험 치는 것을 두려워했는데, 시험전략을 배움으로써 도움을 받을 수 있었다. 경도 · 중등도 장애 학생도 비장애 급우와 함께 표준화된 학교시험에 참여해야 하기 때문에 시험전략은 중요하다. 한 연구에서는 중등 일반교육 교실에서 학생 성적의 거의 반은 시험 점수에 근거한다는 것을 발견했다 (Putnam, 1992). 중등학급에서 행해지는 시험 종수는 평균 11개였다. 그렇다면 일반교육 교실에서 보통 4개 교과에 참여하는 장애 학생은 성적 산출기간인 9주 동안 평균 44건의 시험을 치르게 될 것이다.

효과적인 시험전략을 사용하는 학생들은 '현명하게 시험을 치는(testwise)' 것으로 간주된다. 내용에 대해 동일한 지식을 가진 학생은 시험 상황에서 점수를 다르게 얻을 수 있다. 어떤 학생은 다른 학생보다 더 현명하게 시험을 칠 것이다. 어떤 학생은 시간을 더 현명하게 사용할 것이며, 선다형 시험에서 명백하게 틀린 항목을 삭제할 것이고, 시험지를 제출하기 전 검토하기 위해 불확실한 답에는 표시를 해 둘 것이다.

일반적인 시험전략

모든 목적에 적합한 또는 일반적 시험전략에는 (1) 학업적 준비, (2) 물리적 준비, (3) 태도 개선, (4) 불안 감소, (5) 동기 개선이 있다(Scruggs & Mastropieri, 1992).

첫 번째 전략인 학업적 준비는 학생들이 언제 그리고 무엇을 공부해야 하는지에 대해 설명한다. 특히 학생은 어떤 내용을 공부해야 하는지 알아야 한다. 교사는 학생이 시험 치게 될 기술과 지식에 대해 명시적이어야 한다. 학생은 또한 사용될 시험 질문의 유형을 알아야 한다(예, 논술, 참/거짓, 선긋기, 선다형).

두 번째, 물리적 준비는 학생이 특히 시험을 치기 전에 건강하고, 적절하게 음식을 섭취하고, 밤에 충분히 휴식을 취해야 함을 의미한다. 세 번째, 학생은 시험을 치는 것에 대해 건강하고 긍정적이고 확신에 찬 태도를 가져야 한다. 교사는 학생의 시험 태도를 평가해야 하고, 그 결과에 근거하여 중재해야 한다. 예를 들어, 학생이 자신의 표준을 너무 높게 설정한다면 합리적인 수준의 개선 목표를 설정하도록 도와준다. 만약 학생이 부정적인 시험 결과를 받는 것에 대해 두려워한다면 노력에 대해 강화해 주고 지원하는 환경을 조성해 주어야 한다.

불안은 자주 학생의 시험 수행을 방해할 수 있다. 따라서 네 번째 범주는 시험불안의 감소다. Scruggs와 Mastropieri(1992)는 불안 감소를 위한 전략을 다음과 같이 제시한다.

- 다양한 시험 형식을 경험하게 한다.
- 시험 치는 기술을 가르친다.
- 시험이 시행되는 동안 행해지는 평가적인 언급을 줄인다.

- 학생이 작업에 임하고 자신들의 시간을 현명하게 사용하도록 과제수행 행동의 자기 점검법을 가르친다.
- 긴장을 푸는 데 자기 점검 절차를 사용한다.

다섯 번째 범주인 동기 개선은 (1) 노력에 대한 외적 강화를 제공하는 것, (2) 적절한 귀인을 가르치고 격려하거나 또는 성공/실패가 학생의 통제 밖의 힘에 의한 것이 아니라 개인의 노력에 기인하게 하는 것, (3) 학생이 시험을 치는 상황에서 성공하도록 그들 자신이 통제하는 전략을 사용하게끔 격려하는 것에 의해 성취될 수 있다.

 교사를 위한 정보 10.6

시험이나 프로젝트가 끝나기 며칠 전에 학생에게 상기 노트(reminder note)를 제공한다. 학생이 잃어버리지 않도록 밝은 종이에 프린트한다. 시험날짜와 시험에서 다룰 자료나 프로젝트의 유형을 포함한다. 도움이 된다면 부모에게 노트에 서명하도록 요청하고, 서명된 노트를 반납하면 학생에게 보너스 점수를 부여한다(McConnell et al., 2000).

특정 시험전략

특정 시험전략은 주로 두문자어로 만들어지는데, 이는 학생이 성공적으로 시험 치기 위해 완수해야 할 전략 단계를 가르친다. 예를 들어, FORCE는 학생의 시험 준비를 돕기 위해 고안되었다(Wehrung-Schaffner & Sapona, 1990). DETER와 PIRATES, SCORER은 시험 치는 동안의 수행을 가르치기 위해 고안되었다(Hughes & Schumaker, 1991; Strichart & Mangrum, 2002). SNOW는 특히 논술시험을 위해 고안되었다(Scruggs & Mastropieri, 1992). 이 다섯 가지 두문자어의 단계는 〈표 10-3〉에 제시되어 있다. 이 외의 특정 시험전략은 시험 항목의 유형에 따라 범주화되어 〈표 10-4〉에 제시되어 있다. 〈표 10-5〉에는 시험전략 교수를 위한 각본화된 수업계획안 예시가 제공되어 있다.

특정 시험전략에 대해서는 제한된 연구가 이루어져 왔다. SCORER는 여러 연구를 통해 평가되어 왔으며, 학습장애 학생과 저성취 학생에게 효과적인 것으로 나타났다(이러한 연구의 개요에 대해서는 Putnam,

표 10-3 시험전략의 예

시험 준비	FORCE (Wehrung-Schaffner & Sapona, 1990) 　Find out(찾아낸다; 시험에서 다루게 될 것과 질문의 유형이 무엇인지) 　Organize(정리한다; 공부에 필요한 모든 자료를 수집함으로써) 　Review the material(자료를 복습한다) 　Concentrate and make a cue sheet(집중하고 큐시트를 만든다) 　Early exam(예행시험; 반복하거나 짝이 질문하게 함으로써 연습한다)	
시험 치는 동안	DETER (Strichart & Mangrum, 2002) 　Directions, read them(지시사항을 읽는다) 　Examine the test(시험지를 살펴본다) 　Time, check it(시간을 점검한다) 　Easy ones first(쉬운 것을 먼저 한다) 　Review my work(나의 답안을 검토한다)	PIRATES (Hughes & Schumaker, 1991) 　Prepare to succeed(성공하도록 준비한다) 　Inspect the instruction(지시사항을 점검한다) 　Read, remember, reduce(질문을 읽고, 정보를 기억하고, 줄인다) 　Answer or abandon(질문에 답하거나 포기한다) 　Turn back(다시 돌아간다) 　Estimate(답을 추정한다) 　Survey(답을 제대로 하였는지 훑어본다)
	SCORER (Carman & Adams, 1984) 　Schedule time(시간을 계획한다) 　Clue words, look for(단서를 주는 단어를 찾는다) 　Omit difficult questions(어려운 질문은 넘어간다) 　Read carefully(주의 깊게 읽는다) 　Estimate answers(정답을 추정한다) 　Review your work(자신의 답안을 검토한다)	SNOW (Scruggs & Mastropieri, 1992) 　Study the question(질문을 숙독한다) 　Note important points(중요한 점을 메모한다) 　Organize important information before writing(쓰기 전에 중요한 정보를 조직화한다) 　Write directly to the point of the question(질문의 요지에 따라 쓴다)

표 10-4 시험 항목 유형에 따라 범주화된 다른 특정 시험전략

시험 항목의 유형	시험전략
선다형	선택 문항을 읽기 전에 질문에 답해 본다. 모든 선택 문항을 주의 깊게 살펴본다. 선택 문항을 제거한다. 단서 단어을 찾는다(항상, 거의 ～하지 않는) 선택 문항을 서로 비교하고 다른 진술과의 관계를 비교한다.
문장 완성	답이 확실하지 않다면 추측한다. 적어도 부분적 정보를 채운다. 문장을 일관적이고 논리적이게 만든다.
논술	모든 항목에 답한다. 시간을 현명하게 사용한다. 답을 쓴다면 최상의 필체를 사용한다.

1992 참조). PIRATES 역시 실험적으로 평가되었으며, 학습장애 청소년에게 효과적인 전략인 것으로 밝혀 졌다(Hughes & Schumaker, 1991). Wehrung-Schaffner와 Sapona(1990)는 FOREC라는 시험전략

표 10-5 시험 기술을 가르치기 위한 각본화된 수업계획안

주제	시험 기술	
IEP 목표	선다형 질문의 기말 학력평가에서 학생은 각 질문과 모든 답지를 읽고 각 선다형 질문 중 옳다고 믿는 답지에 표시할 것이다.	
수업 목표	학생은 빈 종이에 DETER 전략(Strichart & Mangrum, 2002) 단계를 100% 정확하게 쓸 것이다. 5개의 샘플 검사에서 학생은 지시사항을 읽고, 질문의 유형을 적고, 질문당 얼마나 많은 시간을 소요할 수 있는지 적고, 쉬운 문제에는 동그라미를 치고 답하고, 자신이 답한 것을 검토한 후에는 점검 표시를 한다.	
수업 구성 요소	교사 질문과 교수 및 피드백	예상되는 학생 반응
주의 집중 단서	설 명: "나를 보세요. 우리 모두 학습기술 수업을 시작할 준비가 되었습니다."	(학생들은 교사를 처다본다)
예상 단계	설 명: "오늘의 수업을 시작하면서 우리는 쪽지시험을 볼 겁니다. 내가 여러분에게 종이를 주자마자 뒤집어서 종이에 적힌 단어의 뜻을 쓰세요." 질 문: "누가 단어를 읽고 뜻을 읽어 볼까요?" 설 명: "로사가 해 봐요." 피드백: "좋아요, 로사 지난주 어휘 목록에 있는 뜻을 기억하고 있네요." 설 명: "오늘 우리는 여러분이 시험을 칠 때 낙담하지 않도록 돕기 위해 deter라는 단어를 사용할 거예요. 만약 여러분이 이 단어를 기억할 수 있다면 시험을 쉽게 칠 수 있는 전략을 기억할 수 있게 될 거예요."	(학생들은 종이를 받아 뜻을 쓰기 시작한다.) (한 학생이 손을 든다.) "그 단어는 deter이고, 하는 것을 방해한다는 뜻이어요."
복습	설 명: "내가 여러분에게 DETER 전략을 가르치기 전에, 시험을 준비하는 방법에 대해 복습해 봅시다. 종이 한 장을 꺼내세요. 종이에 날짜 5, 4, 3, 2, 1을 쓰세요. 각 날짜 옆에다 시험을 준비하기 위해 그 날짜에 무엇을 할 것인지 핵심어로 쓰세요." (교사는 교실을 돌아다니며 학생들을 점검한다.) 설 명: "모두가 다 한 것 같네요. 모두들 선생님이 말한 날짜의 핵심어를 말해 주세요." 설 명: "준비되었지요. 5일." 피드백: "맞았어요." 설 명: "4일." 설 명: "3일." 피드백: "잘 기억하고 있네요." 설 명: "2일" 설 명: "1일" 피드백: "훌륭해요. 여러분은 날짜별로 핵심어를 기억했어요."	(학생들은 종이를 꺼내 쓰기 시작한다.) "노트를 읽고, 정보를 강조 표시한다." "기억전략을 사용한다." "다시 쓰고 검토한다." "질문들." "최종 검토."

선행학습 확인과 목표 진술	설　명: "여러분은 시험을 준비하기 위한 단계들을 기억하고 있었네요. 수업 시작 전에 한 번 더 점검해 봅시다. 자, 나눗셈 문제들을 낼 거예요. 듣고 난 후 문제를 쓰고 풀어 보세요. 준비되었나요? 40 나누기 10. 45 나누기 15. 15 나누기 5." 설　명: "자신의 답을 점검해 보세요. 40 나누기 10은 4. 45 나누기 15는 3. 15 나누기 5는 3. 이제 여러분은 시험 칠 때 사용할 수 있는 전략을 배울 겁니다."	(학생들은 쓰기 시작한다.)
교수와 모델링	설　명: "내가 앞서 말했듯이, 우리가 사용하고 있는 전략은 DETER입니다. 이 단어의 각 글자는 여러분이 시험 칠 때 무엇을 해야 할지 기억하도록 도와줍니다. 나는 이 전략의 각 글자와 각 글자에 연관된 핵심어를 칠판에 썼습니다. (첫 글자를 보여 준다.) 첫 글자 D는 시험의 지시사항을 말합니다. 지시사항을 주의 깊게 읽으세요.(Directions, read them)." 질　문: "글자 D가 무엇을 하라고 기억시켜 주나요?" 질　문: "여러분은 어떻게 지시 사항을 읽어야 하나요?" 피드백: "맞아요." 설　명: "프로젝터에 시험 지시사항이 놓여 있습니다. 이 지시 사항을 나와 함께 읽어 봅시다. '각 질문을 읽고 이에 가장 적절한 답을 정하시오.'" 정　정: "여러분 중 몇 명만이 나와 함께 읽었네요. 모두 함께 읽어 봅시다. '각 질문을 읽고 이에 가장 적절한 답을 정하시오.'" 피드백: "훨씬 좋아요." 설　명: "이러한 지시사항은 이해하기 쉽습니다. 나는 각 질문을 읽고 그에 가장 적절한 답을 정합니다. 만약 지시사항을 이해하기 어렵다면 선생님께 지시사항을 설명해 달라고 부탁드립니다. 질　문: "만약 지시사항의 일부분을 이해하지 못한다면 나는 무엇을 해야 할까요?" 피드백: "맞아요. 나는 선생님께 여쭤 봅니다." 질　문: "D는 무엇을 나타내지요?" 피드백: "좋아요." 설　명: 지시사항을 주의 깊게 읽고 난 후, DETER의 다음 글자는 E입니다. (글자 E를 보여 준다.) 글자 E는 시험지를 살펴봐야 함(Examine the test)을 기억하도록 도와줍니다. 나는 얼마나 많이 해야 하는지 알기 위해 시험지 전체를 살펴봅니다. 나는 지시사항을 읽은 후 바로 시험을 칩니다. 질　문: "E는 무엇을 상징하나요?" 피드백: "잘 들었네요. 맞아요. 시험지를 살펴봅니다." 설　명: "이 시험을 칠 때(프로젝터에 시험 견본을 올려놓는다), 나는 시험지에 어떤 유형의 질문이 있는지를 살펴보기 위해 훑어봅니다. 이 시험지에는 30개의 선다	"지시사항을 읽는다." "주의 깊게." (학생들은 읽는다.) (학생들은 읽는다.) "선생님께 묻습니다." "지시사항을 읽습니다." "시험지를 살펴봅니다."

	형 질문이 있습니다. 나는 시험지 맨 위에 선다형이라고 쓸 겁니다.	
	질 문: "내가 가진 시험지에 무엇이 있죠?"	"30개의 선다형 질문이요."
	질 문: "E는 무엇을 나타내죠?"	"시험지를 살펴본다."
	피드백: "맞아요."	
	설 명: "나는 시험지를 살펴보았어요. 이제 나는 전략의 다음 단계로 넘어갑니다. DETER에서 다음 글자는 T입니다. (T를 보여 준다.) T는 시간을 나타냅니다. 시간을 점검한다(Time, check it). 시험지를 살펴본 후, 나는 시험 문항당 답하는 데 얼마나 많은 시간을 할애할지 결정해야 합니다. 이 시험을 치는 데 60분의 시간이 주어집니다. 나는 이 시간을 문항 수로 나눕니다. 즉, 60을 30으로 나눕니다. 나는 각 질문에 답하는 데 대략 2분의 시간을 갖습니다. 나는 내 시험지 맨 위에 2분이라 씁니다."	
	질 문: "각 문항을 푸는 데 2분이 매우 긴 시간인가요?"	"아니요."
	피드백: "그래요. 긴 시간은 아니에요."	
	설 명: "이 시험을 끝내려면 나는 빨리 풀어야 할 거예요."	
	질 문: "내가 각 문항을 푸는 데 얼마나 긴 시간을 갖는지 어떻게 결정하나요?"	"시간을 문항 수로 나누어요."
	피드백: "그렇지요!"	
	질 문: "T는 무엇을 나타내지요?"	"시간을 점검한다."
교수와 모델링	설 명: "각 질문에 얼마나 많은 시간을 할애할지 결정하고 나서 나는 시험을 치기 시작합니다. 우리 전략에서 다음 글자는 E입니다. (E를 보여 준다.) E는 쉬운 것들을 먼저 푼다(Easy ones first)는 것을 나타냅니다. 질문에 답하면서 나는 가장 쉬운 것을 먼저 답합니다."	
	질 문: "E는 무엇을 나타내나요?"	"시험지를 살펴본다."
	정 정: "이 전략에서 첫 번째 E는 살펴봄(Examine)을 나타냅니다. 여기서 E는 쉬운 것들을 먼저 푼다는 것을 나타냅니다.	
	질 문: "이번 E는 무엇을 나타내나요?"	"쉬운 것을 먼저 한다."
	피드백: "좋아요."	
	설 명: "내 생각에 풀기 쉬울 것 같은 문항을 찾고자 문제를 훑어봅니다. 내가 풀기에 쉬운 문제를 동그라미 칠 겁니다. 나는 이것들을 우선 풀 거예요. 이 시험지를 보면 문항 1, 2, 5, 7, 8, 9, 12, 15, 18, 20, 25, 27, 29, 30은 쉬워 보입니다. 나는 이것들을 동그라미 칠 것이고, 먼저 풀 겁니다."	
	질 문: "내가 어떤 문제를 먼저 푼다고요?"	"가장 쉬운 문제들요."
	피드백: "맞았어요."	
	설 명: "시험을 다 치르고 마지막으로 할 일은 R-나의 답안을 검토한다 입니다."	
	질 문: "마지막으로 뭘 한다고요?"	"나의 답안을 검토한다."
	피드백: "맞았어요."	

교수와 모델링	설　명: "내게 만약 남은 시간이 있어 검토할 수 있다면 각 문항을 다시 읽고 나의 답안을 점검합니다. 내가 문항을 읽고 답안을 점검하는 것을 보세요." 질　문: "마지막으로 내가 무엇을 하지요?" 피드백: "잘했어요. 우리 함께 이것을 해 봅시다."	"나의 답안을 검토한다."
안내된 연습	설　명: "먼저 DETER 전략의 단계를 읽어 봅시다. 준비되었나요? 읽어 봅시다."(학생들과 함께 각 글자와 핵심어를 읽는다.) 피드백: "잘 읽었어요." 설　명: "전략 단계 중 두 개를 지우더라도 단계들을 기억할 수 있나요?"(두 단계를 지운다. 학생들과 전략의 단계들을 암송한다. 나머지 단계들을 지우고 학생들로 하여금 암송하게 한다.) 설　명: "모두들 전략 단계들을 잘 배웠네요. 우리 함께 이 전략을 사용하여 연습해 봅시다."(견본시험 패키지를 나눠 준다.) 설　명: "첫 번째 견본시험을 봅시다." 질　문: "이 시험을 볼 때 제일 먼저 해야 할 것은 무엇인가요?" 피드백: "맞아요. 지시사항을 읽어요." 설　명: "지시사항을 함께 읽읍시다."(학생들과 함께 지시사항을 읽는다.) 피드백: "잘했어요." 질　문: "다음 단계는 무엇이죠?" 피드백: "훌륭해요." 설　명: "이 시험에는 무엇이 있나요?" 피드백: "맞아요. 시험지 맨 위에 단답형이라고 쓰세요." 질　문: "시험지를 살펴본 후, 다음은 무엇인가요?" 피드백: "맞아요. 시간을 점검합니다." 질　문: "이 시험을 치는 데 얼마나 많은 시간을 갖나요?" 질　문: "문항당 얼마나 많은 시간을 갖나요?" 피드백: "훌륭해요." 질　문: "어떻게 알아냈나요?" 피드백: "맞아요." 설　명: "시험지에다 시험 치는 데 부여된 시간 옆에 문항당 시간을 쓰세요." 질　문: "시간을 점검한 후, 무엇을 하나요?" 피드백: "맞습니다." 설　명: "문항들을 훑어보고 답하기 쉬운 문항 번호에 동그라미를 칩시다."(학생들과 함께 문항들을 읽는다.) 질　문: "1번 문항은 답하기 쉬운가요?" 설　명: "1번 문항은 쉬운 질문이므로 번호에 동그라미 치고 바로 질문에 답합니다."(학생들과 함께 나머지 문항들을 훑어보고 문항들이 답하기 쉬운지를 결정한다.) 질　문: "시험을 칠 때 마지막으로 할 것은 무엇인가요?"	"D-지시사항을 읽는다. 　E-시험지를 살펴본다. 　T-시간을 점검한다. 　E-쉬운 것을 먼저 한다. 　R-나의 답안을 검토한다." (학생들은 전략의 단계들을 암송한다.) "D-지시사항을 읽는다." (학생들은 읽는다.) "E-시험지를 살펴본다." "5개의 단답형 문제요." (학생들은 쓴다.) "T-시간을 점검한다." "5분이요." "1분이요." "시간을 문항 수로 나눠요." (학생들은 1을 쓴다.) "E-쉬운 것들을 먼저 한다." (학생들은 문항들을 동그라미 친다.) "네." (학생들은 숫자 1번 문항을 동그라미 치고 질문에 답을 쓴다.) (무응답)

안내된 연습	정　정: "마지막으로 하는 것은 R-검토(Review)입니다. 마지막으로 하는 것이 무엇이라고요?" 질　문: "어떻게 검토하나요?" 피드백: "맞아요." 설　명: "계속해서 우리가 답한 문항들을 다시 읽고 답을 점검합니다. 검토가 끝나면 자신이 푼 것을 점검하였다고 확인하기 위해 시험지 맨 위에 체크 표시를 해 둡니다." 피드백: "여러분은 DETER 전략을 잘 수행하면서 이 견본시험지를 풀었습니다. 다른 시험으로 이것을 다시 한 번 시도해 봅시다." (세 개의 견본시험으로 전 과정에 걸쳐 학생들을 세 번 더 안내한다.)	"R-나의 답안을 검토한다." "문항들을 읽고 답안을 점검합니다." (학생들은 자신이 푼 것을 검토하고 시험지 맨 위에 체크 표시를 한다.)
후반기 안내된 연습	설　명: "좋아요, 여러분. 견본시험 5번 문항으로 갑시다." 질　문: "먼저 무엇이죠?" 설　명: "그것을 합니다." 질　문: "다음은?" 질　문: "시험에 무엇이 있죠?" 설　명: "시험지 맨 위에 그것을 쓰세요." 질　문: "다음은?" 질　문: "시험시간은?" 질　문: "문항당 시험시간은?" 설　명: "시험에 부여된 시간 옆에 그 숫자를 쓰세요." 피드백: "훌륭해요." 질　문: "그런 다음에는?" 설　명: "훑어보고, 동그라미 치고, 답하세요." 질　문: "마지막으로?" 설　명: "검토한 후에는 무엇을 하지요?" 피드백: "이 전략을 잘 배웠네요."	(학생들은 5번 문항으로 간다.) "D-지시사항을 읽는다." (학생들은 지시사항을 읽는다.) "E-시험지를 살펴본다." "두 개의 논술 문제가 있습니다." (학생들은 쓴다.) "T-시간을 점검한다." "10분이요." "5분이요." (학생들은 5를 쓴다.) "E-쉬운 것들을 먼저 푼다." (학생들은 동그라미 치고 답한다.) "R-나의 답안을 검토한다." "맨 위에 체크 표시를 해 놓는다."
독립 연습	설　명: "이제 여러분은 이 전략을 스스로 사용할 준비가 되어 있습니다. 여기 5개의 짧은 시험지가 있습니다 (시험지를 나눠 준다. 그림 A 참조). 시험지가 위에는 빈 종이가 있습니다. 여러분은 시험 치기 전에 DETER 전략의 각 글자들을 전략의 각 단계를 나타내는 핵심어나 단어와 함께 쓰세요. 나는 여러분이 각 시험에 DETER 전략을 사용하기 바랍니다. 소리 내어 읽어도 좋습니다. 단, 읽을 때 조용한 목소리로 하세요. 나는 여러분이 가능한 한 많은 문제를 풀었으면 해요. 여러분은 이 전략을 연습하는 데 한 시험당 5분을 가지게 될 겁니다. 질문 있나요?" 설　명: "이 시험지들의 모든 문항은 여러분에게 쉬울 거예요. 최선을 다하세요. 그리고 두 번째 E를 기억하세요." 질　문: "여러분, deter에서 두 번째 E가 무엇이죠?" 질　문: "그것은 무엇을 뜻하죠?" 피드백: "맞았어요." 설　명: "어서 시작하세요."	 "답을 모르면 어떻게 하죠?" "E-Easy ones first." "쉬운 것부터 풀어라."

마무리	설 명: "오늘 여러분은 시험전략을 배웠어요. 내일 우리는 이 전략을 사용하면서 좀 더 연습할 겁니다. 마지막으로 이 전략의 단계들은 무엇이지요?"	"D-지시사항을 읽는다. E-시험지를 살펴본다. T-시간을 점검한다. E-쉬운 것들을 먼저 한다. R-나의 답안을 검토한다."

이름 _____ 날짜 _____ 문항 유형 _____

시험시간: 5분
지시사항: 주의 깊게 각 문항을 읽으십시오. 각 문항은 단답형 문제입니다. 각 문항을 완전한 문장으로 답하십시오.

1. 미국의 초대 대통령은 누구입니까?
2. 미국이 영국으로부터 독립을 선언한 것은 어떤 전쟁기간이었나요?
3. 이 전쟁에서의 미군 사령관은 누구였나요?
4. 미국은 왜 영국으로부터 독립을 선언했나요?
5. 그 전쟁에서 누가 승리했나요?

[그림 A] 연습시험

을 만들어 학습장애 청소년을 대상으로 적용하였다. 그 결과 학생이 그 전략을 사용함으로써 시험 점수가 향상되었다.

6. 노트 필기 전략

호 양은 매일 학생들에게 이전에 가르쳤던 노트 필기법을 복습하면서 학급수업을 시작한다. 학생들은 수업시간에 제시되는 자료에 대해 효과적으로 노트 필기하기 위해 거쳐야 할 단계 목록을 만들었다. 그런 다음, 학생들은 그 단계들을 기억하기 위해 두문자어를 만들어 냈다. 매일 학생들은 두문자어를 자신의 공책에 씀으로써 무엇을 해야 할지 기억하도록 촉진된다. 호 양은 노트 필기 전략을 가르친 이후로 학생들의 성취가 현저하게 증가됨을 관찰하였다.

경도장애 학생은 학생이 수업을 듣건(예, 교사 강의, 비디오 시연) 자료를 읽건(예, 교과서) 상관없이 노트 필기에 어려움을 가진다. 노트 필기의 질은 필기하는 사람의 교과목에 대한 배경 지식과 노트 필기 기술에 의해 영향을 받는다. 효과적으로 필기하는 사람은 주요 개념과 세부사항을 식별하고, 그들 자신의 단어로 정보를 압축하고 자신의 단어를 더하여 바꿔 쓰고, 무계획적이거나 축어적인 필기는 피하고, 기존의 정보와 새로운 정보를 통합하고, 다양한 단어나 그래픽 구조(예, 소제목, 볼드체 또는 이탤릭체 단어)를 식별하고, 정보를 적절한 그룹이나 패턴에 배치함으로써 노트 필기를 조직한다(Ornstein, 1991).

노트 필기 전략을 가르치거나 필기가 강조되도록 수업을 수정함으로써 노트 필기를 향상시킬 수 있다. 이 두 가지 전략은 다음에서 논의된다.

노트 필기 기술 교수

중등학교에서는 수업의 47% 정도가 강의로 이루어진다고 밝혀져 왔다(Putnam, Deshler, & Schumaker, 1992). 하지만 효과적인 강의학습은 매우 어렵다. 예를 들어, 강의하는 동안 "학생은 지속적이고 동시적으로 경청하고, 주요 개념을 선택하고, 강의 개념을 유지하고, 조작하고, 정보를 해석하고, 무엇을 베낄지 결정하고, 필기해야 한다."(Kiewra, DuBois, Christian, McShane, Meyerhoffer, & Roskelley, 1991, p. 241) 교사 강의 중심의 일반교육 교실에 배치되는 장애 학생의 수가 증가하는 만큼, 노트 필기에 관한 기술은 그들의 성공에서 중요한 역할을 한다.

학생에게 성공적으로 노트 필기를 하기 위한 구체적인 단계를 가르칠 수 있다. 예를 들어, Scanlon, Deshler와 Schumaker(1996)는 ORDER 전략을 만들었는데, 이 전략은 교실에서 학습장애 학생을 지원하

기 위해 일반교사가 가르칠 수 있다고 밝혀졌다. ORDER 전략은 하나의 하위전략(FLOW)을 포함한 5단계로 구성되어 있다(〈표 10-6〉 참조).

학생은 이 전략을 사용함으로써 마음을 열고, 노트 필기를 하며, 내용 조직을 토대로 하는 구조를 인식하게 된다. 학생에게 (1) 원인과 결과를 포함한 순서, (2) 비교/대조, (3) 열거되어 있는 설명, (4) 문제 해결이 포함된 선택 메뉴를 준다. 그런 다음 학생은 개별적으로 노트 필기 구조와 내용에 근거하여 그래픽 조직자를 만든다. 교사는 학생이 조직자를 고안하도록 돕기 위해 FLOW 전략을 가르친다. 이 전략에서 학생은 먼저 중요한 정보를 찾고 목록화한 다음, 적

표 10-6 노트 필기 전략

기억술	단계

ORDER와 FLOW
(Scanlon et al., 1996)
	Open your mind and take notes(마음을 열고 노트 필기를 한다)
	Recognize the structure(구조를 인식한다)
	Design an organizer(조직자를 고안한다)
	  Find and list(찾아 목록화한다)
	  Look and check(보고 점검한다)
	  Work out an organizer(조직자를 작성한다)
	Explain it(그것을 설명한다)
	Recycle it(그것을 재활용한다)

CALL UP (Czarnecki et al., 1998)	Copy from board or transparency(칠판이나 슬라이드로부터 베껴 쓴다) Add details(세부사항을 첨가한다) Listen and write the question(질문을 경청하고 쓴다) Listen and write the answer(대답을 경청하고 쓴다) Utilize the text(본문을 활용한다) Put it in your own words(자신의 단어들로 써넣는다)

"A" NOTES와 SAND
(Czarnecki et al., 1998)
	Ask yourself if you have a date and a topic(날짜와 주제가 있는지 스스로에게 묻는다)
	Name the main ideas and details(주요 개념과 세부사항을 명명한다)
	Observe ideas also in text(본문 속 개념을 잘 본다)
	Try margin noting and use SAND strategy(여백에 주석을 달고 SAND 전략을 사용한다)
	  Star important ideas(주요 개념에 ☆ 표시한다)
	  Arrange arrows to connect ideas(개념을 화살표로 연결하여 배열한다)
	  Number key points in order(순서대로 요점에 번호를 붙인다)
	  Devise abbreviations and write them next to the item(약어를 고안하고 항목 옆에 그것을 쓴다)
	Examine for omissions or unclear ideas(생략된 것이나 불명확한 개념을 점검한다)
	Summarize key points(요점을 요약한다)

절한 구조를 선택하였다는 것을 확신하기 위해 점검한다(보고 점검하기). 다음으로 학생은 조직자에서 정보가 어디에 배치될지를 구분하기 위해 숫자나 글자, 상징으로 표시함으로써 정보를 조직한다. ORDER 전략의 네 번째와 다섯 번째 단계에서 학생은 교사에게 조직자에 대해 설명하고는 그것을 시험공부나 개요로 사용한다.

Czarnecki, Rosko와 Fine(1998)은 두 가지 시험전략 CALL UP과 'A' NOTES를 개발했다(〈표 10-6〉 참조). CALL UP 전략은 학생으로 하여금 단서 단어들을 경청하고, 교사가 칠판이나 슬라이드에 쓴 주요 개념을 베껴 쓰도록 가르친다. 그다음 학생은 노트 필기에 첨가할 세부사항을 경청하고 본다. 교사나 학생이 질문할 때마다 학생은 Q란 표시와 함께 질문을 써 내려간다. 그리고는 답을 경청하고 A란 표시와 함께 써 내려간다. 학생은 교과서를 사용해 검토한다.

그들은 공책에 자신의 단어들로 본문 정보를 쓴다.

두 번째 전략인 'A' NOTES는 교실수업 후 노트 필기를 검토하기 위해 고안되었다(〈표 10-6〉 참조). 첫 단계에서 학생은 날짜와 주제가 포함되어 있는지 스스로에게 묻는다. 그런 후 주요 개념과 세부사항을 '명명하고' 강조 표시를 한다. 세 번째 단계는 본문 속 개념을 잘 보는 것이다. 그리고는 학생은 SAND 하위전략을 사용하여 여백에 주석을 단다. 마지막 두 단계는 불명확하거나 빠뜨린 정보를 고치기 위해 학생의 노트 필기를 검토하는 것과 노트 필기의 맨 아래에 한두 개의 문장으로 전반적인 개념을 요약하는 것이다(Czarnecki et al., 1998).

노트 필기 기술을 교수하는 다른 방법도 제시되어 왔다. 예를 들어, Meeks(1991)는 교사가 제공하는 15~20분 분량의 수업에 대해 학생이 노트 필기하도록 할 것을 제안한다. 그리고 학생으로 하여금 자신

(수업안)
노트 필기 기술

수업 목표
두문자어 CALL UP 목록이 나열된 활동지가 주어졌을 때, 학생은 이 전략의 단계—즉, 칠판에 쓰인 정보 베껴 쓰기와 세부사항을 덧붙인 문장 쓰기, 강의 질문과 답 쓰기, 본문 속 단락 읽기, 자신의 단어로 짧은 요약 쓰기 단계—를 100% 정확하게 행할 것이다.

자료
CALL UP 전략 촉진 활동지. 이 촉진 활동지는 CALL UP 전략의 단계를 나열하고, 각 단계에 대한 기술을 연습하도록 빈칸이 만들어져 있다.

빈칸 옆에 이 전략의 글자들이 적힌 독립연습 활동지.

예상 단계와 검토, 선행 학습 확인
여러분이 시험공부를 하고 우리가 수업시간에 논의한 무

언가를 기억하고 싶을 때, 내게 전화를 걸어 질문할 수 있을까요? 아마도 그렇지 않을 겁니다. 학교를 마친 후에 내가 응할 것이라 생각되지 않아요. 대신에 여러분은 자신의 공책에 필기된 CALL UP 정보를 읽을 것입니다. 만약 여러분이 필기를 잘 한다면 내게 전화할 필요가 없을 겁니다.

어제 우리는 정보를 빠르고 정확하게 베끼는 연습을 했습니다. 칠판에는 세 가지 주제가 쓰여 있습니다(파충류, 조류, 포유류). 자신의 공책과 연필로 가능한 한 빨리 정보를 베껴 써 봅시다. 나는 여러분에게 두 개의 문장을 말할 겁니다. 내가 말한 문장을 간단하게 요약하여 쓰기 바랍니다. ("포유류는 살아 있는 동물에게서 태어나는 동물이다. 파충류는 번식할 때 알을 낳는다.")

목표
오늘 여러분은 노트 필기를 위해 CALL UP 전략을 배

울 겁니다. 노트 필기를 배우는 것은 왜 중요할까요? (학생들은 대답한다.)

교수 및 모델링

나는 수업시간에 노트 필기를 하는 데 도움이 되도록 CALL UP 전략을 사용할 겁니다. 먼저 나는 이 전략의 단계들을 설명할 겁니다.

1. 첫째는 C, 즉 칠판에 있는 중요한 정보를 베껴 쓴다(copy)입니다. 교사는 보통 중요한 정보를 칠판에 씁니다. 예를 들어, 칠판 위에 양서류란 용어의 정의가 쓰여 있습니다. 노트 필기를 잘하기 위해 나는 내 공책에 이 정의를 베껴 쓸 겁니다. (교사는 시범을 보인다.)
2. 다음은 A, 즉 세부사항을 첨가한다(add)입니다. 강의하는 동안, 선생님은 주제에 대해 더 많은 정보를 말할 겁니다. 세부사항을 첨가하기 위해 교사가 제공한 정보에 대해 요약문을 씁니다. 예를 들어, 교사는 "양서류가 어릴 때에는 물에서 살아요."라고 말합니다. 그러면 나는 "어린 양서류는 물에 산다."라고 요약문을 씁니다. (교사는 시범을 보인다.)
3. 그다음은 L, 즉 질문을 경청(listen)하고 쓴다입니다. 교사는 가끔 정보를 제공하면서 질문을 합니다. 만약 교사가 강의하는 동안 질문을 한다면 그것은 아마도 중요한 질문일 겁니다. 따라서 여러분은 그 질문을 쓰고자 할 겁니다. 예를 들어, 교사가 "양서류는 어떻게 육지동물과 수중동물 모두 될 수 있죠?"라고 질문합니다. 그러면 나는 이 전략을 사용할 때 공책에 그 질문을 쓸 겁니다. (교사는 시범을 보인다.)
4. 다음 단계는 L, 즉 답을 경청(listen)하고 쓴다입니다. 교사가 강의하는 동안 질문을 할 때는 그에 대해 거의 답을 합니다. 교사가 답을 말하면 공책에 그 답을 씁니다. 예를 들어, 교사가 "양서류가 어릴 때에는 물고기처럼 물속에서 살아요. 그러나 점차 자라면서 물고기 같은 특징은 사라지고 육지동물처럼 변합니다."라고 말합니다. 나는 그 정보를 공책에 쓸 겁니다. (교사는 시범을 보인다.)
5. 전략의 마지막 단계는 U, 즉 본문을 활용한다(utilize)와 P, 즉 자신의 단어들로 써넣는다(put)입니다. 나는 강의를 마친 후 여러분이 읽어야 할 교과서 부분을 정해 줄 겁니다. 여러분이 그 부분을 읽을 때에는 더 첨가해야 할 정보를 공책에 자신의 단어들로 써넣습니다. 이전에 이에 대해 연습했으니 어떻게 하는지 알

겁니다. 내가 시범을 보여 주지요. (교사는 시범을 보인다.)

안내된 연습

다음으로 우리는 함께 이 전략의 사용을 연습할 겁니다. 여기 전략 단계가 적힌 복사물이 있습니다. 연습에 들어가기 전에 우리 함께 이 단계를 여러 번 읽어 봅시다. (교사와 학생들은 서너 번 단계를 읽어 본다. 교사는 학생으로 하여금 외워서 이 단계를 반복하도록 할 수도 있다.)

우리는 이제 이 단계들을 알았으니 연습을 통해 이 전략을 사용해 봅시다. 칠판의 이 부분에 양서류에 대한 몇 가지 새로운 정보가 쓰여 있습니다. 우리는 전략을 연습하는 데 이 정보를 사용할 겁니다.

1. 첫째, C를 합시다. 베껴 쓴다(copy). 이 정보를 읽고 여러분의 전략 활동지에 그것을 베껴 쓰세요. (교사와 학생들은 읽고 베껴 쓴다.)
2. 이제 우리는 A를 합니다. 세부사항을 첨가한다(add). 나는 여러분에게 양서류에 관한 두 문장을 말할 겁니다. 우리는 이 세부사항을 전략 활동지에 씁니다. (교사는 "양서류는 털과 비늘, 날개 대신에 부드러운 표피를 가지고 있어요. 그들은 아가미와 허파, 표피로 숨을 쉬어요."라고 말한다.) 활동지에 이 세부사항을 써 봅시다.
3. 다음은 L입니다. 질문을 경청하고(listen) 쓴다. 질문은 "양서류는 언제 이러한 특징이 발달하는가?"입니다. 우리는 이 질문을 활동지에 씁니다.
4. 다음은 L입니다. 답을 경청하고(listen) 쓴다. 답은 "양서류가 어릴 때에는 물속에서 살고 아가미와 꼬리를 가진다. 양서류가 점차 자라면서 꼬리와 아가미가 사라지고 다리가 자라난다."입니다. 이 답을 활동지에 써 봅시다.
5. 마지막 단계는 U입니다. 본문을 활용한다(utilize). 그리고 P입니다. 자신의 단어들로 써넣는다(put). 칠판에는 본문의 짧은 문구가 있습니다. ("양서류 유충은 물고기처럼 이동한다. 그들은 몸을 흔들고, 이동하기 위해 꼬리를 편다. 성숙한 양서류는 이동하기 위해 앞뒤 다리를 사용한다.") 이것을 함께 읽어 봅시다. 그런 다음 우리는 자신의 단어로 요약문을 쓸 겁니다. (교사와 학생들은 그 부분을 읽고 나서 촉진 활동지에 요약문을 쓴다.)

(교사는 안내된 연습 단계에서 사용할 서너 개의 연습 예를 더 준비한다. 교사는 학생들이 독립적으로 전략의 단계를 따라 하고 촉진 활동지를 채울 수 있을 때까지 학생들과 함께 연습한다. 학생들이 전략 단계를 완수해 감에 따라 교사는 촉진를 서서히 줄여 나간다.)

독립 연습

교사는 다음과 같이 최종 예를 준비한다. 교사는 정보를 보여 주고, 학생들은 비어 있는 CALL UP 활동지를 사용하면서 노트 필기를 한다.

• 독립적 연습을 위한 생식의 실태

암컷은 물속에서 알을 낳는다. 암컷은 200개 정도의 많은 알을 낳을 수 있다. 암컷이 알을 방출하면 수컷은 그것들을 수정시킨다. 개구리 알은 끈적거려서 수중식물에 붙어 있다. 끈적이는 물질은 약탈자가 알을 빼앗는 것을 어렵게 만든다. 대부분의 양서류는 알을 낳은 후 떠난다.

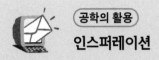

공학의 활용

인스퍼레이션

CALL UP 노트 필기 전략

C	Copy from board(칠판으로부터 베껴 쓴다)	A	Add details(세부사항을 첨가한다)	L	Listen and write the question(질문을 경청하고 쓴다)	L	Listen and write the answer(대답을 경청하고 쓴다)
		U	Utilize the text(본문을 활용한다)	P	Put it in your own words(자신의 단어들로 써넣는다)		

보기 좋은 그래픽 조직자와 시각적 촉진, 기억술 장치를 만드는 것은 어려운 과제일 필요는 없다. 위의 예는 컴퓨터 프로그램인 인스퍼레이션을 사용하여 만든 것이다. 인스퍼레이션은 학생과 교사가 개념과 내용 정보에 대한 그래픽 조직자와 개요, 시각적 표상을 만드는 데 도움을 주기 위해 고안된 프로그램이다. 이 프로그램은 사용하기 쉽고, 이 장에서 논의된 개념들을 이행하는 데 훌륭한 자원이 된다. 실제로 인스퍼레이션은 6~12학년 학생이 프로그램의 특징을 빨리 배워 자신의 시각적 학습 자원을 만들어 낼 수 있을 정도로 사용하기 쉽다. 키즈퍼레이션은 어린 아동(유치원~5학년)이 시각적 학습 원칙을 쉽게 적용하는 방법을 제공한다. 학생들은 생각과 정보를 표상하기 위해 키즈퍼레이션으로 그림과 본문, 구두 단어를 결합하면서 그래픽 조직자를 만든다.

[생각해 보기] 인스퍼레이션이나 키즈퍼레이션은 어떻게 당신이 수업에 조직화 전략을 통합하도록 해 주겠는가?

출처: Inspiration Software, Inc., 2005. http://www.inspiration.com.에서 2005년 12월 3일 발췌함.

의 노트 필기를 칠판에 베껴 쓰게 하며 학급에 필기에 대해 평가해 준다. 고려해야 할 또 다른 점은 학생으로 하여금 노트 필기에 대한 책무성을 갖도록 하는 것이다. 이 상황에서 교사는 학생의 공책을 수집하여 그들이 노트 필기를 했는지의 여부를 기록하고, 그러고 나서 필기를 분석하여 노트 필기 기술을 향상시키거나 가르칠 수 있는 방법을 찾아낸다.

노트 필기를 조장하기 위한 교수의 구조화

앞서 논의한 바와 같이, 그래픽 조직자는 노트 필기를 위한 틀을 제공할 수 있다. 학생에게 부분적으로 완성된 그래픽 조직자를 제공할 수 있다. 교사가 강의해 감에 따라 학생은 빈칸을 채워 나간다. 이러한 방식으로 사용되는 안내 노트를 개발하는 팁들은 〈표 10-7〉에 제시되어 있다. 노트 필기를 용이하게

표 10-7 안내 노트의 개발

안내 노트의 개발 단계
• 중심 개념, 핵심 용어와 구, 정의가 포함된 강의 노트를 사용한다.
• 강의 순서와 병행되는 원주형 구조(비교 정보)와 골격형 구조(개요)를 포함하여 일관된 형식을 사용한다.
• 안내 노트의 코너에 학생들이 노트를 복습할 때마다 기록할 수 있는 기록 박스를 배치한다.
• 완성된 안내 노트는 OHP로 사용한다. OHP를 가려서, 논의하고 있는 각 부분만을 보여 준다.
• 사용되는 정보의 유형과 분량을 알려 주기 위해 채워 넣어야 할 각 단어에 해당하는 빈칸이나 제목 아래의 숫자 목록과 같은 시각적 단서를 제공한다.
• 논의를 하기 전에, 학생들에게 전체 단위 혹은 단원에 해당하는 안내 노트를 준다.
• 수업의 도입 단계에서 학생들의 안내 노트를 무작위로 선택한다. 내용을 검토하고 잘못 이해한 것을 명료화한다.
• 짧게(3~5분) 녹화된 강의와 안내 노트 OHP를 사용하여 안내 노트 기입법을 모델링해 준다.

출처: Lazarus (1996)에서 발췌한 내용으로 표 작성.

표 10-8 노트 필기를 조장하기 위한 강의의 구조화

강의 구조화를 위한 아이디어
• 학생들이 이해하기 위해 노트 필기는 하지 않고 경청하고 질문만 해야 하는 시간을 확인한다. 그런 다음 그들에게 칠판 내용을 베껴 쓰거나 학생 자신의 개요를 생성할 충분한 시간을 제공한다(Baumler, 1991).
• OHP를 복사해서 유인물로 사용한다(Baumler, 1991).
• 학생으로 하여금 이해하였는지 확신하도록 하기 위해 교수 후 즉시 자신의 노트 필기를 되돌아볼 시간을 허용한다. 그런 후 그들이 물어볼 만한 질문에 답해 준다.
• 학생들에게 단계 순서(예, 수학 계산의 순서)를 칠판이나 게시판에 제공한다(Meeks, 1991).
• '학생 친화적'이고 노트 필기하기 쉬운 강의를 설정한다. 이것은 학생들의 전략 사용을 촉진할 뿐 아니라 "교사로 하여금 자료가 어떻게 조직되고 제시되는지에 대해 더 많이 인식하게 만든다"(Saunders et al., 1995, p. 45).

안내 노트 사용 단계
1. 내가 안내 노트를 할 때 나는 내 책상을 청소하고, 책상 위에 공책과 연필만을 둔다.
2. 나는 선생님의 말씀을 듣고 선생님이 하는 것을 본다.
3. 선생님이 쓰면, 나는 선생님이 쓴 것을 쓴다.
4. 선생님이 쓴 것을 다 쓴 후에는 정확하고 완벽한지 내 공책을 확인한다.

[그림 10-7] 안내 노트 사용을 위한 자기대화

하기 위해 수업을 구조화하는 추가적인 아이디어는 〈표 10-8〉에 있다. [그림 10-7]은 학생들이 안내 노트를 사용하기 위해 배울 수 있는 자기대화가 제공되어 있다.

선행 연구에서는 노트 필기와 노트 필기 전략의 효과를 지지한다. Porte(2001)는 다음과 같이 말한다.

노트 필기의 역동적인 복합성은 완벽한 노트 필기를 학습하는 것의 가치와 더불어… 많은 교사로 하여금 완벽한 노트 필기를 제공하게 만들었다. 그러나 연구

에 따르면 학생들에게 수업을 듣게 한 후 노트 필기를 제공해 주는 것은 스스로 노트 필기를 하게 하는 것만큼 효과적이지 않다(p. 16).

학령기의 경도·중등도 장애 학생을 대상으로 한 연구는 제한적이다. 두 가지 예는 다음과 같다. 첫째, Lazarus(1996)는 안내 노트가 일반교육 과학수업에 있는 2명의 경도장애 학생의 단원시험 점수를 일반 또래 수준으로 향상시켰다고 밝혔다. 둘째, Boyle과 Weishaar(2001)는 13명의 경도장애 고등학생에게 전

공학의 활용

학습자 생산성을 위한 프로그램 세트

비전략적인 학습자로서의 특성은 경도·중등도 장애 학생의 생산성을 방해할 수 있다. 그러나 학생의 성과를 강조하는 국가와 주, 지역에서는 학습자 생산성(learner productivity)에 새롭게 관심을 갖는다. 이 용어는 학생들이 알아야 할 것과 성공적으로 학습과정에 참여할 수 있도록 하는 것에 초점을 둔다. 배우기 위한 학습과 자기관리 학습은 이 개념의 중요한 부분이다.

학습자 생산성을 위한 프로그램 세트

장애 학생이 성공적으로 높은 기준을 성취하도록 도와주고자 고민하는 특수교사와 실무자에게 학습자 생산성이란 개념은 중요한 의미를 갖는다. 예를 들어, 모든 통합교실이 다양한 요구와 능력 범위를 충족하도록 특별히 고안된 학습자 생산성 프로그램 세트를 갖추고 있다면, 보조공학과 교수공학 간 경계가 희미해져서 수행과 성취에 대해 새롭게 강조하게 될 것이다.

학습장애 중학생에 대해 생각해 보면서 학습자 생산성을 향상시키는 프로그램을 만들기 위해 고려해야 할 몇 가지 아이디어가 다음에 제시되어 있다.

• 읽기

만약 한 학생이 교과서 내용을 읽는 데 어려움을 갖는다면 디지털 형식으로 정보를 제공하는 것이 필수적이다. 학생들은 ReadPlease, http://www.readplease.com)와 같은 문자-음성 자동변환 소프트웨어를 활용함으로써 그들이 읽을 수 없는 정보를 들을 수 있게 된다.

또 다른 전략은 (1) 스캐너, (2) 광학식 문자인식(optical character recognition: OCR) 소프트웨어, (3) 문자-음성 자동변환 소프트웨어를 사용하여 교과서 본문을 컴퓨터로 스캔하는 것이다. 이를 컴퓨터가 읽어 주기 때문에 학생은 자료를 들을 수 있다. 이러한 예로 커즈웨일 3000(Kurzweil 3000), 리드 앤드 라이트 골드(Read and Write Gold), 그리고 WYNN이 있다.

• 탐색하기

숙제가 탐구하는 것과 관련된 것이라면 웹브라우저(예, Netscape, Internet Explore)와 검색 엔진을 사용하는 기술이 중요하다. 오페라(Opera, http://www.opera.com) 같은 대안적인 웹브라우저는 전맹 및 저시력 사용자, 대안적인 탐색 수단(마우스 대신 키보드)이 필요한 사람들의 접근을 용이하게 한다. 애스크 지브스 포 키즈(Ask Jeeves for Kids, http://www.ajkids.com)라는 웹사이트는 학생들이 답을 원하는 질문을 타이핑함으로써 검색하도록 하는 강력하고 사용하기 쉬운 검색 수단이다. 마지막으로 많은 학생은 야후리건스(Yahooligans, http://www.yahooligans.com)이나 키즈클릭!(Kids-Click!, http://sunsite.berkeley.edu/KidsClick!)과 같이 종합적인 초기화면이 제공되는 것이 도움이 된다고 한다.

• 쓰기

글을 쓰는 모든 사람은 연령과 능력에 상관없이 아이디어를 내고 그들의 사고를 조직하는 데 자주 어려움을 가진다. 전통적으로 이러한 작업을 수행하는 계획하기의 수단으로 사용

되어 온 것이 개요다. 개요의 대안으로는 개념지도로 알려진 소프트웨어 상품 키즈퍼레이션과 인스퍼레이션(Inspiration Software)이 있다. 브레인스토밍을 하는 동안 아이디어가 생성되면 그것이 스크린에 배치된다. 그런 후 아이디어는 계속해서 스크린에서 움직이고 적당한 조직 패턴으로 군집화된다.

물론 글을 쓰는 모든 사람을 위한 기본 도구는 워드프로세서다. 흔히 사용하는 워드프로세서로는 워드(Word)와 클라리스 웍스(ClarisWorks)를 들 수 있다. 추가적인 지원이 필요한 자에게는 세 가지 전략이 흔히 활용된다. 코라이터(Co:Writer, Don Johnston)와 같은 단어예측 상품은 본문 산출과정을 빠르게 하기 위해 입력되는 단어를 예측하도록 인공지능 기술을 활용한다. 비아보이스(ViaVoice, IBM)와 드래곤 딕테이트(Dragon Dictate, Dragon Systems) 같은 음성입력 상품은 사용자가 그들의 아이디어를 말하고, 컴퓨터가 그 아이디어를 타이핑하게 하는 것을 가능하게 해 준다. 라이터아우트라우드(Writer: OutLoud, Don Johnston)와 같은 음성출력 상품은 학생이 글로 쓰인 것을 들을 수 있게 해 준다.

청중과의 공유 혹은 발표는 주로 쓰기과정의 마지막 단계로 여겨진다. 글을 쓰는 사람들은 자신의 메시지에 대한 시각적인 발표를 다양한 방식으로 할 수 있다. 발표를 위한 핵심 도구로는 클립아트와 마이크로소프트 퍼블리셔(Microsoft Publisher)를 비롯하여 하이퍼스튜디오(HyperStudio), 인텔리픽스 스튜디오(IntelliPics Studio), 파워포인트 같은 도구가 있다. 이들은 웹에서 슬라이드 쇼를 만들 수 있게 지원해 준다. 웹페이지 형식의 보고서로 발표가 가능하다면, 트랙스타(TrackStar, http://scrtec.org/track/) 같은 도구는 웹사이트에 링크할 목록을 준비하는 과정을 단순화해 준다.

• 수학

워드프로세서가 글을 쓰는 사람에게 기본 도구이듯이, 계산기는 수에 대해 작업하는 사람에게 기본 도구다. 추가적인 지원이 필요한 학생에게 빅칼크(Big: Calc, Don Johnston) 같은 컴퓨터 기반 계산기와 매스패드(MathPad, IntelliTools)는 전자공학적인 환경 속에서 수학 구체물과 직접교수, 계산 지원을 해 줌으로써 새로운 수학 교육과정을 편리하게 지원한다.

[생각해 보기] 장애 학생이 자기 관리적이고 독립적인 학습자가 되도록 돕기 위해 왜 이러한 지원이 필요한가?

교사를 위한 정보 10.7

학생은 다음의 STRATEGY 기억술을 사용하여 자신의 전략을 만들도록 배울 수 있다.

• Start by choosing a learning or behavior outcome(학습이나 행동 결과를 선택함으로써 시작한다).

• Task analyze it(그것을 과제 분석한다).

• Rearrange the wording of the steps(단계들에 대한 어휘 표현을 재배열한다).

• Ask if you can make a word from the first letters(첫 글자들로 단어를 만들 수 있는지 질문한다).

• Try to find a word that relates to the task(과제와 관련 있는 단어를 찾고자 시도한다).

• Examine possible synonyms to get the first letter(첫 글자를 얻기 위해 동의어를 최대한 조사한다).

• Get creative!(창조적이 되자!)

• Yes, you can make your own strategies(네, 당신은 자신의 전략을 만들 수 있습니다).

출처: S. Heaton & D. J. O'Shea, "Using Mnemonics to Make Mnemonics" (1995), *TEACHING Exceptional Children, 28* (1), 34-36. Council for Exceptional Children의 허락하에 재사용됨.

표 10-9 효과적인 두문자어 전략의 특징

효과적인 두문자어 전략의 특징
• 학생들의 레퍼토리 속에 전략의 모든 단계가 있음을 확실히 한다. 그렇지 않으면 학생에게 그것들을 전략의 부분으로서 가르친다.
• 전체 전략의 일부로서 기억전략을 통합한다. 예를 들어, 전략 단계를 기억하기 위해 두문자어를 만든다.
• 각 단계는 짧게 만든다. 모든 불필요한 단어는 제거한다.
• 각 단계는 인지적 또는 행동적 필요조건과 관련된 동사나 핵심어로 시작한다.
• 7단계를 넘지 않는다.
• 기억전략은 전체 전략과 관련이 있어야 한다. 예를 들어, 전체 전략의 목적과 직접적으로 연결된 두문자어를 만든다.
• 전략 단계를 시사하기 위해 친숙하고 단순한 언어와 어휘를 사용한다.

출처: Lenz et al. (1996)에서 발췌한 내용으로 표 작성.

략적 노트 필기를 가르쳤다. 노트 필기 절차를 배운 학생은 정보 회상과 독해, 기록된 노트 필기의 개수에서 전통적인 노트 필기를 사용했던 학생보다 유의하게 더 높은 점수를 받았다.

7. 학습전략 만들기

수많은 학습전략이 연구자나 교사에 의해 개발되어 왔다. 그러나 몇 가지 예만이 이 장의 맥락 속에 제시되어 있다. 당신은 자신의 전략을 만들 수 있고, 적절

 교사를 위한 정보 10.8

캔자스 대학 학습연구센터의 효과적 교수 연구소에서는 전략 커리큘럼을 포함하는 전략교수 모델(Strategic Instruction Model: SIM)을 개발하였다. 교사는 연구소 학습과정을 이수함으로써 구체적인 교수전략을 배울 수 있다. 이 커리큘럼에 속한 전략은 다음과 같다.

읽기전략
- 단어인식 전략(Word Identification Strategy)
- 자기질문 전략(Self-questioning Strategy)
- 시각적 심상 전략(Visual Imagery Strategy)
- 바꾸어 말하기(Paraphrasing Strategy)

정보의 기억과 학습을 위한 전략
- 첫 글자 기억술 전략(First-Letter Mnemonic Strategy)
- 쌍연합 전략(Paired Associate Strategy)
- LINCS 어휘전략(LINCS Vocabulary Strategy)

쓰기전략

- 문장 쓰기 전략(기초) [Sentence Writing Strategy(fundamentals)]
- 문장 쓰기 전략(숙달) [Sentence Writing Strategy(proficiency)]
- 단락 쓰기 전략(Paragraph Writing Strategy)
- 주제 쓰기(기초) [Theme Writing(fundamentals)]
- 오류점검 전략(Error Monitoring Strategy)
- InSPECT 전략(워드프로세서 맞춤법 검사) [InSPECT Strategy (word-processing spell-checker)]

숙제와 시험 수행 향상을 위한 전략

- 숙제완성 전략(Assignment Completion Strategy)
- 전략적 튜터링(Strategic Ttutoring)
- 시험전략(Test-Taking Strategy)

타인과의 효율적인 상호작용을 위한 전략

- SLANT—교실참여 전략(SLANT—A Classroom Participation Strategy)

협동적 사고 전략

- THINK 전략(문제 해결) [THINK Strategy(problem solving)]
- LEARN 전략(중요한 정보 학습하기) [LEARN Strategy(learning critical information)]
- BUILD 전략(의사결정) [BUILD Strategy(decision making)]
- SCORE 기술: 협동집단을 위한 사회적 기술(SCORE Skills: Social Skills for Cooperative Groups)
- 팀워크 전략(Teamwork Strategy)

공동체 만들기 시리즈

- 함께 수업 따라가기(Following Instruction Together)
- 함께 조직하기(Organizing Together)
- 함께 노트 필기하기(Taking Notes Together)
- 함께 이야기하기(Talking Together)

동기전략

- 자기옹호 전략(Self-Advocacy Strategy)
- 미래의 자신(Possible Selves)

수학전략

- 전략적 수학 시리즈(Strategic Math Series)

출처: www.kucrl.org/iei/sim/lscurriculum.html. 2004년 발췌. 허락하에 재사용됨.

하다면 학생으로 하여금 전략을 만들도록 가르칠 수도 있다. 장소와 내용, 학습자의 요구에 적합한 전략은 학습 능력을 증가시키는 강력한 도구가 될 수 있다.

Buchan, Fish와 Prater(1997)는 초등학교 경도장애 학생을 대상으로 창의적 글쓰기 과제를 돕기 위한 전략을 만들었다. 그 전략은 닌자거북의 피자 토핑 세기(Ninja Turtles Counting Pizza Toppings)다. 각 단어의 첫 글자는 그들이 제출하기 전에 확인해야 할 것들, 즉 이름, 제목, 대문자 사용, 구두점, 전환 낱말을 나타낸다. 내용 영역에 상관없이 두문자어 전략을 만들 때 고려해야 할 일곱 가지 특징은 〈표 10-9〉에 제시되어 있다.

8. 자기관리 학습

교실에 참여하는 데 있어 브레이든의 문제는 계속 증가하고 있다. 그의 교사는 최근에 지역구 후원 워크숍에 참여하여 학생들이 자신의 행동을 점검하도록 가르치는 방법인 자기점검에 대해 배웠다. 워크숍 제공자는 이 방법을 적절하게 보완하여 가르치면 극적으로 학생의 과제 중 행동을 변화시키고 학생의 학업 기술을 향상시킬 수 있다고 제시했다. 브레이든의 교사는 이 기술을 브레이든에게 시도하는 데 관심이 있다.

자기관리(self-management)는 학생들이 자신의 행동과 학습을 관리하는 많은 절차를 완수하는 하나의 포괄적 용어다. 전통적인 행동관리 프로그램(예, 토큰 경제, 유관계약)은 교사가 학생의 행동을 점검하고 토큰과 강화물을 수여하기 때문에 외적 행동 통제가 필요하다(4장 참조). 자기관리 훈련은 학생이 역동적으로 참여하고 자신의 행동과 학습에 책임을 지도록 요구함으로써 학생이 외부적인 교사 통제를 벗어나 자기조절을 하게 한다. 자기점검은 아마도 가장 많이 사

---

a. 오전시간 자기점검 활동지

이름: _____   날짜: _____

과목: 읽기, 수학, 쓰기, 철자

과목 및 숙제	행동 점검
읽기 □ 읽기 선택 □ 이해 질문에 답하기 □ 한 번 읽기를 완성하고 시간 기록	표적 행동 □ 착석 유지 □ 도움이 필요할 때 손들기
쓰기 □ 반응기록지에 3개의 단락 쓰기 □ 쓰기 기술 연습활동지 완성하기 □ 쓰기 도전 숙제 완성하기	표적 행동 □ 착석 유지 □ 도움이 필요할 때 손들기
수학 □ 수학 사실을 시간 내 완성하기 □ 모든 연습 문제를 혼자 완성하기	표적 행동 □ 착석 유지 □ 도움이 필요할 때 손들기
철자 □ 단어 철자 3번씩 쓰기 □ 문장에서 각각의 단어 철자 쓰기	표적 행동 □ 착석 유지 □ 도움이 필요할 때 손들기

b. 숙제 완성: 수학

이름: _____

주: _____

요 일	숙 제	제 출	점 수
월요일	pp. 110-112 #3-45(짝수)	☐	
화요일	pp. 115-117 #1-25(전체)	☐	
수요일	pp. 121-122 #3-6 & 10-25(전체)	☐	
목요일	pp. 125-126 #1-30(홀수)	☐	
금요일	pp. 130-131 단원시험(전체)	☐	

총 제출 회수: _____

평균 점수: _____

c. 행동점검 차트

이름: _____ 날짜: _____ 관찰시간: _____부터_____까지

표적 행동: 과제 집중

과제 집중이란:

- 교사나 과제 쳐다보기
- 의자에 앉아 있기
- 올바른 자료를 사용하기
- 조용히 작업하기

과제 집중이 아닌 것: 친구들과 이야기하기, 자리 이탈하기, 작업하지 않음

'삐~' 소리가 날 때마다 자신이 과제 집중을 하고 있는지 표시한다.

만약 당신이 과제에 집중하고 있으면 네모 안에 × 표시를 한다.

만약 당신이 과제에 집중하고 있지 않다면 네모 안에 ○ 표시를 한다.

총 × 개수 _____

총 ○ 개수 _____

[그림 10-8] 자기점검 차트 예시

용되고 연구된 자기관리 전략이다.

자기점검

자기점검 절차는 자기평가와 자기기록의 두 가지 다른 자기관리 전략을 적용하는 것이다. 자기평가에서 학생은 행위가 일어나는지를 판단한다. 예를 들어, 학생이 그들의 학업적 또는 직업적 수행을 자기평가한다면, 그들은 스스로에게 '나는 숙제를 마쳤는가?' 또는 '나는 탁자 닦는 것을 끝냈는가?'라고 물을 수 있다. 그들은 또한 스스로에게 '내가 과제 수행 중이었나?' 또는 '나는 학급친구를 괴롭혔나?'와 같이 작업 행동과 관련 있는 질문을 할 수도 있다.

두 번째 요소인 자기기록은 행동의 발생 유무를 기록하는 것이다. 일반적으로는 학생이 자신의 대답을 기록하는 자기점검 활동지를 사용한다. 학생에게 자신의 활동지를 만들도록 지도할 수도 있다. 세 가지 자기점검 차트의 예시가 [그림 10-8]에 제시되어 있다.

촉진은 자기관리 절차에 있어 중요한 특징이다. 과제 수행 중인 행동을 점검하기 위해, 예를 들어 학생에게 수시로 청각적 촉진을 제시하는 것은 가장 흔한 것일 수 있다. 이것은 책상에서 작동되는 오디오테이프 형태이거나 이어폰이 있는 워크맨 형태의 녹음장치일 수 있다. 학생은 듣고 있다가 촉진 신호가 들리면 스스로 '내가 과제에 집중하였나?'라고 질문하고 그 반응을 기록한다. 청각적 촉진은 종이나 실로폰, 피아노 음, 혹은 누군가(심지어 학생 자신)가 '확인'이라고 말하거나 '내가 과제에 집중하였나?'라고 질문하는 형태일 수 있다.

시각적 촉진 또한 매우 도움이 될 수 있다. 자기점검 활동지는 시각적 촉진으로서의 역할을 할 수 있다. 몇몇 학생은 추가적인 시각적 촉진을 요구할 수 있다. 예를 들어, 한 연구에서는 과제집중 행동에 관한 그림을 보여 주는 포스터가 방 앞에 전시되었다. 그것은 강력한 촉진 역할을 했고, 교사에 따르면 자기점검을 하는 표적 학생의 과제집중 행동뿐만 아니라 교

표 10-10 과제집중 행동에 대한 자기점검법 적용 단계

과제집중 행동에 대한 자기점검법 적용
1. 학생(들)과 장소, 행동을 확인한다.
2. 관찰 절차를 결정한다.
3. 기초선 자료를 수집하고 계산하고 그래프로 나타낸다.
4. 필요한 자료를 수집하거나 만든다.
5. 학생에게 자기점검을 하도록 가르친다.
a. 목적을 설명하고 각 학생에게서 동의를 구한다.
b. 과제집중과 과제이탈 행동을 정의한다.
c. 역할극을 통해 과제집중 행동의 본보기와 본보기가 아닌 것을 모델링해 준다.
d. 학생들이 과제집중 행동의 본보기와 본보기가 아닌 것을 재연해 보게 한다.
e. 학생들을 다음 순서로 가르친다. 신호를 듣는다, '나는 과제집중 하였는가?'라고 스스로 묻는다, 그런 다음 기록한다.
f. 소리 녹음과 자기점검지를 사용하여 시범을 보인다.
6. 자기점검 프로그램을 시작한다.
7. 과제집중 행동의 비율을 계속 관찰하고 기록하고 계산하고 그래프로 나타낸다.
8. 청각적 촉진과 자기기록을 점점 줄여 나간다.
a. 청각적 촉진 사이의 시간 간격을 늘린다.
b. 최후에는 청각적 촉진을 제거한다. 학생으로 하여금 청각적 촉진이 생각날 때 자기기록을 하게 한다.
c. 최후에는 자기기록을 제거한다.
9. 절차를 줄여 가는 동안 과제집중 행동의 비율을 계속 관찰하고 기록하고 계산하고 그래프로 나타낸다.

실에 있는 모든 학생을 도왔다(Prater, Hogan, & Miller, 1992).

촉진을 서서히 줄이는 것은 자기관리 훈련의 필수 요소다. 궁극적인 목적은 행동을 내재화하는 것이다. 결과적으로 촉진(예, 청각 신호)은 체계적으로 사라져야 한다. 일반화 역시 중요하다. 만약 학생이 수학시간 동안 전략을 적용할 수 있고 그들의 과제집중 행동을 증가시킬 수 있다면 그들은 읽기를 하는 동안에도 그렇게 할 것인가? 일반화를 성공적으로 밝힌 연구는 그 수가 매우 적다.

과제집중 행동에 대한 자기점검은 과제집중 행동과 학생의 학습 모두를 향상시키는 수단이라고 문헌은 밝혀 왔다. 학생은 자기점검 절차에서 구체적인 교수와 훈련이 필요하다. 교수 절차는 〈표 10-10〉에 제시되어 있다.

연구에 따르면 다양한 학생 특성과 다양한 환경에서 자기관리 훈련이 효과적인 것으로 밝혀졌다. 예를 들어, 여러 연구는 자기관리 훈련이 학습장애(예, Hallahan & Sapona, 1983; Prater, Joy, Chilman, Temple, & Miller, 1991), 행동장애(예, Hogan & Prater, 1993; Miller, Miller, Wheeler, & Selinger, 1989), 주의력 결핍 과잉행동장애(예, Shimabukuro, Prater, Jenkins, & Edelen-Smith, 1999), 경도 및 중등도 정신지체(예, McCarl, Svobodney, & Beare, 1991; Osborne, Kosiewicz, Crumley, & Lee, 1987) 학생에게 효과적인 것으로 밝혀 왔다. 이러한 절차는 또한 다양한 연령, 즉 초등학생(예, McDougall & Brady, 1998)에서 고등학교와 그 이상의 학생(예, Blick & Test, 1987; Prater et al., 1992)까지 증명되어 왔다. 자기관리 훈련은 또한 여러 장소에 걸쳐 적용되어 왔다. 그 예로는 주거 치료시설(Miller et al., 1989), 직업훈련 장소(Shapiro, 1989), 특수학급(Prater et al., 1992), 일반학급(Hughes & Hendrickson, 1987)이 있다. 게다가 자기관리 훈련은 파괴적 행동의 감소(Hogan & Prater, 1993), 과제집중시간의 증가(Osborne et al., 1987), 학업성취의 향상

(Prater et al., 1992), 직업적 작업 생산성의 증가(Grossi & Heward, 1998)를 포함한 다양한 행동에 사용되어 왔다.

요약

- 전략은 학생이 학습이나 문제해결 과제를 성취하게 해 주는 계획과 활동, 단계, 과정이다.
- 효과적인 전략은 인지적 요소와 행동적 요소를 모두 포함한다.
- 경도·중등도 장애 학생에게 학습전략을 사용할 때는 전략을 직접적으로 가르쳐야 할 뿐만 아니라 촉진하고 안내해야 한다.
- 과제수행 주의집중은 교사 주도적 촉진을 통해 유지하거나 자기점검을 통해 가르칠 수 있다.
- 선택적 주의집중을 향상시키기 위한 교사 주도 전략은 학생이 집중하도록 도와줄 뿐만 아니라, 학생을 위해 관련 자극을 구분해 주고 그들 스스로 관련 자극을 구분해 내도록 도와주는 것을 포함한다.
- 회상을 돕는 기억술 전략으로는 두문자어와 어크로스틱, 운율, 핵심어, 패그워드가 있다.
- 학생은 자신의 기억술 전략을 생성해 내도록 배울 수 있다.
- 그래픽 조직자는 연합 조직 내에서 정보를 배열함으로써 시각적으로 지식을 나타낸다.
- 학생이나 교사 또는 둘 다 그래픽 조직자를 개발할 수 있다. 교수하기 전, 교수하는 동안, 또는 교수한 후에 그래픽 조직자를 사용할 수 있다.
- 사전 조직자의 효과에 대한 연구는 확실하지는 않지만 그 사용은 일반적으로 지속적인 인기가 있다.
- 학습 가이드는 새로운 어휘를 소개하거나, 읽기를 안내하거나, 새롭게 소개된 개념을 복습하거

나, 이전의 정보를 새로운 내용에 결합하거나, 특정 기술을 연습하거나, 시험을 위해 복습하는 데 사용될 수 있다.

- 일반학급에서 성공하기 위해 경도·중등도 장애 학생은 효과적인 시험전략과 노트 필기전략이 필요하다.
- 시험전략에는 일반적인 시험전략(예, 불안 감소나 동기 유발)과 특정 시험전략(예, SCORER 전략)이 있다.
- 교사는 노트 필기를 위한 더 좋은 편의를 제공하기 위해 교수방식을 수정할 수 있다.
- 교사는 학생으로 하여금 자신의 요구에 근거한 학습전략을 스스로 만들도록 격려한다.
- 과제집중 행동에 대한 자기점검은 학생의 과제집중 행동과 학습 모두를 향상시키기 위한 수단으로서 문헌에 제시되어 왔다.

4. 이 본문에서 당신이 배운 것을 사용하여 선택적 주의집중에 문제를 가진 학생을 다루기 위한 자신의 선택안에 대해 논의해 보라.
5. 정보를 기억하기 위해 당신이 사용하는 전략을 설명해 보라. 이 장에서 논의된 기억전략과 당신의 전략은 어떻게 유사하거나 다른가?
6. 교실에서 그래픽 조직자를 사용할 때는 무엇을 고려해야 하는가?
7. 사전 조직자는 그래픽 조직자 및 학습 가이드와 어떻게 다른가?
8. 장애 학생은 왜 시험전략을 배울 필요가 있는지 설명해 보라.
9. 교사는 노트 필기를 촉진하기 위해 교수를 어떻게 구성할 수 있는가?
10. 촉진은 학생이 자기관리를 하도록 어떻게 도와줄 수 있는지 논의해 보라. 촉진은 언제 줄여나가야 하는가?

연습문제

1. 전략, 초인지, 과제 특정적 전략에 대해 정의해 보라. 학습장애 학생은 왜 전략 사용에 대한 교수가 필요한가?
2. 학생의 주의를 얻고 유지하고 재집중하도록 하는 것과 관련된 교사 행동의 다섯 가지 범주를 설명해 보라. 각 행동의 예를 제시하고, 교사가 수업하는 동안 학생의 주의를 관리하기 위해 필요한 기술에 대해 논의해 보라.
3. 학생은 관련 자극과 무관련 자극을 구별해야 한다. 교실환경이 선택적 주의집중에 어려움을 가진 학생에게 어떻게 주의 산만함을 제공할 수 있는지 설명해 보라.

활동

1. 투하(precipitation), 호감을 주는(amiable), 양서류(amphibian)에 대한 핵심어를 만들어 보라.
2. 이 장에 대한 학습 가이드를 만들어 보라.
3. 짧은 동화책을 가지고 학습 가이드를 사용하는 방법과 중요한 정보를 강조하는 방법을 학생에게 가르치는 약식 수업계획안을 만들어 보라.
4. 지도책을 이용해 보라. 세 대륙을 선택하고, 그 대륙의 일부 국가명을 가르치기 위한 두문자어를 만들어 보라.

특수아동협의회(CEC) 기준

기준 4: 교수전략

특수교사는 ELN 학생을 위한 교수를 개별화하기 위해 증거 기반 교수전략에 대한 레퍼토리를 소지한다. 특수교사는 일반교육과정과 특수교육과정에서 도전적인 학습 결과를 증진하고, ELN 학생을 위해 학습환경을 적절히 수정하기 위해 이러한 교수전략을 선정하고 수정하고 사용한다. 특수교사는 ELN 학생의 비판적 사고와 문제 해결력 그리고 수행 기술에 대한 학습을 강화하고, 자기인식과 자기관리, 자기통제, 자기의존, 자기존중감을 증가시킨다. 또한 특수교사는 여러 환경과 장소, 연령 주기에 걸쳐 지식과 기술의 발달, 유지, 일반화를 강조한다.

출처: Council for Exceptional Children, *What Every Special Educator Must Know: Ethics, Standards, and Guidelines for Special Educators*. Copyright 2005 by the Council for Exceptional Children, 1110N. Glebe Rd., Suite 300, Arlington, VA 22201. 이 출판물의 부분적인 복사와 변형이 허가되었음.

11

읽기 및 쓰기 교수전략

주요 개념

구어

- 구어의 구성 요소
- 말과 언어 손상

읽기

- 음소 인식
- 파닉스
- 유창성
- 어휘 발달
- 본문 이해
- 읽기교수

문어

- 필기
- 철자
- 문법
- 본문 구조
- 작문

다문화/이중언어 학생을 위한 시사점

 주요 질문

1. 말과 언어 결함은 읽기에 어떤 영향을 미치는가?
2. 장애 학생을 위한 효과적인 읽기교수의 주요 요소는 무엇인가?
3. 교사는 쓰기 기술을 교수하기 위해 어떤 전략을 사용할 수 있는가?

· · ·
───────

※ 11장은 Gordon Gibb, Mary Anne Prater와 Nari Cater가 공저자임.

읽기와 쓰기는 말소리를 표현하는 문자로 된 상징에 대한 이해와 인식이 필요한 복잡한 인지적 행동이다. 쓰기는 우리의 사고를 명확히 기록하기 위해 이러한 상징을 사용하는 과정이다. 읽기는 본질적으로 그 반대다. 즉, 읽기는 우리로 하여금 글로 쓰인 단어를 다시 말소리 형태로 구두로나 혹은 소리 없이 바꾸기 위해 상징을 해독하도록 한다. 모든 현대 언어는 형태 면에서 매우 다양하지만 글로 쓰이는 상징체계를 가진다. 영어나 러시아어와 같은 표음언어(alphabetic language)는 말소리를 나타내기 위해 제한된 수의 상징과 그것들을 조합하여 사용한다. 중국어나 일본어와 같은 표의언어(logographic language)는 개념, 사물 또는 소리를 다양하게 나타내는 그림이나 기호를 조합하여 사용한다. 글로 쓰인 모든 언어의 일반적인 특징은 구두 단어를 나타내는 상징을 사용한다는 것이다.

구어와 문어를 숙달하는 것은 모두 발달적인 과정이지만, 일반 아동의 발달은 말하는 법을 학습하는 것에서 시작한다. 따라서 읽기와 쓰기에 대한 우리의 논의는 구어의 원리를 살펴보는 것에서 시작한다.

1. 구어

아동이 배우는 첫 번째 가장 자연스러운 기술은 구어다. 구어를 배우는 것은 정상 능력을 가진 아동에게 본능적 과정이고, 기본적 숙달에 있어서 1~3세에 가장 많이 증가한다(McLean & Snyder-McLean, 1999). 이 시기에 아동은 의사소통을 위한 말의 모델이 되는 성인을 통해 직접적이고 간접적인 언어교수에 노출된다. 3세경에 아동의 언어 발달은 일반적으로 어휘력을 더욱 높이고, 언어의 문법 규칙을 다듬는 데 집중된다. 아동은 학교에 다니는 연령이 되면 대부분 모국어로 대화할 수 있게 된다.

구어의 구성 요소

언어를 사용하고 이해하는 것은 언어표현 기능과 언어이해 기능 모두와 관련된다. 우리는 이해할 수 있는 언어로 우리의 사고와 원하는 대화를 서로 전달하기 위해 표현언어(expressive language)를 사용한다. 반대로 우리는 다른 자원의 정보를 수신하고 이해하기 위해 수용언어(receptive language)를 사용한다. 만약 우리가 언어를 코드로 생각한다면, 이러한 과정은 암호화하기(encoding)와 해독하기(decoding)로 지칭할 수도 있다. 이들 기능 중 하나 또는 둘 모두가 의도된 목적을 달성하지 못하게 될 때 의사소통 문제가 발생하게 된다.

구어는 5개의 하위 구성 요소인 의미론, 통사론, 음운론, 형태론, 화용론으로 나눌 수 있다. 이들 하위 구성 요소는 나중의 쓰기 및 읽기 과정과 구어에까지 적용되기 때문에 이에 대한 간략한 고찰은 도움이 될 것이다.

의미론(sematics)은 언어의 의미 발달과정과 관련된다. 의미론은 우리의 사고를 전달하는 데 사용하는 어휘와 그것의 다양한 상황적 의미에 의해 영향을 받는다. 예를 들어, 현대 영어에서 'cool'이란 단어는 기온이나 특정 생각 혹은 사물의 인기, 어떤 사람의 타인에 대한 행동을 지칭할 수 있다. 의사소통이 이루어지는 상황을 통해 청자는 'cool'의 어떤 정의가 의미론적으로 맞는지 알게 된다. 통사론(syntex)은 의미를 이루기 위해 단어들을 조합하는 용인된 순서에 관한 것이다(예, 문법과 문장 구조). 유아기 언어 학습자는 성숙해짐에 따라 자신이 사용하는 언어의 통사론적 규칙을 정상적으로 학습하고 사용해 간다.

음운론(phonology)은 구두 단어를 만들기 위해 언어의 소리를 사용하는 것과 관련된다. 언어의 소리들은 음소(phoneme)라 불린다. 이해할 수 있는 단어를 만들기 위해 음소가 사용되는 방식은 언어마다 독특하다. 음운론은 아동이 소리와 글자 간의 대응을 학습하는 초기 읽기에서 중요하다. 형태론(morphology)은 언어의 의미 단위에 관한 것이다. 'car'란 단어는 하나의 의미 단위다. 그러나 'cars'처럼 s가 붙어 기저 단어가 하나 이상을 의미하게 될 때에는 s도 하나의 의미 단위다. 형태소(morpheme)는 의미를 전달하는 최소 단위다.

화용론(pragmatics)은 원하는 의사소통을 이루기 위해 언어를 효과적으로 사용하는 것과 관련된다. 예를 들어, 어린 아동은 성인 운전자가 이해할 수 있는 방식으로 학교 가는 길을 안내할 수 없을 것이다. 아동은 언어를 배울수록 찾아가는 길에 대해 더 구체적이고 옳은 정보가 즉시 전달되도록 설명할 수 있게 될 것이다. 화용론은 정확하게 의사소통하기 위한 언어 사용의 실용적인 면을 포함한다.

말과 언어 손상

일부 아동은 말과 언어를 정확하고 이해할 수 있게 사용하는 데 어려움을 경험한다. 말 손상은 언어의 소리를 올바르게 생성하는 데 어려움을 가진 조음(articulation) 손상이나, 단어를 만들기 위해 소리를 올바르게 사용하는 데 어려움을 가진 음운론적(phonological) 손상을 포함한다. 'work'라는 단어를 'wook'라고 말하는 것은 /r/ 소리를 조음하는 데 어려움이 있음을 보이는 징후다. 'Mom is home now'를 'Ma ho na'로 말하는 것은 음운론적 손상을 의미한다. 어느 경우건 아동은 말소리의 실제 산출에서 어려움을 가지는 것이다.

언어 손상은 음운론보다는 다른 언어의 하위 구성 요소에서 어려움을 가지는 것이다. 의미론적 결함을 가진 아동은 덜 발달된 수준의 구두 어휘를 가진다. 통사론적 손상을 가진 이들은 이해될 수 있는 문장을 만들기 위해 단어들을 올바른 순서로 조합하는 데 실패한다. 예를 들어, 아동은 'The dog went home'

대신에 'Dog the home went'라 말할 수 있다. 형태론적 어려움을 가진 아동은 'The boy is running' 대신에 'The boy is run'이라 말할 수 있다. 화용론적으로 어려움을 가진 아동은 대화를 시작하거나 계속할 수 없거나 자신이 의미하는 바를 이해하게끔 하는 데 어려움을 경험할 수 있다. 전반적인 문제는 그들이 정확하게 의사소통할 수 없다는 것이다.

말과 언어 손상이 모든 읽기 어려움에 동등하게 영향을 주는 것은 아니다. 연구에 따르면 의미론과 통사론에서의 정확성 문제를 가진 어린 아동은 조음 결함을 가진 아동보다 읽기 어려움을 더 많이 가진다(Bishop & Adams, 1990; Catts, 1993). Catts(1993)의 연구에서는 음운론적 인식과 빠른 이름대기 능력이 텍스트 상에서든 개별 형태로든 단어를 읽는 능력과 상관이 있다고 지적하고 있다. 이러한 상관관계는 다른 연구자에 의해서도 밝혀졌는데(Cornwall, 1992; Wagner, Torgesen, & Rashotte, 1994), 음운론적 처리과정에 결함을 가진 아동은 읽기학습에서 어려움을 가질 것이라 기술하고 있다.

말 혹은 언어 장애 학생은 말-언어병리학자(speech-language pathologist: SLP)의 중재를 통해 도움을 받을 수 있다. SLP는 개별 아동의 요구를 사정하고 아동이 자신의 언어 결함을 극복하도록 도와줄 중재를 제공하도록 훈련받는다. SLP는 아동이 배운 말 혹은 언어 기술을 강화하기 위한 전략을 학급교사와 협력하여 결정할 수 있다. 그들은 IEP에서 말과 관련된 서비스가 필요하다고 지정한 학생에 대해 IEP 팀에서 중요한 역할을 담당한다.

조슈아는 유치원에서의 사전 평가를 받고 있다. 사전 평가 결과 학습 문제의 위험성을 가진 것으로 나타났다. 종합평가의 한 영역으로 말-언어병리학자는 조슈아의 언어 결함을 평가한다. 초기 평가 결과에서는 조슈아가 정상 범위 내의 기초 언어기술을 가진 것으로 나타났다. 언어에 대한 요약보고서를 검토한 후, 조슈아의 어머니는 치료사에게 조슈아의 점수가 정상 범위 내에 있는 것으로 나왔지만 언어 문제가 있는 것으로 믿는다고 이야기한다. 어머니는 치료사에게 조슈아가 서술적인 언어를 거의 사용하지 않으며 '어떻게'와 '왜' 관련 질문에 답하는 데 어려움을 가진다고 말한다. 치료사는 추가적인 평가를 실시하고 조슈아가 화용론적 언어장애를 가지고 있음을 찾아낸다.

미국의 특수교육 대상 학생의 약 17%는 어떤 유형이건 말 혹은 언어 손상으로 인해 서비스를 받는다. 1999-2000학년도에는 아동 110만 명에 달하며, 이는 전체 학교 재학생의 2.3%에 해당한다(NCES, 2001).

조기 언어 손상을 보이는 많은 학생은 학교에 다니는 동안 학습상의 어려움을 지속적으로 경험한다. Aram과 Nation(1980)은 언어 손상을 가진 유치원생 10명 중 8명은 기존 연구 수행 후 5년간 구두 혹은 읽기와 쓰기 학습에서 지속적으로 어려움이 있음을 발견했다. 또한 14년 추적연구에서는 성인기로 들어선 참여자의 약 75%가 지속적으로 언어상의 어려움이 있음을 밝혀냈다(Johnson et al., 1999).

구어적으로 유능한 의사 전달자가 되기 위해, 학생은 표현언어와 수용언어의 사용에 있어서 각 하위 구성 요소에 대해 유능함을 보여야 한다. 쓰기 표현에서도 마찬가지다. 유능성은 수용(읽기)과 표현(쓰기) 모두에서의 기술을 포함한다. 먼저 읽기 기술에 대해 논의해 보자.

2. 읽기

읽기는 아마도 인지적인 요구가 가장 큰 언어 과제일 것이다. 읽기는 문자를 정확하게 해독하는 것뿐만 아니라 해독하는 동안 의미를 도출해 내는 것과 연관된다. 문자체제의 해독과 의도하는 의미의 획득에서의 어려움은 읽기 문제의 두 가지 일반적인 원인이다.

이들 두 가지 원인에 대한 연구가 광범위하게 이루어졌으며, 이들 연구를 통해 축적된 결과는 읽는 법을 배우고 잘 읽게 되기 위해 갖추어야 할 것에 대해 통찰하게 해 준다. 미국독서전문위원회(NRP, 2000)는 그동안의 이 분야 연구를 개관하는 보고서를 발표하였다.

NRP(2000)는 읽기와 관련된 연구를 분석하는 2년 주기 프로젝트에 착수하였다. 이 연구는 1966년까지 거슬러 올라가 10만 편 이상의 연구를 포함하였다. 이러한 종합적인 연구 개관을 통해 아동이 훌륭한 독자가 되기 위해서는 다섯 가지 영역—음소 인식, 파닉스, 유창성, 어휘 발달, 본문 이해—의 기술에 숙달해야 한다고 밝혔다. 읽기는 이 다섯 가지 기술의 효율적인 학습과 통합을 요한다. 각각의 기술은 상세히 논의될 것이다.

음소 인식

음소 인식(phonemic awareness)은 언어의 소리를 듣고 인식하고 조작하는 능력으로 정의된다(Armbruster, Lehr, & Osborn, 2001). 이는 파닉스와 동의어가 아니다. 파닉스가 문자화된 단어를 다루는 것이라면, 음소 인식은 소리를 다루는 것이다. 언어의 소리를 인식하고 그 소리를 유창하게 처리하는 능력은 읽기에서의 정확한 소리 대 문자 대응을 위한 선수 기술이다(Hurford et al., 1993). 대다수의 아동은 구어를 통해 음소인식 능력을 개발하며, 이를 통해 알파벳 체계에서의 읽는 방법을 학습하도록 준비하게 된다. 음운인식 능력이 빈약한 아동은 철자에 소리를 대응시키는 데 커다란 약점을 갖게 되며, 따라서 읽기와 철자에서의 심각한 문제를 가질 위험에 처하게 된다(Compton, 2002; Cornwall, 1992).

초성 유창성과 음소분절 유창성은 음소인식 능력을 사정하는 데 사용될 수 있다. 초성 유창성 사정은 읽는 법을 아직 배우지 않은 유치원 아동에게 유용하며, 이것은 아동이 그림 속 단서를 통해 단어 속 초성을 알아내도록 함으로써 측정될 수 있다(Kaminski & Good, 1998). 음소분절 유창성은 다양한 연령의 독자에게 사정될 수 있는데, 'mat'를 듣고 /m//a//t/로 말하는 것과 같이 학생은 단어를 듣고 각각의 개별 소리를 말한다(Kaminski & Good, 1996). 이 외의 다른 음소인식 과제로는 여러 단어 속 동일한 소리 찾기(pen, pan, pill), 단어 모음 속 소리가 다른 단어 선택하기(dog, did, ran), 소리를 합성하여 단어 말하기(/k//i//k/ = kick), 단어에 소리를 첨가하여 새로운 단어 만들기(/f/+/lag/= flag), 한 가지 소리를 다른 소리로 대체하여 새로운 단어 만들기(tub, tug)가 있다.

파닉스

파닉스(phonics)는 알파벳 원리나 문자-소리 대응, 혹은 소리-철자 관계라고도 불리며, 읽거나 쓰기 위해 음소(소리)를 서기소(철자)와 짝짓는 능력을 가리킨다(Armbruster et al., 2001). 파닉스나 문자-소리 대응을 아직 습득하지 못한 학생은 읽기학습에 큰 어려움을 갖게 된다(Torgesen, Rashotte, & Alexander, 2001). 파닉스 기술의 사정은 학생에게 글자 이름과 무의미 단어를 가리키면서 읽게 하는 것으로 이루어진다. 무의미 단어는 min과 ut와 같이 음성학적으로 규칙적인 모음-자음과 자음-모음-자음 유사 단어들로 이루어진다(Good & Kaminski, 2002).

유창성

유창성(fluency)은 정확하게, 적절한 속도로, 그리고 표현하면서 읽는 능력이다(Armbruster et al., 2001). 유창한 읽기란 낯선 단어를 해독하기 위해 파닉스를 능숙하게 사용하면서 친숙한 단어는 노력하지 않고도 인식함으로써 이루어진다. 유창한 독자는 단어를 빠르고 정확하게 읽을 뿐 아니라 자신이 읽은 것을 이해하며 즐기기 위해 표현을 이해하고 사용한다(NRP, 2000).

유창한 독자는 글로 쓰인 단어를 해독하는 것보다 내용에 자신의 인지적인 노력을 투자할 수 있기 때문에 읽기 유창성은 독해와 매우 높게 연관되어 있다. 즉, 유창하게 읽는 학생은 글의 취지를 이해하는 데 더 많은 노력을 집중할 수 있다(Torgesen, 2002). 독해는 흥미와 선행 지식, 어휘 지식, 추론 기술을 포함한 많은 요인에 의해 좌우되지만, 독자는 의미를 확실하게 구성할 수 있기 전에 단어를 즉각적으로 인식해야 한다(Gough, 1996).

정확성은 유창성에 필수적이지만, 속도는 본문 유형과 읽기 목적에 따라 상대적이다(Armbruster et al., 2001). 어휘와 정보가 비교적 새롭거나 복잡한 교과서나 교수 지침서를 학습하기 위한 적정 속도와 기분 전환을 위한 독서 속도는 꽤 다를 수 있다.

유창성은 제한된 시간 내 정확하게 읽은 단어의 수를 계산함으로써 가장 잘 측정될 수 있다(Shinn, 1989). 일반적으로 사용되는 한 가지 형식은 미리 정해 놓은 읽기 난이도에 맞는 읽기 단락 사본 두 개를 사용하는 것이다. 검사자는 학생에게 1분 동안 구두로 읽으라고 지시하고 학생이 읽는 동안의 오류를 표시한다. 1분 경과 후 검사자는 학생을 멈추게 하고, 마지막에 읽은 단어를 표시하고, 맞고 틀린 단어 수를 세고, 해당 읽기 수준에서 분당 정확하게 읽은 단어 수를 계산해 낸다(Good, Kaminski, & Dill, 2002). 이 절차는 교사가 학생의 진전을 측정하여 알리고 싶을 때마다 자주 사용될 수 있다.

어휘 발달

어휘는 듣고 말하고 읽고 쓸 때 사람들이 이해하고 사용하는 단어를 망라한다. 대부분의 초보 독자는 읽기 어휘보다 말하기 어휘를 더 많이 알고 있으며(Armbruster et al., 2001), 학생이 구어에서 친숙한 활자화 단어를 인식하고 읽을 때 조기 읽기 능력은 향상된다. 어휘는 유창성과 독해 모두에서 중요하다. 학생이 더욱 많은 단어를 즉각적으로 인지하게 됨으로써 유창성은 증가한다. 어휘 의미에 대한 이해가 증가함으로써 독해력은 향상된다.

어휘 인지는 학생이 학년별 단어 목록에서 얼마나 많은 단어를 인지하는지로 측정될 수 있다(Mercer & Mercer, 2005). 교실 읽기 검사(Classroom Reading Inventory; Silvaroli & Wheelock, 2004)와 분석적 읽기 검사(Analytical Reading Inventory; Woods & Moe, 2003)와 같이 시중에 발행되어 있는 다양한 검사도구에 포함된 단어 목록을 사용할 수도 있다. 어휘 이해는 미로(maze) 방법을 사용함으로써 신뢰할 수 있게 측정할 수 있는데, 이 방법은 읽기 단락에서 빠진 단어를 세 개의 선택 항목 중에서 고르도록 하는 것이다(Fuchs & Fuchs, 1992; Shin, Deno, & Espin, 2000).

본문 이해

지금까지 논의한 모든 읽기 기술은 읽은 정보를 이해하고 사용한다는 읽기의 목적에 도움이 된다(Armbruster et al., 2001). 그러나 읽기 유창성과 어휘력만으로는 독해를 하는 데 충분치 않다. 의미를 생성하기 위한 독자와 본문 간의 상호작용은 선행 지식의 활성화, 흥미와 동기의 유지, 새로운 지식과 선행 지식의 연결을 위한 전략 사용을 포함하는 복잡한 과정이다.

미국독서전문위원회(NRP, 2000)의 보고에서는 본문을 삽화나 그림, 도표와 같이 의미를 도출하는 다른 수단과 차별화할 것을 강조한다. 본문 이해를 돕는 시각적 자료는 읽기에 대한 흥미와 이해를 가중시키지만(Mastropieri & Scruggs, 1997), 동시에 학생이 실제로 본문의 단어를 이해하는지의 여부의 사정에 혼란을 줄 수도 있다. 예를 들어, 독해 질문의 정답이 그림을 보면 얻어 낼 수 있는 것이라면, 교사는 학생이 본문을 이해했는지 혹은 정답을 얻기 위해 단지 그림을 보았는지 알지 못한다. 읽기 사정과 교수에 사용되는 자료는 학생이 오직 읽기를 통해서만 정보를 얻을 수 있도록 설계되어야 한다(Heward, 2000).

이야기체 본문 독해는 학생이 단락을 음독이나 묵독하고 난 후 다양한 독해 질문에 구두로나 종이에 답함으로써 신뢰성 있게 측정될 수 있다(Kranzler, Brownell, & Miller, 1998). 단락 독해에는 네 가지 기본 유형이 있다. 먼저 문자적 독해(literal comprehension)는 저자가 말한 것을 이해하는 것을 의미한다. 추론적 독해(inferential comprehension)는 직접적으로 기술되지는 않았지만 저자가 의도한 바를 추론하는 것을 의미한다. 비평적 독해(critical comprehension)는 글이 사실인지 혹은 견해인지, 픽션인지 혹은 논픽션인지, 가능한 것인지 혹은 불가능한 것인지를 결정하기 위해 저자의 글을 비평함을 의미한다. 마지막으로 창의적 독해(creative comprehension)는 이야기 속에 자신이 들어가거나 이야기의 결말 뒤에 무슨 일이 일어날지 예측함으로써 작가의 취지를 창의적으로 확장함을 의미한다(Reid, 1997b). 독해 질문 유형별 예는 〈표 11-1〉에 제시되어 있다.

설명문 독해 평가는 일반적으로 정보를 회상하거나 요약(literal comprehension)하는 것과 문제를 해결하거나 예측하기 위해 정보를 사용(inferential comprehension)하는 것과 관련된다. 설명문은 독해에 영향을 주는 새로운 어휘와 새로운 선언적 정보, 새로운 개념을 포함하기 때문에 복잡할 수 있다. 초등학교에서의 읽기는 이야기체 글이 더 많고, 학생이 중학교와 고등학교에 가면 설명문이 더 자주 등장한다(Talbott, Lloyd, & Tankersley, 1994). 건강과 역사, 과학, 기타 내용 영역의 설명적인 주제를 공부하는 데 있어, 학생은 새로운 정보를 이해하기 위해 선행 지식에 의존해야 한다. 경도·중등도 장애 학생은 읽은 내용의 이해를 돕는 사고전략을 소지하지 못하거나 활용하지 못하는 소극적인 학습자(inactive learner)이

표 11-1 독해 유형별 질문

너대니얼 호손의 장편소설 『주홍글씨』에 관한 독해 질문
1. 문자적: "여주인공인 헤스터는 자신의 가슴에 무슨 글자를 달고 살아야 했을까요?"
2. 추론적: "간통에 대한 마을사람의 태도는 어떠했지요?"
3. 비평적: "사람들은 미혼 상태에서 아이를 가졌다고 실제로 누군가를 감옥에 넣을까요?"   "왜 그럴까요? 혹은 왜 그렇지 않을까요?"
4. 창의적: (자신) "만약 헤스터가 여러분의 가장 친한 친구라면 어떻게 했을까요?"   (예측) "헤스터는 자신의 딸 펄이 10대가 되었을 때 이 사건에 대해 어떻게 말할 거라고 생각하지요?"

며, 따라서 그들에게 설명문 독해는 어렵다(Deshler, Ellis, & Lenz, 1996; Torgesen, 1982). 그 결과 선행 지식을 활성화하는 것은 설명문 속에 있는 새로운 학습을 포착하는 데 중요하다.

요약하자면, 단락독해 과제는 본문의 유형과 읽는 목적에 따라 다양하다. 학생은 한 가지 유형의 본문은 독해할 수 있지만 다른 유형의 것은 못할 수도 있다. 소설은 잘 이해하는 학생이 교과서 속 정보를 찾아내거나 나비의 일생에 관한 글을 쓰기 위해 몇 가지 자료 속 사실을 종합하는 데는 어려움을 가질 수 있다. 유형별 독해를 위해 요구되는 사항은 독해 기술을 측정하는 과제를 구성하여 실행한 다음 학생의 성취를 평가함으로써 사정될 수 있다.

읽기교수

어떤 하나의 읽기 기술이나 여러 가지 기술을 사정하는 데는 세 가지 목적이 있다. 첫째는 학생의 현재 교육적 수행 수준을 결정하기 위함이다. 둘째는 가르칠 것과 교수 수준의 결정을 내리기 위한 벤치마킹 자료로 사용하기 위함이다. 셋째는 학생의 수행을 정기적으로 사정하여 진전을 지속적으로 모니터하기 위함이다. 이러한 진전도 모니터링(progress monitoring) 자료는 교수의 성공 여부를 평가하고 교수전략을 유지할지 혹은 변경할지를 결정하는 데 있어 필수적이다.

읽기교수에서의 자료 중심 접근은 특수교육에서 오랜 기간 실시되어 왔으며, 아동낙오방지법(USDOE, 2002)의 리딩 퍼스트(Reading First) 프로그램 조항에 따라 일반교육의 필요조건이 되었다. 리딩 퍼스트는 근거가 없거나 유행에 의한 교수가 아닌, 과학적인 기반을 가진 읽기 연구에 기초한 K-3학년의 교수를 요구한다. 효과적 읽기교수가 어떻게 구성되는지에 대해서는 오랜 시간 논쟁이 있어 왔지만, 리딩 퍼스트는 과학적인 기반의 프로그램이 필수적임을 강조한다(Adams, 1990).

1900년대에는 시기에 따라 파닉스 중심 프로그램이나 독해 프로그램(총체적 언어라고도 불림)이 읽기를 교수하는 가장 효과적인 수단으로 장려되었다(Adams, 1990). 전통적인 파닉스 프로그램은 읽기와 쓰기에서의 파닉스 기술을 강조하였다. 반면에 독해 프로그램은 해독 기술보다 의미를 더 강조하였다. 어떤 접근이 우월한가에 대한 논쟁은 더 이상 관심사가 아니다. 연구자들은 장애 아동과 비장애 아동에게 파닉스와 독해 교수만 필요한 것이 아니라 모든 읽기 기술에 대한 교수가 필요하다고 보고한다.

리딩 퍼스트의 일반적인 요구사항은 읽기의 다섯 가지 기본적인 구성 요소(즉, 음소 인식, 파닉스, 유창성, 어휘 발달, 본문 이해)에 대한 명시적이고 체계적인 교수, 일일 90분 동안 지속되는 읽기수업에서의 원활한 교수 진행, 융통성 있는 교실 내 집단구성 전략, 높은 수준의 과제수행 시간, 조정된 학생 자료를 통한 충분한 연습, 그리고 학생의 요구를 진단하고 진보를 모니터하기 위한 사정전략을 포함한다. 장애 학생이 겪는 읽기학습에서의 문제를 고려해 볼 때 이러한 권고는 매우 중요하다. 개별 학생은 모두 다르지만, 읽기학습에 어려움이 있는 학생은 일반적으로 소리와 언어 처리와 관련하여 어려움을 경험한다. 〈표 11-2〉에는 읽기장애 학생이 읽기 과제를 수행할 때 보이는 구체적 문제가 기술되어 있다.

연구자들은 읽기 문제를 세 가지 범주로 분류하여 제시하고 있다. 즉, (1) 단어재인 문제, (2) 언어이해 문제, (3) 단어재인과 언어이해 문제(Catts & Hogan, 2003)다. 단어재인 문제에 대해서는 일반적으로 음운인식 훈련과 파닉스 교수가 유익하다. 학생이 언어이해 문제를 가지면 이해, 어휘, 그리고 문법 교수가 중요하다. 앞서 논의한 바와 같이, 장애 학생을 위한 완벽한 읽기 프로그램은 이러한 기술을 모두 다루어야

표 11-2 읽기장애 학생의 읽기 수행에 영향을 주는 일반적인 문제

학습 문제	기술
처리 속도	• 빠른 이름대기: 느리게 글자, 소리, 숫자를 명명하는 것과 친숙한 그림을 느리게 인식함 • 단어 재인: 단어를 빠르고 정확하게 인식하지 못함 • 유창성: 전반적인 유창성 속도가 또래보다 느림
시각적 식별/기억	• 시각적 식별: b와 d 같은 비슷한 글자 간 차이를 식별하는 데 어려움을 가짐 • 시각적 기억: 글자와 단어 만드는 법을 기억하는 것과 단어가 어떻게 구성되는지를 기억하는 데 문제를 가짐
기억	• 단기기억 결함: 단락에 대한 의미를 구성할 수 있을 만큼의 충분한 시간 동안 의미를 보유하는 데 어려움을 가짐 • 장기기억 결함: 철자와 소리 정보를 학습하고 인출하는 데 어려움을 가짐
음운론적 처리	• 음운론적 기억: 소리와 단어 내 소리(예, 다음절 단어 내 음절)를 기억하는 능력 손상 • 음운론적 인출: 단어 인출에 어려움을 가짐. fork(포크)를 knife(칼)로 인출하는 것과 같이 대치하거나 thing, stuff 등과 같은 비구체적인 단어를 과도하게 사용할 수 있음 • 분절: 단어 내 소리들을 지각하고 음절로 쪼개는 데 어려움을 가짐 • 합성: 단어 내 소리들을 해독할 수는 있으나 단어를 만들기 위해 소리를 합성하는 데 어려움을 경험함 • 운율: 운율을 이해하지 못하고, 단어들의 운율을 제시하지 못함 • 소리 생략: 단어 내 소리들을 제거하는 데 어려움을 경험함(hat이란 단어 내 /h/ 소리를 생략하고 말하기) • 기이성: /bat/가 /big/, /pig/, /fig/와 다르다는 것을 인식하는 것과 같이 다른 소리를 인식하는 데 어려움을 가짐
파닉스와 철자	• 글자-소리 대응: 다양한 소리에 대한 글자 표상을 배우지 못함 • 해독: 새롭거나 친숙하지 못한 단어를 해독하는 데 어려움을 경험함 • 철자: 파닉스 지식이나 단어 내 소리를 정확하게 배열하는 능력을 반영하며 철자하지 못함; 글을 쓸 때 철자 오류가 많음
언어 이해	• 어휘: 부족한 어휘력으로 인해 해독과 이해 문제가 발생함 • 문법/통사론: 말하기/쓰기에서 문장의 구성이 단순하고, 동일한 문장 구성이 자주 사용됨(예, "나는 개를 보았다. 나는 나무를 보았다. 나는 고양이를 보았다.") • 본문 수준 처리: 문법/통사론과 어휘 결함으로 인해 인쇄된 자료로 의미를 구성하는 데 어려움을 가짐; 읽은 것을 제한적으로 이해함

출처: S. M. Bell, S. McCallum, & E. A. Cox (2003); H. W. Catts & T. P. Hogan (2003); R. M. Johi (2003)에서 발췌한 내용으로 표 작성.

표 11-3 연구 기반 읽기장애 중재 프로그램

프로그램 명	표적 집단/ 프로그램 유형	내 용
Reading Mastery (www.sra4kids.com)	1~6학년을 위한 종합적인 읽기 프로그램	직접교수. 개념을 하위 기술로 나누어 한 번에 하나씩 가르친다. 학생은 개념에 숙달할 때까지 진도를 나가지 못한다. 매우 효과적인 프로그램이다.
Proactive Beginning Reading (www.sra4kid.com)	1학년 학생을 위한 보충 읽기 프로그램	읽기의 어려움을 가진 아동을 위한 소집단 맞춤형 교수로서 이제 막 뒤처지기 시작한 학생을 위해 고안된 것이다. 이 프로그램은 학생이 제자리를 찾을 수 있도록 부가적인 설명을 제공하고 연습시킨다.
Optimize Intervention Program (www.scottforesman.com)	유치원과 1학년 학생을 위한 보충 프로그램	기초 읽기기술에 있어 더욱 집중적인 지도를 필요로 하는 학생을 위한 것이다. 음소 인식, 철자 이름과 소리, 단어 읽기, 철자하기, 문장읽기 능력을 강화하기 위해 30분간의 체계적인 수업을 제공한다. 이 프로그램은 저성취 유치원생의 읽기 기술을 향상시키는 데 매우 효과적이다.
Language! A Literacy Intervention Curriculum (www.language-use.net) Fast Track Reading Program (www.wrigutgroup.com) High Point (www.hampton-brown.com)	4학년 이상 학생	조기 배치를 위한 사정과 진보 점검을 위한 지속적인 사정을 포함한다. 이들 프로그램은 미국독서전문위원회(NRP)에 의해 검토되었으며 효과가 입증되었다.
Wilson Reading Systems (www.wilsonlanguage.com)	초등 고학년 학생부터 성인까지. 유아용도 이용 가능	음소인식 기술, 해독, 철자, 이해에 초점을 둔다. 이 프로그램에는 고학년 학생에게 유익한 읽기자료가 포함되어 있다. 이 프로그램은 많은 규칙을 가르치며, 영리하고 구어 능력이 뛰어난 학생에게 적합할 수 있다.
Spell Read P. A. T (Phonemic Analysis Training) (www.spellread.com)	읽기 문제를 가진 5세 아동~성인을 위한 소집단 교수	아동이 점차 복잡하게 철자가 결합된 소리들을 인지하는 데 있어 자동성을 발달하도록 도와준다. 이 프로그램은 학생이 단어를 읽고 쓰는 지식을 적용하도록 가르친다.
Benchmark School Word Identification/Vocabulary Development Program (www.benchmarkschool.org) REWARDS(Reading Excellence: Word Attack and Rate Development Strategies) (www.sopriswest.com)	기초 읽기기술을 가진 고학년 학생	복잡한 다음절 단어 읽는 법을 배울 준비가 된 고학년 학생을 위해 고안되었다.
Lindamood Phoneme Sequencing Program (LiPS) (www.lindamoodbell.com)	읽기장애 아동용. 고학년 학생보다 1학년 학생에게 더 효과적임	아동에게 소리가 어떻게 조음되는지를 가르치는 집중 프로그램이다. 이 프로그램은 주로 난독증 학생에게 매우 성공적으로 적용된다.

출처: Shaywitz(2003)에서 발췌한 내용으로 표 작성.

한다. 〈표 11-3〉에서는 이러한 프로그램의 목록을 제공한다.

읽기 연구에 대한 일반적 개관   읽기를 가르치기 위한 구체적인 교수전략을 논의하기 전에, 읽기 연구에 관한 일반적인 개관이 먼저 필요하다. 다량의 연구가 위압적이고, 때로는 일치하지 않는 결과로 인해 혼란스러울 수 있다. 메타분석은 연구자가 연구 간 결과를 종합하기 위해 사용하는 체계적 절차로서 다양한 교수 절차의 효용성을 검증한다(Lloyd, Forness, & Kavale, 1998). 근래에는 경도·중등도 장애 학생의 읽기에 관한 메타분석이 수행되었다. 각각에 대한 요약은 다음과 같다.

① 단어 재인과 독해. Swanson(1999)은 단어 재인과 독해 연구를 고찰하였다. 그 결과에 따르면 단어재인 교수로는 직접교수법이 가장 효과적이고, 독해를 향상시키는 데는 전략교수와 결합된 교사 주도 교수가 가장 효과적인 것으로 나타났다. 이 연구에서는 지속적인 단어 재인과 독해 결함은 교수를 통해 향상될 수 있다고 제안한다.

② 읽기 문제의 예방. Torgesen(2002)이 기술했듯이, 위험 학생의 읽기 문제를 효과적으로 감소시키는 교수는 (1) 명시적이고, (2) 체계적이고, (3) 집중적이고, (4) 지원적이어야 한다. 읽기위험 아동은 단어 해독에 필수적인 명시적이고 체계적인 전략을 배워야 한다. 명시적인 음소 중심 중재일수록 위험 아동의 단어읽기 능력 향상에 더욱 효과적이다. 이들 아동은 또한 교수-학습 기회가 증가된 집중적인 교수가 필요하다. 학습의 기회는 교사가 읽기교수에 더 많은 시간을 할애하고, 학생을 소규모의 교수 집단으로 구성하고, 교수 상황에 또래교수와 또래보조학습 전략을 접목할 때 증가한다. 위험 아동에게는 충분한 정적 강화와 교사의 더 많은 가이드를 제공하는 지원적 교

수가 더욱 필요하다. 위험 학생을 위한 교수는 지원 혹은 비계설정을 위한 두 가지 유형, 즉 점진적으로 기술을 가르치도록 고안된 연속화된 교수와 아동이 과제를 하는 동안 사고하고 처리하도록 지원해 주는 교사-학생 상호작용을 포함해야 한다.

③ 어휘교수. 연구에 따르면 학습장애 학생의 경우 사전에서 단어를 찾는 것과 같이 독립적으로 수행하는 어휘학습만으로는 불충분하다. 유용한 어휘교수 방법은 교사 주도의 기억술과 도식화(graphic depiction) 교수를 포함한다. 장애 학생의 유창성과 심도 있는 이해를 촉진하기 위해서는 다양한 맥락에서 단어에 수차례 노출시켜야 한다(Bryant, Goodwin, Bryant, & Higgins, 2003).

④ 읽기 이해 교수. Mastropieri와 Scruggs(1997)는 수많은 독해 관련 연구를 수행한 후 다음과 같이 결론지었다. (1) 읽기 유창성과 어휘 훈련은 이해에 도움이 되지만 독해 기술을 적절하게 발달시키기에는 충분치 못하다. (2) 학습 가이드, 기억술 전략, 밑줄 긋기, 강조 표시하기(highlighting), 질문하기와 같은 도움은 단락에 대한 이해를 향상시킨다(일반화의 촉진을 위해서는 명시적 교수가 필수적이다). (3) 학생이 질문하기와 관련된 사전 기술을 갖고 있고 본문을 읽을 수 있다면 교사질문과 자기질문 훈련을 통해 이해력을 향상시킬 수 있다. (4) 교수자가 효과적인 전략을 가르치고, 면밀히 교수를 고안하고, 가이드와 피드백을 제공하고, 학생의 진전을 모니터한다면 학생의 이해력은 향상될 수 있다.

종합해 보면, 이 책에서 제시하고 있는 교사 주도의 교수, 기억술 전략, 또래교수와 같은 효과적 교수법이 읽기지도에 적용되어야 한다. 이에 기초해 지금부터는 읽기의 다섯 가지 필수 구성 요소—음소 인식, 파닉스, 유창성, 어휘 발달, 본문 이해—를 가르

치는 방법에 초점을 맞추고자 한다.

음소 인식 교수   음소 인식은 학생이 언어의 소리를 인식하고 조작하는 법을 배워 가면서 음소를 인식, 범주화, 합성, 분절, 생략, 첨가 또는 대체하도록 함으로써 가르칠 수 있다. 그러나 제한된 시간을 가진 교사는 음소 분절과 음소 합성에 치중하는 것이 효과적일 것이다(Armbruster et al., 2001). 교사는 위험 학생에게는 명시적, 연속적, 집중적, 지원적 교수가 필요하다고 한 Torgesen(2002)의 결과를 명심하면서 분절을 다음과 같이 소개하고 가르칠 수 있다. (1) 단어와 단어의 분리된 소리를 여러 차례 모델링해 주고, (2) 학생과 함께 그것을 말하고, (3) 학생이 스스로 수행하도록 촉진한다. 동시에 함께 반응하기(choral responding)는 이러한 유형의 연습에 유용하다. 이런 활동은 정답이 하나며, 다른 학생이 과제를 반복적으로 말하는 것을 들음으로써 학생 각자의 반응을 교정하고 강화할 수 있기 때문이다. 합성 연습도 동일한 방법으로 수행될 수 있다. 즉, 교사가 몇 개의 소리를 말하고 그것들을 합성하여 단어를 만든다. 학생들은 이 과제를 되풀이한다. 〈표 11-4〉는 분절과 합성 교수의 예가 제시되어 있다.

학생이 유치원이나 1학년에 필기하는 법을 배울 때에는 구두로 소리를 분절하거나 합성한 후에 각 소리

교사를 위한 정보 11.1

합성 기술을 가르치고 강화하기 위한 단어 예측하기(Guess-the-Word) 게임을 한다.

목적: 학생들은 소리가 늘려 발음된 단어를 구두로 말할 것이다.
자료: 공, 나무, 깃발, 뱀, 종 등의 흔한 사물 그림 카드
활동: 그림 카드를 아동 집단 앞에 놓는다. 학생에게 단어를 달팽이 토크(bell을 bbbbeeeellll로 소리 냄)를 사용하여 말할 것임을 알린다. 학생들은 그림을 보고 단어를 추측해야 할 것이다. 학생들이 학습에 지속적으로 참여하도록 하기 위해 한 학생을 지목하여 답하게 하거나 동시에 함께 답하게 하는 방법을 번갈아 사용한다(Chard & Dickson, 1999).

와 단어를 쓰도록 가르쳐야 한다. 학생은 글자로 표상되는 소리를 듣고 말하고 읽고 쓰는 법을 배우면서 음소 원리를 터득해 간다.

오르테가 여사는 음소인식 기술이 읽기에 얼마나 중요한지 안다. 그녀는 유치원 프로그램을 고안할 때 음소 인식과 기본 파닉스를 명시적으로 가르치고자 계획

표 **11-4**   분절과 합성 교수의 예

분절	합성
교사: bat이란 단어입니다. bat라고 말해 보세요.	교사: 몇 가지 소리를 말할 테니 들어 보세요. /l/ /e/ /t/.
학생: Bat.	교사: 이 소리들을 함께 말하면 let을 만듭니다. (수차례 반복한다.)
교사: 잘 들어 보세요. bat은 /b/ /a/ /t/란 소리가 있어요. (수차례 반복한다)	교사: 우리 모두 소리들을 함께 말해 봅시다.
교사: 우리 모두 bat의 소리를 말해 봅시다.	교사와 학생: let.
교사와 학생: /b/ /a/ /t/	교사: 이 소리들을 들어 보세요. /d/ /i/ /g/. 무슨 단어인가요?
교사: 이제 여러분이 bat의 소리를 말해 봅시다.	학생: dig.
학생: /b/ /a/ /t/ (수차례 반복한다; 올바른 응답은 강화한다.)	교사: (다양한 단어로 반복한다; 올바른 응답은 강화한다.)
교사: (충분히 연습할 수 있도록 다양한 단어로 수차례 반복한다.)	

하였다. 형식적인 교수 외에도 교실의 일상생활에서 음소인식 활동을 실시하였다. 예를 들어, 매일 아침 모임 시간에 한 아동의 이름을 선정하여 학생들에게 그 이름의 첫 소리를 생략하여 말한다(예, '제니퍼[Jennifer]'를 '에니퍼[Ennifer]'로; Chard & Dickson, 1999). 학생들은 그 이름을 예측하고 생략된 소리를 찾는다.

파닉스 교수　　파닉스 교수의 목적은 학생이 유창한 읽기를 위해 소리-글자 관계를 배우고 사용하도록 돕는 것이다. 성문화된 언어를 이해할 수 있게 해 주는 체계적인 조합과 순서를 알아야 읽기와 쓰기가 가능해진다. 몇 가지 음소에 다양한 철자하기가 가능한 영어는 비체계적이다. 이러한 이유로 파닉스 교수의 유용성에 대한 신중한 비판이 있을 수 있다. 그러나 다른 언어와 마찬가지로 영어 철자법은 예측할 수 있는 구조를 토대로 한다. 학생들은 단어 철자를 배우고 기억해 가면서 그 단어들을 정확하게 읽고 철자할 수 있게 된다. 그리고 그들은 더욱 복잡한 단어와 철자들을 배우면서 자신의 지식을 더해 간다(Armbruster et al., 2001).

체계적인 파닉스 교수란 교사가 소리-철자 관계를 모델링해 주고 가르치기 위해 명시적이고 연속적인 교수를 사용하고, 읽기와 쓰기에서 학생의 적용에 대해 면밀히 모니터하는 것을 의미한다. 이러한 접근법은 덜 명시적인 방법보다 읽기 문제를 가진 아동의 해독과 단어재인 기술 향상에 더 효과적이다(Jenkins & O'Connor, 2001). 파닉스를 가르치는 두 가지 접근법은 개별 글자와 소리를 가르치는 것과 단어 읽기의 한 부분으로서 파닉스를 가르치는 것이다.

어떤 교사는 알파벳 개별 글자와 해당 소리를 연합하여 소개하면서 글자-소리 대응을 가르치는 것을 선호한다. 이 경우 Carnine, Silbert와 Kame'enui(1997)는 네 가지 교수 지침을 제안하고 있다.

1. 특정 글자에 해당하는 가장 일반적인 소리를 가르친다.
2. 별도의 시간에 비슷하게 생겼거나 소리가 유사한 철자들을 가르친다.
3. 가장 자주 사용될 철자를 먼저 가르친다.
4. 대문자 전에 소문자를 가르친다(p. 71).

Carnine과 그의 동료들(1997)은 새로운 것을 가르치기 전에 숙달을 촉진할 수 있는 속도로 새 글자를 소개할 것을 주장한다. 1초당 혹은 3일에 한 개씩 새로운 글자를 가르칠 수도 있다. 하나의 새로운 철자를 구성할 수 있다. 학생이 이미 가르친 글자의 소리를 신뢰할 만큼 생성할 수 있을 때까지 새 글자를 소개해서는 안 된다. 학생이 오류를 보일 때에는 올바른 소리를 시범 보이고 학생이 정확하게 반응할 때까지 촉진하는 교정 절차를 거친다. 그런 다음 교사는 표적 글자와 다른 글자들을 번갈아 촉진함으로써 학생의 학습을 사정한다.

다른 연구자와 교사는 매우 초기의 수준에서도 전체 단어 읽기의 한 부분으로 글자-소리 대응을 교수하는 것이 성공적임을 찾아내었다. 이러한 유형의 파닉스 교수로 연구에서 입증된 예로는 파닉스를 통한 새 단어 교수(Teaching New Words Through Phonics)를 들 수 있는데, 이것은 ECRI(Exemplary Center for Reading Instruction) 시스템(Reid, 1996, 1997b)의 한 부분이다. 교수하기 전에 학생은 읽기기술 수준을 결정하기 위해 비형식적 읽기목록 평가로 사정된다. 그리고 학생은 유사한 능력에 따라 집단이 구성된다. 교사는 수준에 적합한 읽기자료를 선택하고, 학생이 모르는 글자 이름과 글자 소리, 단어를 정한다. 필요하면 새로운 글자 이름과 소리를 가르친다. 그런 후 음성학적으로 규칙적인 단어를 모델링, 촉진, 일상 연습을 통해 다음의 세 가지 절차, 즉 (1) 새로운 단어의 소개(즉, 단어를 발음하기 위해 소리를 합성하여 단어를 발음하는 것과 교사가 문장에서 단어를 사용하는 것을 듣는 것을 포함한다), (2) 단어 구성(즉, 학생은 새로운 단어에서 빠진 소리나 글자를 제공한다), (3) 단어 변별 (즉, 학생은 새로운 단어와 유사한 단어에서 같거나 다른 글자와 소리를 확인한다)에 따라 배운다.

이러한 절차를 통해 학생은 단어를 보고 듣고 말하고 철자하거나 쓴다. 문장 속 단어를 읽는다. 그리고 그들이 의미를 파악하고 있음을 보여 주기 위해 자신의 문장 속에서 단어를 사용한다. 각본화된 교사의 지시와 일관된 학생의 반응은 교사로 하여금 어떻게 단어를 가르칠 것인가 고민하기보다 학생이 빨리 배우도록 책임지고 학생의 반응, 피드백과 교정, 높은 비율의 강화에 중점을 둘 수 있게 만든다. 이 절차는 단어당 약 2~4분 정도 걸리고, Torgesen(2002)이 주장한 명시적, 연속적, 집중적, 지원적 교수가 각 절차에 적용된다. 더 나아가 학생들은 새로운 단어를 배워 가면서 단어 속 소리가 어떻게 작용하고, 스스로 단어를 해독하는 데 어떻게 그 소리를 사용하는지에 대해 배운다. 그들은 읽기에 그 단어들을 즉각적으로 사용하는데, 이것은 실제 상황에서의 적용을 통해 새로운 학습을 강화하고 이해와 토의, 쓰기에서 더 나은 작업을 위한 계기를 제공한다.

각각의 수용적이고 표현적인 언어 양식을 사용하는 방식으로 학생을 가르치는 것은 학생의 다양한 학습방식을 반영하는 것이다. 이와 같은 적극적인 단어 교수 과정은 또한 높은 비율의 학생 반응과 정적 강화, 최소한의 오류를 이끌어 내는, 상호작용이 잘 되는 교실을 만든다.

유창성 교수 학생은 빨리 그리고 정확하게 읽으려면 충분한 연습을 해야 한다. 읽기 유창성을 향상시키는 데 일반적으로 유용한 접근은 제한시간 내 다시 읽기다. 이 절차를 적용하기 위해 교사는 (1) 학생이 적어도 한 번은 읽어서 단어가 친숙하고, (2) 학생이 1분 동안 읽을 수 있는 분량보다 긴 단락을 선택해야 한다. 1분 경과하여 교사가 멈추라고 할 때까지 학생은 구두로 단락을 읽으며, 마지막에 읽은 단어 뒤에 밝은색 연필로 표시한다. 동일한 단락으로 두 번 이상 반복하며, 매번 마지막 읽은 단어에 표시한다. 그리고는 매번 읽은 단어 수를 세고, 세로축이 읽은

 교사를 위한 정보 11.2

읽기장애 학생은 다음 절 단어를 해독하는 데 자주 어려움을 겪는다. 학생이 낯선 단어를 해독하는 데 자신이 아는 것을 사용할 수 있도록 단어인지 전략훈련을 활용한다. 단어인지 전략을 학습하기 전에 학생에게 고빈도 영어 철자 패턴을 대표하는 120개의 핵심어를 가르친다. 학생이 핵심어를 배우고 나면 다음의 네 가지 단어인지 전략을 가르친다.

1. 유추(analogy)를 통해 단어를 읽는다. 즉, 이미 아는 단어와 낯선 단어를 비교한다. 예를 들어, 학생은 핵심어인 kick과 her를 배우고는 이러한 지식을 sticker란 단어를 읽는 데 사용한다.
2. 학생에게 모음은 종종 다양한 발음을 가지고 있음을 가르친다. 학생은 새로운 단어를 해독할 때 다른 발음을 시도해 보아야 한다.
3. 알고 있는 부분 찾기(Seek the Part You Know) 전략을 가르친다. 이 전략을 사용하기 위해 학생은 abundance와 같은 다음 절 단어를 해독할 때 bun과 dan과 같은 작은 단어나 부분 단어들을 찾는다.
4. 필 오프(Peel Off) 전략을 가르친다. 첫째, 단어의 어근을 찾기 위해 접미사와 접두사를 분리한다. 그리고 나서 접두사, 어근, 접미사를 모두 합성하여 단어를 읽는다(Lovett & Steinbach, 1997).

단어 수를 나타내는 차트로 기록한다. 이러한 절차는 읽기 연습과 속도에 대한 동기를 부여해 주며, 학생과 교사로 하여금 진보에 대해 시각적으로 점검하게 한다.

다시 읽기전략을 사용할 때, 교사는 두 가지에 주의해야 한다. 첫째, 정확성은 유창성의 한 부분이기 때문에 학생이 단어를 읽을 수 없다면 유창성을 기대할 수 없다. 사람들은 처음에 할 수 없는 것에서는 향상되지 못한다. 유창성 향상을 위한 다시 읽기는 학생이 적어도 한 번은 단락을 정확하게 읽었다는 것이 필요하다. 여러 연구에서는 읽기 단락이 동일한 단어를 많이 공유하지 않는다면 한 단락에서의 유창함이 다른 단락의 유창함으로 확장되지 않을 수도 있다고 밝힌다(Rashotte & Torgesen, 1985). 두 번째 주의할 점은 속도가 읽기의 유형과 수준, 목적에 따라 다양하리라는 것이다. 흥미로운 이야기체 글은 복잡한 설명문과 다른 결과를 산출할 수 있으므로 목표를 설정하고 진전을 측정할 때 이러한 점이 고려되어야 한다.

여러 연구자는 가이드로 사용하기 위한 학년 수준 유창성 지표를 정하였다. Good과 Kaminski(2002)는 DIBELS(Dynamic Indicator of Basic Early Literacy Skill)를 개발하였는데, 여기서는 1～3학년의 이야기체 글의 유창성 수준 기준을 설정하였다. 학년 말 비율은 1학년 분당 40개 단어 이상, 2학년 분당 90개 단어 이상, 3학년 분당 110개 단어 이상으로 제시되어 있다. DIBELS 자료는 훌륭한 자원이다. DIBELS에 대한 더 많은 정보는 뒤에 나오는 공학의 활용을 참조하라.

어휘교수　즉각적으로 재인하는 단어가 많아질수록 학생의 읽기는 더욱 유창해진다. 또한 학생이 이해하는 단어가 많아질수록 읽기 이해력은 강해진다. 일반적인 어휘에는 일상적인 말하기, 읽기, 쓰기에서 주로 사용되는 단어가 포함된다. 내용 특정적 어휘는 특정의 설명적 정보를 논의하거나 읽거나 쓰기 위한 단어를 말한다. 어휘교수의 목적은 학생이 새로운 일반

 교사를 위한 정보 11.3

일견단어 유창성을 쌓기 위한 정밀교수 기법

this	some	and	it	this
that	and	was	on	the
has	at	some	it	that
was	and	it	the	this
some	on	at	was	has

정밀교수 기법은 일견단어 재인과 유창성을 증가시키기 위해 사용될 수 있다. 첫째, 학생이 모르는 대략 10개의 단어를 밝혀낸다. 10개의 단어가 적어도 10번 포함된 읽기 목록이나 위의 것과 같은 모눈판을 준비한다. 매일 단어학습 활동을 마치고 나면 학생은 제한시간 내에 읽기를 완수한다. 교사는 학생에게 멈추라고 할 때까지 모눈판의 단어들을 가능한 한 많이 읽도록 지시한다. 학생이 읽어 가면, 교사는 오류를 기록하고 학생이 올바르게 읽은 단어 수를 계산한다. 교사는 올바르게 읽은 단어 수와 오류 수를 차트에 기록한다. 학생이 목표 수준에 도달하면 교사는 학생이 숙달해야 할 새로운 단어 세트를 만든다. 만약 학생이 특정 단어를 학습하는 데 어려움을 겪는다면 그 단어가 새로운 모눈판에 포함될 수 있다(Bender, 2002).

적인 어휘와 내용 특정적 어휘를 학습하도록 돕고, 그 단어들이 의미하는 것과 어떻게 사용되는지를 이해하도록 하기 위함이다. 지속적인 풍부한 어휘력은 초등학령기에 읽기 능력을 쌓는 데 필수적이다(Carnine et al., 1997).

읽기 숙련도는 강한 기억 기술에 의존한다. 초보자는 글자와 소리를 외우고 단어 속 글자와 소리의 조합을 해독하거나 재인해야 하고, 그들의 장기기억에 새로운 단어를 계속 추가해야 한다. 1장에서 논의한 바와 같이, 장애 학생은 빈약한 기억 기술이 문제가 된다. 그들의 읽기학습에 있어 가장 문제가 되는 것은 능숙한 단어 인식의 결함이다(Share & Stanovich, 1995). 기억 결함을 가진 학생은 정상적으로 성취하는 학생만큼 장기기억을 달성하기 위해서는 수차례 반복해야 한다(Mercer & Pullen, 2005). 따라서 장애 학생은 충분한 빈도와 기간의 연습과 적용 기회를 포함한 명시적이고 집중적이고 지원적인 교수를 해야 한다.

구어와 문어상의 어휘는 직간접적으로 학습된다. 직접적인 어휘 성장은 의도된 교수의 산물이다. 반면에 간접적인 어휘 성장은 대화에서 사용된 단어 듣기, 낭독 듣기, 그리고 독립적인 읽기를 통해 생긴다.

Carnine과 그의 동료들(2004)은 새로운 단어를 직접적으로 교수하는 세 가지 방법을 제시한다. 모델링, 유의어, 그리고 정의가 그것이다. 모델링은 발음과 의미, 적용(예, flagpole은 두 개의 단어로 구성되어 있으며 두 개가 결합할 때 새로이 결합된 단어 의미가 만들어짐을 학습)에 대한 구체적인 교수가 필요한 초보 독자나 낮은 능력의 독자에게 유용하다. 유의어는 낯선 단어를 명료화하기 위하여 친숙한 단어를 사용한다(예, contusion이 bruise[타박상]라고 설명하거나 또는 지방의 구어 표현 poke가 sack[자루]을 의미함을 설명함). 단어의 의미가 더욱 복잡해지면 정의가 어휘를 가르치기 위해 사용될 수 있다(예, cognition은 두뇌에서의 정보 처리로 정의함).

맥락 분석은 새로운 어휘를 간접적으로 학습하는 데 중요한 기술이다. 독자를 본문에서 모르는 단어의 의미를 추론하기 위해 이 전략을 사용한다. 예를 들어, '치명적인 흑사병은 수천 명의 사람을 병들고 죽게 하였다' 라는 문장에서 독자는 흑사병이 많은 사람에게 미치는 치명적인 전염병임을 암시하는 맥락 단서로 '수천 명, 병들고, 죽게'를 사용할 수 있다.

유능한 독자는 일반적으로 맥락에서 의미를 이끌어 내지만 문맥적 분석을 사용하기 위해서는 유창한 읽기가 요구된다. 읽기에 어려움을 가져 단락을 이해하지 못하는 독자는 맥락에 거의 접근하지 못한다. 잘 읽지 못하는 학생이나 새로운 학습에 어려움을 갖는 학생은 새로운 어휘에 대한 직접교수가 크게 도움이 된다. 이러한 교수는 교사가 단어의 의미와 사용법을 면밀히 모델링해 주고 학생에게 새로운 단어를 충분한 시간 동안 중복적으로 경험하게 할 때 효과적이다(Bryant et al., 2003).

예를 들어, 명시적, 연속적, 집중적, 지원적 교수 중심의 ECRI 시스템은 단어의 본질에 따라 단어 구조, 파닉스, 일견단어에 관한 전략을 사용하여 새로운 단어를 가르친다(Reid, 1997b). ECRI 시스템은 많은 영어 단어를 음성학적으로 해독할 수 없으며, 형태론적 구조나 의미 있는 단어 부분을 인식하는 것이 단어 재인과 어휘 이해, 철자에서 중요하다고 본다. ECRI를 사용할 때, 교사는 하나의 전략이 모든 단어에 작용하지 않음을 배우게 되며 학생으로 하여금 언어의 구조에 집중하도록 가르침으로써 새로운 어휘를 배우게 한다.

각각의 새로운 단어는 ECRI를 토대로 하여 그 단어의 가장 명확한 구조에 따라 명시적으로 교수된다. 단어 구조는 기저 단어에 다른 부분을 첨가하는 것(dog+s=dogs, pre+view=preview), 기저 단어를 바꾸어 다른 부분을 첨가하는 것(baby+s=babies), 단어를 결합시키는 것(foot+ball=football, ice+cream=ice cream), 한 단어를 만들기 위해 단어들을 바꾸는 것

(can+not=can't), 그리고 음절을 구분하는 것(consider, con si der)을 포함한다. 음성학적으로 규칙적인 일음절이나 이음절 단어(lot, package)는 파닉스를 사용하여 가르치고, 음성학적으로 불규칙한 철자를 가진 단어(was, tongue)나 외국어에서 유래한 단어(tsunami)는 일견단어로 가르친다. 새롭게 학습된 모든 어휘는 읽기와 철자, 쓰기에 직접적으로 이용된다.

ECRI와 같이 명시적인 교수 시스템은 두 가지 중요한 방식으로 학생을 돕는다. 첫째, 학생은 지속적으로 증가하는 어휘 읽기와 철자를 배운다. 둘째, 학생은 능숙한 해독자가 되기 위해 단어구조 전략을 사용하는 법을 배운다. 중재 연구에 따르면 이러한 두 가지 접근—직접교수와 학생에게 전략 사용 교수—은 장애 학생에게 강력한 도구가 된다(Swanson & Hoskyn, 1998).

교사를 위한 정보 11.4

교사는 미스터리 워드(Mistery Word)로 새로운 단어 학습에 대한 흥분과 기대를 가질 수 있다. 새로운 단원을 시작하기 수일 전, 학생에게 낯선 핵심어를 선택하고 그것을 큰 글자로 인쇄하여 교실에 부착한다. 이 단어에 대한 흥미와 생각을 자극하기 위해 다음 질문을 사용한다.

1. 우리는 이 단어에 대해 무엇을 배울까요?
2. 이 단어가 왜 사용될까요?
3. 이 단어가 우리가 학습할 새로운 단원과 어떻게 어울릴까요?(Chapman & King, 2003)

본문 이해 교수　　좋은 독자는 자신이 읽는 목적을 알고 자신이 읽은 것을 적극적으로 처리한다(NRP, 2000). 적극적인 정신과정은 전략에 의해서 또는 독자가 자료를 이해하기 위해 사용하는 의식적인 계획에 의해서 가장 잘 촉진된다(Armbruster et al., 2001).

많은 연구에서는 읽기전략이 경도장애 학생에게 특히 도움이 된다고 밝힌다. 학습장애 학생의 독해교수 연구들을 메타분석한 Mastropieri와 Scruggs(1997)는 교사가 고려해야 할 유용한 정보를 제시했다. 이 연구에서 얻은 중요한 결론은 다음과 같다.

1. 유창성과 어휘력은 필요하지만 독해를 위해서는 충분하지 않다.
2. 강조 표시하기, 밑줄 긋기, 차트화하기, 학습 가이드, 그리고 다른 본문보강 기법은 도움이 되지만, 학생이 다양한 상황에서 사용하도록 일반화 훈련이 필요하다.
3. 질문하기 전략은 읽을 수 있는 본문에 한하여 도움이 된다.

첫 번째 중요한 결론인 유창성과 어휘 교수에 관해서는 이미 논의했다. 본문보강 기법과 질문하기 전략 사용은 여기서 설명된다. 본문보강 기법은 학생이 중요한 정보를 추출하거나 조직하도록 도와주는 시각적 장치이며 설명문에 특히 유용하다. 밑줄 긋기와 강조 표시하기는 연구에 의해 효과가 입증되었으나, 교사 지시나 학생 자신의 이해를 통해 학생이 우선 중요한 정보를 식별할 수 있어야 한다. 학습 가이드와 의미자질 분석차트나 의미망은 더욱 강력하게 그 효과가 입증되고 있다. 학습 가이드는 학생으로 하여금 본문에서 중요한 정보를 찾고 기록하도록 안내하며, 의미자질 분석차트나 의미망은 정보 간의 관계를 묘사한다.

그래픽 조직자와 같은 시각적 본문보강 기법은 학생이 본문 내 중요하지 않은 것과 중요한 것을 구분하도록 도와주고, 읽기의 목적과 관련된 정보를 찾고 분석하고 종합하도록 안내해 준다. 장애 학생에게는 본문보강 기법을 다른 상황이나 목적에 전이하여 사용하는 것에 대해 구체적으로 가르쳐 주고, 그 절차들을 내면화하도록 충분한 연습 기회를 제공해 주어야 한다. 이들 기법에 대한 더 많은 정보는 10장에서 찾아볼 수 있다.

브래드포드 씨의 11학년 미국 역사수업에 여러 명의 장애 학생이 있다. 수업에 참여하는 많은 학생은 교과서를 이해하는 데 어려움을 가진다. 그는 수업을 듣는 모든 학생이 각 단원의 주요 정보를 확인하도록 도와주는 안내 노트를 만들었다. 그는 또한 가능할 경우 안내 노트에 그래픽 조직자를 포함하였다.

인지 기반 읽기전략은 교사나 독자 자신에 의한 다양한 질문하기 전략으로 구성되어 있다. Carr와 Thompson(1996)은 선행 지식을 활성화하기 위한 질문하기는 학생 자신보다 실험자에 의해 지원될 때 더 효과적임을 확인하였다. Wong과 Jones(1982)는 목표를 세우고, 중심 개념을 확인하고, 중심 개념에 관한 질문에 답하고, 정확성을 평가하기 위한 다섯 가지 질문하기 전략을 사용한 학생은 요점, 개념 단위, 사실 회상에 관한 측정에서 훈련받지 않은 학생보다 더 잘 수행했다고 밝혔다. Gajria와 Salvia(1992)는 학습장애 중학생을 대상으로 단락이 누구와 무엇에 관한 것이고 무엇이 일어났는지 스스로 질문함으로써 설명문 정보를 요약하도록 가르치는 데 성공하였다. Englert, Tarrant, Mariage와 Oxer(1994)는 경도장애 학생을 위해 상보적 교수를 적용하였는데, 이 연구에서는 학생이 설명문 정보에 대한 서로의 이해를 돕기 위해 질문하기를 사용했다.

Mastropieri와 Scruggs(1997)는 최대 효과를 거두기 위한 성공적인 읽기이해 전략 교수의 조건을 요약하고 있다.

1. 학생은 필수적인 읽기 선수 기술을 가져야 한다.
2. 학생은 적절한 수준의 안내된 연습과 독립 연습을 포함한 명시적이고 체계적인 교수를 받아야 한다.

3. 전략은 읽기 유형과 논리적으로 관련되어야 한다.
4. 학생은 전략의 목적을 알아야 하고 성공이나 실패가 전략 사용에 의한 것이라고 생각하도록 배워야 한다.
5. 학생은 자기점검을 위해 질문하기 전략을 배워야 한다.
6. 학생 수행은 준거참조 측정으로 사정되어야 한다.

이러한 지침을 사용하는 교사는 읽기 문제를 가진 학생을 돕기 위해 전략을 찾거나 개발할 수 있다. 교사 주도의 읽기 수업 계획안의 예는 〈표 11-5〉에 제시되어 있다. 읽기이해력의 향상은 학생으로 하여금 일반교육과정에 더 많이 접근하고 성공적으로 독립적인 삶을 준비하도록 도와줄 것이다.

학습 문제를 가진 많은 학생은 분리된 개별 기술을 하나의 과정으로 합성하지 못한다. 따라서 분리된 기술을 가르치는 것만으로는 최상의 학습을 만들어 낼 수 없다. 아마도 개별 소리 /k/ /a/ /t/를 연습하는 데 많은 시간을 보낸 아동에 대해 들어 본 적이 있을 것이다. 이런 아동은 문장에 단어 cat이 나오면 /k/ /a/ /t/를 읽는다. 성공적인 읽기교수는 학생이 완전한 읽기 행위에 숙달하도록 도와주는 많은 교수 활동을 통합하는데, 이런 활동을 통해 단어 재인에서의 능숙함과 본문 이해력이 결합되어 읽기가 유창한 시스템이 되게 한다. 그러나 특정 결함을 가진 학생은 표적기술 교수가 크게 도움이 될 수 있다. 여기서 해답은 개별 학생의 요구를 사정하고, 요구에 적합한 과학적으로 입증된 읽기 중재를 사용하는 것이다. 그리고 교수가 적절한지 혹은 변경해야 되는지를 결정하기 위해서 지속적으로 학생의 진전을 모니터한다.

읽기 이해는 그 자체를 목적으로 삼으면 안 된다. 이는 사람들이 사고하기, 추론하기, 말하기, 쓰기라는 상위 수준의 목적으로 사용하기 위해 인쇄물에서 정보를 얻는 방식으로서 여겨져야 한다. 언젠가 현명한 한 베테랑 교사는 "삶은 위대한 독자가 아닌 위대한 사상가와 연설가에 의해 변화된다."라고 말했다. 이러한 이야기는 아마도 읽기와 쓰기는 모두 언어라는 하나의 거대한 체계의 일부분일 뿐이며, 그 언어라는 것은 인간 상호작용의 기초라는 점을 보여 준다.

 교사를 위한 정보 11.5

독해를 측정하기 위해 '빈칸 채우기 절차'를 사용한다. 빈칸 채우기 절차는 교사가 신속하게 독해를 측정하는 데 효과적인 방법이다. 읽기 단락을 타이핑하고, 핵심어를 뺀다. 학생에게 단락을 읽으면서 빠진 단어를 채우도록 지시한다. 이 활동은 학생이 단락을 완성한 후 이해를 측정하기보다는 학생이 읽는 동안에 이해를 측정한다.

예, 나는 항상 여름 ___을 좋아했다. 왜냐하면 우리 가족은 여름마다 두 주를 호숫가에서 지내기 때문이다. 호수에서의 일상은 똑같았다; 그러나 정말 대단했다. 나는 ___에서 빠져나와 내 ___을 입고 ___을 먹고 나서 남은 시간 모두를 내 보트에서 낚시를 하며 보냈다. 나는 호수에서 항상 평화로웠으며 ___했다. 가끔 ___가 물에서 뛰어올라 오곤 했다(Bender, 2002).

 (공학의 활용)
읽기 교수와 사정을 위한 도구

경도·중등도 장애를 가진 많은 학생은 읽고 쓰기를 배우는 데 상당한 어려움을 경험한다. 그 결과 그들의 교수를 지원하고 수행을 촉진하기 위해 다양한 보조공학 중재가 개발되었다. 다음은 읽기를 위한 몇 가지 일반적으로 사용되는 보조공학 도구다.

학생의 구두읽기 유창성은 읽기성취의 신뢰할 만한 예측 인자로 밝혀져 왔다. 솔리로키 읽기 보조 프로그램(Soliloquy Reading Assistant, http://www.readingassistant.com/)은 학생의 구두읽기 유창성을 수집하고 분석하고 점검하기 위한 혁신적 도구로 알려져 있다. 학생은 컴퓨터에 부착된 마이크로폰으로 읽고, 이 소프트웨어는 학생 수행에 관한 자료를 수집하고, 피드백을 제공하며, 교사를 위해 수행자료를 보고서 형식으로 요약해 낸다. 이것은 학생의 읽기 기술에 대한 초기 평가에 유용하고, 수행을 점검하는 데 유용하다.

많은 수의 상품이 교수적 중재에 유용하다. 스타트 투 피니시 북스(Start to Finish Books, http://www.donjohnston.com)은 수준별 읽기 도서로서 학생의 읽기를 지원하기 위해 인쇄물, 오디오테이프, CD-ROM 형태로 제공된다. 사이먼 S. I. O.(Simon Sounds It Out, http://www.donjohnston.com)는 분류와 자료 수집이 특징인 매력적인 읽기교수 프로그램이다. 뉴스-투-유(News-2-You, http://www.news-2-you.com)는 매주 교사에게 그림, 문자 등을 맞추어 어구를 만드는 수수께끼가 포함된 이벤트성 읽기자료를 제공하는 구독 기반 서비스다. 커즈웨일 3000(Kurzweil 3000, http://www.kurzweiledu.com)과 WYNN(http://www.freedomscientific.com/LSG/index.asp) 같은 포괄적인 상품은 사용자가 인쇄자료를 스캐너를 통해 컴퓨터에 입력하여 즉시 읽을 수 있게 한다.

사용하는 교수 중재의 유형이 무엇이든지 읽기 진보를 모니터링하는 절차는 반드시 포함되어야 한다. DIBELS(Dynamic Indicators of Basic Early Literacy Skill, http://dibels.uoregon.edu)는 이러한 목적으로 개발된 연구 기반 도구다. DIBELS는 읽기 전 선행 기술과 조기 읽기(유치원~3학년)의 읽기 기술 발달을 정기적으로 모니터링하기 위한 간단한 (1분) 유창성 측정이다. 무료로 다운로드하여 사용할 수 있다.

표 11-5 경도 · 중등도 장애 학생을 위한 각본화된 읽기 수업계획안

주제	읽기	
학생	특수학급 읽기수업을 받는 10명의 2학년 학생	
수업 목표	2학년 수준의 5개 단락으로 구성된 세 가지 이야기로, 학생은 각 이야기의 주제를 작성할 것이며, 교사의 정답과 비교 측정하여 세 번의 시도 중 세 번 모두 세 가지 주제를 올바르게 쓸 것이다.	
일간 교수 목표	2학년 수준의 7개 단락으로 학생들은 단락의 요점을 한 문장으로 작성할 것이며, 교사의 정답과 비교 측정하여 7개 단락 중 6개 단락의 주제를 올바르게 쓸 것이다.	
수업자료	4개의 단락이 있는 활동지: 한 단락은 안내된 연습용, 3개 단락은 독립적인 연습용	
수업 구성 요소	교사 질문, 교수 및 피드백	예상되는 학생 반응
주의 집중 단서	대 답: "저를 보세요. 읽을 준비 합시다."	(학생은 듣는다. 종이를 치운다)
예상 단계	설 명: "지난 토요일 햇볕이 들어오는 거실에 앉아 있었어요. 나는 창문을 통해 길 건너 들판에서의 어떤 움직임을 보았어요. 나는 안경을 쓰지 않고 있어서 들판에 무엇이 있는지 남편에게 물어보아야 했어요. 남편은 아무 말 없이 문으로 뛰어가 우리 집 개 로지에게 소리쳤어요. 로지는 그를 보고는 반대 방향으로 달려갔지요." 질 문: "이 이야기에서 무슨 일이 일어났는지 얘기할 수 있는 사람 있나요?" 설 명: "곧 여러분에게 말해 줄게요."	(몇몇 학생이 손을 든다.)
복습	설 명: "우선, 이번 주에 우리가 했던 것을 복습해 봅시다. 우리는 구성 요소를 찾는 방법에 대해 배우고 있었죠." 질 문: "여러분은 어떻게 구성 요소를 찾습니까?" 피드백: "맞아요. 우리는 사람이나 장소, 사건을 가리키는 단어를 찾습니다." (단락이 있는 유인물을 나눠 준다.) 설 명: "여러분은 지금 받은 단락을 읽고 구성 요소에 동그라미를 치세요." (학생의 작업을 점검한다.) 설 명: "정말 잘하네요!" 질 문: "첫 문장에서 구성 요소들이 있나요?" 질 문: "뭔가요?" 피드백: "맞았어요." 설 명: "활동지를 제게 돌려주세요." 설 명: "오늘 우리는 약간 다른 무언가를 할 것입니다. 오늘 우리는 요점을 쓸 거예요."	"사람이나, 장소, 사건을 가리키는 단어들을 찾습니다." (학생은 단락을 읽고 구성 요소에 동그라미를 친다.) "예." "그 자동차는 밝은 노란색이다."
선행학습 확인과 목표 진술	질 문: "무언가의 주제란 무엇이죠?" 피드백: "멋진 대답이에요. 주제는 그 단락이 무엇에 관한 것인지를 요약하는 겁니다. 주제는 한 문장으로 기술할 수 있어요." 설 명: "아까 내가 말해 주었던 이야기는 우리 집 개 로지에 관한 거였어요. 그 이야기의 주제는 '우리 집 개 로지가 도망쳤다'예요." 설 명: 주제를 쓸 때에는 단락을 한 문장으로 요약합니다." 질 문: "주제를 어떻게 요약하나요?" 피드백: "그렇죠. 우리는 주제를 한 문장으로 요약해요."	"그것은 무엇인가에 관한 것이에요." "한 문장으로요."

선행학습 확인과 목표 진술	설 명: "단락의 주제를 기술하기 위해서 나는 먼저 단락을 읽어야 합니다."	
	질 문: "먼저 내가 무엇을 해요?"	"단락을 읽어요."
	피드백: "맞았어요, 단락을 읽어요."	
	설 명: "단락을 읽은 후 나는 그 단락이 무엇에 관한 것인지를 결정하고, 한 문장으로 무엇에 관한 것인지 말합니다."	
	질 문: "다음으로 나는 무엇을 한다고요?"	"단락이 무엇에 관한 것인지 결정해요."
	피드백: "맞았어요."	
	질 문: "주제를 어떻게 한다고요?"	"한 문장으로 그것이 무엇에 관한 것인지 말해요."
	피드백: "그렇지요"	
	설 명: "나는 그 단락이 무엇에 관한 것인지 한 문장으로 말해요."	
교수와 모델링	설 명: "나는 여러분에게 이것을 어떻게 하는지 보여 줄 겁니다." (OHP에 단락을 놓는다.)	
	설 명: "나는 우선 전체 단락을 읽습니다. 우리 함께 읽어 봅시다. '잰은 자신의 고양이를 살펴보러 갔다. 그녀는 상자 안을 보고 놀랐다. 차 안의 상자에는 5마리의 새끼고양이가 있었다.'"	(단락을 읽는다.)
	피드백: "잘 읽었어요."	
	설 명: "단락을 읽고 나면 나는 이 단락이 무엇에 관한 것인지를 결정합니다. 이 단락은 잰의 고양이가 새끼고양이를 낳았다는 내용입니다."	
	질 문: "이 단락은 무엇에 관한 것이죠?"	"잰의 고양이가 새끼고양이를 낳았어요."
	피드백: "맞았어요."	
	설 명: "그 단락이 무엇에 관한 것인지를 결정한 후, 나는 주제를 한 문장으로 말합니다."	
	질 문: "어떻게 주제를 말하죠?"	"한 문장으로요."
	피드백: "맞아요."	
	설 명: "이 단락의 주제는 '잰의 고양이가 5마리의 새끼고양이를 낳았다' 입니다."	
	설 명: "한 문장으로 주제를 말했으니, 나는 그 단락 아래에 그 문장을 씁니다."	
	질 문: "어디에 문장을 쓴다고요?"	"종이 위쪽에요."
	정 정: "나는 단락 아래에 문장을 씁니다."	
	질 문: "어디에 문장을 쓴다고요?"	"단락 아래에요"
	피드백: "좋아요." (단락 아래에 문장을 쓴다.)	
	설 명: "주제를 기술하는 데에는 네 가지 단계가 있어요. 첫 번째, 나는 단락을 읽는다."	
	질 문: "처음으로 무엇을 한다고요?"	"단락을 읽어요."
	설 명: "두 번째, 나는 그 단락이 무엇에 관한 것인지를 결정하고 말한다."	
	질 문: "두 번째로 무엇을 한다고요?"	"그 단락이 무엇에 관한 것인지를 결정하고 말해요."
	설 명: "세 번째, 나는 주제를 한 문장으로 말한다."	"한 문장으로요."
	질 문: "주제를 어떻게 말한다고요?"	
	설 명: "그런 다음, 나는 주제를 단락 아래에 쓴다."	"주제를 단락 아래에 써요."
	질 문: "마지막 단계가 뭐라고요?"	

교수와 모델링	피드백: "참 잘했어요." 설 명: 세 가지 예를 더 보여 줄 겁니다. (OHP에 다른 단락을 놓는다. 주제를 기술하는 과정을 모델링해 준다. 학생의 응답을 촉진한다.)	
안내된 연습	설 명: "다 함께 연습해 봅시다." (새로운 단락을 OHP에 놓는다.) 질 문: "처음에 무엇을 하죠?" 피드백: "맞아요. 우리는 단락을 읽어요." 설 명: "우리 함께 이것을 읽어 봅시다. '지미는 귀신이 나오는 숲으로 걸어갔다. 그는 크게 으르렁거리는 소리를 들었다. 지미는 되돌아서 집으로 뛰어갔다.'" 질 문: "자, 이제 우리는 무엇을 하지요?" 정정 피드백: "주제를 진술하기 전에, 우리는 그 단락이 무엇에 관한 것인지 결정하고 그 단락에 대해 말해요." 질 문: "두 번째 단계는 뭐죠?" 피드백: "좋아요" 질 문: "이 단락은 무엇에 관한 것이죠?" 피드백: "맞아요." 질 문: "그럼 다음으로 우리는 무엇을 하지요?" 피드백: "참 잘했어요." 설 명: "이 단락의 주제는 무엇인가요?" 질 문: "주제를 말한 후에는 무엇을 하지요?" 피드백: "참 잘하고 있어요." 설 명: "여러분을 위해 내가 문장을 쓸 겁니다. 내가 쓰는 문장을 말해 보세요." 설 명: "우리는 주제를 말하고 그것을 단락 아래에 썼어요. 잘했어요." 설 명: "몇 번 더 해 봅시다." (촉진은 점차 줄인다. 구두로 안내된 마지막 연습에서는 최소한으로 학생을 촉진한다.) 설 명: "이제 마지막 단락이에요. 우리는 먼저 무엇을 하지요?" 설 명: "읽어 보세요." 질 문: "다음은 뭐지요?" 질 문: "무엇에 관한 것이지요?" 질 문: "다음에는 무엇을 하지요?" 질 문: "이 단락의 주제는 무엇이지요?" 질 문: "마지막으로 무엇을 하지요?" 피드백: "정말 잘했어요." 설 명: "이제 우리는 종이에 있는 단락으로 해 볼 겁니다." (4개의 단락이 있는 유인물을 학생들에게 나눠 준다[그림-A] 참조). 설 명: "첫 번째 단락에 손가락으로 갖다 놓으세요." 피드백: "잘하네요." 질 문: "여러분은 먼저 무엇을 하지요?" 설 명: "각자 조용한 목소리로 읽어 봅시다." 질 문: "다음은 뭐지요?" 설 명: "작은 목소리로 무엇에 관한 것인지 말해 보세요." 피드백: "잘했어요." 질 문: "이제 무엇을 하지요?"	"단락을 읽어요." (학급은 단락을 읽는다.) "주제를 말해요." "그 단락이 무엇에 관한 것인지 말해요." "소년이 겁에 질렸어요." "주제를 한 문장으로 말해요." "소년은 숲 속에서 겁에 질렸다." "주제를 단락 아래에 써요." (학생은 문장을 말한다.) "단락을 읽어요." (학생은 단락을 읽는다.) "단락이 무엇에 관한 것인지 말해요." "한 소녀가 목걸이를 잃어버렸어요." "주제를 한 문장으로 말해요." "한 소녀가 자신이 가장 좋아하는 목걸이를 잃어버렸다." "주제를 단락 아래에 써요." (학생은 첫 단락을 가리킨다.) "단락을 읽어요." (학생은 그 단락을 읽는다.) "무엇에 관한 것인지 말해요." (학생은 그 단락이 무엇에 관한 것인지 말한다.) "주제를 한 문장으로 말해요."

	설 명: "어서 해 봐요."		(학생들은 주제를 말한다.)
	질 문: "마지막으로 무엇을 하지요?"		"문장을 단락 아래에 써요."
	피드백: "모두들 주제를 훌륭하게 잘 쓰네요."(학생들이 독립적으로 활동지를 완수할 수 있어 보일 때 독립 연습으로 이동한다.)		
독립 연습	설 명: "여러분, 정말 잘했어요. 여러분은 다음 단락을 계속합니다. 우리가 함께 한 그대로 주제 쓰기를 연습하세요. 나는 돌아다니면서 여러분이 어떻게 하는지 볼 겁니다. 이 단락의 주제를 다 쓰면 손을 드세요. 내가 일단 여러분이 쓴 문장을 점검하고 나면 활동지의 나머지 부분을 완성할 수 있어요." (수행을 점검하고 교정하고 필요하다면 다시 가르친다.)		(학생은 다음 단락을 완성하고, 교사가 그들의 수행을 점검하면 단락의 나머지 부분을 끝낸다.)
	질 문: "여러분, 오늘 뭘 하는 법을 배웠지요?"		"요점 쓰는 법이요."
마무리	피드백: "좋아요."		
	질 문: "우리는 요점을 어떻게 쓰지요?"		"한 문장으로요."
	피드백: "매우 잘했어요."		
차시 예고	설 명: "내일 우리는 설명문 단락으로 요점 쓰기 연습을 할 겁니다."		

요점: 이해   독립 연습지

이름 _____   점수 _____

날짜 _____

각 단락을 읽고 단락 아래에 주제를 한 문장으로 쓰세요.

재러드는 트레버를 헛간 뒤에 데려다 두었다. 그는 트레버가 흥분할 때 다른 말들을 발로 차기 때문에 트레버를 다른 말과 떨어져 있게 하길 원했다. 어느 날 밤, 너무 외로웠던 트레버는 더 이상 외롭지 않기 위해 축사 출입문을 발로 차 부수고는 안으로 뛰어들어 갔다.

주제:

그 소년은 자신의 개가 짖는 소리를 듣고 문제가 뭔지 확인하러 밖으로 나갔다. 개는 큰 나무 아래에 개사슬로 묶여 있었는데 나무 주위를 돌다가 스스로 상처를 냈다. 개는 물이 담긴 그릇에 가까이 갈 수 없었다. 소년은 개를 풀어 주어 물그릇에 갈 수 있게 해 주었다.

주제: _____

날씨가 온화하고 맑을 것 같았다. 그러나 오후 3시 30분경에 서쪽 하늘에 폭풍을 몰고 오는 구름이 모여들기 시작했다. 저녁 6시에는 이 구름들이 머리 바로 위로 이동해 왔으며 천둥과 번개가 하늘을 가득 채웠다. 그리고 6시 10분에는 모든 주변에 번개가 치고 공깃돌 크기만한 우박이 하늘에서 떨어졌다.

주제: _____

초저녁에 가족은 도보 산행을 하기로 결정했다. 산 쪽은 그늘이 지고 시원했다. 산길에는 그 가족뿐이었다. 갑자기 큰 사슴이 나무에서 나타나서는 산길을 따라 걸어갔다. 사슴은 가족 바로 앞에 있었다.

주제: _____

[그림 A] 과제용지

3. 문어

문어(written language)는 사람들이 자신의 생각과 대화를 기록하고 보존하기를 원하거나 필요하다고 느낄 때 발달한다. 문어는 우리로 하여금 일시적인 생각을 영원한 산물로 기록할 수 있게 한다. 문어를 통해서 우리는 우리의 생각을 구성하여 검토하고 개정할 수 있으며, 다른 시간대와 장소에 있는 사람들과 대화를 촉진할 수 있다. 문어는 우리가 지식기반 사회에서 학습하고 상호작용하며 사업을 수행하는 방식으로 필수적인 것이다.

글을 잘 쓰는 능력은 자연스럽게 발달하는 것이 아니며(Graham & Harris, 1997), 읽기 능력에서 자동적으로 획득되는 것도 아니다(Evans, 1967). 교사는 학생이 이야기를 읽었다고 해서 이야기를 쓸 수도 있다고 가정할 수 없다. 쓰기에는 한 사람의 의견을 생각하고 조직하고 기록하는 복잡한 능력이 필요하다. 이러한 기술은 학생이 무엇을 어떻게 해야 할지를 효과적으로 가르치고, 그들의 성공이 보상될 때 숙달될 수 있다(Reid, 1992a).

선행 연구에서는 학습의 어려움이 있는 학생과 없는 학생은 적어도 다섯 가지 영역의 쓰기 수행에서 다르다고 지적한다. 학습의 어려움을 가진 학생은 다음과 같은 특징을 가진다.

- 덜 생산적이며 생각을 쓰기로 전환하는 데 더 오랜 시간이 걸린다.
- 잘 쓴다는 것은 정확하게 철자하고 보기 좋게 필기한 것이라 생각한다.
- 생각을 전달하기 위한 충분한 어휘가 부족하다.
- 베껴 쓰기와 문법에서 더 많은 오류를 보인다.
- 숙달하는 데 더 많은 연습이 필요하다.

장애 학생은 특히나 설명문 쓰기에서 문단 구조와 문단 내 문장의 역할에 대한 이해가 부족하다.

교사는 경도와 중등도 장애 학생을 가르칠 때 그들의 특성에 대해 인식하고 이를 교수 계획과 실행에 있어 지침으로 삼아야 한다. 학생이 효과적으로 쓰는 법을 배우기 위해서는 필기, 철자, 문법, 본문 구조, 작문의 다섯 가지 기술을 이해하고 배우고 숙달해야 한다. 이들 각각에 대해 논의하고자 한다.

필기

필기 또는 습자(penmanship)는 사람들이 그들의 생각을 종이에 기록하기 위해 사용하는 기본적인 도구적 기술이다. 학교에서의 과제는 많은 필기를 요한다. 컴퓨터와 문구를 전해 주는 공학 기술이 빠르게 진보하는 이 시대에도 성인 삶의 많은 측면에서는 쓰기가 필요하다. 필기에 능숙한 학생은 글자를 만들어 내는 데 집중하기보다 작문에 치중할 수 있고 성공적으로 정보를 베껴 쓰고 노트 필기를 할 수 있어 필기에 어려움을 겪는 학생보다 명확한 이점을 가진다(Coombs, 1996; Mercer & Pullen, 2005). 몇몇 연구는 필기와 철자하기의 유창성이 쓰기 표현의 능숙함과 긴밀하게 관련되어 있음을 지지한다(Graham, Berninger, Abbott, Abbott, & Whitaker, 1997). 더욱이 1학년 학생을 대상으로 한 필기교수 연구는 필기 과제뿐만 아니라 필수적인 읽기해독 기술인 철자 이름 대기에서 통제집단보다 더 잘 수행했다고 보고한다(Graham, Harris, & Fink, 2000).

필기교수의 목적은 간단히 말해 가독성과 유창성이다(Graham, 1999). 교사는 학생이 다른 사람이 읽을 수 있게 글을 쓰기를 원한다. 그리고 그들은 학생이 가능한 한 막힘 없이 정확하게 쓰기를 원한다. 그러나 필기교수는 단순하지 않다. 종이에 연필을 대는 것보다 더 많은 것이 쓰기에 관여한다. 좋은 필기를 위해서는 올바르게 앉은 자세, 책상 위의 정확한 종이 위치, 적절한 연필 쥐기, 숙련된 눈-손 협응이 필수적이다. 게다가 글을 쓰는 이는 글자의 모양과 구조뿐만 아니라 글자를 만들어 내기 위한 근육의 움직임을 기억해야 한다. 복잡한 과제인 필기를 배우기 위해서는 글자와 단어 구성에 관해 안내된 연습과 독립 연습을 포함한 꾸준하고 명시적인 교수가 필요하다(Bain, 2001).

영어의 인쇄체와 필기체는 고리 모양과 점, 호, 원이 결합된 세로선과 가로선, 사선, 곡선의 다양한 조합으로 구성된다. 교사는 학생이 글자를 규정대로 올바르게 쓰는 법을 배우도록 도와줄 책임이 있다. 한 번에 하나의 글자를 가르쳐야 한다. 그래야 학생은 구성과 크기, 배열, 여백, 기울기와 생성 속도에 숙달될 수 있다. 학생이 이들 요소에 숙달되었는지의 여부는 학생의 쓰기 표본을 자주 수집하여 필기교수에 사용된 교재 속 글자들과 비교함으로써 사정할 수 있다.

필기 문제 1~9학년의 필기에 대해 조사한 연구자에 따르면, 대부분 학생의 필기 기술은 일반적으로 6학년이 될 때까지 향상된다(Berninger, Abbott, Abbott, Graham, & Richards, 2002). 또 다른 연구는 일반적으로 남아가 여아보다 가독성과 유창성에서 더 큰 어려움을 겪는다고 보고하였다(Graham & Weintraub, 1996). 불행하게도 몇몇 학생은 쓰기에 어려움을 갖는다. 그 이유는 다양한데, 글자 재인을 방해하는 읽기상의 어려움, 글자의 형태 기억을 어렵게 만드는 시각-기억 문제, 글자 쓰는 것을 방해하는 운동장애, 베껴 쓰는 데 어려움을 갖게 하는 시각적 실행증(visual apraxia)의 일종인 실서증(dysgraphia) 등이 있다(Bain, 2001).

Graham(1999)은 가독성 외에 필기에 숙달하지 못한 학생에게 미칠 수 있는 세 가지 일반적 영향을 요약했다. 첫째, 빈약한 필기는 다른 사람으로 하여금 학생의 쓰기표현 능력을 의심하게 만들 수 있다. 둘째, 유창성 결함은 학생이 작문에 집중하는 능력을 저하시킬 수 있다. 셋째, 숙련성의 부족은 속도와 텍스트 산출 분량을 감소시킬 수 있다. 필기 기술을 향상시키는 것은 텍스트 쓰기 유창성 역시 향상시킨다(Jones & Christensen, 1999). 그러나 작문의 유창성이 학생이 작성한 작문의 질을 반드시 예측해 주는 것은 아니다(Graham et al., 1997).

필기교수 필기교수는 명시적이고 연속적인 교수가 적합하다. Graham, Harris와 Fink(2000)는 필기에서 성공을 예측해 줄 수 있는 아홉 가지 교수 변인을 제시하였는데, 그중 가장 강력한 예측 인자는 교사 모델링, 높은 비율의 학생 반응, 그리고 다양한 연습 활동이다.

필기를 비롯한 다양한 쓰기기술 교수는 주로 광범위한 문해교수 프로그램에 통합되어 있다. 앞서 읽기 부분에서 이미 소개하였던 ECRI가 이러한 프로그램 중의 하나다(Reid, 1997b). ECRI 필기 프로그램은 각 글자 구성에 관한 교사의 신중한 모델링을 포함하는데, 학생으로 하여금 올바른 보기와 올바르지 못한 보기를 식별하게 하는 학습과정이 뒤따른다. 교사는 '소리 내어 생각 말하기(think aloud)' 방법을 사용하는데, 이는 학생이 배울 것을 구두로 암송하고 교사와 함께 반복하고, 그런 뒤 학생 스스로 연습할 때 사용하게 한다.

예를 들어, 교사는 인쇄체 b를 가르칠 때 칠판에 있는 네 개의 선 위에 올바른 형태의 글자를 모델링해 주는 동시에 "아래로, 돌려서, 끝, b."라고 말한다. 교사는 철자에 대한 올바른 선긋기 순서뿐만 아니라 글자와 선들의 관계를 명시적으로 가르친다. 그리고는 선긋기 순서와 선과의 관계에서 오류를 범하면서 선긋기 순서를 암송한다. 이때 학생은 오류가 있음을 말하도록 촉진된다. 학생의 글자에 대한 이해를 확고히 하기 위해 오류 후에는 올바른 교사의 본보기가 뒤따른다. 그리고 교사는 선긋기 순서를 여전히 암송하면서 글자 여백과 모델 글자 따라 쓰는 법을 보여 준다. 올바른 글자와 올바르지 못한 글자를 식별하는 연습을 한 후, 학생들은 안내된 연습을 시작한다. 이 단계는 학생이 선긋기 순서를 암송하면서 연습해 감에 따라 점점 촉진이 줄어드는 활동지를 사용하여 완수된다. 이러한 방식으로 학생은 각 글자를 보고, 듣고, 말하고, 쓰고, 좋은 본보기와 부족한 예를 식별함으로써 글자에 숙달된다. 매일 몇 분간의 학습과 연습은 학생이 훌륭한 필기를 할 수 있도록 돕는다.

교사는 초보 학생이 필기에 대한 상반되는 교수를 받지 않도록 해야 한다. 급우와 가족 구성원을 포함하여 학생에게 필기를 가르치거나 피드백을 제공하는 모든 사람은 동일한 유형의 필기방식 교수를 사용해야 한다. 풀아웃 프로그램에서 학생을 가르치는 교사는 그들의 통합학급에서 배우는 방식과 다르게 가르치지 않도록 특별히 조심해야 한다.

필기만이 종이에 단어를 배열하는 유일한 방법은 아니다. 매우 어린 아동도 컴퓨터 키보드 사용 기술을 배우고 있으며, 수년 전보다 더 많은 학생이 컴퓨터를 사용한다. 그럼에도 필기는 초등교육과정에서 지속적으로 중요한 부분을 차지하며 숙달되도록 가르쳐야 한다. 필기교수를 위해 어떤 방법을 사용하든지, 일관성 있는 교사의 모델링과 피드백, 충분한 연습 기회는 필수적이다. 학생이 유창하고 가독이 되는 필기를 할 수 있게 하기 위해서는 올바른 연습이 필요하다.

브래큰 여사는 학생에게 초기 필기 기술을 가르치기 위해 교사 주도적 교수를 사용한다. 글자 쓰기를 가르치기 전, 그녀는 학생에게 직선, 대각선, 곡선 긋기를 가르쳤다. 글자를 가르치기 시작하면은 한 번에 하나의 글자를 가르쳤다. 그녀는 글자 a를 시작으로 c, d, g, q, s를 가르쳤는데, 이들 글자가 각각의 시작점이 동일하기 때문이다. 브래큰 여사는 학생에게 정확한 모델링을 제공하고자 노력한다. 새로운 글자를 모델링해 준 후, 그녀는 학생이 새로운 글자 쓰기를 배워 감에 따라 도움과 피드백을 제공한다. 학생이 새로운 글

자를 정확하게 쓸 수 있게 되면 독립적으로 연습하도록 허용한다.

철자

문어에는 신뢰할 만한 작가가 되기 위해 학생들이 숙달해야 할 정자법이나 철자, 문법이 포함된다. 철자하기는 기본적으로 시각 연속적 기억 과제다. 즉, 단어를 쓸 때마다 동일한 순서로 동일한 글자 쓰는 법을 배워야 한다. 영어에서 철자는 약 43개의 다른 소리를 쓰는 방식이 수백 개라는 점에서 매우 어려울 수 있다. /f/ 소리가 다양하게 철자됨은 for, taffy, phantom, rough와 같은 단어를 통해 확인할 수 있다. 언어의 음소 혹은 소리의 개수와 이 소리들을 나타내기 위해 사용하는 서기소 혹은 글자 조합의 개수 간의 커다란 불일치는 시각 연속적 기억 기술에 결함을 가진 사람이 철자하기 어렵게 만든다(Bailet, 2001). 이것은 단어를 소리 나는 대로 철자하게 되면 자주 틀리기 때문이다(Ehri, 1989). 예를 들어, 단어 was는 wuz라고 써야 되는 것처럼 소리가 나고, 단어 of는 uv라고 써야 되는 것처럼 소리가 난다. 그리고 단어 through는 여러 가지 소리-철자 문제를 보여 준다. 영어 철자는 언제나 음성학적으로 예측 가능한 것은 아니다. 따라서 철자학습에서는 자연스럽게 배우는 구어에서는 필수적이지 않은 기술이 요구된다(Bailet, 2001).

어린 학습자는 일반적으로 언어의 음소와 그러한 소리를 나타내는 글자 조합에 점점 더 친숙해짐에 따라 창안적인 철자(invented spelling) 단계로 진보한다. 이 단계는 아동이 충분한 언어 경험을 쌓고 철자 규칙을 안정되게 사용할 만큼 이해할 때까지 지속된다(Lombardino, Bdford, Fortier, Carter, & Brandi, 1997). 어려움을 가진 학습자는 자신의 인지적 노력을 철자하는 데 주로 소모한다. 이로 인해 작문에 사용될 수 있는 인지적 노력은 감소하게 된다. 철자로

인해 좌절하는 이는 쓰기를 고된 일이라 여기며, 가능하면 회피하고자 한다(Scott, 2000).

철자학습은 읽기학습과 관련이 있지만, 초기 습득단계에서 몇 가지 차이점이 있다. Frith(1981)와 Richgels(1995)는 어린 학습자의 읽기와 철자 능력이 동일한 속도로 발달하지 않으며, 이것은 아마도 음소가 알파벳으로 어떻게 표상되는지에 대한 이해 단계가 다르기 때문일 것이라고 보고한다. 그러나 학생이 읽기에 숙달하고 음소-서기소 관계가 어떻게 작용하는지 이해해 감에 따라, 읽기와 철자에서의 진전은 상관성이 커지는 경향을 나타낸다.

철자에 능숙해지는 것은 쉽지 않은 과제일 수 있지만, 이를 달성하는 사람 수에 의해 입증되듯이 확실히 배울 수 있는 과제다. Graham(1999)은 개인의 정확한 철자를 보장하기 위해서는 (1) 좋은 철자기억, (2) 그럴듯한 철자를 생성하기 위한 충분한 언어 지식, (3) 맞는지 확인하기 위한 사전이나 철자 점검기와 같은 외부 자원의 활용이라는 세 가지 심리과정의 접근이 가능해야 한다고 제안한다. 그러나 정확성을 보장하는 것보다는 철자를 학습하는 것이 앞선다. 철자학습은 학습을 최대화하고 새로운 학습이 유지되도록 촉진하는 일상 연습이 결합된 면밀한 교수를 통해 성취된다.

철자교수   철자교수 분야에서는 몇 가지 논의가 계속되고 있는데, 철자 어휘 선택법, 철자 어휘 교수법, 새로운 철자 어휘 연습법이 그에 포함된다(Graham, 1999). 이러한 논쟁은 철자교수가 과학적인 기반보다 사적인 철학에 더 기초하여 만들어지는 듯해 교사를 혼란스럽게 만들 수 있다. 따라서 철자에 대한 교수적 결정을 하는 가장 좋은 방식은 선행 연구에서 효과가 입증된 방법을 조사하는 것이다. 위에서 언급한 각각의 철자교수의 효과에 대해 요약하여 제시하고자 한다.

Graham(1999)은 가르치고자 하는 철자 단어 목록을 선택하는 네 가지 접근을 고찰한다. 첫째는 학생으로 하여금 흥미로운 단어를 선택하게 하는 것이다. 이 접근의 단점은 학생이 자신이 철자하기 어려운 단어를 선택할 수도 있고 안할 수도 있다는 점, 학생이 결국 학급에서 각자 다른 목록을 가지게 될 수 있다는 점이다. 따라서 그것은 집단교수를 하는 데 있어 문제가 될 수 있다. 두 번째는 교사가 학생이 주로 잘못 철자하는 단어를 선택하는 것이다. 이 방법은 학생이 배워야 할 단어에 중점을 두지만, 학생이 자신의 철자 어휘를 확장하는 데 도움이 될 새로운 단어가 소개되지 못한다는 제한점이 있다. 세 번째는 학생이 자신의 연령 및 읽기 수준에서 접하게 될 가장 흔한 단어 목록에서 선택하는 것이다. 이러한 단어 목록은 많이 발간되어 왔다(예, Farr, Kelleher, Lee, & Beverstock, 1989; Graham, Harris, & Loynachan, 1994). 이 접근의 가치는 학생이 실제로 목록의 단어를 읽고 철자하는 빈도에 의해 결정된다. 네 번째는 단어군(單語群, word family)의 철자 어휘를 가르치는 것이다. 즉, 유사한 어간을 가진 것으로 유사한 철자 조합(예, 모음 조합 ee)을 사용하거나, 유사한 어미를 가진 단어(예, 단어 어미 tion)를 사용하는 것이다. 이 접근의 효용성 역시 학생이 일상적인 읽기와 쓰기에서 실제로 사용하는 단어의 비율에 의해 영향을 받는다.

전통적으로 교사는 서로 독립적인 철자 단어로 이루어진 주간 목록을 사용해 왔다. 이 방법은 철자 지식에 별로 기여하지 못할 수 있다. 유치원부터 6학년까지의 학생을 대상으로 한 캐나다의 한 종단연구는 학생이 목록의 단어를 기억하는 것보다 읽기와 쓰기에서 더 많은 철자를 배웠다고 보고하였다(Hughes & Searle, 1997). 읽기와 쓰기 교수를 연결하는 것은 효과적인 방법이라고 지지되어 왔다. 예를 들어, ECRI는 읽기에서의 새로운 단어를 철자 어휘로도 사용한다(Reid, 1997c). 이러한 방식으로 학생이 읽기에서 배우는 새로운 어휘가 그들의 철자 목록도 되는 것이다. 동일한 새 단어를 읽고 철자하는 법을 동시에 학습한다는 개념은 Bailet(2001)에 의해 지지되었다. 그는 읽기학습을 하는 동안 철자학습이 중첩되는 것은 해독과 정확한 철자 양쪽에서 중대한 음소-서기소 특징을 강화한다고 제안하였다. 더군다나 이 방법은 두 가지 새로운 단어의 실제적인 응용을 가능하게 해 준다. 즉, 읽기와 철자에서 학생이 즉각적으로 새로운 단어를 사용하게 된다. 만약 철자 단어가 작문에서도 사용된다면 그 실용성은 확실하게 강화된다(Berninger, Vaughn, et al., 2002; Ediger, 2002; Scott, 2000).

여러 교육가는 학생 자신이 모르는 단어를 배우고 연습해야 하고, 이러한 단어는 사전검사에 의해 확인되어야 한다고 제안한다(Cooke, Gauzakas, Pressley, & Kerr, 1993; Fulk & Stormont-Spurgin, 1995). 더욱이 선행 연구에 따르면 철자 단어가 읽기 내용과 관련되어 있을 때, 학생 자신이 모르는 단어를 암기하게 했을 때, 좋은 공부 기법이 사용될 때 단어 목록이 효과적으로 사용될 수 있다고 지적한다(Graham et al., 1994).

수십 년간의 연구를 통해 철자교수의 여러 다른 접근이 다양한 집단의 학습자에게 성공적이었음이 밝혀졌다. 이들 성공적인 접근에서 주로 사용한 것은 다감각적 교수와 연습이다. 보고, 듣고, 소리 내어 읽고, 소리 내어 철자하고, 베껴 쓰고, 쓰고, 시범 보이고, 다시 쓸 때, 대부분의 학습자는 단어 철자를 쉽게 배울 수 있다(Berninger et al., 1998; Ediger, 2002; Reid, 1997c). 교사는 집단 상황에서 교사의 촉진을 통해 이러한 학습 행동을 배우게 할 수 있고, 독립 연습을 하는 동안 학생은 개별적으로도 학습 행동을 배우고 사용할 수 있다.

교사 유도 철자수업에는 특히나 단어학습에 어려움을 가진 학생을 위해 명시적 교수의 필수 요소를 포함해야 한다. 그 요소는 (1) 신중하고 명시적인 구어적·시각적 교사 모델링, (2) 문어적 반응으로 이어질 학생의 구두 반응 촉진, (3) 모델과 비교하여 정확성 입증하기, (4) 숙달할 때까지 구어 및 문어 시연이다(Reid, 1997c).

철자 능력이 뒤떨어지는 학생은 단어 철자에 능숙해지기 위해 더 많은 시간과 연습이 필요하다(Scott, 2000). 이러한 이유로 철자 문제를 가진 학생에게는

교사를 위한 정보 11.6

철자 기술을 가르치는 데 SPELLER 전략을 왜 사용하지 않는가? 통합교실에서 교사는 경도장애 학생의 철자 기술이 향상되도록 도와주기 위해 전 학급 또래교수와 SPELLER 전략을 사용할 수 있다. SPELLER의 단계는 다음과 같다. (1) Spot the word and say it(단어를 보고 그것을 말한다), (2) Picture the word with eyes open(눈을 뜬 채 단어를 그려 본다), (3) with Eyes closed visualize the word(눈을 감고 단어를 시각화한다), (4) open eyes and Look to see if right(눈을 뜨고 맞는지 보고 확인한다), (5) Look away and write the word on the SPELLER worksheet(눈길을 돌려 SPELLER 활동지에 단어를 쓴다), (6) Examine it and check against the flashcard(그것을 검토하고, 플래시카드와 비교하여 점검한다), (7) Repeat or Reward(반복하거나 보상한다).

SPELLER 전략을 가르친 후, 10분간 학생을 한 명은 튜터로, 다른 한 명은 튜티로 짝지어 작업하도록 배치·훈련시킨다. 각 조에는 SPELLER 활동지, SPELLER 단서 카드, 색연필, 철자 단어 플래시카드, 타이머가 제공된다. 튜터는 튜티에게 첫 번째 철자단어를 보여 주고, 튜티는 그 단어로 SPELLER 전략의 각 단계를 완수하도록 촉진한다. 튜티가 끝마치면 튜터는 튜티가 정확하게 했는지 확인한다. 학생은 10분간 단어를 학습한 다음 그들의 역할을 바꾼다. 교사는 학생이 작업하는 동안 점검해야 함을 명심하여야 한다(Keller, 2002).

적은 수의 단어를 암기하게 해 주어야 하고 최대한의 연습 기회를 제공해 주어야 한다. 한 번의 집중적인 연습보다는 여러 날에 걸쳐 이루어지는 연습이 더욱 효과적이다(Moats, 2001; Scott, 2000). 앞서 언급했듯이, 철자 연습은 읽기 및 쓰기 활동과 함께 이루어질 때 추가적인 노출과 연습의 기회를 얻게 된다.

문법

문법교수는 학생이 이해할 수 있는 문장을 만들기 위해 어순(구문론)과 어휘(의미론)를 적절히 사용하도록 가르치는 것이다. 구조와 의미 사이의 연결고리를 이루어 냄으로써 쓰기교수 분야는 문맥에 상관없이 문법 규칙과 품사를 외우게 하던 방식에서 벗어나 작문에서의 문법 기능을 강조하는 방향으로 옮겨 갔다(Barnitz, 1998; Sams, 2003). 연구자는 문법 규칙을 별도로 암기하는 것이 작문 기술에 긍정적인 영향을 주지 않는다고 밝히고 있다(Gregg & Hafer, 2001; Weaver, McNally, & Moerman, 2001). 문어의 기본 단위가 문장이므로, 문장과 단락 쓰기는 교수되고 학습된 문법의 구조다. 글로 자신을 표현하는 법을 배우는 과정의 일부로서 문법을 배우는 것은 더욱 실제적인 접근으로 오늘날 교육가에 의해 지지받고 있다(Sams, 2003; Gregg & Hafer, 2001).

문법교수　이야기체 글쓰기(산문)는 생각을 표현하기 위하여 의미 있는 문장을 만들어 냄으로써 완성된다(Sams, 2003). 쓰기교수는 계획 단계로 시작하며, 생각과 동기를 자극한다. 다음 단계는 글을 쓰는 목적이 성취될 때까지 생각을 조직하고, 초안을 만들고, 최종적으로 검토와 교정하는 것과 관련된다(Stevens & Englert, 1993; Polloway, Patton, & Serna, 2005). 일반적으로 사용되는 이러한 접근의 문제는 쓰기 어려움을 가진 학생이 문장 만드는 것을 이미 배웠다고 가정한다는 점이다. 문장 쓰기를 아직 제대로 숙

달하지 못한 학생을 위한 교수는 더 기초적인 수준에서 시작되어야 한다. 이는 윈스터 처칠 경과 관련된 일화를 통해 설명된다. 이 영국의 정치가가 초등학생이었을 때 그는 글쓰기를 잘 못하여 3학기 동안 교정 수업에 배치되었다. 처칠 경은 "나는 다른 사람보다 3배나 더 길게, 3배나 더 많이 해서 완전히 배워 냈다. 이렇게 하여 나는 평범한 영어 문장의 기본 구조에 깊이 익숙해졌다. 이것은 멋진 일이다."(Manchester, 1983, p. 161)라고 말했다. 처칠 경의 막대한 저작은 그가 정말로 문장 구조를 숙달했다는 사실을 입증해 준다.

문장 쓰기는 과제 분석될 수 있으며 여타 다른 학업 기술처럼 교육될 수 있다. Reid(1992b)는 좀 더 폭넓은 문어 표현을 위한 선행 기술로서 문장 읽기와 쓰기 문법을 가르칠 것을 제안한다. 명시적 교사 모델링과 촉진, 피드백이 있는 연습에서는 학생이 먼저 인지한 다음 기본적인 의견, 질문, 감탄, 명령/요구 문장을 쓰도록 가르친다. 첫 단어의 대문자 사용과 종결 구두점 찍기를 포함하여 문장의 필수적인 부분들은 품사에 대해 언급하지 않고 가르친다. 학생이 능숙하게 기본 문장을 인지하고 쓰게 될 때, 그들에게 단락을 인지하고 쓰도록 가르친다. 그 사이 학생이 더욱 복잡한 문장 문법을 배울 준비가 되어 있을 때에는 문장 읽기와 쓰기 문법에 대한 수업을 다시 실시한다. 좋은 글쓰기를 교수하는 동안 최소한의 문법 개념을 포함한다는 개념은 여러 연구자에 의해 추천되어 왔다(예, Barnitz, 1998; Noguchi, 1991; Weaver et al., 2001).

Ediger(1999)는 학생에게 그들의 언어에 대해 교육하고, 좋은 문장 문법에 숙달하도록 돕는 방법으로서 다섯 가지 기본 문장 구조를 가르칠 것을 제안한다. 그 다섯 가지 구조는 다음과 같다.

1. 주어/술어(Dogs bark.)
2. 주어/술어/직접 목적어(Did Mom drive the car?)

3. 주어/연결동사/서술 형용사(Whales are big!)

4. 주어/술어/간접목적어/직접목적어(Randy, give Juan a candy bar.)

5. 주어/술어/술어 주격(Helen is a teacher.)

문장 구조는 평서문, 의문문, 감탄문 또는 명령문/요구문 형태로 쓰일 수 있다는 점에 주목해 보자. Ediger는 교사가 각 문장 패턴을 모델링해 주고, 학생이 단어를 제시하고 대체하도록 유도하여 새로운 문장을 만들게 하고, 읽기와 쓰기에서 동시에 연습할 수 있게 해 줄 것을 제안한다. 그는 학생이 술어, 주어와 같은 기술적인 용어를 외우도록 주장하지 않지만 교사가 문장 패턴을 가르치는 동안 그 용어를 사용할 것을 권장한다. Ediger는 학생들이 간단한 형식에 숙달된 후에 좀 더 복잡한 문법 구조의 문장으로 확장하여 가르칠 것을 제안한다.

쓰기교수는 즉각적이고 실제적인 쓰기 연습과 연계되어야 한다. 그럼으로써 학생은 별도로 문법 개념이나 문장 구조를 알아내고자 애쓰지 않게 된다. 문장과 단락 문법은 학습과 적용이라는 두 측면이 긴밀히 연계될 때 최상으로 성취된다.

본문 구조

글쓰기에서 가장 흔하게 사용되는 두 가지 일반적인 범주는 이야기와 설명이다. 이야기 글쓰기는 산문이나 시를 통해 기본적인 이야기를 하는 것으로 일반적으로 허구이며, 구분 가능한 서두, 중반 및 결말 순으로 이야기가 조직된다(Bakken & Whedon, 2002). 이야기체 본문은 어린 학생에게 친숙한데, 이는 대부분의 초등 읽기 교재나 문학작품이 이야기나 시 형식으로 구성되어 있기 때문이다(Caswell & Duke, 1998). 대다수의 아동이 이야기를 좋아하며 연속적인 사건을 쉽게 이해할 수 있기 때문에 일반적으로 이야기체 본문은 이해하기 쉽다고 여겨진다(Smith, 2003a).

설명문은 이야기체 글과는 다른 형식으로 정보를 전달한다(Smith, 2003b). 학생은 백과사전, 달력, 뉴스, 새로운 자원, 다양한 주제별 논픽션 도서로도 정보를 얻지만 학교에서 가장 많이 사용되는 설명문의 형태는 교과서다. 다음과 같은 여러 이유로 인해 아동은 설명문을 좀 더 읽기 어려운 것으로 여긴다. (1) 제재가 이야기체 글처럼 연속적이거나 예측 가능하지 않다. (2) 본문 구조가 복잡하고 친숙하지 않을 수 있다. (3) 화제를 이해하고 질문에 답하기 위해 정보를 탐색하고 종합하여야 하는 체제다. (4) 독자는 즐거움을 얻기 위해 읽기보다 배우기 위해 읽는다(Bakken & Whedon, 2002).

이야기체 글과 설명문을 배우기 위해서는 학생이 장르별 다양한 본문 구조를 이해해야 한다. 본문 구조란 구체적인 목적을 이루기 위해 사용되는 체제를 말한다. 이야기체 글의 본문은 인물 묘사, 장소, 플롯, 사건, 감정, 결말과 같은 구조를 포함한다. 설명문 본문 구조는 주제(단일 화제에 집중), 목록(화제에 대한 어구 나열), 순서(단계나 사건 순서), 비교(유사점과 차이점 기술), 대조(차이점 기술), 그리고 분류(범주화)를 포함한다(Bakken & Whedon, 2002). 이러한 구조는 단일 또는 다수의 단락으로 작문되어, 의견을 알리거나 설득하거나 표현하는 데 사용될 수 있다. 오늘날 학교에서 가장 많이 사용하는 설명문 과제는 수필과 연구보고서다(Gersten & Baker, 2001).

학생은 이야기체 글과 설명문 모두를 인지하고 쓰도록 학습할 필요가 있다. 전통적으로 조기 읽기와 쓰기가 이야기체에 집중하였던 까닭에, 연구자와 교육자는 어린 학생의 읽기와 쓰기 교육과정 모두에서 이야기체 글과 설명문의 비중이 균형 있게 다루어질 것을 제안한다. 이야기 읽기와 쓰기에 치중하게 되면, 학생은 더욱 복잡한 과제인 설명문 쓰기를 준비하지 못할 수 있다는 우려가 생긴다(Caswell & Duke, 1998; Kays & Duke, 1998). 특히 수필을 쓰기 위해서는 학생이 정보를 분석하고 자신의 생각을 종합한 후에 과거와 현재의 사회적이고 정치적인 이슈에 대한 문장을 쓸 수 있어야 한다(Gersten & Baker, 2001). 이렇듯 복잡한 사고와 쓰기 능력을 학습하고 개발하기 위해서는 면밀한 교수와 연습이 필요하다.

작문

작가는 작문을 하기 위해 쓰기 요소를 종합하여야 한다. 앞서 설명한 요소 중 필기(혹은 키보딩)와 철자는 전사 기술로, 일반적으로 베껴 쓰거나 종이에 정확하고 읽을 수 있게 단어를 써넣기 위해 사용되는 도구적 기술이다(Maki, Vauras, & Vainio, 2002). 문장 문법과 본문 구조는 목적 있는 표현의 길잡이가 되는 작문의 구조가 된다. 적절한 작문 구조에 통찰력 있는 전사를 함으로써 좋은 글쓰기가 가능해진다. 다시 말해, 숙련된 절차를 사용함으로써 좋은 성과물이 만들어지는 것이다. 쓰기에 대한 과정-성과 개념화는 작가가 자신의 쓰기 목적을 이루기 위해 연속적인 단계를 거쳐야 한다는 점을 강조하게 한다. 쓰기 단계는 일반적으로 쓰기 이전 단계 혹은 계획 단계, 쓰기 단계 혹은 작문 단계, 쓰기 이후 단계 혹은 피드백과 편집 단계로 명명된다(Polloway et al., 2005). 이 단계들은 선형 모델이 아닌 순환 모델의 특징을 갖는데, 작가는 작품을 다듬을 필요가 있을 때마다 이전 단계로 다시 돌아간다(Wong, 2000). 지금부터 단계별로 학습장애 학생들이 흔히 보이는 어려움에 대해 기술하고 교수적 중재를 제안한다.

쓰기 이전 단계 쓰기 이전 단계는 작가가 작문을 시작하기 전에 수행하는 준비 활동을 포함한다. 이 단계에서 작가가 하는 중요한 행동은 글 쓰는 목표를 세우는 것, 아이디어를 생성해 내는 것, 그리고 청중과 쓰기의 유형에 따라 생각을 조직하는 것이다(Troia & Graham, 2002). 목표 설정은 글을 쓰는 목적을 이해하고 동기화하는 데 중요하다(Polloway et al., 2005). 목

표를 설정하는 것은 글을 써 나가는 과정을 안내해 줄 뿐 아니라 학생과 교사가 과제의 완성도를 평가하는 데 있어서 체크포인트 역할을 한다. 교사가 학생으로 하여금 해야 할 것을 했는지 볼 수 있도록 도와줌으로써 그들의 노력과 자기효능감은 강화된다(Gersten & Baker, 2001).

목표가 이해되면 작가는 화제에 대한 아이디어를 생성해야 한다. 교사는 아이디어를 유발하는 질의응답이나 브레인스토밍을 통해 이 과정을 이끌어 가는데, 생성된 생각은 모두가 볼 수 있도록 개별적으로 혹은 집단에 의해 목록으로 만들어진다(Troia & Graham, 2002; Wong, 2000). 아이디어 생성은 토론을 통해서도 이루어져야 하는데, 학생은 교사와 다른 학생의 아이디어를 들으면서 자신의 생각을 명료화한다(Englert & Mariage, 1992). Troia와 Graham은 학생이 생성해 낸 아이디어의 적절성에 대해 교사가 피드백을 제공하는 경우가 그렇지 않은 경우보다 더 좋은 작품을 이끌어 낸다고 보고한다.

쓰기 이전 단계의 마지막 단계는 작문의 목표를 이루기 위해 아이디어를 조직하는 것이다. 이즈음 학생은 글의 장르에 친숙해져야 하며, 자신들이 계획한 것이 목표에 부합하도록 최종물의 특징을 배워 나가야 한다. 기억술 전략은 이러한 목적에 유용한 도구다. 이러한 전략으로는 두 가지가 있는데, 자기주장 에세이 작성에 도움이 되는 DARE(De La Paz & Graham, 1997)와 이야기체 글의 구성 요소에 관한 SPACE(Troia & Graham, 2002)가 있다.

DARE

- Develop position statement(입장을 진술하기)
- Add supporting arguments(입장을 지지하는 논거 첨가하기)
- Report and refute counterarguments(반대 입장의 논거를 이야기하고 반박하기)
- End with strong conclusion(강력한 결론으로 끝

맺기)

SPACE

- Setting(장소)
- Problems(문제)
- Actions(행위)
- Consequences(결말)
- Emotions(감정)

쓰기 이전 활동은 학습장애 학생에게 특히 힘들다. 학습장애 학생이 좋은 작문에 필수적인 계획하기 과정을 수행하지 못한다는 점은 입증된 사실이다(Graham & Harris, 1997; Hillocks, 1984). 이러한 학생을 위한 쓰기교수는 그들이 글쓰기 전에 계획하는 것을 가르쳐 주는 것이다. 연구자는 이러한 요구를 반영하여 쓰기에 대해 추상적인 면을 감소시키고 쉽게 알 수 있게 하는 도구를 검증해 왔다. 그러한 도구가 POWER 전략의 일부다.

POWER

- Plan(계획하기)
- Organize(조직하기)
- Write(쓰기)
- Edit(편집하기)

- Rewrite/Revise(다시 쓰기/교정하기)

이 전략은 Englert와 동료들에 의해 조기문해 프로젝트(Early Literacy Project)의 일환으로 개발되었다 (Englert, Raphael, Anderson, Anthony, & Stevens, 1991). 쓰기과정의 각 단계에 걸쳐서 학생을 유도하기 위해 '생각 활동지(think sheet)'라고 불리는 그래픽 조직자가 사용된다. 계획하기 단계에서 교사는 학생이 누구(청중), 왜(목표), 무엇(아이디어), 어떻게(본문 구조)에 관한 질문에 답하도록 이끌어 주는 쓰기 전 생각 활동지를 모델링해 준다. 이 단계와 쓰기과정의 다른 단계에서 생각 활동지는 학생으로 하여금 결국에는 교사의 직접적인 안내 없이도 쓰는 것을 배우도록 유도는 촉진 도구로 사용된다. 학습장애 학생에 의해 성공적으로 적용된 다른 계획하기 도구로는 계획 활동지(plan sheet; Wong, 2000)와 STOP & LIST 전략(Troia & Graham, 2002)이 있다.

STOP & LIST

- Stop(중지한다)
- Think Of Purpose(목표를 생각한다)
- List Ideas(아이디어를 목록화한다)
- Sequence Them(그것들을 순서화한다)

 교사를 위한 정보 11.7

학생들이 펜리 소울 트레인 접사 스크램블(Fenley Soul Train Affixes Scramble) 게임을 할 때, 교실 검토수업은 재미있어진다. 이것은 접사와 어근을 강화하기 위해 고안된 학습 게임이다. 이 게임을 하기 위해 학생은 두 팀으로 나뉜다. 교사는 포켓 차트에 접두사, 어근, 접미사가 들어 있는 단어를 진열한다. 게임이 시작되면 교사는 두 개 단어의 부분 조각을 뒤섞는다. 각 팀은 단어를 제대로 놓기 위해 칠판 쪽으로 선수를 보내고, 단어의 부분 조각을 올바른 순서로 놓는다. 학생이 단어를 제대로 놓는 동안, 교사는 잘 알려진 소울 트레인(Soul Train) 노래를 연주한다. 팀은 음악이 멈출 때 올바른 순서로 단어를 놓아야 한다. 각 팀은 단어당 2점을 획득할 수 있다. 1점은 단어를 올바르게 놓아 얻는 점수이고, 다른 1점은 팀이 문장에 그 단어를 사용하여 얻는 점수다 (Hoover & Fabian, 2000).

쓰기 단계　　　작문은 표현이라는 목적을 달성하기 위해 생각을 문장과 단락으로 주입하는 과정이다. 쓰기는 무엇을 말할지와 어떻게 말할지를 결정하는 것뿐만 아니라 유창한 운동과 본문 제작 기술(예, 필기 또는 키보딩, 철자, 문법, 대문자화, 구두점)이 필요한 복잡한 인지과정이다. 작문과 전사 기술의 동시 사용은 효과적인 작가의 특징이면서 아울러 쓰기에 어려움을 가진 사람의 실패 원인이기도 하다. 읽기 문제와 마찬가지로 쓰기 문제는 조기에 나타나고 보통 학령기에 걸쳐 지속된다(Isaacson, 1995). 다행스럽게도 지난 20년간의 연구에서는 교육가에게 낙관적으로 관망할 수 있는 많은 이유를 제공했다. 좋은 교수와 신중하게 모니터링되는 연습은 장애 학생과 비장애 학생 모두 쓰기 능력을 쌓고 유지할 수 있게 해 준다는 충분한 증거가 제시되었다(Englert & Mariage, 1992; Graham & Harris, 1997; Matusumura, Patthey-Chavez, Valdés, & Garnier, 2002; Wong, 2000).

학생은 일반적으로 사전에 생각하거나 계획하지 않고 작문하기 시작한다. 그들은 한 가지 생각이 다른 생각을 이끌어 내는, 즉 닥치는 대로 생각하고 쓰는 과정을 사용하며, 이러한 방법은 일반적으로 만족스럽지 못한 결과로 끝난다(Graham, Harris, & Larson, 2001). 이러한 경향을 극복하기 위해서는 계획하고 작문의 구조를 사용하는 것에 대해 학습해야 한다. 학생은 또한 쓰기가 결과가 아닌 과정이라는 것과 모든 작가는 바라는 성과물을 얻기 위해 필요할 때마다 초안 작성 단계와 교정 단계를 다시 거친다는 것을 배워야 한다. 이 모두는 글쓰기에 있어 학생에게 자유롭게 선택하고 생각할 수 있는 기회를 제공하며, 쓰기 기술과 과정에 대한 명시적 교수를 사용함으로써 가장 잘 성취된다(Englert et al., 1991; Strickland et al., 2001).

명시적 작문교수는 교사 모델링으로 시작되어야 한다. 들리지 않는 생각을 들리도록 만들기 위해 소리 내어 생각하기가 포함되며, 보이지 않는 사고를 볼 수 있게 하기 위해 차트나 도표가 사용된다. 일반적으로

 공학의 활용

쓰기교수를 위한 도구

쓰기에 있어 첫 번째 장애물 중의 하나는 무엇에 대해 쓰고, 아이디어를 어떻게 조직할 것인지를 결정하는 것이다. 쓰기 이전 단계에 유용한 도구는 키즈퍼레이션(Kidspiration)과 인스퍼레이션(Inspiration, http://www.inspiration.com)이라는 소프트웨어 상품이다. 이것은 사용자가 무작위로 스크린에 아이디어를 배치하고 나서 그것들을 조직하도록 해 준다. 이 과제는 학생이 브레인스토밍과 계획하기 과정을 수행하는 법을 배우게 하는데, 주로 전체 학급을 대상으로 모델링된다. 그 과정이 완결되면 이 소프트웨어는 생성되고 조직된 아이디어를 가지고 개요를 제공한다. 이러한 시각적 절차는 전통적으로 사용된 개요와는 다른 강력한 방법이다.

학생이 자신의 아이디어를 개발하고 나면, 쓰기에 어려움을 가진 학생에게는 아이디어를 종이에 쓰는 과정이 또 다른 장벽이 된다. 필기라는 물리적 과정에 어려움을 겪는 학생에게는 컴퓨터나 알파스마트(AlphaSmart, http://www.alphasmart.com)와 같은 휴대용 키보드로 작업할 기회를 제공하는 것이 유용할 수 있다. 또 다른 학생에게는 코라이터

(Co:Writer, http://www.donjohnston.com)가 유용할 수 있다. 이 워드프로세서는 타이핑되는 각 단어를 예측하고(예를 들어, T를 타이핑하면 the와 같은 t-단어가 목록으로 나타난다) 목록으로부터 선택되어 입력될 수 있다. 이러한 워드프로세서는 타이핑을 잘 못하거나 느리게 하는 학생, 철자에 어려움을 가지는 학생에게 특히 유용하다. WYNN(http://www.freedomscientific.com/LSG/index.asp)은 특별히 고안된 워드프로세서로, 본문을 음성으로 전환해 주고(text-to-speech [TTS]; 작가는 자신이 쓴 글을 들을 수 있다), 음성지원 국어사전과 백과사전뿐만 아니라 학습보조 기법(예, 강조 표시하기, 북마크하기, 노트하기)도 제공한다.

쓰기에 어려움을 가진 중등학생에게 유용한 헐리우드 하이(Hollywood High, http://www.tomsnyder.com) 소프트웨어는 쓰기의 맥락을 바꿔 주는 것이다. 학생은 자신이 작성한 각본(예, 저녁 뉴스)을 읽어 줄 멀티미디어 캐릭터를 선정한다. 이와 같이 재밌고 연령에 적합한 맥락에서의 글쓰기는 지필로 쓰는 데 어려움을 가진 학생의 흥미와 참여를 높인다.

처음에는 교사가 혼자서 모델링해 주고, 그다음에는 특정한 학생이 그 과정을 따라 할 수 있도록 학생의 반응을 촉진하면서 모델링해 준다. 이 단계와 다른 단계에서의 반복은 정상적으로 성취하는 학생보다 숙달하는 데 더 많은 시도가 필요한 학습장애 학생에게 필수적이다(Wong, Butler, Ficzere, & Kuperis, 1996). 교사는 학생이 독립적으로 글을 쓰도록 촉진해야 하는데, 이 과정에서도 교사는 학생이 혼동하는지 면밀히 점검하고, 필요하면 안내해 주고 학생의 성공을 강화해 주어야 한다.

쓰기교수를 위한 연구기반 전략에 대해서는 문헌에 상세하게 기술되어 있다. 앞서 언급했듯이, 좋은 글은 우선 좋은 문장이어야 한다. 문장 쓰기는 Reid(1992b)가 개발한 문장 읽기와 쓰기 절차에서의 문법을 사용하여 가르칠 수 있다. 단락 구조를 배우는 학생을 위해서는 PLEASE 기억전략이 모든 학년 수준의 학생에게 효과적이다(Welch & Jensen, 1991).

PLEASE

- Pick a topic(주제를 선정한다)
- List ideas(아이디어를 목록화한다)
- Evaluate ideas(아이디어를 평가한다)
- Activate ideas(아이디어를 활성화한다)
- Supply supporting details(뒷받침하는 설명을 보충한다)
- End with closing sentence/Evaluate(종결하는 문장으로 끝맺는다/평가한다)

전체 쓰기과정을 포함하는 전략으로는 POWER (Englert et al., 1991)와 자기조정전략발달(Harris & Graham, 1996)을 들 수 있다.

쓰기 이후 단계　쓰기 이후 단계에서 교사나 다른 작가는 학생의 초안 교정을 유도하기 위해 피드백을 제공한다. 학생은 교사의 피드백을 받고 그것을 사용하여 작품의 내용과 구조를 교정하면서 많이 배운다(Matsumura et al., 2002). 훈련받은 또래에 의해서도 피드백이 제공될 수 있다. 쓰기 이후의 활동은 학생에게 쓰기는 진보하는 작업이고 많이 알고 있는 다른 사람의 입력을 통해 향상된다는 점을 가르쳐 준다(Haneda & Wells, 2000). 내용이나 생각의 흐름, 논리적인 전개와 관련된 피드백은 훌륭한 쓰기에 더 의미 있는 것임에도, 초등학교 교사는 대체로 그것을 제외하고 철자나 구두점, 문법과 같이 기술적이거나 방식과 관련된 피드백을 제공하는 경향이 있다(Matusmura et al., 2002). 피드백을 교사나 또래 혹은 둘 다 제공하든 간에, 학생은 그들의 작품을 향상시키기 위해 피드백 정보를 사용하도록 배워야 한다.

4. 다문화/이중언어 학생을 위한 시사점

미국에서 문화적·언어적으로 다양한 학생의 수가 증가하면서, 학교에서는 영어를 배우고 있는 아동이 점차 늘고 있다. 미국 교육부는 2000-2001학년도 영어학습자(ELL)는 초등학교 학생의 10%가 넘는다고 밝혔다(Graves, Gersten, & Haager, 2004). 불행하게도 영어를 배우는 많은 학생은 기초 읽기기술 습득에 어려움을 갖는다. 예를 들어, 2003년도에 미국의 국립교육평가(National Assessment of Education)는 편의가 제공된 읽기 사정에서 히스패닉계 4학년 학생의 56%가 읽기에서의 기초 수준보다 낮은 숙달 정도를 보였다고 밝혔다(NCES, 2003). 몇몇 연구자는 많은 이중언어 학생이 영어 읽기 학습에 어려움을 보이는 이유로 그들의 모국어에서의 문해교수 부족과 조기교육의 부재를 들었다(Hudson & Smith, 2001).

단일언어 학생을 대상으로 한 조기 읽기교수의 효과성에 대해서는 방대한 연구가 있어 왔지만, 상대적으로 ELL을 대상으로 수행된 유사한 교수에 관한 연구는 거의 없다(Leafstedt, Richards, & Gerber, 2004).

연구자는 ELL이 (1) 자신의 모국어로 읽기를 먼저 배우고 영어를 배워야 하는지, (2) 자신의 모국어로 읽기를 배우는 동시에 영어를 배워야 하는지, (3) 영어로만 교수되어야 하는지에 대해 연구해 왔다. 몇몇 연구자는 ELL에게 영어로만 교수하는 것보다 이중언어 교수가 더 유용하다고 지적한다(Slavin & Cheung, 2004). 이중언어 교수를 장려하는 논리는 학생이 읽기 기술과 새 언어를 동시에 습득하는 것보다는 그들의 모국어로 기초 읽기기술을 배우고 나서 동일한 기술을 영어를 읽는 데 전이하는 것이 더 쉽다는 믿음이다.

연구자는 읽기장애를 가진 단일언어 학생을 위한 교수가 위험 ELL에게도 적절하다고 밝힌다. 아직까지 이 분야에서 확실하게 추천된 교수법은 거의 없지만, 현재 우리가 알고 있는 수준에서 볼 때에는 단일언어를 사용하는 읽기장애 아동에게 추천된 읽기 중재(예, 음소 인식과 파닉스, 다른 읽기 기술에 대한 집중적인 소집단 명시적 교수)가 위험 ELL에게도 적합할 것이다(Foorman & Torgesen, 2001; Gerber et al., 2004; Slavin & Cheung, 2004).

ELL만이 자신이 속한 환경으로 인해 읽기와 쓰기 능력에 영향을 받는 것은 아니다. 어떤 아동은 가족 활동의 일환으로 책 읽기가 포함되어 있는 가정에서 자란다. 아동은 부모가 책을 읽어 주어 이야기를 접하거나 가정에서 가족이 책 읽는 것을 모델링할 수 있을 것이다. 학령기 전에 가정에서 문해 활동에 노출된 아동은 그렇지 못한 아동에 비해 읽기 및 쓰기 기술을 배울 준비가 더 잘 되어 있게 된다(Winzer & Mazurek, 1998).

기초 읽기기술이란 차원을 넘어, 읽기는 또한 문화적 활동이다. 따라서 다양한 배경을 가진 학생을 위해 교수를 고안할 때에는 문화적으로 고려해야 할 것이 있다. 교육가와 연구자들은 다음과 같은 제안을 하고 있다.

- 아동의 삶과 관련이 있는 인쇄자료(예, 교재, 인용, 이야기, 시)를 선택한다. 교사는 다양한 읽기자료 중 학생의 삶과 관련이 있는 도서를 선택해야 한다. 학교에 입학하기 전 읽기에 노출되지 못했던 학생에게는 문화적 관점의 책 읽는 기회를 갖게 하는 것이 특히 중요하다(Fabian, 2000; Meir, 2003). 다문화와 이중언어 학생을 위한 학교인 나이로비 주간학교는 매일 정서 확립을 위한 문해 활동으로 시작한다. 예를 들어, 단어학습이 강조된 달에 학생은 Maya Angelou의 「난 낱말의 모습을 사랑해요(I Love the Look of Words)」란 시를 배웠다(Hoover & Fabian, 2000).

- 읽기 행동을 명시적으로 가르친다. 모든 아동이 전통적 읽기 프로그램에 참여할 수 있도록 준비시키는 환경을 갖고 있지는 않다. 예를 들어, 캄보디아 교민사회 출신의 아동은 미국 교실에서 흔한 성인-학생 질의응답의 상호작용에 익숙하지 않을 수 있다. 따라서 교사가 학교 성공에 필요한 읽기 행동을 명시적으로 가르치는 것은 중요하다. 교사가 기대되는 행동을 명시적으로 설명할 때, 다문화교실의 아동은 (1) 교사가 왜 특정 행동과 반응을 요구하는지, (2) 학교에서 기대하는 문해 능력이 집이나 지역사회에서의 언어 경험과 다를 수 있다는 것에 대해 더 잘 이해할 수 있게 된다(Meier, 2003).

- 책에 흥미를 갖게 한다. 교사가 아동에게 문학을 경험하고 이해할 기회를 제공해 줄 때, 아동은 책에 대한 강한 애착을 형성할 수 있다. 아동은 자신을 책 속 인물과 관련짓고, 책을 몇 번이고 반복해서 읽거나 들을 수 있고, 이야기와 책에 대해 의미 있는 토론을 하게 될 때 책에 대한 애착을 형성하게 된다(Meier, 2003).

- 아동을 다양한 수준의 픽션과 논픽션에 노출시킨다. 성공적인 문해능력 프로그램은 아동을 폭넓은 자료에 노출시킨다. 교사는 아동에게 다양

교사를 위한 정보 11.8

"라틴아메리카 전래문학은 풍부한 언어 표현과 더불어 마술과 유머, 모험을 담고 있다." 이러한 문학을 읽는 것은 아동의 문화적, 언어, 문해 능력의 발달에 기여한다 (Smolen & Ortiz-Castro, 2000, p. 566). 만약 교사가 라틴아메리카 배경을 가진 학생을 가르친다면 다음의 전통적인 라틴아메리카 문헌을 사용해 보길 바란다.

Ada, Alma Flor. (1993). *The Rooster Who Went to His Uncle's Wedding: A Latin American Folktale.* Ill. K. Kuchera. New York: Putnam.

Cierhorst, John. (1987). *Doctor Coyote: A Native American Aesop's fables.* Ill. W. Watson. New York: Macmillan.

Delacre, Lulu. (1996). *Golden Tales: Myths, Legends, and Folktales from Latin America.* New York: Scholastic.

Palacios, Argentina. (1993). *The Llama's Secret: A Peruvian Legend.* Ill. C. Reasoner. Mahwah, NJ: Troll.

Vidal, Beatriz. (1991). *The Legend of El Dorado: A Latin American Tale.* Adapted by N. Van Lan. New York: Knopf.

한 책을 읽고 듣는 시간을 제공함으로써 그들이 어휘 능력과 지식 기반을 쌓을 수 있게 해 주며, 독서의 즐거움을 맛보게 해 줄 수 있다(Hoover & Fabian, 2000).

요약

- 말장애는 아동이 언어와 관련된 소리를 생성하는 데 영향을 주는 조음장애다.

- 언어장애는 아동이 다른 사람과 대화하기 위해 언어를 사용하는 것과 다른 사람의 대화를 해석하고 이해하는 것에 영향을 준다.
- 종합적인 읽기 프로그램은 음소 인식과 파닉스, 어휘, 독해 기술의 교수와 더불어 유창성을 기를 수 있는 기회를 포함한다.
- 읽기위험 아동을 위한 읽기교수는 명시적이고 체계적이어야 하며, 자주 그리고 지속적으로 학습할 기회를 제공하여야 한다.
- 음소 인식은 단어의 소리 구조를 인식하고 조작하는 능력이다.
- 명시적인 파닉스 교수는 학생이 단어를 해독하기 위한 믿을 만한 시스템을 발달시킬 수 있게 한다.
- 학생이 단어와 문장을 정확하게 읽게 되면, 교사는 학생에게 유창성을 발달시킬 기회를 제공해야 한다.
- 교사는 모델링과 유의어 그리고 사전적 정의로 새로운 어휘를 가르칠 수 있다.
- 교사는 학생이 읽기이해 기술을 배울 때 그들을 지원하기 위해 읽기보강 기법과 독해전략을 사용할 수 있다.
- 교사는 필기를 가르칠 때 한 번에 하나의 글자를 가르쳐야 하고, 명시적으로 형태와 배치, 여백, 기울기를 가르쳐야 한다.
- 철자교수는 철자 어휘가 읽기자료와 일치할 때 학생에게 의미가 있다.
- 철자에 어려움을 겪는 학생에게는 좀 더 적은 수의 단어로 가르쳐야 하며, 습득 단계 동안에는 더 많은 연습의 기회를 제공하고, 유창성과 자동성을 쌓을 수 있는 연습 기회도 제공해야 한다.
- 아동은 기본 문장 패턴을 배우고 나서 실제적인 쓰기 체험을 통해 그 지식을 응용함으로써 문법을 이해하게 된다.
- 쓰기과정의 세 단계는 (1) 쓰기에 필수적인 예비

활동을 포함하는 쓰기 이전 단계, (2)조직적이고 응집력 있는 방식으로 문장과 단락을 구성하는 쓰기 단계, (3) 피드백과 교정, 편집을 받는 쓰기 이후 단계다.

• 장애 학생은 아이디어를 고안하고, 정보를 조직하고, 생각을 쓰기로 전환하고, 정확하게 문법과 구두점 규칙을 적용하고, 글로 쓰인 작품을 비평적으로 평가하는 데에 어려움을 갖는다.

• 연구에서는 읽기에 어려움을 가진 이중언어 아동에게 단일언어를 사용하는 읽기장애 아동에게 추천되는 동일한 교수법을 사용하라고 제안한다.

7. 쓰기과정 중 어떤 단계가 장애 학생에게 가장 문제가 될 수 있는가? 그 이유에 대해 논의해 보라.

8. 7장과 9장에서 배운 것을 이용하여, 학생들에게 이 장에서 기술한 쓰기전략 중 하나를 사용하도록 어떻게 가르칠 것인지 설명해 보라.

9. 문장과 단락, 보고서를 구성하는 것과 같이 쓰기 기술을 가르칠 때, 부족한 철자 기술을 가진 학생이 보일 수 있는 문제는 무엇인가?

10. 이중언어 학생에게 영어를 가르치기 위한 이론은 무엇이고, 연구자는 이중언어 교수에 대해 어떠한 결론을 내리고 있는가?

연습 문제

1. 음소 인식은 읽기과정에서 어떠한 역할을 하는가?

2. 학생이 불충분한 음소인식 기술과 파닉스 지식을 지닐 때 읽기과정의 어떤 면이 영향을 받는가?

3. 선행 연구 결과에 따르면 장애 학생을 위한 읽기교수는 어떻게 구성해야 하는가?

4. 이러한 제안은 일반교육 교실에서의 실제와 어떻게 다른가? 그리고 장애 학생은 왜 이러한 유형의 교수가 필요한가?

5. 학생이 'soil'이란 단어를 읽도록 어떻게 가르칠 것인지 논의해 보라.

6. 읽기 기술의 습득과 유지를 평가하기 위해 어떤 사정전략을 사용할 것인가?

활동

1. 지역사회 내의 문해교수 센터를 방문해 보라. 그들이 운용하는 읽기 프로그램은 무엇이며, 효과적인 읽기교수의 어떤 요소가 그 프로그램에 포함되어 있는지를 확인해 보라.

2. 2주간 일주일에 세 번 초등학교 교실을 방문하여 읽기에 어려움을 가진 학생을 위해 읽기관련 자원봉사를 해 보라. 자신이 경험한 내용을 일지로 작성해 보라.

3. 이 장에서 40개의 다음절 단어를 찾아보고 그것의 음소 구조를 분석해 보자.

4. 당신이 새로운 자료를 읽을 때 사용하는 읽기이해 전략을 분석해 보라. 당신의 사고과정을 써 보라.

특수아동협의회(CEC) 기준

기준 4: 교수전략

특수교사는 ELN 학생을 위한 교수를 개별화하기 위해 증거 기반 교수전략에 대한 레퍼토리를 소지한다. 특수교사는 일반교육과정과 특수교육과정에서 도전적인 학습 결과를 증진하고, ELN 학생을 위해 학습환경을 적절히 수정하기 위해 이러한 교수전략을 선정하고 수정하고 사용한다. 특수교사는 ELN 학생의 비판적 사고와 문제 해결력 그리고 수행 기술에 대한 학습을 강화하고, 자기인식과 자기관리, 자기통제, 자기의존, 자기존중감을 증가시킨다. 또한 특수교사는 여러 환경과 장소, 연령 주기에 걸쳐 지식과 기술의 발달, 유지, 일반화를 강조한다.

기준 6: 의사소통

특수교사는 전형적이고 비전형적인 언어 발달에 대해 이해하고 장애 상태가 개인의 경험과 언어의 사용에 어떻게 영향을 줄 수 있는지에 대해 이해한다. 특수교사는 ELN 학생의 언어 발달을 향상시키고 의사소통 기술을 가르치기 위하여 개별화된 전략을 사용한다…. 특수교사 자신의 의사소통 방법을 학생의 언어 능력과 문화적·언어적 차이에 맞춘다. 특수교사는 효과적인 언어 모델을 제공하고, 영어가 모국어가 아닌 ELN 학생의 교과 이해를 촉진해 줄 의사소통 전략과 자원을 사용한다.

12

수학 교수전략

주요 개념

수학장애

수학 내용
- 수 감각과 수 능력
- 수학 규준
- 열두 가지 필수적인 수학 개념

수학장애 학생을 위한 효과적인 교수
- 개념 발달
- 직접교수
- 특정 전략

다문화 학생을 위한 시사점
- 수학의 문화적인 측면
- 문화와 규준, 교육과정

주요 질문

1. 학습장애와 특정 수학장애는 수학 기술과 지식을 획득하는 데 어떤 영향을 미치는가?
2. 수 감각은 무엇이며, 수학을 배우는 데 그것이 왜 중요한가?
3. 장애 학생이 학교와 일상생활에서 성공하는 데 필요한 수학 개념을 배우도록 돕기 위해 교사는 어떻게 교수 설계를 할 것인가?

※ 12장은 Mary Anne Prater와 Nari Carter가 공저자임.

오늘날 세계적으로 성공한 사람은 특정 환경 조건에 상관없이 수학을 날마다 적용한다. 시간 보기, 조리법에 따른 재료 측정, 특정한 목적지로 여행을 준비하고 다녀오는 데 걸리는 시간을 짐작하기 등의 모든 것은 수학 기술과 관련이 있다. 이와 비슷하게 지갑에 충분한 현금을 가지고 있는지, 계좌에 예금된 돈으로 특정 상품을 살 수 있는지를 아는 것도 오늘날의 생존 기술이다. 하지만 모든 학생이 이러한 기술을 쉽게 배우는 것은 아니다.

1. 수학장애

셸던은 4학년 학습장애 학생이다. 그는 학년 수준의 수학 개념을 이해하는 것처럼 보이지만, 시공간 정향의 결함으로 인하여 문자와 숫자를 계속 거꾸로 읽고 쓰며 상하좌우를 인식하는 데 어려움이 있다. 이러한 공간적인 문제는 셸던이 계산과정에서 수를 재구성하고 정렬하는 수학 문제를 푸는 데 방해가 된다. 그는 게다가 성문화된 수학 과제와 시험에서 수행 수준이 낮다.

수학은 복잡한 과목으로, 학생이 성공하기 위해서는 효율적인 인지 기능뿐만 아니라 특정 기술이 필요하다. 많은 경도장애 학생이 수학에서 어려움을 가지고 있음에도 수학장애에 관한 연구는 읽기장애 관련 연구보다 부족하다. 수학장애 분야가 갖고 있는 심각한 문제 중 하나는 보편적으로 인정된 수학장애의 정의가 없다는 점이다(Mazzocco & Myers, 2003).

수학장애 연구는 수학장애 학생이 보여 주는 기술 결함 유형을 증명하는 것부터 시작되었다. 수학장애 학생은 종종 (1) 산술적인 측면에서 수 세기 원리에 대한 미숙한 이해, (2) 수 감각 발달의 미흡, (3) 문제해결 전략의 정교화 부족(Gersten & Chard, 1999; Robinson, Menchetti, & Torgesen, 2002)으로 설명된

다. 이러한 기술 발달 부족은 1장에서 설명된 것처럼 장애 학생에게서 자주 발견되는 인지적 학습 특성에 의해 영향을 받을 수 있다.

수학에서의 어려움은 학습된 무기력과 수동적 학습, 시공간 정향, 언어 기술, 기억, 선택적 주의에서의 어려움과 같이 경도에서 중도 수준의 장애 학생에게 자주 관찰되는 학습 특성에 기인한다.

학습된 무기력과 수동적 학습

많은 경도·중등도 장애 학생은 수학에 대하여 학습화된 무기력을 보인다. 학습화된 무기력이 있는 학생은 스스로 배울 수 없다고 생각한다. 수학에서 실패한 경험으로 인하여 수학에 노력을 쏟는 것과 성적을 받는 것 간에는 아무런 관계가 없다고 생각하기 시작한다. 교사는 학생의 성과를 노력과 기술 및 전략의 적용에 결부시켜 줌으로써 그들로 하여금 노력과 과제의 성공 혹은 실패를 연결하도록 도와줄 수 있다(Prater, 2003).

수학장애에 영향을 주는 또 다른 일반적인 특성은 수동적인 학습이다. 수동적인 학습자인 학생은 학습에 적극적이지 않다. 학생은 자료에 대해 반응을 보이지 않고, 효과적인 학습전략을 적용하지도 않고, 도움이 필요할 때 지원을 요청하지도 않는다. 앞 장에서 논의된 것처럼, 교사는 더 흥미 있고 재미있는 자료를 만들어서 학생이 학습하도록 도울 수 있다. 학생은 학습에 적극적일 때 교과 내용에 주의를 기울이고 대부분의 과제를 수행한다. 학생의 적극적인 참여를 높이는 교수 절차로는 응답 비율이 높은 교사의 질문 기법, 학급토론 유도, 또래교수 등이 있다(Prater, 2003).

시공간 정향

셸던의 시공간 정향 결함은 읽기와 쓰기, 수학의

모든 학업 영역을 학습하는 데 문제를 일으킨다. 시공간 기술은 수학 연산을 수행하고, 수의 크기 개념을 형성하고, 멘탈 수직선과 같이 공간적인 형태에서 정보를 표상하고 조작하는 데 필요하다. 또한 그래프 읽기, 자릿값에 따라 숫자 정렬하기, 도표를 해석하고 이해하기, 기하학적 그림 이해하기 등에도 시공간 기술이 필요하다(Garnett, 1998; Geary, 2004).

셸던의 교사는 그에게 교과서에 나온 별도의 수학 문제에 올려놓을 박스 형태로 자른 덮개판과 열에 따라 색깔이 다른 종이(백의 자리는 파랑, 십의 자리는 노랑, 일의 자리는 빨강)를 줌으로써 그가 숫자 문제를 적절하게 정렬하여 쓰도록 도와주었다.

언어 기술

언어 기술은 수학성취에 있어서 필수적인 요소다. 언어는 상징적으로 수학 정보를 나타내고, 수학 기호는 수 언어 개념을 나타낸다. 언어 기술은 수학 계산을 하고 문장제 문제를 해결하는 데 필요하다. 계산하는 데 있어서 언어는 수학 규칙과 단계, 사실을 상기하는 데 사용된다. 문장제 문제는 단어들을 수학 기호와 연산으로 전환하는 언어 기술이 없으면 풀 수 없다(Miller & Mercer, 1997). 예를 들어, 〈표 12-1〉의 3, 5, 8학년 수학 용어 예시 목록에는 수학 개념을 이해하는 데 언어 기술이 하는 역할이 제시되어 있다.

표 12-1 3, 5, 8학년 수학 용어 예시 목록

3학년 용어 목록				
10센트	거리	단계	몫	사변의
2차원	거리	단일(한 개)	무게	사이즈
3차원	거의~할 것 같지 않은	단위	문제 해결	삼각기둥
A.M.	결과	달러($)	미지수	삼각뿔
P.M.	곱셈	대칭	미터(m.)	삼각형
~ 사이	곱하다(×)	대칭선	밀리그램(mg.)	생성
~가 ~보다 작다(〈)	교환	대칭의	밀리리터(mL.)	서수
~가 ~보다 크다(〉)	구	더하기	밀리미터(mm)	선
~보다 많은	그래프	더하기(+)	반내림하다	선그래프
~보다 적은	그램(g)	도형	반올림하다	선분
~보다 큰	그림문자	동일한 척도	반지름	선분
~와 ~는 같다(=)	기수	두 배	반직선	세로의
~와 ~는 같지 않다(/)	기수의/기수	두 번째	방정식	센트(¢)
~할 것 같은	기호	둘레	백(100)	센티미터(cm)
가능한	긴	득점	벤다이어그램	소비한
가로의	길이	득점표	변수	소수
가수	나눌 수 있는	라벨	부피	수
가장	나눗셈(÷, /, 분수 막대)	마름모	분(分)	수 눈금
가장 ~할 것 같은	넓이	마일	분수	수 패턴
가장 큰	넓은	막대그래프	불가능한	수식
각	높이	면	비표준 단위	수직선
각기둥	눈금 그리기	면/다면	빼기	순서
각도	니켈(5¢)	모눈	뺄셈(−)	순서쌍(x, y)
같은	다각형	모서리	사각	숫자
갤런	다스(dozen)	모양	사다리꼴	숫자 주사위

숫자쌍	온도	적당한	집단	톤
시각	온스(oz)	적은	집합	파운드(lb. & #)
시간	요일별 약자	점	짝수	파이그래프
실린더	용량	접힌	차례	파인트
쌍	우연	정사각뿔	차이	팔각형
아래(~ 이하)	우연들	정육면체	차트	패턴
아마	원	정점	참(진)	페니
야드(yd.)	원그래프	정점들	천(千)	평균
약(대략)	원뿔	조사하다	최대(의)	평면도형
약수	월(月)	좌표	최소	평방센티미터(cm²)
어림	월별 약자	주간(wk.)	측정	평행사변형
어림하다	위(~ 이상)	지름	측정하다	평행선
연산	유사한	직각	컵	표
영역	육각형	직사각기둥	쿼터	표시하다
예상	인치(in.)	직사각뿔	쿼트	표준 단위
예상되는	입체도형	직사각형	킬로그램(kg)	풀다
오각형	자릿값	질량	킬로미터(km)	플립
				피라미드

5학년 용어 목록

7각형	교차하다	반사	예각	최대공약수
9변형	기약분수	배수의	원주	최빈값
A는 B와 거의 같다	눈금 그림	범위	이등변삼각형	최소공배수
A와 B가 유사하다	다각형에서의 합동 기호	부분	이등분하다	쿼트
A와 B가 직각을 이루다	다이어그램	불규칙 다각형	입방 단위	톤
A와 B는 평행하다	대각선	비례	정다각형	파인트
A와 B는 합동이다	대략	비율	정확하게	퍼센트
n번째 용어	대응하다	삼각형	제수	평균
~값	데시미터	섭씨 온도	좌표그래프	평방 단위
~당	데이터	소수	중앙값	피제수
가지치기 평면도각	둔각	수열	중앙점	합성
갤런	등변삼각형	슬라이드	지표, 지수	합성수
경과시간	리터	시간당 마일	직각 기호	행(行)
곱하다/곱셈	몫	시간대	직각삼각형	현
교차선	무작위의	식	직각을 이루는	호
	밑변	연산 순서	차(次)	화씨 온도
		열	차원	회전

8학년 용어 목록

10각형	근호	뚜렷한	부등식	어림하다
A가 B보다 크거나 같다	기본적인 수 세기 원리	맞꼭지각	비대칭의	연속적인
A보다 B보다 작거나 같다	기준	몸통 둘레	비례관계	오름차순
x축	내각	무작위	비율	외각
y축	내림차순	반원형	산포도를 만족시키다	인접한
가분성	높이	번역	수열	인치(in. 또는 ")
각의 최대측정값	단리	보각의	순열	전환하다
	독립의	보충하는	순차곱셈	제곱근
	동위각	복합부등식	실수	직각삼각형의 빗변

첫 지불액	커미션	사분면	함수	횡단선의
최소	표면적	피트(ft. 또는 ')	홀수	
축	피타고라스 정리	할인	획득하다	

출처: Illinois state Board of Education, 2006년 2월 10일 http://www.isbe.net/assessment/math.htm. 에서 발췌.

기억

일부 학생은 수학적 사실과 같은 정보를 기억하는 데 어려움이 있다. 수 및 연산과 관련된 정보를 기억하고 인출하는 능력은 수학 성공의 핵심이다. 기초 사실을 익히고 수학 절차의 순서와 단계를 상기하는 데에는 효율적인 기억이 필요하다(Geary, 2004). 예를 들어, 칠판이나 교과서에 수들을 베껴 쓰는 과정은 종이 위에 충분히 쓸 정도로 오랫동안 시각적 이미지를 보존할 수 없는 일부 학생에게는 정말로 어려운 일이다. 수업 활동지에 문제가 주어지더라도 일부 학생은 여전히 정확하고 빠르게 계산을 수행하는 데 충분한 정보를 보존할 수 없다(Bley & Thornton, 2001). 교사는 개념을 가르치기 위하여 그래픽 조직자나 다양한 표상을 사용하거나 구체적인 기억술 전략을 가르쳐서 학생이 의미 있는 학습을 하도록 도와줄 수 있다(Silva, 2004).

선택적 주의집중

부적절한 선택적 주의도 수학 수행에 영향을 미칠 수 있다. 선택적 주의는 부적절한 정보를 걸러내고 관련 있는 정보를 처리하는 능력인데, 장애 학생에게 이러한 진행과정은 대체로 어렵다(1장 참조). 수학 연산은 기초적인 수 세기 과정과 더할 것인지 뺄 것인지와 같은 간단한 연산뿐만 아니라 순서 단계를 지키고 따라야만 하는 복잡한 연산에 이르기까지 의미 있는 선택적 주의가 필요하다(Geary, 2004; Miller & Mercer, 1997). 또한 주의 기술은 문장제 문제를 푸는 데도 필요하다. 문장제 문제는 문제 속에 관련 있는 정보와 관련 없는 정보가 자주 포함된다. 선택적 주의는 관련 없는 정보를 걸러내고 문제를 푸는 데 필요한 정보에만 집중하는 데 필요하다. 학생이 문장제 문제를 푼다고 가정해 보자. '해리엇은 가게에 갔다. 사과 2개와 바나나 5개, 사탕 1개, 오렌지 3개를 샀다. 해리엇이 구매한 과일은 몇 개인가?' 이 경우 선택적 주의 기술이 부족한 학생은 대부분 11개라고 답할 것이다. 공통적인 오류는 질문에 맞는 관련 정보만을 선택하거나 집중하지 못하고 모든 수를 더한 것이다. 또한 이러한 문장제 문제는 수학 용어가 아닌데도 언어가 영향을 미치는 것에 대한 좋은 예를 보여 준다. 만약 과일에 대한 개념이 없다면, 학생은 문장에서 과일 종류로 사과, 바나나, 오렌지가 있다는 것을 판독하지 못할 것이다.

학습화된 무기력과 수동적인 학습, 선택적 주의, 언어, 기억, 시공간 기술의 부족은 수학 학습장애 학생을 설명하는 일반적인 학습 특성 중 일부분에 불과하다. 〈표 12-2〉에서는 수학 수행에 영향을 주는 학습 관련 문제를 설명하고 있다.

표 12-2 학습장애 학생의 수학 수행에 영향을 미치는 일반적인 어려움

학습 문제		수학 관련 수행
시지각	전경-배경	• 수업 활동지에서 풀어야 할 자리를 찾지 못한다. • 한 페이지에 제시된 문제들을 다 풀지 못한다. • 여러 자리의 수를 읽기 어려워한다.

시지각	변별	• 수(예, 6과 9, 2와 5, 17과 71), 동전, 연산 기호, 시침과 분침을 구분하지 못한다.
	공간	• 모양이나 문제들을 베껴 쓰는 데 어려움을 가진다. • 종이 위에 직선을 그리기 어려워한다. • 전-후 개념을 혼동한다(예, 시간이나 수 세기를 어려워함). • 위-아래(예, 덧셈)와 왼쪽-오른쪽(재구성), 수 정렬과 관련된 계산을 어려워한다. • 소수점 위치를 잘못 놓는다. • 패턴이나 묶음으로 사물을 분류해 놓는 데 어려움을 가진다. • 수직선을 사용하기 어려워한다. • 음수와 양수를 혼동한다(방향적으로).
청지각		• 구어로 연습하기를 어려워한다. • 구어로 문장제 문제 푸는 것을 어려워한다. • 차례대로 수 세기에 어려움을 가진다. • 숫자와 문제를 받아쓰는 데 어려움을 가진다. • 수 패턴을 배우는 데 어려움을 가진다.
운동		• 읽기 어렵고, 느리고, 부정확하게 숫자를 쓴다. • 작은 공간에 숫자 쓰기를 어려워한다(즉, 숫자를 너무 크게 쓴다).
기억	단기	• 수 사실이나 새로운 정보를 유지하지 못한다. • 연산과정 단계를 빠트린다. • 기호의 의미를 기억하지 못한다.
	장기	• 수학적 사실을 오랜 시간 동안 천천히 숙달한다. • 수업 내용과 복잡한 시험지를 제대로 복습하지 못한다. • 연산과정의 단계를 빠트린다.
	순차	• 시간을 말하는 데 어려움을 가진다. • 다단계 계산 문제에서 단계를 모두 수행하지 못한다. • 다단계 문장제 문제를 풀기 어려워한다.
주의		• 연산과 문장제 문제의 단계에 지속적으로 집중하지 못한다. • 결정적인 수업 단계(예, 교사 모델링)에 지속적으로 주의를 기울이지 못한다.
언어	수용	• 수학 용어와 의미를 연관시키지 못한다(예, 빼기, 가수, 피제수, 재구성, 피승수, 자릿값). • 다중 의미를 지닌 단어를 연관시키기 어려워한다.
	표현	• 수학 용어를 사용하지 못한다. • 구어로 수학 문제를 푸는 데 어려움을 가진다. • 문장제 문제나 알고리즘을 풀기 위한 단계를 말로 표현하는 데 어려움을 가진다.
읽기		• 수학 문장제 문제 속의 어휘를 이해하지 못한다.
인지적 및 추상적 추론		• 언어 및 수학 정보를 수학식과 알고리즘으로 전환하기 어려워한다. • 문장제 문제를 풀기 어려워한다. • 크기와 양을 비교하지 못한다. • 수학 기호를 이해하기 어려워한다(예, >, <, ×, =). • 수학적 개념과 연산의 추상적인 수준을 이해하지 못한다.
초인지		• 계산 및 문장제 문제를 푸는 데 적절한 전략을 인지하거나 선택하지 못한다. • 문장제 문제나 다단계 계산 문제의 문제해결 과정을 모니터하는 데 어려움을 가진다. • 다른 상황에 전략을 일반화하지 못한다.
사회적 및 정서적 요인	충동적	• 계산 시 부주의한 실수를 저지른다. • 구어로 연습할 때 부정확하고 빨리 반응한다. • 문제를 다시 살펴보거나 듣도록 할 때 자주 답을 바꾼다. • 문제의 세부사항에 집중하지 못한다.

사회적 및 정서적 요인	단기 집중/ 주의 산만	• 할당된 시간에 작업을 완수하지 못한다. • 다단계 계산을 어려워한다. • 문제를 시작하고 끝내지 않은 상태에서 다음 문제로 넘어간다. • 과제이탈 행동을 한다.	
	수동적인/ 학습화된 무기력	• 계산 문제를 빠뜨린다. • 관심이 없다.	• 문장제 문제를 빠뜨린다. • 전략이 부족하다.
	자기존중감	• 자신감이 부족하다. • 쉽게 포기한다.	
	불안	• 수행하지 못할 정도로 시험을 치는 동안 몹시 긴장한다. • 불안감을 줄이기 위해 수학을 회피한다.	

출처: C. D. Mercer & P. C. Pullen, *Students with Learning Disabilities* (6th ed., 2005)에서 발췌한 내용으로 표 작성. Copyright 2005, Pearson Education, Inc., Upper Saddle River, NJ의 허락하에 재사용됨.

표 12-3 수 능력이 있다는 것의 의미

수 능력을 가진 학생의 특징	기술에 대한 설명
수와 연산의 의미를 발달시킨다.	• 수를 생활 경험으로부터의 상황에 의미 있게 연결한다. • 수가 지닌 다양한 의미를 알고 있다. • 수 크기는 상대적임을 이해한다. • 덧셈과 뺄셈, 곱셈, 나눗셈을 실생활에서 일어나는 활동과 연결시킨다. • 수 연산 결과를 이해한다. • 수를 적절한 표상으로 나타낼 수 있다. • 연산을 적절한 표상으로 나타낼 수 있다.
수와 연산 간의 관계를 찾는다.	• 여러 가지 방법으로 수를 나누거나 분해할 수 있다. • 수들이 서로 연관되어 있음을 안다. • 연산들이 서로 연관되어 있음을 이해한다.
계산전략을 이해하고 그것을 적절하고 효율적으로 사용한다.	• 정확하게 알고리즘의 단계를 수행하고 기본적인 개념과 관계에 대해 논의할 수 있다. • 선행 지식과 더 간단한 계산법을 사용하여 계산하고자 의식적으로 노력한다. • 같은 연산이 사용되는 계산을 할 때도 다양한 계산전략을 사용한다. • 정답을 얻고 추정하기 위해 적절한 계산법을 선택한다. • 정확하게 계산한다. • 비교적 효율성 있게 계산한다.
수(數)적 및 양(量)적 상황을 이해한다.	• 그럴듯한 수 계산을 예상한다. • 측정하는 데 숫자가 사용되는 양을 수에 연결시킨다. • 다양한 양적 상황에 덧셈, 뺄셈, 곱셈, 나눗셈을 관련시킨다. • 실생활에서 양적 관계를 이해하고자 노력한다. • 계산 결과를 실생활에서 양적으로 연관시켜 본다. • 계산 결과가 관련된 수적인 상황 및 실생활에서의 양적인 측면에서 그럴듯한지 평가한다.

출처: R. Charles & J. Lobato, *Future Basics: Developing Numerical Power* (1998). Golden, CO: National Council of Supervisors of Mathematics. 허락하에 재사용됨.

2. 수학 내용

모든 학생은 수 감각을 발달시켜야 한다. 수 감각은 수, 수관계, 수학 계산을 하기 위해 수 관련 정보를 사용하는 방법을 이해하는 능력과 관련이 있다 (Gersten & Chard, 1999; Robinson et al., 2002). 예를 들어, 학생은 양을 추정할 수 있고, 수를 비교할 수 있고, 수 패턴을 인식할 수 있으며, 다양한 수 크기에 대한 감각이 있어야 한다. 수 감각은 부모 및 형제와 일상적인 상호작용을 하면서 학령기 이전에 발달하기 시작한다. 5세경이 되면 아동은 수 세기 기술, 계산을 위한 전략을 사용하며, 단어들이 수를 상징적으로 나타낸다는 점을 이해하게 된다(Geary, 2004). 수 감각은 수학 정보의 자동적인 사용을 이끌어 내며, 기본적인 연산을 하는 데 중요한 요소가 된다(Gersten & Chard, 1999).

1998년 미국수학주임교사협의회(NCSM)는 수 능력 (numerical power)으로의 전환을 가져오게 한 수학 교육과정과 교수에 관한 구체적인 방법을 제시한 연구논문을 발간했다(Charles & Lobato, 1998). 〈표 12-3〉은 수 능력을 가진 학생의 특징을 나타낸 것이다.

수 능력을 증진시키는 교사는 수업시간에 다음 사항을 실시한다.

- 계산 알고리즘과 기본적인 사실을 가르치기 전에 수와 연산에 대한 의미를 이해할 수 있는 충분한 기회를 제공한다.
- 암산전략을 사용하고 어림할 수 있는 기회를 자주 제공한다.
- 다양한 방식으로 해결하도록 장려한다.
- 학생으로 하여금 자신이 추론한 것에 대해 대화할 수 있도록 격려한다.
- 학생의 아이디어를 구하고 설명하게 한다.
- 이해하는 분위기를 만든다.
- 문제 해결을 통해 개념과 기술을 발달시킨다.
- 수업과 연습시간에 수에 대해 추론한 것을 발표할 기회를 제공한다.
- 학생으로 하여금 숫자를 측정하는 데 사용된 양에 수를 연결하도록 도와준다.
- 증명을 통해 논리와 추론을 발달시키도록 학생을 돕는다(Charles & Lobato, 1998).

수 감각을 발달시키는 것만큼 중요한 효과적인 수학교수의 목적은 학생으로 하여금 사회에서 기능할 수 있는 효율적인 수학적 기술을 습득하도록 하는 것

표 12-4 미국수학주임교사협의회(NCSM): 열두 가지 필수적인 수학적 요소

요소	정의	예
문제 해결	• 이전에 학습한 지식을 새롭고 낯선 상황에 적용하기	• 문장제 문제 풀기 • 수학적인 질문하기 • 다이어그램 그리기 • 문제의 대안책 구하기
수학적 사고로 의사소통하기	• 듣기와 읽기, 시각화를 통해 수학 기호와 언어 이해하기 • 수학적 아이디어를 말과 그림, 실연을 통해 나타내기 위해 언어와 기호 사용하기	• 구체적인 모델로 설명하기 • 표 그리기 • 수학 용어 사용하기 • 과학 기호 적용하기
수학적 추론하기	• 추측해 보고 반증하며 타당한지 확인하기 • 논증의 타당 여부를 구분하기	• 패턴을 알고 확장시키기 • 논박을 위한 반증 사용하기 • 타당화하기 위한 사실과 논리 적용하기

일상적인 상황에 수학 적용하기	• 수학이 이 세상에서 어떻게 존재하는지 관찰하기 • 일상적인 상황을 수학적 표상으로 전환하기	• 그래프와 도형, 수학적 표상을 비율로 나타내 보기
결과의 타당성 검토하기	• 최초의 수와 적용된 계산이 맞는지 알아보기	• 계산기를 사용하여 가능한 계산 오류를 확인하기
어림	• 어림값을 결정하기 위한 암산과 어림 기술 사용하기 • 결과가 해당 목표에 가장 근접한 시점 정하기	• 길이, 면적, 부피 측정하기 • 전체 비용 어림하기
적절한 계산 기술	• 기초적인 한 자릿수 사실 알기 • 암산 사용하기 • 적당한 때 계산기 사용하기	• 덧셈, 뺄셈, 곱셈, 나눗셈과 같은 기초 연산 적용하기 • 분수와 백분율 계산하기
대수학적 사고	• 수학적 양과 표현을 나타내는 문자 사용하기	• 양수와 음수 사용하기 • 식 구하기 • 부등식과 등식 알기
측정	• 적절한 도구를 이용하여 미터법과 단위법에 따라 거리와 부피, 시간, 용량, 온도, 각도를 측정하기	• 섭씨 온도와 화씨 온도 계산하기 • 둘레와 면적, 부피 계산하기
기하	• 3차원의 기하하적 개념 적용하기	• 평행과 수직과 같은 개념 이해하기 • 실생활에서 사물이 어떻게 움직이는지 인지하기
통계	• 문제에 답하기 위해 자료를 수집하고 조직화하기	• 그래프와 지도, 표, 차트를 구성하고 읽고 결론 이끌어 내기 • 중심 경향(예, 평균)과 분산(예, 범위) 측정하기
확률	• 미래 사건의 가능성을 결정하기	• 수학이 선거 결과와 스포츠 경기 등을 예측하는 데 어떻게 도움을 주는지 이해하기

출처: National Council of Supervisions of Mathematics (1989)에서 발췌한 내용으로 표 작성.

이다. 1989년 NCSM은 열두 가지 핵심적인 수학적 요소를 설명한 입장 발표문을 발간했다. 〈표 12-4〉에는 이들 요소가 정의 및 예와 함께 제시되어 있다.

이 표에서 볼 수 있듯이, 학생은 기초적인 계산보다는 문제해결 기술을 배워야 한다. 또한 높은 수준의 수학적 사고와 추론 기술은 수학적 문해 능력을 발달시키는 데 필수적이다.

수 능력을 가진 학생의 특성과 열두 가지 핵심적인 수학적 요소는 모든 학생이 발달시켜야 할 기술의 배경이 된다. 중요하게 고려해 보아야 할 또 다른 수학적 요소로는 수학 기준이 있다. 2장에 소개된 규준 기반 교육을 강조하는 최근 법률(예, 아동낙오방지법)에 따라, 특수교사는 장애 학생의 교육에 있어 기준

과 개별화를 만족시킬 수 있는 방법을 모색해야 할 것이다.

수학 규준

장애 학생이 지닌 잠재력을 이끌어 내고자 한다면 수학 일반교육과정에서 반영하는 기술과 지식이 필요하다. 특히 학습장애 학생과 정서행동장애 학생에게는 이에 대한 엄격한 기준이 필요하다. 학습장애 학생과 정서행동장애 학생은 대체로 일반학급에 통합되어 왔지만, 그동안 그들에게는 덜 엄격한 교육과정이 적용되어 왔다. 예를 들어, 그들의 IEP는 계산에만 초점을 둔 목표로 작성되거나, "일반교육의 장기

표 12-5 NCTM의 일반적인 내용기준

내용과 과정	기준
수와 연산	• 수, 수를 표상하는 방법, 수관계, 수체계 이해하기 • 연산의 의미와 연산이 어떻게 관련되어 있는지 이해하기 • 유창하게 계산하고 적절하게 어림하기
대수학	• 패턴, 관계, 기능을 이해하기 • 수학적 상황을 표현하고 분석하며 대수학적 기호를 사용하여 구성하기 • 양적인 관계를 표상하고 이해하기 위하여 수학적 모델을 사용하기 • 다양한 맥락에서 변화를 분석하기
기하학	• 2면과 3면으로 된 기하학적 형태의 특성을 분석하고 기하학적 관계를 수학적으로 논의하는 능력 개발하기 • 좌표기하학과 다른 표상체계를 사용하여 위치를 말하고 공간적 관계 설명하기 • 수학적 상황을 분석하기 위하여 변환과 대칭 사용하기 • 시각화와 공간적 추론, 기하하적 모델링을 문제 풀이에 사용하기
측정	• 측정 가능한 물체의 특성, 단위, 체계, 측정과정을 이해하기 • 적절한 기술과 도구, 공식을 측정하는 데 적용하기
데이터 분석 및 확률	• 데이터로 진술될 수 있는 질문을 공식화하고, 질문에 답할 수 있도록 관련 데이터를 수집하고 조직하여 전시하기 • 데이터를 분석하기 위해 적절한 통계방법을 선택하고 사용한다. • 데이터를 기반으로 추론하고 예측하며 평가한다. • 확률의 기본 개념을 이해하고 응용한다.
문제 해결	• 문제 해결을 통하여 새로운 수학적 지식을 확립하기 • 수학이나 다른 상황에서 발생하는 문제를 해결하기 • 문제를 해결하기 위하여 다양하고 적절한 전략을 적용하고 변형시키기 • 수학적 문제 해결과 과정을 모니터하고 반성하기
추론과 증명	• 수학의 필수적인 요소로서 추론과 증명 인식하기 • 수학적으로 추측하고 연구하기 • 수학적 논쟁과 증명을 전개하고 평가하기
의사소통	• 의사소통을 통하여 수학적 사고를 조직화하고 통합하기 • 수학적 사고에 대해 분명하고 명확하게 또래와 교사, 다른 사람과 의사소통하기 • 수학적 사고와 전략을 분석하고 평가하기 • 수학적 아이디어를 정확하게 표현하기 위해 수학적 언어 사용하기
연결	• 수학적 아이디어 간 관계를 인식하고 연결하기 • 수학적 아이디어가 어떻게 상호 연결되어 있고 통일성 있는 전체를 생성하기 위해 어떻게 축적되는지 이해하기 • 수학을 수학 이외의 맥락에서 인식하고 적용하기
표현	• 조직화하고 기록하고 수학적으로 의사소통하기 위하여 표현들을 만들고 사용해 보기 • 문제들을 사용하기 위하여 수학적 표상들을 선택하고 적용하고 바꿔 보기 • 물리적, 사회적, 수학적 현상들을 모방하고 해석하는 데 표상을 사용하기

출처: National Council of Teachers of Mathematics, *Principles and Standards in School Mathematics* (2000). Online version retrieved from http://standards.nctm.org/document/appendix.htm. 이 규준은 NCTM의 허락하에 재사용됨. 이 내용은 NCTM에 의해 인증되지 않았음.

표 12-6 NCTM 규준에 따른 학년별 기대 수준

내용 영역: 수와 연산			
종합기준: 수와 수 표상방법, 수관계, 수체계를 이해한다.			
유치원 이전~2학년 기준	3~6학년 기준	6~8학년 기준	9~12학년 기준
• 이해하면서 수 세기를 하고 대상 개체가 '몇 개'인지 인지한다. • 자릿값과 십진수 체계의 초기 이해력을 발달시키기 위하여 다양한 모델을 사용한다. • 정수와 기수, 서수의 크기와 상대적인 위치, 이들 간의 관계에 대한 이해력을 발달시킨다. • 정수에 대한 감각을 발달시키고 유연한 방식으로 그것들을 표상하고 사용한다(관계시키기와 합성하기, 분해하기 포함). • 다양한 물리적 모델과 표상을 사용하여 수 낱말과 숫자를 양으로 표상한다. • 1/3, 1/4, 1/2과 같이 흔히 사용하는 분수를 이해하고 표상한다.	• 십진법 체계의 자릿값 구조를 이해하고 정수와 소수를 표상하고 비교할 수 있다. • 동일한 수가 다양하게 표상됨을 인지하고, 수를 합성하고 분해함으로써 그것들을 산출해 낸다. • 단위 전체의 부분으로서, 집합의 부분으로서, 수직선상의 위치로서, 그리고 정수의 나눗셈으로서 분수에 대한 이해력을 발달시킨다. • 분수의 크기를 판단하기 위해 본보기와 벤치마크, 동일한 모양을 사용한다. • 흔하게 사용하는 분수와 소수, 퍼센트의 동일한 형태를 인식하고 생성해 낸다. • 수직선을 확장함으로써, 그리고 친숙한 응용방법을 통해서 0보다 적은 수를 탐색한다. • 약수의 본질과 같이 특성에 따라 유수(類數)를 설명한다.	• 문제를 해결하기 위하여 분수와 소수, 퍼센트를 자유롭게 사용한다. • 분수와 소수, 퍼센트를 효율적으로 비교하고 정렬하며, 수직선에서 근사한 위치를 찾는다. • 100보다 큰 퍼센트와 1보다 작은 퍼센트의 의미를 발달시킨다. • 양적인 관계를 표현하기 위해 비례와 비율을 이해하고 사용한다. • 큰 수에 대한 이해를 발달시키고 지수 표기법, 유효 숫자 표기법, 계산기 표기법을 인지하고 적절하게 사용한다. • 문제를 해결하기 위해 약수와 배수, 소인수분해, 서로 소(素)인 수를 사용한다. • 정수의 의미를 발달시키고 이를 양(量)으로 표상하고 비교한다.	• 매우 큰 수와 매우 작은 수, 그것들의 다양한 표상에 대하여 깊은 이해력을 발달시킨다. • 유리수와 실수를 포함한 수와 수체계의 특성을 비교·대조하며, 실제 해법이 있지 않은 이차방정식의 해법으로서 복소수를 이해한다. • 실수체계의 일부 특성을 지닌 체계로서 벡터와 매트릭스를 이해한다. • 수론 논증을 통해 정수를 포함한 관계를 증명한다.

출처: National Council of Teachers of Mathematics, *Principles and Standards in School Mathematics* (2000). Online version retrieved from http://standards.nctm.org/document/appendix.htm. 이 규준은 NCTM의 허락하에 재사용됨. 이 내용은 NCTM에 의해 인증되지 않았음.

목표와는 최소 한도로 연계된다"(Maccini & Gagnon, 2002, p. 325).

장애 학생도 일반교육과정에 접근해야 하기 때문에 특수교사도 일반교육 규준에 대한 지식을 이해하고 적용할 수 있어야 한다. 규준 기반 교육개혁에 큰 영향력을 가진 미국수학교사협의회(NCTM)는 국제적인 교사 조직으로, 수학 교수와 학습에서 모든 학생의 수월성을 강조한다. 이 조직은 수학교육의 원리와

규준을 창시했다(1989년에 처음 발간했으며, 2000년에 개정하였다). NCTM 규준은 "절차적인 지식 또는 공식에 의한 계산보다 개념적인 이해와 문제 해결"(ERIC, 2002, n.p.)을 중심으로 한 것이 특징이다. 불행하게도 대부분의 특수교사는 NCTM 규준에 친숙하지 않은 편이다(Maccini & Gagnon, 2002). 경도에서 중도 수준의 장애 학생은 일반학급에서 교육을 받기 때문에 특수교사는 조정과 수정을 통해 학생을 돕

기 위해 NCTM 규준에 보다 친숙해져야 한다.

NCTM 규준은 내용과 과정으로 구분되어 있다. 내용에는 수와 연산, 대수학, 기하, 측정, 데이터 분석과 확률이 있으며, 과정에는 문제 해결, 추론과 증명, 의사소통, 연결, 표현이 있다. 이 10개의 기준은 유치원부터 12학년까지 적용된다. 이 기준은 모든 학년에 적용 가능하지만, 각 기준의 중요성은 학년에 따라 다양하게 적용된다. 〈표 12-5〉에는 NCTM의 일반적인 내용기준이 제시되어 있다. 〈표 12-6〉은 수와 연산 규준에 대한 예를 제시하고 있다. NCTM 규준에 대한 자세한 정보는 웹사이트 http://standards. nctm.org에서 얻을 수 있다.

3. 수학장애 학생을 위한 효과적인 교수

오늘날 미국 교육은 수월성과 책무성을 동시에 강조한다고 할 수 있다. 학교는 과학 기반 교수방법을 사용하는 것뿐만 아니라 학생의 수행에도 책무를 갖는다. 과학 기반 교수방법은 이론에만 기반한 방법보다 더 효과적인 것으로 밝혀지고 있다.

비록 연구자들은 경도·중등도 장애 학생의 수학 교수에서 직접교수를 지지하지만, 개념에 대한 이해 없이 기본적인 기술이나 과정만을 습득하도록 강조하는 것은 피해야 한다. 학생은 이전에 언급했던 수 능력을 발달시키기는 것이 필요하다. 예를 들어, 뺄셈 사실을 아는 것과 뺄셈 개념을 이해하는 것은 다르다. 뺄셈 개념에 관한 기초 원리를 설명하기 위하여 학생은 다음의 것을 할 수 있어야만 한다.

- 두 수의 차이 계산하기
- 정확하고 빠르게 뺄셈 사실을 적용하기
- 두 자릿수 이상의 뺄셈을 할 때 다양한 연산 사용하기
- 두 자릿수 이상의 뺄셈을 전개 기수법을 사용하

여 표시하기
- 수의 순서가 변함에 따라 답이 달라진다는 점을 이해하는지 입증하기(Office of Special Education Programs, 2002)

지금부터는 수학장애 학생을 위한 효과적인 교수로 먼저 수학 개념 교수에 대해 제시하고, 직접교수를 통한 수학교수를 설명할 것이다. 마지막으로는 구체적인 수학전략 교수에 대해 설명하고자 한다.

수학 개념 교수

수학 개념은 추상적이다. 수학과 교수였던 한 전문가는 대학 강의 첫날 다음과 같이 설명했다. 그는 숫자 2를 칠판에 쓰고 수강생에게 그것이 무엇인지를 물었다. 모든 학생은 "숫자 2요."라고 대답했다. 교수는 학생들이 틀렸으며 칠판에 쓴 것은 숫자 2가 아닌 2의 개념을 나타내는 상징일 뿐이라고 가르쳤다. 그런 다음 "정확하게 숫자 2란 무엇인가?"라고 물어보자, 수강생은 칠판에 쓰인 숫자 2가 단순히 추상적인 개념의 2를 표상하는 숫자라는 것을 이해하기 시작했다. 이 교수는 학생의 인상에 남도록 수학 추상에 대한 개념을 의도적으로 확장시켰다.

장애 학생이 수학 개념에 대한 어려움을 자주 보이기 때문에 수학 개념을 배울 수 있도록 돕기 위한 효과적인 접근으로 구체물부터 추상물까지의 교수 순서(구체물, 반구체물, 추상물)가 이용되고 있다(Prater, 1998). 즉, 구체적인 방식으로 개념을 가르친 다음 반구체적인 방식으로 가르친다. 그런 다음 학생이 추상적인 개념을 배우는 것으로 연결된다.

구체적 교수　수학에서 구체적 수준은 수와 연산을 표상하기 위해 사물을 조작하는 것과 관련된다. 예를 들어, 3의 개념을 가르치기 위해 블록 3개나 장난감 자동차 3개가 주어질 것이다. 만약 덧셈 개념을

가르치고자 한다면 학생에게 연필 두 자루가 주어질 것이다. 학생에게 몇 개를 가지고 있는지 묻고 나면 연필 한 자루를 더 주어 현재 가지고 있는 연필의 개수를 묻는다.

기본적인 수학교육 단계에서는 학생에게 조작물이나 구체물을 주어 수학 개념을 가르치는 것이라 간주되지만, 교실에서 조작물은 흔히 사용되지 않는다. 교사에게 왜 그런지 물어보면 자료 부족과 행정적 지원, 과도한 책임을 비롯한 여러 이유로 인해 조작물을 사용하지 않는다고 보고한다. 하지만 조작물은 특히 장애 학생의 수학개념 학습에 있어 중요한 요소다. Moch(2001)는 다음과 같이 언급하고 있다.

교실에서 조작물의 사용은 필수적이다. 이것은 아동으로 하여금 배우고 있는 수학을 자연스러운 방식으로 이해하게 한다…. 개념을 다시 가르치기 위해 낭비되는 시간은 조작물을 사용하여 개념을 더욱 효과적으로 가르치는 데 소요되는 시간보다 더욱 오래 걸린다 (p. 83).

교사를 위한 정보 12.1

많은 학생은 2의 배수와 같은 수 세기에 어려움이 있다. 수 세기를 가르치는 전략 중의 하나가 조작물을 사용하는 것이다. 예를 들어, 블록은 서로 쌓아 올리면서 사용할 수 있다. 학생에게 첫 번째 블록은 건너뛰고, 두 번째 블록 더미는 만지고, 세 번째 블록은 건너뛰도록 가르침으로써 2의 배수로 수를 세기 위해서는 수를 건너뛴다는 개념을 이해하도록 돕는다(Tuley & Bell, 1997).

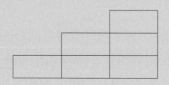

조작물과 그림을 사용하는 것은 계산과 문장제 문제를 가르치기 위한 효과적인 방법이다(Miller, Butler, & Lee, 1998). 하지만 조작물을 과도하게 사용하는 것은 주의해야 한다. 연구에 따르면 장애 학생은 제한된 횟수의 구체물 수준 수업(예, 세 차례의 30분 수업)이 효과적이라고 설명한다(Mercer & Miller, 1992).

교사를 위한 정보 12.2

조작물을 통한 실생활 경험을 사용하는 것은 매우 효과적이다. 예를 들어, 할로윈 시즌 동안 학생으로 하여금 자신들이 받은 캔디를 막대표로 만들라고 한다. 이 행사에 참여하지 않은 학생은 집에 있는 부엌 선반의 통조림 제품 목록을 만들게 한다. 학생으로 하여금 자신들이 받은 다양한 사탕이나 통조림 제품에 대한 막대표를 공유하고 설명하게 한다. 사탕과 통조림 제품의 전체 개수를 합한 차트도 만들게 할 수 있다(Moch, 2001).

교사를 위한 정보 12.3

터치매스(Touchmath)는 학생에게 네 가지 기본 연산을 가르치기 위해 고안된 교육과정이다. 터치매스는 도트 기호법 방식으로, 1~9의 수와 도트가 연합된다. 학생은 각 수에 해당하는 도트 위치를 배운다. 그다음 덧셈과 뺄셈을 가르칠 때 가장 높은 수(예, 4)를 선택하게 하고, 그 수를 말하게 한다. 그런 다음 두 번째 수(예, 3)에 해당하는 도트들을 정답(예, 7)을 얻을 때까지 계속 세게 한다. 일단 학생이 적절하게 이 세 단계를 사용하게 되면, 도트는 제거되고 학생들은 제거된 도트들의 위치를 계속해서 센다. 정신지체 및 학습장애 학생에게 기초 연산을 가르치는 데 터치매스가 효과적인 교수전략이라고 밝혀지고 있다(Simon & Hanrahan, 2004).

반구체적 교수　　다음은 반구체적 수준이다. 이는 개수 표시(예, Ⅰ Ⅱ Ⅲ Ⅲ 〧)와 그림을 사용하여 수학 문제를 해결하는 것과 관련된다. 실제 블록이나 장난감자동차를 사용하는 것이 아니라 그에 해당하는 개수 표시나 그림과 같은 시각적 표상이 주어질 수 있다. 만약 기호를 사용하여 3＋2를 더하려면 학생은 3 옆에 개수 표시 3개를, 그 옆에는 개수 표시 2개를 그려야 한다. 그런 다음 문제를 해결하기 위하여 전체적으로 표시한 개수를 센다.

추상적 교수　　학생이 수학적 개념에 대한 구체적이고 반구체적인 표상을 이해한다면 추상적 수준으로 이동할 준비가 된 것이다. 구체적 수준에서 조작물을 사용하여 대부분의 장애 학생도 반구체적 수준에서 추상적 수준으로 빠르게 이동할 수 있다(예, 세 차례의 30분 수업; Mercer & Miller, 1992). 학생이 추상적 수준으로 옮겨 가면 더 이상 시각적 표상에 의존하여 문제를 해결하지 않는다. 수 대신 상징(예, 2, 5, 7)만이 사용된다.

직접교수

다수의 문헌은 장애 학생에게 기본적인 사실과 절차뿐만 아니라 개념과 문제해결 전략을 가르치는 데 직접교수 방식이 효과적이라고 밝히고 있다(Jones, Wilson, & Bhojwani, 1997; Kroesbergen & Van Luit, 2003; Maccini & Hughes, 1997; Mastropieri, Scruggs, & Shiah, 1991; Miller et al., 1998). 직접교수 방법은 기본적인 사실과 기술을 가르치는 데 매우 효과적인 중재이며, 여기에는 모델링과 안내된 연습, 충분한 횟수의 독립 연습 문제가 포함된다.

좀 더 구체적으로 Stein, Silbert와 Carnine(1997)는 효과적인 수학교수를 설계하는 데 필요한 아홉 가지 단계를 논의하였다. 이에 대해서는 아래 논의와 더불어 〈표 12-7〉에 간략하게 설명되어 있다.

수업 목표를 쓴다(1단계)　　모든 장애 학생은 적합한 연간 목표가 포함된 IEP를 가지고 있어야 한다. 이 목표는 일반교육과정을 반드시 고려해야 한다. 효과적인 수학교수를 위해 설계된 아홉 가지 단계 중 첫 번째는 앞서 배운 수학 내용과 관련된 목표를 구체화하는 것과 관련된다. 7장에는 수업 목표 작성방법이 구

표 12-7　효과적인 수학교수를 설계하기 위한 아홉 가지 단계

단계	설명
1. 수업 목표를 작성한다.	IEP 목표를 달성하도록 이끄는 수업 목표를 작성한다.
2. 절차적 전략을 고안한다.	배우는 데 필요한 기술과 순서를 정한다.
3. 선행 요건을 결정한다.	선행 기술을 가르치고 점검하기 위한 계획을 세운다.
4. 기술을 차례로 나열한다.	새로운 기술을 완수하기 위한 단계를 작성한다.
5. 교수 절차를 선정한다.	교수 절차를 선정한다(운동성, 라벨링, 전략)
6. 각본화된 수업계획안을 작성한다.	수업계획안 전반에 걸쳐 간결하고 일치된 언어를 사용한다.
7. 예시를 선정한다.	모든 수업의 예시를 계획하고, 이를 수업계획안에 포함시킨다.
8. 연습과 복습에 대해 계획한다.	연습 문제를 준비하고 차시 수업을 위한 복습 문제를 포함한다.
9. 진보 여부를 모니터링하기 위한 절차를 설계한다.	학생의 진보 여부를 모니터링하기 위한 자료수집 시스템을 만든다.

출처: Stein, Sitbert, & Carnine(1997)에서 발췌한 내용으로 표 작성.

표 12-8 과제분석 예

과제분석: 십의 자리에서 받아올림이 있는 두 자릿수 더하기 두 자릿수			
1단계: 선행 기술	2단계: 수업자료	3단계: 기술을 완수하기 위한 단계 순서	4단계: 일간 목표로 어떤 단계를 가르칠지 정한다.
수 인식 덧셈 기술 자릿값 숫자 쓰기 숫자를 세로 열로 쓴다 덧셈 기호를 알아본다.	연필 종이 조작물(개념을 가르치는 경우)	1. 일의 자리 세로 열을 가리킨다. 2. 그 자리에 있는 수를 읽고 그 연산을 읽는다(3 더하기 4). 3. 수들을 더한다(= 7) 4. 만약 수가 10보다 적으면 일의 자리 세로 열에 수를 쓴다(7을 쓴다). 5. 만약 그 수가 10보다 크면 받아올림을 한다. 6. 십의 자리 세로 열 위쪽에 +(그 옆에 받아올림을 한 수)를 쓴다. 7. 십의 자리 세로 열의 모든 수를 읽고 연산으로 말한다; 받아올림 한 수를 포함한다. 8. 수들을 더한다. 9. 일의 자리 세로 열 아래에 답을 쓴다.	1. 첫째 날: 1~4단계를 가르친다. 2. 둘째 날: 1~4단계를 복습하고 그 과정에 5~9단계를 첨가한다. 3. 셋째 날: 전 과정을 복습한다.

체적으로 제시되어 있다.

절차적 전략을 고안하고, 선행 요건을 결정하고, 기술을 차례로 나열한다(2~4단계)　　경도·중등도 장애 학생의 주요 특성은 그들의 학습을 촉진하기 위한 전략을 자연스럽게 생성해 내거나 적용할 수 없다는 점이다. 따라서 학생은 절차적 전략이나 적용할 일상적인 과정이 주어져야 한다. 일상적인 계산과정은 계획하고 따르기에 꽤 간단하고 단순하다. 반면에 전략을 적용하는 것은 매우 어려울 수 있다(Stein et al., 1997).

장애 학생에게 일상적인 계산과정과 응용 전략을 가르치는 데에는 점진적인 교수가 도움이 된다. 교사는 점진적인 교수를 포함한 수업을 하기 위해 과제분석을 할 수 있다. 과제분석은 과제를 보다 작게 다루기 쉬운 부분과 단계로 나눈 다음, 분리된 목표에 따라 단계를 가르치고, 마지막으로 전체적인 과제를 완성하기 위해서 모든 단계를 결합하는 것을 말한다(Alberto & Troutman, 2006). 과제분석의 첫 단계는 학습자가 새로운 과제를 배우기 위해 반드시 필요한 기술과 개념

을 결정하는 것이다. 예를 들어, 받아올림이 있는 두 자릿수 더하기 두 자릿수를 배우는 것이 학생들의 목표라면, 세로 열로 더하거나 받아올림을 하기 이전에 반드시 자릿값을 이해하고 있어야 한다. 두 번째 단계는 과제 수행을 하는 데 필요한 자료가 있는지 생각하는 것과 관련된다. 만약 과제가 조작물로 세는 것이라면 과제를 수행하는 데 조작물이 필요할 것이다. 세 번째는 완성하는 순서에 따라 과제의 각 단계를 나열하는 것이다. 마지막으로 일간 목표로 함께 가르칠 단계를 결정한다. 일단 과정 속 모든 단계를 배우고 나면, 학생은 전체 과제를 완수하게 된다(Alberto & Troutman, 2006). 과제분석의 예는 〈표 12-8〉에 나와 있다.

기술을 차례로 나열하는 것은 새로운 기술과 전략을 소개하는 적절한 순서를 결정하는 것이다. Stein 등(1997)은 세 가지 순서화 지침을 제안했다. (1) 선행 기술은 전략 전에 가르쳐야 한다(7장 참조). (2) 쉬운 기술은 어려운 기술 이전에 배워야 한다. (3) 혼동하기 쉬운 기술과 전략을 연속적으로 소개해서는 안

표 12-9 수학 과제에서 직접교수의 사용 순서

수학 과제 유형	교수 순서	예
운동성 과제	모델링: 교사가 과제를 보여 준다.	"2의 배수로 세는 순서는 2, 4, 6, 8, 10입니다."
	리드: 교사는 학생들이 바람직한 반응을 하도록 돕는다.	"이제, 함께 해 봅시다. 2, 4, 6, 8, 10."(교사는 학생들이 이를 혼자 할 수 있을 때까지 계속한다.)
	평가: 교사는 학생에게 도움 없이 반응하라고 지시한다.	"이제는 여러분이 혼자 해 볼 차례입니다."
	지연된 평가: 학생은 '간섭' 과제를 하고 몇 분 후에 그 과제를 완성한다.	몇 개의 덧셈 문제를 해 본 후, 교사는 다시 학생에게 독립적으로 2의 배수로 세도록 지시한다.
라벨링 과제	모델링: 교사는 상징을 가리키며 그 명칭을 말하고 학생들에게 이를 따라 하도록 한다.	"이것은 삼각형입니다. 이게 뭐라고요?"
	교차 평가: 교사는 지금 배운 상징과 이전에 배웠던 상징을 번갈아 가면서 가리킨다.	"우리가 이전에 배웠던 이 모양들을 기억하나요? 이것은 무엇입니까? (사각형) 이것은 무엇이죠? (원) 이것은 무엇입니까?" (삼각형)
	지연된 평가: 교사는 수업 후반부에 학생이 새로운 상징을 아는지 물어본다.	새로운 과제를 배우고 나면 교사는 다시 학생에게 삼각형을 아는지 물어본다.
전략 과제	모델링: 교사는 각 단계를 촉진하기 위한 질문을 하면서 문제 푸는 방법을 설명한다.	"공통분모를 찾는 방법입니다. 첫 번째, 두 분모를 보세요. 같습니까, 다릅니까? 만약 분모가 같다면 공통분모를 찾을 필요가 없습니다. 다르다면 더 작은 분모를 큰 분모로 나누어 볼까요?"
	안내된 연습: 학생이 문제를 풀어 가면서 전략 기반 질문을 계속하게 되면, 교사는 학생에게 촉진을 덜 제공해 준다.	"여러분은 내가 이 문제들을 푸는 것을 보았습니다. 이제 우리 함께 몇 문제 풀어 봅시다. 이 문제들을 수행해야만 합니다. 첫 번째 단계가 무엇이죠?"
	평가: 학생이 독립적으로 자신의 과제를 수행하지만 교사의 감독을 받는다.	"잘했어요! 여러분은 대부분의 문제를 도움 없이 풀 수 있어요. 이제 나의 도움이 전혀 없이 할 차례입니다. 나는 여러분이 배운 모든 단계를 따라가는지 지켜볼 거예요."

출처: Stein, Silbert & Carnine(1997)에서 발췌한 내용으로 표 작성.

된다. 이 중 세 번째 지침은 중요함에도 교사가 흔히 놓치기 쉬운 것이다. 이미 배운 수학 개념이 다른 수학 개념과 비슷하다면 연속적으로 제시되지 않아야 한다. 마지막 지침의 좋은 예는 숫자 6과 9를 혼동하는 것이다. 이 숫자들은 외형적으로 비슷하기 때문에 각각을 소개하는 데 시간을 두어야 한다.

지미네즈 여사는 10시 수업을 하면서 몇몇 학생이 간단한 덧셈 계산에서 실수를 하고 있다는 걸 관찰했다. 그녀는 덧셈을 과제 분석하여 계산 오류를 줄이기로 결정하였다. 지미네즈 여사가 과제 분석을 한 결과는 다음과 같다.

1. 가장 작은 수에 동그라미 친다.
2. 수를 표상하기 위해 수 위에 개수 표시를 한다.
3. 가장 큰 수를 가리키며 말한다.
4. 각각의 개수 표시를 가리키며 큰 소리로 말한다.
5. 답을 쓰며 말한다.

교수 절차를 선정한다(5단계) 수학교수에서는 세 가지의 과제 유형이 있다. 운동성 과제와 라벨링 과제, 전략 과제가 그것이다(Stein et al., 1997). 운동성 과제에서 학생은 숫자를 쓸 뿐만 아니라 절차적 규칙을 외워 말한다. 라벨링 과제는 사물의 정확한 명칭에 해당하는 단어를 말하는 것과 관련된다(예, 숫자 5를

보여 주면 '오'라고 말하기). 전략 과제는 일반화할 수 있는 전략을 만들기 위해 일련의 단계를 통합하는 것이다. 각각에 대한 교수 순서는 약간의 차이가 있는데, 〈표 12-9〉에 이들 단계의 개요가 제시되어 있다.

각본화된 수업계획안을 작성한다(6단계) 각본화된 수업계획안은 교사가 말하고 해야 할 것과 학생의 예상된 반응이 무엇인지를 구체적으로 제공한다. 오류 정정을 위한 절차와 학생에게 제시하고자 하는 예시는 각본화된 수학수업을 계획하는 데 특히 중요한 요소다. 교사가 이러한 양식에 따라 사전에 수업을 준

비하면 수업 중 다음 단계나 추가할 예시를 생각하기보다 학생에게 완전히 집중할 수 있게 된다. 좀 더 자세한 정보는 7장을 참조하라. 〈표 12-10〉에는 교사가 직접교수로 분수를 가르치기 위한 각본화된 수업계획안이 제시되어 있다.

예시를 선정한다(7단계) 7단계에서는 교수 목적에 따라 사용될 문제를 선택한다. Stein 등(1997)은 예시를 선택하는 두 가지 지침을 제안했다. 첫째, 학생이 이미 알고 있는 전략으로 해결할 수 있는 문제를 포함시킨다. 둘째, 최근 배운 유형의 문제뿐만 아니라 이

표 12-10 각본화된 수학 수업계획안

주제	분수	
IEP 목표	분수 덧셈 20문제가 있는 수업 활동지를 주면 학생은 세 번의 시도 중 세 번 모두에서 90% 이상 정확하게 답을 쓸 것이다.	
수업 목표	분수를 나타내는 20개의 그림을 보고, 학생은 90% 이상 정확하게 그림을 분수로 나타낼 것이다.	
수업구성 요소	교사 질문과 교수 및 피드백	예상되는 학생 반응
주의집중 단서	설 명: "나를 보세요. 우리는 분수 수업을 시작할 준비가 되었죠?"	(학생은 교사를 쳐다본다.)
예상 단계	설 명: "오늘 아침 교무실에서 뭔가를 발견했어요. 네 조각으로 나뉜 쿠키였어요. 쿠키를 발견해서 정말 기뻤어요. 배가 매우 고팠거든요." (쿠키의 1/4을 먹는다.) 질 문: "아직도 완전한 쿠키인가요?" 대 답: "맞아요. 더 이상 완전한 쿠키는 없네요. 하지만 쿠키가 남아 있어요. 오늘 이것에 대해 더 얘기할 거예요."	"아니요."
복습	설 명: "어제 우리는 분모에 대해 배웠어요." 질 문: "분모가 무엇인지 기억하는 사람?" 피드백: "맞아요." 질 문: "분모는 우리에게 어떤 정보를 주나요?" 피드백: "정확하게 맞아요." 설 명: "분모에 관해 얼마나 기억하고 있는지 확인해 볼게요. 숙제로 했던 활동지처럼 복습 활동지가 있어요(복습 활동지를 나눠 준다. [그림 A] 참조). 각 그림 옆에 분모에 해당하는 수를 쓰세요. 박스 안에 분모를 쓰세요." 질 문: "분모를 어디 쓰나요?" 설 명: "빠르게 그리고 조용히 해 보세요. 최선을 다하세요." 설 명: "다 한 후 손을 들면 여러분이 한 걸 확인해 줄게요." (학생들이 한 것을 점검한다. 학생들이 복습 활동지를 정확하게 풀면 수업을 계속한다. 학생들이 숙달되어 있지 않다면 이전 수업에서 배운 개념을 다시 가르친다.)	"분수의 아래에 있는 수요." "전체 속에 얼마나 많은 부분이 있는지를요." "그림 옆 박스 안에요." (학생은 복습용 활동지를 완성한다.) (복습용 활동지가 완성되면 손을 든다.)

선행학습 확인 및 교수	설 명: "활동지를 다 했네요. 모두 참 잘했어요!"	
	설 명: "모두 칠판을 보세요."	(일부 학생은 교사를 바라본다.)
	정 정: "대부분 나를 보고 있네요. 연필을 사용하지 않을 때에는 어디에 두나요?"	"책상 위 컵에요."
	설 명: "컵 안에 연필을 넣고 여기를 보세요." (칠판에 있는 박스를 가리킨다.)	(학생은 교사를 바라본다.)
	피드백: "고마워요."	
	설 명: "분수는 두 가지 수로 되어 있어요 (아래쪽 박스를 가리킨다.) 우리는 아래에 있는 수는 이미 배웠지요."	
	질 문: "아래에 있는 수를 뭐라고 부르지요?"	"분모요."
	설 명: "위에 있는 수는 분자라고 불러요. (위쪽 박스를 가리킨다.) 모두 선생님을 따라 분자라고 해 보세요."	"분자."
	설 명: "분자는 위에 있어요."	
	질 문: "분자는 어디에 있다고요?"	"위에요."
	설 명: "위에 있는 수를 뭐라고 부른다고요?"	"분자요."
	설 명: "위에 있는 수는 분자라고 불러요. 분자라고 말해 보세요." (학생들이 분자를 위에 있는 수라고 올바르게 구분할 때까지 계속한다. 학생들은 분자와 분모를 구별할 수 있도록 연습한다.)	"분자."
목표 진술	설 명: "우리는 분모가 전체에 얼마나 많은 부분들이 있는지 말한다는 것을 알아요. 불행하게도 우리는 완전한 물체를 갖고 있지 못해요. 내 쿠키처럼, 가끔 우리는 전체 중의 일부만을 가지고 있어요. 우리는 무언가의 일부를 표현하는 방법을 배울 필요가 있어요. 오늘 우리는 우리가 가진 전체가 얼마나 많은 부분으로 되어 있는지를 말해 주는 분수에서 분모에 대해 배울 거예요."	
교수와 모델링	설 명: "분모는 전체에서 우리가 가진 부분의 수를 말해 줘요."	
	질 문: "분모는 무엇을 말한다고요?"	"부분의 수요."
	설 명: "분자는 분모와 달라요. 분자는 우리가 얼마나 많은 부분을 갖고 있는지 알려 줘요. 분모는 전체에 얼마나 많은 부분이 있는지 알려 주지요."	
	질 문: "분자와 분모가 어떻게 다르지요?"	"얼마나 많은 부분이 있는지 알려 줘요."
	정 정: "분자는 우리가 얼마나 많은 부분을 갖고 있는지 말해 주고, 분모는 전체에 얼마나 많은 부분이 있는지 알려 줘요. 칠판을 보세요. 분자와 분모가 어떻게 다른지 보여 줄게요."	
	설 명: "네모가 있어요. (네모 모양의 자석이 칠판에 있다. 네모는 네 부분으로 나누어져 있다.) 이 네모는 부분들로 나눠져 있어요. 몇 부분으로 되어 있죠? 준비, 시작. 하나, 둘, 셋, 넷."	"하나, 둘, 셋, 넷."
	피드백: "좋았어요."	
	설 명: "모두 네 부분으로 되어 있어요. 분모는 4입니다." (칠판에 있는 아래쪽 박스에 4라고 쓴다.)	
	질 문: "분모가 뭐라고요?"	"4요."
	질 문: "네모의 부분들에서 뭔가 발견했나요?"	"한 부분은 흰색이고 나머지는 빨간색이에요."
	피드백: "맞아요."	
	설 명: "빨간 부분은 우리가 가지고 있는 부분이에요. 하얀 부분은 이미 사라졌고요. 빨간 부분을 함께 세어 볼까요? 하나, 둘, 셋."	"하나, 둘, 셋."

교수와 모델링	질　문: "우리가 가지고 있는 부분은 몇 개지요?"	"세 개요."
	피드백: "맞았어요."	
	설　명: "우리는 네모의 세 개 부분을 가지고 있어요. 이게 우리의 분자예요. 분모의 위쪽에 있죠." (박스 안에 3을 쓴다.)	
	질　문: "이 분수의 분자는 뭐라고요?"	"3이요."
	피드백: "잘했어요."	
	설　명: "이제 우리는 분자가 무엇인지 알며, 따라서 분수를 완성할 수 있어요. 우리는 세 부분을 갖고 있어요. 네모 안에 네 부분이 있고요."	
	질　문: "우리는 얼마나 많은 부분을 갖고 있지요?" (3을 가리킨다.)	"3이요."
	질　문: "전체 네모 안에는 얼마나 많은 부분이 있지요?" (4를 가리킨다.)	"4요."
	피드백: "아주 잘했어요."	
	설　명: "나는 여러분 스스로 분수의 분자와 분모를 쓰길 원해요. 따라서 선생님이 전체 과정을 어떻게 완성하는지 보여 줄 거예요."	
	설　명: "다음의 네모를 보세요. 우선 네모의 모든 부분을 셉니다. 선생님을 위해 부분들을 세어 보세요."	"하나, 둘, 셋, 넷."
	피드백: "잘했어요. 네 개가 있죠."	
	설　명: "다음, 4를 네모 옆 아래 박스에 써요."	
	질　문: "박스 안에 뭘 쓴다고요?"	"4요."
	설　명: "다음으로 빨간 부분을 셉니다. 선생님을 위해 빨간 부분을 세어 보세요."	"하나, 둘, 셋, 넷."
	정　정: "빨간 부분만 세어야 해요. 다시 해 봅시다."	"하나, 둘."
	피드백: "잘했어요."	
	설　명: "두 부분을 가졌으니, 나는 박스 안에 숫자 2를 쓸 거예요."	
	설　명: "분자는 2이고 분모는 4예요."	
	질　문: "선생님은 얼마나 많은 부분을 갖고 있나요?"	"둘이요."
	질　문: "전체 네모에는 얼마나 많은 부분이 있나요?"	"넷이요."
	피드백: "잘했어요." (두 가지 예를 더 들어 모델링해 준다.)	
안내된 연습	설　명: "이제부터 분수를 알아내는 거예요. 칠판에 있는 다음 네모를 살펴보아요."	
	질　문: "첫 번째로 무엇을 하나요?"	"네모 안에 있는 부분들의 수를 세어요."
	피드백: "집중 잘하고 있네요!"	
	설　명: "모두 칠판에 있는 네모의 부분들을 손가락으로 가리키며 세어 봅시다."	(학생은 부분들을 센다.) "하나, 둘, 셋."
	질　문: "전체 네모에는 얼마나 많은 부분이 있나요?"	"셋이요."
	질　문: "3은 어디에 쓰나요?"	"아래쪽 박스예요."
	질　문: "아래쪽에 있는 수를 뭐라고 하나요?"	"분모요."
	피드백: "잘 알고 있군요."	
	질　문: "다음에는 무얼 하나요?"	"빨간 부분을 세어요."
	피드백: "맞아요. 계속해서 집게손가락으로 세어 볼까요?"	"하나, 둘."
	질　문: "우리는 얼마나 많은 부분을 갖고 있나요?"	"둘이요."
	질　문: "2를 어디에 쓰지요?"	"위쪽 박스예요."
	질　문: "위에 있는 수를 뭐라고 하지요?"	"분자… 분모."
	정　정: "위에 있는 수는 분자라고 해요."	
	질　문: "위에 있는 수를 뭐라고 한다고요?"	"분자요."
	질　문: "선생님은 네모에서 얼마나 많은 부분을 갖고 있나요?"	"두 개요."

안내된 연습	질 문: "전체 네모에는 얼마나 많은 부분이 있나요?" 피드백: "모두 집중해서 잘했어요." (학생들에게 추가 문제를 구두로 지도한다.)	"셋이요."
후반기 안내된 연습	설 명: "이제 여러분은 분수의 분자와 분모를 세고 말하는 법을 압니다. 나는 여러분이 분자와 분모 쓰는 연습을 했으면 해요." (서너 개의 네모가 있는 활동지를 나눠 준다.) 설 명: "첫 번째 네모를 손가락으로 가리켜 보세요." 질 문: "첫 번째 단계가 뭐지요?" 설 명: "함께 세어 봐요. 내가 쓰라고 하기 전까지는 쓰지 마세요." 피드백: "기다려 줘서 고마워요." 질 문: "무엇을 쓰지요?" 질 문: "어디에 3을 쓰지요?" 정정: "분모, 즉 모든 부분의 수는 아래쪽 박스에 들어갑니다." 질 문: "분모는 어디에 쓴다고요?" 설 명: "위쪽 박스에 3을 쓴 사람들은 모두 고치세요." 피드백: "잘했어요." 질 문: "다음에는 무엇을 세나요?" 설 명: "세어 볼까요?" 질 문: "어디에 2를 쓰나요?" 피드백: "잘했어요." (활동지를 하는 동안 학생들을 지도한다. 학생들이 준비가 되면 독립 연습 단계로 이동한다. 개별적인 활동지를 나눠 준다. [그림 B] 참조).	(학생은 첫 번째 네모를 손가락으로 가리킨다.) "모든 부분을 세어요." "1, 2, 3." "3이요." "아래쪽 박스에요." (일부 학생은 위쪽 박스에 3을 쓴다.) "아래쪽 박스에요." (학생은 실수한 것을 정정한다.) "빨간 부분이요." "하나, 둘." "위쪽 박스에요."
독립 연습	설 명: "이제 여러분은 혼자서 분수를 쓸 준비가 되었어요. 모든 단계를 기억하세요. 조심해서 문제를 풀어 보세요. 수업시간에 완성하지 못하면 집에서 숙제로 풀어 오면 돼요."	(학생은 개별 활동지를 풀기 시작한다.)
마무리	설 명: "오늘 여러분은 분수 쓰는 법에 대해 배웠어요. 분모와 분자 중 우리가 갖고 있는 부분을 뭐라고 하지요?" 피드백: "모두 기억하고 있군요! 참 잘했어요." 설 명: "내일 우리는 분모에 대해 좀 더 연습할 거예요. 여러분에게 분수는 점점 더 쉬워질 거예요."	"분자요."

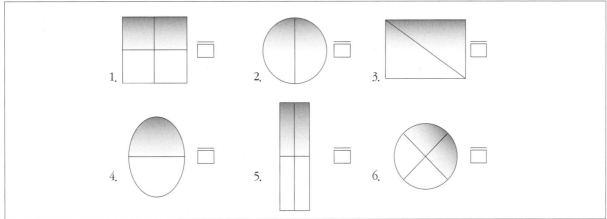

[그림 A] 분모에 관한 복습 활동지

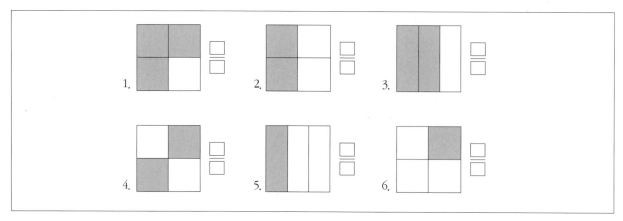

[그림 B] 독립 연습을 위한 분수 활동지

전에 배운 유사한 문제도 포함시킨다. 이를 통해 학생은 문제 유형 간의 차이를 구분할 수 있게 된다. 혼동을 가져오는 문제가 중요하게 강조되어서는 안 된다.

연습과 복습에 대해 계획한다(8단계)　충분한 연습과 복습은 오랜 시간 동안 기술을 유지하는 데 도움이 된다. 연습과 복습에 필요한 분량을 결정하기 위해서는 다음의 지침을 사용한다.

1. 숙달할 때까지 충분한 연습을 제공한다. 숙달은 학생이 문제를 정확하고 유창하게 해결할 수 있을 때 달성된다. 유창성은 특히 기본적인 수학 사실에 있어서 중요하다.
2. 체계적인 복습을 하게 한다. 일단 숙달되면 점진적으로 그러한 유형의 문제 수를 감소시킬 수 있지만 완전히 소멸시켜서는 안 된다. 이전에 배운 문제 유형을 다시 소개해 준다. 가끔은 이것이 의도적으로 계획된다. 점차 자연스러워지는데, 이전에 배웠던 문제 유형은 다음 단계의 문제 유형을 위한 선행 요건이기 때문이다(Stein et al., 1997).

진보 여부를 모니터링하기 위한 절차를 설계한다(9단계) 수업시간에 사용한 것과 유사한 문제를 평가에 활용하기 위해 선정한다. 학생의 오랜 기간 동안의 진보를 평가하기 위해 교육과정 중심 측정을 실행한다. 지속적인 진보 여부 모니터링에 대한 추가 정보는 6장을 참조하기 바란다.

특정 수학전략

경도·중등도 장애 학생은 자신의 학습을 촉진하기 위해 자발적으로 전략을 사용하지 못한다. 따라서 10장에서 논의한 바와 같이, 전략교수는 이들 장애 학생에게 무척 중요하다. 학생은 전략 사용을 통해 문제해결과 같은 기초적인 수학적 사실을 배울 수 있다. 직접교수 방법은 학생이 전략을 적용하는 법을 배우도록 전략을 가르치고 연습하도록 지도하는 데 효과적이다. 자기조절이 결합된 인지전략(예, 목표 설정, 자기점검)은 학생이 자기조절 없이 전략을 사용하는 것보다 문제를 해결하는 데 더욱 도움이 된다. 전략교수에서 중요한 요소는 학생이 새로운 문제나 상황에 전략을 적용하여 일반화를 촉진할 수 있는 기회를 제공하는 것이다(Cardelle-Elawar, 1995; Maqsud, 1998).

자기조절　이러한 맥락에서의 자기조절(self-regulation)은 학생들이 그들 자신의 학습을 유도하는 능력을 말한다. 자기조절 전략은 효과적인 문제 해결자가 되기 위해 필요하다. 이러한 전략은 자기교수,

자기질문, 자기점검을 포함한다. 그것은 학생으로 하여금 전략적 지식을 습득하도록 도와줄 뿐만 아니라 문제를 풀면서 전략을 응용하도록 유도하고 자신의 전략 사용과 전반적인 수행을 조절하도록 돕는다 (Montague, Warger, & Morgan, 2000).

자기교수 방법은 장애 학생의 수학성취를 향상시키는 것으로 나타났다(Van Luit & Naglieri, 1999). 자기교수의 핵심은 학생이 행동하기 전에 생각하도록 가르치고, 문제를 해결하기 위한 전략을 독립적으로 사용하도록 가르치는 것이다. 일반적으로 자기교수는 과제 관련 기술을 강조하며, (1) 문제의 정의, (2) 반응 유도, (3) 강화 진술, (4) 자기평가, (5) 오류정정 기술(Wood, Rosenberg, & Carran, 1993)을 포함한다.

수학 문장제 문제를 해결하기 위한 전형적인 접근

(예, 문제를 읽고, 무엇을 할지 결정하고, 문제를 풀고, 답 점검하기)은 학습장애 학생에게 비효율적일 수 있다. 학습장애 학생에게는 추가로 자기조절 전략이 필요하다. '풀어 보세요!(Solve It!)'는 프로그램의 하나로 추가적인 교수적 도움이 필요한 학생을 위해 고안되었다. 이 프로그램에서 학생은 "이해하기 위해 문제를 읽고, 자신의 단어로 문제를 고쳐 말하고, 그림을 그리거나 상상 속 이미지를 만들어 문제를 시각화하고, 문제를 해결하기 위한 계획을 세우고, 정답을 어림하고, 계산하고, 정답을 입증하는(Montague et al., 2000, p. 111)" 방법을 배운다. 게다가 학생은 효과적인 문제 해결을 위하여 자기조절 전략(즉, 자기교수, 자기질문, 자기점검)을 배운다. 〈표 12-11〉은 '풀어 보세요!(Solve It!)' 프로그램에서 수학 문제 해결을 위

표 12-11 수학 문제해결 교수를 위한 인지과정과 자기조절 전략

▶ 읽기(이해를 위한)
설명: "문제를 읽는다. 이해하지 못한다면 다시 읽는다."
질문: "읽고 문제를 이해하였는가?"
점검: 문제를 해결할 만큼 이해하였는지 점검

▶ 고쳐 말하기(자신의 단어로)
설명: "중요한 정보에 밑줄을 긋는다. 문제를 나 자신의 단어로 말한다."
질문: "중요한 정보에 밑줄을 그었는가? 질문이 무엇인가? 나는 무엇을 찾고 있는가?"
점검: 그 정보가 그 질문에 맞는 것인지 점검

▶ 시각화하기(다이어그램 그림)
설명: "그림이나 다이어그램을 만든다."
질문: "그림은 문제에 적합한가?"
점검: 그림이 문제 속 정보에 어긋나는지 점검

▶ 가설 세우기(문제를 해결하기 위한 계획)
설명: "몇 개의 단계와 계산이 필요한지 결정한다. 연산 기호를 쓴다(+-×÷)."
질문: "만약 내가~한다면 무엇을 얻을 것인가? 만약 내가 ~한다면 다음 단계에서 필요한 것은 무엇인가? 몇 단계가 필요한가?"
점검: 계획이 이해될 만한 건지 점검

▶ 어림하기(정답 예측하기)
설명: "어림수들을 찾아 머릿속으로 문제를 풀고 어림값을 쓴다."
질문: "수를 올리고 내리면서 어림수를 찾았는가? 어림값을 썼는가?"
점검: 중요한 정보를 사용하였는지 점검

▶ 계산하기(산술하기)
설명: "정확한 순서대로 계산하는가?"
질문: "내가 한 답은 어림값과 비교하여 어떠한가? 답이 될 만한가? 소수나 금전 기호는 제자리에 있는가?"
점검: 모든 계산이 올바른 순서로 이루어졌는지 점검

▶ 점검하기(모든 것이 정확한지 확인하기)
설명: "계산을 점검한다."
질문: "모든 단계를 점검했는가? 계산을 점검했는가? 답은 맞는가?"
점검: 모든 것이 맞는지 점검. 만약 틀렸다면 다시 돌아간다. 그리고 필요한 경우 도움을 요청한다.

출처: M. Montague, C. Warger, & T. H. Morgan, "Solve It! Strategy Instruction to Improve Mathematical Problem Solving" (2002), *Learning Disabilities Research and Practice, 15,* 110-116. Blackwell Publishing의 허락하에 재사용됨.

교사를 위한 정보 12.4

녹음기는 자기교수 절차를 위한 좋은 도구다. 다음과 같이 학생이 말한 것을 기록한다.

첫째, 문제를 가리킨다. 둘째, 문제를 읽는다. 셋째, 기호에 동그라미를 친다. 지금까지 잘했어! 더 작은 수 위에 수만큼 막대를 놓는다. 막대 수가 더 큰 수와 같게 만들기 위해 네모 위에 막대를 더 놓는다. 네모 위에 있는 막대의 수를 세어 본다. 이것이 답이다. 나는 네모 안에 수를 쓴다. 문제를 (다시) 읽는다. 나 자신에게 "잘했어!"라고 말한다(Wood et al., 1993, p. 252).

그런 다음 학생을 위해 절차를 모델링해 주고 학생이 녹음기의 각 단계를 들으면서 문제를 풀도록 촉진한다(Wood et al., 1993).

해 자기조절 전략을 사용하는 절차에 대한 개요다.

기억전략 수학 용어는 핵심어 기억술을 사용하여 가르칠 수 있다(10장 참조). 예를 들어, 학생은 자주 승수(multiplier)와 피승수(multiplicand)를 혼동한다.

Pliers(플라이어, 펜치)는 *multiplier*(승수)를 표현하

는 좋은 핵심어이며, *band*(손)는 *multiplicand*(피승수)의 좋은 핵심어다. 곱셈 기호 모양으로 pliers 그림을 multiplier 옆에, multiplicand가 쓰인 그림은 hand 옆에 만든다. 마찬가지로 나눗셈 문제에서 divisor(제수)는 *visor*(복면)를 쓰고, dividend(피제수)는 den(동물 우리, 다시 말해 나눗셈 선 안에)에 있고, *quotient*(몫)는 *quotation* mark(인용 부호)로 쓰일 수 있다. 학생은

교사를 위한 정보 12.5

두문자어와 같은 기억전략은 학생에게 매우 도움이 된다. 예를 들어, Test와 Ellis(2005)는 학생에게 공통분모를 가진 분수와 그렇지 않은 분수의 덧셈과 뺄셈 방법을 가르치고자 LAP 전략을 개발하였다. LAP는 다음과 같다.

Look at the sign (기호를 본다).
Ask yourself, are the denominators the same? (스스로 분모가 같은지 묻는다)
Pick the process for the fraction type (분수 유형에 따라 절차를 고른다).

학생이 이 전략을 사용하려면 분수 문제의 연산이 덧셈인지 뺄셈인지를 확인한다. 일단 연산이 확인되면 학생은 분수 유형을 결정하기 위해 분수의 분모를 살핀다. 학생은 분수 유형을 분모가 (1) 같은지, (2) 다르지만 더 작은 분모를 더 큰 분모로 나눌 수 있는지, (3) 다르지만 분모를 동등하게 쪼갤 수 없는지에 따라 결정한다. 학생은 분수 유형을 확인한 다음에는 그들이 배운 분수 유형별 절차에 따라 문제를 해결한다. 이와 같은 간단한 두문자어로 학생은 분수를 더하고 뺄 때 필요한 연산을 식별하고 절차를 결정할 수 있게 된다.

일단 초기 개념을 익히면 다양한 양식으로 기호를 배울 수 있다(Mastropieri & Scruggs, 1991, p. 86).

패그워드 역시 구구단과 같은 수학을 가르칠 때 사용될 수 있다. 10장에서 논의된 바와 같이, 패그워드는 숫자를 쉽게 시각화할 수 있는 유음어와 결합시킨다. 패그워드의 예는 10장에 제시하였다. 일단 학생이 이러한 패그워드 조합을 배우고 나면 곱셈 사실을 표상하는 그림이 제시될 수 있다. 예를 들어, $8 \times 4 = 32$, 'gate(eight) leading door(four)'는 'dirty(thirty)

도식 변경하기
문제: 데이비드는 21개의 플레이스테이션 게임을 갖고 있었다. 그는 7개의 게임을 상점에 팔았다. 그는 지금 14개의 게임을 가지고 있다.

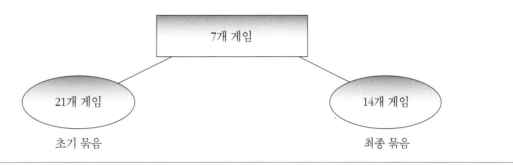

도식 모으기
문제: 알리시아는 2마리의 성인견을 가지고 있다. 그녀의 개는 5마리의 강아지를 갖고 있었다. 지금 알리시아는 7마리의 개를 가지고 있다.

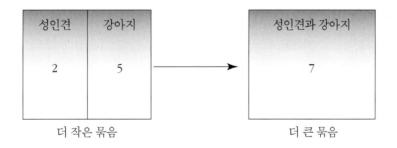

도식 비교하기
문제: 자비어는 17세다. 마지는 그보다 8세 많다. 마지는 몇 세인가?

[그림 12-1] 문장제 문제 교수를 위한 시각적 표상의 예
출처: A. Jitendra. "Teaching Students Math Problem-Solving through Graphic Representations" (2002), *TEACHING Exceptional Children, 34*, 34-38. Copyright 2002 by the Council for Exceptional Children. 허락하에 재사용됨.

shoe(two)'에 이어 시각화될 수 있다.

운율과 두문자어도 수학 절차를 가르치는 데 도움이 된다. My dear Aunt Sally라는 구절은 학생으로 하여금 계산 순서(multiply[곱하기]와 divide[나누기], add[더하기]와 subtract[빼기])를 기억하도록 도와준다(Mastropieri & Scruggs, 1991). 또한 다음 문장은 학생이 미터법의 순서를 상기하는 데 도움이 된다. "King Herry died Monday drinking chocolate milk"(kilometer, hectometer, decameter, meter, decimeter, centimeter, millimeter)(Silva, 2004). 이 문장에는 같은 글자로 시작하는 두 쌍의 단어가 있기 때문에(decameter와 decimeter, meter와 millimeter), 학생은 이러한 단어 간의 관련성을 찾아내기 위해 부가 전략을 필요로 할 것이다. 예를 들어, 알파벳 순서에 따라서 a(decameter)는 i(decimeter)보다 앞에 있다.

그래픽 표상 학생의 문장제 문제의 해결 능력을 향상시키기 위한 문제해결 전략 중의 하나는 그래픽 표상의 사용이다(Jitendra & Hoff, 1996). 그래픽 표상은 학생이 개념을 배우고 문제를 해결하는 데 수학적 절차를 적용하도록 도와준다. 이 전략을 사용하기 위해서 학생은 문제 도식을 확인하고, 표상을 그리고, 문제를 해결하는 법을 배우게 된다(Jitendra, 2002). 이에는 세 가지 종류의 도식, 즉 변경하기, 모으기, 비교하기가 있다. 각각의 예는 [그림 12-1]에 제시되어 있다.

학생은 직접교수법을 사용하여 각각의 도식 설계를 배우게 된다. 첫째, 한 가지 유형의 문제를 가르치고 나면 학생에게 다른 문제 유형을 점진적으로 소개하는데, 각 문제 유형을 정확하게 구분할 수 있을 때까지 한다. 일단 학생이 문제 유형을 구분할 수 있게 되면 문장제 문제에 있는 정보를 시각적으로 표현하도록 다이어그램 그리는 방법을 가르치고, 다음으로 문제 해결을 위한 단계를 거쳐 가도록 한다. 이 단계는 (1) 전체를 나타내는 사물 찾기, (2) 연산방법 선택

교사를 위한 정보 12.6

'마법의 9단' 곱셈 규칙을 아는가? 숫자를 더하면 모두 9가 된다. 예를 들어, 9×2 = 18, 1 + 8 = 9. 학생은 답을 점검하기 위해 이 규칙을 배울 수 있다. 게다가 학생은 합하여 9(즉, 1 + 8, 2 + 7, 3 + 6, 4 + 5)가 나오는 모든 한 자릿수에 관한 사전 지식을 사용할 수 있다. 만약 문제가 9×8이면 학생은 8에서부터 거꾸로 셀 것이며 7을 얻을 것이다. 두 번째 한 자릿수는 9를 만들기 위해 7에 더해야 하는 수일 것이다(정답: 2 또는 72). 하지만 일부 학생에게는 9×8 = 72라는 식을 배우는 것보다 이러한 응용이 더 어려울 수 있다(Meltzer et al., 1996)

교사를 위한 정보 12.7

장애 학생에게 수학을 가르치기 위한 일반적인 기법은 다음과 같다.

1. 조작물이나 시각적인 것을 사용한다.
2. 한 페이지에서 문제를 따로 분리하기 위해 박스처럼 된 템플릿을 사용한다.
3. 적은 수의 수학 문제를 내준다.
4. 교과서나 칠판의 문제 베껴 쓰기를 최소화하거나 없앤다.
5. 단계별로 색깔을 달리한다(예를 들어, 학생으로 하여금 지시문을 먼저 읽도록 상기시키기 위해 초록색으로 밑줄을 긋는다).
6. 학생으로 하여금 손가락으로 추적하도록 한다.
7. 패턴이나 다른 조합을 이용한다.
8. 학습을 강화하기 위하여 동기화시키는 게임을 사용한다.
9. 필요한 학생에게 수직선, 완성된 문제 예시가 있는 플립차트, 완성된 문제 예시가 위에 제시된 수업 활동지, 절차적 단계 목록과 같은 예시를 제공한다(Bley & Thornton, 2001).

공학의 활용
수학교수를 위한 도구

많은 장애 학생은 수학에 어려움을 가진다. 그 결과 그 분야에서는 수학교수에서의 공학 이용에 상당한 관심을 두어 왔다. 교사와 학생에게 가장 흔하게 사용되는 것 중 하나는 스프레드시트다. 스프레드시트는 특정 유형의 수학 문제를 풀기 위한 공식을 만드는 데 사용될 수 있는데, 이 사용법을 배움으로써 평생 가치 있게 사용할 수 있다.

다음 목록은 장애 학생의 수학 기술을 향상시키는 데 도움이 될 만한 다양한 전략과 공학 도구를 정리한 것이다.

1. 학생이 수학 개념을 구체화하는 데 시각적인 것이 필요할 때:
Scholastic Keys http://www.tomsnyder.com/
National Library of Virtual Manipulatives http://nlvm.usu.edu/en/nav/vlibrary.html
2. 학생이 유창성을 쌓기 위해 수학 사실을 연습할 필요가 있을 때:
FunBrain http://www.funbrain.com
Aplus.com Flashcards http://www.aplusmath.com/Flashcards/index.html

3. 학생이 환전하는 것을 배우는 데 어려움을 가질 때:
Counting and Making Change Worksheets, Lesson Plans, Lessons http://www.moneyinstructor.com/change.asp
US Coins http://www.enchantedlearning.com/math/money/coins/
4. 학생이 시간을 말하는 데 어려움을 가질 때:
Teaching Time http://www.teachingtime.co.uk
Time for Time http://www.time-for-time.com/interactive.html
5. 학생이 지필계산 환경에 대한 대안이 필요할 때:
MathPad http://www.intellitools.com/Products/mathpad/home.php
National Library of Virtual Manipulatives http://nlvm.usu.edu/en/nav/vlibrary.html
6. 학생이 계산상의 어려움을 상쇄할 도구가 필요할 때:
WebMath http://www.webmath.com
Online Calculators http://www.math.com/students/calculators/calculators.html

하기(만약 전체가 미지수이면 부분들을 구하기 위해 뺀다; 전체를 구하기 위해 더한다), (3) 문제 해결하기, (4) 답이 맞는지 확인하기, (5) 정답 쓰기다. 문제해결 과정의 단계를 가르치기 위하여 직접교수법을 사용한다.

1. 과정을 모델링해 주기
2. 학생으로 하여금 규칙과 단계를 기억하도록 안내하기
3. 규칙과 단계가 적혀 있는 촉진 활동지 제공하기
4. 점진적으로 촉진 줄이기
5. 학생으로 하여금 독립적으로 연습하게 하기
6. 숙달했는지 점검하기

교사는 학생이 문제 해결을 위하여 전략을 적용하는 동안 지속적으로 학생의 수행을 점검한다.

4. 다문화 학생을 위한 시사점

수학의 문화적인 측면

수학은 양을 다루는 것으로 보편적인 것이다. 하지만 사실상 수학은 문화의 확장이다. 수학 개념은 특정 문화의 요구를 충족하기 위해 만들어져 왔다. 예를 들어, 오늘날 사용되는 그레고리오력은 기독교도 기반의 종교 찬양을 계획하고 조정하기 위하여 고안되었다. 다른 달력(예, 중국, 유대교, 이슬람교)은 다른 목적으로 세기에 걸쳐 만들어졌다.

역사적으로 모든 전통적인 단거리 측정방법 체계는 인체를 기반으로 하였다. 예를 들어, 인치(inch)는 원래 엄지의 넓이를 나타낸다. 풋(foot)은 사람의 발 길이였다. 비록 영국의 통상 측정체계로 이러한 길이가 표준화되었지만, 다른 문화권에서는 인체를 기반으로 한 측정체계를 지속적으로 사용하고 있다. 알래스카 남서부에 사는 유픽(Yup'ik) 에스키모인은 단거리를 다음으로 나타낸다.

- 야크네크(Yaqneq): 양팔을 바깥으로 펼친 다음 손가락 끝에서부터 반대편 손가락 끝까지의 거리
- 탈루야네크(Taluyaneq): 팔을 바깥으로 펼친 다음 손가락 끝에서부터 가슴 중앙까지의 거리
- 탈리닌(Tallinin): 팔을 바깥으로 펼친 주먹의 끝에서부터 겨드랑이까지의 거리

이러한 거리는 특히 여행과 사냥, 고기잡이와 같은 활동을 하는 데 중요하다. 유픽 에스키모인은 그들의 요구와 연관된 다른 측정체계를 개발하였다. 예를 들어, '말린 연어가 가득 찬 생선 상자'와 '딸기 한 스쿱'은 이들 문화에서 사용하는 측정 단위다(Lipka, Shockey, & Adams, 2003).

이러한 예는 수학이 어떻게 관습과 전통, 특정 문화의 요구에 의해 진화해 왔는지를 보여 주기 위해 제시된다. 실제로 수학은 문화의 산물로 여겨진다.

문화와 규준, 교육과정

문화는 수학학습에 영향을 미치는 또 다른 측면이다. 예를 들어, 수학적 수행에 있어서 아시아 학생의 우수성은 높은 관심을 받아 왔다. 그 이유는 수학교수의 양과 질의 차이, 교사와 학생 간의 상호작용 방식에서의 차이, 수학에 대한 부모와 학생의 태도 차이, 타고난 능력, 국가에 따른 측정체계의 차이, 언어

적 차이 등 여러 가지로 제안되었다(Alsawaie, 2004). 아시아 언어의 구조는 분명 큰 차이가 있다. 아시아 학생은 자신의 모국어로 수학을 배움으로써 영어로 수학을 배우는 학생보다 하나의 큰 이점이 있다. 수의 명칭 구조는 10을 기본으로 이루어져 있다. 예를 들어, 일본어 숫자 명칭은 그들의 수 가치와 일치한다.

1	ichi
2	ni
3	san
10	juu
11	juu-ichi
20	ni-juu
21	ni-juu-ichi
30	san-juu

일본 학생은 10 + 1 = 11을 더 쉽게 배우는데, 이는 11에 해당하는 단어가 정확하게 10(juu)와 1(ichi) 혹은 juu-ichi(11)와 일치하기 때문이다.

문화는 수학학습에 있어서 또 다른 방향으로 영향을 미친다. 앞 장에서 설명했듯이, 대부분의 인종적으로 다양한 학생은 실생활 경험을 기반으로 한 총체적이며 다감각적인 집단 경험에 가장 잘 반응한다. 이러한 학습 선호도는 수학교수를 설계하는 데 고려되어야 한다.

최근 미국에서는 규칙과 절차에 집중했던 것에서 실생활에서 수학적으로 사고하는 것을 강조하는 것으로의 국가적인 수학혁신을 도모하고 있다. 한편으로는 문화적으로나 언어적으로 다양한 학생을 가르칠 때 교사로 하여금 "학생과 수학, 교사에 대한 스스로의 생각을 확장할 것"(Cahnmann & Remillard, 2002, p. 183)을 요구하고 있다. 특별히 관심을 받고 있는 것 중의 하나는 학생과 관련된 실제 수학 문제를 찾고 만들어 내는 것이다. 예를 들어, 수학 교과서에 있는 문제는 많은 학생, 특히 도심에서 살고 있는 가난한

교사를 위한 정보 12.8

수학 교육과정에 다른 언어를 통합한다. 예를 들어, 학생은 스페인어로 0에서 10까지 세는 것을 배울 수 있다. 즉 cero, uno, dos, tres, cuatro, cinco, seis, siete, ocho, nueve, diez. 그런 다음 더하기(mas), 빼기(menos), ~과 같다(son)에 해당하는 단어들을 스페인어로 가르친다. 학생이 풀어야 할 문제를 스페인어로 말해 준다(예, Siete mas dos). 학생들에게 스페인어로 답을 반복하게 한다(예, Seite mas dos son nueve). 학생으로 하여금 짝과 함께 수 문제를 만들게 한다(Benning, Bonenberger, Hickey, & Steward, 2000).

교사를 위한 정보 12.9

일부 이슬람 종파는 인간과 동물을 예술의 형태로 묘사하는 것을 금지한다. 그러므로 예술가는 사원과 궁전을 꾸미기 위해 코란에서 발췌한 글의 아라비안 캘리그라피와 함께 기하학적인 형태나 꽃무늬를 만들었다. 컴퍼스와 직선자로 구성한 기하학적 패턴은 테셀레이션(tessellation)이라고 불린다. 학생은 이러한 테셀레이션 패턴을 배우거나 흉내 내거나 만들 수 있다(Zaslavsky, 2002).

표 12-12 아프리카계 미국인 학습자를 위한 NCTM 과정기준의 보완

기준	예	아프리카계 미국인 학습 양식	교사를 위한 권고
문제 해결	• 문제 해결을 통해 수학 지식을 구축한다. • 맥락 내에서 문제를 해결한다. • 다양한 전략을 사용한다.	• 사회적 맥락 속에서 문제를 낸다.	• 문제를 해결하기 위해 다양한 전략을 사용한다. • 학생으로 하여금 창의성과 실험성, 즉흥성을 사용하게 한다. • 사회적 맥락에서 문제를 낸다.
추론과 증명	• 추측하고 그것을 조사한다. • 수학적으로 논쟁하고 평가한다. • 추론과 증명 방법을 사용한다.	• 개성을 표현한다. • 확산적 사고를 보인다.	• 개성을 표현할 기회를 허용한다. • 수렴적 사고를 사용하여 수학적으로 논쟁하도록 지원한다.
의사소통	• 수학적 아이디어를 타인과 분명하게 의사소통한다. • 타인의 수학적 사고를 분석하고 평가한다. • 수학적 언어를 사용하여 수학적 아이디어를 표현한다.	• 개인 대 개인 지향적이다. • 구두 표현을 선호한다. • 사회적/정서적 단서를 강조한다. • 비언어적 의사소통을 즐겨 한다.	• 수학적 사고를 논의하고 공유할 기회를 제공해 준다. • 학생으로 하여금 자신의 사고를 체계화하고 비판적 사고과정을 확립하도록 도와준다.
연계	• 통일성 있는 전체를 만들기 위해 수학적 아이디어를 서로 연결한다. • 아이디어와 개념을 맥락화한다.	• 총체적인 관점을 선호한다.	• 패턴이나 리듬, 음악, 동작과 같은 아프리카계 미국인 문화에 수학을 연결한다.

표상	• 수학적 아이디어를 전달하기 위해 표상을 만들고 사용한다. • 문제를 풀기 위해 수학적 표상을 응용하고 해석한다. • 수학적 현상을 모델링하고 해석한다.	• 구체적인 형상과 창의성을 선호한다. • 확산적 사고를 보인다.	• 문제해결 상황을 실연해 본다. • 수학에 대해 말하고, 듣고, 도표로 나타내고, 모델을 만든다.

출처: R. Q. Berry III, "Mathematics Standards, Cultural Styles, and Learning Preference: The Plight and the Promise of African American Students" (2003), *The Clearing House, 76*, 244-249에서 발췌한 내용으로 표 작성.

학생보다는 교과서를 만든 저자들과 더욱 관련이 있다(Ensign, 2003). Berry(2003)는 아프리카계 미국인 학생으로 하여금 NCTM이 권고한 기준, 특히 그 과정기준에 따라 수학교수를 받게 하고자 한다면 그 교수가 아프리카계 미국인 학생의 학습 선호도와 문화적 스타일에 맞게 보완되어야 한다고 주장하였다. NCTM 과정기준에 따라 아프리카계 미국인 학생을 가르치기 위한 그의 권고는 〈표 12-12〉에 개략적으로 제시되어 있다.

교과서에 실린 수학 문제가 많은 학생에게는 부적절할 수 있다. 교사는 부모와 자녀로 하여금 그들 가정과 연관된 수학적 경험에 주목하고 그것을 기록해 오도록 요청함으로써 문화적으로 관련된 문제를 알 수 있게 된다. "교사는 학생으로 하여금 그들의 개인적인 사례를 제시하게 함으로써 학생의 일상과 관련된 수학 문제를 찾기 위해 문헌이나 지역사회를 조사해야 하는 시간과 비용을 아낄 수 있다."(Ensign, 2003, p. 420)

문화적으로 관련된 수학 문제를 만드는 것에 더하여, 교사는 수학 주제에 적합하게 학습될 수 있으면서 문화적으로 맞추어진 학습 활동을 선택할 수 있다. 예를 들어, 북부 평야지대 아메리칸 인디언의 별 모양 퀼트의 기하학적 패턴은 그것을 만든 사람들의 역사 및 문화와 함께 조사될 수 있다. 학생으로 하여금 퀼트 바느질과 조각천을 자르는 데 사용된 도구에 대한 역사적인 정보를 찾게 하면서 그 부족이 사용한 패턴을 이용하여 디자인을 만들어 내게 할 수 있다.

또한 일부 아메리칸 인디언이 옷과 그릇, 가방, 다른 아이템을 꾸미는 데 사용한 구슬무늬 패턴은 미술과 수학, 사회문화 수업에서 사용될 수 있다(Arnason, McDonald, Maeers, & Weston, 2001).

수학은 문화의 부산물이다. 문화는 우리가 오늘날 알고 있는 수학 개념의 발전에 영향을 끼쳐 왔으며, 수학 분야에 앞으로도 지속적으로 영향을 끼칠 것이다. 교사는 수학 개념에서 문화가 하는 역할에 대해 인식해야 하며, 자신이 사용하는 교수방법과 교육과정이 학생들의 문화와 일치하게끔 노력해야 한다.

요약

• 장애 학생을 위한 수학교수는 기초 기술과 개념 이해, 문제해결 능력을 쌓는 데 목표를 두어야 한다.
• 수학 개념에 어려움을 가지는 학생은 시공간 정향과 언어 기술, 기억, 선택적 주의뿐만 아니라 학습된 무기력과 수동적인 학습 태도를 보인다.
• 수 감각, 즉 수, 수관계, 수학 문제를 풀기 위한 숫자 정보 활용법은 수학학습에 필수적이다.
• 수 능력을 가진 학생은 절차적 전략을 정확하게 사용하고 수적/양적 상황을 이해하는 방법을 안다.
• 특수교사는 장애 학생이 학년수준 기준을 접하는지 확인하기 위해 전국수학주임교사협의회

(NCSM)의 열두 가지 기준에 친숙해져야 한다.

- 교사는 먼저 구체적인 예시(예, 조작물)로 개념을 가르치고 나서, 반구체적인 예시(예, 사물 그림)를 소개해야 하며, 마지막으로 추상적인 개념(예, 숫자 3)으로 옮겨 가야 한다.
- 직접교수법은 수학적 사실과 절차, 개념, 문제해결 능력을 가르치는 데 효과적이다.
- 자기조절과 기억술 전략, 그래픽 표상은 장애 학생이 수학적 사실과 절차를 학습하도록 도와줄 수 있는 세 가지 수업방법이다.
- 수학은 문화적 부산물이다. 수학 개념은 특정 문화의 요구를 충족하기 위해 만들어졌다.
- 교육과정 자료를 선택하고 수업을 설계할 때, 교사는 다양한 문화에 적합한 교수방식을 사용하고, 수학교수에 문화 지향적인 학습 활동을 연결시키고, 교과서 수학 문제의 적절성을 고려해야 한다.

✍ 연습 문제 ·············

1. 수학성취에 영향을 주는 경도·중등도 장애 학생의 학습 특성에 대해 논하여 보라.
2. 왜 수 감각은 수학을 배우고 이해하는 데 중요한가?
3. 교사는 학생이 수 감각을 습득하고 수 능력을 가질 수 있도록 어떻게 도와줄 수 있는가?
4. 장애 학생은 왜 구체적인 수준에서 시작하여 추상적인 수준으로 넘어가는 교수를 통해 이득을 얻는가?
5. 당신이 수학 연산을 과제 분석하는 데 사용할 과정을 설명해 보라.

6. 효과적인 수학수업에서 가장 중요한 요소는 무엇인가?
7. Stein 등(1997)에 따르면 기술을 차례로 나열하기 위해 따라야 할 지침은 무엇인가?
8. 학생 중재 교수, 그래픽 조직자, 기억술, 자기교수 전략을 교사 주도 수업에 어떻게 통합할 수 있는지 설명해 보라.
9. 당신이 수학을 배울 때는 어떤 유형의 교수가 수학 개념과 절차를 습득하게 해 주었는가? 만약 당신이 수학학습에 어려움을 겪었다면 학습을 용이하게 해 준 교수적인 측면이 있었는가?
10. 교사는 다문화가정 학생의 요구를 반영하기 위해 수학교수를 어떻게 설계할 수 있는가?

✍ 활동 ··············

1. 다섯 가지 수학 기술을 선정하고, 각 기술에 대해 과제분석을 해 보라.
2. 3학년 수학기준 목록에서 가르칠 열 가지 수학 기술을 선택하고, 동료와 집단을 만들어 각각의 기술을 어떻게 가르칠 것인지 토론해 보라. 어떤 전략과 교수 방법을 사용할 것인지 밝히고, 왜 특정 전략과 방법을 선택하였는지 정당화하라.
3. 다른 수강생에게 수학수업을 직접교수로 가르쳐 보라. 학생의 수업 평가를 받고, 자신의 경험과 학생의 의견을 요약해 보라.
4. 이 장의 주요 개념을 한 페이지 정도로 요약해 보라.
  (a) 수학교수에 대해 배운 점, (b) 장애 학생을 위한 효과적인 수학 교수법, (c) 자신의 학급에서 사용하고 싶은 전략.

특수아동협의회(CEC) 기준

기준 4: 교수전략

특수교사는 ELN 학생을 위한 교수를 개별화하기 위해 증거 기반 교수전략에 대한 레퍼토리를 소지한다. 특수교사는 일반교육과정과 특수교육과정에서 도전적인 학습 결과를 증진하고, ELN 학생을 위해 학습환경을 적절히 수정하기 위해 이러한 교수전략을 선정하고 수정하고 사용한다. 특수교사는 ELN 학생의 비판적 사고와 문제 해결력 그리고 수행 기술에 대한 학습을 강화하고, 자기인식과 자기관리, 자기통제, 자기의존, 자기존중감을 증가시킨다. 또한 특수교사는 여러 환경과 장소, 연령 주기에 걸쳐 지식과 기술의 발달, 유지, 일반화를 강조한다.

13

다른 교과 영역에서의
전략 적용

주요 개념

교육과정 설계와 평가

교과서 수정

단원 개발

과학
- 과학 지식과 기술, 기준
- 과학교수

사회
- 사회과 지식과 기술, 기준

- 사회과 교수

일반적인 교과전략
- 독해전략
- 본문 기반 전략
- 탐구 기반 전략
- 기억 및 조직화 전략
- 숙제전략

통합교육과정

다문화 학생을 위한 시사점

 주요 질문

1. 교사는 장애 학생의 학습 요구를 충족시키기 위하여 교육과정을 어떻게 설계해야 하는가?
2. 과학과 사회를 가르치기 위한 효과적인 훈련은 무엇인가?
3. 교과 영역 교수에 포함할 수 있는 학습전략은 무엇인가?

※ 13장은 Mary Anne Prater와 Nari Carter가 공저자임.

중학교 특수학급 교사인 크레이그 워싱턴 씨는 새로운 수업을 준비하고 있다. 그는 장애 학생을 담당하는 일반학급 교사와 함께 수학과 과학을 팀티칭 할 예정이다. 그는 또한 일반학급 수업에서 필요한 선행 기술을 갖추고 있지 못한 학생을 위해 기능적인 수학수업을 할 예정이다. 워싱턴 씨는 지역에서 사용하는 교과서 및 자료 선정위원회에 특수교사 대표로 참석할 것을 요청받았다. 그는 다른 교사가 상업적으로 준비된 교육자료를 특수교사 및 그들이 가르치는 학생의 관점에서 볼 수 있도록 도와주는 기회를 갖게 된 것을 즐거워했다.

1. 교육과정 설계와 평가

2장에서 논의한 바와 같이, 교육과정은 여러 방식으로 정의되어 사용된다. 이 책의 맥락에서 교육과정이란 적용되었을 때 학생의 학습 성과로 귀결되는 특정 교과 중심의 교수 계획과 활동의 상호적인 세트라고 정의된다. 일반적으로 교육과정 설계와 평가는 교육 분야에서 큰 자리를 차지한다. 이 장에서는 주로 경도 및 중등도 장애 학생이 일반교육과정에 접근하도록 하기 위한 교육과정 설계와 평가를 다룰 것이다.

미국장애인교육법(IDEA)은 장애 학생이 일반교육과정에 접근하도록 규정하고 있다. 2장에서 논의한 바와 같이, 접근이란 학생의 교육과정 이용 가능성 이상의 의미를 가진다. 접근은 학생이 학습하기 위해 교육과정과 상호작용할 기회를 제공하는 것을 말하며, 여기에는 추가적인 학생 지원이 필요할 수도 있다(Orkwis & McLane, 1998). 일반교육과정으로의 접근은 의미 있는 접근이라는 뜻이 함축되어 있다.

Kame'enui와 Simmons(1999)는 효과적인 교육과정 설계를 위한 여섯 가지 원리를 제시하고 있다. 이 기준을 충족하는 교육과정 자료는 대안적인 접근에 도움이 된다. 이 원리는 교수와 자료를 적합화하는 데도 사용될 수 있다. 여섯 가지 원리에는 중심 개념(big idea)과 분명한 전략, 중재 비계설정, 전략적 교수, 적절한 복습, 기초적인 배경 지식이 있다.

- 중심 개념은 추가적인 더 많은 정보에 대한 축으로서의 역할을 하는 주요 아이디어나 개념, 원리다. 모든 목표나 교수 활동이 동일한 수준으로 중요한 것은 아니다. 급우에 비해 학업이 뒤처지는 장애 학생은 교과 내용을 배울 시간이 충분치 못하기 때문에 중심 개념에 초점을 두는 것이 중요하다.

- 분명한 전략 또는 목표나 과제를 수행하기 위한 유용한 단계가 학생에게 제공되어야 한다. 분명한 전략이 없을 때, 대부분의 학생은 스스로 전략을 개발할 수 있다. 하지만 1장에서 논의된 바와 같이, 장애 학생은 전략을 자발적으로 만들지 않는다. 장애 학생이 그렇게 할 수 있으리라 기대한다면 상당히 많은 시간을 낭비할 수 있으며, 교사나 학생 모두를 좌절시킬 수 있다. 교사가 전략을 명시적으로 제공할 때, 학생은 가장 효율적으로 학습하게 된다.

- 중재 비계설정이란 학생이 새로운 정보를 습득하면서 제공받는 교수적 안내를 말한다. 이러한 안내는 교사나 급우, 자료, 과제에 의해 제공된다. 예를 들어, 수학 교과서에 완성해야 할 문제 예가 많을수록 더 많은 비계설정이 주어진다. 비계설정의 정도는 학생의 요구, 교수 목표, 과제 변경의 복잡성에 따라 바뀐다. 비계설정은 일시적으로 고려되어야 한다. 궁극적 목표는 학습자가 독립적으로 자기조절을 할 수 있도록 비계설정을 제거하는 것이다.

- 전략교수는 "학생이 배워야 할 것과 이미 알고 있는 것을 조심스럽게 조합하여 이들 두 요소 간의 관계를 명확히 하고, 새롭거나 보다 복잡한 지식으로 귀결 지을 수 있도록 하는 것"(Kame'enui

& Simmons, 1999, p. 21)이다. 전략교수는 고급 기술에 대한 이해와 일반화 가능성을 증가시킬 수 있다.

• 적절한 복습은 학생이 이전에 배운 정보를 회상하거나 응용할 수 있는 구조화된 기회로 되어 있다. 복습하는 동안, 학생은 주저 없이 과제를 수행할 수 있어야 한다. 적절한 복습은 전 시간에 걸쳐 고루 분포되어 있어야 하며 누적적이고 다양해야 한다.

• 기초적인 배경 지식은 교육과정 학습에 도움이 되는 학생의 선행 지식을 의미한다. 선행 지식은 새로운 학습에 영향을 미친다. 교육과정은 학습자 지식과 전문 지식이 맞추어져야 하며, 필수적인 선행 기술이 고려되어야 하며, 성공적인 수행을 위해 학습자가 준비되어야 한다.

보편적으로 설계된 교육과정 자료는 시작부터 다양한 학습자가 접근할 수 있도록 계획된다. 이것은 원자료의 유연성과 대안적인 제작을 통해 가능하다(2장 참조). 추가 적합화(add-on adaptation)는 보편적 설계의 정의를 충족하지 못한다. 교사는 보편적으로 설계된 교육과정 자료를 이용함으로써 장애 학생의 요구에 따라 자료를 적합화할 필요가 없게 된다. 보편적 설계 개념은 교육과정 개발자에게 나아가야 할 방향을 제시해 주고는 있지만, 최근에 이용 가능한 교육과정 자료는 이러한 목적에 부합하지 못한다. 따라서 교사는 자료를 선정하고 구매하기 전에 교수자료를 비평적으로 평가해야 한다. 고려해야 할 중요 사항은 장애 학생을 위한 적용성이다.

2. 교과서 수정

교과서는 교수에 커다란 영향을 미친다(Nolet & McLaughlin, 2005). 즉, 교사는 교과서에 의존하여 무엇을 어떻게 가르칠 것인가를 결정한다. 동시에 교과서는 장애 학생, 특히 읽기 문제가 있는 장애 학생에게 큰 방해가 될 수도 있다(Mastropieri, Scruggs, & Graetz, 2003). 전문가는 교과서를 선정하기 전에 신중하게 검토해야 한다.

교과서는 일반적으로 가독성 공식과 체크리스트(예, Chavkin, 1997)를 사용하여 평가된다. 하지만 가독성 공식은 중대한 결점을 가진다. "동일한 읽기 단락에 다른 가독성 공식을 적용하는 것은 6.2학년 수준만큼이나 다른 점수를 산출할 수 있다…. 그리고 신호 표시나 본문 구성, 흥미성과 같은 주요 쓰기 특징을 나타내지 못한다."(Chambliss, 1994, p. 349) 체크리스트는 루브릭을 바탕으로 교과에 대한 더 광범위한 분석을 제공한다. 루브릭은 평가자가 중요하다고 생각하는 것에 맞추어 만들어질 수 있기 때문에 장점이 있다. 하지만 체크리스트는 흔히 너무 길고 피상적이며 주요 쓰기 특징보다 내용을 강조한다(Chambliss, 1994).

Chambliss(1994)에 따르면 교과서를 평가하는 최상의 방법은 이해에 영향을 줄 수 있는 세 가지 특성, 즉 친숙도, 흥미도, 구성에 따라 검사하는 것이다(〈표 13-1〉 참조). 읽고 있는 내용에 대한 선행 지식이 있는 독자는 그렇지 않은 독자보다 본문을 더 잘 이해할 것이다. 이러한 친숙도는 어휘와 내용 모두를 포함한다. 또한 독자가 자료를 얼마나 흥미로워하는지도 이해에 영향을 미친다. 빠른 전개, 구체적인 세부사항, 인칭대명사, 유추, 예시, 사이드바, 신선함과 같은 구체적인 특징은 독자의 흥미 수준을 높일 수 있다. 따라서 본문에는 사소한 내용만을 반영하는 흥미 유발성 요소가 아닌 위와 같은 요소가 필수적이다. 본문구성 또한 이해에 영향을 미친다. 본문 구성은 예상할 수 있는 패턴을 따라야 하며, 반드시 명시적으로 독자에게 전달되어야 한다. 또한 본문 안에 그래픽 조직자와 같은 효과적인 전략이 포함되면 이해를 촉진하게 된다(Chambliss, 1994).

표 13-1 교과서 선정 체크리스트

내용	• 내용이 정확하며 최근의 것인가? • 자료가 중심 개념에 초점을 두는가? • 본문자료는 명료하고 정확한 언어로 쓰여 있는가?
친숙도	• 학생은 내용에 얼마나 친숙해 있는가? • 내용을 이해하는 데 선행 지식이 얼마나 필요한가? • 새로운 어휘는 얼마나 많으며 얼마나 어려운가?
흥미도	• 자료는 얼마나 흥미로운가? • 구체적이고 상세한 예시가 제공되는가? • 내용은 얼마나 새로운가? • 내용은 발달적으로 적절한가?
본문 구성	• 본문 구성이 논리적이며 일관성이 있는가? • 내용은 미리 예고되고 요약되는가? • 본문에 포함된 전략(예, 그래픽 조직자, 강조 표시된 정보, 개념지도, 학습도구)은 얼마나 많으며 얼마나 효과적인가? • 본문에 포함된 전략은 눈에 띄는가? • 자료에는 중재 비계설정이 제공되는가? • 본문에 포함된 복습은 적절한가?

본문을 검사하는 또 다른 방법으로는 독자 적절성, 본문 구성, 구성상의 보조를 평가하는 것이 있다. 독자 적절성은 흥미를 높이는 특징과 발달적 적절성을 말한다. 본문은 (1) 독자를 도와줄 신호가 있어야 하며(예, 정보를 주는 제목과 소제목, 인쇄상의 강조표시, 개념지도), (2) 일관적이고 연역적으로 구성되어야 하며, (3) 중요한 내용에 초점이 맞추어져 있어야 한다. 미리보기 진술, 개요, 그래픽 조직자와 같은 구성상의 보조는 학생의 학습을 도우며, 다양한 학습자를 위한 교과서를 선정하는 데에도 중요한 고려사항이 된다(Tyree, Fiore, & Cook, 1994).

워싱턴 씨는 〈표 13-1〉의 체크리스트와 유사한 것을 위원회에 배포하고 장애 학생에게 효과적인 교육과정 자료의 특성에 대해 논의하였다. 그리고 최종 선정이 이루어지기 전에 잠정적으로 가능성이 있는 각각의 자료를 체크리스트 질문에 근거하여 세밀히 검사하도록 하였다.

교사를 위한 정보 13.1

경도 · 중등도 장애 학생은 전통적인 교과서를 사용하는 데 어려움을 가진다. 다음의 전략을 사회 교과 내용에서 사용해 보자.

1. 학생으로 하여금 교과서의 일부분을 분석하고 다시 쓰도록 지도한다.
2. 학생으로 하여금 그 이야기를 실연하게 한다.
3. 토크쇼 방식을 사용한다. 학생에게 역사 속 인물 역할을 맡기고 이야기하게 하고 질문에 답하게 한다.
4. 교과서의 일부분을 읽게 한 후 학생들의 감정과 생각, 예측을 쓰게 한다.
5. 교과서 내용을 보충하기 위하여 비디오와 슬라이드 프레젠테이션을 사용한다(Dull & Van Garderen, 2005).

3. 단원 개발

주 교육청은 학년 수준별로 학생이 배워야 할 핵심 교육과정을 분류하였다. 예를 들어, 유타 주는 5학년 사회과 교육과정을 다음과 같이 정의하고 있다.

학생은 시간의 흐름에 따라 미국 역사의 다양한 기간 동안의 주요 사건에 관한 연대기를 만들 것이다. 학생에게 역사적 사건을 심도 있게 학습하게 할 목적은 아니다. 교육과정은 세 가지 시기에 관해 가르친다. 시간의 절반은 신세계와 미국의 건국, 1/4은 19세기(1800~1900), 4/1은 20세기(1900~현재)를 공부하는 데 사용된다. 학생은 미국 문화와 역사에 등장하는 인물과 장소의 영향에 대해 조사할 것이다. 인물과 삶에 필요한 기술은 학생이 시민의 권리와 의무를 이해하도록 도울 것이다. 사회과 기술을 사용하면서 학생은 세계를 연결시키며, 미국의 정치, 지리, 문화를 캐나다와 멕시코의 것과 비교할 것이다(Utah Development of Education, 2000, www.uen.org/core/core에서 확인 가능).

유타 주는 열두 가지 기준과 각 기준에 따른 몇 가지 목표를 제공하고 있다. 하나의 예는 다음과 같다.

[기준 6] 학생은 19세기부터 남북전쟁까지의 주요 개척자와 사건, 군부 지휘관에 대해 안다.
• 목표 1: 헌법 제정에서 남북전쟁에 이르기까지의 주요 개척자와 사건, 군부 지휘관에 대해 안다.
• 목표 2: 남북전쟁이 국가 성장에 미친 영향을 분석한다.
• 목표 3: 남북전쟁에서 1900년까지 미국의 주요한 사회·정치적 동향을 분석한다.

이러한 각각의 목표는 수업 단원이 될 수 있다.

Lenz와 Deshler(2004)는 단원이라는 것이 며칠 또는 몇 주에 걸쳐 일어나는 학습 경험이며, 이는 일일 수업보다 광범위하며 다수의 학습 목표를 포함한다고 정의하고 있다. 다양한 학습 목표를 성취하기 위해서는 신중한 계획이 필요하다. 단원계획을 위한 효과적인 수단은 단원 조직자다(Boudah, Lenz, Bulgren, Schumaker, & Deshler, 2000; Lenz & Deshler, 2004). Lenz 등(1993)은 단원 조직자 사용의 효과를 연구하였는데, 그 과정에 따라 학생을 반복하여 가르치면 교사의 계획 능력과 학생의 수행력 모두가 향상되는 것으로 나타났다.

교사는 교수 단원을 계획하기 전에 다음 세 가지 질문에 답해야 한다.

1. 학생은 단원의 마지막에 무엇을 알거나 이해해야 하는가? 교사는 이 질문을 묻고 답하는 과정에서 구체적 활동이나 정보가 아닌 중요 개념과 기본적인 이해에 초점을 맞출 수 있다.
2. 학생은 이해한 것과 지식을 어떻게 보여 주는가? 여러 방식으로 학생은 평가되며, 평가방식은 비형식적인 퀴즈, 질문에서 형식적인 시험과 교육과정 중심 프로젝트에 이르기까지 다양하다.
3. 단원 목표를 달성하는 데 필요한 기술과 지식은 무엇인가? 예를 들어, 적절한 읽기 기술이 없는 학생은 교육과정 자료의 필요한 사항을 배우는 데 어려움을 자주 경험한다.

계획의 두 번째 단계는 단원 조직자를 완성하기 위한 사전 질문에서 얻은 정보를 사용하는 것이다. 단원 조직자의 예시는 [그림 13-1]에서 볼 수 있다. 이 단원 조직자는 7개의 범주로 나누어져 있으며, 각 범주는 다음과 같다(Lenz & Deshler, 2004).

• 연결하기: 단원 조직자의 첫 번째 요소는 연결하기(making connection)다. 새로운 단원의 핵심

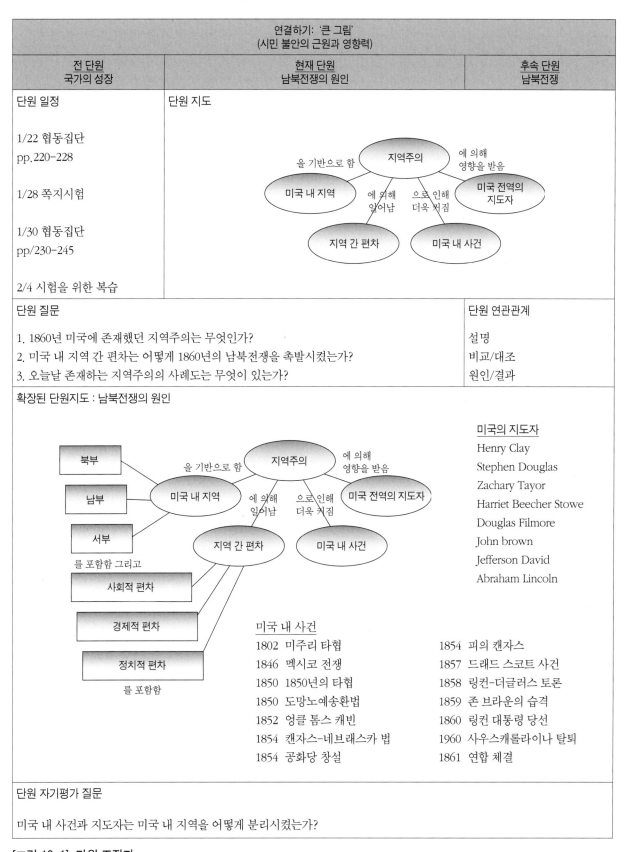

연결하기: '큰 그림' (시민 불안의 근원과 영향력)		
전 단원 국가의 성장	현재 단원 남북전쟁의 원인	후속 단원 남북전쟁

단원 일정

1/22 협동집단
pp.220-228

1/28 쪽지시험

1/30 협동집단
pp/230-245

2/4 시험을 위한 복습

단원 지도

을 기반으로 함 지역주의 에 의해 영향을 받음
미국 내 지역 에 의해 일어남 으로 인해 더욱 커짐 미국 전역의 지도자
지역 간 편차 미국 내 사건

단원 질문

1. 1860년 미국에 존재했던 지역주의는 무엇인가?
2. 미국 내 지역 간 편차는 어떻게 1860년의 남북전쟁을 촉발시켰는가?
3. 오늘날 존재하는 지역주의의 사례도 무엇이 있는가?

단원 연관관계

설명
비교/대조
원인/결과

확장된 단원지도 : 남북전쟁의 원인

북부
남부
서부

을 기반으로 함 지역주의 에 의해 영향을 받음
미국 내 지역 에 의해 일어남 으로 인해 더욱 커짐 미국 전역의 지도자
지역 간 편차 미국 내 사건

를 포함함 그리고
사회적 편차
경제적 편차
정치적 편차
를 포함함

미국의 지도자
Henry Clay
Stephen Douglas
Zachary Tayor
Harriet Beecher Stowe
Douglas Filmore
John brown
Jefferson David
Abraham Lincoln

미국 내 사건

1802 미주리 타협	1854 피의 캔자스
1846 멕시코 전쟁	1857 드래드 스코트 사건
1850 1850년의 타협	1858 링컨-더글러스 토론
1850 도망노예송환법	1859 존 브라운의 습격
1852 엉클 톰스 캐빈	1860 링컨 대통령 당선
1854 캔자스-네브래스카 법	1960 사우스캐롤라이나 탈퇴
1854 공화당 창설	1861 연합 체결

단원 자기평가 질문

미국 내 사건과 지도자는 미국 내 지역을 어떻게 분리시켰는가?

[그림 13-1] 단원 조직자

출처: D. J. Boudah et al., "Don't Water Down! Enhance Content through the Unit Organizer Routing." (2000), *TEACHING Exceptional Children*, *32*, 48-56. Council for Exceptional Children의 허락하에 재사용됨.

개념을 나열하고 핵심 개념이 '큰 그림(big picture)', 즉, 전후 단원과 어떻게 관련되는지를 알아낸다. 현재의 초점 거리를 선행 지식 및 좀 더 큰 그림과 연결시킴으로써 학생의 선행 지식을 활성화시키는데, 이는 독해력과 이해력 향상에도 기여한다.

- 단원지도: 단원지도(unit map)는 단원 조직자의 주요 요소다. 이것은 단원 바꿔 쓰기와 그래픽 조직자의 두 가지 영역으로 나뉜다. 단원 바꿔 쓰기는 단원의 의미나 요점을 요약하는 것이며, 그래픽 조직자는 글의 요지를 지지하는 단원의 주요 부분을 보여 준다.
- 단원 연관관계: 단원 연관관계 부분의 목적은 연관관계를 확인하고 고등사고 능력을 증진하기 위한 것이다. 단원 개념을 분석한 후 고등사고 능력을 증진하고 연관관계를 모색하기 위한 최상의 전략을 결정한다. 원인과 결과를 조사하고, 정보를 범주화하고, 비교와 대조를 하고, 찬반 여부를 제시하고, 상대적인 중요도에 따라 개념을 평가하고, 순서나 과정을 조사함으로써 개념을 가르칠 수 있다.
- 단원 질문: 학생이 단원의 마무리에 답할 수 있어야 하는 질문은 단원 질문 부분에 실린다. 단원 질문을 작성하는 목적은 학생으로 하여금 중심 주제와 개념에 주의를 기울이도록 하기 위함이다.
- 단원 일정: 단원 일정은 단원이 교수되는 동안 학생이 완성해야 할 과제와 숙제, 활동을 말한다.
- 확장된 단원지도: 단원 조직자의 두 번째 페이지는 교사가 해당 단원을 가르치는 동안 사용된다. 확장된 단원지도의 목적은 개략적인 단원지도에 포함하지 못한 정보를 추가하는 것이다. 학생은 학급 토의와 활동을 통해 처음 작성한 단원지도에 세부사항과 하위 주제, 어휘를 추가해 가며 확장된 단원지도를 만드는데, 이는 노트 필기를

하는 데 도움이 될 수 있다.
- 단원 자기평가 질문: 학생이 단원을 공부하면서 생기는 질문은 단원 자가진단 질문 부문에 포함된다.

일단 단원 조직자를 완성하면 교실의 일상과정에서 사용하도록 한다(Lenz & Deshler, 2004). 학생에게 비어 있는 단원 조직자를 보여 주고 단원 조직자를 사용하는 것이 학습에 어떻게 영향을 주는지 토의한다. 일단 학생이 단원 조직자의 요소에 익숙해지면 새로운 단원을 시작할 때마다 단원 조직자를 소개해야 한다. 단원 내용을 예고할 때는 단원 조직자의 각 부분에 대해 토의하는 데 교수시간을 이용한다. 교사가 단원을 예고하는 동안에는 완성된 단원 조직자를 사용하거나 혹은 학생이 채워야 할 부분적으로 완성된 조직자를 사용한다. 학생이 단원자료를 배워 감에 따라, 조직자는 간결한 개념과 관련성을 보여 주기 때문에 노트 필기와 내용 검토에 도움이 된다.

지금까지 교육과정과 교과서, 단원 개발은 내용적 맥락 밖에서 논의되었다. 이제부터는 앞에서 논의된 아이디어가 적용될 수 있는 두 가지 특정 교육과정 영역인 과학과 사회에 초점을 맞출 것이다. 이들 영역은 언어 및 수학과 더불어 특수교사가 자주 가르치는 주요 교육과정 영역이기 때문에 선정되었다.

4. 과학

전부는 아니지만 대부분의 경도·중등도 장애 학생은 읽기와 수학에서 특수교육 서비스를 받는다. 사회나 과학에 대해 특수교육 서비스를 받는 학생은 드물다. 실제로 과학과 사회는 역사적으로 경도·중등도 장애 학생의 교육과정에서 덜 강조되어 왔다(Polloway, Patton, & Serna, 2005). 하지만 이러한 교과 내용은 일상에서 절대적으로 필요하다. 최근 들어 일반교육과

정에의 접근이 특히 필요한 상황에서 장애 학생에게 과학과 사회 교과가 강조되어 왔다.

과학 지식과 기술, 기준

미국과학교육위원회(National Science Education: NSE) 기준은 다양한 학년별로 과학적 소양을 갖추기 위해 무엇을 알고 이해하고 실행해야 하는지에 대해 기술하고 있다. 모든 학생이 동일한 방식으로 혹은 동일한 깊이와 폭으로 이해하는 것은 아니라는 경고와 함께, 이 기준은 장애 학생을 포함하여 모든 학생에게 적용된다. 이 기준에 구체적인 교육과정은 포함되어 있지 않고, 다음의 여덟 가지 범주로 나누어져 있다.

- 과학 속 개념과 과정 통합하기
- 탐구로서의 과학
- 물리과학

- 생활과학
- 지구와 우주 과학
- 과학과 테크놀로지
- 개별적인 과학의 활용
- 과학의 사회적 조망과 역사, 본질

NSE 교과 내용별 기준의 실례는 〈표 13-2〉에서 찾아볼 수 있다.

과학교수

과학교수는 학습에 대한 구성주의적 접근에 의해 영향을 받아 왔다. 구성주의에서는 미리 구체화된 지식과 기술에 대해 명시적인 교수보다는 탐구 기반의 교수를 통한 개념학습을 지지한다. 탐구 기반 교수는 일반적으로 학생이 자신의 가설과 결론을 탐색하고 생성하도록 격려하는 체험 위주의 활동과 더욱 관련이

표 13-2 미국과학교육위원회(NSE)의 과학교육 기준 실례

내용 기준	K~4학년 활동 결과, 모든 학생은 다음 내용을 이해해야 함	5~8학년 활동 결과, 모든 학생은 다음 내용을 이해해야 함	9~11학년 활동 결과, 모든 학생은 다음 내용을 이해해야 함
물리 과학	• 물체와 물질의 특성 • 물체의 위치와 이동 • 빛과 열, 전기, 자기	• 물질 속 특성과 특성 변화 • 이동과 힘 • 에너지의 전이	• 원자의 구조 • 물질의 구조와 특성 • 화학적 반응 • 이동과 힘 • 에너지 보존과 무질서의 증가 • 에너지와 물질의 상호작용
생활 과학	• 유기체의 특성 • 유기체의 생애 주기 • 유기체와 환경	• 생물계의 구조와 기능 • 번식과 유전 • 유기체의 다양성과 적응성	• 세포 • 유전의 분자 원리 • 생물학적 진화 • 유기체의 상호의존성 • 생물계의 물질, 에너지, 조직 • 유기체의 행동
지구 및 우주 과학	• 지구 물질의 특성 • 대기의 특성 • 지구와 대기의 변화	• 지구계의 구조 • 지구의 역사 • 태양계 속 지구	• 지구계의 에너지 • 지구화학 시스템 • 지구계의 기원과 진화 • 우주의 기원과 진화

출처: National Academy of Science, *National Science Education Standards*. Copyright 1996 by the National Academy of Sciences. National Academic Press, Washington, D. C. 의 허락하에 재사용됨.

있다. 일반교육에서는 탐구 기반 교수를 강조하므로, 많은 연구는 이러한 교수 유형에서 장애 학생의 역할에 대하여 조사하여 왔다. 그렇지만 과학교수에서 가장 흔한 접근방식은 단연 본문 기반 교수다(Mastropieri & Scruggs, 1995). 학생은 교과서에 나온 정보를 읽고, 단원의 마지막 질문에 답하며, 학습 활동지를 완성하고, 시험을 친다. 과학 활동에서 사물과 기구를 가지고 작업하는 탐구 기반 교수와 이 접근을 비교해 보자. 본문 기반 교수에서는 일반적으로 학생이 독립적으로 읽고, 매우 많은 수의 어려운 어휘(매년 300개까지)를 익혀야 하며, 추상적인 표상을 통해 개념을 이해해야 한다. 한편 탐구 기반 교수에서는 구체물을 활용한 실제 경험을 통해 학생에게 과학 개념을 가르친다. 경도·중등도 장애 학생은 과학수업에 참여할 수 있으며 어려움 없이 읽기와 쓰기 활동의 개념을 이해할 수 있다(Mastropieri & Scruggs, 1995).

탐구 또는 활동 기반의 과학교수를 사용할 때, 교사는 4단계의 학습 주기, 즉 참여, 탐색, 개발, 확장을 사용하여 학생에게 다양한 교육 경험을 제공한다. 참여 단계에서 교사는 주제에 대한 학생의 선행 지식을 자극하고 활성화하는 조작물이 포함된 실생활 활동이나 문제를 사용한다. 탐색 단계에서 학생은 새로운 아이디어와 질문을 고안한다. 개발 단계에서 학생은 개념과 현상에 대하여 결론을 내리기 위해 이전 질문의 답을 얻도록 더 많은 정보를 모은다. 마지막으로 확장 단계에서 학생은 자신의 경험과 다른 상황에 자신이 이해한 바를 적용한다(Salend, 1998). 이러한 접근의 요지는 다음과 같다.

다음과 같은 학습 상황을 만든다. (a) 어떻게 진행할 것인가를 결정하기 전에 몇 가지 선택안을 생각해 낸다, (b) 학생은 자신의 결정에 대한 근거를 말한다, (c) 선택한 접근의 성공과 실패 여부에 대해 평가하는 법을 배운다. 단계적인 절차에 초점을 두기보다는 개념에 대한 이해를 높이는 데 그 주된 목적이 있다(Gersten & Baker,

1998, p. 25).

선행 연구는 일부 학습장애 학생에게 탐구 기반 교수법을 사용할 것을 지지한다. 예를 들어, 한 연구에서는 본문 기반 교수를 받은 장애 학생에 비해 활동 기반 교수를 받은 장애 학생은 일반학생과 동등한 학업적 성과를 얻었으며, 본문 기반 수업을 받는 대다수의 일반학생보다 높은 성과를 얻었다(Mastropieri, Scruggs, Mantzicopoulos, Sturgeon, Goodwin, & Chung, 1998). 다수의 다른 연구는 장애 학생에게 활동 기반 자료만으로 가르치거나, 본문 기반 교수와 비교하거나 이를 결합한 형태로 가르쳤다. 장애 학생은 활동 기반 자료로 가르칠 때 더 많이 배웠다. 학생은 또한 압도적으로 본문 기반 교수보다 활동 기반 교수를 더 즐긴다고 보고하지만 교사는 활동 기반 교수를 위해서는 상당한 준비시간이 필요하다고 보고한다(Mastropieri, Scruggs, & Magnusen, 1999).

여러 연구가 장애 학생을 위한 탐구 기반 교수의 사용을 지지하고 있지만, 일부 연구는 낮은 지적 능력을 가진 학생은 탐구 기반 교수로 과학 과제를 수행하게 할 때 학습에 문제를 보인다고 보고한다(Mastropieri, Scruggs, & Magnusen, 2001). 일부 학생에게는 명시적인 직접교수가 더욱 필요할 것이다. 사실상 이상적인 것은 기본적인 사실적 정보는 명시적 교수로 가르치고, 이어서 명시적인 안내와 지원을 통해 독립적인 문제해결 활동을 하게 하는 것일 수 있다(Gersten & Baker, 1998).

이 책에서 논의되는 많은 전략은 과학을 가르칠 때 효과적으로 활용될 수 있다. 장애 학생의 과학교수를 위한 지침은 〈표 13-3〉에 나와 있다. 구체적인 본문 기반, 탐구 기반, 그리고 기타 전략은 사회과 부분에서 논의된다.

표 13-3 장애 학생의 과학교수를 위한 지침

- 교육과정 자료가 장애 학생에게 적절한지 확인한다.
- 가능하다면 체험 위주의 자료를 사용한다.
- 또래교수나 협동학습 배치를 이용한다.
- 필요하다면 조정한다.
- 중심 개념 기반으로 교수를 조직한다.
- 학제 간 주제에 따라 교수를 설계한다.
- 기본적인 과학 용어를 가르치기 위하여 기억술 전략을 사용한다.
- 가능한 한 가르칠 수 있는 매 순간을 활용한다.
- 현장이나 실지 견학을 마련한다.
- 많은 자료를 다루기보다는 선정 내용을 좀 더 충분히 개발한다.
- 교수공학과 멀티미디어를 사용한다.
- 과학을 학생의 일상과 연계시킨다.
- 학생으로 하여금 생각하게 한다.
- 내용에 대해 열의를 갖고 가르친다.
- 실제 사정을 사용하여 학생의 수행을 평가한다.

출처: Gurganus, Janas, & Schmitt(1995); Mastropieri & Scruggs(1995); Patton(1995); Salend(1998)를 포함한 여러 자료에서 발췌함.

교사를 위한 정보 13.2

적절하게만 설계된다면 탐구 기반 교수는 학생의 높은 동기를 이끌어 낼 수 있다. 또한 학생의 흥미를 돋우면서 교육적으로도 도움이 되는 활동이라면 효과적인 수업도구가 될 수 있다. 다음은 고려해야 할 사항이다.

1. 전기의 원리를 설명하기 위하여, 커다란 스파크를 만들어 학생의 머리가 계속 곤두설 만한 Van de Graff 발전기를 사용한다.
2. 야생동물의 야간 서식지를 만든다.
3. 금속 링을 공기 중에 쏘기 위하여 반발작용 고리와 도약 고리를 사용한다.
4. 액체 질소를 사용하여 풍선을 수축시키거나 발사시킨다. 또한 액체 질소는 라켓볼을 부수거나 튜브의 코르크에 불을 붙일 수 있다.
5. 스트로보 전구나 레이저를 사용하여 흥미로운 시각적 효과를 만들어 낸다.
6. 마시멜로를 진공관에 넣어 확대하거나 축소시킨다 (Mastropieri & Scruggs, 1993).

5. 사회

사회과 지식과 기술, 기준

사회를 배우는 주요 목적은 학생이 상호 의존적인 세계의 문화적인 다양성 속에서 넓은 견문을 가진 의사결정자 및 훌륭한 시민이 되도록 돕는 것이다 (National Council for the Social Studies, 1994). 사회과는 여러 분야가 통합된 것으로, 인류학과 경제학, 지리학, 역사, 법, 철학, 정치학, 심리학, 종교학, 사회학을 포함한다. 미국사회과교육위원회(National Council for the Social Studies: NCSS)는 다음과 같이 열 가지 교육과정 기준을 개발하였다.

- 문화
- 시간과 연속성, 변화
- 사람과 장소, 환경
- 개인의 발달과 정체성

- 개인과 집단, 기관
- 힘과 권위, 통치
- 생산과 분배, 소비
- 과학과 테크놀로지, 사회
- 글로벌 연계
- 시민의 이상과 실제

이러한 교육과정의 실례로, 문화에 대한 NCSS의 기준은 〈표 13-4〉와 같다.

사회과 교수

다른 교과의 교수와 마찬가지로, 사회과 영역에서 학생에게 필요한 기술과 지식은 무엇인지가 숙고되어야 한다. 예를 들어, 역사교수의 초점에 대하여 다양한 시각이 있다. 미국학교역사학습센터(National Center for Study of History in the Schools, 1996)는 학생이 서로 다른 사람과 문화에 대해 다양한 시각으로 기술된 역사적 내용뿐만 아니라 추론하는 기술을 배워야 한다고 여긴다. 다른 사학자들은 역사란 자신들의 전통이며 학생은 자기 나라의 전통을 배워야 한다고 주장하고 있다(De La Paz & MacArthur, 2003).

표 13-4 NCSS 문화에 적합한 사회성 기술 내용기준

초기 학년 단계	중등학교 수준	고등학교 수준
사회과 프로그램은 학습자가 다음과 같이 문화와 문화적 다양성에 대해 배울 수 있도록 경험시켜 주어야 한다.		
• 다양한 집단과 사회, 문화는 비슷한 인간 욕구와 관심을 보이는지에 따라 유사성과 차이점을 탐색하여 설명한다. • 다양한 문화적 시각과 준거 틀을 가진 사람들이 경험에 대해 어떻게 다르게 해석하는지 실례를 제공한다. • 언어와 이야기, 민화, 음악, 예술 작품이 어떻게 문화를 대변하며 특정 문화에 사는 사람들의 행동에 영향을 주는지 설명한다. • 집단 내 및 집단 간 문화적 통일성과 다양성의 중요함을 설명하는 실례를 제공한다.	• 다양한 집단과 사회, 문화의 인간 욕구와 관심을 충족하는 방식에 있어서 유사점과 차이점을 비교한다. • 다양한 문화적 시각과 준거 틀을 가진 사람들이 정보와 경험에 대해 어떻게 해석하는지 설명한다. • 언어와 문학, 예술, 건축, 문화 유물, 전통, 신념, 가치, 행동은 문화의 발달과 전달에 어떻게 공헌했는지 설명하고 실례를 제시한다. • 개인과 집단은 물리적이고 사회적인 환경에 왜 다르게 반응하며, 공유하는 가설과 가치, 신념의 토대에서 그것이 왜 변화하는지 설명한다. • 집단 내 및 집단 간 문화적 응집성과 다양성이 갖는 함의를 말한다.	• 다양한 집단과 사회, 문화에서 인간 욕구와 관심을 전하는 방식을 분석하고 설명한다. • 다양한 문화적 시각과 준거의 틀을 가진 사람들이 어떻게 자료와 경험을 해석할 수 있는지 예측한다. • 언어와 문학, 예술, 전통, 신념, 가치, 행동 패턴의 기능과 상호작용을 설명하는 통합된 전체로서 문화를 이해하고 적용한다. • 환경적 혹은 사회적 변화에 대해 적응하면서도 문화를 보존하고 전파하는 사회적 패턴을 비교 · 분석한다. • 집단 내 및 집단 간 문화적 응집성과 다양성의 가치를 설명한다. • 다문화에 대한 이해를 방해하는 가치와 태도를 반영하는 행동 패턴을 해석한다. • 영속하는 인간 이슈에 대한 특정 문화의 반응에 대해 타당한 판단력을 기른다. • 영속적인 이슈와 사회 문제에 관해 조사할 때, 인류학과 사회학에서 도출된 아이디어와 이론, 탐구방식을 설명하고 응용한다.

출처: National Council for the Social Studies, *Curriculum Standards for social studies*. Copyright 1994 by the National Council for the Social Studies, 허락하에 재사용됨.

사회과학자가 이러한 논쟁을 어떻게 해결하는지의 여부와 상관없이, 장애 학생은 여러 이유로 사회과 내용을 배우는 데 어려움을 경험한다. 첫째, 사회과는 본문 기반 교수가 전형적으로 사용되는 과학의 경우와 별반 다르지 않다(Spencer, Scruggs, & Mastropieri, 2003). 중등 사회과 교과서는 너무 많은 내용을 다루는 경우가 많으며, 읽기 어렵고, 통일성이 부족하고, 많은 장애 학생의 능력 이상의 읽기 수준으로 쓰여 있다(De La Paz & MacArthur, 2003). 둘째, 교사는 주로 강의 형식으로 정보를 제시하는데, 대다수의 장애 학생은 강의에서 정보를 얻는 기술이 부족하다(Hudson, 1997). 셋째, 사회과 교육과정은 자주 고차원적인 추론과 쓰기 기술—정보를 비교하고 대조하기, 논의를 지지하기, 정보를 비평적으로 평가하기—을 요구하는데, 장애 학생은 이러한 기술에 어려움을 갖는다. 마지막으로 장애 학생은 다양한 출처에서 나온 정보를 종합하고 개념을 보다 넓은 상황으로 일반화하는 데 어려움을 갖는다(De La Paz & MacArthur, 2003).

사회과 교수는 장애 학생이 내용에 접근하고 정보를 비평적으로 평가하는 데 필요한 기술을 개발하도록 도와주는 데 중점을 두어야 한다. 많은 연구는 사회과 교수와 관련하여 일반적인 문해 기술과 학습전략을 가르치는 데 중점을 두고 있다. 이 단원의 후반부에서 논의되는 바와 같이, 학생에게 본문을 이해하고, 강의 정보를 조직화하고, 노트 필기 기술을 향상시키고, 정보를 회상하도록 가르치는 학습전략은 모두 장애 학생의 사회과 수행을 향상시키는 데 효과적인 교수훈련이다(De La Paz & MacArthur, 2003). 직접교수 방법은 체계적으로 교수를 이행하고 학습전략을 가르치는 데 효과적이다(Hudson, 1997).

일부 연구자는 사회과 교육과정을 가르치기 위한 다양한 교수 접근법의 효과성을 조사하였다. 앞서 논의한 바와 같이, 수업은 교사가 교수 단원 및 일상 교수 중에 큰 그림 수준의 개념을 밝히고 개념학습을 강화할 때 더욱 효과적이다. 교육과정 개발에 있어 이러한 접근은 사회과 교수에 적합한데, 이는 특정 교과의 정보를 처리하는 기술을 개발하는 데 도움이 되는 전략을 포함하기 때문이다.

사회 교과는 광범위한 주제를 다룬다. 예를 들어, 국가의 역사는 대체로 문제와 갈등에 집중하며 집단과 문화가 문제를 해결해 가면서 밝혀진다. 장애 학생에게는 역사 문제를 분석하는 틀에 따라 본문 정보를 평가하도록 가르칠 수 있다. 이는 다음과 같은 교수적 절차를 이행함으로써 성취될 수 있다. 첫째, 학생에게 문제해결 노트를 작성하고, 새로운 어휘를 기록하고, 시각표를 구성하고, 내용에 관해 서로 간에 질문하는 법을 가르친다. 그다음 학생에게 4일간의 학습 주기 동안에 그 기술을 응용하는 법을 가르친다. 첫날에 학생은 본문의 한 부분에 문제해결 결과를 적용해 본다. 둘째 날에는 자신의 공책에 새로운 어휘를 기록하고 시각표를 구성한다. 셋째 날에 학생은 본문에서 발췌한 정보에 관해 서로 질문하고, 넷째 날에는 시험을 친다. 선행 연구에서는 장애 학생에게 이러한 절차로 가르치는 것이 그들로 하여금 분리된 사실을 단순히 암기하도록 하는 것보다 더욱 효과적이라고 밝히고 있다(Kinder & Bursuck, 1993).

포레스터 씨는 미국 역사 수업시간에 협력교수를 하도록 선정된 새로운 특수교사다. 그는 협력교사와 함께 수업에서 장애 학생과 비장애 학생의 요구를 충족해 줄 교육과정을 설계하고자 협력 중이다. 그는 단원 조직자가 학급의 모든 학생에게 도움이 되리라고 제안하였다. 협력교사도 이에 동의하여, 두 교사는 각 교수 단원에 대한 단원 조직자를 만들고 있다. 본문을 분석하고 단원 조직자를 개발해 가면서, 두 교사는 장애 학생이 본문 이해에 어려움을 가질 수 있음을 실감하게 되었다. 그들은 수업에서 PEP 말하기(PEP Talk) 전략을 사용하기로 결정하였다(Katims & Harmon, 2000).

가끔은 교과서에서 발췌한 사실과 정보가 사회과 교육에서 중요한 기술이 될 수 있다. PEP 말하기 (PEP Talk) 전략은 학생에게 사회과 교과서에 대한 이해 기술을 가르치기 위해 고안되었다(Katims & Harmon, 2000). PEP는 Person(인물), Event(사건), Place(장소)의 두문자어다. 이 교수도구를 적용하려면 새 본문을 읽기 전에 학생으로 하여금 인물, 사건, 장소 중 무엇에 관해 읽을 것인지 결정하게 한다. 학생이 일단 선택한 범주를 중심으로 읽기로 결정하면 그와 연관된 질문에 초점을 맞추게 한다([그림 13-2] 참조). 학생이 이 전략에 익숙해지면, 이들은 본문 속 정보를 나타내는 그래픽 조직자를 구성하기 위해 협력적으로 작업하게 된다. Katims와 Harmon(2000) 은 PEP 전략이 일반교육수업을 받는 특수교육대상자나 위험군 학생을 전략적 리더로 만드는 데 효과적인 중재임을 발견하였다. 〈표 13-5〉에는 PEP 전략을 가르치는 법을 보여 주는 각본화된 수업지도안이 제시되어 있다.

PEP 생각하기: 질문하기, 답을 구하기, 계속 필기하기
인물(남자 또는 여자) 읽고 찾아보기: • 그/그녀가 무엇을 했는가 • 그/그녀가 그것을 왜 하였는가 • 언제, 어디서 그것을 했는가 • 주요 단어 • 이미 알고 있는 것 중 연결되는 것
사건(일어날 일) 읽고 찾아보기: • 무슨 일이 일어났는가 • 왜 그 일이 일어났는가 • 언제 어디서 그 일이 일어났는가 • 누가 그 일을 했는가 • 주요 단어 • 이미 알고 있는 것 중 연결되는 것
장소(위치) 읽고 찾아보기: • 어디에서 발생했는가 • 그곳은 어떠한가 • 왜 그곳이 특별한가 • 주요 단어 • 이미 알고 있는 것 중 연결되는 것

[그림 13-2] PEP 말하기 전략
출처: D. S. Katims & J. M. Harmon, "Strategic Instruction in Middle School Social Studies: Enhancing Academic and Literary Outcomes for At-Risk Students" (2000), *Intervention in School and Clinic, 35*, 280-289. 허락하에 재사용됨.

표 13-5 사회과 각본화된 수업계획안

주제	독해전략 학습(사회과)	
IEP 목표	20개의 선다형 질문으로 구성된 주(州) 역사 평가에서 학생은 문단을 읽고 질문에 80%의 정확도로 답한다.	
수업 목표	헌법에 관한 5개의 문단이 주어질 때, 학생은 각 문단을 읽고 누구에 관한 문단인지, 그 사람은 무엇을 했는지, 왜 그/그녀가 그것을 했는지, 언제 어디서 그것을 했는지에 대해 쓸 것이다.	
수업 구성 요소	교사 질문과 교수 및 피드백	예상되는 학생 반응
주의집중 단서	설 명: "저를 보세요. 자, 학습기술 수업을 시작해 봅시다."	(학생은 교사를 바라본다.)
예상 단계	(교실 앞까지 조깅을 한다.) 질 문: "오늘 내 기분이 어떨 것 같아요?" 질 문: "왜 내가 행복하리라 생각하나요?" 설 명: "나는 peppy(기운이 넘치는)한 기분이어서 조깅하고 있어요. peppy한 느낌은 매우 좋아요. 믿거나 말거나 PEP는 여러분의 사회 과목에도 도움이 되요."	"행복할 것 같아요." "조깅하고 있으니까요."

복습 및 선행학습 확인	설 명: "PEP가 무엇인지 설명하기 전에 간단한 퀴즈 하나 풀어 볼까요? 우리는 역사공부에서 주요 인물, 사건, 장소에 대해 배워 왔어요. 선생님이 어떤 문장을 말할 겁니다. 이 문장이 어떤 사람에 관한 것이라면 '사람'이라고 말하세요. 그리고 사건에 관한 거라면 '사건'이라고 말하고 장소에 관한 거라면 '장소'라고 말하세요."	
	질 문: "준비됐나요?"	"네."
	설명/질문: "조지 워싱턴은 미국의 초대 대통령입니다. 이것은 사람, 사건, 장소 중 무엇에 관한 것인가요?"	"사람이요."
	피드백: "맞아요."	
	설 명: "군대는 밸리 포지에서 겨울을 보냈다."	"장소요."
	설 명: "독립전쟁은 미국의 역사를 바꿨다."	"사건이요."
	피드백: "잘했어요. 하나 더 해 볼까요?"	
	설 명: "베네딕트 아널드는 미국을 배반하였다."	"사람이요."
목표 진술	설 명: "오늘 여러분은 사회과 단원을 읽을 때 중요한 정보를 알아내도록 도와주는 전략을 배울 거예요. 이 전략은 PEP예요."	(학생은 경청한다.)
교수와 모델링	설 명: "PEP 전략은 독해전략입니다. 역사 단원을 읽을 때는 대개 읽어야 할 게 많아서 우리가 읽은 모든 정보를 기억하기 어려울 수 있어요. PEP 전략은 기억해야 할 중요한 정보를 알아내는 데 도움이 될 겁니다."	
	질 문: "우리가 배울 전략의 이름이 뭐라고요?"	"PIP 전략이요."
	정 정: "PEP 전략이에요. 이 전략의 이름이 뭐라고요?"	"PEP 전략이요."
	피드백: "맞아요!"	
	설 명: "이 전략은 사용하기 쉬워요. 이 전략을 사용하는 법을 보여 줄게요. 첫째, 문단을 읽고 PEP를 체크합니다. PEP의 P는 Person(사람), E는 Event(사건), P는 Place(장소)를 나타내요."	
	질 문: "선생님은 처음에 무엇을 했나요?"	"문단을 읽어요."
	피드백: "맞아요. 문단을 읽어요. 문단을 읽고 나서 무엇을 결정하나요?"	"문단이 사람, 사건, 장소 중 무엇에 관한 건지 정해요."
	피드백: "맞아요."	
	설 명: "내가 이 단락을 읽을 테니 잘 들어 보세요. '1787년 헌법제정회의를 위해 각 북미 식민지의 지도자가 필라델피아에 모였다. 이 의회의 목적은 연방규약을 개정하기 위함이었다. 회의에 참석한 일부 대의원은 연방규약을 개정하기 원하였다. 한편 다른 대의원은 완전히 새로운 규약을 작성하길 원했다. 회의에 참석한 사람 중에는 제임스 매디슨, 조지 워싱턴, 벤저민 프랭클린이 있었다. 조지 워싱턴은 이 회의의 리더로 선출되었다.'"	
	설 명: "이 문단은 헌법제정회의에 관한 겁니다. 헌법제정회의는 사건이에요. 사람이나 장소가 아닙니다."	
	질 문: "헌법제정회의가 뭐라고요?"	"사건이요."
	피드백: "맞아요."	
	설 명: "나는 이 단락을 사건에 관한 것이라고 정하였으므로 활동지에서 사건 부분을 봅니다." (촉진 활동지를 OHP에 놓는다; [그림 3-2] 참조.)	
	설 명: "이 활동지에서 무엇을 찾나요?"	"사건 부분이요."
	피드백: "좋아요."	

	설　명: "사건 부분에 있는 질문은 단락에서 무엇을 찾아야 할지 알게 해 주며, 단락에서 무엇이 중요한지 필기하게끔 도와줘요."	
	설　명: "사건 부분에 있는 질문을 선생님과 함께 읽어 봅시다. (학생과 질문을 함께 읽는다.) 　'무슨 일이 일어났는가.' 　'왜 그 일이 일어났는가.' 　'언제 어디서 그 일이 있어났는가.' 　'주요 단어' 　'이미 알고 있는 것 중 연결되는 것'"	'무슨 일이 일어났는가.' '왜 그 일이 일어났는가.' '언제 어디서 그 일이 있어났는가.' '주요 단어' '이미 알고 있는 것 중 연결되는 것'
	설　명: "나는 이 단락을 읽어 가면서 이 질문에 대한 답을 찾을 거예요. 답을 찾으면 쓸 거예요. 이 단락을 함께 읽어 봅시다." (학생과 단락을 함께 읽는다.)	
	설　명: "지금 나는 문단을 다시 읽었습니다. 나는 사건에 대한 질문에 답을 쓸 겁니다."	
	설명/질문: "첫 번째 질문: 이 단락에서 무슨 일이 일어났는가? 답을 아는 학생은 손을 드세요."	
	설　명: "알렉스."	"사람들이 헌법제정회의를 위해 모였어요."
교수와 모델링	피드백: "맞았어요, 알렉스." 설　명: "'1번. 사람들은 헌법제정회의를 위해 모였다.' 라고 씁니다." 　(OHP의 예시 활동지에 답을 쓴다.)	
	설명/질문: "다음 질문: 왜 그 일이 일어났는가? 정답을 아는 사람?"	
	설　명: "미켈라."	"연방규약을 개정하고 싶어 했어요."
	피드백: "좋아요." 설　명: "'2번. 연방규약의 개정을 원했다.' 라고 씁니다." (예시 활동지에 진술한 것을 쓴다.)	
	설명/대답: "다음으로 나는 언제 어디서 그 일이 일어났는지 찾습니다. 언제 어디서 그 사건이 일어났는지 선생님에게 말해 줄 수 있는 사람?"	
	설　명: "데이비드."	"1787년 필라델피아에서요."
	피드백: "좋아요. OHP에 이것을 씁니다."	
	설　명: "이제 주요 단어들을 찾습니다. 여러분, 이 단락에서 어떤 단어가 중요한가요?"	"헌법제정회의."
	피드백: "좋아요. 주요 단어로 또 뭐가 있을까요?"	"연방규약이요."
	피드백: "좋아요. 그 밖에 더 있나요?"	"대의원이요."
	피드백: "맞아요. 나는 이들 단어를 씁니다." (예시 활동지에 단어를 쓴다.)	
	설　명: "마지막으로 내가 이미 알고 있는 것에 이들 정보가 어떻게 연결되는지 씁니다. 이 단락은 대의원이 독립선언문을 작성했던 대륙회의를 떠올리게 합니다. 5번. 나는 '대륙회의'를 쓸 겁니다."	
	질　문: "선생님이 마지막으로 쓴 것은 무엇이죠?"	"이미 알고 있는 것 중 연결되는 것."
	피드백: "정말 좋아요. 지금부터 이것을 함께 연습해 봅시다."	
안내된 연습	설　명: "여기 여러분이 연습할 몇 개의 단락이 수록된 활동지와 PEP 전략이 적힌 종이가 있어요. PEP 전략이 적힌 종이를 잘 가지고 있어야 합니다. 수업시간에 단원을 공부하면서 자주 사용할 겁니다." (PEP 전략이 적힌 유인물을 나눠 준다.)	

	설 명: "PEP 전략이 적힌 종이를 봅시다. PEP 전략을 사용할 때 첫 번째로 할 것은 단락을 읽고 그 단락이 사람 혹은 사건, 장소에 관한 것인지 결정하는 겁니다." 질 문: "첫 번째로 무엇을 하지요?"	"단락을 읽고 그 단락이 사람 혹은 사건, 장소에 관한 것인지 결정해요."
	피드백: "맞아요." 설 명: "이 단락을 읽어 봅시다. (학생과 함께 다음 단락을 읽는다) '1787년 헌법제정회의를 하는 동안, 대의원은 새 정부를 어떻게 구성할지에 대해 합의하지 못하고 충돌하였다. 규모가 큰 주의 대의원은 버지니아플랜을 제안하였다. 버지니아플랜은 전체 인구수에 따른 의원 수를 요구하는 것이었다. 소규모의 주들은 뉴저지플랜을 제안하였는데, 여기서는 각 주마다 동등한 수의 대표를 요구하였다. 세 번째 계획은 이러한 충돌을 해결하고자 제시되었다. 코네티컷 타협안은 양원제를 요구하는데, 상원에서는 각 주마다 동등한 수의 대표가 선출되고 하원에서는 각 주의 인구수에 비례하여 의원 수가 결정되도록 하는 것이다. 대의원은 대타협이라고도 자주 불리는 코네티컷 타협안을 채택할지에 대해 투표하였다.'" 질 문: "사람, 사건, 장소 중 무엇에 관한 거지요?" 오류 정정: 이 단락은 헌법제정회의에 관한 것이므로 이것은 사건입니다. 무엇에 관한 단락이라고요?"	
안내된 연습		"장소에 관한 거예요." "헌법제정회의요."
	피드백: "맞습니다." 질 문: "사건에 관한 것이라면 무엇을 해야 하나요?" 피드백: "좋아요. 어떤 질문에 답하지요? 큰 소리로 질문을 읽어 보세요."	"전략이 적힌 종이의 사건 부분을 봐요." "무슨 일이 일어났는가, 왜 그 일이 일어났는가, 언제 어디서 그 일이 일어났는가, 누가 그 일을 했는가, 주요 단어, 이미 알고 있는 것 중 연결되는 것."
	설 명: "이제 여러분은 질문에 대해 답을 쓸 거예요. 무엇을 한다고요?" 설명/질문: "첫 번째 질문: 무슨 일이 일어났는가? 이 단락에서는 무슨 일이 일어났나요?" 피드백: "맞아요. 1번을 쓰고 단락 아래에 그것을 쓰세요." 질 문: "답할 다음 질문은 무엇인가요?" 피드백/질문: "좋아요. 왜 이 일이 일어났나요?" 피드백: "맞아요. 2번을 쓰고 종이에 그 답을 쓰세요." 피드백/질문: "좋아요. 다음 질문은 무엇인가요?" 질 문: "이 단락은 언제 어디서 이 일이 일어났는지 알려 주나요?" 질 문: "이 단락에는 어떤 정보가 있나요?" 피드백: "맞아요. 3번 옆에 그 정보를 쓰세요." 설 명: "전략이 적힌 종이에 의하면 다음에 무엇을 쓰나요?" 질 문: "여러분은 어떤 주요 단어를 쓸 건가요?" 피드백/설명: "훌륭해요! 그것을 쓰세요."	"질문에 답을 쓸 거예요." "대의원은 코네티컷 타협안을 채택했어요." (학생은 자신의 종이에 말한 것을 쓴다.) "왜 그 일이 일어났는가." "대의원이 동의하지 않아서요." (학생은 답을 쓴다.) "언제 어디서 그 일이 일어났는가." "아니요." "언제 그 일이 일어났는지요." (학생은 1787년이라고 쓴다.) "주요 단어들이요." "헌법제정회의요." (학생은 쓴다.)

안내된 연습	질 문: "마지막으로 쓸 것은 무엇인가요?" 질 문: "내가 이미 알고 있는 것에 이들 정보가 어떻게 연결되어 있나요?" 오류 정정: "우리가 공부한 것 중에서 의견 불화나 충돌에 관한 것을 기억해 낼 수 있나요?" 피드백: "아주 좋아요. 그렇죠, 이주민이 영연방과 마찰을 일으켰지요." 설 명: "5번 옆에 그것에 대해 쓰세요." (인물과 장소에 관한 3~5개 이상의 연습용 단락으로 이러한 과정을 반복한다. 언어적인 촉진은 점진적으로 소거한다. 학생이 이 전략을 독립적으로 사용하는 모습을 보일 때 독립 연습 단계로 넘어간다.)	"이미 알고 있는 것 중 연결되는 것이요." (무반응) "영연방 문제요." (학생은 쓴다.)
독립 연습	설 명: "이제 여러분은 이 전략을 스스로 사용할 수 있어요. 여기에 5개의 연습 단락이 있는 활동지가 있어요. 수업시간에 3개 정도 끝내고 나머지 두 개는 숙제로 해 오세요. 과제를 시작하기 전에 무엇을 먼저 하지요?" 피드백: "맞아요, 시작하세요. 나는 여러분이 과제를 하는 동안 이 전략을 잘 사용하는지 점검할 겁니다."	"단락을 읽어요." (학생은 과제를 시작한다.)
마무리 및 차시 예고	설 명: "여러분은 PEP 전략을 잘 배우고 사용했어요. 내일은 새로운 역사책의 1장을 시작할 거예요. 여러분은 읽을 내용에 관해 필기하기 위해 이 전략을 사용할 겁니다."	(학생은 경청한다.)

단계 1: 단락이 개인 혹은 사건, 장소에 관한 것인지 확인한다.		
단계 2: 그 범주에 관한 질문에 답한다.		
인물(남자 혹은 여자)	사건(일어날 일)	장소(위치)
• 그/그녀가 무엇을 했는가 • 그/그녀가 왜 그것을 하였는가 • 언제 어디서 그것을 했는가 • 주요 단어 • 이미 알고 있는 것 중 연결되는 것	• 무슨 일이 일어났는가 • 왜 그 일이 일어났는가 • 언제 어디서 그 일이 일어났는가 • 누가 그 일을 했는가 • 주요 단어 • 이미 알고 있는 것 중 연결되는 것	• 어디에서 발생했는가 • 그곳은 어떠한가 • 왜 그곳이 특별한가 • 주요 단어 • 이미 알고 있는 것 중 연결되는 것

[그림 A] 학생용 PEP 전략 촉진 활동지

출처: D. S. Katims & J. M. Harmon, "Strategic Instruction in Middle School Social Studies: Enhancing Academic and Literacy Outcomes for At-Risk Students" (2000), *Intervention in School and Clinic, 35*, 280-289. 저자의 허락하에 재사용됨.

6. 일반적 교과전략

앞 장들에서 줄곧 논의된 대다수의 전략은 과학과 사회, 기타 교과에도 적용될 수 있다. 여기에서는 학생으로 하여금 정보에 접근하고, 새로운 정보를 조직화하고, 시각적으로 표상하고, 학습과정에 적극적으로 참여하고, 배운 것을 기억하도록 도와주는 교수전략을 제시한다.

정보 접근하기

교사는 주지과목 수업, 특히 중등 수준의 주지과목

수업에서 교과서를 필수로 사용한다. 하지만 많은 장애 학생은 본문을 읽고 정보를 추출해 내는 데 어려움이 있다. 이러한 학생에게는 적절한 전략을 가르치고 편의를 제공해야 한다. 이전에 논의된 여러 전략은 일반교육과 특수교육 수업에서 학생의 교과서 사용 능력을 효과적으로 향상시켰다. 여기서는 추가적인 예가 제시된다.

학생으로 하여금 본문에 대해 미리 살펴보도록 THIEVES 전략을 사용하여 본문에 나오는 정보를 '훔치도록' 가르칠 수 있다(Manz, 2002):

- Title(제목)
- Headings(소제목)
- Introduction(도입)
- Every(모든)
- Visuals and Vocabulary(시각자료 및 어휘)
- End-of-chapter questions(단원 말 질문)
- Summarize(요약하기)

학생은 첫째 단원의 Title(제목)과 Headings(소제목)를 고찰한다. 그다음 단원을 읽기 전에 단원 요약을 만들기 위해 소제목을 함께 묶는다. 다음 단계에서 단원의 골격을 정하기 위해 Introduction(도입) 부분을 읽는다. 그리고 학생은 주요 단락의 Every(모든) 첫 문장을 읽는다. 다음으로는 Visuals(시각자료)와 Vocabulary(어휘)를 찾는다. 그림과 삽화를 단어로 해석하는 것과 핵심 단어를 이해하는 것은 학생으로 하여금 본문 읽기에 앞서 자료를 이해하도록 도와줄 수 있다. 끝으로 단원의 End-of-chapter questions(단원 말 질문)를 보고 Summarize(요약)한다(Manz, 2002).

본문 그래픽(text graphic)은 학생으로 하여금 주요 사실과 개념에 집중하도록 도와줌으로써 그들의 학습을 향상시킨다. Bergerud, Lovitt과 Horton(1988)은 교사가 본문자료를 본문 그래픽으로 수정하여 사용함으로써 학습장애 학생의 과학 교과 수행을 향상

시키는지 연구하였다. 교사는 학생에게 정보가 없는 삽화를 제공하였다. 그래픽이나 삽화의 한 예로, 학생에게 위치와 크기, 기관명과 그 기관에 대한 여러 정보를 제공하고자 빈 줄이 그어져 있는 심장 그림이 주어졌다. 그리고 학생으로 하여금 과학 교과서의 단락을 읽은 다음, 그래픽에서 빠진 정보를 채우도록 지시하였다. 본문 그래픽을 사용한 학생은 학습 가이드나 자기학습법을 사용한 학생보다 정보를 오래 기억하였다.

고등학교 교과서를 수정하는 또 다른 방법은 컴퓨터공학을 사용하는 것이다. 예를 들어, Higgins, Boone과 Lovitt(1996)은 학생의 사회과 학습을 돕기 위해 하이퍼텍스트를 제공하였다. 연구자들은 단원을 짧은 읽기 단락으로 나누고 각 단락에 대한 하이퍼미디어 학습 가이드 수업을 만들었다. 읽기자료에 더하여 각각의 하이퍼미디어 수업마다 선다형 문제와 그래픽, 어휘 정의, 추가 정보가 실린 팝업창을 포함시켰다. 그리고 학생은 단락을 읽으며 명료화나 추가 정보가 필요한 단어나 문장을 클릭하였다. 이 연구에서 가장 높은 수행을 보인 장애 학생은 강의식 수업에 참여하고 하이퍼미디어 텍스트 학습 가이드를 사용했던 학생이었다. 통제집단 학생은 강의식 수업에만 참여하였거나 하이퍼미디어만을 사용하였던 학생이었다.

가끔 교사는 한 번의 교수 단위 동안 전체 단원을 다룰 필요가 없거나 가르칠 시간이 없을 수 있다. 장애 학생으로 하여금 중요한 본문 정보에 접근하도록 해 줄 수 있는 간단한 전략 중의 하나는 한 번의 교수 단위 동안에 읽어야 할 본문 분량을 줄여 주는 것이다. 장애 학생이 불필요한 자료를 읽는 데 시간 낭비하지 않도록 교사는 학생이 숙달해야 할 자료를 확인하고, (1) 학생이 읽어야 할 부분을 복사하고, (2) 지정한 본문을 강조 표시하고, (3) 불필요한 자료는 제거할 수 있다(Munk, Call, Stoehrmann, & Radandt, 1998).

간단한 조직자는 매우 유용하고 효과적일 수 있다. 다음과 같은 간단한 상징을 학생에게 가르쳐 보자.

물음표 = 질문이 무엇인가?
번쩍이는 번개 = 아이디어를 브레인스토밍하기
양방향 화살표 = 기존의 정보와 새로운 정보 연결하기
Y = 나에게 무슨 이익이 있는가?(Kooy, Skok, & McLaughlin, 1992)

정보 조직화하기

10장에서 논의한 바와 같이, 그래픽 조직자는 개념을 시각적 표상으로 조직화하는 데 사용된다. 그래픽 조직자는 다양한 교과목에서 개념을 가르치기 쉽게 수정될 수 있으며, 수업시간 내내 다양하게 적용될 수 있다. 예를 들어, 교사는 수업 전에 그래픽 조직자를 사전 지식을 활성화하는 데 사용할 수 있다. 수업시간 중 그래픽 조직자는 개념을 가장 잘 설명해 준다. 또 수업의 마지막에는 그것이 정보를 요약하고 복습하는 데 사용될 수 있다(Anderson, Yilmaz, & Wasburn-Moses, 2004).

그래픽 조직자는 학생이 새로운 자료를 배우는 데 도움을 주는 것처럼, 내용교과 수업에 필요한 기술을 가르치는 데에도 사용될 수 있다. 학년이 올라갈수록 쓰기에 대한 요구는 에세이와 리포트, 논술시험과 같은 형식으로 증가한다. James, Abbott와 Greenwood (2001)는 내용교과 수업 전반에서 사용되는 쓰기 기술을 가르치기 위해 그래픽 조직자를 사용하였다. 연구자들은 두 종류의 그래픽 조직자를 사용했는데, (1) 아이디어 생성을 촉진하기 위해 확장된 선이 있는 백열전구 그림, (2) 한 단락의 구조 혹은 다섯 단락

으로 된 에세이의 구조를 설명하기 위한 개요 조직자다. 그래픽 조직자에 대한 더 많은 예는 10장에서 찾을 수 있다.

정보 이해하고 처리하기

학생은 비판적인 평가와 이해가 요구되는 읽기자료에 광범위하게 노출되어 감에 따라 고등 수준의 사고와 독해에 대한 요구가 증가한다. 이는 특히 중등 수준의 학교에서 더욱 그러하다. 장애 학생은 새로운 정보를 이해하고 받아들이는 데 자주 어려움을 경험한다. 학생이 다양한 교과 내용 학습에 성공할 수 있도록 독해와 사고기술 전략을 가르쳐야 한다.

독해전략   앞서 논의한 바와 같이, 교과 영역의 교수는 대부분 본문 기반 교수에 집중하며, 이러한 점은 독해에 어려움이 있는 학생에게 문제가 된다. 다행스럽게도 독해전략에 대한 명시적 교수는 장애 학생에게 효과적인 것으로 밝혀졌다(Lloyd, Forness, & Kavale, 1998). Mastropieri, Scruggs와 Graetz(2003)는 가장 효과적인 독해전략을 다음과 같이 제시하였다.

- 본문구조 전략: 본문구조 전략의 교사 주도 교수는 학생의 본문독해 능력을 유의미하게 향상시킨다. 본문전략은 (1) 요지(main idea)와 이를 지지하는 세부사항 찾기, (2) 전체적인 주제를 찾고 주제의 특성 나열하기, (3) 두 가지 혹은 그 이상의 요소 간 관련성 조사하기, (4) 정보를 범주화하여 분류하기를 포함한다(Bakken & Whedon, 2002).
- 요약하기와 자기질문 전략: 요약하기 전략과 자기질문 전략은 본문자료와의 상호작용을 증진한다. 예를 들어, Wong, Wong, Perry와 Sawatsky (1986)는 학생에게 문장의 요지를 찾게 한 다음

교과서 소제목에 따라 자신의 작업을 스스로 점검하도록 가르쳤다. 또한 학생에게 단원의 주제를 정하고 시험 질문을 예상하도록 가르쳤다. 학생은 이 전략을 성공적으로 사용했을 뿐만 아니라 다른 학업 영역에도 이 전략을 지속적으로 적용하였다. Malone과 Mastropieri(1992)는 또 다른 단락 요약하기 전략을 사용하였는데, 이 전략에는 (1) 단락은 무엇에 관한 것인지, (2) 무슨 일이 일어났는지, (3) 10개 이하의 단어를 사용하여 단락을 문장으로 요약하여 쓰기가 포함되었다.

• 선행 지식 활성화하기: 학생은 선행 지식을 활성화함으로써 새로운 정보와 연결하여 통합하고 결론을 도출한다(Barton, Heidema, & Jordan, 2002). 선행 지식을 활성화하는 하나의 방법은 교사의 질문으로 이루어진 예상 가이드인데, 이는 사전 및 사후 평가에서 사용된다. 새로운 정보를 이해하기 위해 학생에게 필요한 선행 지식을 찾아내고, 학생의 선행 지식을 자극하는 4∼6개의 문장을 만들어 낸다. 그런 다음 학생으로 하여금 그 문장에 대한 답을 쓰고 각 진술문을 지지하거나 반박하는 근거를 교과서에서 찾도록 함으로써 예상 가이드를 확장한다(Duffelmeyer & Baum, 1992).

• 주제와 자기점검: 학생은 자기점검 절차를 포함한 주제 찾기 전략을 배울 수 있다. 이 전략은 학생으로 하여금 주제문을 생성해 내는 방법과 선다형 문제에서 주제문을 선택하는 방법을 가르치는 것과 관련된다. 학생은 단락을 읽어 가면서 자신이 (1) 단락을 읽었는지, (2) 전략 단계를 상

공학의 활용

교과 영역 웹 비디오

많은 장애 학생은 인쇄물에서 새로운 정보를 얻어 내는 학습 활동이 집중적으로 이루어지는 일반교육 교실에서 어려움을 겪는다. 그 결과, 읽기에서의 장애는 학업성취에 두루 영향을 끼치게 된다.

최근 다중지능에 대한 관심은 교사로 하여금 모든 교실에서 다양한 학습자를 효과적으로 가르치기 위해 다양한 형식으로 정보를 제시해야 함을 각성하게끔 도와주었다. 교사는 다양한 방식으로 정보를 제공하기 위해 비디오와 멀티미디어, 웹을 찾는다.

교육과정에 대한 인쇄물 의존성을 변화시키는 공학적인 접근 중의 하나는 인터넷을 통한 비디오의 활용이다. 이러한 서비스의 실례로 브레인팝(BrainPop)을 들 수 있다. 브레인팝은 http://www.brainpop.com에서 찾아볼 수 있다.

브레인팝 사용자는 해당 웹사이트에 연결하여 관심 있는 교육과정 영역(예, 과학)을 선택한다. 그다음 일련의 주제가 제시되면 관심 있는 특정 주제(예, 전기)를 클릭한다. 각 단원은 기본적으로 영화 보기, 질문하기, 자료 접근하기, 실험하기로 동일하게 구성되어 있다. 이 사이트는 비판적인 정보와 익살스러운 정보, 교과 내용 정보를 제공하는 흥미로운 캐릭터를 포함하는 것이 특징이다. 예를 들어, 미국 독립전쟁 영화인 '팀과 모비(Tim and Moby, 로봇)'는 이 전쟁의 주요 사건에 대한 간략한 개관을 제공해 준다. 학생에게 이 영화를 보여 준 후 제공된 정보에 대한 10개의 퀴즈를 풀게 한다. 퀴즈 결과는 인쇄되거나 이메일로 전송된다. 몇몇 교사는 이러한 유형의 자료가 새로운 정보를 소개하는 단원의 시작 시점에서 유용하다고 한다. 어떤 교사는 이러한 비디오를 전통적인 본문 기반 읽기 과제나 단원 말 활동의 대안으로 활용할 수 있다고 한다. 이들 영화는 저장할 수 없기 때문에 그 사용을 위해서는 인터넷 연결이 필수적이다. 하루에 두 개의 비디오를 무료로 시청할 수 있다. 정기 사용자는 등록해야 하며 무제한 사용을 위해서는 구독료를 지불해야 한다.

또 다른 흥미로운 읽기 웹사이트로는 다음과 같은 것이 있다.

CoolSpots 4 Kids   http://www.4kids.org/coolspots/
Funology   http://funology.com/
How Things Work   http://www.howthingswork.com
The Yuckiest Site on the Internet   http://www.yucky.
  kids.discovery.com/

[생각해 보기] 브레인팝 웹사이트를 방문해 보자. 이 자원을 교실에서 어떻게 활용할 것인가?

기시키는 촉진을 사용했는지, (3) 주제를 구성하거나 찾기 위한 전략을 적용했는지, (4) 주제문을 선택하거나 썼는지를 단서 카드에 표시한다. Jitendra, Hoppes와 Xin(2000)은 이 전략을 사용한 학생은 다른 학생보다 더 잘 수행했을 뿐만 아니라 교수한 지 6주가 지나서도 그 기술을 유지한다는 것을 발견하였다.

사고기술 전략　　　PROVE 두문자어 학습전략은 장애 학생이 새로운 정보와 비판적인 사고 기술을 배우도록 도와주는 데 사용될 수 있다. 이 전략은 영어와 과학, 사회, 직업교육과 같이, 알고 있는 것에 대해 질문하는 것을 요구하는 교과 내용 영역 수업에 적절하다. 그것은 다음의 단계로 구성된다.

- Present knowledge(지식을 제시한다).
- Reveal information that supports the knowledge(그 지식을 지지하는 정보를 밝힌다).
- Offer evidence(증거를 제공한다).
- Verify the evidence(증거를 입증한다).
- Express the verified knowledge(입증된 지식을 표현한다)(Scanlon, 2002).

이 전략의 첫 번째 단계는 증명되어야 할 지식을 제시하는(Present) 완성된 문장을 쓰는 것이다. 그 문장에는 학생이 알고 있거나 믿고 있는 개념이나 사건, 사람에 관한 것이 포함되어야 한다. 예를 들어 '토머스 제퍼슨은 유능한 대통령이었다'라는 문장에는 주제가 소개되며 반박되거나 입증될 수 있는 정보가 제시되어 있다. 다음 단계는 그 지식을 지지하는 정보를 밝히고(Reveal), 학생이 왜 제시한 것을 믿는지에 대한 이론적인 근거를 제시한다. 학생이 이론적인 근거를 작성한 후에는 그 근거를 지지하는 증거를 제공한다(Offer). 근거를 직접적으로 지지함으로써 표현된 지식이 얼마나 옳은지 보여 주어야 한다. 그리고

모든 증거는 반드시 입증(Verified)되어야 한다. 이 전략에서 학생은 예시를 사용하거나 책이나 수업 필기를 인용하여 증거를 입증한다. 이 전략의 최종 단계는 입증된 지식을 문장으로 요약하여 표현하는(Express) 것이다(Scanlon, 2002).

새로운 정보 학습하기

또래교수　　　또래교수는 학생 중재 교수법이다(9장 참조). 여러 연구에서는 다양한 교과목 영역에서 학습 문제를 보이는 중등연령 학생의 학업성취를 높이는 데 또래교수가 효과적인 중재라고 밝히고 있다(Anderson, Yilmaz, & Wasburn-Moses, 2004). 예를 들어, Mastropieri, Scruggs, Spencer와 Fontana(2003)는 학습장애 학생이 세계사를 배우는 데 또래교수와 교사 안내 노트 중에서 어느 것이 도움이 되는지 비교하였다. 튜터는 구두 읽기 오류에 대한 반응과, 요약된 전략 사용, 자기점검 목록과 복습 활동지 완성, 점수 기록지 수행에 관한 일반적인 규칙과 절차를 배운다. 또래교수 상황에 참여한 학생은 교사 안내 노트 기간에 참여한 학생보다 교과 내용 시험에서 우수한 수행을 하였다. 이러한 학업 성과와 더불어 학생은 또래교수 수업시간이 즐겁다고 보고하였다.

탐구학습　　　앞서 논의했듯이, 탐구 기반 학습은 학생이 학습 활동에 참여하고, 개념이나 정보를 탐색한 후, 새로운 정보를 설명하고, 적용하고, 평가하는 학습체제를 말한다(Dalton, Morocco, Tivanan, & Mead, 1997). 탐구학습 활동은 과학과 사회 수업에서 효과적일 수 있다. 예를 들어, Ferretti, MacArthur와 Okolo(2001)는 장애 학생이 탐구 기반 단원을 수행하면서 역사적 시대를 배우는 능력이 향상되었다고 보고하였다. 학생에게 먼저 배경 정보를 주고 역사적 시대와 관련하여 대강의 개념을 소개하였다. 그다음 학생은 협력집단별로 작업하여 특정 주제에 관한 정

보를 찾을 수 있는 일차적이고 이차적인 자원을 조사하였다. 그리고 역사적 시대에 관한 배경 지식을 보여 주거나 학생에게 탐색에 필요한 정보 자원을 제공하기 위하여 멀티미디어가 사용되었다. 학생이 정보를 습득해 감에 따라, 교사는 비교/대조와 같은 평가 전략을 학생에게 가르쳐서 학습적인 지원을 제공하였다. 마지막으로 학생은 급우 및 교사와 함께 결과물에 대해 토의하였다.

과학에서의 효과적인 탐구 기반 교수는 사회 교과에서의 탐구 교수와 유사하게 구성된다. Dalton, Morocco, Tivanan과 Mead(1997)는 과학 체험의 두 가지 접근방식을 조사하였다. 지원적 탐구과학(supported inquiry science: SIS)에 참여한 학생은 활동 중심 과학수업에 참여한 학생보다 더 나은 개념학습을 하는 것으로 나타났다. SIS 모델은 (1) 생각을 표현하는 데 편안한 환경, (2) 통합된 개념 기반 교수, (3) 대립되는 증거에의 노출, (4) 학생이 자신의 생각을 표현함에 따른 교사의 코치와 교정, (5) 학생에게 소집단 및 대집단에서 작업할 기회의 제공, (6) 실제

교사를 위한 정보 13.4

탐구 기반 교수와 또래교수를 사용하여 개방 전기회로와 폐쇄 전기회로를 만드는 법을 가르친다고 가정해 보자. 교수 설계를 어떻게 할 것인가? 첫째, 폐쇄 전기회로를 조립할 수 있는 능력이 있는 튜터가 있는지 확인한다. 참여를 원하지 않는 튜터는 제외한다. 그다음 효율적인 작업 공간을 마련하고 튜터링 활동을 완수하는 데 충분한 시간을 배정한다. 튜티 학생이 개방회로나 폐쇄회로를 조립하기 시작하면, 튜터는 촉진과 교정적인 피드백을 사용하여야 한다(예, "좋아, 전선은~에 놓여 있어." 또는 "아니, 약간 틀렸네, 첫 번째 전선은 정확하게 연결되어 있어, 하지만 두 번째 전선을 보자. 이것은 어떻게 다르게 연결될 수 있을까?")(Mastropieri & Scruggs, 1993).

체험, (7) 학습 경험을 통한 평가, (8) 협력을 위한 지침을 특징으로 한다.

Scruggs와 Mastropieri(1995)는 행동장애 학생의 탐구 기반 활동의 수행을 돕는 몇 가지 지침을 제시하였다. 협동 활동 중 학생이 적절하게 행동하지 않은 경우, 교사는 적절하게 행동해야 함을 조건으로 내세워 참여하게 해야 한다. 아울러 교사는 효과적인 교수 기법을 사용해야 하고, 신중하게 집단을 선정해야 하고, 대안 활동을 계획해야 한다.

정보 기억하기

일단 교사가 학생으로 하여금 정보에 접근하고 그것을 이해하도록 돕고 나면, 다음으로 장애 학생에게 정보를 기억하고 회상하도록 가르쳐야 한다. 장애 학생은 자주 기억에 결함이 있어서, 10장에서 논의한 것처럼 기억전략에 대한 명시적인 교수가 필요하다.

기억술 기억술은 기억력을 향상시키고 강화시키는 전략이다. 다양한 기억전략은 장애 학생이 교과 영역 수업에서 사실과 어휘, 개념을 학습하도록 돕는 데 효과적이다. Irish(2002)는 패그워드와 핵심어 기억술 전략을 결합한 컴퓨터 보조교수가 학습 및 인지장애 학생의 기초적인 수학 사실 학습을 도와준다고 보고하였다. Scruggs와 Mastropieri(1992)는 과학 교과 내용에 관한 그림 표상 기억술이 과학 어휘와 개념의 습득과 지연 회상에 도움이 된다고 밝혔다. 핵심어는 또한 학생이 교과 특정 어휘를 기억하기 위한 재미있는 방법이다. Mastropieri와 Scruggs(1994)는 교사가 통합학급의 교과 영역 수업에 기억술 전략을 포함하여 교수적 수정을 했을 때, 경도의 정신장애 학생은 각 주의 수도와 같은 교과 내용 사실을 성공적으로 배웠다고 밝혔다.

기억증진 프로그램　　　장애 학생은 특정 기억술 전략을 가르쳤을 때 교과 내용을 성공적으로 배우기 때문에 지속적으로 교수에 기억전략을 통합해야 한다. 기억증진 프로그램(recall enhancement routine: RER)은 교과 내용 교수에 기억술 전략을 포함한 효과적인 방법이다(Bulgrem, Deshler, & Schumaker, 1997). 일단 교사는 학생이 꼭 배워야 하는 정보를 확인하고 나면 정보를 기억하기 위한 가장 적절한 기억술 전략방법을 선정한다. 기억술 전략방법에는 정밀한 그림, 변형된 그림, 익숙한 연상 기법, 핵심어, 두문자어, 운율, 위치, 패그워드, 부호화가 있다.

선택한 기억술 전략방법은 교수하는 동안 언제라도 제시될 수 있다. 그 방법에 대해 설명할 때, 교사는 (1) 새로운 자료를 설명하고, (2) 칠판에 새로운 정보를 쓰고, (3) 학생이 배울 것에 대해 말하고, (4) 사용하게 될 기억술 유형을 소개하고, (5) 학생이 자신의 공책에 새로운 정보와 기억술을 기록하게 하고, (6) 기억술을 제시하고 그것을 배워야 하는 정보와 연결시키고, (7) 정기적으로 그 정보와 기억술을 복습해 준다. 선행 연구는 RER이 통합학급의 장애 학생에게 도움이 됨을 입증한다(Bulgren et al., 1997).

교사를 위한 정보 13.5

많은 교사는 기억술 기법을 충분히 잘 다룰 수 없다고 느끼기 때문에 그것을 사용하는 것에 대해 부담스러워한다. 질적으로 높은 수준의 삽화가 필수적인 것은 아니다. 스틱 피겨만으로도 충분하다. 또 다른 방법으로는 잡지에서 그림을 오리거나 그림을 잘 그리는 학생에게 부탁하는 것이다. 혹은 학생이 스스로 그림을 그릴 수도 있다(Mastropirti & Scruggs, 1993).

숙제전략

숙제는 학생이 완성하지 못한 학교 과제를 완성하고 수업시간에 배운 기술을 연습하도록 도와준다. 게다가 숙제는 학교와 가정 간 의사소통 도구로서의 역할을 한다. 학생으로 하여금 숙제를 완성해서 제출하도록 하는 것은 학생과 교사, 부모 모두에게 불쾌한 일이 될 수 있다. 학습 문제가 있는 학생은 과제를 완성하여 제출하기가 특히 어렵다. 학습장애 학생은 스스로 (1) 숙제를 중요하지 않다고 여기며, (2) 숙제가 무엇이었는지 자주 잊어버리며, (3) 숙제를 시작하고 나서 곧 흥미를 잃으며, (4) 숙제하는 데 도움이 필요하다고 평가한다(Gajria & Salend, 1995).

숙제의 완성과 제출을 돕는 다양한 전략이 소개되었는데, 이 중 일부만이 연구되어 왔다. 주요 전략 중의 하나는 의사소통의 개선이다. 가정과 학교에서 교사와 부모, 학생은 숙제에 관련하여 효과적인 의사소통에 대한 책임을 공유한다. 그들은 숙제 방침, 기대치, 학생 수행, 어려움, 관심에 대하여 서로 간에 분명하고 효과적으로 소통해야 한다. 다른 전략으로는 부모교수 훈련과 자기관리 절차에 대한 학생 그리고/혹은 부모 훈련(예, 숙제 완성에 대한 자가 도표 작성하기), 가정-학교 메모가 유용한 것으로 조사되었다(Bryan & Sullivan-Burstein, 1998). 교사와 가족 구성원에 의해 제안된 부가적인 책임과 전략은 다음과 같다(Jayanthi, Bursuck, Epstein, & Polloway, 1997; Salend & Gajria, 1995).

교사와 학교의 책임
- 학년 초 숙제 방침과 기대치에 대하여 가족과 의사소통한다.
- 주의를 얻고자 밝은색의 종이에 서면 형식의 의사소통 방식으로 제공한다.
- 학생의 숙제 수행과 완성에 대해 컴퓨터화된 진

전도 보고서를 만든다.

- 학생에게 지나친 분량의 숙제를 내주지 않도록 다른 교사와 의사소통한다.
- 숙제로 인한 가족의 스트레스에 신경 써야 한다. 가정에서 숙제를 완성하지 못할 가족 상황을 가진 학생에게는 숙제를 부여하지 않는다.
- 가족이 숙제를 완성하기 위해 가정 내에 잡지와 유색 마커 같은 자료나 비품을 갖추고 있으리라 가정하지 않는다.
- 학생이 성공하도록 도와줄 수 있는 전략을 사용한다(아래에 제시되어 있음).

가정과 가족의 책임

- 교사 및 학생과 숙제에 대한 기대치에 대해 의사소통한다.
- 매일 밤 학생과 숙제를 확인한다.
- 부모 면담 참석하기와 전화 통화하기 등을 포함하여 정기적으로 교사와 의사소통한다.
- 학생이 숙제를 완성하지 않았을 때 어떻게 할 것인지 정하고 그것을 지킨다.
- 교사에게 연락하기 가장 쉬운 전화번호와 시간대를 알려 준다.

학생의 책임

- 해야 할 숙제를 완성하고 제출하는 것에 대해 일차적인 책임을 진다.
- 가정과 학교 간 의사소통을 속행한다. 예를 들어, 책임을 지고 서면 메모를 전달한다.
- 숙제 알림장을 간수하고, 매일 가정과 학교 간에 가지고 다닌다.

숙제 완성을 돕기 위한 교사 전략

- 숙제의 분량과 유형을 다양화한다.
- 학생이 개별적으로 수행할 수 있는 정도의 숙제만을 내준다.

- 더 작은 단위로 숙제를 내준다.
- 학생이 베껴 쓸 수 있도록 숙제를 칠판에 써 준다.
- 학생에게 숙제를 상기시켜 준다.
- 실생활 경험과 관련된 숙제를 내줌으로써 동기를 높여 준다.
- 숙제에 대해 즉각적인 피드백을 제공해 준다.
- 학급에서 숙제에 대해 긍정적인 태도를 심어 준다.
- 학급관리 계획안에 숙제의 완성과 제출에 관한 내용을 포함한다.
- 특정 문제가 있는 학생에게는 조건 계약의 사용을 고려한다.
- 또래 점검과 집단별 협동숙제와 같은 또래 중재 전략을 사용한다.
- 숙제를 부여하고, 모으고, 점수 매기고, 되돌려주는 일상적인 절차를 정하고 그에 따른다.
- 목표 세우기와 시간관리, 숙제 활동지 사용하기, 집에서 공부하는 데 도움이 되는 환경 설정하기, 설명 찾기, 이용 가능하고 적절한 자원 사용하기와 같은 학습 및 조직화 전략을 가르친다.

교사를 위한 정보 13.6

숙제의 완성도를 높이는 독특한 방법 중의 하나는 숙제 복권을 사용하는 것이다. 숙제를 완성한 학생은 자신의 이름을 적은 복권을 받게 된다. 병에 넣은 복권으로 주기적으로 뽑기를 한다. 복권이 당첨된 학생은 미래의 숙제를 '패스'하는 것과 같은 강화를 받게 된다. 개별 학생에게 제공되는 강화의 대안으로, 모인 복권 수가 미리 정한 개수를 초과할 경우 전체 학급에게 강화가 제공될 수 있다(Salend & Gajria, 1995).

7. 통합교육과정

장애 학생에게 도움이 될 수 있는 또 다른 과정은 교육과정 전반에 걸쳐 통합된 교육과정을 사용하는 것이다. 교육과정 통합을 위해 많은 모델이 만들어져 왔지만 그것을 위한 뚜렷한 방식은 존재하지 않는다. 그럼에도 분리된 내용을 가르치는 것에서 실생활 경험 위주의 훈련에 목표와 활동, 성과를 결합하는 쪽으로 교수 동향이 바뀌는 상황에서 교육과정 통합은 논의되고 있다. 이 접근을 사용한 주요 통합 모델은 (1) 직업 기술, (2) 사회성 기술을 학업 기술과 융합하는 것이다.

학업과 직업 기술의 통합은 학생으로 하여금 중등교육 이후의 교육과 고용을 준비하도록 도와줄 수 있으며(Eisenman & Wilson, 2000), 특히 장애 학생의 중퇴율을 낮추는 방안으로 장려되고 있다(Razeghi, 1998). 불행하게도 장애 학생의 통합된 학업 및 직업 교육과정의 효과에 대한 연구는 거의 이루어지지 않고 있다(Eisenman, 2000). 교육가는 학업교수와 사회성 기술의 통합을 자주 주장한다(예, Forgan & Gonzalez-DeHass, 2004; Korinek & Popp, 1997). 예를 들어, 갈등 해소와 폭력 방지는 문학과 역사, 사회, 정치, 윤리, 경제 등과 같이 갈등을 발견할 수 있는 다양한 교육과정 안에서 융합될 수 있다(Stevahn, 2004; Williams & Reisberg, 2003).

기술의 통합은 매트릭스를 사용하여 개념화되고 계획될 수 있다. 첫 번째 행에는 지식과 기술 세트(예, 학업 기술)가 나열되고, 첫 번째 열에는 다른 세트(예, 특정 생활 기술)가 나열된다. 그리고 두 가지 교육 영역이 교차하는 셀 안에 목표와 활동, 성과를 작성할 수 있다. 〈표 13-6〉은 생활 기술 기준과 네 가지 학업 훈련 기준이 어떻게 통합될 수 있는지를 보여 준다. 생활 기술 기준은 모의 자동차 구매에 필요한 하위 기술로 이루어진 독립생활에 관한 것이다. 생활과 학업 기준 모두와 관련된 활동과 성과는 각기 다른 셀에 실린다. 교사는 학생을 이러한 활동과 성과에 끌어들임으로써 학생이 목표와 활동, 성과에 걸쳐 두 가지 유형의 기술을 성취할 수 있도록 만들 것이다.

표 13-6 교과과정 간 통합된 생활 기술의 예시

전반적인 기준: 학생은 독립적인 생활의 필수적인 요소를 조사할 것이다.				
하위 기술: 학생은 모의 자동차 구매에 참여할 것이다.				
기준에 따른 생활 기술	언어	수학	과학 및 건강	사회 연구
• 자동차 소유에 따른 장점과 단점을 알아본다.	• 자동차 소유에 따른 장점과 단점에 대해 글을 쓴다.[1]	• 자동차 소유에 따른 비용을 계산한다. • 동일한 금액으로 지출 가능한 내역과 비교해 본다.[4]		• 우리 사회에서 자동차 소유에 따른 지위 역할에 대해 토의한다.[9]
• 차의 성능을 판가름하기 위한 지침을 나열해 본다.	• 『Consumer's Report』(역자 주: 유명 자동차 잡지명)를 읽는다. • 이 잡지 속 판정기준을 찾아본다. • 지침 목록을 만든다.[2]		• 자동차 속 기본적인 기계 부품의 기능을 찾아내어 설명한다.[7]	

• 중고차와 새 차 중 어떤 것을 구매하는 것이 좋은지 토론해 본다.		• 중고차와 새 차의 초기비용과 유지비용을 계산해 본다.[5]	
• 구매하고자 하는 차를 고른다.	• 『Consume's Report』에 나오는 자동차를 비교해 본다. • 신문에 나온 광고를 읽는다. • 구두 발표를 통해 자신의 결정에 대해 변호한다.[3]	• 여러 판매자 간의 가격을 비교해 본다.[6]	• 자동차의 품질을 안전성에 따라 평가해 본다.[8]

기준과 연관된 예시 활동:

[1] 쓰기: 생각을 조직화하기 위하여 해당 주제에 관한 사전 지식과 경험을 사용한다.

[2] 쓰기: 주제에 대한 이해를 넓히기 위하여 사전 지식과 새로운 정보를 연결한다.

[3] 말하기: 정보적 상황을 기술하기 위해 말하기 과정 전략을 사용한다.

[4] 수학: 다양한 수학적 문제해결 전략을 활용한다.

[5] 수학: 계산하기 위한 적절한 방법을 선택하고 사용한다.

[6] 수학: 자료를 수집하고 조직화하고 분석함으로써 정답을 명확하게 말한다.

[7] 전문기술 교육: 기본적인 자동차 부품과 기능을 찾아서 확인한다.

[8] 건강: 다양한 상황에서 개인 안전을 보장하기 위한 전략을 개발한다.

[9] 사회과: 사회에 관하여 개인의 권리와 역할, 지위에 관련된 지속적인 문제를 찾아 조사한다.

출처: Utah State Office of Education *Core curriculum*에서 발췌한 기준. Retrieved on February 10, 2006, from www.uen.org/core.

8. 다문화 학생을 위한 시사점

오늘날 학교에서 제공되는 교육으로는 문화적으로 다양한 배경을 가진 학생으로 하여금 그들의 문화와 개인의 역할을 인식하도록 도와주지 못하는 경우가 종종 발생한다. 이는 인종적으로 다양한 학생의 정체성을 약화시키는 결과를 초래할 수 있다. 교사는 학생이 다양한 문화 속 인물과 영향에 대해 배우도록 돕기 위해 이러한 점을 교육과정에 연계하는 것이 좋다. 예를 들어, 아프리카계 또는 아시아계 작가의 작품은 문학 세계와 학생의 삶을 연결시켜 줄 것이다. 전통적인 미국과 유럽 배경 밖의 과학자의 업적을 이해함으로써 다양한 문화권의 학생이 자기 문화에 대하여 자부심을 가질 수 있게 하며, 동시에 모든 학생의 관점을 확장시킬 수 있다.

자신과 타인의 문화를 배우는 것은 사회과 교육과정의 공통 기준이다. 앞의 〈표 13-4〉에는 사회과의 문화에 대한 NCSS 기준이 나열되어 있는데, 여기서는 '사회과 프로그램은 문화와 문화적 다양성을 학습하도록 하는 경험들을 포함함으로써 학습자가 ~할 수 있도록 한다'는 것과 이에 대한 문화적 수행 능력을 입증하는 방법이 열거되어 있다. 다양한 문화에 대한 학습에는 범세계적인 관점에서의 활동과 우리 사회 발전에서의 다양한 집단의 공헌에 관한 내용이 포함되어야 한다. 미국 학교에서 사용되는 교육과정에 이러한 내용이 항상 포함되어 온 것은 아니다. 예를 들어, Banks(1997)는 '서양'에 대한 개념 정립은 유럽 중심의 아이디어라고 주장했다. "일본과 중국과 같은 국가에서 온 다양한 아시아계 이민자에게는 그들이 이주한 지역이 서양이 아니라 동양 혹은 '골든 마운틴'이었다."(Banks, 1997, p. 72)

표 13-7 / 다양한 인종 배경의 저명 인물

교육과정 영역	이름	출신 민족 배경
미술과 건축	Jose Aruego	필리핀계 미국인
	Judy Baca	멕시코계 미국인
	Jean-Michel Basquiat	하이티계/푸에르토리코계 미국인
	Maya Lin	중국계 미국인
	Minoru Yamasaki	일본계 미국인
정치	Ben Nighthorse Campbell	미국 원주민(인디언 샤이엔족)
	Caniel Inouye	일본계 미국인
	Thurgood Marshall	아프리카계 미국인
	Carole Moseley-Braun	아프리카계 미국인
	Colin Powell	아프리카계 미국인
	Dalip Singh Saund	인도계 미국인
	Donna Shalala	아랍계 미국인
	Nydia M. Velázquez	푸에르토리코계 미국인
문학	Julia Alverez	도미니크공화국계 미국인
	Sandra Cisneros	멕시코계 미국인
	Charles A. Eastmond (Ohiyesa)	미국 원주민(인디언 수족)
	LeLy Hayslip	베트남계 미국인
	Zora Neale Hurston	아프리카계 미국인
	N. Scott Momaday	미국인(카이오와 족)
	Toni Morrison	아프리카계 미국인
	Bharati Mukherjee	인도계 미국인
	Michael Ondaatje	스리랑카계 미국인
	Amy Tan	중국계 미국인
	August Wilson	아프리카계 미국인
음악	Louis Amstrong	아프리카계 미국인
	Desi Arnaz	쿠바계 미국인
	Ray Charles	아프리카계 미국인
	Sammy Davis, Jr	아프리카계 미국인/푸에르토리코계 미국인
	Scott Joplin	아프리카계 미국인
	Tania Leon	쿠바계 미국인
	Yo-Yo Ma	중국계 미국인
	Zubin Mehta	인도계 미국인
과학	Luis Alvarez	스페인계 미국인
	George Washington Carver	아프리카계 미국인
	Elias Corey	레바논계 미국인
	Charles Drew	아프리카계 미국인
	Mario J. Molina	멕시코계 미국인
	Ellison Onizuka	일본계 미국인
	Norbert Rillieux	아프리카계 미국인
	Samuel C. C. Ting	중국계 미국인
	Eugene Huu-Chau Trinh	베트남계 미국인
	Ahmed H. Zewail	이집트계 미국인

문화에 대한 학습은 사회과에서만 중요한 것이 아니다. 문화적 다양성에 관한 이슈와 관점은 교육과정 전반에서 다루어져야 한다. Salend(1998)는 다음과 같은 활동과 자료를 사용하여 교사가 학생의 문화적 배경과 과학을 연결할 수 있다고 제안한다.

- 과학에서의 다양한 문화적 유래를 조사한다.
- 전 세계 다양한 지역에서 사용되는 과학적인 실천과 해결 방안에 대해 토의한다.
- 다양한 문화와 언어 배경을 지닌 과학자의 업적을 다룬다.
- 문화적으로 다양한 응용을 통합한다.

교사를 위한 정보 13.7

몇 가지 활동은 학생의 다양성에 대한 일반적인 지식과 문화적으로 다양한 집단에 대한 특정 이해력을 넓히는 데 도움을 줄 수 있다. '난 누구인가요?(Who Am I?)' 게임이 이에 해당된다. 이 게임을 하기 위해 협동학습 집단에게 다양한 배경을 지니면서 일반적으로 잘 알려진 인물에 대해 묘사하는 전기문 시리즈를 제공한다. 가능하다면 학교가 속한 지역사회 출신이거나 학생이 알고 있는 대중적인 인물을 선정한다. 학생은 전기문을 누구에 관한 건지 모르는 상태에서 읽고 환경적인 요소(예, 가난, 영어학습자)를 근거로 그 사람의 성공 잠재성에 대해 토의한다. 그다음 학생에게 해당 인물의 이름과 업적을 알려 준다. 집단별로 인물 중 한 명을 선정하여 더 깊이 조사해 보도록 한다(Sileo & Prater, 1998).

학생은 현재 자신에게 익숙하지 않은 문화 속 다양한 인물의 공헌에 대해 알아야 한다. 예술과 정치, 과학 분야에서 큰 공헌을 한 인물에 대한 예가 〈표 13-7〉에 나열되어 있다.

요약 · · · · · · · · · · · · · · ·

- 교육과정 계획에서는 전체 학년도 수업 단원과 교육과정을 계획하는 데 있어 효과적인 교수 원리를 통합한다.
- 교사는 학급 교과서를 선정하기 전에 교과서의 구성과 흥미도, 친숙도를 조사해야 한다.
- 단원 조직자는 새로운 정보를 예고하고 개념과 사실이 대강의 주제에 어떻게 관련되는지 보여 주는 데 효과적이다.
- 장애 학생을 위한 수학교수는 기본 기술과 개념 이해력, 문제해결 능력을 기르는 것을 목표로 해야 한다.
- 과학에서 탐구 기반 학습은 장애 학생이 경험을 통해 배울 수 있는 기회를 제공한다. 하지만 장애 학생이 과학에 필요한 문제해결 기술을 개발하도록 돕기 위해서는 명시적 교수와 지원이 필요하다.
- 장애 학생은 사회 교과서에 나오는 정보를 처리하는 데 자주 어려움을 경험한다. 교사는 교수에 문해 기술과 학습전략을 통합하여 가르칠 수 있다.
- 교사는 학생에게 THIEVES 전략으로 교과서 자료를 미리 점검하도록 가르칠 수 있다.
- 그래픽 조직자는 개념을 시각적 표상으로 조직화한다. 그래픽 조직자는 과학 개념, 글쓰기 기술, 역사적 사실, 수학 기술을 가르치는 데 사용될 수 있다.
- 가장 효과적인 이해전략은 자기질문 전략이다. 이 전략에는 선행 지식 활성화하기와 주요 아이디어 요약하기, 자기 점검하기, 본문구조 전략이 포함된다.
- 또래교수는 장애 학생의 학업성취를 향상시킬 수 있다. 다른 모든 교수전략과 마찬가지로, 교

사는 또래교수가 수행을 개선시키는지 주의 깊게 점검해야 한다.

- 읽기 기술이 제한된 학생은 본문 기반 학습보다는 탐구 기반 학습이 더 많은 학습 경험을 제공할 수 있다.
- 능숙한 학습자는 기억을 개선하는 전략을 개발한다. 장애 학생은 정보를 기억하는 법을 배우기 위해 추가 지원이 자주 필요하다. 기억술 장치는 교과 내용 영역의 학습에서 장애 학생의 기억을 증진한다.
- 교사와 학생, 부모는 숙제 지침과 지원에 관하여 분명하게 의사소통해야 한다.
- 학업과 직업 기술이 통합된 교육과정은 학생이 앞으로의 교육과 취업에 대해 준비하도록 도와준다.
- 문화적 다양성 이슈와 관점은 교수에 포함될 수 있다.

연습 문제 ·········

1. 단원 조직자 계획하기 활동은 어떻게 중심 개념 교수 원리를 지지하는가?
2. 교사가 교과서 내용을 평가할 수 있는 네 가지 방법은 무엇인가?
3. 단원 조직자의 사용은 장애 학생에게 어떻게 유익한가?
4. 학생은 수학을 배우기 위해 어떤 기술이 필요한가?

5. 과학학습에서 탐구학습의 네 가지 단계는 무엇인가?
6. 장애 학생에게 사회 과목은 왜 어려운가?
7. 독해전략에 대해 토의해 보라.
8. 장애 학생에 관한 자신의 지식을 활용하여 Sruggs와 Mastropieri(1995)가 제시한 탐구학습을 위한 지침이 학급에서 왜 중요한지 토의해 보라.
9. 단어 'parasite'를 위한 핵심어 기억술을 만들어 보라.
10. 교사가 학생이 숙제를 완성하도록 격려하고 동기화할 수 있는 방법에 대해 토의해 보라.

활동 ···········

1. 초등이나 중등 수준의 과학 교과서를 활용하여 태양계 관련 단원에 대한 단원 조직자를 만들어 보라.
2. 이 단원에서 설명한 지침을 사용하여 사회 교과서를 평가해 보라. 특히 〈표 13-1〉에 제시된 질문을 기술하며 그 교과서에 대한 자신의 의견을 요약해 보라.
3. 단원을 미리 점검하기 위한 THIEVES 전략 사용 방법을 학생에게 가르치기 위해 모델링 대화를 작성해 보라.
4. 과학 개념을 설명하는 그래픽 조직자와 역사 속 사건의 순서를 나타내는 그래픽 조직자를 만들어 보라.

특수아동협의회(CEC) 기준

기준 4: 교수전략

특수교사는 ELN 학생을 위한 교수를 개별화하기 위해 증거 기반 교수전략에 대한 레퍼토리를 소지한다. 특수교사는 일반교육과정과 특수교육과정에서 도전적인 학습 결과를 증진하고, ELN 학생을 위해 학습환경을 적절히 수정하기 위해 이러한 교수전략을 선정하고 수정하고 사용한다. 특수교사는 ELN 학생의 비판적 사고와 문제 해결력 그리고 수행 기술에 대한 학습을 강화하고, 자기인식과 자기관리, 자기통제, 자기의존, 자기존중감을 증가시킨다. 또한 특수교사는 여러 환경과 장소, 연령 주기에 걸쳐 지식과 기술의 발달, 유지, 일반화를 강조한다.

출처: Council for Exceptional Children, *What Every Special Educator Must Know: Ethics, Standards, and Guidelines for Special Educators*. Copyright 2005 by the Council for Exceptional Children, 1110N. Glebe Rd., Suite 300, Arlington, VA 22201. 이 출판물의 부분적인 복사와 변형이 허가되었음.

14

사회적 유능성 사정과 교수

주요 개념

일반적인 사회적 유능성 문제

사회적 유능성 정의

사회성 기술과 유능성 평가
- 평가에서 고려할 점
- 사회성 평가의 실례

사회성 발달 이론에 따른 방법과 전략
- 행동주의
- 사회학습이론
- 인지사회학습이론과 사회적 정보처리
- 생태학적 관점
- 구성주의 체제

주요 질문

1. 사회적 유능성을 가르치기 전, 교사는 학생의 사회적 기능을 어떻게 사정할 수 있는가?
2. 학습/정서적 요구가 다른 학생에게 발달적으로 적절한 사회성 기술을 어떻게 최상으로 가르칠 수 있는가?
3. 사회성 기술을 학교와 가정, 지역사회 환경에 일반화하도록 어떻게 가르칠 수 있는가?

※ 14장은 Rhonda S. Black, Cecily Ornelles와 Mary Anne Prater가 공저자임.

인간은 사회적 존재다. 남과 어울리고 사회적 지지망을 갖는 것은 자기 가치와 학교 및 사회에서의 지위, 자아정체감 형성을 위해 중요하다. 우리의 개인적 유능성과 수용성은 상당한 수준으로 이루어지는 성공적인 사회적 상호작용으로 정의된다(Odom & McConnell, 1992). 학교에 대한 학생의 인식은 학교에서의 사회적 성공 여부에 의해 크게 좌우된다(Csoti, 2001). 사회적으로 수용된 아동은 대체로 학교를 즐거워하는 반면, 사회적 어려움을 가진 아동은 학교에 가는 것을 두려워한다. 사회적인 거부와 고립은 아동의 건전한 기능에 있어서 엄청난 위험 요인이다.

토비는 ADHD로 진단된 10세 소년이다. 그는 또래에게 먼저 다가가며 친구를 잘 사귄다. 그러나 그의 충동적이고 부주의한 성향은 친구관계를 유지하는 데 지장을 준다. 토비는 친구가 말할 때 완전히 주의를 기울이지 않는다. 그는 자주 훼방을 놓으며, 자신의 차례를 기다리는 데 어려움이 있고, 게임 중 매우 쉽게 흥미를 잃는다. 얼마 지나지 않아 다른 아이들은 그의 부주의한 태도로 인해 싫증을 내게 된다. 예를 들어, 그는 공동의 활동에 필요한 대화와 지시, 자료를 잊는다. 토비는 언제나 '첫 번째'가 되고자 해서 친구를 기분 나쁘게 만든다. 친구들은 토비와 함께 놀기 시작하지만, 그들이 놀이를 끝내기 전에 그가 놀이에서 벗어날 때, 그들의 설명을 잘 듣지 않으려 할 때, 주제나 과제를 마음대로 바꾸려 할 때 실망하고 만다. 토비는 친구에게 친절하게 대하는 매우 멋진 소년이다. 그러나 그가 사회적 상황에서 주의를 기울이고 덜 충동적이기 위해서는 도움이 필요하다.

많은 장애 학생은 또래관계에 어려움을 갖는다. 예를 들어, Blackorby와 Wagner(1996)는 시각 혹은 구어 장애, 학습장애, 정신지체 학생은 비장애 또래에 비해 학교에서 사회적으로 더 고립됨을 확인하였다. 그들은 또한 보이스카우트, 청소년 종교단체, 스포츠팀과 같이 조직화된 사회적 집단에 덜 참여하는 경향을 보인다. 통합교육으로의 최근 흐름 속에서 장애 학생의 사회적 관계를 향상시키는 방법을 모색하는 것은 특히 중요하다.

장애 학생은 여러 이유로 인해 사회적 유능성과 사회적 인식에서 결함을 경험할 수 있다(Greenspan & Love, 1997). 예를 들면, 시각과 청각, 구어, 운동 시스템과 같은 감각이나 표현 양식에서의 제약은 사회적인 메시지를 주고받는 데 어려움을 일으킨다. 인지/지각 능력에 기질적인 결함을 가진 이들은 사회적 정보처리에 어려움을 갖는다. 끝으로 또래와의 사회적 경험 부족은 장애 청소년의 사회적 유능성의 결함을 초래한다. 따라서 많은 장애 학생은 감각과 처리상의 장애가 사회적 경험 부족과 결합함으로써 부적절한 사회적 관계에 처할 위험성이 커진다.

주의력결핍 과잉행동장애(ADHD)나 정서/행동장애(EBD) 학생은 적절한 사회적 상호작용에 필요한 지각과 주의 기술에서 자주 어려움이 있다(APA, 2000). 그들은 사회적 단서를 찾아내는 데 자주 실패한다. 그들은 종종 주어진 상황에서 적절한 행동에 관한 사회적 단서를 주는 상황이나 다른 사람의 신체언어와 몸짓, 얼굴 표현에서의 관련 특징에 집중하지 못한다. 많은 장애 학생은 사람과 과제에 주의를 지속하는 데 어려움을 가지며, 대화나 놀이에서 다른 사람에게 충분히 주의를 기울이지 않는다. 그들은 우정을 쌓는 것과 같이 지속적인 정신적 노력과 사회적 상호작용이 요구되는 과제에 참여하기를 꺼릴 수도 있다(APA, 2000).

충동적인 학생은 불쑥 대답하거나, 자신의 차례를 기다리지 못하거나, 타인을 방해하거나, 갑자기 활동을 바꾸거나, 활동 중간에 가 버린다. 더군다나 그들은 자신의 감정을 통제하거나 타인의 관점을 수용하는 데 어려움을 갖는다(APA, 2000). 이와 같은 어려움으로 인해 학생은 분별없거나 무례하게 보일 수 있다(Csoti, 2001). 장애 학생은 다른 사람의 동의를 열렬하게 구하거나, 다른 사람의 행위를 비판으로 오해할 수 있다. 다른 학생은 이들 학생을 부주의하고 충동적이고 비협조적인 것으로 인식할 수 있으며, 이러한 인식은 곧 사회적 고립, 거부, 심지어 조롱과 따돌림의 표적으로까지 이어질 수 있다. 장애 학생이 학교와 지역사회로 좀 더 완전 통합되기 위해서는 사회적 유능성 향상을 위한 직접적이고 신중한 기술교수가 필요하다.

1. 사회적 유능성 정의

사회적 유능성은 사회적으로 수용되고 충족되기 위해 필요한 기술로 정의된다. 중요한 것은 사회성 기술(social skills)과 사회적 유능성(social competence)은 서로 바꿔 쓸 수 있는 개념이 아니라는 것이다. 유능성은 누군가의 전반적인 과제 수행에 관해 우수성

교사를 위한 정보 14.1

어떤 사회성 기술을 가르치는 것이 가장 중요한지 결정하기는 가끔 힘들다. 다음은 학교에서 성공하는 데 필수적이라고 교사가 생각하는 기술이지만 가정이나 직장, 지역사회와 같은 다른 환경에서 요구되는 기술과 별반 다르지 않다. 학생이 이러한 기술을 배우는 게 유익한지 생각해 보자.

1. 자기통제
2. 협동
3. 지시 따르기
4. 교사의 수업 경청하기
5. 또래와 다툴 때 화 억누르기
6. 성인과의 마찰 조절하기
7. 또래의 신체적 공격에 적절하게 반응하기(Lane, Pierson, & Givner, 2003)

이나 적절성에 대한 판단을 의미하는 반면, 기술은 과제를 유능하게 수행하는 데 필요한 구체적인 능력을 말한다. 사회성 기술은 구체적으로 측정 가능한 대인관계 행동이다(Matson & Hammer, 1996). 자조 기술과 용모단정 기술, 이동 기술, 기타 일상생활 기술과 같은 기술이 개인의 유능성 기술을 실제로 반영할 때, 이러한 기술은 사회성 기술로 언급될 수 있다. 학생의 구체적인 사회성 기술뿐만 아니라 전반적인 사회적 유능성을 사정하는 것은 중요하다. 학생이 다양한 환경에서 적절하게 그들의 사회성 기술/사회적 유능성을 사용하는지 사정하는 것도 동일하게 중요하다.

2. 사회성 기술과 유능성 평가

다수의 기술은 대인관계를 개발하고 유지하는 데 필수적이다. 그러나 교사는 이러한 기술을 정하고 가르치는 데 있어 사회화의 복잡성과 더불어 문화와 같은 변수를 고려하지 않을 수 없다. 교사는 학생의 사회적 강점과 요구를 이해하기 위해 다차원적인 평가와 교수를 사용해야 한다(Obiakor, 1999).

평가에서 고려할 점

교사는 다양한 문화와 민족, 언어 배경을 가진 학생을 위해 가능하면 정확하고 유용한 정보를 나타낼 평가를 선정하여 사용해야 한다. 학생의 사회적 프로파일은 선정된 평가도구와 검사 결과의 해석에 의해 영향 받을 수 있다. 설문지나 평정척도를 통해 제시되는 질문이나 어구는 폭넓게 해석될 수 있다. 이러한 유형의 검사에 부모가 응답하는 경우 교사와 매우 다르게 항목을 해석할 수 있다. 그리고 관찰자료의 경우 행동에 대해 어떤 정해진 측면만을 나타낼 수 있다. 이러한 '순간포착' 관점으로는 학생의 이력과 개

인적 가치와 신념, 동기가 설명되지 않는다.

또한 두 학생이 동일한 사회성 기술 검사에 다르게 반응할 수 있는데, 이것은 그들의 기술 때문이 아니라 사회적 신념과 가치가 다르기 때문이다. 어떤 상황에서는 부적응적이거나 사회적으로 부적절한 행동이 다른 상황에서는 적절할 수 있다. 예를 들어, 사회적으로 유능한 사람은 떠들썩한 파티에 참석할 때와 조용하게 격식을 갖춘 저녁식사에 참석할 때 다르게 교류한다. 사회적 유능성을 갖추지 못한 학생은 그들 주변의 사회적 단서에 따라 자신의 행동과 상호작용을 조절하지 않는다.

학교환경은 독특하며 구체적인 기대치를 갖는다. 학생은 일반적으로 유사한 연령의 또래와 집단을 구성하기 때문에 그 집단이 동질적이다. 교수적 배치와 학급 활동은 가정이나 지역사회 환경에서 기대되는 행동의 유형과는 차이가 있을 수 있다. 예를 들어, 학급 내 학생은 집단의 일과에 따르도록 기대되는 반면, 직장에서 개인은 독립성과 자기 주도성을 보이도록 기대된다. 교실에서 강화된 사회적 행동이 직장에서의 행동으로 쉽게 바뀌지 않을 수도 있다. 예를 들어, 학생은 지명받기 위해 손을 들고 교사에게 지시받도록 기대되지만, 직장에서 고용인은 직접적인 감독 없이 장시간 일을 해야 한다. 게다가 직장에서 지시를 기다리는 것은 비생산적인 것으로 간주될 수 있다. 분명한 행동적 기대치를 확립한 교사의 학급환경에 있는 학생은 일관된 체제에 순조롭게 반응할 수 있다(예, 토큰경제, 행동 계약). 직장에서는 이런 구조화된 체제가 적절하지 않을 수 있으며, 긍정적인 구두 피드백 역시 자주 제공되지 않을 수 있다.

유년 시절부터 성인기까지의 지속적인 성장을 통해 다양한 상황의 사회적 요구에 반응하고 조절하고 협상하는 개인의 능력은 높아지게 된다. 학교환경에서는 다양한 유형의 구조화/비구조화 활동을 하면서 개인으로 하여금 다양한 목적으로 성인 및 또래와 상호작용하도록 요구한다. 교사는 다양한 평가를 사용함으로써 학생이 사회적 상황에서 어려움을 겪는지 입증하고 교수할 특정 목표 영역을 정한다.

사회적 평가의 실례

적응행동 척도는 표준화된 방식으로 행동을 검사하는 것이다. 그 항목은 일반적으로 사회적 환경 내에서 성공적으로 상호작용하는 데 중요한 행동 특징을 나타낸다. 하지만 사회적 상호작용은 역동적이며 융통성과 자발성을 요구한다. 따라서 적응행동 검사는 제한적일 수밖에 없다. 실제로 바인랜드 사회성숙도 검사(Vineland Social Maturity Scale) 혹은 미국 정신지체협회의 적응행동검사(Adaptive Behavior Scale)와 같이 흔한 적응행동 측정도구가 사회적 유능성 평가와 관련된 하위 영역을 담고 있긴 하지만, 교사는 이들 도구에만 의존하지 않는다(Matson & Hammer, 1996).

행동평정 척도는 전형적으로 학급교사와 부모, 학생에게 시행된다. 이들 검사는 평정자의 판단에 의존하기 때문에 교사가 교수적 결정을 하는 데 그것을 단독으로 사용해서는 안 된다. 행동평정 척도는 모집단에 대한 제한된 표본으로 만들어졌으며 문화와 언어적 편견이 있기 때문에 문제가 될 수 있다. 만약 검사도구가 개인의 모국어로 번역되었다면 항목에 대한 해석이 원래 의도했던 바를 반영하지 않게 될 수 있기 때문에 더 이상 타당하지 못할 수 있다. 사회적 행동의 평정은 평정자가 속한 환경과 평정자가 갖는 행동기준에 영향을 받는다(Elliott, Busse, & Gresham, 1993). 행동평정 척도는 또한 그 검사가 설계된 목적에 맞게 항상 사용될 수 없고 검사 결과를 더 넓은 상황으로 일반화하기 어렵기 때문에 문제가 될 수 있다.

한 예로 아동행동평가척도(Child Behavior Checklist: CBCL)는 부모 보고형(Achenbach, 2001a)과 교사 보고형(Achenbach, 2001b), 청소년 자기보고형(Achenbach, 2001c)으로 구성되어 있다. CBCL은 타인과의 관계에

서 학생이 자신을 어떻게 인식하는지와 관련된 적응 행동과 사회적 특징을 검사한다. 행동평정 프로파일(Behavior Rating Profile-2; Brown & Hammill, 1990)과 코너스 평정척도 수정판(Connors Rating Scales Revised; Connors, 1997) 같은 행동평정척도는 사회적 상황들에서 학생 반응을 더 잘 이해하는 데 도움이 된다. 이 도구는 학령기 동안 가정과 교실에서 관찰된 개인의 행동에 대해 구체적인 정보를 제공해 준다.

학생에게서 직접 정보를 얻을 수 있는 다른 도구로는 사회성기술평정척도(Social Skills Rating System [SSRS]; Gresham & Elliott, 1990)와 청소년대인관계능력 검사(Adolescent Interpersonal Competence Questionnaire; Buhrmester, Furman, Wittenberg, & Reis, 1988)가 있다. SSRS는 교사, 부모, 학생 자기보고용이 포함되어 있다. 예를 들어, 학생으로 하여금 문장을 읽고 얼마나 자주 문장 속 행동을 보이는지 기술하게 한다. 이 검사도구는 다양한 환경 속의 학생에 대한 정보를 제공한다. 평정 점수는 긍정적인 사회성 기술뿐만 아니라 문제 행동에 기초한다. 특별히 도움이 되는 특징 중 하나는 평가와 실제 간의 연계다. 이 검사도구는 목표 기술/행동의 우선순위를 결정하고 적절한 교수계획을 세우는 데 도움이 되는 정보를 제공한다. 청소년대인관계능력검사(Buhrmester et al., 1988)는 청소년으로 하여금 대화 시작하기, 자기 개방하기, 타인 도와주기, 갈등 해결하기와 같이 일반적인 대인관계 상황과 관련된 질문에 반응하도록 하는 시나리오 형식을 사용한다.

학생의 사회성 기술을 다루는 비형식적 평가의 예로는 일화기록과 소시오그램, 면접을 들 수 있다. 교사는 특정 상황(예, 집단 활동, 쉬는 시간)에서 학생의 행동과 상호작용에 관해 일화노트를 작성하고, 이러한 기록을 선행사건-행동-후속결과(ABC) 분석을 통해 체계적으로 분석할 수 있다(Zirpoli, 2005). 기능적 행동분석을 적용하는 이 방법은 행동 반응을 유발하는 선행사건을 확인하고 특정 행동을 유지시키는 후속결과에 초점을 맞춘다.

교사는 소시오그램을 만듦으로써 학생으로부터 자료를 수집할 수 있고, 이를 통해 특정 학생이 또래에 의해 수용되는지 확인할 수 있다(Zirpoli, 2005). 소시오그램을 실행하기 위해서는 다음과 같이 해야 한다.

- 학생으로 하여금 작업이나 놀이 상황에서 자신이 선호하는 또래를 정하도록 한다.
- 개별 학생이 얼마나 자주 또래에 의해 선택되었는지 세어서 결과를 평가한다.
- 이 정보는 학생을 짝짓거나 집단화하는 데 전략적으로 사용된다.

관계는 학년도 과정 내내 전개된다. 교사는 소시오그램을 통해 특정 학생이 사회적 관계에서 어려움을 겪는지에 대해, 그리고 학급에서 학생 간의 작업관계를 강화하기 위한 집단 활동을 구성하는 방법에 대해 정보를 얻을 수 있게 된다.

사회성 기술은 학생의 미래 생활에 영향을 줄 수 있으므로, 교사는 선정된 검사도구가 전환과정 동안 학생을 지도하는 데 도움이 되는 주요 정보를 제공해 줄 수 있는지 생각해 보아야 한다. 그리고 계속적으로 교사는 이들 검사도구에서 안내한 방향으로 실시된 학교훈련이 일터나 다른 지역사회 상황에서 장애인에게 더 나은 성과를 이끌어 내는지의 여부를 평가해야 한다. 이러한 유형의 이슈는 학교 경험이 지역사회 생활 속에서의 개인을 지원하고자 하는 실제적인 목표와 일치하는지를 결정하는 데 중요하다. 장애인은 학교환경에서 성공하였더라도 중등 이후 교육이나 직업환경과 같은 다른 상황에 직면하면서 계속적으로 지원이 필요하다. 학생은 고등학교를 졸업하기 전 적절한 사회성 기술을 배워야 한다.

직장에서 요구되는 대인관계 기술을 측정하기 위한 검사도구로는 직업 관련 사회성기술 수행검사(Scale of Job-Related Social Skill Perfirmance [SSSP];

Bullis & Davis, 1996)와 직업대인관계능력검사(Test of Interpersonal Competence for Employment [TICE]; Foss, Cheney, & Bullis, 1986)가 있다. SSSP는 작업장에서 개인의 수행에 관해 정통한 제3자의 평정자에 의해 이행되는 평정척도다. SSSP는 직업과 관련하여 (1) 긍정적인 사회적 행동, (2) 부정적인 사회적 행동, (3) 자기통제, (4) 개인적인 문제, (5) 신체 움직임, (6) 개인 용모, (7) 사회성 기술 지식의 일곱 가지 사회성 기술 자료를 포함한다. TICE는 감독관이나 동료로부터의 비판이나 놀림에 대응하고 개인적인 문제를 해결하는 것 등 작업환경에서 요구되는 매우 중요한 사회적 수행능력 지식을 평가하는 데 사용된다. 검사 대상자는 직업에서 직면할 수 있는 의사결정 딜레마에 응답하도록 되어 있다. 시나리오를 읽어 주면 검사 대상자는 세 가지 가능한 행동 반응 중 선택하게 된다.

3. 사회성 발달 이론에 따른 방법과 전략

친구관계망의 존재 혹은 부재는 행복이란 감각에 깊은 영향을 미친다. "사회관계망이 거의 대부분 가족과 직접 돌봐 주는 전문가로 구성되어 있는 학생의 경우 친구의 부족으로 인해 선택하고 결정하고 상호작용할 기회가 거의 없게 되고, 이는 곧 독립성과 자율성을 기르는 데 필수적인 기술의 발달을 저해한다."(Ittenbach, Larson, Spiegel, Abery, & Prouty, 1993, p. 21) 우정을 개발하고 유지하는 능력은 매우 중요하므로 교사는 경도에서 중등도 장애 학생이 대인관계를 시작하고 개발하고 유지하기 위해 필요한 교수와 지원의 유형을 고려해야 한다(Black & Langone, 1997).

전문가가 사회적 유능성을 어떻게 정의하는지는 그들이 채택하는 이론적 토대에 따라 좌우된다. 사회성 발달을 설명하는 데 사용되는 다섯 가지 학습이론은 다음과 같다.

- 행동주의
- 사회학습이론
- 인지사회학습이론과 사회적 정보처리
- 생태학
- 구성주의

각 학파의 사상은 사회성 기술 교수방법에 영향을 준다. 교사가 다양한 관점을 가질 때 그들이 사용할 수 있는 교수 선택권은 더욱 확대될 수 있다.

행동주의

행동주의적 교수 모델의 기본 원리는 4장에 기술되어 있다. 이 장에서는 사회적 상호작용이란 맥락에서 행동주의 학습이론을 다룬다. 다음은 행동주의의 기반이 되는 네 가지 전제다.

1. 인간의 행동은 정의 내릴 수 있고 관찰할 수 있고, 측정할 수 있다. 교사는 변화시키고자 하는 행동을 정확히 정의할 수 있다. 일단 행동이 정확하게 정의되면, 관찰자는 '그것을 보면 알 수 있다'. 그리고 그 행동은 다른 시간대의 다른 사람에 의해서도 동일한 방식으로 기록될 수 있다. 또한 관찰 가능한 행동은 구체적인 목적이나 기능 역할을 한다고 가정된다. 따라서 행동의 기능을 결정하는 것은 행동변화 계획에 있어 필수적이다.

2. 모든 행동은 시간의 흐름에 따라 환경적 결과에 의해 결정된다. 학생이 경험하는 결과 패턴은 행동에 영향을 준다. 따라서 교사는 환경 조건과 결과를 조정함으로써 학생의 행동을 관리할 수 있다. 결과들은 다양한 형태로 나타나며 구두 칭

찬이나 미소와 같은 사회적 강화가 포함된다. 사회적 강화는 구체물 강화(예, 음식, 장난감, 포인트 점수)보다 장기간의 효과가 있으며 여러 환경에 걸쳐 더욱 자연스럽게 일어나기 쉽다.

3. 환경 내에서 환경과 사람은 행동을 관리한다. 행동 원리는 교사나 학생만이 아니라 모든 사람에게 적용된다. 예를 들어, 임금과 칭찬은 사회에서 성인의 행동에 영향을 주는 강화물이 된다. 심지어는 윤리적인 행동과 권리, 책임까지도 결과에 의해 관리된다. 윤리적인 행위는 일반적으로 보상받게 되는 반면, 비윤리적인 행위는 벌을 받게 된다.

4. 행동을 배우고 변화시키는 절차가 있다. 학습은 시간의 흐름에 따른 행동 변화에 의해 입증된다. 또한 행동주의는 내적인 정신과정이 외적 행동을 관리하는 동일한 환경적 우연에 의해 관리될 수 있다고 제안한다. 복잡한 행동은 무수하게 많은 작은 행동으로 구성되어 있다고 가정되기 때문에, 대부분의 행동은 행동 형성(shaping)이나 행동 연쇄(behavior chaining)를 통해 가르칠 수 있다. 이러한 방법은 과제분석이나 행동을 하위 구성 요소 부분으로 분류하는 것과 관련된다. 행동 형성은 행동에 성공적으로 근접하는 것에 강화를 함으로써 이루어진다. 행동 연쇄는 각각의 작은 과제를 가르치고 그것들을 한데 모아 올바른 순서대로 수행하는 것이다. 대부분의 행동 형성과 행동 연쇄는 사회성 기술 훈련에 활용할 수 있는데, 이는 대부분의 사회적 활동이 그 상황에 관련된 사람들의 연속된 행동 개시와 반응을 필요로 하기 때문이다.

바람직한 행동은 환경적 조건과 결과(즉, 선행사건, 행동, 후속결과) 모두를 관리함으로써 발달되고 강화되고 유지된다. 따라서 행동주의는 사건과 행동 간의 기능적 관계에 초점을 둔다. 행동 기능은 진정한 행동 변화가 이루어지기 전에 인식되어야 한다. 교사가 기능적 행동분석을 수행할 때에는 다음과 같은 관련 질문을 해야 한다.

• 이 행동을 유지하게 하는 것은 무엇인가?
• 이 행동의 기능은 무엇인가?
• 이 행동은 의사소통 기능을 하는가?
• 이 행동은 주의를 끌거나 과제를 회피하려고 하는 것인가?
• 이 행동은 학생을 불쾌한 환경에서 벗어나게 해 주는가?

부적응 행동이나 바람직하지 못한 행동을 바꾸기 위해서, 교사는 행동의 기능과 그 행동의 결과에 대해 결정해야 한다. 그런 다음 다양한 행동이나 결과의 기능을 접한다. 마지막으로 동일한 기능을 하면서 같은 수준으로 매력적인 대체 행동을 찾는다. 그렇게 하지 않으면 충동성/부적응 행동은 계속될 것이다.

교수와 학습을 위한 시사점　　행동주의적 모델은 바람직하지 못한 행동을 관리하는 데 매우 효과적이다. 이 모델은 중요한 사회성 기술 교수에도 효과적이다. 예를 들어, 교사는 학생으로 하여금 다단계의 복잡한 행동을 학습하도록 돕기 위해 행동 연쇄를 사용한다. 이러한 예는 장기 프로젝트에 의해 완성된다. 장애 학생은 결과물 완성에 따른 즉각적인 만족을 경험하지 못하면 좌절할 수 있다. 교사는 학생이 다단계의 장기 프로젝트나 과제를 완성하도록 돕기 위해 (1) 진보를 어떻게 확인할 수 있는지 보여 주는 개요나 '매핑(mapping)'(예, 다양한 단계에서의 결과물 예시), (2) 벤치마크 체크포인트(예, 다양한 단계를 완성해야 할 마감일), (3) 학생으로 하여금 자신이 얼마나 진전하였는지 알도록 하는 지속적인 피드백, (4) 필요하다면 연령에 적합한 강화를 제공할 수 있다. 기능적 행동분석은 학급에서의 사회적 행동을 설명해 준다. 간단한 ABC 분석은 행동의 목적을 결정하고 그 행동을 유지시키는 결과를 확인하기 위해 사용될 수 있다(4장 참조).

이 모델을 확장함으로써 학생에게서 더 바람직한 결과를 이끌어 낼 수 있다. 교사는 경쟁행동경로(Sugai, Lewis-Palmer, & Hagan, 1998)를 통해 학생이 성공적인 학교생활에 필요한 기술과 행동을 습득하도록 지원해 줄 수 있다([그림 14-1] 참조). 경쟁경로 모델에서는 학생이 그들을 여전히 강화하는 결과를 초래하는

다른 행동을 사용하도록 조장한다. 결국에는 학생이 진보해 감에 따라 이전의 성과만큼 혹은 그보다 더 많이 강화해 주는 다른 결과가 나타나는 기술을 개발하게 된다. 학생에게 부담되는 환경적 요구를 변화시킴으로써 참여와 개시, 상보적 상호작용과 같은 긍정적인 사회적 행동을 지원할 수 있다. 결국에는 개인이 긍정적이고 바람직한 사회적 반응을 하도록 이끌어 줌으로써 개인적·사회적으로 강화하는 다양한 유형의 결과를 초래할 수 있는 것이다.

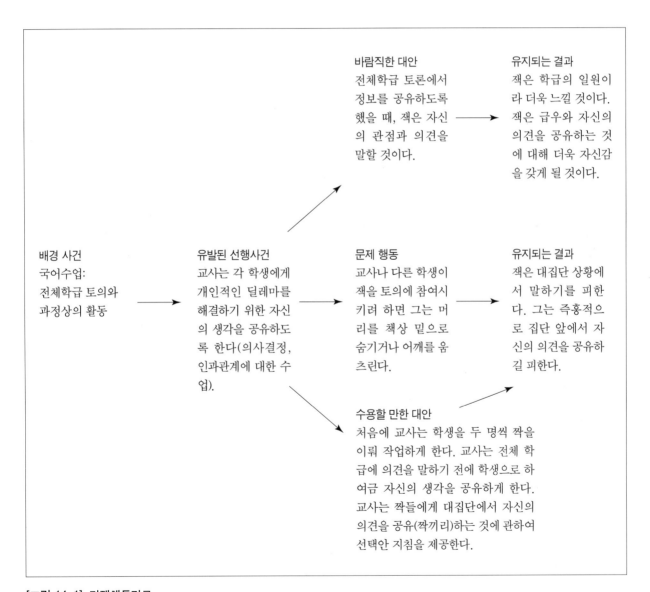

[그림 14-1] 경쟁행동경로

출처: G. M. Sugai, T, Lewis-Palmer, & S. L. Hagan, *Preventing School Failure* (1998), *43*(1), 6-13. Published by Heldref Publications, 1319 Eighteenth St., NW, Washing, DC 20036-1802. Copyright 1998. Helen Dwight Reid Educational Foundation의 허락하에 재사용됨.

응용행동분석(ABA)은 그 자체가 교수적 접근은 아니지만, 객관적으로 행동자료를 수집하고 점검하기 위한 훌륭한 방법이다. 응용행동분석은 학생의 진보 여부를 전문가에게 알리기 위해 체계적으로 사용될 수 있다. 이와 같은 자료수집 방법을 통해 학생이 만약 진보를 보이지 않는 것으로 밝혀지면 형성평가를 통해 교수적 접근을 바꿀 수 있다. 사회적 행동에 관한 자료 수집도 가능하다. 행동주의적 접근(예, 유관계약의 사용, 차별 행동의 강화)은 사회적 문제 해결과 화 다스리기와 같은 특정 행동을 다루는 데 응용될 수 있다. 예를 들어, 학생과 교사 간의 서면 계약은 적절한 사회적 문제해결 기술을 지원하는 데 효과적일 수 있으며(Kirk, Gallagher, & Anastasiow, 2006), 적절한 사회적 행동에 수여되는 포인트는 선호하는 사회 활동과 교환될 수 있다. 사회 활동은 그 자체의 목표가 사회적 통합과 유능한 사회적 기능의 증가에 있으므로, 사회성 기술을 가르칠 때에는 구체물이 아닌 사회 활동이 강화제로 사용되어야 한다.

사회성 기술을 가르치기 위한 직접교수 접근은 행동주의 범주에 속한다. 〈표 14-1〉에는 요구하는 법을 가르치기 위한 각본화된 수업계획안의 예시가 제시되어 있다. 학생에게 사회성 기술을 내용 교과와 함께 명시적으로 가르칠 수 있다. 〈표 14-2〉에는 사회성 기술을 과학탐구시간에 가르치는 약식 수업계획안의 예가 제시되어 있다.

 교사를 위한 정보 14.2

화 다스리기나 문제 해결에 도움이 필요한 학생이 있다면 화 다스리기 전략인 CALM과 문제해결 전략인 ICAN을 교사 주도적 수업을 통해 가르친다.

CALM(화 다스리기)
- Can you identify if you're starting to get angry?(자신이 화가 나기 시작했다는 것을 알 수 있는가?)
- Are there some techniques you can use to calm yourself down?(자신을 진정시킬 수 있는 여러 가지 기법이 있는가?)
- Look at these techniques, choose the best one, and try it(여기 있는 기법을 보고, 가장 좋은 것을 선택하여 시도해 본다).
- Monitor yourself. Is it working? If not try it again(스스로 점검해 본다. 효과가 있는가? 효과가 없다면 다시 시도해 본다).

ICAN(문제 해결)
- Identify the problem(문제를 확인한다).
- Can you identify some solutions?(여러 가지 해결책을 찾을 수 있는가?)
- Analyze the solutions(해결책을 분석한다).
- Now, pick one and try it. If it doesn't work, try it again(이제 하나를 선택하여 시도해 본다. 문제가 해결되지 않는다면 그것을 다시 시도해 본다)(William & Reisberg, 2003).

표 14-1 요구하는 방법을 가르치기 위한 각본화된 수업계획안

주제	요구하는 방법(사회성 기술)	
IEP 목표	요구하고, 누군가에게 인사하고, 교사의 주목을 받고, 피드백을 수용하도록 했을 때, 학생은 다섯 번의 시도 중에 다섯 번 모두 100% 정확도로 사회성 기술(체크리스트에 수록되어 있음)의 각 단계를 수행할 것이다.	
수업 목표	학급에서 교사나 학생에게 요구하도록 했을 때, 학생은 상대방을 보고, 적절하게 그들의 주목을 받고, 상냥한 목소리로 요구하고, 요구를 들어주면 "고맙습니다(고마워)."라고 말하는 것을 세 번의 시도 중에 세 번 모두 수행한다.	
수업구성 요소	교사 질문과 교수 및 피드백	예상되는 학생 반응
주의집중 단서	질 문: "모두들 사회성 기술을 배울 준비가 됐나요? 나를 보세요."	"네."
예상 단계	질 문: "어제 선생님은 문방구에서 연필 한 통을 샀어요. 이 연필을 우리 반 학생들과 나눠 쓰려고 해요. 어떻게 하면 소동 없이 모두에게 연필을 나눠 줄 수 있을까요?" 피드백: "순서를 지킨다는 것은 좋은 아이디어에요." 질 문: "어떤 순서로 나눠 주면 좋을까요? 피드백: "좋은 생각이에요. 그 제안이 좋네요."	"순서를 지켜요." "우리가 손을 들고 달라고 해요."
검토	설 명: "지난주에 우리는 적절하게 교사의 주목을 받는 방법을 배웠어요. 여러분이 나에게 적절하게 주목받는 방법을 기억하고 있는지 봅시다. 내가 질문을 할 거예요. 질문에 답할 수 있는 사람은 적절한 방법으로 내 주목을 받아 보세요. 그럼 내가 답할 사람을 부를 겁니다." 질 문: "준비됐나요?" 질 문: "밖에 날씨가 어떤가요?" 피드백: "이 질문에 대한 답을 아는 사람은 손을 들어 내 주목을 끌어 보세요." 설 명: "조지프." 피드백: "그래요, 눈이 와요. 선생님의 주목을 끌기 위해 손을 들고 내가 부를 때까지 기다려 줘서 고마워요." 피드백: "기억하세요, 선생님의 주목을 받기 원할 때에는 손을 들고 내가 여러분을 부를 때까지 기다립니다. 레이먼, 선생님에게 적절하게 주목받는 방법을 보여 주세요." 설 명: "손들어 줘서 고마워요." 질 문: "레이먼, 밖에 날씨는 어떤가요?" 설 명: "여학생에게 질문할 겁니다. 남학생은 여학생이 적절하게 선생님의 주목을 받는지 지켜보세요." 질 문: "여학생 여러분, 여러분이 좋아하는 색은 뭔가요?" 질 문: "에이미." 피드백: "선생님도 파란색을 좋아해요. 손들고 선생님이 부를 때까지 기다려 줘서 고마워요." 질 문: "남학생 여러분, 여학생이 어땠어요? 여학생이 적절하게 내 주목을 받았다고 생각하면 엄지손가락을 세워 주세요." 피드백: "선생님도 잘했다고 생각해요. 여학생 모두 손을 들고 내가 부를 때까지 잘 기다려 줬어요." (필요하다면 추가 질문을 한다.)	"네." (학생들이 손을 든다.) "눈이 와요." "그런데 해도 나왔어요." (레이먼이 손을 든다.) "해도 떴어요." (여학생이 손을 든다.) "파란색을 좋아해요." (남학생이 엄지손가락을 세운다.)
선행학습 확인	질 문: "여러분 중 요구하기가 무엇을 뜻하는 건지 아는 사람 있나요?" 피드백: "맞아요. 여러분이 요구한다는 것은 누군가에게 무언가를 바라는 겁니다."	"누군가에게 무엇인가를 바라는 거예요."

목표 진술	설　명: "오늘 우리는 적절하게 요구하는 방법을 배울 겁니다. 이것은 중요한 사회성 기술이에요. 왜냐하면 우리는 항상 다른 사람에게 요구하기 때문이지요. 예를 들어, 여러분이 맥도널드에서 햄버거를 주문할 때 요구를 하지요. 오늘 여러분은 요구하기 위한 단계를 배울 겁니다." 질　문: "오늘 무엇을 배운다고요?"	"요구하는 방법이요."
교수	설　명: "요구하기에는 네 가지 단계가 있어요. 첫 번째 단계는 '상대방을 본다' 입니다." (칠판에 첫 번째 단계가 쓰인 긴 종이를 붙인다.) 질　문: "첫 번째 단계가 뭐라고요? 함께 읽어 봅시다. '상대방을 본다.'" 피드백: "잘 말했어요." 설　명: "누군가에게 말을 걸려고 할 때에는 그 사람을 봅니다." 설　명: "두 번째 단계는 '적절하게 그 사람의 주목을 받는다' 입니다." (칠판에 두 번째 단계가 쓰인 긴 종이를 붙인다.) 설　명: "여러분이 선생님에게 주목받으려면 손을 들어요. 여러분이 다른 학생의 주목을 받기 원한다면 그 친구의 이름을 부릅니다." 질　문: 두 번째 단계가 뭐라고요? 함께 읽어 봅시다. '그 사람의 주목을 받는다.'" 피드백: "잘했어요." 질　문: "선생님의 주목을 받으려면 어떻게 하죠?" 피드백: "맞아요." 질　문: "다른 학생의 주목을 받으려면 어떻게 하죠?" 피드백: "잘했어요." 설　명: "일단 상대방의 주목을 받으면 상냥한 목소리로 여러분의 요구를 말하세요." 질　문: "다음으로 무엇을 한다고요? 함께 읽어 봅시다." 피드백: "세 번째 단계는 '상냥한 목소리로 요구한다' 입니다." 질　문: "세 번째 단계가 뭐라고요? 함께 읽어 봅시다. '상냥한 목소리로 요구한다.'" 피드백: "잘 대답했어요." 설　명: "상냥한 목소리란 여러분의 행복한 목소리예요." 질　문: "상냥한 목소리가 뭐라고요?" 설　명: "마지막 단계는 여러분의 요구를 들어주면 '고마워'라고 말하는 겁니다. '고마워'란 말은 상대방에게 감사를 표하도록 기억하게 도와줘요. 누군가가 여러분을 위해 뭔가를 해 줄 때 고맙다고 말하는 것은 언제나 예의 바른 행위이지요." 질　문: "마지막 단계가 뭐라고요? 함께 읽어 봅시다." 피드백: "잘했어요."	"상대방을 본다." "그 사람의 주목을 받는다." "손을 들어요." "그 친구의 이름을 불러요." (무반응) "상냥한 목소리로 요구한다." "행복한 목소리요." "'고마워'라고 말해요."
모델링	설　명: "이제 우린 단계를 알고 있어요. 선생님이 요구하는 행동을 하는 동안 지켜보세요. 나는 앰버에게 뭔가를 요구를 할 거예요. 첫 번째, 나는 앰버를 본다." 질　문: "처음에 나는 무엇을 했죠?" 피드백: "맞았어요." 설　명: "그런 다음 나는 앰버의 주목을 받아요. 나는 '앰버' 하고 말해요." 질　문: "나는 앰버의 주목을 어떻게 받았죠?" 피드백: "여러분이 선생님의 주목을 받기 원할 때에는 손을 들어요. 여러분이 학생들의 주목을 받기를 원할 때에는 친구의 이름을 불러요." 질　문: "나는 앰버의 주목을 어떻게 받았죠?" 피드백: "아주 잘했어요."	"앰버를 봤어요." "손을 들었어요." "그 친구의 이름을 말했어요."

모델링	설 명: "앰버의 주목을 받으면 나는 상냥한 목소리로 요구합니다. '앰버, 연필 좀 빌려줄래?' 질 문: "나는 요구할 때 어떤 목소리를 사용했죠?" 피드백: "네, 좋은, 즉 친절한 목소리를 사용했어요." 질 문: "나는 앰버에게 소리를 질렀나요?" 피드백: "나는 상냥한 목소리를 사용했어요." 설 명: "고마워, 앰버." 질 문: "앰버가 나에게 연필을 빌려 주었을 때 내가 뭐라고 말했죠?" 피드백: "'고마워'라고 말하는 것을 항상 기억하세요." (추가적인 예를 들어 위의 활동을 반복한다. 최소 한 번은 적절치 못한 사례, 즉 어떤 단계를 빠뜨린 후 학생으로 하여금 수정하게 한다.)	"좋은 목소리요." "아니요." "고마워."
안내된 연습	설 명: "이제 이 단계들을 함께 연습해 볼 거예요." 설 명: "먼저 내가 가리키는 각각의 단계를 말해 봅시다." 피드백: "정말 잘했어요." (이 단계들을 네 번 더 소리 내어 말한다. 학생으로 하여금 단계를 외우게 하면서 매번 한 단계씩 지워 나간다.) 설 명: "선생님이 가져왔던 연필 기억하지요? 연필을 갖고 싶다면 손을 드세요." 피드백: "잘했어요. 손 내리세요." 설 명: "여러분은 단체로 연필을 가질 수 있는지에 대해 물어볼 겁니다." 질 문: "처음에 어떻게 하나요? 다 같이~" 질 문: "그런 다음에는 어떻게 하죠?" 피드백: "훌륭해요!" 질 문: "나는 선생님입니다. 여러분은 어떻게 내 주목을 받나요?" 피드백: "그렇죠, 손을 들어요." 설 명: "그다음에는…". 설 명: "그리고 선생님이 요구를 받아들이면 여러분은 어떻게 해야 하죠?" 피드백: "훌륭해요. 자, 이제 실제로 해 봅시다." 설 명: "준비되었지요?. 요구하기 위해 내 주목을 받는다." 피드백: "아주 좋았어요. 여러분 모두가 손을 들었네요." 설 명: "맞았어요. 다 함께 물어봅시다. '이 연필 내가 가져도 되나요?' 준비되었나요? 물어보세요." 피드백: "아주 잘했어요! 그럼요, 가져도 돼요." (학생에게 연필을 건넨다.) 설 명: "그다음에는 뭐라고 말하죠?" 피드백: "우와, 여러분은 이제 모든 단계를 해 봤어요." (같은 과정을 두 번 이상 해 본다. 학생으로 하여금 앞에 서서 종이 한 장을 가질 수 있는지 물어보도록 한다. 체크리스트를 나눠 준다; [그림 A] 참조.) 설 명: "여러분 중에 한 명이 앞에 나와 해 볼 거예요." 질 문: "누가 해 볼까요?" 설 명: "로사, 물을 마실 수 있는지 물어보는 거예요. 준비되었나요?" 설 명: "시작하세요."	"상대방을 본다. 그 사람의 주목을 받는다. 상냥한 목소리로 요구한다. '고맙습니다(고마워)'라고 말한다." (학생이 손을 든다.) "선생님을 봐요." "주목을 받아요." "손을 들어요." "상냥한 목소리로 요구를 말해요." "'고맙습니다'라고 말해요." (학생들이 손을 든다.) "이 연필 내가 가져도 되나요?" "고맙습니다." (로사가 손을 든다.) "네." (로사는 교사를 보고 손을 든다.)

안내된 연습	설 명: "로사."	"물을 마셔도 될까요?"
	설 명: "네, 그렇게 하세요."	"고맙습니다."
	설 명: "아주 잘했어요, 로사!"	
	질 문: "여러분, 로사가 모든 단계를 잘했나요?"	"네."
	질 문: "로사가 무엇을 했죠?"	
	설 명: "로사가 요구하기 위해 수행한 모든 단계를 말해 보세요."	"상대방을 본다. 그 사람의 주목을 받는다. 상냥한 목소리로 요구한다. '고맙습니다(고마워)'라고 말한다."
	피드백: "모두들 로사를 잘 지켜봤네요!" (학급이 작다면 모든 학생이 요구하기를 연습하도록 한다.)	
후반기 안내된 연습	설 명: "이제 친구들과 요구하기 연습을 할 거예요. 짝끼리 모이세요."	(학생이 짝지어 이동한다.)
	피드백: "빠르고 조용하게 움직여 줘서 고마워요."	
	설 명: "여러분은 각각 짝끼리 요구하기 연습을 할 겁니다. 여러분이 잘하는지 확인할 수 있도록 체크리스트를 나눠 줄게요. 한 명은 체크리스트를 채워 나가고 다른 한 명은 짝에게 요구하기를 할 거예요."	
	설 명: "모두 이름을 적는 란을 손가락으로 가리키세요. 거기에 짝 이름을 쓰세요."	
	질 문: "누구의 이름을 쓴다고 했죠?"	"짝 이름이요."
	피드백: "아주 좋아요! 자, 짝 이름을 쓰세요."	
	설 명: "작성자라고 적힌 마지막 줄에 손가락을 가리키세요."	(학생은 마지막 줄에 손가락을 댄다.)
	피드백: "좋아요."	
	설 명: "이제 자신의 이름을 쓰세요."	(학생은 종이에 이름을 적는다.)
	설 명: "우리는 요구하기 연습을 하고 이 종이를 채워 갈 겁니다. 잠시 종이를 내려놓으세요. 요구하기를 연습하고 나면 이 종이를 채워 넣으세요. 오른쪽에 있는 사람부터 시작할 거예요. 오른쪽에 있는 사람은 손들어 보세요."	(학생이 손을 든다.)
	설 명: "오른쪽에 있는 사람이 책을 빌려 달라고 할 겁니다."	
	질 문: "짝의 주목을 받기 위해서 손을 올릴 필요가 있나요?"	"아니요. 네."
	피드백: "짝의 주목을 받으려면, 그의 이름을 불러요."	
	질 문: "여러분의 짝에게 주목을 받으려면 어떻게 한다고요?"	"짝의 이름을 말해요."
	설 명: "이제 요구하기 연습을 시작합시다. 책을 빌릴 수 있는지 짝에게 물어보세요."	(짝과 함께 연습한다.)
	설 명: "이제, 왼쪽에 있는 사람 손들어 보세요."	(몇몇 학생이 손을 든다.)
	피드백: "왼쪽에 있는 사람은 듣고 있던 사람입니다. 듣고 있던 사람은 손을 드세요."	(학생이 손을 든다.)
	피드백: "아주 좋아요."	
	설 명: "여러분은 종이를 채워 나갈 겁니다. 첫 번째 칸에 손가락을 대세요. 여기가 첫 번째 칸입니다. (첫 번째 칸을 가리킨다.) 각 항목에 대해 써 내려갑니다. 여러분의 짝이 각각의 단계를 수행하면 네모 안에 체크 표시를 하세요."	(학생은 첫 칸에 손을 둔다.)
	설 명: "다 같이 읽어 봅시다. '상대방을 본다.'"	"상대방을 본다."
	설 명: "짝이 쳐다보면 이렇게 체크하세요."	

후반기 안내된 연습	질　문: "네모 안에 무엇을 한다고요?" 질　문: "어디에 체크한다고요?" 피드백: "훌륭해요!" 질　문: "다음 단계는 무엇이죠?" 설　명: "짝이 주목을 받기 위해 여러분의 이름을 부르면 체크 표시를 하세요." 피드백: "잘 따라 줘서 고마워요." 질　문: "우리가 체크할 다음 단계는 무엇이죠?" 피드백: "그렇죠." 질　문: "무엇을 하지요?" 질　문: "짝이 상냥한 목소리로 요구하는 것을 잊었다면 체크를 해야 하나요?" 오류 정정: "짝이 단계를 잊었다면 네모 안을 비워 두세요." 질　문: "짝이 단계를 잊었으면 어떻게 한다고요?" 피드백: "맞았어요." 질　문: "우리가 체크할 마지막 단계는 무엇이죠?" 피드백: "잘했어요." 질　문: "무엇을 하지요?" 피드백: "훌륭하게 잘했어요. 종이를 잘 채워 나갔어요. (짝끼리 역할을 바꾸게 하고 다른 짝에게 체크리스트 작성과정을 다시 안내해 준다.)	"체크해요." "네모 안에요." "짝의 주목을 받아요." (학생은 네모 안에 체크한다.) "상냥한 목소리로 요구한다." "체크해요." "네." "네모안을 비워 둬요." "'고마워' 라고 말해요." "네모 안에 체크를 해요."
독립 연습	설　명: "이제 여러분의 짝과 두 가지 이상 더 요구하기 연습을 할 거예요. 번갈아가며 요구하기를 해 보세요. 듣고 있는 사람이 종이를 작성합니다." 질　문: "종이를 누가 작성한다고요?" 피드백: "맞았어요." 설　명: "연필이나 종이, 책을 빌리고자 물어볼 수 있겠죠." 질　문: "질문 있나요?" 설　명: "오늘은 그냥 연습하는 거예요. 책과 연필, 종이는 돌려주는 겁니다. 자, 책을 빌려 봅시다. 잠시 동안만요." 설　명: "요구하기를 하는 사람이 시작합니다." (점검한다.) 설　명: "듣고 있는 사람이 종이를 써 나갑니다." 설　명: "역할을 바꾸세요." (학생들은 세 번의 연습을 하여 세 개의 체크리스트를 작성한다.) 설　명: "자, 시작합시다. 나는 돌아다니며 여러분이 하는 것을 점검할 거예요."	"듣고 있는 사람이요." "저는 제 책을 짝에게 주고 싶지 않아요."
마무리	설　명: "오늘 우리는 요구하는 방법에 대해 배웠습니다. 나를 보세요. 마지막으로 종이를 보지 않고 단계를 말해 보세요." 설　명: "훌륭해요. 여러분 모두 요구하는 방법을 배웠습니다. 내일은 우리가 요구했을 때 상대방이 '안 돼' 라고 하면 어떻게 할지에 대해 배울 거예요." 피드백: "오늘 선생님의 지시를 잘 따라 줘서 고마워요."	"상대방을 본다. 그 사람의 주목을 받는다. 상냥한 목소리로 요구한다. '고맙습니다(고마워)' 라고 말한다."

(첫 시도는 안내된 연습을 하는 동안 작성된다. 두 번째 시도는 수업 평가를 위해 독립적 연습을 하는 동안 완성된다.)

이름 _____

☐ 상대방을 본다. ☐ 그 사람의 주목을 받는다. ☐ 상냥한 목소리로 요구한다. ☐ "고맙습니다(고마워)."라고 말한다.

☐ 상대방을 본다. ☐ 그 사람의 주목을 받는다. ☐ 상냥한 목소리로 요구한다. ☐ "고맙습니다(고마워)."라고 말한다.

☐ 상대방을 본다. ☐ 그 사람의 주목을 받는다. ☐ 상냥한 목소리로 요구한다. ☐ "고맙습니다(고마워)."라고 말한다.

작성자 _____

[그림 A] 사회성 기술 체크리스트: 요구하기

표 14-2 사회성 기술 요소가 포함된 각본화된 약식 과학탐구 수업

수업목표 1.	짝과 함께 열 가지 물질의 pH를 측정하도록 했을 때, 각 쌍의 짝들은 각자가 다섯 가지 물질의 pH를 측정하여 수치를 적을 때까지 교대로 할 것이다.
수업목표 2.	열 가지 물질과 5개의 종이 pH 테스터가 제공되면 학생은 각 물질을 종이 pH 테스터 위에 떨어뜨리고, 교사의 답안지와 비교하여 평가할 때 100% 정확하게 각 물질의 pH 수준을 쓸 것이다.
예상 단계	(오렌지주스 컵을 든다.) 질문: "오렌지주스가 산성인지 염기성인지 알아맞혀 보세요."
복습	(pH 척도를 보여 준다.) 설명: "물질이 산성이라 가리키는 수치는 얼마인지, 물질이 염기성이라 가리키는 수치는 얼마인지 쓰세요."
목표 진술	설명: "이 수업을 통해 여러분은 다양한 물질의 pH 측정방법을 배울 겁니다. 그리고 여러분은 이 과제를 완수하기 위해 교대로 하는 방법도 배울 거예요."
목표 1. 사회성 기술에 대한 모델링과 교수	설명: "여러분은 짝과 함께 이번 활동을 할 겁니다. 알리샤, 내가 교대로 하는 방법과 이번 과학실험을 완수하는 방법을 설명하는 동안 앞에 나와 선생님 짝이 되어 줄래요? 우리가 과학실험 활동을 하기 전에 여러분은 교대로 하는 방법을 배울 거예요. 교대로 하기 위해서는 우선 누가 먼저 할지를 결정해야 합니다. 한 쌍 중 한 명이 다른 한 명에게 먼저 시작할 건지 물어볼 겁니다. 나는 알리샤에게 먼저 하고 싶은지 물어볼 거예요. '알리샤, 네가 먼저 시작할래?' 알리샤는 그러겠다고 말했어요. 알리샤가 먼저 하고자 합니다. 그래서 알리샤를 먼저 하게 하고, 나는 기다리며 지켜봅니다. 만약에 알리샤가 먼저 하고 싶지 않다고 했다면 내가 먼저 하고 알리샤가 기다렸겠죠. 처음 시작한 사람의 차례가 끝나면 서로 바꿔 다른 사람의 차례가 됩니다. 알리샤가 먼저 했으니, 이제 내 차례예요. 나는 교대하여 실험 테이블 위에 종이 타월을 올려놓고, 알리샤는 지켜보면서 기다립니다."
안내된 연습	설명: "짝끼리 모이세요. 이제 우리는 실험을 위해서 종이 타월을 꺼내 놓으면서 사회성 기술을 연습할 거예요. 여기 여러분이 해야 할 단계가 있습니다. 우선 누가 먼저 할지 결정합니다. (학생으로 하여금 각자의 짝에게 누가 먼저 할지 묻도록 촉진한다.) 다음으로 먼저 하고자 하는 학생이 시작하고, 다른 사람은 지켜보며 기다립니다. 이제 서로 바꾸어 다음 차례의 사람이 교대하여 실험을 합니다." (더 많은 실험재료를 제공함으로써 사회성 기술을 계속 연습하게 한다.)
독립 연습	(독립 연습은 교사가 모델링해 주고 실험 절차를 보여 줌으로써 이루어질 것이다.)

목표 2. 과학실험을 위한 모델링과 교수	설명: "이제 여러분은 실험 절차를 배우면서 교대로 하는 기술을 연습할 겁니다. 교대로 하는 연습을 하기 전에 내가 절차에 대해 모델링해 줄 거예요. 첫째, 종이 타월 위에 종이 pH 테스터를 놓습니다. (시범을 보인다.) 둘째, 나는 목록 속 첫 번째 물질을 측정할 겁니다. 나는 내 앞에 물질을 놓고, 병에서 물질을 꺼내기 위해 스포이드를 사용합니다. 물질이 담긴 병에 스포이드를 넣고, 물질을 추출하기 위해 스포이드 윗부분을 누릅니다. (시범을 보인다.) 그런 후, 첫 번째 종이 pH 테스터 위에다 스포이드를 눌러 물질을 떨어뜨립니다. 그러고는 종이를 지켜보고 색깔이 변하는지 봅니다. 종이 위에 나타난 색깔은 pH 수치를 말해 줍니다. 종이의 색깔이 변하면 그 종이를 넓은 범위의 pH 눈금 옆에 놓고 색깔과 매치되는 곳에 정렬해 놓습니다. 매치되는 곳이 그 물질의 pH입니다. (색깔을 정렬해 놓는 것을 시범 보인다.) 일단 매치되는 곳을 찾으면 눈금의 수치를 보고 그것을 적습니다." (세 가지 물질로 시범을 더 보여 준다.)
안내된 연습	(학생에게 측정할 물질 목록을 준다.) 설명: 측정을 시작하기 전에 여러분은 교대로 하기 사회성 기술을 연습해야 합니다. 짝과 함께 누가 먼저 할 건지 결정하세요. 일단 누가 먼저 할지 결정하면 그 사람이 이 절차를 연습할 것이며, 다른 사람은 지켜보며 기다릴 겁니다. 먼저 할 사람은 우선 종이 타월 위에 종이 pH 테스터를 놓습니다. (학생이 종이 타월과 종이 pH 테스터를 꺼내 놓도록 촉진한다.) 둘째, 목록 속 첫 번째 물질을 측정할 겁니다. 우리는 우리 앞에 물질을 놓고, 병에서 물질을 꺼내기 위해 스포이드를 사용합니다. (학생으로 하여금 첫 번째 표본을 모으도록 촉진한다.) 그런 다음에는 첫 번째 종이 pH 테스터 위에다 스포이드를 눌러 물질을 떨어뜨리세요. (학생이 이 단계를 완수하도록 촉진한다.) 그러고는 종이를 지켜보고 색깔이 변하는지 봅니다. 종이의 색깔이 변하면 그 종이를 넓은 범위의 pH 눈금 옆에 놓고 그것을 색깔과 매치되는 곳에 정렬해 놓습니다. (학생은 그들의 종이를 눈금에 정렬해 놓는다.) 일단 매치되는 곳을 찾으면 눈금의 수치를 보고 그것을 적습니다." 이제 여러분의 짝 차례입니다. (짝에게 이 절차를 안내해 준다. 각 짝이 이 절차에 대해 연습할 기회를 갖도록 두 번 더 이 과정을 반복한다.)
독립 연습	(학생에게 10개 항목으로 구성된 목록을 주고 교대로 하기와 물질의 pH 측정하기에 대해 연습한 절차대로 따라 하도록 지시한다. 짝을 이룬 두 명은 각자 목록에서 5개 항목의 pH를 측정하게 될 것이라고 학생에게 지시한다.

사회학습이론

행동주의와 일관되게, Bandura(1997)는 사람들이 활동을 즐겁고 보상이 되고 유익하다고 느끼면 그것에 참여한다고 말한다. 경험의 보상 유무는 개인의 예상과 의도, 자기평가에 의해 영향을 받는다. Bandura는 행동을 유지하는 데 통찰과 자기 인식, 기초적 동기가 커다란 역할을 한다고 믿는다. 또한 그는 사람이 외부적 힘(환경)에 수동적으로만 반응하지는 않으며 상징적이고 대리적이고 자기조절적인 과정 역시 인간 행동에 역할을 담당한다고 주장한다. 다음은 사회학습이론의 기본 전제다.

1. 사람은 관찰을 통해서 배운다. 사람은 배우기 위해 보상과 벌을 개인적으로 경험할 필요는 없다.

실제로 우리는 주로 다른 사람의 행동을 관찰하고 그 결과에 주목함으로써 더 빨리 배운다. 말과 같이 복잡한 행동은 모델링과 반복을 통해서만 습득될 수 있다. 인간은 세 가지 유형의 모델에서 배울 수 있다. 즉, (1) 살아 있는 모델, (2) 상징적 모델이나 사람에 대한 '이미지'(예, TV, 비디오, 영화, 책), (3) 언어 텍스트(예, 지문을 통한 교수) 모델(성문화된 지도)이다. 모델이 (1) 학생과 더 비슷한 모델일수록(예, 연령, 성별, 민족), (2) 학생에게 유능하고 힘이 인식될수록, 학생은 그 모델의 행동을 더 잘 받아들일 것이다.

테리는 고등학교 합창단에 들어가는 데 관심이 있다. 그녀의 언니는 지난 2년 동안 합창단에 소속되어 있으며, 이로 인해 학교에서의 소속감과 인기가 많아졌다. 테리는 언니가 유능하고 힘과 명성을 가졌다고 인식한다. 언니는 여학생에게 수용될 수 있는 태도로 행동하며, 테리는 언니가 속한 집단과 유사한 사회집단에 속하길 바란다. 따라서 테리는 합창단에 들어감으로써 언니의 행동을 모방하려 한다.

2. 학습은 행동이 변하기 전에 일어날 수 있다. 사람은 자신의 행동으로 인한 결과에 대해 예측한다. 사람은 대리적 강화—일련의 행동에 대해 강화된 다른 것에 대해 읽거나 보는 것—를 통해 배운다. 우리는 해야 할 행동과 반드시 수행하지 않아도 되는 행동을 상상할 수 있다(Crain, 2005).

아리는 다른 사람에게 먼저 말을 걸길 원한다. 그는 여러 방식으로 이 기술을 배운다. 그는 선생님과 다른 학생이 대화를 시작하는 것을 지켜본다(실제 모델). 그는 텔레비전 토크쇼 진행자가 대화를 시작하는 것을 본다(상징적 모델). 또 선생님이 사회성 기술 수업에서 나눠 준 일련의 지침대로 따라 해 보고, 대화를 시작하는 법에 관한 이야기를 읽는다(텍스트 모델). 아리는 실제로 대화를 스스로 시작하기 전에 대화를 시작하는 방법을 배운다!

3. 강화는 학습에 역할을 담당하긴 하나 학습을 전적으로 책임지는 것은 아니다. 학생이 행동에 대해 강화된 모델을 관찰한 후 그 행동을 받아들이기 위해서는 네 가지 요소가 있어야 한다. 첫째, 학생은 모델과 그 상황의 관련 특성에 주의를 기울여야 한다. 둘째, 학생은 구어적이거나 시각적인 표상을 기호화하고 유지해야 한다. 셋째, 학생은 모델의 행동을 신체적으로 재현할 수 있어야 한다. 마지막으로 학생은 관찰된 행동을 수행하도록 동기화되어야 한다.

윌리엄은 프레드가 여학생에게 댄스파티에 같이 가자고 하는 것을 지켜본다. 윌리엄은 프레드의 신체언어와 얼굴 표정, 목소리 톤, 대화 내용에 주의를 기울인다. 윌리엄은 머릿속에 잘 기억해 두었다 이제 윌리엄의 차례다. 그는 관찰했던 것을 머릿속으로 다시 대뇌고 나서 같이 가고픈 여학생에게 다가갔다. 그 결과는 성공적이었다! 그 여학생은 제안을 받아들였다. 이 경우 윌리엄은 관찰한 행동의 관련 특성에 주의를 기울였고, 자신이 관찰한 것을 기억해 두었고, 그 과제를 완수할 수 있었으며, 그 행동을 실행하기 위한 동기화가 되어 있었다.

미치는 도나가 친구에게 장난감을 공유하자고 제안하고 친구들과 노는 것을 지켜본다. 다음 날 미치는 친구가 별로 없는 짐과 같은 시간에 자유시간이 주어진다. 전날 도나가 했던 행동을 떠올린 미치는 짐에게 장난감을 가지고 함께 놀자고 한다. 선생님은 미치에게 고마워하고 미치는 기분이 좋아진다. 이처럼 미치는 도나를 관찰했고, 친구와 장난감을 공유하며 놀자고 청하는 법을 배웠다. 하지만 그는 새롭게 습득한 이 기술을 그다음 날까지는 수행하지 않았다. 미치가 새롭게 습득한 이 기술을 수행하였을 때, 그는 교사의 칭찬에 의해 강화되었다. 이것은 사회적 강화의 한 형태다.

4. 자기효능감은 사회학습이론의 중요한 요소다. 학생이 경험한 성공과 실패의 과거 기록은 그들의 미래 성공과 실패에 영향을 준다. 즉, 학생은 성공한 이력을 가지고 있을 때 자신이 미래에 성공하리라 믿을 것이다. 이러한 경험은 자기효능감에 영향을 준다. 자기효능감이란 결과를 산출해 내는 자신의 능력에 대한 사람의 믿음으로 정의된다(Bandura, 1994). 자기효능감은 네 가지 방식으로 행동에 영향을 미친다.

- 선택: 사람은 자신이 성공하리라 생각하는 활동은 선택하고 실패하리라 믿는 활동은 피하는 경향이 있다.
- 노력: 사람은 그들이 성공할 것이라 믿으면 더 많은 노력을 쏟는 경향이 있다.
- 지속성: 사람은 그들이 성공할 것이라 믿으면 더 오래 활동을 지속하는 경향이 있다.
- 학습/성취: 사람은 그들이 성공할 것이라 믿으면 더 많은 노력을 쏟고 더 오래 지속하기 때문에 빠른 속도로 공부하고 성취하는 경향이 있다.

교사가 자기효능감을 다루기 위한 최상의 방법은 학생에게 성공할 기회를 제공하는 것이다.

교수와 학습에의 적용　　사회학습이론에 근거한 두 가지 구체적인 적용방식은 스킬스트리밍(skillstreaming)과 사회적 상황 이야기(social story)다. 스킬스트리밍(Goldstein & McGinnis, 1997; McGinnis & Goldstein, 1997)은 (1) 모델링, (2) 역할극, (3) 피드백, (4) 전이의 네 가지 직접교수 학습 절차를 기본으로 한다. 스킬스트리밍 모델은 학생이 행동과 사회적 상호작용에 영향을 주는 특정 영역에서 어려움을 가진다는 가정에 근거를 둔다. 학생의 행동 기술 결함은 또래 및 성인과의 상호작용에 영향을 주고, 궁극적으로는 학생의 학교에서의 학습에 유해하다. 스킬스트리밍을 통해 교사는 학생이 사회적 상황에서 더욱 성공적이도록 도와줄 기술을 목표로 하여 사전 대책을 강구할 수 있게 해 준다. 맥락 밖에서의 연습과 기술 획득이란 절차로 이루어져 있지만, 교사는 학생으로 하여금 시연한 기술을 자연적인 상황에서 사용하도록 촉진할 수 있다. 초등학생을 위한 스킬스트리밍과(McGinnis & Goldstein, 1997) 청소년을 위한 스킬스트리밍(Goldstein & McGinnis, 1997)은 교사에게 기술을 정의하고 모델링하는 방법과 계속하여 역할극 상황을 설정하는 방법을 추천하고 있다. 스킬스트리밍에서

중요한 것은 그것이 새롭게 습득된 사회성 기술의 유지와 일반화 방법에 초점을 둔다는 점이다. 〈표 14-3〉에는 스킬스트리밍에서 다루는 기술의 예가 제시되어 있다.

사회학습이론을 반영한 또 다른 교수법의 예시로는 긍정적인 상호작용을 조장하는 사회적 상황 이야기를 들 수 있다(Gray, 1994; Gray & White, 2002). 사회적 상황 이야기는 '모델로서의 자신(self-as-model)'의 힘을 보여 준다. 사회적 상황 이야기에서는 학생이 바람직한 사회성 기술을 보이는 주인공(모델로서의 자신)이고, 자신이 속한 환경에서 또래와 성인에게서 긍정적인 반응을 접한다. 아동은 이야기의 각 부분을 묘사하는 사진과 비디오, 그림을 활용한다. "사회적 상황 이야기는 상황과 관련된 사회적 단서, 반응을 설명하는 간략한 이야기를 사용한다." (Rogers &

표 14-3 **스킬스트리밍 기술의 예**

기술 그룹	구체적인 기술 예
교실 생존 기술	• 경청하기 • 도움 요청하기 • '고맙다'고 말하기
우정 형성 기술	• 함께 어울리기 • 게임하기 • 부탁하기
감정 다루기 기술	• 자신의 감정 알기 • 화 다스리기 • 감정 표현하기
공격성에 대한 대안적인 기술	• 자기통제 사용하기 • 허가 구하기 • 놀림에 반응하기
스트레스 대처 기술	• '안 돼'라고 말하기 • 당황스러움 다루기 • 어려운 대화를 할 준비하기
계획하기 기술	• 목표 설정하기 • 자신의 능력 결정하기 • 중요성에 따라 문제 구분하기

출처: Goldstein & McGinnis(1997); McGinnis & Goldstein(1997)에서 발췌한 내용으로 표 작성.

Myles, 2001, p. 310) 학생을 주인공으로 함으로써 그들로 하여금 바람직한 행동에 대한 '비주얼'을 갖도록 도와준다.

각각의 사회적 상황 이야기는 상황을 정확하게 묘사하는 상세한 정보로 시작된다(어디서 발생했는지, 누가 관련되어 있는지, 무엇이 실제로 일어났는지). 이를 통해 학생에게 무엇이, 왜 일어났는지에 대한 정보를 제공한다. 그러면 그 이야기는 바람직한 반응을 포함하게 되고, 학생을 새로운 상황에 준비시키기 위해 사용될 수 있다. 교사가 사회적 상황 이야기를 만드는 데 반드시 선행되어야 할 것은 다음과 같다.

- 목표를 그림으로 그리고 정의를 내린다.
- 인물과 장소 변인을 포함하여 정보를 수집한다.
- 학생으로 하여금 바람직한 사회적 행동에 관한 사진을 찍거나 그림을 그리게 한다.
- 학생의 언어 방식과 어휘력을 포함하여 학생에 맞추어 본문을 만든다.

카일은 화를 다스리는 데 어려움을 가진 어린 소년이다. 그는 교사나 다른 학생이 자신을 화나게 하면 자기 자신이나 다른 사람, 물건을 때린다. 카일은 학교에서 영리하고 유능하지만 감정폭발 때문에 학교에서 제지를 당한다. 담임교사인 모서 여사는 카일에게 화 다스리는 법을 가르칠 필요성을 느낀다. 먼저 그녀는 ABC 분석을 한다. 그녀는 카일의 격분하는 행동은 거의 대부분 자신이 활동에 선택되지 않거나 자신이 좋아하는 활동을 다른 친구가 선택하지 않는 경우에 일어난다고 판단한다. 모서 여사는 카일이 이런 상황을 인식하도록 가르친다. 그런 다음 그들은 이러한 상황이 생겼을 때 카일이 자신의 화를 다스리도록 도와주는 사회적 상황 이야기를 만든다. 모서 여사는 긴장해 보이는 카일의 모습을 사진으로 찍는다. 이야기의 첫 번째 페이지다. "안녕, 내 이름은 카일이야. 나는 가끔 긴장을 해. 나는 긴장하고 싶지 않아. 그래서 선생님은

나 스스로 진정하도록 도와주신단다." 다음 페이지에는 카일이 스스로 진정하기 위해 수행하게 될 몇 가지 단계를 보여 주는데, 여기에는 숨 들이마시고 내쉬기, 10까지 천천히 세기가 포함된다. 이 책의 마지막에는 카일이 "나 스스로 진정하고 싶어. 기분이 좋아. 선생님도 그것을 좋아하시지. 나는 이제 혼자서 나 자신을 진정시킬 수 있게 되어 많은 친구를 사귀고 있어."라고 웃으면서 말하는 것을 보여 준다.

사회적 상황 이야기는 짜증 행동을 줄이고(Kuttler, Myles, & Carlson, 1998), 적절하게 인사하기와 공유하기를 가르치고(Swaggert et al., 1995), 점심시간 동안 적절한 사회적 상호작용을 촉진하는 데 성공적으로 사용되어 왔다(Norris & Datillo, 1999; Rowe, 1999). 학생에 의해 그려진 사회적 상황 이야기와 네칸만화(comic strip)는 그들이 수업 간의 전이와 학급에서 건물 내 다른 곳으로의 전이를 도와줄 수 있다(Rogers & Myles, 2001). 네칸만화를 활용한 대화는 고학년 학생에게 최상으로 사용될 수 있는데, 상황을 그릴 수 있고 이야기 속에서 서로 간에 말하는 것을 말풍선으로 보여 줄 수 있다. 이것은 관점 바꾸기 기술을 중점적으로 다루며, 사회적 상호작용을 하는 동안 일어날 수 있는 반응을 인식하도록 도와준다(Gray, 1994). 게다가 사회적 상황 이야기에는 하이퍼카드와 같은 공학 기술이 접목되어 사용되어 왔다(Hagiwara & Myles, 1999). 비디오공학 기술은 특히 유용한데, 이것은 더욱 복잡한 줄거리 구성을 가능케 해 준다. 이를 통해 하나의 행동이나 기술만이 필요한 경우는 거의 없는 사회적 상황의 실제를 더욱 정확하게 반영할 수 있는 것이다. 사회적 상황 이야기에 대한 추가정보는 http://www.thegraycenter.org/Social_Stories. htm에서 찾아볼 수 있다.

교사를 위한 정보 14.3

사회성 기술 교수를 위해 또래교수를 활용해 보자. 이를 위해서는 다음 단계를 따른다.

1. 가르쳐야 할 사회성 기술에 능숙한 또래를 찾는다.
2. 그러한 기술에 능숙한 또래가 없다면, 교사는 그들이 능숙해질 때까지 그 기술을 직접 가르친다.
3. 또래 튜터로 자진해서 참여하도록 권유한다.
4. 또래 튜터에게 효과적인 교수방법을 가르친다.
5. 튜터와 튜티를 짝짓는다.
6. 각각의 짝을 점검하면서 또래교수를 적용한다.
7. 그 결과를 평가한다.

한 연구에서는 또래에게서 사회성 기술을 배운 학생이 교사에게서 배운 학생만큼 잘 수행한 것으로 나타났다 (Prater, Serna, & Nakamura, 1999).

인지사회학습이론과 사회적 정보처리

인지사회학습이론에서 사회적으로 능숙한 학생이란 자신의 사고와 행동을 "문화적으로 수용될 수 있는 사회적 혹은 사람 간 목표를 따르는 융화된 행동방식"(Ladd & Mize, 1983, p. 127)으로 조직할 수 있는 자다. 이러한 학생은 그들의 목표성취 가능성을 증가시키기 위해 자신의 목표 지향적인 행동을 지속적으로 평가하고 수정한다.

인지사회학습이론과 사회적 정보처리(Dodge, 1986)는 지각하고 해석하고 나서 사회적 정보를 따라 행동할 때의 인지적 조작을 강조한다. 학생은 필요시 자신의 행동과 자기 교정을 평가한다. 이 단계에서의 어려움이나 오류는 부적절한 사회적 행동을 초래하게 된다.

인지 기반 모델의 단계는 다음과 같다.

1. 학생은 관련된 사회적 정보를 지각하고 저장한다(예, 다른 사람의 언어적 및 비언어적 행동과 환경에서의 관련 특징).
2. 학생은 자신의 과거 경험에 따라 지각된 정보를 해석한다.
3. 학생은 자신이 한 행동의 적절성을 평가할 때 다른 사람의 의향을 고려한다.

인지 기반 모델이 가장 크게 기여한 바는 자기평가/자기조절의 추가다. 이 모델에 따르면 개인은 스스로 부과한 목표(기준)와 스스로 산출해 낸 결과에 의해 자신의 행동을 조절한다. 자기조절 시스템이란 개인의 행동을 안내하는 사회 규칙의 채택이다. 사회적 조절을 증진하기 위한 몇 가지 방법은 다음과 같다.

1. 자기교수: 행동을 안내하고 그에 집중하도록 자기대화를 사용하는 것이다. 사람은 사회적 문제를 지속적으로 해결하기 위해 언어적 촉진을 사용하여 스스로를 격려한다(Kirk et al., 2006).
2. 자기점검: 자신의 행동을 관찰하고 측정하는 것이다. 학생은 표적 행동을 했는지 여부를 결정하고는 행동의 발생을 기록한다. 이것은 학생으로 하여금 차츰 특정 행동에 이르도록 하는 단서를 인식하도록 도와준다(Kirk et al., 2006). 학생으로 하여금 교사나 급우를 방해하는 행동과 적절한 행동 모두를 점검하도록 할 수 있다(Culatta, Tompkins, & Werts, 2003). 학생은 IEP 목표, 특히 사회적 목표에 대하여 자신의 진전을 점검할 수도 있다.
3. 자기강화와 벌: 자신을 강화하거나 벌하는 것이다. 학생은 여러 가지 수행기준에 도달한 후 스스로에게 보상을 한다.
4. 스스로 부과한 자극 통제: 바람직한 행동을 촉진하거나 바람직하지 못한 행동을 감소시키는 환경을 만들거나 선택하는 것이다.

학생은 지식이나 행동, 자기평가에서의 결함으로 인해 부적절한 사회적 행동을 보일 수 있다. 학생은 (1) 적절한 사회적 행동이 어떻게 구성되는지 모를 수 있으며, (2) 실제적 행동이 부족할 수도 있는데, 이것은 아마도 불충분한 연습으로 인한 것일 수 있다. 그리고 (3) 대인관계에 대한 자기평가와 자기 피드백을 하는 데 결함을 가질 수도 있다.

인지 기반 모델은 무엇이 일어났는지, 누가 관련되어 있는지, 누군가가 왜 어떤 일을 하는지에 대해 스스로 질문하기 위해 해독한 것과 결정, 평가 규칙을 말하는 과정을 통해 장애 학생이 자신의 행동을 조절하도록, 그리고 그 상황에서 다양한 사람이 어떻게 느낄 것인지 예측하도록 가르치는 데 성공적으로 사용되어 왔다(Collet-Klingenberg & Chadsey-Rusch, 1991). 이러한 접근은 학습된 사회적 행동의 일반화와 유지에 있어서 행동주의적 접근보다 더 효과적인 것으로 나타났다(Soto, Toro-Zambrana, & Belfiore, 1994).

교수와 학습에의 적용　　사회적 유능성 교수와 학습을 위한 세 가지 접근으로 서술기법과 이야기책, 비디오공학을 들 수 있다.

① 서술기법. 어떤 학생에게는 단어 읽기학습에 직접교수가 필요한 것과 마찬가지로, 어떤 학생에게는 사회적 단서 읽는 방법에 대한 명시적 교수가 필요하다. 따라서 학생과의 계획된 참여관찰은 사회적 상황에서의 다양한 특징을 지적하는 데 효과적인 방법이다. 성인은 사회적 코치로서 활동할 수 있다. 다음은 서술기법을 적용하는 방법이다.

1. 아동이 상호작용하는 자연스러운 장소(예, 공원)로 데려간다. 아동의 행동을 지적한다. 일어나는 일에 대해 언어적으로 안내해 준다(Nowicki & Duke, 1992). 몸짓과 얼굴 표정, 사람 간의 거리, 기타 의사소통의 비언어적인 형태에 대해 지적

한다. 또한 적절한 행동에 대한 단서를 주는 관련 특징을 지적한다. 이것은 비디오와 사진을 사용하여 수행될 수도 있다. 예를 들어, 교회 안의 사람 사진과 풋볼경기에서의 사람 사진을 보여 주고 적절하고 기대되는 행동 유형에 대해 이야기한다. 행동인 것과 행동이 아닌 것을 모델링해 준다. 역할극을 하고 시연의 기회를 많이 제공한다. 수행에 대한 피드백을 제공한다. 충분한 연습 기회를 제공하여 성공적인 결과를 낸다.

2. (a) 다양한 상황에서의 상호작용, (b) 다른 아동이 어려운 사회적 상황을 다루는 방식, (c) 아동이 서로 협력적으로 작업해야 하는 다양한 상황, (d) 다툼과 반대를 해결하는 받아들일 만한 방법과 그렇지 못한 방법을 묘사하는 이야기를 읽는다(Knapczyk & Rodes, 1996).

3. 인기 있는 텔레비전 프로그램이나 비디오를 보면서, 소리를 끄고 아동으로 하여금 인물이 무엇에 대해 이야기하고 있는지 추측하게 한다. 얼굴 표정과 몸짓, 상황, 신체언어, 개인적 공간에 대해 질문한다. 일정 시간 후에 소리를 켜고 추측/예상이 맞는지 본다. 비디오를 보고 토의한 후, 학생은 표적이 되는 사회성 기술에 대한 시연과 안내된 연습을 시작한다. 비디오에서 무엇을 배웠는지 연습하고 평가하면서 전체 학급이 피드백을 제공한다. Elias와 Taylor(1995)는 다양한 감정 신호를 찾고, 목표를 세우고, 해결책을 만들어 내고, 결과를 예측하고, 활용 가능한 정보를 바탕으로 최상의 해결책을 선택하는 것을 포함하는 사회적 문제해결 과정을 학생에게 안내하고자 비디오를 사용하였다.

4. 학생으로 하여금 자신이 급우나 성인에게 하는 인사 종류와 대화에서 말하는 다양한 것을 실연하게 한다(Knapczyk & Rodes, 1996). 아동의 움직임과 활동을 해설자처럼 이야기한다. 그들 자신이 비구어적 의사소통을 연습하는 모델이 되

어 거울 앞에서 얼굴 표정과 몸짓, 다양한 움직임을 시도해 보게 한다.

5. 학생이 배운 사회적 상호작용 유형에 대해 연령이 더 많은 또래 역할모델과 이야기를 나누게 한다. 연장자인 또래는 자신이 잘 활용한 전략에 대해 이야기할 수 있으며, 긍정적이지 못한 상호작용의 예시를 제공해 줄 수도 있다.

② 이야기책. 친사회적 행동을 촉진하기 위한 청소년 및 아동 문학의 사용 역시 효과적인 방법이다. 적합한 대처전략을 보여 주는 인물을 모델로 사용함으로써 행동 변화를 조장한다. 대부분의 이야기에는 나눔, 정직, 또래 압력, 어려운 상황에 대한 대처 등에 관한 내용이 쓰여 있다. 아동 문학은 특히 아동의 사회적이고 개인적인 경험과 연관될 때 긍정적인 효과를 나타낼 수 있다. 인형극 역시 아동의 이야기를 향상시키기 위해 사용될 수 있다. 교사는 먼저 인형극을 실행하고 아동으로 하여금 대화나 활동을 만들고 수행하는 데 책임을 지게 한다. 또한 책은 아동에게 대인 간 사회성 기술을 가르치는 효과적인 수단이 될 수 있다(Kehret, 2001). 학생은 이야기 속 등장인물에 연결된다. 따라서 등장인물이 문제해결 기술을 사용할 때, 독자 역시 곤란한 처지에 있을 때 문제 해결을 위한 새로운 방법을 모색해야 함을 배우게 된다.

문학은 중등 수준에서도 효과적으로 사용될 수 있다. Anderson(2000)은 중등연령의 학생을 위해 사회성 기술 문학전략(social skills literature strategies: SSLS)을 개발했다. 셰익스피어 작품과 같은 문학작품을 사용하게 되면 내용 교과 영역의 교수시간을 최대화하면서도 다양한 사회적 상황과 기술이 강조된다. SSLS는 다음의 네 가지 주요 단계를 포함한다. (1) 사건과 결과를 해석한다. (2) 감정과 징후를 해석한다. (3) 대안을 개발한다. (4) 그들의 해석을 지지하거나 반박하기 위해 또래나 교사와 상호 검토한다.

교사를 위한 정보 14.4

STORIES 전략(Structure[구조], Themes[주제], Open communication[열린 대화], Reflection[반성], Individuality[개인적 특성], Experiential learning[경험적 학습], Social problem solving[사회적 문제 해결])을 시도해 보자.

1. 학생에게 친숙한 이야기를 사용한다.
2. 외부 상황(최근에 일어난 것과 전에 일어난 것)과 등장인물의 사고, 감정, 의도를 조사함으로써 문제를 확인한다.
3. 그 상황에서의 대안적인 전략을 만든다.
4. 각각의 잠재적인 전략의 결과를 고려함으로써 대안을 평가한다.
5. 필요한 자원을 고려하고 사고 수단/목적을 사용함으로써 목표와 계획을 설정한다.
6. 자기관리 기술을 사용하면서 선택된 전략을 적용한다.
7. 전략의 효과성을 평가한다(Teglasi & Rothman, 2001).

③ 비디오공학. 학생 행동, 특히 공격 행동에 대한 미디어 효과 연구는 사회학습이론에 의존하는 연구 영역 중의 하나다. 시판용 비디오 기반 제품이나 교사나 학생이 만들어 낸 비디오는 결과를 수반하는 다양한 사회적 반응을 보여 주는 데 사용될 수 있다. 비디오와 CD-ROM 공학의 이점은 다음과 같다.

• 영구적인 선행사건-행동-후속결과 분석을 하게 해 준다.
• 행동의 강점과 약점에 대한 자기 점검을 하게 해 준다.
• 또래 행동의 강점과 약점에 대한 평가를 가능케 한다.

- 얼굴 표정, 신체언어, 감정 표현, 목소리 톤, 기타 정의 내리기 힘든 수행의 평가기준을 재연해 준다.
- 집단수업에 대한 동기와 의욕을 갖게 해 준다.
- 시뮬레이션 혹은 역할극으로 활력을 더한다.
- 공유된 경험을 강화한다.
- 관찰한 적 없는 잘못된 행동 혹은 바람직한 행동을 '포착한다'.
- 잘못된 행동에 대해 덜 억지스러운 결과를 제공한다.
- 부모와 다른 관계자에게 아동의 잘못된 행동과 교실 중재에 관해 현실적인 관점을 갖게 해 준다.
- 협동심과 신뢰를 쌓는다.
- 통합을 계획하는 데 사용될 수 있다(Broome & White, 1995).

CD와 비디오의 사용은 학생에게 구체적인 부분이

나 교실 속 사건을 재검토하고 분석하고 토의할 기회를 갖게 한다. 학생은 그들의 행동과 다른 사람에게서 받는 반응을 분석할 수 있다. 그리고 적극적인 집단 참여와 지원을 통해 해결책이 도출될 수 있다.

교사를 위한 정보 14.5

모험 활동을 적용해 보자. 이것은 문제 해결하기와 신뢰 쌓기 활동을 사용하여 사회성 기술을 가르치는 사회적 문제 해결 접근방법이다.

1. 학생 간 협동(경쟁이 아닌)을 촉진하며, 재미있고 지원이 거의 필요 없는 활동을 선택한다.
2. 활동을 소개하고 규칙을 설명한다.
   - 팀으로서 작업한다.
   - 서로의 안전을 지킨다(감정적·신체적으로)

공학의 활용
사회성 기술 모델링을 위한 CD와 비디오

많은 장애 학생의 IEP에는 사회적 유능성과 관련하여 필수적인 교수 기술이 강조되어 있다. 교육과정의 주요 영역을 다루기 위해 비디오 기반 제품이 점차 개발되었다. 비디오는 모델링할 행동을 수차례 재연할 수 있게 해 주므로 사회적 유능성을 가르치는 데 매우 효과적인 전략이다. CD-ROM은 컴퓨터를 통해 실생활 속 또래의 예시를 보여 주는 장면을 캡처할 수 있게 해 준다. 주목할 만한 일부 제품은 다음과 같다.

학교에서의 사회성 기술(Social Skills at School, 책과 CD).
이들 책과 CD는 아역배우가 학교에서 흔하게 일어나는 사회적 상황—놀림, 비밀, 괴롭힘, 첫 등교일—에서 어려움을 겪게 되는 다섯 가지 이야기를 묘사한다. 좀 더 자세한 정보를 얻기 원하면 Attainment Company, http://www.attainment-company.com을 방문하라.

내가 사는 지역사회(My Community, CD)
5~15세의 정신연령을 가진 사람을 대상으로 하는 이 제품은 사용자에게 적절한 사회적 행동, 상호작용, 또래와 성인에 대한 기대치를 가르쳐 준다. 이 자료는 친구의 집과 식료품 가

게, 식당, 병원과 같은 장소를 다룬다. 좀 더 자세한 정보를 얻기 원하면 Attainment Company, http://www.attainment-company.com을 방문하라.

직장에서의 사회성 기술(Social Skills at Work, 책과 비디오)
이들 책과 안내용 비디오는 장애를 가진 직장인과 그의 동료의 근무 중 실생활을 다룬다. 이 자료는 적절하게 옷 입기, 시간 지키기, 타인과 의사소통하기, 팀 구성원으로서 일하기, 일할 준비하기의 다섯 가지 기술 영역을 포함한다. 좀 더 자세한 정보를 얻기 원하면 Attainment Company, http://www.attainmentcompany.com을 방문하라.

모델 미 키즈(Model Me Kids, 비디오)
이것은 사회성 기술을 가르치기 위한 비디오 시리즈로 구성되어 있다. 경험이 풍부한 팀에 의해 만들어진 이 프로그램은 자폐 유아를 위한 행동 중재로 구성되어 있다. 과제는 적절한 행동을 모델링해 주는 실생활 속 아동을 보여 준다. 좀 더 자세한 정보를 얻기 원하면 Model Me Kids, http://www.mdelmekids.com을 방문하라.

- 적절한 피드백을 주고받는다.
- 자신을 포함하여 누구든지 폄하하지 않는다.
- 문제가 생기면 빨리 극복해 낸다.
3. 활동을 수행한다.
4. 학생으로 하여금 그들의 활동을 평정하고 규칙을 지키는지 평가하여 보고하게 한다. 그들의 사회성 기술 향상에 중요한 특정 이슈를 접하도록 이끈다. 그리고 학생들에게 무엇을 배웠는지 묻는다(Forgan & Jones, 2002).

 교사를 위한 정보 14.6

집단교수 중에 하는 브레인스토밍과 역할극은 학생으로 하여금 사회적 문제해결 전략을 배우게 하기 위한 훌륭한 방법이다. 새로운 기술을 가르치기 위해 다음과 같이 해 보자.

1. 대화 끝내기와 같은 사회성 기술을 확인한다.
2. 사회성 기술을 위한 전략 목록을 만들도록 학생을 짝 짓는다.
3. 학생으로 하여금 그들의 목록에서 하나의 전략을 선택하여 반에서 역할극을 하게 한다.
4. 학생에게 가장 효과적인 전략을 선택하게 한다.
5. 학급 포스터에 선택한 전략을 적어 전시한다(Gut, 2000).

생태학적 관점

사회적 유능성의 생태학적 관점은 Bronfenbrenner (1979)의 인간발달생태학을 토대로 한다. 이 관점은 다음과 같은 전제를 둔다.

1. 행동은 다양한 환경에 의해 영향을 받는다. 생태학적 관점은 사람과 환경 간의 상호작용 발달을 연구한다. 아동의 사회적 맥락에는 아동의 가족뿐만 아니라 학교, 이웃, 더 넓은 지역사회도 포함된다(Kirk et al., 2006). 생태학적 환경(혹은 생태계)은 동심원(Bronfenbrenner, 1979)처럼 각각이 다음 것의 안에 들어 있는 일련의 시스템으로 간주된다. 이 구조는 다음의 내용을 포함한다.

- 미시체계는 학생이 살고 있는 근접 환경이다.
- 중간체계는 학생의 집과 학교처럼 두 개의 미시체계가 상호작용하는 영역이다.
- 외부체계는 학생에게 외부적 환경이지만 학생의 발달에 큰 영향을 미치는 환경이다(예, 부모의 일터)
- 거시체제(가장 바깥쪽의 원)는 아동의 생활에 영향을 주는 상호 연계된 일련의 복합적인 체제와 양식으로, 더 광범위한 문화적 맥락이다.

2. 사회적 집단은 개인의 목표와 가치, 염원, 행동에 영향을 미친다. 상이한 환경은 구별할 수 있는 차이와 행동을 만들어 낸다. 본래부터 적절하거나 부적절한 행동은 없으며(Maag, 2004), 그 행동이 발생하는 맥락 속에서 살펴봐야 한다. 이러한 점에서 맥락은 관련 문화나 집단에 의해 정의된다.

3. 생태계는 균형을 유지하기 위해 노력한다. 인간은 생태계 내에서 살아가는 존재가 아니라 생태계를 구성하는 일부에 불과하다. 생태계의 목적은 일관성과 예측 가능성을 유지하는 것이다(Maag, 2004). 인간은 균형을 유지하기 위해 환경의 변화에 적응해야 한다. 생태계의 한 요소가 변할 때에는 다른 요소 역시 균형 유지를 위해 변해야 한다.

4. 환경 간의 부조화는 모순된 사회적 요구를 만들어 낸다. 아동과 성인의 발달은 환경 간의 사회적 상호연관성에 의존한다. 만약 가정과 학교, 지역사회 간에 연계가 되고 정보가 공유된다면

발달과정은 훨씬 더 부드럽게 일어날 것이다. 그러나 다양한 문화적 배경을 지닌 학생은 자주 가정과 학교 사이에서 기대와 가치의 충돌을 겪게 된다. 개인의 독특한 사회적/개인 간 행동은 생태학적 체제와 조화를 이루어야 한다. 개인을 바꾸려 하기보다는 그와 그가 속한 다양한 환경 사이에 적절한 조화를 이루도록 노력한다. 체제가 함께 작동하면 할수록 개인은 자신이 속한 모든 환경에서 더욱더 성공한다.

교수와 학습을 위한 시사점　교사가 생태학적 관점의 토대 속에서 사회적 유능성을 가르치기 위해 사용할 수 있는 방법은 다음과 같다.

1. 모든 학교 활동에 장애 학생을 포함한다. 통합교육의 주요 목표는 사회 속에 장애 학생을 사회적으로 통합시키는 것이다(Kirk et al., 2006). 학교 수준에서 이것은 장애 학생이 학교에서 자연스럽게 비장애 급우와 함께 활동에 참여하는 것을 의미한다. 우정은 일반적으로 서로가 닮은 점을 보게 되는 학생 간에 싹튼다. 교사와 다른 성인은 장애 학생과 비장애 학생이 사회적으로 서로 더 배울 수 있게끔 활동을 마련함으로써 사회적 상호작용을 촉진할 수 있다. 그들은 서로 대화해 가면서 서로가 공통적으로 좋아하는 것과 싫어하는 것을 찾는 데 시간을 보낼 수 있다. 그들은 함께 하는 활동을 통해 서로에 대해 배운다.

2. 사회적 상호작용의 다양한 방식을 토의한다. 문화마다의 다양한 상호작용 방식(눈 맞춤, 개인 공간, 수용할 수 있는 화제, 대화 패턴)에 대해 학생과 이야기 나눈다. 다양한 교수적 접근이 통합된 수업을 전략적으로 설계함으로써 학생으로 하여금 다양한 학습 경험을 갖게 한다. 이를 통해 학생은 더욱 다양한 사회성 기술 목록을 개발할 수 있게 될 것이다.

3. 지역사회 기반 교수를 한다. 지역사회 구성원이 학교를 방문하여 직업과 환경, 무엇보다 그 지역사회와 관련된 주제에 관해 이야기하게 한다. 조부모는 문화적 역사와 연계하여 그들이 사는 지역사회의 과거 모습에 대해 아동과 공유할 수 있다. 학생으로 하여금 지역사회 내 봉사학습과 문제 기반 학습에 참여하게 한다. 교실에서의 경험이 요양원을 방문하고 노숙자 시설에서 일하고 거리와 공원을 청소하는 등의 활동으로 확장될 때, 아동은 학교와 그들의 지역사회가 연결되어 있다고 느끼게 된다. 봉사 및 문제 기반 학습은 어떻게 작문, 과학, 수학, 윤리가 상호관계를 가지며 학생의 삶과 관련되는지를 보여 주도록 교육과정을 통합할 수 있다. 학교와 지역사회 문화는 협동적으로 연결되어 있으며, 이로써 청소년이 균형 상태를 지속적으로 추구하도록 도와준다. 학교와 가정, 지역사회가 비슷한 사회 규칙과 기대치를 가진 상보적인 관계임이 명백해야 한다.

4. 학생에게 가치 있는 사회적 역할을 준다. 연설, 드라마, 음악, 학문, 학생회, 스포츠, 인종/정치 집단은 모두 학생에게 배치와 소속감을 느끼게 해 준다. 학생은 공동의 흥미를 공유하는 다른 사람을 찾고, 팀의 일원이 되고, 더 중요하게는 더욱 큰 학교 공동체의 적극적인 일원이 된다. 청소년이 의사결정과 책임감이 필요한 역할을 하게끔 코치 받을 때, 그들은 스스로를 지역사회에서 가치 있고 필요한 존재로 느끼게 된다.

5. 가정과 지역사회의 요소를 포함하는 학급환경을 조성한다. 학생은 교실에서 집과 같은 편안함을 느낄 수 있어야 한다. 교실에서의 미술과 문학, 심지어는 교과서도 학급 내 아동의 문화를 나타내야 한다. 교실 속 아동의 문화를 묘사하는 책과 포스터, 활동은 모든 문화가 가치 있으며 아동이 살고 있는 공동체가 존중된다는 것

을 전달한다.

교사를 위한 정보 14.7

사회성 기술 교수는 자연스러운 상황에서 이루어질 수 있다. 예를 들어, 어린 학생에게는 점심시간 대화 게임을 하는 동안 대화를 시작하는 법을 가르칠 수 있다. 이 게임을 하기 위해 대화를 시작하는 사람이 참조할 수 있는 그림이 그려진 콜라주 시트와 각 아동의 사진이 실린 카드를 제공한다. 탁자 위에 시트를 놓고 학생에게 대화를 위한 간단한 순서를 가르친다.

1. 아동 1은 카드를 뽑은 후, 카드에 그려진 사람을 보며 그 이름을 말하고 의사를 표현한다. 만약 아동이 말을 하지 못하면 깔개에 있는 무언가에 대해 이야기할 수 있다.
2. 아동 2는 그에 반응한다.
3. 아동 1은 아동 2에게 다시 반응한다.

이 게임을 통해 탁자에 앉아 있는 모든 학생은 대화를 시작할 기회와 대화에 응답할 기회를 갖게 된다(Spohn, Timko, & Sainato, 1999).

구성주의 체제

학습과 관련된 여러 가지 구성주의 이론이 있다. 그 모두는 학생이 자신의 경험을 바탕으로 하여 자신의 인지 구조를 구성한다고 가정한다. 여기에서는 구성주의 체제의 두 가지 기본 전제인 인지적 구성주의와 사회문화적 구성주의에 대해 설명한다.

인지적 구성주의　　인지적 구성주의는 다음의 세 가지 전제를 바탕으로 한다.

1. 인간은 그가 속한 환경에서 지식을 구성한다.

Piaget는 아동이 능동적인 경험을 통해 학습한다고 제안했다. "아동은 과학자이자 탐험가이며 탐구자다. 아동은 세상과 자신의 발달을 구성하고 조직하는 데 결정적 수단이 된다."(Wadsworth, 1996, p. 4에서 재인용) 따라서 아동은 사회적 도식을 발달시키기 위해 환경 속에서 사물 및 사람과 상호작용을 해야 한다.

2. 인간은 새로운 정보를 현존하는 경험 기반 도식에 연관시킨다. 개인의 과거 경험은 환경 속에서 자신이 지각한 것과 그것이 어떻게 해석되는지를 관리한다. 사람들은 새로운 경험을 접하게 될 때 그 경험을 자신이 갖고 있는 도식에 연관시키고 조절하고 동화시킨다. 따라서 사건에 대한 개인의 표상은 그들 자신의 고유한 경험에 근거한다. 사람들이 사회적 사실을 배울수록 미래에는 더 쉽게 배우게 되는데, 이것은 지속적으로 연결하고 쌓을 수 있는 기반이 더 넓어지기 때문이다.

3. 상보성은 사회적 지식을 구성하는 데 중요하다. 사회적으로 정의된 개념은 사회적 상호작용을 통해 구성된다. 따라서 적절한 사회적 행동을 습득하는 데에는 사회적 상호작용이 필수적이다. Piaget는 사회적 상호교환을 위한 기초는 아동과 다른 사람 간의 태도와 가치의 상보성이라고 주장한다. 이러한 유형의 상보적 교환은 서로가 서로를 존중하고(상호존중) 어떤 식으로든 고맙게 생각하도록 이끈다.

사회문화적 구성주의　　사회문화적 구성주의 관점은 (1) 우리는 사회적 상호작용을 통해 학습한다, (2) 모든 심리적 처리는 그것이 내면화되기 전에는 사회적이다, (3) 문화적 규범은 사회적으로 유능한 행동에 대한 정의를 제공한다는 것이다(Vygotsky, 1978). 이러한 관점의 세 가지 전제는 다음과 같다.

1. 사회적 활동은 고차원적 정신 기능의 발달을 조성한다. 인지적 성장은 사회문화적 맥락에서 일어나며 다른 사람과의 상호작용을 통해 변화한다. 개인은 자신이 속한 구성원과 상호작용함으로써 기본적 처리과정이 사고와 행동의 문화적/사회적 양식으로 재구성되고 동화된다. 기본적인 것에서 추상적 추론, 논리기억, 언어, 자발적 집중, 계획하기와 의사결정하기와 같은 고차원적 기능으로의 전이는 타인과의 관계를 통해 일어난다. 따라서 사회적 활동은 고차원적 정신 기능의 발달을 조성한다(Gindis, 1995).

2. 학습은 처음에는 사회적 수준에서, 그다음에 개인적 수준에서 일어난다. 아동의 문화적 발달 측면에서의 모든 기능은 두 번 나타난다. 처음에는 사회적 수준에서, 나중에는 개인적 수준에서 나타난다. 처음에는 사람 간에, 그다음에는 아동 내부에서 나타난다. 심리적인 발달은 독립적인 과정이긴 하지만 상호작용과 동화, 교수, 양육을 통해 진행되며 타인과 협력하면서 개인 활동을 하는 동안 일어나야 한다. 따라서 사회적 유능성은 개인이 속한 문화 집단에 의해 정의되며 학생의 학습 능력에 중요한 역할을 한다(Gindis, 1995).

3. 사회적으로 유능한 행동은 문화적 규범에 의해 정의된다. 사회문화적 관점에서 장애의 일차적 문제는 장애 상태 자체가 아니라 그것의 사회적 결과다. 예를 들어, 연령에 적합한 사회적 활동의 기회를 박탈당한 아동은 사회적 지식을 적절한 비율과 수용 가능한 형태로 습득하지 못할 수 있다. 따라서 사회적 박탈은 전체 발달과정에 불리하게 영향을 준다(Gindis, 1995).

교수와 학습을 위한 시사점 교수와 학습에 있어 사회문화적 구성주의 접근을 촉진하는 두 가지 구체적인 교수전략이 설명된다. 그것은 협동학습과 트라이브스(Tribes)를 포함한다.

① 협동학습. 협동학습을 통해 학생 사이의 관계는 발전된다. 학생이 학습해 감에 따라 상호작용하는 방법과 효과적으로 상호작용하기 위해 필요한 기술에 초점을 둔다. 예를 들어, 학생은 학업 과제와 프로젝트를 완성하는 동안 서로 간에 지원하고, 공동의 목표를 성취하고, 소집단 상황에서 효과적으로 의사소통하는 것을 배워야 한다. 학생은 과제를 완성하려는 각자의 노력을 격려하고 서로 도와준다. 협동학습에 대한 더 자세한 정보가 필요하면 9장을 참조하라.

② 트라이브스. 트라이브스(Tribes)전략은 학생이 장기적인 집단에서 함께 잘 작업할 수 있도록 그들에게 협력적인 기술을 가르치는 것을 기반으로 한다(Gibbs, 2001). 이것은 돌봄과 개인적인 인식, 참가를 강조하는 공동체 구축과정에 초점을 둔다. 학생은 그들 자신의 학습에 능동적으로 참여하며 다른 사람에게서 그들이 성공할 것이라는 긍정적인 기대를 얻는다. 트라이브스는 (1) 주의 깊게 듣기, (2) 감사하기/폄하하지 않기, (3) 상호 존중하기, (4) 통과할 권리라는 네 가지 약속을 기본으로 한다. 이 전략의 목표는 집단 내에서 학생이 자기책임 행동을 개발하도록 하기 위함이다. 학생은 과제를 계속 수행하고, 목표를 설정하여 문제를 해결하고, 그들 자신의 진보를 점검하고, 자신의 성취를 칭찬하도록 서로 도와준다. 트라이브스는 다양한 능력과 문화, 성별, 흥미, 꿈을 존중함에 따라 모든 학생이 포함되고 칭찬되어야 함을 강조한다.

트라이브스를 사용할 때에는 학생 각자가 집단에 포함되어 있다고 느끼게 해 주기 위해 주로 원으로 둘러앉는다. 학생은 일단 자신이 포함되어 있다고 느끼게 되면 더 많이 참여하고, 자신의 생각을 공유하고, 또래에게 긍정적으로 인식될 수 있다. 첫 번째 단계는 학생으로 하여금 자신이 집단에 포함되어 있다고 느끼도록 돕는 것이다. 다음 단계는 학생이 집단 활동을 통해 개인 간 차이를 인정함으로써 서로가 영향력을 지니며 가치 있음을 느끼도록 도와주는 것이다(Lee & Donahue, n.d.). 다음은 트라이브스의 첫 단계(포함되어 있다는 느낌) 활동 사례다.

학생들이 큰 원으로 둘러앉는다. 한 학생이 가운데 서서 교사로부터 받은 질문을 제시한다. 예를 들어, "직각이 뭔지 아는 사람?" 중앙에 있는 학생이 답을 알고 있다면, 이 학생을 포함하여 정답을 아는 학생은 의자를 서로 바꿔야 한다. 혼자 서 있게 되는 학생은 질문에 대한 정답을 말해야 한다. 그런 다음 교사는 이동한 학생이 정답을 알고 있는지 확인하기 위해 질문하고, 원 가운데 서 있는 학생은 이 활동이 계속되도록 다른 내용의 질문을 하게 된다. 이 과정은 모든 질문 내용의 문답이 이루어질 때까지 계속된다(Lee & Donahue, n.d, par. 4).

교사는 http://www.tribes.com에서 트라이브스에 대한 더 자세한 정보를 얻을 수 있다.

교사를 위한 정보 14.8

가끔 교사는 명시적인 사회성 기술 교수를 제공하기 위한 시간을 마련하기가 힘들다. 다음을 시도해 보자.

1. 교사는 자신이 학생을 비롯한 다른 사람과 상호작용할 때 적절한 사회성 기술을 모델링해 준다.
2. 부모에게 지역사회 내 가정에서 적절한 사회성 기술을 강화해 달라고 부탁한다.
3. 교과 내용과 비교과 활동 모두에 사회성 기술 내용을 엮어 놓는다(Kolb & Hanley-Maxwell, 2003).

 요약 . . . .

- 효과적인 사회적 상호작용은 삶의 질과 개인 만족감에 지극히 중요하다.
- 사회적 유능성은 사회적으로 수용되고 충족되기 위해 필요한 기술로 정의된다.
- 표준화 검사는 주로 여러 고립된 맥락에서의 사회성 기술과 행동에 대해 제한적인 정보만을 제공한다. 따라서 더욱 맥락화된 측정이 필요하다.
- 다양한 학습이론이 사회적 발달에 대해 설명하는데, 행동주의와 사회학습, 인지사회학습, 사회적 정보처리, 생태학, 구성주의 이론이 포함된다.
- 행동주의 모델은 사회적 발달을 계속적인 자극-반응 연합을 통해 학습되는 것으로 설명한다. 두 가지 기법, 즉 기능적 행동분석과 행동 연쇄가 사용된다.
- 사회학습이론은 개인이 관찰을 통해 학습한다고 말한다. 이 모델을 기반으로 하는 접근으로는 스킬스트리밍과 사회적 상황 이야기를 들 수 있다.
- 인지사회학습이론과 사회적 정보처리에서는 사고와 행동을 문화적으로 수용 가능한 사회적 혹은 개인 간 행위로 조직할 수 있는 사람을 사회적으로 유능한 사람으로 정의한다. 자기조절은 이 모델에 근거한 교수법 중 하나다.
- 생태학적 관점에서는 사회적 유능성을 그것이 일어나는 맥락 내에서 본다. 부적절한 사회적 행동은 학생과 환경 간의 잘못된 조화로 인해 초래된 것이다. 이 모델에 근거한 교수적 적용으로는 통합교육과 지역사회 기반 교수, 다양한 방식의 사회적 상호작용을 들 수 있다.
- 가르쳐야 할 중요한 사회성 기술로는 타협, 상보성, 관점 바꾸기, 협동, 존중이 있다.

연습 문제

1. 사회적 유능성을 정의해 보라. 사회적 유능성을 평가하는 데 있어 문제점에 대해 토의해 보라.

2. 특정 장애가 어떻게 사회적 행동에 영향을 미치는지 설명해 보라. 예를 들어 보라.

3. 사회적 유능성을 사정하는 평가 유형에는 어떤 것이 있는가? 각각의 평가방법은 어떤 정보를 제공하는지, 어떤 제한점을 갖는지 토의해 보라.

4. 행동주의의 전제를 나열해 보라. 각각의 전제에 대해 토의해 보라.

5. 사회적 유능성을 향상시키는 데 응용행동분석 원칙은 어떻게 사용될 수 있는가?

6. 사회학습이론의 전제를 사용하여 고등학교 학생이 풋볼 팀에 들어갈지 혹은 토론 팀에 들어갈지 결정하는 데 어떤 것이 영향을 미칠지 설명해 보라.

7. 인지사회학습이론과 사회학습이론 간에는 어떤 차이가 있는가?

8. 아동이 속한 문화와 가정에서의 경험에 관련된 변수가 학교에서의 상호작용에 어떤 영향을 미치는지 토의해 보라.

9. 구성주의 이론체제 속에서 협동학습 활동이 어떻게 사회성 기술을 촉진하는지 설명해 보라.

10. 교사가 사회적 발달에 관한 이론을 이해하는 것은 왜 중요한가?

활동

1. 아동을 공원에 데려가라. 아동에게 사회적 상호작용에 관해 가르치기 위해 서술기법을 사용하여 연습시키라. 그리고 자신의 경험에 관해 요약 보고서를 작성해 보라.

2. TV 쇼를 녹화하고는 볼륨을 끄고 그 쇼를 보라. 쇼를 보면서 당신이 본 사회적 단서를 나열해 보라. 그런 다음 볼륨을 켜고 다시 쇼를 보면서 당신이 본 것이나 보지 못한 것을 비교해 보라.

3. 하루 동안 자신의 사회적 상호작용을 추적해 보라. 상호작용을 촉진시킨 것은 무엇인가? 상호작용의 목적은 무엇인가? 이에 대해 기술한 보고서를 작성해 보라.

4. 사회적 상호작용에 대해 누군가를 인터뷰해 보라. 그들로 하여금 자신이 긍정적이었다고 인식한 사회적 경험과 부정적이었다고 인식한 사회적 경험을 말하게 하라. 그리고 배운 것을 요약하여 작성하라.

특수아동협의회(CEC) 기준

기준 8: 사정

사정은 특수교사의 의사결정과 교수에 필수적이며, 특수교사는 다양한 교육적 결정을 위해 다수의 사정 정보를 사용한다…. 특수교사는 ELN 학생의 성장과 발달을 지원하는 학습 경험을 설계하기 위해 행동과 학습, 학업성취, 환경에 대한 형식적·비형식적 사정을 수행한다.

기준 5: 학습환경과 사회적 상호작용

특수교사는 ELN 학생의 문화적 이해, 안전, 정서적 안녕, 긍정적인 사회적 상호작용, 학생들의 적극적 참여를 촉진하는 학습 환경을 만든다. 또한 특수교사는 문화적으로 다양한 세계 속에서 다양성이 가치 있게 여겨지며 개인이 조화롭고 생산적으로 살아갈 수 있도록 가르치는 환경을 촉진한다. 아울러 ELN 학생의 독립성, 자발성, 자기 주도성, 개인적 권한, 자기 옹호를 촉진할 수 있는 환경을 구성한다.

기준 4: 교수전략

특수교사는 ELN 학생을 위한 교수를 개별화하기 위해 증거 기반 교수전략에 대한 레퍼토리를 소지한다. 특수교사는 일반교육과정과 특수교육과정에서 도전적인 학습 결과를 증진하고, ELN 학생을 위해 학습환경을 적절히 수정하기 위해 이러한 교수전략을 선정하고 수정하고 사용한다. 특수교사는 ELN 학생의 비판적 사고와 문제 해결력 그리고 수행 기술에 대한 학습을 강화하고, 자기인식과 자기관리, 자기통제, 자기의존, 자기존중감을 증가시킨다. 또한 특수교사는 여러 환경과 장소, 연령 주기에 걸쳐 지식과 기술의 발달, 유지, 일반화를 강조한다.

출처: Council for Exceptional Children, *What Every Special Educator Must Know: Ethics, Standards, and Guidelines for Special Educators*. Copyright 2005 by the Council for Exceptional Children, 1110N. Glebe Rd., Suite 300, Arlington, VA 22201. 이 출판물의 부분적인 복사와 변형이 허가되었음.

15

생활 기술과 전환

주요 개념

IDEA의 전환교육 법령

배우기
- 전환교육과 학업
- 전환교육과 중핵교육과정에의 접근
- 중등 이후 교육

일하기
- 연속선상의 고용 옵션
- 교수전략

생활하기
- 거주

- 사회적/개인 간 관계망
- 교수 내용과 전략

즐기기: 오락과 여가

종합하기
- 전환교육의 핵심 전망
- 학생 참여와 선택
- 개인 중심의 계획

다문화 학생과 가족을 위한 시사점
- 전환교육 계획과정에의 참여
- 직업 선택과 독립적/상호 의존적 생활

 주요 질문

1. 의무교육 이후 삶은 어떻게 변하는가?
2. 교사는 전환교육 목표와 활동을 일반교육과정에 어떻게 포함시킬 수 있는가?
3. 개인 중심의 계획 전략이란 무엇인가?
4. 교사는 자기옹호와 자기결정을 증진하는 데 전환교육 계획을 어떻게 이용할 수 있는가?

※ 15장은 Gardner Smith, Rhonda S. Black과 Mary Anne Prater가 공저자임.

학생이 공립학교에 다니는 주된 이유 중의 하나는 성인으로서의 역할과 의무를 수행하도록 배우기 위함이다. 하지만 대다수의 장애 학생은 학교에서 독립적인 성인생활로의 성공적인 전환을 이루지 못한다. 예를 들면 다음과 같다.

- 특수교육 졸업자의 1/2에서 2/3는 취직을 하지만, 대부분은 시급으로 일을 하며 최저임금보다도 적은 돈을 번다(Valdes, Williamson, & Wagner, 1990; Wagner, Blackorby, Cameto, Hebbeler, & Newman, 1993).
- 장애 청년의 2/3가량은 의존적이며 재정적으로 불안정하여 부모나 후견인과 함께 산다(Peraino, 1992).
- 장애인의 63%는 빈곤층 혹은 그에 가까운 생활을 하는데(Gajar, Goodman, & McAfee, 1993), 미국 사회에서 장애인은 경제적으로 가장 불리한 하위 집단에 속한다.
- 16~64세의 미국 장애인의 2/3는 일을 하지 않으며, 그들 중 79%는 일을 하고 싶다고 말한다(Louis Harris & Associates, 2000, Wehman, 2001에서 재인용).

특수교육 분야는 장애 학생이 공립학교를 나오면 자급자족할 수 있는 성인이 되도록 충분히 지원하지 못하고 있다. 전환교육 서비스는 학생이 성인으로서의 삶을 준비하도록 하는 데 초점을 둔다.

[전환교육의] 목표는 개인이 성공적인 지역사회 구성원이 되도록, 자신의 삶을 스스로 통제하도록 물리적으로 통합되는 것이다. 그리고 더 중요하게는 자신이 속한 지역사회 내에 통합되도록, 생산적인 존재로 살아가도록, 그리하여 긍정적인 삶을 영위하도록 전반적인 발달을 지원하는 것이다(Polloway, Smith, Patton, & Smith, 1996, p. 11).

전환교육이란 학생과 부모, 학교, 학교 졸업 후의 전형(즉, 재활과 고용, 주거), 지역 내 고용주가 관련되는 역동적이고 협력적인 과정이다. 이를 통해 얻고자 하는 성과는 모든 청년이 일반적인 지역사회에서 생활하고 일하는 것이다(Chadsey-Rusch, Rusch, & Phelps, 1989).

1. IDEA의 전환교육 법령

장애 학생의 중등학교에서 성공적인 성인생활까지의 전환과정에 대한 관심은 25년이 넘도록 특수교육 정책 전반에 걸쳐 있었다(Harvey, 2002). 기존에 수행된 특수교육 대상 학생의 활동과 생활양식에 대해 보고한 연구는 연방정부로 하여금 특수교육을 받는 모든 학생에게 전환교육 서비스를 실시하게 만들었다. IDEA는 모든 IEP는 늦어도 16세 이전에 가능하면 14세에는 학생에게 필요한 전환교육 서비스에 대한 진술을 포함해야 한다고 명시한다. IEP의 전환교육에 대한 진술란에는 고용과 중등 이후 교육, 성인생활과 독립적인 생활 서비스, 통합된 지역사회와의 관계를 획득하도록 도와주는 데 필요한 모든 서비스가 나열된다. IDEA는 전환교육 서비스와 계획에 관한 요구사항은 여러 사람으로 구성된 팀에 의해 검토되어야 하는데, 이러한 팀은 필요에 따라 지역사회와 성인 서비스 단체(예, 재활상담과 보조공학, 여가치료, 사회복지 서비스 등) 관계자를 포함할 수 있다(Martin, 2002).

전환교육의 목적을 명료화하고자 2004년 IDEA 개정령에는 몇 가지 중요한 사항이 변경되었다(OSERS, 2005). 그 변경사항은 전환교육 계획의 주요 목적 중의 하나로 향후교육(further education)이란 용어 추가, 학생이란 단어를 아동으로 변경, 전환교육 서비스의 정의 변경이다. 전환교육 서비스란 용어는 현재 장애 아동을 위한 조정된 일련의 활동으로 정의되며 다음 사항에 따른다.

• 장애 아동이 학교를 떠난 이후의 활동, 즉 중등교육 이후의 교육이나 직업교육, 통합적 고용(지원고용 포함), 평생교육, 성인 서비스, 독립적 생활, 지역사회 참여와 같은 활동을 촉진하기 위해 아동의 학업적이고 기능적인 성취를 향상시키는 데 중점을 둔 결과 지향적(이전에는 성과 중심적) 과정 혹은 그 범위 내에서 고안된다.

• 아동의 강점과 선호, 흥미를 고려함으로써 개별 아동의 요구에 기초한다.

IEP는 이제 아동이 16세(기존에는 14세)가 되기 이전에 전환 서비스를 포함하여야 하며, 이후 매년 갱신해야 한다. 아동의 (전환교육) IEP는 다음 사항을 포함해야 한다.

• 훈련과 교육, 고용 및 독립적인 생활에 관련된, 연령에 적합한 전환교육 사정에 기초한 적절하게 측정 가능한 중등교육 이후 목표

• 공부할 과목을 포함하여 아동이 이러한 목표를 달성하도록 지원하는 데 필요한 구체적인 전환교육 서비스

• 주(州) 법에서 정한 성년이 되기 최소 1년 전에는 시작하는데, 아동이 전환교육 서비스 접근과 보급에 관련된 자신의 권리에 대해 전달받았다는 것과 그것이 성년이 되었을 때 아동에게 전달될 것이라는 내용의 진술

뿐만 아니라 아동의 전환교육 IEP는 아동의 학업적, 발달적, 기능적 요구를 고려하면서 다음 사항을 포함해야 한다.

• 일반교육과정에 아동이 참여하도록 지원한다는, 측정 가능한 연간 목표의 진술

• 이러한 연간 목표에 대한 아동의 진전 여부를 어떻게 측정할 것인지에 대한 기술

교사를 위한 정보 15.1

전환계획 작성 시에 교사는 다음을 고려해야 한다.

1. 16세 이상의 모든 학생은 완성된 전환교육 계획을 가져야 한다.
2. 전환교육 계획은 개별화되어야 한다. (일반적인 계획안과 점검표는 부적합하다.)
3. 지역교육기관(LEA)은 졸업계획을 수립하는 데 부모와 학생을 참여시켜야 한다.
4. 전환교육 계획이 명시된 목표를 뒷받침하는 계획임을 보장하기 위해 희망하는 성인기의 결과를 구체적으로 명시한다.
5. LEA는 학령기 전환교육 서비스에 책임을 진다 (McAfee & Greenawalt, 2001).

• 통지표 발급과 더불어, 연간보고서나 다른 정기적인 보고서 수준의 아동 성취보고서에 대한 기술

전환교육 서비스가 법령에 명시되었음에도 장애학생이 학업적, 발달적, 기능적 성과를 이루었는지는 여전히 의문스럽다(Certo et al., 2003; Turnbull et al., 2003). 2000년에 전직 미국 교육부장관인 Richard Riley는 연방 및 주 교육청과 사립교육 분야에서 장애학생이 학교에서 성인생활로 전환하는 데 필요한 요구를 여전히 충족시켜 주지 못한다고 지적했다. 그는 "장애를 가진 젊은이가 교육 수준이나 고용, 지역사회에의 완전 참여 면에서 또래보다 많이 뒤처져 있다."(Riley, 2000, p. 1)라고 말했다. 또한 그는 전환교육 서비스 계획에 관여하는 주 및 지역 교육청에서 그들의 전환교육 서비스 시스템이 "학업적인 준비와 기능적인 준비 사이에서 적절하게 균형을 맞추도록 설계되었는지에 관심을 가져야 한다…. 학교는 학생이

[학업적인] 기초뿐만 아니라 작업장에서의 기술도 배우도록 해야 한다. 그것이 우리가 할 도전과제다."(Riley, 2000, p. 1)라고 조언하였다.

이 장은 Riley 장관의 도전 과제에 답하는 형식으로 쓰여 있다. 따라서 이 장은 개인 중심, 삶의 질, 결과 지향적인 관점에서 전환교육과 전환교육 서비스에 대한 견해를 제공하도록 구성되어 있다. 이러한 관점은 장애 학생이 최대한 생산적이고 독립적이고 성인으로서의 삶을 살도록 도와주기 위해 요구와 선호, 목표를 종합적으로 조사함으로써 가장 잘 규명될 수 있다고 이 책의 저자들은 주장한다.

이 장은 네 가지 포괄적인 주제—배우기, 일하기, 생활하기, 즐기기—로 구성되어 있으며, 이들 각각은 장애 학생을 위한 전환교육 계획과 실행에 유익하다(Certo et al., 2003; Heward, 2006; Turnbull et al., 2003). 첫 번째 주제인 배우기에서는 IDEA가 강조하는 일반교육과정에의 접근 및 진전과 중등교육 이후 교육에의 접근과 완전 참여를 지원하는 학습 요소를 고려한다. 두 번째 주제인 일하기에서는 직업교육에의 접근과 완전 참여를 보장하기 위해 필요한 고용 기술과 서비스에 중점을 둔다. 세 번째 주제인 생활하기에서는 상호 의존적인 생활 목표와 대인관계를 고찰한다. 네 번째 주제인 즐기기에서는 자기만족을 위한 정상적인 생활양식의 일부로서 연령에 적합한 여가와 레저 활동에 참여할 기회에 대해 고려한다.

2. 배우기

전환교육과 학업

2004년 IDEA 개정령과 1998년의 칼 D. 퍼킨스 직업 및 응용공학교육법(Carl D. Perkins Vocational and Applied Technology Amendments), 2002년의 아동낙오방지법(NCLB)에 드러난 미 연방의 골격 내에서 전환교육 프로그램을 실시하는 것은 전환교육과정에 관여하는 이들에게 개념적/실제적인 도전이 된다. 즉, 2004년 IDEA(특수교육)의 전환교육 목표를 NCLB(일반교육)와 1998년의 퍼킨스(직업교육) 개혁에 최상으로 일치시키는 방법의 문제다(Conderman & Katsiyannis, 2002; Kochhar-Bryant & Bassett, 2002). 이들 세 가지 법령은 평등과 모든 젊은이의 우월성에 대한 강력한 국가적 믿음에서 생겨난 것이다(Riley, 2000). 이러한 미 연방의 희망은 모든 학생, 특히 장애 학생이 모든 범위의 일반교육과정 옵션과 학습 경험에 접근하고 참여하고 진보하도록 구체적으로 설계된 정책과 절차, 실습의 형태로 주 및 지역 교육청으로 전달된다(USDOE, 2001). 현행 전환교육 정의에 따라 모든 범위의 중등 수준 교육과정과 프로그램에는 직업교육과 서비스 학습, 지역사회 근무 경력, 성인생활 기술뿐만 아니라 기준 중심, 내용 중심의 학업 프로그램이 포함된다(Certo et al., 2003; Harvey, 2002; Repetto, Webb, Garvan, & Washington, 2002). '모든 범위'의 중등 수준 교육과정과 프로그램에 대한 이런 더 광범위한 정의는 '한 사이즈가 모두에게 맞다'는, 다시 말해 특별한 요구를 가진 모든 중등학생은 일반교육 환경에서 모두 수업을 받아야 한다는 지나친 전문가의 믿음을 함축한다. 하지만 이것은 장애를 가진 대다수 중등학생의 전환교육 요구사항을 충족하지 못하고 있다(ERIC/OSEP, 2003).

전환교육과 중핵교육과정에의 접근

2004년 IDEA는 장애 학생으로 하여금 중핵교육과정에 접근하고 더욱 다양한 범위의 일반교육과정 코스와 학습 경험을 갖게 함으로써 더 넓은 참여와 혜택의 기회를 제공한다. 일반교육과정에의 접근을 강조하는 목적은 학생으로 하여금 표준 학위를 획득하도록 준비시키고 성인생활을 준비하도록 돕기 위함이다. 일반교육과정은 학업적인 내용과 비학업적인 내용 모두에 중점을 두고는 있지만 일반적으로 낮은 학업성취에 더 집중한다. 중핵교육과정—국어, 읽기 혹은 영어, 수학, 과학, 외국어, 사회, 경제, 미술, 역사와 지리로 정의됨—은 장애 학생이 성인생활에 대비하기 위해 필요한 다른 기술을 포함하지 않는다. 다른 기술, 즉 기능적 기술과 생활 기술과 같은 기술이 일반중핵교육과정에의 접근과 참여가 강조되는 만큼 똑같이 주목받을 수 있을지의 문제가 남게 된다(Smith, Stodden, James, Fisher, & Pumpian, 1999; Wehmeyer, 2002).

전환교육 전문가와 특수교사는 모든 학생이 진보를 보일 수 있도록 [중핵교육과정] 기준을 개방형이면서 서면으로 되어 있도록 하고, 또한 이러한 기준과 그것으로 만들어진 일반교육과정이 모든 학생을 위한 [발달적이고 기능적인/지역사회] 전환교육 관련 활동을 포함하도록 보장하는 데 적극적이어야 한다(Wehmeyer, 2002, p. 39).

우리의 의도가 중핵교육과정에서의 경쟁력이 장애 학생의 성인생활의 질을 개선시킨다는 점을 간과하거나 경시하려는 것은 아니다. 표준 중핵교육과정에 장애 학생의 학업 관련 교육을 맞추고 그들의 학업성취와 응용력, 졸업 기대치를 끌어올리는 것은 가치 있다. 하지만 IDEA의 결과 지향적인 삶의 질 중심의 전환교육 목표의 원래 의도를 일반교육과정에 연결시키고 정의하기에는 명료성과 구체성이 부족하다는 문제가 남는다. Turnbull 등(2003)은 다음과 같이 언급한다.

현행 학업 지향적인 [중핵]교육과정은 대다수의 장애 학생과 비장애 학생의 삶에서 중요한 성과, 즉 고용과 독립적인 생활처럼 성인에게 중요한 성과를 고려하지 않고 있다. 그렇지 않다고도 말하지만, 현재의 개혁적인 분위기에서 표준화된 검사에서 나타나는 결과들은 문제가 되고 있다(p. 68).

중등 이후 교육

고등학생인 제러미는 ADHD와 학습장애로 판별되어 매일 일정 시간 특수학급 수업에 참여하였다. 타카하시 씨는 이 학생과 다른 5명의 학생에게 학습기술과 학습전략을 가르쳤다. 이들 학생이 일반교육과정에 접근하기 위해 필요한 편의가 제공되도록 다카하시 씨는 몇 명의 일반교사와 긴밀히 협조하였다. 최고 학년 때 제러미는 시험 편의를 제공받았고 주의 의무사항인 고등학교 졸업시험을 통과하였다. 그의 목표는 집에서 가까운 주립대학교에 입학하는 것이었다. 그는 고등학교를 다니는 동안 학업 진로를 선택했기 때문에 그에게 직업교육은 학업의 일부가 아니었다. 제러미는 대학 수준의 교양교육 주요 코스를 수강할 준비가 되도록 학업적인 수업에 중점을 두었다. 그는 고등학교에서 다카하시 씨가 해 줬던 것처럼 필요한 경우에 학부 교육과정을 수정해 줄 누군가가 있는지 확실히 해 두고 싶어 했다. 하지만 그는 고등학교와는 달리 대학에는 케어코디네이터가 없을 수 있다는 걸 알았다. 따라서 다카하시 씨는 학생처로 연락해서 제러미가 고등학교를 졸업하기 전 대학의 장애 학생 지원 코디네이터와 만날 약속을 마련해 주었다. 이 코디네이터는 제러미가 필요한 서식을 작성하도록 도와줌으로써 시험시간 연장과 또래교사, 우선등록, 오디오테이프로 녹음된 교과서 등과 같은 편의를 받을 수 있게 해 주었다. 그 결과 제러미는 대학교에 입학할 당시 준비가 잘 되어 있었다.

장애 학생이 중등교육 이후 교육을 받는 비율은 비장애 학생에 비해 매우 적다. 하지만 지난 10년간 중등교육 이후 교육의 혜택을 누리는 장애 학생 수는 급속하게 증가하였다. 중등교육 이후 교육과 훈련에 어떠한 형태로든 참여하기로 선택하는 것은 바로 고용되는 것 다음으로 가장 흔한 대안이 되어 가고 있다 (Black, Smith, Chang, Harding, & Stodden, 2002). 중등 교육 이후 교육이란 용어를 가장 광범위하게 기술하 자면 향후 교육이나 기관 중심의 직업 및 기술 훈련을 강조하는 프로그램을 포함하며, 2년 혹은 4년의 전문 대학과 대학교, 민간 직업학교, 도제 프로그램, 직업 또는 성인 교육 프로그램을 포함한다(Sitlington & Clark, 2006).

IDEA는 학생이 고등학교를 졸업해서 21세가 될 때 까지 특수교육 서비스와 지원을 제공하도록 의무화하 고 있다. 장애 학생과 그들의 부모는 IDEA가 중등교 육 이후의 과정에서는 유사한 지원과 서비스를 요구하 지 않는다는 것을 대개 모른다(Stodden & Jones, 2002). 전환교육 서비스와 지원은 학생이 공립학교 체제를 졸 업하거나 공립학교 '나이를 벗어나면' 더욱 예측하기 가 어렵고 일정하지 않다. "초등 및 중등 교육 서비스 를 벗어나게 되면 어떠한 연방 주 법도 장애를 가진 성 인이 이용할 수 있는 의무화된 서비스를 명쾌하게 제 시해 주지 못한다."(Schloss, Smith, & Schloss, 2001, p. 23) 게다가 보호막이 되어 준 공립학교 환경을 잃으면 서, 대학을 다니는 장애 학생은 비장애 학생이 겪게 되 는 다수의 동일한 전환 문제에 직면하게 된다. 예를 들 어, 학업 경쟁력은 증가하는 반면 학생당 교수 수는 감 소한다(Gartin, Rumrill, & Serebreni, 1996). 중등학교의 특수교사는 자신들이 장애 학생을 중등교육에서 중등

교육 이후 교육으로 전환하도록 도와주는 일차적인, 가끔은 유일한 지원자라는 사실을 깨달아야 한다(〈표 15-1〉 참조).

고등학교를 졸업하기 전, 알리시아는 학습장애(LD) 때문에 특수교육을 받았다. 그녀는 언어 과목을 제외 하고는 모든 일반교육 수업에 참여하였다. 그녀의 모 교인 방가드 고등학교는 LD 학생의 진로개발 프로그 램을 강력하게 지원해 줄 교사 및 행정직 인사를 채용 하였다. 그들은 최근의 연구에 기초한 중재 정보를 적 용한 3연승식 옹호 프로그램(Trifecta Advocacy Program)이라는 프로그램을 만들었다. 이 프로그램은 (1) 자기인식, (2) 자기효능감 강화, (3) 개인장래계획 (Personal Futures Plan: PFP)이 주요 구성 요소로서 자기옹호 기술이라는 측면에서 장애 아동을 교육한다. 개별 학생의 PFP는 학생의 학습 어려움이 중등 이후 교육에 어떻게 영향을 줄 것인지 가설을 만들어 내기 위해 학생의 학습 능력과 장애를 개인적으로 이해하는 데 사용되었다. 알리시아는 이 프로그램에 참여했기 때문에 전문대학에서 더욱 성공적이었다. 그녀는 스스 로에 대해 더 잘 옹호할 수 있었고, 자신에게 필요한 편의나 필요하지 않은 편의에 대해 더 잘 알 수 있었 다. 자신을 더 이상 학습장애인으로 생각하지 않고 단 지 특정한 방식으로 학습하는 사람으로 생각하기 시작 하였다.

표 15-1 중등학교와 중등학교 이후 학교의 지원 불일치에 관한 개관

중등학교	중등학교 이후 학교
IDEA의 규정에 따라 의무화된 지원과 적법절차 요구사항	재활법 504조와 ADA(미국장애인법)에 규제된 지원
특수학급과 교육과정, '혜택'과 '성공'을 위한 추가적인 전환교 육 서비스	ADA와 504조에 규정된 바와 같이, '동등한 접근'을 지원하 기 위한 '정당한' 편의
학생의 IEP 전환교육 계획은 학생과 함께 만들어지기보다는 학 생을 위해 만들어진다(제한적이거나 자기 책임이 없음).	학생은 그들 자신의 지원에 대한 자기 결정자이자 옹호자 이며 관리자다(모두 자기 책임임).
성공은 일반적으로 교육적 혜택이란 점에서 측정된다(외재적으 로 조정된다).	성공은 학교 이후의 수행 능력과 장기목표에 의해 측정된 다(내재적으로 조정된다).

출처: Stodden & Jones(2002)에서 발췌한 내용으로 표 작성.

학습 경험과 기회　중등 특수교사는 학생이 중등 이후 교육에서 직면할 수 있는 실제적인 과제에 직접적인 효과가 있는 교수 프로그램을 실행해야 한다(Benner, 1998). 장애 학생이 중등 이후 교육으로 성공적으로 전환하도록 도와주기 위해서, 중등 특수교사와 다른 전환교육 관련자는 (1) 장애에 대한 주관적이고 객관적인 이해, (2) 교육적 지원과 편의의 양과 질, (3) 직업으로의 전환(ERIC/OSEP 2003; Webster, Clary, & Griffith, 2001)의 세 가지 영역에 걸쳐 학습 기회와 경험을 제공해야 한다.

① 장애에 대한 주관적이고 객관적인 이해. 중등 이후의 교육기관은 장애를 가지고 있다고 밝힌 학생에게 정당한 편의와 지원을 제공하기만 하면 된다(Schloss et al., 2001). 하지만 연방법은 어떤 증거자료로 장애를 입증하는지에 대한 아무런 지침이 없다. 이 법은 중등 이후 학생에게 어떠한 학업적 편의가 필요한지에 대해서도 명시하지 않고 있다(Scott, 1994).

학생은 중등 이후 교육에서 장애지원 서비스를 구체적으로 요청해야 한다. 그러기 위해서는 다음의 사항을 알아야 한다.

- 자신의 장애
- 자신의 장애가 학습에 어떻게 영향을 미치는지
- 어떤 편의와 지원이 그들에게 유효한지
- 자신의 요구를 명확하게 말하는 법
- 자신의 법적 권리(Webster et al., 2001)

또한 학생은 다음의 것을 어떻게 해야 하는지 알아야 한다.

- 스스로를 옹호하는 법
- 자신의 대학 공동체에서 다른 사람을 교육하는 법
- 자신의 장애에 대해 단호하게 배우는 법

- 자신의 강점과 약점에 대해 다른 사람과 의사소통하는 법
- 성공적이기 위해 자신에게 필요한 것에 대해 용감하게 묻는 법(Lehmann, Davies, & Laurin, 2000)

교사를 위한 정보 15.2

장애 학생이 중등 이후 교육을 받기로 했다면 교사는 다음을 통해 그들이 준비되도록 도와줄 수 있다.

1. 자기옹호 기술 가르치기
2. 학생이 자신의 장애를 이해하도록 도와주기
3. 학생이 독립적인 학습자가 되도록 격려하기
4. 시간관리와 학습 기술 가르치기
5. 학생에게 IDEA와 ADA에 대해 교육하기
6. 장애 학생이 더 높은 과정을 받을 수 있도록 격려하기
(Janiga & Costenbader, 2002)

② 교육적 지원과 편의의 양과 질. 법적으로는 모든 중등 이후 교육기관이 장애 학생을 위해 접근과 정당한 편의를 제공해야 하지만, 조사에 따르면 이러한 교육적인 지원과 편의의 양과 질은 중등 이후 환경에 따라 그리고 환경 내에서도 매우 다양하다(Black et al., 2002). 어떤 기관은 여타 기관에 비해 좀 더 '학생에게 우호적'이다(Sitlington & Clark, 2000). 중등 이후 기관이 장애 학생에게 제공하는 지원과 편의의 수준은 다음의 세 가지 유형 중 하나에 속한다.

- 장애로 판별된 모든 학생이 이용할 수 있는 낮은 수준으로(lightly) 구조화된 학생지원 서비스: 여기에는 연장된 시간과 변경된 평가방식, 추가 도움에의 접근과 같은 편의가 포함된다.
- 또래교사와 상담자, 옹호인과 같은 장애 전문가를 제공하는 데 초점을 둔 적당히(moderately) 구조

화된 학생지원 서비스

- 장애 학생이 학습계획안과 자신의 학습 양식 및 성인기 성과 요구에 맞춘 교육과정을 설계하는 데에 초점을 둔 고도로(highly) 구조화된 학생지원 서비스(Mellard, 1996)

교사를 위한 정보 15.3

장애 학생이 대학 진학을 고려하고 있다면 교사는 다음에 제시된 질문을 학생에게 함으로써 적절한 대학을 선택하도록 도와줄 수 있다.

1. 프로그램: 학교에서 학생의 흥미를 끌 만한 프로그램을 제공하는가?
2. 입학: 학생은 장애 학생을 위한 별도의 입학기준이 있는 학교를 고려해야 하는가?
3. 비용: 비용과 재정적 지원 기회가 학생의 필요와 일치하는가?
4. 규모: 큰 캠퍼스 혹은 작은 캠퍼스 중 어떤 것이 학생에게 더 적합한가?
5. 위치: 도시환경, 소도시, 지방 중 어떤 장소가 학생이 움직이는 데 더 나은가?
6. 사회 분위기: 학생의 사회성 기술과 흥미가 학교의 사회 분위기와 일치하는가?
7. 방과 후 활동: 학교는 학생이 흥미를 가질 만한 방과 후 활동을 제공하는가?(Skinner & Lindstrom, 2003)

③ 직업으로의 전환. 중등 이후 교육을 마친 장애인은 자신이 준비한 분야에 취업하는 데 어려움을 가지며, 대부분의 중등 이후 학교는 취업에 도움이 되지 않는다(Johnson, 2000). 그러나 여전히 중등 이후 교육은 목적을 이루기 위한 수단이다. 학생이 일터로 전환하면서 경험하는 지원과 장벽, 그리고 중등 이후 교육이 미래의 고용에 어떤 영향을 미치는지 조사해

보아야 한다(NIDRR, n.d.).

중등 이후 교육환경에서 특수한 서비스와 지원을 받는 학생은 자신의 장애에 대해 더 잘 이해하고 있고 그들이 직업 세계로 들어와 지내면서 유사한 서비스와 지원 대책에 대해 더 효과적으로 주장한다. Adelman과 Vogel(1990)은 설문조사한 장애 학생이 고용환경에서 보충 서비스와 지원에 대해 명시적인 교수를 받지 못했음에도 자신이 중등 이후 교육환경에서 습득한 대다수의 자기옹호 기술을 명백하게 전이시켰다는 점을 발견했다. 반면 Witte, Phillips와 Kakela(1998)에 따르면 학습장애를 가진 대학 졸업생에 대한 연구에서 그중 5%만이 근무환경에서 자신의 장애를 스스로 밝힌 것으로 나타났다. 장애 청소년의 중등 이후 교육에의 참여를 장려하는 것 자체만으로는 청소년이 성인으로서 높은 직업적인 포부를 확인하고 유지하고 추구하고 달성하지 못한다고만 말해 두자.

중등 이후 교육기관 입학에 있어 학생의 장벽 제거하기
교사는 교실에서 다음에 제시한 활동 유형을 사용하여 중등 이후 교육기관에 입학하는 데 학생의 장벽을 줄이도록 도와줌으로써 학생이 자신의 미래를 준비하도록 도와줄 수 있다.

1. 대학 교직원 및 장애지원센터 직원에게 자신의 장애 특성을 정확하게 말할 수 있도록 학생과 대화방식을 역할극으로 해 본다.
2. 대학 교직원 및 장애지원센터 직원에게 자신이 요청하게 될, 현재 자신이 고등학교에서 받고 있는 수정과 편의와 일치하는 수정과 편의의 특징과 목적을 정확하게 말할 수 있도록 학생과 대화방식을 역할극으로 해 본다.
3. 학생이 고등학교에서 졸업 학년이 되기 전, 그들에게 지역 내 중등 이후 교육기관의 서류전형에 대해 알려 준다.
4. 중등 이후 환경에 들어가면서 학생에게 필요한

잠재적인 재정 지원 출처와 자원에 대해 알려 준다.

5. 고등학교 학생에게 시간과 돈 관리 기술을 가르쳐 준다.

6. 전환계획을 하는 동안 관심이 있는 학생과 중등 이후 환경(대학 캠퍼스)을 돌아본다.

7. 중등 이후 교육 환경 내 혹은 환경 간에 제공받을 수 있는 가장 흔한 세 가지 종류의 수정과 편의 정보를 학생에게 제공한다.

8. 학생이 제한된 직장과 중등 이후 교육에서 스스로 취한 열망에 맞서도록 격려한다.

9. 단호함과 자기옹호, 진로 선택, 삶의 추구라는 개인적 요소를 포함하여, 학생에게 목적과 달성, 좌절에 대한 개인적 책임이라는 전제와 관계 있는 자기결정 기술을 개발할 기회를 제공해 준다.

10. 자신의 약점은 덜 강조하면서 자신의 강점을 이용하는 진로(차후에 중등 이후 교육과 연결되는) 선택의 중요성에 대해 토의한다(Adelman & Vogel, 1990; Benner, 1998; Lehmann, Davies, & Laurin, 2000; Rojewski, 1996).

3. 일하기

이 책에서 논의된 바와 같이, 전통적인 유럽계 미국인 모델에서는 성인기의 성과로서 생산성과 독립성을 장려한다. 이러한 가치는 전환에 관심을 두게 하는 강력한 이유, 즉 경제성으로 귀착한다(Harvey, 2002). 성인생활의 대부분은 일터에서 생기는 사회적 활동을 포함한 직장이나 직장 관련 활동으로 이루어진다. 직업은 우리의 주거와 여가 기회도 구조화한다. 더 중요하게는 직업이 다른 사람과의 상호작용과 향상된 자존감과 자신감, 성인 정체감의 발달, 사회에 기여할 기회와 같은 무형의 보상을 제공한다(Cetro et al., 2003; Wehman, Brooke, & Inge, 2001). 일하는 행

위는 모든 사람에게 중요한 것으로, 타인의 존경을 만들어 내고 자부심과 만족감, 개인 성취의 근원이 될 수 있다(Turnbull et al., 2003). 장애인에게 일은 타인의 인식에 영향을 미침으로써 삶의 질을 강화할 수 있다. 따라서 장애인도 생산적이고 사회에 필요한 일부라는 점을 보여 줌으로써 비장애인의 장애인 수용 가능성은 증가하게 되고, 이러한 경험은 장애와 관련된 낙인을 줄일 수 있다(Wehman, 2001). 경도에서 중등도 수준의 장애 청년에게 경쟁력 있는 직업을 얻고 유지한다는 것은 가치 있는 사회 목표다.

1983년에 특수교육재활서비스국(OSERS)은 전환교육을 국가적인 우선 과제로 확립하였다. OSERS 전환교육 모델의 원동력은 고용이 중요한 삶의 행위라는 것과 "고용 자격을 갖추는 것은 미국 교육에 내재된 약속이다."(Will, 1984, p. 15)라는 가정이었다. OSERS 모델은 고용을 위한 세 가지 교량에 대해 설명한다. 첫 번째 교량은 장애 관련 서비스 없이 학교로부터 이동해 나가는 것을 포함한다(Will, 1983). 이와 관련된 서비스 유형으로는 민간 고용기관과 주의 고용 서비스, 고용을 보장하는 가족-친구관계망, 중등 이후 기관을 들 수 있다. 두 번째 교량은 장애인이 직업을 찾고 유지하는 데 필요한 기술을 배우도록 도와주기 위해 설계된 직업재활과 직업교육, 훈련 프로그램, 지역사회 기반 직업훈련, 현장직무훈련, 도제훈련 등과 같이 시간이 제한된 서비스의 활용을 포함한다. 세 번째 교량은 독립적으로 일할 준비가 완전히 안 된 장애인을 위한 지속적인 지원 서비스의 활용을 포함한다. 세 번째 교량의 예로는 보호고용과 지원고용 프로그램을 들 수 있다. 이러한 고용 옵션은 지역사회 내 통합 수준이 최대에서 최소까지의 연속선상에 놓여 있는 것으로 개념화할 수 있다. 경도에서 중등도 수준의 장애인은 최대 수준으로 통합된 환경에 배치되어야 한다.

연속선상의 고용 옵션

장애 청년에게 제공될 수 있는 고용 옵션은 여러 가지가 있다. 이러한 옵션은 보호고용, 지원고용, 장려금이 지급되는 고용, 전환고용, 경쟁고용, 자영업의 범주로 분류된다.

보호고용 보호고용은 '최소통합' 범주에서 배치 연속선의 가장 왼쪽에 위치하며 장애 학생에게 가장 덜 바람직한 배치 옵션으로 간주된다. 이 고용 범주는 일반적으로 보호작업장이나 성인 프로그램처럼 분리된 센터에서 일하는 것을 말한다. 직원은 최저 기준 이하의 임금을 받으며, 비장애 직장 동료와의 접촉은 거의 없다(Wehman et al., 2001). 보호고용의 단점은 다음과 같다.

- 비장애인과의 분리
- 작업장 직원에 대한 지나친 의존성
- 작업장 환경에서 좀 더 통합된 고용으로의 이동성 부족(Lagomarcino, Hughes, & Rusch, 1989)

지원고용 지원고용은 배치 연속선에서 보호고용과 경쟁고용 사이에 위치한다. 이 옵션에서는 전문적인 직원이 작업장에서 직원훈련을 제공하는데, 이를 통해 개인은 특정 직업 기술을 배우며 대인관계 기술과 더불어 직업 관련 기술을 개발할 수 있다. 지원고용은 다음의 세 가지 필수 요소를 갖는다.

- 임금이 지급된다(가끔은 최저임금보다 적기도 하지만).
- 업무는 주당 최소 20시간 통합된 장소에서 수행한다.
- 지속적인 지원 서비스가 제공된다(Wehman et al., 2001).

먼저 직무 코치/고용 전문가가 지속적인 일대일 도움을 제공한다. 직무 코치는 작업장에서 한 사람하고만 일을 하거나 지원받는 작업반을 지도할 수 있다(Heward, 2006). 한 명이 현장 도움을 받건 혹은 여러 명이 받건 간에 공동체 고용에서 장애를 가진 직장인을 도와주는 원칙은 동일하다. 시간이 지나가고 직원이 점진적으로 일을 배우고, 직무 코치가 현장에서 점점 사라지게 되며, 직원은 점차 일을 독립적으로 하게 된다. 그리고 감독은 자연스럽게 직장 동료와 상사 몫이 된다. 일정 기간이 지나면 직무 코치는 가끔씩 방문을 하거나 전화를 걸어 사후관리나 지원 서비스만 한다. 지원고용은 감독받지 않는 경쟁고용에 어려움을 갖거나 지속적인 지원이 필요한 중등도와 중도 장애인에게 실행 가능한 옵션이다.

전환고용 전환고용은 직무훈련(진로계획과 직업 관련 사회성 기술 교수도 포함)과 직무 코칭 형태의 단기 지원에 관한 것이다. 지속성을 제외하면 이 고용 형태는 지원고용과 아주 유사하다(보통 2~12주 사이임). 전환고용은 주로 정서장애인에게 많이 사용되어 왔다(Wehman et al., 2001).

경쟁고용 직업 배치의 연속선상에서 경쟁고용은 가장 높은 수준의 통합과 독립성이 제공되며 보호고용이나 지원고용에 비해 많은 장점을 가진다. 경쟁고용은 피고용인이 다음의 것들이 갖추어진 지역사회 내 통합환경에 배치되는 것이다.

- 적어도 최저임금은 받는다.
- 비장애 직장 동료와 상호작용한다.
- 값진 상품과 서비스를 생산한다.
- 소득과 책임이 증가하는 기회를 갖는다(Heward, 2006; Sitlington, Clark, & Kolstoe, 2000).

이러한 고용 옵션은 통합된, 독립적인 삶에 필요한

경제적이고 개인적인 기반을 확립해 주기 때문에 경도와 중등도 수준의 장애 청년이 가장 선호하는 고용성과다. 경쟁고용은 경도와 중등도 수준의 장애인이 성취할 수 있는 목표이며, 따라서 그들은 개인적이고 사회적인 요구를 채워 주는 직무를 즐기고 그에 몰두할 수 있게 된다(Wehman et al., 2001).

장려금이 지급되는 고용　장려금이 지급되는 고용은 경쟁고용과 유사하며 단기적인 대안으로 볼 수 있다. 이는 장애를 가진 직원을 위해 초기 적응기간이나 수습기간 동안 고용주에게 장려금을 지원해 주는 것이다. 이러한 장려금으로 직무 기술은 알지만 요구되는 생산 비율을 완수하지 못하는 직원에게 기회를 제공한다.

자영업　자영업은 개인(주로 가족 구성원이나 성인 서비스 기관의 도움을 받음)이 소규모의 사업을 직접 하는 형태로 경쟁고용의 한 형태다. 가장 흔한 옵션은 자영업이다. 하지만 동업과 같은 집단 소유권도 실행가능한 옵션이다(Neufeldt, Sandys, Fuchs, & Logan, 1999).

존은 18세로 정신지체를 가지고 있으며 건강에도 문제가 있다. 그의 가족은 존의 흥미와 능력에 잘 맞는 직업 종류를 찾고 있다. 존이 주변에 낯선 사람이 있으면 매우 긴장하므로 일반 대중과 일하는 것은 그에게 알맞지 않은 선택이었다. 그는 또한 자신의 세계에서 일관성에 대한 강한 요구를 갖고 있다. 중소 기업청 상담자의 도움으로, 존의 모친은 양초 사업을 시작했다. 존은 틀에 왁스를 붓는 일로 양초 생산을 도왔다. 그는 유급직에 종사하는 생산적인 시민이다.

장애인 중에는 예술품과 도자기 판매, 조경, 집 유지 및 보수, 동기부여 방식의 강연과 같은 직종에서 자영업을 하는 사람이 있다(Neufeldt et al., 1999). 비

장애인과 마찬가지로 장애인의 기업가로서의 주된 이점은 자기 사업을 소유함으로써 독립심이 생기는 것이며, 주된 단점은 수입이 일정치 못하다는 점이다. 자영업을 하기 위한 자료와 정보는 연방 및 주립 중소기업청(SBA) 사무소에서 얻을 수 있다. 이들 사무소와 접촉하기 전, 학생은 자신이 매매하고자 하는 사업이나 상품의 종류에 대한 아이디어가 있어야 한다. 중소기업청은 오리엔테이션 세션을 제공하며 다양한 대출과 사업을 시작하기 전에 고려해야 할 사항을 기술해 놓은 많은 브로슈어를 제공한다.

교수전략

존 듀이 중학교는 여러 해 동안 소(小)사회(Micro-Society)를 실시해 왔다. 경험 기반 학습을 통해 학생은 각자가 공무원이나 기업가로서 참여하는 그들 자신의 사회를 설계하고 개발한다(윤리/사회과). 학생은 세무서 직원과 경찰관, 변호사, 배심원이 된다. 실제 사업이 구성되어 일주일에 한 번 오픈마켓에서 자신의 물건을 팔면서 학생은 수학, 읽기와 쓰기, 기타 교과목에서 익힌 것을 연습하게 된다. 가장 중요하게도 모든 학생이 공공 및 민간 분야를 통해서 타인과 함께 일하는 데 필요한 사회성 기술을 배운다. 만약 학생이 자신의 사업을 계속하지 않거나 사회적인 책임을 다하지 않는다면 사업에 실패한 것이다. 학생은 자신의 직무체제 내에서의 신뢰감과 협동심, 비판 수용, 세부사항에의 집중과 같은 자연스러운 결과를 배운다.

존 듀이 중학교는 다음의 웹사이트를 이용하여 프로그램을 만들었다.

http://www.microsociety.org/

http://www.eastorange.k12.nj.us/site/Schools/Data/sc_2002112522200139

http://title1.dadeschools.net/school2career.htm

http://www.k12.de.us/talley/activities/

줄리아는 17세의 정서행동장애가 있는 학생이다. 그녀는 위생 직업에 관심을 갖고 있으며 이 분야의 직업교육 수업을 받고 있다. 전환교육 코디네이터인 도널드슨 씨는 대략 25명의 IEP가 있는 학생을 위한 생활 진로와 생활 기술 교육과정과 연관된 현장 경험을 조정하는 책임을 맡고 있다. 줄리아는 그중 한 명이었다. 줄리아는 2학년이었던 지난해 동안 6개의 직업체험(job-shadowing) 과정에 참여하였다. 그녀는 각 현장마다 일주일 동안 한 명의 직원과 짝을 이뤘다. 줄리아가 참여한 작업 현장은 두 곳의 병원과 요양원, 개인병원, 영상진단 연구실, 예방접종 진료소다. 그녀는 현재 3학년이고 두 달씩 4개의 유급 인턴십(job sampling)에 참여하고 있다. 그녀는 자신이 견학하고 시도해 본 모든 직장 중에서 연구실을 가장 좋아한다. 따라서 줄리아는 도널드슨 씨의 도움을 받아 4학년이 되면 자신이 살고 있는 주에 소재한 여러 기능대학의 진단의학영상 프로그램 자격 요건에 대해 조사할 것이다. 또한 그녀는 1년간 지역 회사의 청년 도제 프로그램에 참여할 것이다. 줄리아가 직무 실습 경험을 쌓고 대학 입학에 필요한 교육과정과 시험을 치는 동안, 도널드슨 씨는 각 대학에 있는 장애지원 서비스 부서와 접촉하여 줄리아의 중등 이후 교육에 필요한 지원을 받을 수 있는지의 여부를 확인할 것이다.

초등학교 교사는 직업이란 개념을 초등학교와 중학교, 고등학교 수준의 학급수업에 포함할 수 있다. 예를 들어, 초등학교 교사는 학생을 다양한 유형의 직업에 노출시킬 수 있다. 부모와 지역사회 구성원은 다양한 직업 영역에 대해 이야기해 줌으로써 학생을 다양한 장래 직업에 노출시킨다. 학생이 다양한 직업을 비교해 보도록 현장견학 또한 마련해 볼 수 있다. 학생은 지역사회 서비스 활동(예, 청소 프로젝트나 요양원 방문하기)에 참여하거나 학교에서 칠판 청소 도와주기, 화분에 물 주기, 사무실에서 메시지 받기, 책 정리하기, 쓰레기 비우기, 지상 근무자 도와주기

와 같은 다양한 업무 표집을 경험해 본다(Wehman, 2001). 교실에서 교사는 돈과 책임감, 신뢰감, 일의 중요성과 같은 개념을 소개할 수 있다. 교사는 교실 내에 학생이 특정 책임을 맡게 될 다양한 작업 구역을 만들어 놓을 수도 있다.

중학교 중학교 수준에서는 부모 및 지역사회 구성원과의 의사소통이 지속되어야 하는 한편, 적절한 작업 용모와 비평에 대한 적절한 반응, 다른 사람과 어울리기, 협동작업 기술, 시간관리, 작업 구역에서의 과제집중 행동과 같은 일반적인 작업 습관을 개발시키는 데 더욱 중점을 둔다(Wehman, 2001). 고등학교 때에는 교사가 좀 더 구체적인 직업 기술과 수행 능력의 교수에 집중할 수 있도록 중학교 수준에서 학생이 일반적인 고용 기술과 작업 태도를 갖추어야 한다. 학교 도서관과 사무실, 점심식당, 학교 기금 마련 이벤트(예, 연극, 콘서트, 제빵 판매)와 지역사회 서비스 학습 프로젝트에서 학생의 책임이 증가할 수 있다. 학생은 학교 이벤트에 더욱 적극적으로 참여하며, 동시에 게임과 댄스티켓 받기와 학교 행사에서 다과 판매하기, 시청각 장비 배달해 주기, 학교 행사에서 물품 팔기, 학교 매점에 물건 보충하기와 같은 활동을 통해 가치 있는 작업 기술을 배운다(Wehman, 2001).

고등학교 직업교육에 참여하고 성공하는 것은 중등학생이 경쟁적인 고용으로 전환하는 데 중요한 요소로 인식되어 왔다. 만약 학생이 고등학교를 졸업하면서 바로 직업 현장으로 들어가길 바란다면 구체적인 직업훈련과 작업 경험이 제공되어야 한다(Harvey, 2002). 고등학교 초기 학년에서는 학생이 다양한 직업의 일상적인 직무 과제를 보기 위해 고용인을 따라다니는 직업 체험의 형태로 실제적인 작업 경험을 할 수 있다. 학생이 여러 직장에서 실제로 일을 함으로써(각각에서 단시간 동안) 해당 직업의 고용인이

교사를 위한 정보 15.4

　　교사는 교육과정에 진로교육을 포함함으로써 학생으로 하여금 직장 찾는 법을 배우도록 도와줄 수 있다.

1. 학생으로 하여금 고등학교 진로센터에서 직업 설명서 인쇄물을 얻게 한다.
2. 학생으로 하여금 인쇄물에서 관심을 끄는 직업을 한 가지 선택하게 한다.
3. 학생으로 하여금 선택한 직업을 위한 이력서와 지원서를 작성하게 한다.
4. 고용 상담자를 수업에 초대하여 면접 기술을 가르치게 한다.
5. 수업시간에 모의 인터뷰를 실시한다(Fennick, 2001).

매일 수행하는 과제 종류에 대한 일차적인 경험을 얻는 업무 표집 역시 해 볼 수 있다. 업무 표집 평가를 통해 미래의 직업에 관하여 학생이 좋아하는 것과 싫어하는 것과 관련된 많은 정보를 찾아낼 수 있다. 이러한 평가는 다양한 업무 상황에서 학생이 얼마나 잘 수행할 것인지 보여 주며 작업 습관과 체력, 사회성 기술에 대한 정보를 제공해 준다. 그러고 나면 학생은 시장 세계에 실제로 입문하기 전에 직업이 요구하는 것에 실제로 노출될 기회를 갖게 된다(McLoughlin & Lewis, 1994). 업무 표집 단계는 학생의 직장모색 기술(즉, 지원 및 면접 기술)과 직장유지 기술(즉, 시간 엄수 및 감독에 대한 반응)을 평가하는 아주 중요한 기회가 된다. 졸업이 다가옴에 따라 실제적 작업 경험은 학생이 직업 경력을 쌓을 수 있도록 한 가지 특정 직업 형태로 이루어져야 한다.

　　[그림 15-1]에 제시된 Brolin(1997)의 생활중심 진

진로교육은 집, 지역사회, 직장에서의 진로 준비를 모두 포함한다. 이를 위해 유치원에서 12학년까지 교직원과 지역사회기관, 부모, 사업, 산업에 이르기까지 관계자 모두가 노력한다. 진로교육은 생산적인 성인이 되기 위해 필요한 생활 기술, 감정 기술, 일반적인 취업 기술을 개발하는 데 있어 실제적이고 경험에 의거한 요소를 포함함으로써 직장과 학교를 잇는다. 여기에는 매일의 일상생활 기술과 대인-사회성 기술, 직업 안내 및 준비가 포함된다.

핵심 요소
1. 부모와 지역사회, 사업체와 학교 간의 파트너십
2. 학령기 전반에 걸쳐 협동적인 지역사회 학습환경 이용
3. 초등학교에서 시작하여 고등학교와 그 이후까지 조직적이고 순차적인 방식으로 기술이 축적되는 연속 시스템

초등학교: 진로 인식(직업 인성의 개발)
　　초등학교 기간은 직업 세계와 그 요구사항, 지역사회와 작업장에서 그들이 채워야 할 기능에 대한 인식을 증진시키는 교수와 경험이 필요한 인식 단계로 간주된다. 초등학교 기간 동안에 아동은 다양한 신체 크기, 신념,

색, 선호, 욕구를 가진 새로운 친구와 성인을 만난다. 그들은 또한 이웃과 지역사회의 새로운 곳과 다양한 일과 여가 경험에 노출된다. 그렇다면 초등학교 기간 동안에 아동이 경험해야 하는 것은 (1) 일이나 여가에 대한 그들의 선택 가능성, (2) 다양성에 대한 이해, (3) 주목받는 대상이 되고자 하는 것에서 집단의 일원이 되는 것으로의 전환이다. 이러한 모든 경험은 개인에게 새로운 행동 범주를 형성하게 한다.

중학교: 진로 탐험
　　중학교 기간 동안 학생은 흥미와 적성 영역을 탐구할 기회를 가져야 한다(Brolin, 1997). 학생은 시민으로서, 가족 구성원으로서, 직장인으로서, 생산적인 오락과 여가 활동의 참여자로서 미래의 자신의 역할을 결정하기 시작한다. 학생은 저마다 다른 교과목 수업을 받게 되며 고등학교로 전환할 준비를 시작한다. 생활중심진로교육(LCCE)에서는 중학교 교육과정의 중심은 독립적인 성인 생활에 필요한 기본 생존기술의 학습과 연습이다. 교육과정은 실생활 경험과의 관련성이 더욱 증가해야 하며 학생이 사회적 상호작용 규칙을 이해하고, 긍정적이거나 부정적인 결말을 가져올 결정을 내릴 줄 아는 사회적 인간으로 기능하도록 도와주는 데 중점을 두어야 한다(Retish, 1989). 이 시기에는 지역사회 기반 교수법의 분

량을 늘리는 것 역시 중요한데, 이를 통해 습득한 기술을 다양한 환경에 일반화할 수 있게 된다.

고등학교: 진로 준비

고등학교 시기는 진로준비 단계로, 학생은 직업 세계나 고등학교에 이은 향후 교육에 관한 진로 계획과 준비에 중점을 둔다(Brolin, 1989). 고등학교 기간 동안 학생은 더욱 광범한 학생과 상호작용하며, 학교의 사회적 구조가 더욱 커짐에 따라 변화한다. 의복과 언어, 사회적 상호작용에 관한 규칙은 이들 구조의 일부다(Retish, 1989). 집단에의 소속은 매우 중요하다. 따라서 방과 후 활동이 장려된다. LCCE에서는 일반화할 수 있는 기술과 공식적인 진로 개발, 직업교육이 중등학년 전환 프로그래밍의 필수 요소다.

따라서 진로교육은 학교 교육과정(초등학교와 중학교, 고등학교) 전체를 통해 이루어지는 것뿐만 아니라 교과목 간에도 이루어져야 한다. 교사는 부모와 지역사회 자원을 연관시킴으로써 학생에게 다양하면서도 현실적인, 직장과 지역사회 환경에서 기대되는 사회성 기술과 직업 윤리에 대한 개괄을 제공해 주어야 한다.

중등 이후 경험: 진로 친화

네 번째 단계인 동화는 배치와 사후관리, 지속적인 교육에 관한 것이다. 동화는 학생이 중등이나 중등 이후 학교를 떠나 직장 세계로 들어갈 때 생겨나는 것으로 가정된다. Brolin(1997)은 "이전의 대다수 특수교육 대상 학생은 자아개념과 자신감의 부족, 타인과 관계를 갖고 여가시간을 활용하는 능력의 결함, 지역사회에서 독립적으로 기능하는 법에 대한 지식의 부재 등으로 인해 직업을 잃었다."(p. 13)라고 밝혔다.

LCCE 수행 능력의 견본 기술	항목
일상생활 기술	• 개인 재무 관리하기 • 개인적인 욕구 관리하기 • 음식을 사고 준비하고 소비하기 • 옷을 사고 관리하기 • 오락시설을 활용하고 여가 즐기기 • 지역사회 내에서 활동하기
대인-사회성 기술	• 자기 인식하기 • 지역사회에서 사회적으로 책임감 있게 행동하기 • 유능한 대인관계 기술 유지하기 • 적절한 결정 내리기
직업 안내와 준비	• 직업적인 가능성에 대해 알고 탐구하기 • 직업을 선택하고 계획하기 • 적절한 직무 습관과 행동 보이기 • 직장을 찾고 구하고 유지하기 • 구체적인 직업 기술 획득하기

[그림 15-1] Brolin의 생활중심 진로교육(LCCE)
출처: Brolin(1997)에서 발췌한 내용으로 그림 구성.

로교육(Life Centered Career Education: LCCE)은 위에서 설명한 과정을 요약하고 있다. 이 과정은 유치원에서 시작하여 학생의 학령기 전체에 걸쳐서 진행된다.

공학의 활용에서는 공학이 작업장에서의 적절한 기술을 어떻게 촉진하는지에 대한 아이디어를 제공하고 있다.

손에 쥘 만한 크기의 신호 및 촉진 기기

교실 내에서 기초 학업과제를 배우는 것은 많은 경도·중등도 장애 학생에게 어려운 과제일 수 있다. 교실 밖에서 이들 기술을 일반화하는 데 결함을 가진 장애 학생은 직장이나 독립생활에서 어려움에 처하게 된다. 따라서 교사와 고용주, 지원고용 전문가는 학생의 성공을 촉진하게 될 기능적 생활 기술을 습득하도록 도와주어야 한다.

과제를 완수하기 위해 거쳐야 할 단계의 순서를 기억하거나 주어진 과제를 언제 해야 하는지 기억하는 데 어려움을 가진 장애 학생을 위해 몇 가지 제품이 개발되어 왔다. 이들 장비는 교실수업뿐만 아니라 직장과 독립적인 생활환경에서도 일상적으로 사용된다.

- 보이스 큐(Voice Cue, http://www.attainmentcompany.com)는 손에 쥘 만한 크기의 제품으로 5개까지의 음성 메시지가 특정 시간마다 녹음되고 재생되도록 한다. 이 개인용 신호체제는 시간에 민감한 활동을 촉진하는 데 유용하다(예, 약을 복용하시오).
- 스텝 패드(Step Pad, http://www.attainmentcompany.com)는 디지털 보이스레코더로 과제 완성을 위한 일련의 촉진을 녹음하는 데 사용된다. 사용자는 현행 과제에

관한 메시지를 듣기 위해 기기의 재생 단추를 누르고, 이전의 메시지를 다시 듣기 위해 되감기 단추를 누르거나, 다음 메시지를 듣기 위해 감기 단추를 누른다.

- 포켓 코치(Pocket Coach, http://www.ablelinktech.com)는 손에 쥘 만한 크기의 기기에 개별적인 단계별 메시지를 녹음하기 위해 사용된다. 사용자는 과제 완성을 위한 지시를 단계별로 듣기 위해 3개의 간단한 인터페이스(재생 단추를 연속적으로 누르기, 단계의 완성을 표시하기 위해 재생/완료 모드 사용하기, 혹은 비연속 과제 목록을 리뷰하기 위해 해야 할 일 목록 모드 사용하기) 중 하나를 사용함으로써 포켓 코치를 작동한다.
- 가상 비서(Virtual Assistant, http://www.ablelinktech.com)는 포켓 코치의 좀 더 정교한 버전이며 실생활 환경에서 실제로 과제를 수행하는 사람의 디지털 사진을 사용하여 과제 촉진과 완성을 지원해 준다. 이 시스템은 과제 완성을 위해 다양한 양식의 신호를 제공한다는 점에서 가치가 있다. 촉진은 포켓 코치와 동일하게 검색된다.

[생각해 보기] 가상비서(Virtual Assistant)를 사용하여 어떠한 기능적 생활 기술을 가르칠 수 있는가?

4. 생활하기

1985년에 Halpern은 고용에 초점을 둔 OSERS 전환교육 모델이 너무 폭이 좁다고 주장하였다. 이에 Halpern은 수정된 전환교육 모델을 제시하였는데, 이 모델은 지역사회 적응 차원으로서의 고용과 주거환경, 사회적/개인 간 관계망과 함께 지역사회에서 성공적으로 생활하는 것을 일차적 목표로 삼고 있다. 이 모델은 지역사회 생활에의 통합을 위해 사회와 여가 활동 참여에 초점을 둠으로써 전환교육에 대해 좀 더 총체적인 접근을 취하였다(Hardman, Drew & Egan, 2006). 이 모델의 중요성은 전체 지역사회 적응의 일부로서 직업과 주거생활, 사회적 관계 영역을 고려하는 좀 더 확장된 개념의 전환교육을 제공한다는 데 있다.

전환이란 것은 학생으로서 주로 행동하다가 지역사회에서 새롭게 요구되는 성인의 역할을 받아들이는 상태로 변화하는 것을 가리킨다. 이러한 역할에는 고용, 중등 이후 교육에 참여하기, 가정 유지하기, 지역사회에 적절하게 연루되기, 만족스러운 개인적/사회적 관계 경험하기 등이 포함된다. 전환교육 과정은 학교 프로그램과 성인 서비스 기관, 지역사회 내 자연스러운 지원의 참여와 협조를 포함한다(Halpern, 1994, p. 117).

성공적인 생활을 위한 Halpern의 세 가지 축 가운데 고용은 앞에서 논의한 바 있으니, 여기에서는 두 번째와 세 번째 축인 주거환경과 사회적/개인 간 관계망에 대해 제시하고자 한다.

주거환경

지역사회에서 모든 개인의 생활 공간은 다양하다. 장애인 역시 마찬가지다. 지원을 받건 받지 않건, 어떤 사람은 혼자 산다. 어떤 사람은 그룹홈이나 감독이 이루어지는 아파트에서 산다. 어떤 사람은 가족과 함께 산다. 여러분은 지원받지 않고 홀로 산다는 것을 독립적으로 사는 것이라 믿을 수 있다. 요컨대, 독립적인 생활은 일반적으로 의사결정을 내리거나 일상 활동을 수행하는 데에 타인에게 최소 한도로 의지하며 사는 것으로 정의된다. 그러나 진공 상태로 사는 사람은 아무도 없다. 우리 모두는 삶의 다양한 측면, 즉 세금 준비와 재무계획, 의학 및 건강 관리, 가사관리 등에서 타인에게 의지한다. 다시 말해, 모든 사람은 독립적이기보다는 상호 의존적으로 살아간다. 독립적인 생활이란 용어를 사용하더라도 우리 모두는 어느 정도 상호 의존적으로 살아간다는 것을 기억하라.

장애 학생을 둔 가족은 장애인이 고등학교를 졸업한 후나 부모가 세상을 떠난 후에 어디서 살 것인지에 대해 염려할 수 있다(Knoll & Wheeler, 2001). 따라서 최대 제한(최소 통합)에서부터 최소 제한(최대 통합)까지의 연속선상에 있는 지원생활 프로그램 옵션을 검토하는 것이 도움 된다.

그룹홈　　그룹홈은 가장 제한적이며 좀 더 심각한 수준의 장애인에게 일반적으로 제공된다. 선택과 자유, 독립성의 정도는 초점 집단에 따라, 그룹홈마다 다르다. 활동은 주로 집단생활을 하는 주거인에 맞추어 구성된다. 최근까지 그룹홈은 실용적인 주거 옵션으로 널리 받아들여져 왔다. 부모는 정도가 심각한 장애인이 가정에서 떠나 직접적인 감독과 안전한 환경을 제공하는 그룹홈에서 살도록 하는 것을 편안하게 여겨 왔다. 하지만 요즘 장애인의 자기 결정력과 역량강화(empowerment)로의 움직임과 함께(Polloway et al., 1996; Wehmeyer & Metzler, 1995) 덜 제한적인 주거 옵션이 인기를 얻고 있다. 좀 더 통합된 주거 옵션으로는 감독형 아파트, 생활 지원, 외부 지원 없는 독립적인 생활 등이 있다.

감독형 아파트　　감독형 아파트는 그룹홈보다 더 많은 자유와 선택권을 제공한다. 지원해 주는 직원이 가까이에 있지만, 하루에 몇 시간 동안만 주거인의 집에서 일상생활 기술―예를 들어, 가사와 요리, 대인관계 및 오락 기술―을 지원해 주고 훈련해 준다. 주거인은 모든 주거인이 부엌 및 여가 영역과 같은 공동 구역을 공유하는 그룹홈 모델과 달리 룸메이트와 함께 독립된 아파트에 산다.

생활 지원　　생활 지원은 좀 더 덜 제한적인 옵션으로, 필요할 때 지원해 주는 직원이 방문한다. 이는 장애인에게 적절하고 매력적인 옵션으로 대기자 목록이 여러 해를 넘을 수 있다. 따라서 학생이 고등학교를 나오기 전에 미리 준비되어 있어야 한다. 생활 지원 프로그램에서는 정기적 방문이 성인 서비스 직원에 의해 이루어지며(방문 횟수는 요구되는 지원의 양에 따라 달라짐) 주거인의 쇼핑하기, 값 지불하기, 예약하기, 그 밖의 주거인이 도움을 요하는 일을 도와준다. 성인 서비스 직원은 주거인과 함께 살지 않기 때문에 상당한 수준의 독립심이 주어진다. 이 모델은 진정으로 통합된 주거환경을 제공해 주는 것으로, 고객은 안전망을 갖춘 지역사회에서 독립적으로 생활해 나간다. 생활 지원이란 것이 독립심을 희망하는 장애인에게는 그다지 반갑지만은 않겠지만, 공공요금 처리하기와 수표책 잔액 맞추기, 가격비교 쇼핑하기, 보험 및 세금 양식 작성하기, 양육 기술 등과 같은 과제에 대해서는 지원이 필요할 수 있다. Halpern(1985)은 이런 유형의 생활 배치를 반독립적(semi-independent)이라 말하면서, 이러한 프로그램이 고용을 주요 성과 목표로 하지는 않지만 지역사회 적응에 필수적인 전환 서비스의 훌륭한 예라고 언급하고 있다.

독립적/상호 의존적 생활 생활 지원과 독립적 생활 간의 차이는 독립적 생활에는 연계된 사회복지기관이 없다는 점이다. 비장애 젊은이처럼, 거주자는 가족이나 친구의 지원에 의존해야 한다. 장애를 가진 젊은이의 목표가 독립적인 생활이지만, 그들은 장애가 없는 젊은이와 마찬가지로 난관에 부딪히게 될 것이다. 완전히 독립적인 생활을 이루는 데 있어서 일차적으로는 재정적인 문제와 기능적인 문제에 부딪힌다. 재정적인 문제는 이들이 받는 초임 또는 거의 그 수준의 낮은 임금에 비해 주거 임대비, 공공요금, 가구, 음식, 생필품비 등이 높다는 것이다.

독립적/상호 의존적 생활은 많은 젊은이의 목표다. 이 옵션은 독신 혹은 배우자나 의미 있는 타인, 룸메이트와 사는 것을 포함한다(Sitlington & Clark, 2006). 적절한 주거 옵션을 선택하는 것은 중요하며, 따라서 장애인을 위한 집을 고려할 때는 많은 것이 검토되어야 한다. 장애 학생과 그 가족이 독립적 생활을 선택하도록 도와줄 때에는 다음 사항을 고려해야 한다.

- 독립적 생활 기술: 자기 보호와 요리, 가사관리 기술 수준
- 이동: 대중교통에의 접근성이나 운전면허 취득 및 자동차 소유
- 개인 및 행동 지원: 정신건강 및 행동적인 자기 통제 지원의 유효성
- 재정적 지원: 저가 주택 및 수입이 적을 경우 추가 수입의 유효성
- 지역사회/자연스러운 지원: 지원해 줄 수 있는

친구와 직장 동료, 이웃
- 오락적 혹은 사회적 욕구: 지역사회 활동 및 단체에의 융화
- 건강과 안전 문제: 적절한 의료관리와 지역사회 위험 요소의 숙지

이 외에도 개별화된 주거 지원을 설계할 때에는 다음 사항을 고려한다.

- 아파트를 소유한 사람에게 지원 제공
- 지원을 제공하는 대가로 보상을 받을 수 있는 비장애 룸메이트나 가족을 장애인과 짝지어 주기
- 가족과 함께 지내기로 결정한 이들을 위해 가정 내 지원 제공하기
- 장애인이 주택 소유자가 되도록 도와주기(West, 2001)

교수 내용과 전략 장애 학생이 독립적 생활에 성공하기 위해서는 특정 기술이 요구된다. 여기에는 다음의 것이 포함된다.

- 개인 관리 및 재정 관리
- 주택 및 가사 관리
- 몸단장과 위생, 영양, 운동을 포함한 건강관리
- 성생활 및 가족생활
- 대인관계 및 우정 기술
- 여가 및 오락 기술(Gajar et al., 1993; Halpern, 1994)

게다가 학생이 학교를 떠나기 전에 운전면허 취득하거나 버스를 타고 버스 일정표를 읽는 법 배우기와 같은 지역사회 접근 기술을 가르쳐 줘야 한다. 이러한 영역은 일반교육과정에서 다루어질 수 있는데, 이는 일반학생 역시 값 지불하기와 가격비교 쇼핑하기, 가사관리, 건강한 생활방식에 대해 알아야 하기 때문

이다. 교사는 여러 교과 내용 영역에 걸쳐 독립적 생활 기술을 지도할 주제로 쓸 수 있으며, 이를 통해 학생의 학습 흥미를 증가시킬 수 있게 된다. 대인관계-사회성 기술 역시 정직과 협동, 존경, 우정, 친절과 같은 개념을 강화함으로써 교과 내용 영역에 통합될 수 있다(Sitlington & Clark, 2006).

독립적 생활에 필요한 기술을 학생에게 가르치는 가장 효과적인 방법은 교사 주도 교수다. 팁 계산방법을 가르치기 위한 각본화된 수업계획안은 〈표 15-2〉에서 볼 수 있다.

사회적/개인 간 관계망

Halpern(1994)에 따르면 지역사회에서 성공적으로 생활하기 위한 세 번째 축인 사회적/개인 간 관계망의 확립은 가장 중요한 전환교육의 목표다. 친구 관계망의 존재 혹은 부재는 자주 인간의 행복감에 깊은 영향을 준다. 사람들은 다음에 대해 동의한다.

사회관계망이 오로지 가족과 직접 돌보아 주는 전문가뿐인 젊은이의 경우, 친구의 부재로 인해 선택하고 결정을 내리고 독립심과 자율성에 필수적인 기술개발을 용이하게 해 주는 상호작용에 참여할 기회가 거의 없어질 수 있다(Ittenbach, Larson, Spiegel, Abery, & Prouty, 1993, p. 21).

장애인은 비장애 동료와 똑같은 경험 및 환경에 접근함으로써 그들 자신의 친구와 지인을 선택할 수 있어야 한다(Ittenbach et al., 1993). 그렇기에 Halpern의 세 번째 축은 일상 속 의사소통과 자존감, 가족 지원, 정서적 성숙, 우정, 친분관계와 같은 인간관계 차원을 포함한다.

교수전략 유능한 대인관계 기술은 삶의 모든 영역에 영향을 미친다. 경도·중등도 수준의 장애인은 의미 있는 대인관계의 발전을 촉진하기 위해 사회성 기술 훈련을 받아야할 수도 있다. 사회적 유능성에 대한 자세한 내용은 14장에 제시되어 있다. 따라서 이 장에서는 사회성 기술 교수에 대해 간결하게 논의한다.

장애가 있든 없든 청소년은 또래 수용, 친구 사귀기와 유지하기, 친분관계 만들기에 대해 높은 관심을 보인다(Sitlington & Clark, 2006). 장애 청소년에게 또래 주도 중재는 기대되는 접근이다. 또래 주도 중재는, 예를 들어 장애 청소년으로 하여금 집중적이면서 긍정적인 상호작용에 참여하게 하고 기본적인 사회성 기술의 습득을 위한 맥락을 제공하기 위해 사회적으로 유능한 또래가 장애 청소년에게 특정 방식으로 사회적인 시도를 하는 것이다(Odom, Chandler, Ostrosky, McConnell, & Reaney, 1992). 표적 학생의 학교에서의 인기와 사회적 통합을 증가시키는 데에는 높은 명성을 가진 또래가 효과적이다. 수용적인

표 15-2 생활기술 교수를 위한 각본화된 수업계획안

주제	팁 계산방법(생활 기술)	
IEP 목표	학생은 식당에 들어가서 세 번의 시도 중 세 번 모두 메뉴를 보고 구두로 주문하고, 팁을 계산하며, 팁 액수를 쓰고, 계산서 금액을 합하고, 식사 값을 지불할 것이다.	
수업 목표	열 가지의 식당 계산서 견본이 주어졌을 때, 학생은 90%의 정확도로 팁 금액을 계산하고 적을 수 있다.	
수업 구성 요소	교사 질문과 교수 및 피드백	예상되는 학생 반응
주의집중 단서	설 명: "자, 수업을 시작합시다."	(학생은 의자를 책상으로 잡아당기고, 발을 바닥에 붙이고 앉아 교사를 바라본다.)

예상 단계	설 명: "이게 뭔지 아는 사람?" (식당 메뉴를 들어 올린다.)	"메뉴 같은데요."
	설 명: "맞아요. 이것은 데이브 샌드위치 가게 메뉴입니다. 내가 데이브 식당에 앉아 샌드위치를 주문한다면 식사를 마칠 무렵에 웨이터는 내게 무엇을 가져올까요?"	"디저트요."
	피드백: "그래요, 샌드위치를 다 먹은 후에는 아마 디저트를 먹을 거예요."	
	질 문: "내가 완전히 식사를 마칠 때 웨이터는 무엇을 가지고 올까요?"	"계산을 해야 돼요."
	피드백: "맞아요, 계산을 해야죠."	
	설 명: "웨이터는 계산서를 가져올 겁니다. 나는 샌드위치 값을 지불해야 하며, 웨이터가 내 식사를 도왔기 때문에 웨이터를 위해 돈을 남겨 둘 거예요. 웨이터를 위해 남겨 놓는 돈을 팁이라고 부릅니다."	
	질 문: "내가 웨이터를 위해 남겨 놓는 돈을 뭐라 한다고요?"	"팁이요."
복습 및 선행학습 확인	설 명: "어제 우리는 달러 금액을 소수로 곱하기에 대해 배웠습니다. 여러분이 배운 것을 기억하는지 확인해 보려고 해요. 여기 몇 개의 곱셈 문제가 들어 있는 활동지가 있습니다. 계산기를 사용하여 풀어 보세요. 활동지를 받자마자 바로 풀기 시작하세요." (복습 활동지를 돌린다. 학생을 점검한다.)	(학생은 쓰기 시작한다.)
	설 명: "활동지를 제출하세요."	
목표 진술	질 문: "웨이터에게 팁을 얼마나 줘야 하는지 알아내는 방법 아는 사람?"	"계산서에는 없어요."
	피드백: "그래요, 계산서에는 없어요. 웨이터에게 줄 팁은 여러분이 계산해야 합니다."	
	설 명: "여러분이 달러 금액을 소수로 곱하는 방법을 알고 있으므로 아주 쉬울 거예요. 오늘 여러분은 팁을 계산하기 위해 달러 금액을 소수로 곱하는 기술을 사용할 거예요. 여러분은 15% 팁 계산하는 방법에 대해 배우게 될 겁니다."	
	설 명: "식당에서 팁을 주는 것은 관습적인 것이기 때문에 팁 계산법을 아는 것은 중요해요. 팁을 남겨 놓는 것은 식당에서의 적절한 행동의 일부분입니다."	
교수와 모델링	설 명: "OHP를 보세요."	(학생은 OHP를 쳐다본다.)
	설 명: "이것은 식당 계산서 견본이에요. 식당 계산서는 네 부분으로 되어 있습니다. 우리는 오늘 그중 세 부분에 대해 살펴볼 겁니다. 이 계산서의 윗부분에는 여러분이 주문한 음식 모두가 나열될 거예요. 이 계산서에서 볼 수 있듯이, 여러분은 비프샌드위치와 칠면조샌드위치, 샐러드를 주문했습니다."	
	질 문: "그 밖에 주문한 것이 있나요?"	"음료수 두 잔이요."
	피드백: "맞아요, 음료수 두 잔도 주문했습니다."	
	설 명: "지금부터 계산서의 이 부분을 봅시다. 주문한 품목 아래에 총액이 나와 있습니다."	
	질 문: "이 계산서의 총액은 얼마입니까?"	"5.45 달러예요."
	오류 정정: "5.45 달러는 칠면조샌드위치 가격입니다. 총액이란 단어 바로 옆을 보고 모든 음식 값이 얼마인지 말해 보세요."	"14.95 달러예요."
	피드백: "14.95 달러가 맞습니다."	
	설 명: "여러분은 총액이란 단어 아래 팁이란 단어가 있는 것을 봤을 겁니다."	
	질 문: "팁 줄에 뭐라도 적혀 있는 것이 있나요?"	"아니요."
	피드백: "그래요. 팁 옆줄에는 아무것도 적혀 있지 않아요. 여러분이 팁을 계산해야 합니다."	
	설 명: "팁 계산법을 여러분에게 보여 줄 겁니다. 내가 이 계산서의 팁을 계산하는 것을 보세요."	
	설 명: "첫 번째, 계산서의 총액을 봅니다."	

교수와 모델링	질　문: "첫 번째로 무엇을 본다고요?"	"총액이요."
	설　명: "다시 한 번, 이 계산서의 총액은 얼마죠?"	"14.95 달러요."
	피드백: "맞아요, 총액은 14.95 달러입니다." (14.95 달러를 OHP에 쓴다.)	
	설　명: "팁을 계산하기 위해 계산기를 사용할 겁니다. 계산기에 14.95를 칩니다."	
	설　명: "팁을 계산하기 위해 14.95 곱하기 0.15를 할 겁니다. 　　　(×0.15를 OHP에 쓴다.) 0.15는 15%를 의미합니다. 15%는 통상적인 팁 액 　　　수예요."	
	질　문: "14.95에 무엇을 곱합니까?"	(무응답)
	피드백: "나는 14.95에 0.15를 곱합니다."	
	질　문: "14.95에 무엇을 곱한다고요?"	"0.15요."
	피드백: "맞습니다!"	
	설　명: "계산기에 나온 숫자가 팁 금액입니다. 계산기에 나온 숫자는 2.2425입니다. 　　　따라서 내 팁은 2.24입니다. (2.24를 OHP에 쓴다.) 나는 2, 4 다음의 다른 두 　　　숫자는 사용하지 않습니다. 달러와 센트는 소수점 이하 첫째 자리와 둘째 자 　　　리만 사용합니다."	
	질　문: "내 팁은 얼마죠?"	"2.24 달러요."
	피드백: "매우 잘했어요."	
	설　명: "팁이란 단어 옆 빈 줄에 2.24를 적습니다."	
	질　문: "어디에 2.24를 적는다고요?"	"팁이란 단어 옆줄에 적어요."
	피드백: "거기가 맞습니다."	
안내된 연습	설　명: "지금부터 우리 함께 이것을 연습해 볼 겁니다. 여러분의 계산기를 꺼내세요."	(몇몇 학생이 계산기 를 꺼낸다.)
	오류 정정: "모두 계산기를 꺼내야 합니다. 지금 여러분 모두 계산기를 꺼내세요."	(나머지 학생도 계산 기를 꺼낸다.)
	설　명: "OHP에 있는 다음 계산서 견본을 봅시다."	
	질　문: "팁을 계산하기 위해 우리는 첫 번째로 무엇을 보나요?"	"우리가 먹은 거요."
	오류 정정: "첫 번째, 총액을 봅니다."	
	질　문: "첫 번째로 무엇을 본다고요?"	"총액이요."
	질　문: "이 계산서의 총액은 얼마죠?"	"20.56 달러요."
	피드백: "맞았어요."	
	질　문: "계산기에 무엇을 입력하나요?"	"20.56요."
	설　명: "여러분의 계산기에 20.56을 입력하세요."	(학생은 계산기에 숫 자를 입력한다.)
	질　문: "20.56에 얼마를 곱하나요?"	"0.15요."
	피드백: "매우 잘했어요."	
	설　명: "20.56에 0.15를 곱해 보세요."	
	질　문: "답은 얼마인가요?"	(대부분의 학생은 3.084 로 답변한다. 한 학생은 308.4라고 말한다.)
	오류 정정: "만약 308.4가 나왔다면 20.56에 0.15를 곱하는 것을 잊은 겁니다. 1과 5 　　　앞에 소수점을 입력해야 해요. 다시 해 보세요. 20.56에 0.15를 곱하세요."	
	질　문: "답은 얼마인가요?"	"3.084요."
	피드백: "잘했어요."	
	질　문: "팁으로 얼마를 쓰나요?"	"3.08 달러요."
	피드백: "맞아요, 우리는 3.08 달러를 씁니다. 우리는 소수점 둘째 자리까지만 씁니 　　　다. 훌륭해요."	

	설　명: "이러한 문제도 몇 개 더 풀어 봅시다." (추가 문제를 통하여 학생을 지도한다.)	
후반기 안내된 연습	설　명: "여러분, 무척 잘했어요. 여러분 스스로 팁을 계산해 보기 바랍니다." (연습 활동지를 나눠 준다; [그림 A] 참조.) 설　명: "첫 번째 계산서를 손가락으로 짚어 보세요." 질　문: "무엇을 찾아보나요?" 질　문: "총액은 얼마인가요?" 설　명: "그러고 나서 여러분은…" 피드백: "훌륭해요." 질　문: "그다음은 뭐죠?" 질　문: "답은 얼마인가요?" 질　문: "팁으로 얼마를 쓰나요?" 피드백: "맞았습니다!" (두 문제 더 풀어 보면서 학생을 지도한다.)	(학생은 첫 번째 계산서를 손가락으로 가리킨다.) "총액이요." "13.96 달러요." "13.96을 계산기에 입력해요." "0.15를 곱해요." "2.094요." "2.09 달러요."
독립 연습	설　명: "우리는 팁 계산법을 아주 잘 배웠어요. 활동지를 계속해서 풀어 봅시다. 각 계산서 견본의 팁을 계산하여 적습니다. 수업시간에 다 마치지 못하면 집에서 해 오세요."	(학생은 연습 활동지를 풀기 시작한다.)
마무리 및 차시 예고	설　명: "여러분의 웨이터는 서비스에 대한 팁을 받아 무척 기쁠 겁니다. 여러분은 15%의 팁을 남겨 놓는 법에 대해 배웠어요. 내일 우리는 식당에서 나오기 전에 지불해야 할 전체 금액을 계산하기 위해 총액에 팁을 더할 겁니다." 피드백: "오늘 정말 잘했습니다!"	

이름 _____

날짜 _____

계산서 #1	$5.50	계산서 #2	$3.54	계산서 #3	$8.95	계산서 #4	$7.50	계산서 #5	$8.75
	4.92		2.89		4.75		9.67		5.50
	3.54				9.90				
총액	$13.96	총액	$6.43	총액	$23.60	총액	$17.17	총액	$14.25
팁 _____		팁 _____		팁 _____		팁 _____		팁 _____	
계산서 #6	$6.90	계산서 #7	$5.50	계산서 #8	$8.50	계산서 #9	$20.00	계산서 #10	$4.50
	7.80		7.75		2.50		25.50		9.75
	7.80		4.95						7.90
			5.50						
총액	$22.50	총액	$23.70	총액	$11.00	총액	$45.50	총액	$22.15
팁 _____		팁 _____		팁 _____		팁 _____		팁 _____	

[그림 A] 생활기술 연습 활동지: 팁 주기

환경의 조성, 특히 통합환경에서 수용적인 환경을 조성하는 것은 사회적으로 반응하는 또래(즉, 통합된 환경)와의 상호작용을 증진하며 지역사회와 작업장 같은 다른 환경에서의 일반화를 촉진한다.

Haring과 Breen(1992)은 장애 학생의 학교생활 통합을 위해 등교일 전반에 걸쳐 지속적인 사회적 지원을 제공하는 방법으로 또래개시(peer-initiated) 중재를 제시하였다. 이 중재는 동일한 연령의 비장애 또래 집단을 이용한 사회관계망 전략을 포함한다. 사회관계망 중재는 장애 학생이 자연스러운 맥락에서 우정을 형성하고 체계적으로 사회적 유능성을 향상시키는 데 성공적으로 사용되었다. 또래개시 중재전략은 초등학교나 중학교에서 사용되도록 권장되지만, 연령이 높은 학생에게도 작업장과 같은 자연스러운 상황에서 우정을 형성할 기회를 갖도록 하는 이런 초반의 지원이 필요하다.

타인과 맺은 친분관계의 질은 전반적인 자존감에 영향을 미친다(Wehman, 2001). 따라서 전환 준비의 또 다른 측면은 성교육이다. 교사는 학생이 의복과 행동, 성에 대해 적절하게 표현하는 법을 알도록 도와주어야 한다. 성교육은 건강한 생활양식과 대인관계 수업에 포함될 수 있다. 장애 학생과 비장애 학생 모두는 성이라는 영역에서의 개인 책임 그리고 희생양이 되지 않도록 예방하는 것에 대해 배워야 한다. 계획된 수업뿐만 아니라 '가르칠 수 있는 순간'에도 성인생활의 이 중요한 영역이 나눠질 수 있다.

학교에서 성인 생활로 넘어가는 전환 시점에, 사회에서는 젊은이가 기존의 사회 규칙을 독립적이고 성숙한 태도로 따르리라 기대한다. 교사는 이 과정에서 학생에게 적절한 사회성 기술을 가르치고, 학교와 직장에서 동료와의 사회적 참여 경험을 제공해 줌으로써 도와줄 수 있다. 교사는 또한 다음의 것에 대해 학생을 도와주어야 한다.

- 사회적 상보성을 이해하고 실습한다(예, 우정을 유지하는 것과 연관된 주고받기).
- 통찰 능력을 증진한다.
- 사회적으로 적절하고 안전한 방식으로 성을 표현하는 것에 대해 배운다.
- 의사결정 내리기와 갈등 해소, 분노관리 기술을 배운다.

학습자는 기초적인 사회성 기술(즉, 예의 바른 상호작용, 적절한 인사, 개인 공간, 눈 맞춤)뿐만 아니라 미묘한 사회적 반응(즉, 이미 대화/활동을 시작한 집단에 들어가기 위해 적절한 때를 기다리는 법, 상황적 단서에 따라 행동을 수정하는 법)도 익혀야 한다(Sirvis, Alcouloumre, & Ryndak, 2001). 교사 및 기타 서비스 제공자는 지역사회 맥락과 사회적/오락적 활동 내에서 장애 청소년이 적절하게 의사소통하고 상호작용할 수 있게 해 주는 기술을 개발하도록 도와주어야 한다.

5. 즐기기: 오락과 여가

모든 사람은 즐겁게 지내는 것을 좋아한다. 장애인도 다르지 않다. 그들은 자신이 사는 지역사회에 사회적으로뿐만 아니라 육체적으로도 소속되어야 한다. 그들은 어떠한 교육 혹은 방과 후 프로그램이나 활동 또는 특정 학습과정에서도 배제되어서는 안 된다. 장애 유무와 상관없이, 모든 사람은 지역사회 활동 및 프로그램에 참여할 권리가 있다.

IDEA가 오락을 장애 학생을 위한 관련 서비스로 규정하고 있음에도 그들을 위한 오락과 여가는 자주 간과된다(Sitlington & Clark, 2006). 학교를 포함하여 장애인을 위해 일하는 기관은 교육과 고용, 의사소통, 상담, 건강관리와 같은 특정 영역에만 초점을 둔다. 개인이 여가시간을 어떻게 보내는지는 종종 우선순위가 아니다. 그러나 오락은 여유 있고 참여하는 삶을 사는 데 있어 큰 부분을 차지하는 것이다(Sirvis et al., 2001).

모든 사람은 오락과 여가 생활에 참여함으로써 이득을 얻을 수 있다. 이러한 참여 활동은 인지적, 사회적, 정서적, 신체적으로 우리에게 도움을 준다. 자기보상적인 오락과 여가를 추구함으로써 건강과 성장, 발달 및 독립심을 증진한다. 학교는 학생이 오락 활동에 참여하는 데 필요한 구체적인 기술을 가르쳐야 한다. 그러나 여기서 교수가 끝나면 안 된다. 교사는 여가에 대한 긍정적인 태도를 갖도록 장려하고, 여가 활동 기회에 대한 정보를 제공하고, 독립적이면서 만족스러운 여가 경험을 조장하는 태도와 기술을 개발시킨다. 정부와 사설 영리단체, 비영리 사설기관은 장애인과 비장애인을 위해 다양한 사회, 오락, 여가 활동을 제공한다. 그러나 선택 요소를 인식하는 것이 중요하다. 장애인은 종종 볼링이나 수영과 같은 강요된 여가 활동에 참석하거나(Sirvis et al., 2001), 일련의 기간 동안 예술 및 공예 활동에 참가하도록 일정이 만

들어진다. 진정한 여가는 누구에게도 강요되지 않는다. 장애를 가진 젊은이는 학교 밖에서 그들이 하고 싶은 취미와 흥미를 확인하기 시작해야 한다.

전환교육 IEP에 오락과 여가 목표를 포함하는 것은 다음의 것을 촉진한다.

- 비장애 동료와 다양한 장소에서 이루어지는 활동 참여
- 선택과 자기 개시, 자기 결정력의 계발
- 자아개념과 개인 간의 사회성 기술 확장
- 개인이 학교에서 배운 기술을 지역사회에 적용할 기회(Sirvis et al., 2001)

6. 종합하기

전환교육의 핵심 전망

청소년기는 성인기로 넘어가는 일련의 전환기로 특징지어진다(Graber, Brooks-Gunn, & Petersen, 1996). 이 시기에는 정규교육의 완료(졸업이나 퇴학에 의한)와 고용의 시작, 자립, 핵가족에서의 분화, 한층 더 독립적인 생활, 그리고 결혼을 통한 가정 형성과 같은 일련의 역할 변화가 일어난다. 이러한 각각의 전환과 함께, 사람들은 새로운 역할과 상황에 적응하기까지 초기 일탈을 경험하면서 역할과 관계를 재구성한다. 전환기에는 무능력감이나 압도적인 느낌 때문에 자기평가를 낮게 할 수 있다(Graber et al., 1996).

우리가 경도와 중등도 수준의 장애 학생의 전환교육을 논의할 때에는 개인 내의 전환, 동료 시스템 및 사회적 행동에서의 전환, 가정에서의 전환뿐만 아니라 학교 및 직장에서의 전환까지도 언급해야 한다. 이를 명심하면서 개인의 전환교육 계획 및 실행에 있어서 핵심 요소가 진술되었는지의 여부를 평가하기 위해 Wehman(2001)이 제안한 다음의 기준을 유용하

교사를 위한 정보 15.5

스포츠와 여가 활동에 평생 참여하게 만드는 비결은 정해진 활동에 기능적인 수행 능력을 결합하여 조기 노출시키는 것이다. 예를 들어, 학교 기반 프로그래밍으로 장애 학생이 다음과 같은 골프의 기초를 배우도록 도와줄 수 있다.

1. 골프 에티켓
2. 골프채 스윙하는 방법
3. 퍼팅
4. 티에서 공치는 법
5. 게임 규칙

기능적인 프로그램에는 골프 코스로 가는 대중교통 이용 방법과 요금 지불, 클럽 임대, 적절한 의복 착용이 포함된다(Modell & Valdez, 2002).

게 사용할 수 있다.

1. 고용과 재정적 독립
2. 지역사회 및 가정생활 준비
3. 이동성 및 운송 수단
4. 동료관계
5. 성 및 자존감
6. 학생 및 가족의 선택
7. 중등교육과정 개정
8. 기관과 사업체, 학교 간의 연계
9. 삶의 질 개선

이를 잘해 내기 위해서는 학생과 가족의 참여가 필요하다.

학생 참여와 선택

전환교육에서 가장 최근의 추세는 장애인 역량강화(권한부여)다. 역량강화는 자기효능감과 개인 통제력, 자존감, 집단 소속감, 자기옹호, 자기결정력을 증진시키는 것과 관련이 있다(Polloway, Smith, Patton, & Smith, 1996). 이런 추세는 무엇을 할지 선택할 수 있도록 하는 것은 개인 통제력을 증진시키고, 이는 곧 신체적·정서적 안녕을 가져온다는 믿음에서 비롯된다(Carney & Orelove, 1998). 역량강화는 경도·중등도 장애인이 개인적 선호를 표현하고 주거지 및 직장을 포함하여 다양한 생활 속 활동을 할 수 있으며 또 그러한 권리를 가지고 있음을 의미한다(Lindsey, 1996).

자기결정이란 "과도한 외부 영향이나 간섭으로부터 자유롭게, 개인적인 삶의 일차적인 원인 제공자로서 행동하고 삶의 질에 관해 선택하고 결정하기 위해 요구되는 태도와 능력"(Wehmeyer, 1992, p. 4)을 말한다. 자기결정은 전환교육 서비스의 궁극적인 목표로 기술되어 왔다(Halloran & Henderson, 1990). 전환

교육 서비스가 개인의 자기결정에 따른 요구와 항상 일치하는 것은 아니다(Wehmeyer, 1992). 장애 학생은 종종 자신의 직업과 주거 상황, 오락 및 여가 활동을 결정하는 데 있어서 타인에게, 심지어 친구에게 의존한다. 같은 맥락에서 직무배치 담당자는 가끔 개인의 선택이나 선호보다는 서비스 프로그램의 수용 가능성에 따라 클라이언트가 일해야 할 곳을 결정한다. 전통적으로 교육 및 사회복지 시스템은 친절한 의사결정자로서의 역할을 하는 것으로 가정해 왔지만, 종종 일상생활에 직접적으로 영향을 주는 조처에 대해 수요자의 선호도나 동의 여부를 조사하지 않았다(Lindsey, 1996). 장애인은 가끔 그들에 대한 의사결정권을 가진다고 단정하고 이를 행사하는 사람에 의해 계속 둘러싸여 있는 강제적인 분위기에서 산다. 따라서 전환교육 프로그램을 설계하고 실행할 때, 서비스 제공자와 부모, 교사, 옹호자는 장애 청년이 그들의 삶에 영향을 주는 선택을 하고 결정하도록 기회를 제공해야 한다(Lindsey, 1996). 그리고 이런 프로그램의 일부로 장애인에게 성인의 선택권에 대해 알려 줘야 하며, 그들이 독립적인 결정을 내리고 스스로 표현할 수 있도록 허용해야 하며, 그들의 개인적 선호도를 표현하고 자기관리를 연습할 수 있도록 기회를 제공해야 한다. 선택의 자유와 개인적 역량강화는 프로그램과 서비스, 지원의 기초가 되어야 한다(Polloway et al., 1996). 이는 소비자 지향적인 서비스를 제공하고 경도·중등도 장애인이 학교 및 지역사회 생활에서 가능한 한 자율적이도록 권한을 부여하는 데에 핵심적인 이슈다(Lindsey, 1996).

목표는 다음과 같은 사람이 최대한 발달하도록 지원하는 것이다. 지역사회의 성공적인 구성원이 되고자 하는 사람, 스스로 삶을 통제하고자 하는 사람, 신체적으로 통합되고자 하는 사람, 더 중요한 것은 자신이 속한 지역사회에 포함되고자 하는 사람, 생산적인 삶을 즐기고, 따라서 긍정적인 삶을 체험하고자 하는 사람

(Polloway et al., 1996, p. 11).

교사는 학생으로 하여금 성인생활로 전환하도록 돕기 위해 다음의 자기결정 행동 요소에 초점을 두어 가르칠 수 있다.

- 선택하기 기술 및 의사결정 기술
- 문제해결 기술
- 목표설정 및 목표달성 기술
- 자기관리 기술
- 독립심과 위험감수, 안전 기술
- 자기옹호 및 리더십 기술
- 내적 통제 소재
- 긍정적 속성의 효능감 및 성과 기대
- 자기인식 및 자기지식(Wehmeyer, 2001, p. 40)

개인 중심 계획

학생과 부모 및 교사 면담은 개인 중심 계획에 필수적이다(McLoughlin & Lewis, 1994). 학생에게 흥미와 여가시간 활동, 가정에서 하는 일의 유형, 시간제로 혹은 방학 중에 한 일에 대해 물어봐야 한다. 학생과의 면담 중에 그들의 직업에 대한 포부를 타진한다. 부모와의 면담은 자녀의 미래 직업과 진학에 대한 포부를 이해하기 위해 중요하다. 부모는 또한 지역사회에서 그들 자녀의 강점과 약점에 대해 풍부한 정보를 제공할 수 있다. 학생을 가르쳐 온 교사는 (1) 학생의 인지적·정서적 기술, (2) 그들의 주의력과 업무 완수 같은 작업 관련 행동, (3) 학생이 어떻게 과제를 다루고 완성하는지, (4) 개별 학생을 위한 최상의 교수방법에 대한 많은 정보를 제공할 수 있다. 또한 효과적인 업무 수행을 위한 작업의 질과 양, 사회성 기술을 결정하기 위해 고용주를 면담할 수 있다. 개인의 장래계획(Personal Futures Planning; Mount, 1992; Mount & Zwernick, 1988)과 활동계획안 작성(Making

Action Plans[MAPS]; Forest & Lusthaus, 1990; Forest & Pearpoint, 1992), 집단 활동계획안(Group Action Planning; Turnbull & Turnbull, 1996; Turnbull, Blue-Banning, Anderson, Turnbull, Seaton, & Dinas, 1996), 맥길 활동계획 시스템(McGill Action Planning System; Vandercook, York, & Forest, 1989)은 널리 알려진 개인 중심 계획방법이다.

Miner와 Bates(1997), Wehman(2001)은 개인 중심 접근으로 전환 평가와 계획을 수립하기 위해 개인 중심 계획 활동을 편집하여 제시하고 있다. 첫째, 개인 프로파일을 만들어야 한다(Wehman, 2001). [그림 15-3]에는 개인 프로파일의 예시가 제공되는데, 이에는 다음과 같은 질문이 포함되어 있다. '~는 누구인가? 그/그녀의 강점은 무엇인가? 그/그녀의 가장 큰 어려움 및 요구는 무엇인가? ~를 위해 필요한 지원은 무엇인가? 그/그녀/우리의 꿈은 무엇인가? 그/그녀/우리의 가장 큰 우려는 무엇인가?' 학생에게 흥미와 여가시간 활동, 가정에서 하는 일의 유형, 시간제로 혹은 방학 중에 한 일에 대해 물어봐야 한다. 개인 이력을 만들어 냄으로써 미래 직업과 진학에 관한 학생과 부모의 포부를 타진할 수 있다. 더 중요하게 학생은 어떤 유형의 사회적/개인적 삶을 원하는가? 전문가는 고등학교 이후의 계획을 수립할 때 지나치게 자주 고용과 주거시설에 초점을 둔다. 그러나 학생에게 중요한 것은 무엇인가? 비장애인에게 있어서 어디서 일하는지 혹은 사는지는 가족과 친구를 갖는지보다는 덜 중요하다고 여겨진다. 이러한 관점이 장애인에게는 달라져야 하는가? 따라서 사회적인 측면은 미래에 대한 이러한 관점에서 봐야 한다.

개인 중심 계획과정을 마친 후에는 원형구조의 지원(Pearpoint, Forest, & Snow, 1992)이나 원형구조의 친구 다이어그램이 사용될 수 있다(Miner & Bates, 1997). 이 다이어그램은 4개의 동심원으로 구성되어 있다. 안쪽의 원은 학생과 가장 가까운 사람(그들이 가장 사랑하고 신뢰하며 의지하는 사람)의 이름을 포함한

개인 중심 계획

칼리오는 누구인가

- 칼리오는 가족 내 중간 자녀다. 그는 대학에 다녀 집에서 멀리 떨어져 사는 누나가 있고 8학년인 남동생이 있다.
- 칼리오는 집에서 컴퓨터 게임하는 것을 좋아하는 통합고등학교 2학년생이다. 그는 가능할 때마다 캠핑과 낚시, 하이킹하는 것을 즐긴다. 그는 또한 동네 주변에서 스케이트보드 타는 것을 즐긴다.
- 칼리오는 많은 사람이 모여 있는 곳에서는 불편함을 느끼지만, 그와 친한 친구 몇 명이나 가족과 함께 있을 때는 편안해한다.
- 칼리오의 가족은 매우 협조적이다.

칼리오의 꿈은 무엇인가

- 협조적인 친구와의 친밀한 동아리 만들기
- 결혼을 하고 자신의 가정을 꾸리기 위해 가능한 한 독립적으로 생활하기
- 의미 있는 직업 갖기
- 그가 선택한 오락과 여가 활동을 정기적으로 즐기기

우리의 가장 큰 우려는 무엇인가

- 칼리오는 그의 다정하고 믿는 성격으로 인해 다른 사람에게서 이용당함
- 칼리오는 비장애인으로부터 분리된 환경에서 일하고 생활함

칼리오의 강점과 재능, 능력은 무엇인가

- 사실의 기억과 유지
- 기회가 있을 때 자신에 대해 표현하기
- 컴퓨터 기술
- 자연과 동물에 대한 사랑을 가지고 사람을 진정으로 돌봄

칼리오의 가장 큰 어려움은 무엇인가

- 지역사회에서 독립적으로 다니는 것
- 돈벌이가 되는 직업 및 진로를 가지는 것
- 스트레스를 받았을 때 스스로 진정하는 것

칼리오를 위해 필요한 지원은 무엇인가

- 여행훈련
- 역량강화/자기결정 교육과정
- 컴퓨터 사용이 가능한 교사나 또래
- 계산기, 쓰기 기술을 강화하기 위한 쓰기 소프트웨어

[그림 15-3] 개인 중심 계획

출처: P. Wehman, Life beyond the Classroom: Transition Strategies for Young People with Disabilites (2001). Baltimore: Brooks. 허락하에 사용됨.

다. 두 번째 원에는 학생이 친구라고 여기는 사람(안쪽의 원에 있는 사람만큼 가깝지는 않은 사람)의 이름을 포함한다. 세 번째 원에는 아는 사람(학생이 알고 있는 사람, 일을 함께 하고 싶지만 절친하지 않은 사람)을 나열한다. 마지막의 바깥 원에는 학생의 삶에서 지불이 이루어지는 사람(학생의 관계지원망의 일부로서 전문적인 기반을 갖춘 교사와 의사, 치료사, 기타 전문가 등)의 이름이 포함된다.

Black(1998, 2000)은 경도 정신지체를 가진 젊은이의 사회관계망을 조사하기 위해 원형구조의 지원 기법을 사용하였다. 학생으로 하여금 각각의 나열된 사람과 함께 한 활동의 유형, 그 사람을 얼마나 가깝게 느꼈는지, 도움이나 지원이 필요할 때 그 사람에게 연락을 취할 수 있다고 느끼는지에 대해 설명하게 하였다. 이 방법은 학생의 생활과 그들이 즐기는 여가 활동에서의 사회적 지원을 평가하는 데 많은 통찰력을 제공한다. 학생은 또한 다이어그램 속의 다양한 사람을 어떻게 만났는지에 대해서도 질문을 받았다. 이것은 또한 학교 및 지역사회 통합 수준에 대한 통찰력을 제공한다. 예를 들어, 학생의 친구는 모두 특수학급 급우인가? 학생은 비장애 친구나 지인이 있는가? 학생이 주말에 함께 시간을 보내는 사람은 확대가족의 일부인가? 학교 밖에서 학생이 상호작용하는 다른 사람이 있는가? 교사는 원형구조의 지원 형식을 사용하여 학생에게 누가 그리고 무엇이 가장 중요한지, 학교 밖에서 시간을 어떻게 보내는지, 사회적 지

원이 더욱 필요한 영역은 어디인지를 결정할 수 있다.

7. 다문화 학생과 가족을 위한 시사점

학생과 가족의 선택에 초점을 둘 때에는 전환에 영향을 주는 문화적 가치와 선호도, 신념을 빠뜨릴 수 없다. 문화란 인종이나 민족성만은 아니다. 문화는 언어와 종교, 사회적/개인 간 관계, 가족의 기대를 포함하는데, 이는 개인의 흥미와 능력, 적성뿐만 아니라 주거환경과 지역사회 통합, 직업 선택에 지대한 영향을 미친다. 따라서 문화는 학생의 개인적 그리고 가족적인 가치에 최상으로 어울릴 전환교육 활동 유형을 결정하는 데 매우 큰 역할을 한다. 전환교육의 두 가지 영역, 즉 (1) 전환교육 계획과정에의 가족/학생 참여, (2) 직업 선택과 상호 의존적 생활에 있어서 문화가 어떻게 영향을 주는지에 대해 논의하고자 한다.

전환교육 계획과정에의 가족/학생 참여

전환교육에서 문화적 영향 중 가장 중요한 것은 아마도 계획과정에의 가족/학생의 참여일 것이다. "가족은 문화 집단이며 구성원이 공유하는 가치와 신념, 경험의 미덕에 의해 구분된다."(Dennis & Giangreco, 1996, p. 107) 교사는 개인과 가족의 우선순위와 태도를 형성하는 다음 요소에 대해 인식하고 있어야 한다.

- 인종적, 종교적, 민족적 인종차별에 대한 정서적 분위기
- 가난의 함축된 의미
- 가족 구성의 차이
- 가사 및 역할
- 이웃과 생활환경
- 지배문화 집단에의 문화적 순응 성향과 정도, 지속성

- 장애 아동 가족의 생활 경험(Dennis & Giangreco, 1996, p. 104)

가족 구성원의 정보는 특히나 중요하다. 왜냐하면 그들은 전반적인 전환교육과정을 통해 학생과 지속적으로 접촉하는 유일한 사람들이기 때문이다. 소수민족 가정의 부모는 자녀를 위한 교육계획에 덜 참여한다(Boone, 1992; Harry, 1992). 소수민족 부모는 종종 사회경제적 지위와 언어, 문화적/관념적 가치와 연관된 장벽 때문에 전환교육과정에 참여하지 못한다. 예를 들어, 아시아 및 하와이계/폴리네시아계 부모는 계급과 권력에의 복종, 우회적 대립, 화합과 좋은 관계 유지를 바탕으로 한 역할로 특징지어지는 상호작용 방식을 확립해 왔다(Boone, 1992). 아시아와 히스패닉 문화에서 교사는 높게 평가되며, 계획수립 회의에서 질문하는 것은 교사 권위에 의문을 제기하는 것으로 간주될 수 있다(Dennis & Giangreco, 1996). 이러한 의사소통 방식은 의사결정 과정에서 부모와 교사 간 파트너십과 '당신이 생각하는 바를 말하라'는 단호한 의사소통 방식을 강조하는 전환교육 문헌과는 배치되는 것이다.

직업 선택과 독립적/상호 의존적 생활

대부분의 진로발달 이론은 개인의 직업 선택을 대단히 개인 중심적인 활동, 개별적인 선호, 자기 표현의 기회, 심지어는 개인 정체성의 한 부분으로 본다. 그러나 이러한 진로발달 이론은 "개인주의와 경쟁, 성취, 시간에 대한 의식, 핵가족 구성, 서면으로 전승된 것에 대한 가치 부여, 과학적 방법, 언어적·비언어적으로 단호하고 직접적인 방식"(Osipow & Fitzgerald, 1996, p. 276)으로 특징지어지는 유럽계 미국인 문화를 바탕으로 한다. 이 책의 전반에 걸쳐 논의된 바와 같이, 많은 학생은 주로 개인주의보다는 상호의존, 경쟁보다는 협동, 시간에 대한 다른 개념을 장려하는 문

화 배경을 가지고 있다. 어떤 젊은이는 사회적 환경에 더 관심을 가지며, 더욱 사적인 관계와 다른 사람과 협동적으로 일하는 것을 허용하는 활동 및 직업을 더 선호할 것이다. 그들은 경쟁, 개별 과제 완수, 엄격한 마감시간과 연관된 직무환경에서는 잘 성공하지 못할 것이다.

다양한 문화 배경을 가진 개인은 진로 선택을 집단에 대한 잠재적 기여와 의무라는 맥락에서 본다(Osipow & Fitzgerald, 1996). 따라서 많은 학생은 그들의 진로나 직업보다는 가정과 가족, 지역사회를 그들이 존재하는 핵심 토대로 볼 것이다. 교사는 부모/가족이 몇몇 학생의 직업 선택 및 열정에 매우 강력하게 영향을 미친다는 사실을 인지해야 한다.

많은 문화에서는 가족이 '그들 자신의 가족을 돌봐야 한다'고 믿는다. 외부 기관, 특히 독립생활 지원기관으로부터 기꺼이 도움을 받으려는 자세는 가족 책임을 면하려는 것으로까지 여겨질 수 있다. 장애에 대한 가족의 태도 역시 그들로 하여금 장애지원 서비스 기관의 도움을 받지 않으려는 자세를 갖게 할 수도 있다. 장애를 가진 가족 구성원을 돌보는 것은 '가정사'이고 외부 기관의 도움은 간섭이라 여길 수 있다.

어떤 문화에서는 장애인이 일하거나 독립적으로 생활하는 것을 기대하지 않는다. 그들은 가족 내에서 동일하게 가치 있다고 여겨지는 특정 역할만 맡도록 기대된다. 남녀 역할 기대뿐만 아니라 가족과 집단에의 책임에 대한 기대 또한 독립적인 생활을 방해한다.

표 15-3 학생을 위한 진로목표 평가에서의 문화적 고려사항

	문화적으로 다양한 배경을 가진 학생을 위한 진로 목표를 평가할 때는 다음 질문을 한다.
개인 대 집단 성취; 협동 대 경쟁	• 학생의 가족/문화는 경쟁보다 협동에 가치를 두는가? • 개인적인, 독립적인 성취를 높이 평가하는 특정 직업은 학생의 가치 및 대인 간 상호작용 패턴과 모순되는가?
가업 전통 및 기대	• 학생은 가족 사업이나 가업을 하기로 되어 있는가? • 가족은 학생에게 어떤 직업이 적절하고 적절치 못한지 어느 정도의 기대를 갖는가?
다른 직업 유형에의 노출	• 학생은 다양한 진로에 노출되어 왔는가, 혹은 모두 동일한 직업군에 속하는 가족의 직업에 국한하여 관찰학습이 주로 이루어졌는가?
수용 가능한 직업	• 어떤 직업이 가치가 있고 없는가? • 어떤 직업이 가족에게 수치스럽게 여겨지는가?
의사소통 및 개인적인 상호작용 방식: 언어적/비언어적	• 학생은 좋은 대인 간 의사소통 기술을 가지고 있는가? • 학생은 비교적 조용히 지내며 '하라고 했을 때만 말하는가'?
교육적 포부와 재정적 현실	• 가족은 학생에게 적절한 중등 이후 교육 유형에 대해 어떤 정해진 기대를 갖는가? • 가족은 학생이 고등학교를 졸업한 후 어떤 정해진 유형의 학교(예, 대학이나 기술학교)에 진학하기를 원하는가? • 학생의 가족은 4년제 대학교육을 재정적으로 부담할 수 있는가? • 학생/가족의 진로 목표를 고려할 때, 더 적은 비용이 드는 전문대학이나 기술학교에서 더욱 적절한 교육을 제공할 것인가?
재배치에 대한 의지	• 확대가족의 시각에서 먼 곳으로 가는 것은 수용될 수 없는가? (만약 그렇다면 교사는 지역사회 내에 있는 직업에 배치해야만 한다. 학생에게 지역사회에서 즉각적으로 수행될 수 없는 직업 기술을 훈련하는 것은 시간과 노력의 낭비가 될 수 있다.)

환경적인 조건과 결과, 과거의 학습 경험, 학생이 과제에 어떻게 접근하는지, 선호하는 학습 양식 역시 개인에게 적합한 직업을 결정하는 데 있어서 중요하다.

교사는 이러한 가치에 민감해야 하며 맨 먼저 가족을 자문하고, 개인의 직업과 독립적인 생활에 대한 계획을 세우는 데 그들의 의견을 반영하지 않고 교사 자신의 가치를 강요해서는 안 된다. 분명한 그들의 관점 및 가족에 대한 상담 없이 개인의 독립적인 직업 또는 생활을 위한 계획을 작성하여 개인의 가치를 강요해서는 안 된다(〈표 15-3〉 참조).

문화적·언어적으로 다양한 학생의 가족과 정중하고 신뢰하는 관계를 세우기 위한 Greene(1996)의 질문 목록은 이 부분을 가장 잘 요약해 준다.

1. 가정에서는 어떤 언어가 사용되며 어느 식구가 사용하는가? 가족 구성원의 문해 수준은 어떠한가?
2. 장애를 가진 자녀의 개인적/사회적 발달에 대한 가족의 기준(예, 독립을 장려하는 정도)은 무엇인가?
3. 가족이 추구하는 자녀의 주거 및 직업 관련 목표는 무엇인가?
4. 가족의 장애에 대한 태도는 어떠하며, 이러한 태도는 장애아 치료에 어떤 영향을 주는가?
5. 가족은 어떻게 개념화되는가? (예를 들어, 주류 미국인에게 흔한 핵가족 단위에서는 개인의 건강은 개인의 것으로 개념화하며, 다른 문화에서 흔한 확대가족 구성에서는 전체로서의 가족이란 말로 개인의 건강을 개념화한다.)
6. 가족의 자녀 양육 태도(예, 자녀의 의사결정 권한이 적은 권위주의적이고 서열적인 양육 태도, 혹은 동등하고 개인의 권리를 중심으로 한 양육 태도)는 어떠한가?
7. 가족은 부모 권리 및 옹호에 관한 법률 지식을 얼마나 갖추고 있는가? (p. 27)

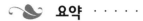

요약

- 특수교육 서비스를 받는 모든 학생은 16세까지 그들의 IEP에 전환교육 목표가 포함되어야 한다.
- 전환교육 서비스는 일반교육과정 내에서 접근하고 개입하고 진행되어야 한다.
- 부모/보호자와 학생은 형식화된 전환교육 계획의 개발과 실행에 적극적으로 참여해야 한다.
- 학교와 성인기관 간의 정보 교환은 각각의 참여기관에서 제공될 서비스와 적격 요건, 절차, 책임자를 파악하기 위해 반드시 필요하다.
- 전체 계획과정에 걸쳐 서비스 간의 차이와 중복 그리고 이러한 서비스의 제공을 조정하기 위한 방법을 파악하는 데 노력을 기울여야 한다.
- 중등학교에서의 교수는 상호 의존적인 직무와 생활을 촉진해야 한다.
- 중등 이후 교육은 장애 학생이 달성할 수 있는 목표이며, 전환교육 계획의 필수 요소여야 한다.
- 직업은 성인생활에서 결정적인 역할을 하며, 장애인이 취업 가능한 여러 직업 옵션이 있다.
- 전환교육 계획은 사회적/오락적 목표와 지역사회 통합에 대한 관심 없이는 불충분하다.
- 교육자와 다른 서비스 제공자는 학생/가족의 문화 및 가치를 존중하면서 전환교육 계획에 접근해야 한다.
- 모든 전환교육 활동은 역량강화와 자기결정, 개선된 삶의 질을 반영하여야 한다.

연습 문제

1. 법률은 전환교육 계획 및 서비스에 대해 무엇을 요구하는가?
2. 중핵교육과정에의 접근과 관련 이슈는 무엇인가?
3. 장애 학생이 중등 이후 교육을 받으면서 직면하게 되는 어려움은 무엇인가? 장애 학생에게 교육기관이 제공하는 지원은 무엇인가?
4. OSERS 전환교육 모델을 설명하고, Brolin의 생활중심 진로교육 과정과 비교해 보라.
5. 당신이 고등학교에서 장애 학생을 위해 생활기술 수업을 가르친다면 어떤 기술을 강조할 것인가? 왜 그런가?
6. 다음 각각에 대해 논의해 보라. 보호고용, 지원고용, 장려금이 지급되는 고용, 전환고용, 경쟁고용 그리고 자영업. 각기 다른 고용 옵션의 선택을 정당화할 수 있는 상황을 묘사해 보라.
7. 과학수업에 진로 정보를 어떻게 포함할 수 있는가?
8. 장애 학생이 다른 사람과 적절하게 상호작용하고 작업하는 방법을 배우도록 돕기 위해 교사는 어떻게 협동학습 활동을 사용할 수 있는지 논의해 보라.
9. 장애인은 왜 독립적인 선택이 어려운가?
10. 전환교육 계획을 작성하기 위해 부모와 교사, 학생은 어떻게 함께 일할 것인가?

활동

1. 고등학교 전환교육 전문가와 접촉해 보고, 전문가가 장애 학생에게 제공하는 전환교육 서비스 정보를 얻으라. 보고서를 작성하라.
2. 고등학교 전환교육 전문가를 통해 직무배치 프로그램의 멘터나 관리자를 만나 개별 인터뷰를 해 보고, 고용주가 어떻게 직무교육을 제공하는지와 장애 학생을 어떻게 활용하는지 파악해 보라. 당신이 얻은 결과를 기술해 보라.
3. 당신이 사는 지역 내 재활서비스 기관의 웹사이트를 찾아보라. 웹사이트가 제공하는 장애인 서비스 정보를 요약하여 보고서를 작성해 보라.
4. 당신이 사는 도시에서의 지원생활 옵션을 조사해 보고, 장애인을 위한 옵션에 대해 설명하는 정보를 나열해 보라.

특수아동협의회(CEC) 기준

기준 3: 개인 학습 차이

특수교사는 특수한 상태가 학교에서의 개인의 학습과 삶 전체에 미치는 영향에 대해 이해한다…. 특수교사는 주 언어와 문화, 가족 배경이 어떻게 개인의 특수한 상황과 상호작용하여 개인의 학업, 사회적 능력, 태도, 가치, 흥미, 직업 전택에 영향을 주는지 이해하기 위한 풍부한 자원을 가지고 있고 적극적이다.

기준 4: 교수전략

특수교사는 ELN 학생을 위한 교수를 개별화하기 위해 증거 기반 교수전략에 대한 레퍼토리를 소지한다. 특수교사는 일반교육과정과 특수교육과정에서 도전적인 학습 결과를 증진하고, ELN 학생을 위해 학습환경을 적절히 수정하기 위해 이러한 교수전략을 선정하고 수정하고 사용한다. 특수교사는 ELN 학생의 비판적 사고와 문제 해결력 그리고 수행 기술에 대한 학습을 강화하고, 자기인식과 자기관리, 자기통제, 자기의존, 자기존중감을 증가시킨다. 또한 특수교사는 여러 환경과 장소, 연령 주기에 걸쳐 지식과 기술의 발달, 유지, 일반화를 강조한다.

기준 7: 교수계획

특수교사는… ELN 학생과 가족, 동료 전문가, 다른 기관의 담당자를 포함한 협력적 상황 내에서 교수계획을 용이하게 한다. 특수교사는 또한 유치원에서 초등학교로의 전환과 중등환경에서 다양한 중등 이후 직무와 학습환경으로의 전환처럼 다양한 개별화 전환교육계획을 개발한다.

기준 10: 협력

특수교사는 문화적으로 민감한 방식으로 가족과 다른 교육자, 관련 서비스 제공자, 지역사회 기관의 담당자와 일상적이고 효과적으로 협력한다…. 특수교사는 여러 상황과 서비스에서 ELN 학생의 성공적인 전환을 촉진하기 위하여 협력을 이용한다.

🔍 참고문헌

AbleData. (2003). Search for assistive technology products. Accessed July 14, 2005, at www.abledata.com/text2/search.htm.

AbleNet. (2005). Quick Start environmental control kit. Retrieved August 16, 2005, from www.ablenetinc.com.

Achenbach, T. M. (2001a). *Manual for the child behavior checklist (CBCL/6-18) and 2001 profile.* Burlington: Department of Psychiatry, University of Vermont.

Achenbach, T. M. (2001b). *Manual for the teacher report form (TRF/6 -18) and 2001 profile.* Burlington: Department of Psychiatry, University of Vermont.

Achenbach, T. M. (2001c). *Manual for the youth self-report (YSR/11-18) and 2001 profile.* Burlington: Department of Psychiatry, University of Vermont.

Adams, G. L., & Engelmann, S. (1996). *Research on direct instruction: 25 years beyond DISTAR.* Seattle, WA: Educational Achievement Systems.

Adams, G., & Carnine, D. (2003). Direct instruction. In H. L. Swanson, K. R. Harris, & S. Graham (Eds.), *Handbook of learning disabilities* (pp. 403-416). New York: Guilford.

Adams, M. A. (1990). *Beginning to read: Thinking and learning about print.* Cambridge, MA: MIT Press.

Adelman, P. B., & Vogel, S. A. (1990). College graduates with learning disabilities: Employment attainment and career patterns. *Learning Disability Quarterly, 13,* 154-162.

Albert, L. (1996). *Cooperative discipline.* Circle Pines, MN: American Guidance Service.

Alberto, P. A., & Troutman, A. C. (2006). *Applied behavior analysis for teachers* (7th ed.). Upper Saddle River, NJ: Merrill/Prentice Hall.

Albrecht, S. F., & Joles, C. (2003). Accountability and access to opportunity: Mutually exclusive tenets under a high-stakes testing mandate. *Preventing School Failure, 47,* 86-91.

Alliance for Technology Access. (2005). Software features. Retrieved July 14, 2005, at www.atacess.org/resources/atabook

Alsawaie, O. N. (2004). Language influence on children's cognitive number representation. *School Science and Mathematics, 104* (3), 105-111.

American Association of Mental Retardation (AAMR). (2002). *Mental retardation: Definition, classification, and systems of supports.* Washington, DC: Author.

American Psychiatric Association (APA). (2000). *Diagnostic and statistical manual of mental disorders* (4th ed.). Washington, DC: Author.

Anderson, P. L. (2000). Using literature to teach social skills to adolescents with learning disabilities. *Intervention in School and Clinic, 35* (5), 271-279.

Anderson, S., Yilmaz, O., & Wasburn-Moses, L. (2004). Middle and high school students with learning disabilities: Practical academic interventions for general education teachers—A review of the literature. *American Secondary Education, 32* (2), 19-38.

Aram, D., & Nation, J. (1980). Preschool language disorders and subsequent language and academic difficulties. *Journal of Communication Disorders, 13*, 159–170.

ARC, The. (2003). What is mental retardation? Web page. Retrieved September 6, 2003, http://thearc.org/faqs/mrqa.html.

Armbruster, B. B., Lehr, F., & Osborn, J. (2001). *Put reading first: The research building blocks for teaching children to read, kindergarten through grade 3*. Jessup, MD: National Institute for Literacy.

Arnason, K., McDonald, J. J., Maeers, M., & Weston, J. H. (2001). Interweaving mathematics and indigenous cultures. Paper presented at the International Conference on New Ideas in Mathematics Education, Queensland, Australia. (ERIC Document Reproduction Service No. ED 472097).

Arreaga-Mayer, C. (1998). Increasing active student responding and improving academic performance through Classwide Peer Tutoring. *Remedial and Special Education, 34*, 89–94, 117.

Ashbaker, B. Y., & Morgan, J. (Spring 2004). Legal issues relating to school paraprofessionals. In *A Legal Memorandum: Quarterly law topice for school leaders (pp. 1–7)*. Reston, VA: National Association of Secondary School Principals.

Ashton, T. M., & Hall, K. S. (2000). What to do when technology disrupts your teaching: Suggested activities and troubleshooting steps for teachers using technology. *Special Education Technology Practice, 2* (4), 15–20.

Atwater, M. M., & Crockett, D. (2003). Prospective teachers' education world view and teacher education programs: Through the eyes of culture, ethnicity, and class. In S. M. Hines (Ed.), *Multicultural science education: Theory, practice, and promise*. New York: Lang.

Ausubel, D. P. (1968). *Education psychology: A cognitive view*. New York: Holt, Rinehart & Winston.

Ayllon, T. (1999). How to use token economy and point systems. In R. V. Hall & M. L. Hall (Eds.), *How to manage behavior series* (2nd ed.). Austin, TX: Pro-Ed.

Baer, D. M., Wolf, M. M., & Risely, T. R. (1968). Some current dimensions of applied behavior analysis. *Journal of Applied Behavior Analysis, 1*, 91–97.

Bailet, L. L. (2001). Development and disorders of spelling in the beginning school years. In A. M. Bain, L. L. Bailet, & L. C. Moats (Eds.), *Written language disorders: Theory into practice* (2nd ed.) (pp. 1–42). Austin, TX: Pro-Ed.

Bain, A. M. (2001). Handwriting disorders. In A. M. Bain, L. L. Bailet, & L. C. Moats (Eds.), *Written language disorders: Theory into practice* (2nd ed.) (pp. 77–102). Austin, TX: Pro-Ed.

Bakken, J. P., & Whedon, C. K. (2002). Teaching text structure to improve reading comprehension. *Intervention in School and Clinic, 37*, 229–233.

Ballard, T. I. (2001). Coaching in the classroom. *Teaching and Change, 8*, 160–175.

Bandura, A. (1977). *Social learning theory*. Englewood Cliffs, NJ: Prentice-Hall.

Bandura, A. (1994). Self-efficacy. In V. S. Ramachaudran (Ed.), *Encyclopedia of human behavior* (Vol. 4, pp. 71–81). New York: Academic Press. Retrieved February 2, 2003, from http://www.emory.edu/EDUCATION/mfp/BanEncy.html.

Banks, J. A. (1997). *Educating citizens in a multicultural society*. New York: Teachers College Press.

Barnitz, J. (1998). Revising grammar instruction for authentic composing and comprehending. *Reading Teacher, 51*, 608–611.

Barton, M. L., Heidema, C., & Jordan, D. (2002). Teaching reading in mathematics and science. *Educational Leadership, 60* (3), 24–28.

Baumler, M. (1991). Tips for note taking. *Mathematics Teacher, 84* (9), 725.

Baxendell, B. W. (2003). Consistent, coherent, creative: The 3 c's of graphic organizers. *TEACHING Exceptional Children, 35* (3), 46–53.

Bell, S. M., McCallum, S., & Cox, E. A. (2003). Toward a research-based measures to identify reading disabilities. *Journal of Learning Disabilities, 36*, 505–516.

Bender, W. N. (2002). *Differentiating instruction for students with learning disabilities*. Thousand

Oaks, CA: Corwin.

Benner, S. M. (1998). *Special education issues within the context of American society*. Belmont, CA: Wadsworth.

Benning, J. D., Bonenberger, L., Hickey, K. A., & Steward, C. (2000). Ole for math. *Teaching Children Mathematics, 6*, 560–561.

Bergerud, D., Lovitt, T. C., & Horton, S. (1988). The effectiveness of textbook adaptations in life science for high school students with learning disabilities. *Journal of Learning Disabilities, 21*, 70–76.

Berliner, D. C. (1988). The half-full glass: A review of research on teaching. In E. L. Meyen, G. A. Vergason, & R. J. Whelan (Eds.), *Effective instructional strategies for exceptional children* (pp. 7–31). Denver, CO: Love.

Berninger, V. S., Vaughn, K., Abbott, R. D., Begay, K., Coleman, K. B., Curtin, G., Hawkins, J. M., & Grahan, S. (2002). Teaching spelling and composition alone and together: Implications for the simple view of writing. *Journal of Educational Psychology, 94*, 291–304.

Berninger, V. W., Abbott, R. D., Abbott, S. P., Graham, S., & Richards, T. (2002). Writing and reading: Connections between language by hand and language by eye. *Journal of Learning Disabilities, 35*, 39–56.

Berninger, V. W., Abbott, R., Rogan, L., Reed, E., Abbott, S., Brooks, A., Vaughan, K., & Graham, S. (1998). Teaching spelling to children with specific learning disabilities: The mind's ear and eye beat the computer or pencil. *Learning Disability Quarterly, 21*, 106–122.

Berry, R. Q. III. (2003). Mathematics standards, cultural styles, and learning preferences: The plight and the promise of African American students. *Clearing House, 76*, 244–249.

Bintz, W. P., & Williams, L. (2005). Questioning techniques of fifth and sixth grade reading teachers. *Middle School Journal, 37*(1), 45–52.

Birenbaum, A. (2002). Poverty, welfare reform, and disproportionate rates of disability among children. *Mental Retardation, 40*, 212–218.

Bishop, D., & Adams, C. (1990). A prospective study of the relationship between specific language impairment, phonological disorders, and reading retardation. *Journal of Child Psychology and Psychiatry, 21*, 1027–1050.

Black, R. S. (1998, May). Voices of young adults with mild mental retardation: A qualitative study of social relationships. Paper presented at the 122nd Annual Meeting of the American Association on Mental Retardation, San Diego, CA.

Black, R. S. (2000, May). Voices of young adults with mild mental retardation: A view into their social worlds. Paper presented at the 21st Annual International Conference of the YAI/National Institute for People with Disabilities, New York, NY.

Black, R. S., & Langone, J. (1997). Social awareness and transition for adolescents with intellectual disabilities. *Remedial and Special Education, 18*(4), 214–222.

Black, R., Smith, G. J., Chang, C., Harding, T., & Stodden, R. (2002). Provision of educational supports to students with disabilities in two-year postsecondary programs. *Journal for Vocational Special Needs, 24*(2), 3–17.

Blackhurst, A. E. (2004). Historical perspectives about technology applications for people with disabilities. In D. L. Edyburn, K. Higgins, & R. Boone (Eds.), *Handbook of Special Education Technology Research and Practice* (pp. 1–27). Whitefish Bay, WI: Knowledge by Design.

Blackhurst, A. E., & Edyburn, D. L. (2000). A brief history of special education technology. *Special Education Technology Practice, 2*(1), 21–35.

Blackorby, J., & Wagner, M. (1996). Longitudinal outcomes of youth with disabilities. *Exceptional Children, 62*, 399–413.

Blazer, B. (1999). Developing 504 classroom accommodation plans: A collaborative, systematic parent-student-teacher approach. *TEACHING Exceptional Children, 32*(2), 28–33.

Bley, N. S., & Thornton, C. A. (2001). *Teaching mathematics to students with learning disabilities* (4th ed.). Austin, TX: Pro-Ed.

Blick, D. W., & Test, D. W. (1987). Effects of self-recording on high-school students' on-task behavior. *Learning Disability Quarterly, 10,* 203-213.

Bloomfield, D. C., & Cooper, B. S. (2003). NCLB: A new role for the federal government: An overview of the most sweeping federal education law since 1965. *T. H. E. Journal, 30* (10), 6-9.

Blue-Banning, M., Summers, J. A., Frankland, H. C., Nelson, L. L., & Beegle, G. (2004). Dimensions of family and professional partnerships: Constructive guidelines for collaboration. *Exceptional Children, 70,* 167-184.

Bolt, S. E., & Thurlow, M. L. (2004). Five of the most frequently allowed testing accomodations in state policy. *Remedial and Special Education, 25,* 141-152.

Boone, R. S. (1992). Involving culturally diverse parents in transition planning. *Career Development for Exceptional Individuals, 15,* 205-221.

Boudah, D. J., Lenz, B. K., Bulgren, J. A., Schumaker, J. B., & Deshler, D. D. (2000). Don't water down! Enhance content through the unit organizer routing. *TEACHING Exceptional Children, 32,* 48-56.

Boyle, E. A., Rosenberg, M. S., Connelly, V. J., Washburn, S. G., Brinchkehoff, L. C., & Banerjee, M. (2003). Effects of audio texts on the acquisition of secondary-level content by students with mild disabilities. *Learning Disability Quarterly, 26,* 203-214.

Boyle, J. R., & Weishaar, M. (2001). The effects of strategic notetaking on the recall and comprehension of lecture information for high school students with learning disabilities. *Learning Disabilities Research and Practice, 16,* 133-141.

Boyle, J. R., & Yeager, N. (1997). Blueprints for learning: Using cognitive frameworks for understanding. *TEACHING Exceptional Children, 29* (4), 26-31.

Bracken, B. A., & McCallum, R. S. (1997). *Universal Nonverbal Intelligence Test.* Chicago: Riverside.

Brand, S., Dunn, T., & Greb, F. (2002). Learning styles of students with attention-deficit hyperactivity disorder: Who are they and how can we teach them? *Clearing House, 75,* 268-273.

Brice-Baker, J. (1996). Jamaican families. In M.

McGoldrick, J. Giordano, & J. K. Pearce (Eds.), *Ethnicity and family therapy* (2nd ed.) (pp. 85-96). New York: Guilford.

Brigance, A. H. (1999). *Brigance Comprehensive Inventory of Basic Skills* (rev. ed.). North Billerica, MA: Curriculum Associate.

Brolin, D. E. (1997). *Life centered career education: A competency based approach* (5th ed.). Reston, VA: Council for Exceptional Children.

Bromley, K., Irvin-De Vitis, L., & Modlo, M. (1995). *Graphic organizers.* New York: Scholastic.

Bronfenbrenner, U. (1979). *The ecology of human development.* Cambridge, MA: Harvard University Press.

Broome, S. A., & White, R. B. (1995). The uses of videotape in classrooms serving youth with behavioral disorders. *TEACHING Exceptional Children, 27* (3), 10-13.

Browder, D. M., & Grasso, E. (1999). Teaching money skills to individuals with mental retardation: A research review with practical applications. *Remedial and Special Education, 20,* 297-308.

Browder, D. M., Spooner, F., Algozzine, R., Ahlgrim-Delzell, L., Flowers, C., & Karvonen, M. (2003). What we know and need to know about alternate assessment. *Exceptional Children, 70,* 45-61.

Brown, L., & Hammill, D. (1990). *Behavior Rating Profile* (2nd ed.). Austin, TX: Pro-Ed.

Brown, L., Shervenou, R. J., & Johnsen, S. K. (1997). *Test of Nonverbal Intelligence* (3rd ed.). Austin, TX: Pro-Ed.

Bryan, T., & Sullivan-Burstein, K. (1998). Teacher-selected strategies for improving homework completion. *Remedial and Special Education, 19,* 263-275.

Bryan, D. P., Goodwin, M., Bryant, B. R., & Higgins, K. (2003). Vocabulary instruction for students with learning disabilities: A review of the research. *Learning Disability Quarterly, 26,* 117-128.

Buchan, L., Fish, T., & Prater, M. A. (1997). Ninja Turtles counting pizza toppings: A creative writing learning strategy. *TEACHING Exceptional Children, 28* (2), 40-43.

Buhrmester, D., Furman, W., Wittenberg, M. T., & Reis, H.

T. (1988). Five domains of interpersonal competence in peer relations. *Journal of Personality and Social Psychology, 55* (6), 991-1008.

Bulgren, J. A., Deshler, D. D., & Schumaker, J. B. (1997). Use of a recall enhancement routine and strategies in inclusive secondary classes. *Learning Disabilities Research, 12,* 198-208.

Bullis, M., & Davis, C. (1996). Further examination of job-related social skills measures for adolescents and young adults with emotional and behavioral disorders. *Behavioral Disorders, 21* (2), 160-171.

Burks, M. (2004). Effects of classwide peer tutoring on the number of words spelled correctly by students with LD. *Intervention in School and Clinic, 39,* 301-304.

Bursuck, W. D., Munk, D. D., & Olson, M. M. (1999). The fairness of report card grading adaptations: What do students with and without learning disabilities think? *Remedial and Special Education, 20* (2), 84-92.

Bursuck, W., Polloway, E. A., Plante, L., Michael, H. E., Jayanthi, M., & McConeghy, J. (1996). Report card grading and adaptations: A national survey of classroom practices. *Exceptional Children, 62,* 301-318.

Cahnmann, M. S., & Remillard, J. T. (2002). What counts and how: Mathematics teaching in culturally, linguistically, and socioeconomically diverse urban settings. *Urban Review, 34,* 179-204.

Calderon, M., Hertz-Lazarowitz, R., & Slavin, R. (1998). Effects of bilingual cooperative integrated reading and composition on students making the transition from Spanish to English reading. *Elementary School Journal, 99,* 153-165.

Calhoon, N. B., & Fuchs, L. S. (2003). The effects of peer-assisted learning strategies and curriculum-based measurement on mathematics performance. *Remedial and Special Education, 24,* 235-245.

Canter, L., & Canter, M. (2001). *Assertive discipline: Positive behavior management for today's classroom* (3rd ed.). Los Angeles: Canter.

Cardelle-Elawar, M. (1995). Effects of metacognitive instruction on low achievement in mathematics problems. *Teacher and Teacher Education, 11,* 81-95.

Carl D. Perkins Vocational and Applied Technology Education Amendments of 1998, P. L. 105-332, 112 Stat. 3078

Carlson, C. L., Booth, J. E., Shin, M., & Canu, W. H. (2002). Parent-, teacher-, and self-rated motivational styles in ADHD subtypes. *Journal of Learning Disabilities, 35,* 104-113.

Carmen, R. A., & Adams, W. R. (1984). *Study skills: A student's guide for survival* (2nd ed.). New York: Wiley.

Carney, I. H., & Orelove, F. P. (1988). Implementing transition programs for community participation. In B. L. Ludlow, A. P. Turnbull, & R. Luckasson (Eds.), *Transitions to adult life for people with mental retardation* (pp. 137-157). Baltimore: Brookes.

Carney, R. M., Levin, M. E., & Levin, J. R. (1993). Mnemonic strategies: Instructional techniques worth remembering. *TEACHING Exceptional Children, 25,* 24-30.

Carnine, D. W., Silbert, J., Kame'enui, E. J., & Tarver, S. (2004). *Direct instruction reading* (4th ed.). Upper Saddle River, NJ: Merrill/Prentice Hall.

Carr, S. C., & Thompson, B. (1996). The effects of prior knowledge and schema activation strategies on the inferential reading comprehension of children with and without learning disabilities. *Learning Disability Quarterly, 19,* 48-61.

Caswell, L. J., & Duke, N. K. (1998). Non-narrative as a catalyst for literacy development. *Language Arts, 75,* 108-117.

Catone, W. V., & Brady, S. A. (2005). The inadequacy of Individual Educational Program (IEP) goals for high school students with word-level reading difficulties. *Annals of Dyslexia, 55* (1), 53-78.

Catts, H. W. (1993). The relationship between speech-language impairments and reading disabilities. *Journal of Speech and Hearing Research, 36,* 948-958.

Catts, H. W., & Hogan, T. P. (2003). Language basis of reading disabilities and implications for early identification and remediation. *Reading Psychology, 24,* 223-246.

Cavanaugh, R. A. (1994). How can I make the shot when I don't get the ball? Improving academic achievement by increasing active student response. *Forum, 19* (4), 9-11.

Certo, N., Mautz, D., Pumpian, I., Sax, C., Smalley, K., Wade, H., Noyes, D., Luecking, R., Wechsler, J., & Batterman, N. (2003). A review and discussion of a model for seamless transition to adulthood. *Education and Training in Developmental Disabilities, 38,* 3-17.

Chadsey-Rusch, J., Rusch, F. R., & Phelps, L. A. (1989). Analysis and synthesis of transition issues. In D. E. Berkell & J. M. Brown (Eds.), *Transition from school to work for persons with disabilities* (pp. 227-241). New York: Longman.

Chambliss, M. J. (1994). Evaluating the quality of textbooks for diverse learners. *Remedial and Special Education, 15,* 348-362.

Chapman, C., & King, R. (2003). *Differentiated instructional strategies for reading in the content areas.* Thousand Oaks, CA: Corwin.

Chard, D. J., & Dickson, S. V. (1999). Phonological awareness: Instructional and assessment guidelines. *Intervention in School and Clinic, 34,* 261-270.

Charles, R. I., & Lobato, J. (1998). *Future basics: Developing numerical power.* Golden, CO: National Council of Supervisors of Mathematics.

Chavkin, L. (1997). Readability and reading ease revisited: State-adopted science textbooks. *Clearing House, 70,* 151-154.

Cheng, L. L., Ima, K., & Labovitz, G. (1994). Assessment of Asian and Pacific Islander students for gifted programs. In S. B. Garcia (Ed.), *Addressing cultural and linguistic diversity in special education: Issue and trends* (pp. 30-45). Reston, VA: Council for Exceptional Children.

Chesley, G. M., & Calaluce, P. D., Jr. (1997). The deception of inclusion. *Mental Retardation, 35,* 488-490.

Christenson, S. L., Ysseldyke, J. R., & Thurlow, M. L. (1989). Critical instructional factors for students with mild handicaps: An integrative review. *Remedial and Special Education, 10* (5), 21-31.

Clayton, M. K., & Forton, M. B. (2001). *Classroom spaces that work.* Greenfield, MA: Northeast Foundation for Children.

Cohen, S. B., & Hart-Hester, S. (1987). Time management strategies. *TEACHING Exceptional Children, 20* (1), 56-57.

Cole, C. M., & McLeskey, J. (1997). Secondary inclusion programs for students with mild disabilities. *Focus on Exceptional Children, 29* (6), 1-15.

Collet-Klingenberg, L., & Chadsey-Rusch, J. (1991). Using a cognitive-process approach to teach social skills. *Education and Training in Mental Retardation, 26* (3), 258-270.

Collins, B. C., Branson, T. A., & Hall, M. (1995). Teaching generalized reading of cooking product labels to adolescents with mental disabilities through the use of key words taught by peer tutors. *Education and Training in Mental Retardation and Developmental Disabilities, 30,* 65-75.

Collins, P. S. (2003). Inclusion reconsidered. *Philosophy of Education Yearbook,* 449-457.

Compton, D. L. (2002). The relationships among phonological processing, orthographic processing, and lexical development in children with reading disabilities. *Journal of Special Education, 35,* 201-210.

Conderman, G., & Katsiyannis, A. (2002). Instructional issues and practices in secondary special education. *Remedial and Special Education, 23,* 169-180.

Connolly, A. J. (1998). *KeyMath Revised: A diagnostic inventory of essential mathematics (normative update).* Circle Pines, MN: American Guidance Service.

Connors, C. K. (1997). *Connors Rating Scales—Revised.* Minneapolis, MN: NCS Pearson.

Cooke, N., Gauzakas, R., Pressley, J., & Kerr, K. (1993). Effects of using a ratio of new items to review items during drill and practice. *Education and Treatment of Children, 16,* 213-234.

Cooley, S. M. (1997). A review of the literature of a dual diagnosis: Mental retardation and behavior disorders. *B. C. Journal of Special Education, 21* (1), 47-59.

Coombs, M. (1996). *Developing competent readers and*

writers in the primary grades. Upper Saddle River, NJ: Merrill/Prentice Hall.

Cornwall, A. (1992). The relationship of phonological awareness, rapid naming, and verbal memory to severe reading and spelling disability. *Journal of Learning Disabilities, 25* (8), 532-538.

Correa, V. I., & Jones, H. (2000). Multicultural issues related to families of children with disabilities. In M. J. Fine & R. L. Simpson (Eds.), *Collaboration with parents and families of children and youth with exceptionalities* (pp. 133-154). Austin, TX: Pro-Ed.

Cosden, M. A., & Haring, T. G. (1992). Cooperative learning in the classroom: Contingencies, group interactions, and students with special needs. *Journal of Behavioral Education, 2*, 53-71.

Council for Children with Behavioral Disorders (CCBD). (1987). Position paper on definition and identification of students with behavior disorders. *Behavioral Disorders, 13*, 9-19.

Council for Children with Behavioral Disorders (CCBD). (1990). Position paper on use of behavior reduction strategies with children with behavioral disorders. *Behavioral Disorders, 15*, 243-260.

Council for Exceptional Children (CEC). (2001, Spring). *Current practice alerts: A focus on high-stakes assessment.* Arlington, VA: Author.

Council for Exceptional Children (CEC). (2003). Data-based decision making: A core feature of implementing interventions. *Research Connections in Special Education, 13*, 2-5.

Coutinho, M. J., Oswald, D. P., & Best, A. M. (2002). The influence of sociodemographics and gender on the disproportionate identification of minority students as having learning disabilities. *Remedial and Special Education, 23*, 49-59.

Crain, W. (2005). *Theories of development: Concepts and applications* (5th ed.). Upper Saddle River, NJ: Prentice-Hall.

Csoti, M. (2001). *Social awareness skills for children.* London: Kingsley.

Culatta, R. A., Tompkins, J. R., & Werts, M. G. (2003). *Fundamentals of special education: What every teacher needs to know* (2nd ed). Upper Saddle

River, NJ: Merrill/Prentice Hall.

Czarnecki, E., Rosko, D., & Fine, E. (1998). How to CALL UP note taking skills. *TEACHING Exceptional Children, 30* (6), 14-19.

D'Alonzo, B. (1996). Identification and education of students with attention deficit and attention deficit hyperactivity disorders. *Preventing School Failure, 40* (2), 88-94.

Dabkowski, D. M. (2004). Encouraging active parent participation in IEP team meetings. *TEACHING Exceptional Children, 36* (3), 34-39.

Daily, D. K., Ardinger, H. H., & Holmes, G. E. (2000). Identification and evaluation of mental retardation. *American Family Physician, 61*, 1059-1067.

Dalton, B., Morocco, C. C., Tivnan, T., Mead, P. L. M. (1997). Supported inquiry science: Teaching for conceptual change in urban and suburban science classrooms. *Journal of Learning Disabilities, 30*, 670-684.

Danielson, C. (1999). Mentoring beginning teachers: The case for mentoring. *Teaching and Change, 6*, 251-257.

Darch, C., & Gersten, R. (1986). Direction-setting activities in reading comprehension: A comparison of two approaches. *Learning Disability Quarterly, 9*, 235-243.

Darling-Hammond, L. (2003). Keeping good teachers: Why is matters, what leaders can do. *Educational Leadership, 60* (8), 6-13.

Davern, L. (1996). Listening to parents of children with disabilities. *Educational Leadership, 53* (7), 61-63.

Davidson, N. (2002). Cooperative and collaborative learning: An integrative perspective. In J. S. Thousand, R. A. Villa, & A. I. Nevin (Eds.), *Creativity and collaborative learning: The practical guide to empowering students, teachers, and families* (2nd ed.) (pp. 181-195). Baltimore: Brookes.

Davies, a. (2000). Seeing the results for yourself: A portfolio primer. *Classroom Leadership, 3* (5), 4-5.

De La Paz, S., & Graham, S. (1997). Effects of dictation and advanced planning instruction on the composing of students with writing and learning problems. *Journal of Educational Psychology, 89*, 203-222.

De La Paz, S., & MacArthur, C. (2003). Knowing the how and why of history: Expectations for secondary students with and without learning disabilities. *Learning Disabilities Quarterly, 26,* 142-154.

deBettencourt, L. U. (2002). Understanding the differences between IDEA and Section 50. *TEACHING Exceptional Children, 34* (3), 16-23.

Delquadri, J., Greenwood, C. R., Whorton, D., Carta, J. J., & Hall, R. V. (1986). Classwide peer tutoring. *Exceptional Children, 52,* 535-542.

Dennis, R. W., & Giangreco, M. F. (1996). Creating conversation: Reflections on cultural sensitivity in family interviewing. *Exceptional Children, 63,* 103-116.

Deschenes, C., Ebeling, D. G., & Sprague, J. (1994). *Adapting curriculum and instruction in inclusive classrooms: A teacher's desk reference.* Bloomington, IN: Centre for School and Community Integration, Institution for the Study of Developmental Disabilities.

Deshler, D. D., Ellis, E., & Lenz, K. (1996). *Teaching adolescents with learning disabilities: Strategies and methods* (2nd ed.). Denver, CO: Love.

Detterman, D. K. (1999). The psychology of mental retardation. *International Review of Psychiatry, 11,* 26-32.

Dettmer, P., Thurston, L. P., & Dyck, N. J. (2005). Consultation, collaboration, and teamwork students with special needs (5th ed.). Boston: Allyn and Bacon.

Dieker, L. A. (2001). What are the characteristics of "effective" middle and high school co-taught teams for students with disabilities? *Preventing School Failure, 46,* 14-23.

DiGiulio, R. (1995). *Positive classroom management.* Thousand Oaks, CA: Corwin.

Dodge, K. A. (1986). A social information processing model of social competence in children. In M. Perlmutter (Ed.), *Minnesota symposium on child psychology* (Vol. 18, pp. 77-125). Hillsdale, NJ: Erlbaum.

Donahoe, K., & Zigmond, N. (1990). Academic grades of ninth-grade urban learning-disabled students and low-achieving peers. *Exceptionality, 1,* 17-27.

Donegan, M. M., Ostrosky, M. M., & Fowler, S. A. (2000). Peer coaching: Teachers supporting teachers. *Young Exceptional Children, 3* (3), 9-16.

Doyle, M. B., & Gurney, D. (2000). Guiding paraeducators. In M. S. E. Fishbaugh (Ed.), *The collaboration guide for early career educators* (pp. 57-78). Baltimore: Brookes.

Doyle, W. (1986). Classroom organization and management. In M. C. Wittrock (Ed.), *Handbook of research on teaching* (pp. 392-375). New York: Macmillan.

Drascow, E., Yell, M. L., & Robinson, T. R. (2001). Developing legally correct and educationally appropriate IEPs. *Remedial and Special Education, 22,* 359-373.

Drasgow, E. (1997). Positive approaches to reducing undesirable behavior: Is punishment effective? *Beyond Behavior, 8* (2), 10-13.

Driscoll, M. P. (2005). *Psychology of learning for instruction* (3rd ed.). Boston: Allyn and Bacon.

Duffelmeyer, F. A., & Baum, D. D. (1992). The extended anticipation guide revisited. *Journal of Reading, 35,* 654-656.

Dull, L. J., & Van Garderen. D. (2005). Bringing the story back into history: Teaching social studies to children with learning disabilities. *Preventing School Failure, 49* (3), 27-31.

Dunn, L. M. (1968). Special education for the mildly retarded. Is much of it justifiable? *Exceptional Children, 35,* 229-237.

DuPaul, G. J., Ervin, R. A., Hook, C. L., & McGoey, K. E. (1998). Peer tutoring for children with attention deficit hyperactivity disorder: Effects on classroom behavior and academic performance. *Journal of Applied Behavior Analysis, 31,* 579-592.

Dyck, N., & Pemberton, J. B. (2002). A model for making decisions about text adaptations. *Intervention in School and Clinic, 38,* 28-35.

Ediger, M. (1999). Reading and the structure of the English language. *Reading Improvement, 36* (3), 109-115.

Ediger, M. (2002). Improving spelling. *Reading Improvement, 39* (2), 69-70.

Edmunds, A. L. (1999). Cognitive credit cards: Acquiring learning strategies. *TEACHING Exceptional*

Children, 31 (4), 68-73.

Edyburn, D. L. (1998). A map of the technology integration process. *Closing the Gap, 16* (6), pp. 1, 6, 40.

Edyburn, D. L. (2000). Assistive technology and mild disabilities. *Focus on Exceptional Children, 32* (9), 1-24.

Edyburn, D. L. (2002). Assistive technology and the IEP. *Special Education Technology Practice, 4* (3), 15-21.

Edyburn, D. L. (2003a). Rethinking assistive technology. *Special Education Technology Practice, 5* (4), 16-22.

Edyburn, D. L. (2003b). Measuring assistive technology outcomes: Key concepts. *Journal of Special Education Technology, 18* (1), 53-55.

Ehri, L. (1989). The development of spelling knowledge and its role in reading acquisition and reading disability. *Journal of Learning Disabilities, 22,* 356-365.

Eisenman, L. T. (2000). Characteristics and effects of integrated academic and occupational curricula for students with disabilities: A literature review. *Career Development for Exceptional Individuals, 23,* 105-119.

Eisenman, L. T., & Wilson, D. (2000). Making the link: Implementing integrated curricula for all. *Journal for Vocational Special Needs Education, 22* (3), 38-48.

Elias, M. J., & Taylor, M. E. (1995). Building social and academic skills via problem-solving videos. *TEACHING Exceptional Children, 27* (3), 14-17.

Elliott, S. N., Busse, R. T., & Gresham, F. M. (1993). Behavior rating scales: Issues in the use and development. *School Psychology Review, 22,* 313-321.

Elliott, S. N., McKevitt, B. C., & Kettler, R. J. (2002). Testing accommodations research and decision making: The case of "good" scores being highly valued but difficult to achieve for all students. *Measurement and Evaluation in Counseling and Development, 35,* 153-166.

Englert, C. S., & Martiage, T. V. (1992). Shared understandings: Structuring the writing experience through dialogue. In D. Carnine & E. Kame'enui (Eds.), *Higher order thinking* (pp. 107-136). Austin, TX: Pro-Ed.

Englert, C. S., Raphael, T. E., Anderson, L. M., Anthony, H. M., & Stevens, D. D. (1991). Making writing strategies visible: Cognitive strategy instruction in regular and special education classrooms. *American Educational Research Journal, 28,* 337-372.

Englert, C. S., Tarrant, K. L., & Mariage, T. V. (1992). Defining and redefining instructional practice in special education. *Teacher Education and Special Education, 15,* 62-86.

Englert, C. S., Tarrant, K. L., Mariage, T. V., & Oxer, T. (1994). Lesson talk as the work of reading groups: The effectiveness of two interventions. *Journal of Learning Disabilities, 27,* 165-185.

Ensign, J. (2003). Including culturally relevant math in an urban school. *Educational Studies, 34,* 414-423.

ERIC (2002). Strengthening the third "R": Helping students with disabilities achieve in mathematics. *Research Connections in Special Education.* Retrieved June, 1, 2005, at www.ericec.org/osep/recon11/rc11cov.html.

ERIC/OSEP Special Project (2001, Fall). Family involvement in special education. *Research Connections in Special Education* (No. 9). Arlington, VA: ERIC Clearinghouse on Disabilities and Gifted Education.

ERIC/OSEP Special Project (2003, Spring). Paraeducators: providing support to students with disabilities and their teachers. *Research Connections in Special Education* (No. 12). Arlington, VA: ERIC Clearinghouse on Disabilities and Gifted Education.

ERIC/OSEP Special Project News Brief (2003). *Action needed to address current challenges facing transition.* Washington, DC: U.S. Office of Special Education Programs.

Espin, C. A., Busch, T. W., Shin, J., & Kruschwitz, R. (2001). Curriculum-based measures in the content areas: Validity of vocabulary-matching as an indicator of performance in a social studies classroom. *Learning Disabilities Research and Practice, 16,* 142-151.

Evans, R. (1967). A glove thrown down. *Elementary English, 44,* 524.

Ezell, D., & Klein, C. (2003). Impact of portfolio assessment on locus of control of students with and without disabilities. *Education and Training in Developmental Disabilities, 38*, 220-228.

Ezell, D., Klein, C. E., & Ezell-Powell, S. (1999). Empowering students with mental retardation through portfolio assessment: A tool for fostering self-determination skills. *Education and Training in Mental Retardation and Developmental Disabilities, 34*, 453-463.

Falk, K.B., & Wehby, J. H. (2001). The effects of peer-assisted learning strategies on the beginning reading skills of your children with emotional or behavioral disorders. *Behavioral Disorders, 26*, 344-359.

Farr, R., Kelleher, C., Lee, K., & Beverstock, C. (1989). *An analysis of the spelling patterns of children in grades two through eight*. Bloomington, IN: Centre for Reading and Language Studies, Indiana University. (ERIC Document Reproduction Service No. ED 321 274).

Feger, S., Woleck, K., & Hickman, P. (2004), How to develop a coaching eye. *Journal of Staff Development, 25* (2), 14-18.

Felber, S. A. (1997). Strategies for parent partnerships. *TEACHING Exceptional Children, 30* (1), 20-23.

Feldman, S. (2003). Are you using your time wisely? *Teaching K-8, 33*(8), 6.

Fennema-Jansen, S. (2001). Measuring effectiveness: Technology to support writing. *Special Education Technology Practice, 3* (1), 16-22.

Fennick, E. (2001). Coteaching: An inclusive curriculum for transition. *TEACHING Exceptional Children, 33* (6), 60-66.

Ferretti, R., MacArthur, C. D., & Okolo, C. M. (2001). Teaching for historical understanding in inclusive classrooms. *Learning Disability Quarterly, 24*, 59-71.

Fields, J. (2003). Children's living arrangements and characteristics: March 2002. *Current Population Reports*, P20-547. Washington, DC: U.S. Census Bureau.

Finnegan, R. (2002). *Communicating: The multiple modes of human interconnection*. London: Routledge.

Fisher, S. K., & Gardner, J. F. (1999). Introduction to technology in transition. *Career Development for Exceptional Individuals, 22*, 131-151.

Fletcher, J. M., Morris, R. D., & Lyon, G. R. (2003). Classification and definition of learning disabilities: An integrative perspective. In H. L. Swanson, K. R. Harris, & S. Granham (Eds.), *Handbook of learning disabilities* (pp. 30-56). New York: Guilford.

Foorman, B. R., & Torgesen, J. (2001). Critical elements of classroom and small-group instruction promote reading success in all children. *Learning Disabilities Research and Practice, 16*, 203-212.

Ford, L., Dineen, J., & Hall, J. (1984). Is there life after placement? *Education and Training of the Mentally Retarded, 19*, 291-296.

Forest, M., & Lusthaus, E. (1990). Everyone belongs with the MAPS action planning system. *TEACHING Exceptional Children, 22* (2), 32-35.

Forest, M., & Pearpoint, J. C. (1992). Putting all kids on the MAP. *Educational Leadership, 50* (2), 26-31.

Forgan, J. W., & Gonzalez-DeHass, A. (2004). How to infuse social skills training into literacy instruction. *TEACHING Exceptional Children, 36*, 24-30.

Forgan, J. W., & Jones, C. D. (2002). How experiential adventure activities can improve students' social skills. *TEACHING Exceptional Children, 34* (3), 52-58.

Forness, S. R., & Kavale, K. A. (2000). Emotional or behavioral disorders: Background and current status of the E/BD terminology and definition. *Behavioral Disorders, 25*, 264-269.

Forness, S. R., Kavale, K. A., Blum, I. M., & Lloyd, J. W. (1997). Mega-analysis of meta-analysis: What works in special education and related services. *TEACHING Exceptional Children, 29* (6), 4-10.

Forness, S. R., & Knitzer, J. (1992). A new proposed definition and terminology to replace 'serious emotional disturbance' in Individuals with Disabilities Education Act. *School Psychology Review, 21*, 12-20.

Foss, G., Cheney, D., & Bullis, M. (1986). *Test of Interpersonal Competence for Employment (TICE).*

Santa Barbara, CA: Stanfield.

Franklin, M. E. (1992). Culturally sensitive instructional practices for African-American learners with disabilities. *Exceptional Children, 59*, 115-122.

Freiberg, H. J. (2002). Essential skills for new teachers. *Educational Leadership, 59* (6), 56-60.

Friend, M., & Bursuck, W. D. (2002). *Including students with special needs: A practical guide for classroom teachers.* Boston: Allyn and Bacon.

Friend, M., & Cook, L. (2003). *Interactions: Collaboration skills for school professionals.* Boston: Allyn and Bacon.

Frith, U. (1981). Experimental approaches to developmental dyslexia: An introduction. *Psychological Research, 18*, 350-357.

Fuchs, D., Fuchs, L. S., & Kazdan, S. (1999). Effects of peer-assisted learning strategies on high school students with serious reading problems. *Remedial and Special Education, 20*, 309-318.

Fuchs, D., Fuchs, L. S., Mathes, P. G., & Martinez, E. A. (2002). Preliminary evidence on the social standing of students with learning disabilities in PALS and No-PALS classrooms. *Learning Disabilities Research, 17*, 205-215.

Fuchs, D., Fuchs, L. S., McMaster, K. N., & Otaiba, S. A. (2003). Identifying children at risk for reading failure: Curriculum-based measurement and the dual-discrepancy approach. In H. L. Swanson, K. R. Harris, & S. Graham (Eds.), *Handbook of Learning Disabilities* (pp. 431-449). New York: Guilford.

Fuchs, D., Fuchs, L. S., Otaiba, S. A., Thompson, A., Yen, L., & McMaster, K. N. (2001). K-PALS: Helping kindergarteners with reading readiness: Teachers and researchers in partnerships. *TEACHING Exceptional Children, 33* (4), 76-80.

Fuchs, D., Fuchs, L. S., Yen, L., McMaster, K., Swanson, E., & Yang, N. (2001). Developing fisrt-grade reading fluency through peer mediation. *TEACHING Exceptional Children, 34* (2), 90-93.

Fuchs, L. S., & Fuchs, D. (1992). Identifying a measure for monitoring student reading progress. *School Psychology Review, 21*, 45-48.

Fuchs, L. S., Fuchs, D., Hosp, M. K., & Hamlet, C. L.

(2003). The potential for diagnostic analysis within curriculum-based measurement. *Assessment for Effective Intervention, 28* (3&4), 13-22.

Fuchs, L. S., Fuchs, D., & Speece, D. L. (2002). Treatment validity as a unifying construct for identifying learning disabilities. *Learning Disability Quarterly, 25*, 33-45.

Fulk, B. M. (1994). Mnemonic keyword strategy training for students with learning disabilities. *Learning Disabilities Research and Practice, 9*, 179-185.

Falk, B., & Stormont-Spurgin, M. (1995). Fourteen spelling strategies for students with learning disabilities. *Intervention in school and clinic, 31,* 16-20.

Gable, R. A., Arllen, N. L., & Rutherford, R. B., Jr. (1994). A note on the use of overcorrection. *Beyond Behavior, 5* (3), 19-21.

Gajar, A., Goodman, L., & McAfee, J. (1993). *Secondary schools and beyond: Transition of individuals with mild disabilities.* New York: Macmillan.

Gajria, M., & Salend, S. J. (1995). Homework practices of students with and without learning disabilities: A comparison. *Journal of Learning Disabilities, 28*, 291-296.

Gajria, M., & Salva, J. (1992). The effects of summarization instruction on text comprehension of students with learning disabilities. *Exceptional Children, 58*, 508-516.

Gambrell, L. B., & Almasi, J. F. (1994). Fostering comprehension development through discussion. In L. M. Morrow, J. K. Smith, & L. C. Wilkinson (Eds.), *Integrated Language Arts: Controversy to Consensus* (pp. 71-90). Boston: Allyn and Bacon.

Garnett, K.D. (1998). Math learning disabilities. Retrieved September 16, 2004, from http://www.ldonline.org/ld_indepth/math_skills/garnett.html.

Gartin, B. C., & Murdick, N. L. (2005). IDEA 2004: The IEP. *Remedial and Special Education, 26*, 327-331.

Gartin, B. C., Murdick, N. L., Imbeau, M., & Perner, D. E. (2002). *How to use differentiated instruction with students with developmental disabilities in the general education classroom.* Arlington, VA: Developmental Disabilities Division, Council for Exceptional Children.

Gartin, B. C., Rumrill, P., & Serebreni, R. (1996). The higher education transition model: Guidelines for facilitating transition among college-bound students with disabilities. *TEACHING Exceptional Children, 29* (1), 30-33.

Gately, S. E., & Gately, F. J., Jr. (2001). Understanding coteaching components. *TEACHING Exceptional Children, 33* (4), 40-47.

Geary, D. C. (2004). Mathematics and learning disabilities. *Journal of Learning Disabilities, 37*, 4-15.

Geiger, B. (1996). *A time to learn, a time to play: Premack's principle applied in the classroom.* Pomona: Richard Stockton College of New Jersey. (ERIC Document Reproduction Service No. ED405373.)

Gerber, M., Jimenez, T., Leafstedt, J., Willaruz, J., Richards, C., & English, J. (2004). English reading effects of small-group intensive intervention in Spanish for K-1 English leaners. *Learning Disabilities Research and Practice, 19*, 239-251.

Gerber, P. J., & Popp, P. A. (1999). Consumer perspectives on the collaborative teaching model: Views of students with and without LD and their parents. *Remedial and Special Education, 20*, 288-296.

Gersten, R., & Baker, S. (2001). Teaching expressive writing to students with learning disabilities: A meta-analysis. *Elementary School Journal, 101*, 251-272.

Gersten, R., & Baker, S. (1998). Real world use of scientific concepts: Integrating situated cognition with explicit instruction. *Exceptional Children, 65*, 23-35.

Gersten, R., & Chard, D. (1999). Number sense: Rethinking arithmetic instruction for students with mathematical disabilities. *Journal of Special Education, 33*, 18-28.

Giangreco, M. F. (2003). Working with paraprofessionals. *Educational Leadership, 61* (2), 50-53.

Gibb, B. S., & Welch, M. (1998). The Utah Mentor Teacher Academy: Evaluation of a statewide mentor program. *Teacher Education and Special Education, 21*, 22-33.

Gibb, G. S., & Dyches, T. T. (2000). *Guide to writing quality Individualized Education Programs:* *What's best for students with disabilities?* Needham Heights, MA: Allyn and Bacon.

Gibbs, J. (2001). *Tribes: A new way of learning and being together.* Windsor, CA: CenterSource Systems.

Gindis, B. (1995). The social/cultural implication of disability: Vygotsky's paradigm for special education. *Educational Psychologist, 30*, 77-81.

Gleason, M. (1995). Using direct instruction to integrate reading and writing for students with learning disabilities. *Reading and Writing Quarterly: Overcoming Learning Difficulties, 11*, 91-108.

Godfrey, S. A., Grisham-Brown, J., Schuster, J. W., & Hemmeter, M. L. (2003). The effects of three techniques on student participation with preschool children with attending problems. *Education and Treatment of Children, 26*, 255-272.

Gold, Y. (1996). Beginning teacher support: Attrition, mentoring, and induction. In J. Sikula, T. Buttery, & E. Guyton (Eds.), *Handbook of research in teacher education* (pp. 548-594). New York: Macmillan.

Golden, D. (1998). *Assistive technology in special education: Policy and practice.* Reston, VA: CASE/TAM.

Golden, D. (1999). Assistive technology policy and practice: What is the right to do? What is the reasonable thing to do? What is required and must be done? *Special Education Technology Practice, 1* (1), 12-14.

Goldstein, A. P., & McGinnis, E. (1997). *Skillstreaming the adolescent: New strategies and perspectives for teaching prosocial skills.* Champaign, IL: Research Press.

Good, R. H., & Kaminski, R. A. (2002). Nonsense word fluency. In R. H. Good & R. A. Kaminski (Eds.), *Dynamic indicators of basic early literacy skills* (6th ed.). Eugene, OR: Institute for the Development of Educational Achievement. Retrieved October 4, 2004 from http://dibels.uoregon.edu/.

Good, R. H., & Kaminski, R. A., & Dill, S. (2002). DIBELS oral reading fluency. In R. H. Good & R. A. Kaminski (Eds.), *Dynamic indicators of basic early literacy skills* (6th ed.). Eugene, OR: Institute for the Development of Educational Achievement. Retrieved

October 4, 2004 from http://dibels.uoregon.edu/.

Good, T. (1983). Classroom research: A decade of progress. *Educational Psychologist, 18*, 127–144.

Goodwin, A. L., & King, S. H. (2002). *Culturally responsive parental involvement: Concrete understandings and basic strategies*. Washington, D.C.: American Association of College for Teacher Education.

Goor, M. D., & Schwenn, J. O. (1993). Accommodating diversity and disability with cooperative learning. *Intervention in School and Clinic, 29*, 6–16.

Goor, M. D., Schwenn, J. O., & Goor, E. (1997). *Create more time to teach*. Longmont, CO: SoprisWest.

Gordon, T. (2003). *Teacher effectiveness training*. Three Rivers, MI: Three Rivers Press.

Gough, P. B. (1996). How children learn to read and why they fail. *Annals of Dyslexia, 46*, 3–20.

Graber, J. A., Brooks-Gunn, J., & Petersen, A. C. (1996). *Transitions through adolescence: Interpersonal domains and context*. Mahwah, NJ: Erlbaum.

Graham, S. (1990). The role of production factors in learning disabled students' compositions. *Journal of Educational Psychology, 82*, 781–791.

Graham, S. (1999). Handwriting and spelling instruction for students with learning disabilities. *Learning Disabilities Quarterly, 22*, 78–98.

Graham, S., & Harris, K. R. (1997). It can be taught, but it does not develop naturally: Myths and realities in writing instruction. *School Psychology Review, 26*, 414–424.

Graham, S., Berninger, V., Abbott, R., Abbott, S., & Whitaker, G. (1997). Role of mechanics in composing of elementary school students: A new methodological approach. *Journal of Educational Psychology, 89*, 170–182.

Graham, S., Harris, K. R., & Fink, B. (2000). Is handwriting causally related to learning to write? Treatment of handwriting problems in beginning writers. *Journal of Educational Psychology, 92*, 620–33.

Graham, S., Harris, K. R., & Larsen, L. (2001). Prevention and intervention of writing difficulties for students with learning disabilities. *Learning Disabilities Research and Practice, 16*, 74–84.

Graham, S., Harris, K. R., & Loynachan, C. (1994). The Spelling for Writing list. *Journal of Learning Disabilities, 27*, 210–214.

Graham, S., & Weintraub, N. (1998). The relationship between handwriting style and speed and legibility. *Journal of Educational Research, 91*, 290–296.

Graves, A. W., Gersten, R., & Haager, D. (2004). Literacy instruction in multiple-language first-grade classrooms: Linking student outcomes to observed instructional practice. *Learning Disabilities Research and Practice, 19*, 262–272.

Gray, C. (1994). *Comic strip conversations*. Arlington, TX: Future Horizons.

Gray, C., & White, A. L. (2002). *My social stories book*. London: Kingsley.

Graziano, A. M. (2002). *Developmental disabilities: Introduction to a diverse field*. Needham Heights, MA: Allyn and Bacon.

Greene, G. (1996). Empowering culturally and linguistically diverse families in the transition planning process. *Journal for Vocational Special Needs Education, 19*(1), 26–30.

Greenspan, S. (1999). What is meant by mental retardation? *International Review of Psychiatry, 11*, 6–18.

Greenspan, S., & Love, P. F. (1997). Social intelligence and development disorder: Mental retardation, learning disabilities and autism. In W. MacLean (Ed.), *Handbook of mental deficiency, psychological theory and research* (Vol. 3, pp. 311–342). Hillsdale, NJ: Erlbaum.

Gregg, N., & Hafer, T. (2001). Disorders of written expression. In A. M. Bain, L. L. Bailet, & L. C. Moats (Eds.), *Written language disorders: Theory into practice* (2nd ed., pp. 103–136). Austin, TX: Pro-Ed.

Gregory, G. H., & Champman, C. (2002). *Differentiated instructional strategies: One size doesn't fit all*. Thousand Oaks, CA: Corwin.

Gresham, F. M., & Elliott, S. N. (1990). *Social skills rating system*. Circle Pines, MN: AGS Publishing.

Griffin, N. C., Wohlstetter, P., & Bharadwaja, L.C. (2001). Teacher coaching: A tool for retention. *School Administrator, 58*(1), 38–40.

Grossi, T. A., & Heward, H. L. (1998). Using self-evaluation to improve the work productivity of trainees in a community-based restaurant training program. *Education and Training in Mental Retardation and Developmental Disabilities, 33,* 248-263.

Grossman, H. (1995). *Educating Hispanic students: Implications for instruction, classroom management, counseling, and assessment* (2nd ed.). Springfield, IL: Thomas.

Gurganus, S., Janas, M., & Schmitt, L. (1995). Science instruction: What special education teachers need to know and what roles they need to play. *TEACHING Exceptional Children, 27* (4), 7-9.

Gut, D. M. (2002). We are social begins: Learning how to learn cooperatively. *TEACHING Exceptional Children, 32* (5), 46-53.

Hagiwara, T., & Myles, B. S. (1999). A multimedia social story intervention: Teaching skills to children with autism. *Focus on Autism and Other Developmental Disabilities, 14* (2), 82-95.

Hall, E. W., & Salmon, S. J. (2003). Chocolate chip cookies and rubrics: Helping students understand rubrics in inclusive settings. *TEACHING Exceptional Children, 35* (4), 8-11.

Hall, R. V., & Hall, M. L. (1998a). How to select reinforcers. In R. V. Hall & M. L. Hall (Eds.), *How to manage behavior series* (2nd ed.). Austin, TX: Pro-Ed.

Hall, R. V., & Hall, M. L. (1998b). How to use planned ignoring (extinction). In R. V. Hall & M. L. Hall (Eds.), *How to manage behavior series* (2nd ed.). Austin, TX: Pro-Ed.

Hall, R. V., & Hall, M. L. (1998c). How to use timeout. In R. V. Hall & M. L. Hall (Eds.), *How to manage behavior series* (2nd ed.). Austin, TX: Pro-Ed.

Hall, R. V., & Hall, M. L. (1999). How to negotiate a behavioral contract. In R. V. Hall & M. L. Hall (Eds.), *How to manage behavior series* (3rd ed.). Austin, TX: Pro-Ed.

Hallahan, D. P., Kauffman, J. M., & Lloyd, J. W. (1999). *Introduction to learning disabilities* (2nd ed.). Needham Heights, MA: Allyn and Bacon.

Hallahan, D. P., & Mercer, C. D. (2002). Learning disabilities: Historical perspective. In R. Bradley, L. Danielson, & D. P. Hallahan (Eds.), *Identification of learning disabilities: Research to practice* (pp. 1-67). Mahwah, NJ: Erlbaum.

Hallahan, D. P., & Mock, D. R. (2003). A brief history of the field of learning disabilities. In H. L. Swanson, K. R. Harris, & S. Graham (Eds.), *The handbook of learning disabilities* (pp. 16-29). New York: Guilford.

Hallahan, D. P., & Sapona, R. (1983). Self-monitoring of attention with learning disabled children: Past research and current issues. *Journal of Learning Disabilities, 16,* 616-620.

Halloran, W., & Henderson, D. R. (1990). Transition issues for the 1990s. *Institute on Community Integration Impact, 3,* 2-3.

Halpern, A. S. (1985). Transition: A look at the foundations. *Exceptional Children, 51,* 479-486.

Halpern, A. S. (1994). The transition of youth with disabilities to adult life: A position statement of the Division on Career Development and Transition, the Council for Exceptional Children. *Career Development for Exceptional Individuals, 17,* 115-124.

Hammer, M. R. (2004). Using the self-advocacy strategy to increase student participation in IEP conferences. *Intervention in School and Clinic, 39,* 295-300.

Hammill, D. D., & Larsen, S. C. (1996). *Test of written language-3.* Austin, TX: Pro-Ed.

Handen, B. L., Janosky, J., & McAuliffe, S. (1997). Long-term follow-up of children with mental retardation/borderline intellectual functioning and ADHD. *Journal of Abnormal Child Psychology, 23,* 287-295.

Haneda, M., & Wells, G. (2000). Writing in knowledge-building communities. *Research in the Teaching of English, 34,* 430-457.

Hannaford, A. E. (1993). Computers and exceptional individuals. In J. D. Lindsey (Ed.), *Computers and exceptional individuals* (2nd ed., pp. 3-26). Austin, TX: Pro-Ed.

Hardman, E. L., & Smith, S. W. (2003). Analysis of classroom discipline-related content in elementary education journals. *Behavioral Disorders, 28,* 173-186.

Hardman, M. L., Drew, C. J., & Egan, M. W. (2006). *Human exceptionality: School community, and family* (8th ed.). Needham Heights, MA: Allyn and Bacon.

Haring, T. G., & Breen, C. G. (1992). A peer-mediated social network intervention to enhance the social integration of persons with moderate to severe disabilities. *Journal of Applied Behavior Analysis, 25*, 319-333.

Harper, G. F., Maheady, L., & Mallette, B. (1994). The power of peer-mediated instruction: How and why it promoted academic success for all students. In J. S. Thousand, R. A. Villa, & A. I. Nevin (Eds.), *Creativity and collaborative learning: A practical guide to empowering students and teachers* (pp. 222-241). Baltimore: Brookes.

Harper, G. F., Maheady, L., Mallette, B., & Karnes, M. (1999). Peer tutoring and the minority child with disabilities. *Preventing School Failure, 43* (2), 45-51.

Harper, G. F., Mallette, B., Maheady, L., & Brennan, G. (1993). Classwide student tutoring teams and direct instruction as a combined instructional program to teach generalizable strategies for mathematics word problems. *Education and Treatment in Children, 16*, 115-134.

Harris, K. C. (1996). Collaboration within a multicultural society: Issues for consideration. *Remedial and Special Education, 17*, 355-362.

Harris, K. C., & Graham, S. (1996). *Making the writing process work: Strategies for composition and self-regulation.* Cambridge, MA: Brookline.

Harris, M. B., & Curran, C. M. (1998). Knowledge, attitudes, and concerns about portfolio assessment: An exploratory study. *Teacher Education and Special Education, 21*, 83-94.

Harry, B. (1992a). *Cultural diversity, families, and the special education system: Communication and empowerment.* New York: Columbia University.

Harry, B. (1992b). *Cultural diversity, families, and the special education system: Communication and empowerment.* New York: Teachers College Press.

Harvey, M. W. (2002). Comparison of postsecondary transitional outcomes between students with and without disabilities by secondary vocational education participation: Findings from the National Education Longitudinal Study. *Career Development for Exceptional Individuals, 25*, 99-122.

Haselden, P. (2003). Use of affinity diagrams as instructional tools in inclusive classrooms. *Preventing School Failure, 47* (4), 187-189.

Heaton, S., & O'Shea, D. J. (1995). Using mnemonics to make mnemonics. *TEACHING Exceptional Children, 28* (1), 34-36.

Herll, S., & O'Drobinak, B. (2004). Dream keeper, supporter, friend. *Journal of Staff Development, 25* (2), 42-45.

Heward, W. L. (2000, January). A dozen common teaching mistakes and what to do instead. Paper presented at the meeting of the Utah Mentor Teacher Academy, Provo, UT.

Heward, W. L. (2006). *Exceptional children: An introduction to special education* (8th ed.). Upper Saddle River, NJ: Merrill.

Higgins, K., Boone, R., & Lovitt, T. C. (1996). Hypertext support for remedial students and students with learning disabilities. *Journal of Learning Disabilities, 29*, 402-412.

Hillocks, G. (1984). What works in teaching composition: A meta-analysis of experimental treatment studies. *American Journal of Education, 93*, 133-170.

Hines, P. M., & Boyd-Franklin, N. (1996). African American families. In M. McGoldrick, J. Giordano, & J. K. Pearce (Eds.), *Ethnicity and family therapy* (2nd ed., pp. 66-84). New York: Guilford.

Hitchcock, C., Meyer, A., Rose, D., & Jackson, R. (2002). Providing new access to the general curriculum: University design for learning. *TEACHING Exceptional Children, 35* (2), 8-17.

Hofmeister, A. M., & Lubke, M. (1990). *Research into practice: Implementing effective teaching research.* Needham Heights, MA: Allyn and Bacon.

Hogan, S., & Prater, M. A. (1993). The effects of peer tutoring and self-management training on on-task, academic, and distruptive behaviors. *Behavioral Disorders, 18*, 118-128.

Hoover, H. D., Hieronymus, A. N., Frisbie, D. A., & Dunbar, S. B. (1996). *Iowa Test of Basic Skills.*

Itasca, IL: Riverside.

Hoover, J. J., & Patton, J. R. (2004). Differentiating standards-based education for students with diverse needs. *Remedial and Special Education, 25*, 74-78.

Hoover, M. R., & Fabian, E. M. (2000). Problem solving-struggling readers: A successful program for struggling readers. *Reading Teacher, 53*, 474-476.

Horton, S. V., & Lovitt, T. C. (1989). Construction and implementation of graphic organizers for academically handicapped and regular secondary students. *Academic Therapy, 24*, 625-640.

Horton, S. V., Lovitt, T. C., Givens, A., & Nelson, R. (1989). Teaching social studies to high school students with academic handicaps in a mainstream setting: Effects of a computerized study guide. *Journal of Learning Disabilities, 22*, 102-107.

Hourcade, J. J., Parette, H. P., & Huer, M. B. (1997). Family and cultural alert: Considerations in assistive technology assessment. *TEACHING Exceptional Children, 30* (1), 40-44.

Howell, K. W., Evans, D., & Gardiner, J. (1997). Medications in the classroom: A hard pill to swallow? *TEACHING Exceptional Children, 29* (6), 58-61.

Hudson, F., Ormsbee, C. K., & Myles, B. S. (1994). Study guides: An instructional tool for equalizing student achievement. *Intervention in School and Clinic, 30*, 99-102.

Hudson, P. (1997). Using teacher-guided practice to help students with learning disabilities acquire and retain social studies content. *Learning Disability Quarterly, 20*, 23-32.

Hudson, P., Lignugaris-Kraft, B., & Miller, T. (1993). Using content enhancements to improve the performance of adolescents with learning disabilities in content classes. *Learning Disabilities Research and Practice, 8*, 106-126.

Hudson, R. F., & Smith, S. W. (2001). Effective reading instruction for struggling Spanish-speaking readers: A combination of two literatures. *Intervention in School and Clinic, 37*, 36-39.

Hughes, C. A., & Hendrickson, J. M. (1987). Self-monitoring with at-risk students in the regular class setting. *Education and Treatment of Children, 10*, 225-236.

Hughes, C. A., & Schumaker, J. B. (1991). Test-taking strategy instruction for adolescents with learning disabilities. *Exceptionality, 2*, 205-221.

Hughes, M., & Searle, D. (1997). A longitudinal study of the growth of spelling abilities within the context of the development of literacy. *National Reading Conference Yearbook, 40*, 159-168.

Hunter, M. (2004). *Mastery teaching.* Thousand Oaks, CA: Corwin.

Hurford, D. P., Darrow, L. J., Edwards, T. L., Howerton, C. J., Mote, C. R., Shauf, J. D., & Coffey, P. (1993). An examination of phonemic processing abilities in children during their first-grade year. *Journal of Learning Disabilities, 26* (3), 167-177.

IDEA Local Implementation by Local Administrators (ILIAD) Partnership/Technology and Media (TAM) Division of the Council for Exceptional Children (CEC)/Wisconsin Assistive Technology Initiative (2002). *Assistive technology consideration Quick Wheel.* Arlington, VA: Council for Exceptional Children.

IDEA Partnerships (2001, December). *Paraprofessional initiative: Report to the U.S. Department of Education, Office of Special Education Programs.* Arlington, VA: Council for Exceptional Children. Retrieved February 3, 2004, at www.ideapractices.org.

Illinois State Board of Education. Retrieved from website at http://www.isbe.net/assessment/math.htm.

Individual with Disabilities Education Improvement Act of 2004, P. L. 108-446 § 2, 118 Stat. 2647 (2004).

Intellitools (2005). Intellikeys. Retrieved August 16, 2005, from http://www.intellitools.com/index.htm.

Intrator, S. M. (2004). The engaged classroom. *Educational Leadership, 62* (1), 20-24.

Irish, C. (2002). Using peg- and keyword mnemonics and computer-assisted instruction to enhance basic multiplication performance in elementary students with learning and cognitive disabilities. *Journal of Special Education Technology, 17* (4), 29-40.

Isaacson, S. (1995, February). A comparison of alternative

procedures for evaluating written expression. Paper presented at the annual Pacific Coast Research Conference, Laguna Beach, CA.

Ittenbach, R. F., Larson, S. A., Spiegel, A. N., Abery, B. H., & Prouty, R. W. (1993). Community adjustment of young adults with mental retardation: A developmental perspective. *Palaestra, 9* (3), 19-24.

Jalali, B. (1996). Iranian families. In M. M. McGoldrick, J. Giordano, & J. K. Pearce (Eds.), *Ethnicity and family therapy* (2nd ed., pp. 347-363). New York: Guilford.

James, L. A., Abbott, M., & Greenwood, C. R. (2001). How Adam became a writer: Winning writing strategies for low-achieving students. *TEACHING Exceptional Children, 33* (3), 30-37.

Janiga, S. J., & Costenbader, V. (2002). The transition from high school to postsecondary education for students with learning disabilities: A survey of college service coordinators. *Journal of Learning Disabilities, 35,* 462-486.

Jayanthi, M., Bursuck, W., Epstein, M. H., & Polloway, E. A. (1997). Strategies for successful homework. *TEACHING Exceptional Children, 30* (1), 4-7.

Jenkins, J. R., & O' Connor, R. E. (2003). Cooperative learning for students with learning disabilities: Evidence from experiments, observations, and interviews. In H. L. Swanson, K. R. Harris, & S. Graham (Eds.), *Handbook of learning disabilities* (pp. 417-430). New York: Guilford.

Jenkins, J. R., Antil, L. R., Wayne, S. K., & Vadasy, P. F. (2003). How cooperative learning works for special education and remedial students. *Exceptional Children, 69,* 279-292.

Jenkins, J., & O' Connor, R. (2001). Early identification and intervention for young children with reading/learning disabilities. Washington DC: Office of Special Education Programs. Retrieved June 24, 2004, from http://www.air.org/ldsummit/paper.htm.

Jitendra, A. (2002). Teaching students math problem-solving through graphic representations. *TEACHING Exceptional Children, 34* (4), 34-38.

Jitendra, A., & Hoff, K. (1996). The effect of schema-based instruction on mathematical word problem solving performance of students with learning disabilities. *Journal of Learning Disabilities, 29,* 422-431.

Jitendra, A., Hoppes, M. K., & Xin, Y. P. (2000). Enhancing main idea comprehension for students with learning problems: The role of a summarization strategy and self-monitoring instruction. *Journal of Special Education, 34,* 127-139.

Johnson, C. J., Beitchman, J. H., Young, A., Escobar, M., Atkinson, L., & Wilson, B. (1999). Fourteen-year follow-up of children with and without speech/language impairments: Speech stability and outcomes. *Journal of Speech, Language, and Hearing Research, 42,* 744-760.

Johson, D. R. (2000, December). *Current challenges facing the future of secondary education and transition services for youth with disabilities in the United States.* Minneapolis, MN: National Center on Secondary Education and Transition.

Johnson, D. W., & Johnson, R. T. (1994). *Learning together and alone: Cooperative, competitive, and individualistic learning* (4th ed.). Needham Heights, MA: Allyn and Bacon.

Johnson, D. W., Johnson, R. T., & Holubec, E. J. (1998). *Cooperation in the classroom* (7th ed.). Edina, MN: Interaction.

Johnson, E. S. (2000). The effects of accommodations on performance assessments. *Remedial and Special Education, 21,* 261-267.

Jones, D., & Christensen, C. (1999). The relationship between automaticity in handwriting and students' ability to generate written text. *Journal of Educational Psychology, 91,* 44-49.

Jones, E. D., Wilson, R., & Bhojwani, S. (1997). Mathematics instruction for secondary students with learning disabilities. *Journal of Learning Disabilities, 30,* 151-163.

Jones, H. (2004). A research-based approach on teaching to diversity. *Journal of Instructional Psychology, 31*(1), 12-19.

Joshi, R. M. (2003). Misconceptions about the assessment and diagnosis of reading disability. *Reading Psychology, 24,* 247-266.

Justen, J. F., & Howerton, D. L. (1993). Clarifying behavior management terminology. *Intervention in School and Clinic, 29*, 36-40.

Kagan, S. (1994). *Cooperative learning.* San Juan Capistrano, CA: Resources for Teachers.

Kalyanpur, M. (1998). The challenge of cultural blindness: Implications for family-focused service delivery. *Journal of Child and Family Studies, 7*, 317-332.

Kalyanpur, M., & Harry, B. (1999). *Culture in special education: Building reciprocal family-professional relationships.* Baltimore: Brooks.

Kalyanpur, M., Harry, B., & Skrtic, T. (2000). Equity and advocacy expectations of culturally diverse families' participation in special education. *International Journal of Disability, Development and Education, 47*, 119-136.

Kame'eniu, E. J., & Darch, C. B. (1995). *Instructional classroom management.* White Plains, NY: Longman.

Kame'eniu, E. J., & Simmons, D. C. (1999). *Toward successful inclusion of students with disabilities: The architecture of instruction.* Arlington, VA: Council for Exceptional Children.

Kaminski, R. A., & Good, R. H. (1996). Toward a technology for assessing basic early literacy skills. *School Psychology Review, 25*, 215-227.

Kaminski, R. A., & Good, R. H. (1998). Assessing early literacy skills in a problem solving model: Dynamic indicators of basic early literacy skills. In M. R. Shinn (Ed.), *Advanced applications of curriculum-based measurement* (pp. 113-142). New York: Guilford.

Katsiyannis, A., Yell, M. L., & Bradley, R. (2001). Reflections on the 25th anniversary of the Individuals with Disabilities Education Act. *Remedial and Special Education, 22*, 324-334.

Kuafman, A. S., & Kaufman, N. L. (1998). *Kaufman Test of Educational Achievement/Normative Update.* Circle Pines, MN: American Guidance Service.

Kavale, K. A., & Forness, S. R. (2000). What definitions of learning disability say and don't say: A critical analysis. *Journal of Learning Disabilities, 33*, 239-156.

Kays, J., & Duke, N. (1998). Getting students into informational books. *Teaching PreK-8, 29* (2), 52-55.

Kazdin, A. E. (1982). *Single-case research designs: Methods for clinical and applied settings.* New York: Oxford.

Keel, M. C., Dangel, H. L., & Owens, S. H. (1999). Selecting instructional interventions for students with mild disabilities in inclusive classrooms. *Focus on Exceptional Children, 31* (8), 1-16.

Kehret, P. K. (2001). Encouraging empathy. *School Library Journal, 47* (8), 44-45.

Keller, C. L. (2002). A new twist on spelling instruction for elementary school teachers. *Intervention in School and Clinic, 38*, 3-7.

Kelly, B. (2002). Student disruptions in the cooperative classroom. In J. S. Thousand, R. A. Villa, & A. I. Nevin (Eds.), *Creativity and collaborative learning: The practical guide to empowering students, teachers, and families* (2nd ed., pp. 223-233). Baltimore: Brookes.

Kemp, C. E., & Parette, H. P. (2000). Barriers to minority family involvement in assistive technology decision-making processes. *Education and Training in Mental Retardation and Developmental Disabilities, 35*, 384-392.

Kerr, M. M., & Nelson, C. M. (2002). *Strategies for addressing behavior problems in the classroom* (4th ed.). Upper Saddle River, NJ: Prentice Hall.

Kidder-Ashley, P., Deni, J. R., Azar, K. R., & Anderton, J. B. (1999). How 41 education agencies identify students with emotional problems. *Education, 119*, 598-609.

Kidder-Ashley, P., Deni, J. R., Azar, K. R., & Anderton, J. B. (2000). Comparison of 40 states' procedures for identifying students with serious educational problems. *Education, 120*, 558-568.

Kiewra, K. A., DuBois, N. F., Christian, D., McShane, A., Meyerhoffer, M., & Roskelley, D. (1991). Note-taking functions and techniques. *Journal of Educational Psychology, 83*, 240-245.

Kinder, D., & Bursuck, W. (1993). History strategy instruction: Problem-solution-effect analysis, timelines and vocabulary instruction. *Exceptional Children, 59*, 24-35.

King-Sears, M. E. (1994). *Curriculum-based assessment in special education*. San Diego, CA: Singular.

King-Sears, M. E. (2001). The three steps for gaining access to the general education curriculum for learners with disabilities. *Intervention in School and Clinic, 37*, 67-76.

Kirk, S. A., Gallagher, J. J., & Anastasiow, N. J. (2006). *Educating exceptional children* (11th ed.). Boston: Houghton Mifflin.

Kluth, P., & Straut, D. (2001). Standards for diverse learners. *Educational Leadership, 59* (1), 43-46.

Knapczyk, D. R., & Rodes, P. G. (1996). *Teaching social competence: A practical approach for improving social skills in students at-risk*. Pacific Grove, CA: Brooks/Cole.

Knoll, J. A., & Wheeler, C. B. (2001). My home: Developing skills and supports for adult living. In. R. W. Flexer, T. J. Simmons, P. Luft, & R. M. Baer (Eds.), *Transition planning for secondary students with disabilities* (pp. 499-539). Upper Saddle River, NJ: Merrill/Prentice Hall.

Kochhar-Bryant, C., & Bassett, D. (2002). *Aligning transition and standards-based education: Issues and strategies*. Arlington, VA: Council for Exceptional Children.

Kohler, F. W., Crilley, K. M., Shearer, D. D., & Good, G. (2001). Effects of peer coaching on teacher and student outcomes. *Journal of Educational Research, 90*, 240-250.

Kohler, F. W., Ezell, H. K., & Paluselli, M. (1999). Promoting changes in teachers' conduct of student pair activities: An examination of reciprocal peer coaching. *Journal of Special Education, 33*, 154-165.

Kohn, A. (1999). *Punished by rewards: The trouble with gold stars, incentive plans, A's, praise, and other bribes*. Boston: Houghton Mifflin.

Kolb, S. M., & Hanley-Maxwell, C. (2003). Critical social skills for adolescents with high incidence disabilities: Parental perspectives. *Exceptional Children, 69*, 163-179.

Kooy, T., Skok, R. L., & McLaughlin, T. F. (1992). The effect of graphic advance organizers on the math and science comprehension of high school special education students. *B.C. Journal of Special Education, 16*, 101-111.

Korinek, L., & Popp, P. A. (1997). Collaborative mainstream integration of social skills with academic instruction. *Preventing School Failure, 41*, 148-152.

Koury, M., & Browder, D. M. (1986). The use of delay to teach sight words by peer tutors classified as moderately mentally retarded. *Education and Training of the Mentally Retarded, 21*, 252-258.

Kozioff, M. A., LaNunziata, L., & Cowardin, J. (2000). Direct instruction: Its contribution to high school achievement. *High School Journal, 84*, 54-71.

Kozminsky, E., & Kozminsky, L. (2002). The dialogue page: Teacher and student dialogues to improve learning motivation. *Intervention in School and Clinic, 38*, 88-95.

Kranzler, J. H., Brownell, M. T., & Miller, M. D. (1998). The construct validity of curriculum-based measurement of reading: An empirical test of a plausible rival hypothesis. *Journal of School Psychology, 36*, 399-415.

Kratochwill, T. R., & Pittman, P. H. (2002). Expanding problem-solving consultation training: Prospects and frameworks. *Journal of Educational and Psychological Consultation, 13*, 69-95.

Kroesbergen, E. H., & Van Luit, J. E. (2003). Mathematics interventions for children with special educational needs: A meta-analysis. *Remedial and Special Education, 24*, 97-114.

Krom, D. M., & Prater, M. A. (1993). IEP goals for intermediate-aged students with mild mental retardation. *Career Development of Exceptional Individuals, 16*, 87-95.

Kuttler, S., Myles, B. S., & Carlson, J. K. (1998). The use of social stories to reduce precursors to tantrum behavior in a student with autism. *Focus on Autism and Other Developmental Disabilities, 13* (3), 176-182.

Ladd, G. W., & Mize, J. (1983). A cognitive-social learning model of social-skill training. *Psychological Review, 90*, 127-157.

Lagomarcino, T. R., Hughes, C., & Rusch, F. R. (1989). Utilizing self-management to teach independence on the job. *Education and Training of the Mentally*

Retarded, 24, 139–148.

Lahm, E. A. (2000). Special education technology: Defining the specialist. *Special Education Technology Practice, 2* (3), 22–27.

Lahm, E. A., & Nickels, B. L. (1999). What do you know? Assistive technology competencies for special educators. *TEACHING Exceptional Children, 32*(1), 56–63.

Lancaster, P. E., Schumaker, J. B., & Deshler, D. D. (2002). The development and validation of an interactive hypermedia program for teaching a self-advocacy strategy to students with disabilities. *Learning Disability Quarterly, 25,* 277–302.

Lane, K. L., Pierso, M. R., & Givner, C. C. (2003). Teacher expectations of student behavior: Which skills do elementary and secondary teachers deem necessary for success in the classroom? *Education and Treatment of Children, 36,* 413–430.

LaPlant, L., & Zane, N. (2002). Partner learning systems. In J. S. Thousand, R. A. Villa, & A. I. Nevin (Eds.), *Creativity and collaborative learning: The practical guide to empowering student, teachers and families* (2nd ed., pp. 271–282). Baltimore: Brookes.

Lazarus, B. D. (1996). Flexible skeletons: Guided notes for adolescents with mild disabilities. *TEACHING Exceptional Children, 28* (3), 36–40.

Leafstedt, J. M., Richards, C. R., & Gerber, M. M. (2004). Effectiveness of explicit phonological-awareness instruction for at-risk English learners. *Learning Disabilities Research and Practice, 19,* 252–261.

Lee, H., & Donahue, T. (n.d.). Integrating Title IV and Title VII: Using TRIBES to teach English as a second language (ESL). Retrieved December 12, 2005, from http://www.prel.org/products/Products/integrating-titleIV.htm.

Lehmann, J. P., Davies, T. G., & Laurin, K. M. (2000). Listening to student voices about postsecondary education. *TEACHING Exceptional Children, 32* (5), 60–65.

Lembke, E., Deno, S. L., & Hall, K. (2003). Identifying an indicator of growth in early writing proficiency for elementary school students. *Assessment for Effective Intervention, 28* (3&4), 23–25.

Lenz, B. K., & Deshler, D. D. (2004). *Teaching content to all: Evidence-based inclusive practices in middle and secondary schools.* Needham Heights, MA: Allyn and Bacon.

Lenz, B. K., Ellis, E. S., & Scanlon, D. (1996). *Teaching learning strategies to adolescents and adults with learning disabilities.* Austin, TX: Pro-Ed.

Lenz, B. K., Schumaker, J. B., Deshler, D. D., Boudah, D. J., Vance, M., Kissan, B., Bulgren, J. A., & Roth, J. (1993). *The unit planning routine: A guide for inclusive planning* (research report). Lawrence: Center for Research on Learning, University of Kansas.

Lignuagaris/Kraft, B., Marchand-Martella, N., & Martella, R. C. (2001). Strategies fir writing better goals and short-term objectives or benchmarks. *TEACHING Exceptional Children, 34* (1), 52–58.

Lindsey, P. (1996). The right to choose: Informed consent in the lives of adults with mental retardation and developmental disabilities. *Education and Training in Mental Retardation and Developmental Disabilities, 31,* 171–177.

Lindsley, O. R. (1992). Precision teaching: Discoveries and effects. *Journal of Applied Behavior Analysis, 25,* 51–57.

Lipka, J., Shockey, T., & Adams, B. (2003). Bridging Yup'ik ways of measuring to Western mathematics. *Yearbook (National Council of Teachers of Mathematics), 64,* 180–192.

Lloyd, J. W., Forness, S. R., & Kavale, K. A. (1998). Some methods are more effective than others. *Intervention in School and Clinic, 33,* 195–200.

Lloyd, S. R., Wood, T. A., & Moreno, G. (2000). What's a mentor to do? *TEACHING Exceptional Children, 33* (6), 4–13.

Lombardino, L. J., Beford, T., Fortier, C., Carter, J., & Brandi, J. (1997). Invented spelling: Developmental patterns in kindergarten children and guidelines for early literacy intervention. *Language, Speech, and Hearing Services in Schools, 28,* 333–343.

Louis Harris and Associates. (2000). *The N. O. D./Harris survey program on participation and attitudes: Survey of Americans with disabilities.* New York: Author.

Lovett, M. W., & Steinbach, K. A. (1997). The effectiveness of remedial programs for reading disabled children of different ages: Does the benefit decrease for older children? *Learning Disability Quarterly, 20*, 189–210.

Lynch, E. W., & Hanson, M. J. (1998). Steps in the right direction: Implications for interventionists. In E. W. Lynch & M. J. Hanson (Eds.), *Developing cross-cultural competence: A guide for working with young children and their families* (pp. 491–512). Baltimore: Brookes.

Lytle, R. K., & Bordin, J. (2001). Enhancing the IEP team: Strategies for parents and professionals. *TEACHING Exceptional Children, 33* (5), 40–44.

Maag, J. W. (2004). *Behavior management: From theoretical implications to practical applications* (2nd ed.). Stamford, CT: Wadsworth.

Maccini, P., & Gagnon, J. C. (2002). Perceptions and application of NCTM standards by special and general education teachers. *Exceptional Children, 68*, 325–344.

Maccini, P., & Hughes, C. A. (1997). Mathematics interventions for adolescents with learning disabilities. *Learning Disabilities Research and Practice, 12*, 168–176.

Maheady, L. (1998). Advantages and disadvantages of peer-assisted learning strategies. In K. Topping & S. Ehly (Eds.), *Peer-assisted learning* (pp. 45–65). Mahwah, NJ: Erlbaum.

Maheady, L., Mallette, B., Harper, G. F., & Sacca, K. (1991). Heads together: A peer-mediate option for improving the academic achievement of heterogeneous learning groups. *Remedial and Special Education, 12* (2), 25–33.

Maheady, L., Michielli-Pendl, J., Mallette, B., & Harper, G. F. (2002). A collaborative research project to improve the academic performance of a diverse sixth grade science class. *Teacher Education and Special Education, 25*, 55–70.

Maki, H. S., Vauras, M. M. S., & Vainio, S. (2002). Reflective spelling strategies for elementary school students with severe writing difficulties: A case study. *Learning Disability Quarterly, 25*, 189–207.

Male, M. (2003). *Technology for inclusion: Meeting the special needs of all students* (4th ed.). Needham Heights, MA: Allyn and Bacon.

Mallette, B., Harper, G. F., Maheady, L., & Dempsey, M. (1991). Retention of spelling words acquired using a peer-mediated instructional procedure. *Education and Training in Mental Retardation, 26*, 156–164.

Malone, L. D., & Mastropieri, M. A. (1992). Reading comprehension instruction: Summarization and self-monitoring training for students with learning disabilities. *Exceptional Children, 58*, 270–279.

Manchester, W. R. (1983). *The last lion. Winston Spencer Churchill. Visions of glory 1874–1932.* Boston: Little Brown.

Manz, S. L. (2002). A strategy for previewing textbooks: Teaching readers to become THIEVES. *Reading Teacher, 55*, 434–435.

Maqsud, M. (1998). Effects of metacognitive instruction on mathematics achievement and attitude towards mathematics of low mathematics achievers. *Educational Research, 40*, 237–243.

Markwardt, F. C. (1998). *Peabody Individual Achievement Test, Revised/Normative Update.* Circle Pines, MN: American Guidance Service.

Martin, E. J., & Hagan-Burke, S. (2002). Establishing a home-school connection: Strengthening the partnership between families and schools. *Preventing School Failure, 46* (2), 62–65.

Martin, J. E., Marshall, L. H., & Sale, P. (2004). A 3-year study of middle, junior high, and high school IEP meetings. *Exceptional Children, 70*, 285–297.

Martin, R. (2002). Transition services. *Special Education Law & Advocacy Strategies.* Retrieved March 9, 2003, from http://www.reedmartin.com/transition.htm.

Marzano, R. J., Pickering, D. J., & Pollock, J. E. (2001). *Classroom instruction that works: Research-based strategies for increasing student achievement.* Alexandria, VA: Association for Supervision and Curriculum Development.

Mastropieri, M. A., & Scruggs, T. E. (1991). *Teaching students ways to remember: Strategies for learning mnemonically.* Cambridge, MA: Brookline.

Mastropieri, M. A., & Scruggs, T. E. (1993). *A practical guide for teaching science to students with special needs in inclusive settings*. Austin, TX: Pro-Ed.

Mastropieri, M. A., & Scruggs, T. E. (1994). Applications of mnemonic strategies with students with mild mental disabilities. *Remedial and Special Education, 15*, 34-43.

Mastropieri, M. A., & Scruggs, T. E. (1995). Teaching science to students with disabilities in general education settings: Practical and prove strategies. *TEACHING Exceptional Children, 24* (7), 10-13.

Mastropieri, M. A., & Scruggs, T. E. (1997). Best practices in promoting reading comprehension in students with learning disabilities 1976-1996. *Remedial and Special Education, 18*, 197-213.

Mastropieri, M. A., & Scruggs, T. E. (1998). Constructing more meaningful relationships in the classroom: Mnemonic research into practice. *Learning Disabilities: Research and Practice, 13*, 138-145.

Mastropieri, M. A., & Scruggs, T. E. (2000). *The inclusive classroom: Strategies for effective instruction*. Upper Saddle River, NJ: Merrill/Prentice Hall.

Mastropieri, M. A., & Scruggs, T. E. (2002). *Effective instruction for special education* (3rd ed.). Needham Heights, MA: Allyn and Bacon.

Mastropieri, M. A., & Scruggs, T. E. (2004). *The inclusive classroom: Strategies for effective instruction* (2nd ed.). Upper Saddle River, NJ: Pearson.

Mastropieri, M. A., Emerick, K., & Scruggs, T. E. (1998). Mnemonic instruction of science concepts. *Behavioral Disorders, 14*, 48-56.

Mastropieri, M. A., Scruggs, T. E., Boon, R., & Carter, K. B. (2001). Correlates of inquiry learning in science: Constructing concepts of density and buoyancy. *Remedial and Special Education, 22*, 130-137.

Mastropieri, M. A., Scruggs, T. E., & Graetz, J. E. (2003). Reading comprehension instruction for secondary students: Challenges for struggling students and teachers. *Learning Disability Quarterly, 26*, 103-116.

Mastropieri, M. A., Scruggs, T. E., & Magnusen, M. (1999). Activities-oriented science instruction for students with disabilities. *Learning Disability Quarterly, 22*, 240-249.

Mastropieri, M. A., Scruggs, T. E., Mantzicopoulos, P., Sturgeon, A., Goodwin, L., & Chung, S. (1998). "A place where living thins affect and depend on each other" : Qualitative and quantitative outcomes associated with inclusive science teaching. *Science Education, 82*, 163-179.

Mastropieri, M. A., Scruggs, T. E., & Shiah, S. (1991). Mathematics instruction for learning disabled students: A review of research. *Learning Disabilities Research and Practice, 6*, 89-98.

Mastropieri, M. A., Scruggs, T. E., Spencer, V., & Fontana, J. (2003). Promoting success in high school world history: Peer tutoring versus guided notes. *Learning Disabilities Research and Practice, 18*, 52-56.

Mastropieri, M. A., Scruggs, T. E., Whittaker, M. E. S., & Bakken, J. P. (1994). Applications of mnemonic strategies with students with mild mental disabilities. *Remedial and Special Education, 15*, 34-43.

Mastropieri, M. A., Sweda, J., & Scruggs, T. E. (2000). Teacher use of mnemonic strategy instruction. *Learning Disabilities Research and Practice, 15*, 69-74.

Mathes, P. G., Fuchs, D., Fuchs, L. S., Henley, A. M., & Sanders, A. (1994). Increasing strategic reading practice with Peabody classwide peer tutoring. *Learning Disabilities Research and Practice, 9*, 44-48.

Matson, J. L., & Hammer, D. (1996). Assessment of social functioning. In J. W. Jacobson & J. A. Mulick (Eds.), *Manual of diagnosis and professional practice in mental retardation* (pp. 157-163). Washington, DC: American Psychological Association.

Matusumura, L. C., Patthey-Chavez, G. G., Valdés, R., & Garnier, H. (2002). Teacher feedback, writing assignment quality, and third-grade students' revision in lower- and higher-achieving urban schools. *Elementary School Journal, 103* (1), 3-25.

Mayes, S. D., Calhoun, S. L., & Crowell, E. W. (2000). Learning disabilities and ADHD: Overlapping spectrum disorders. *Journal of Learning Disabilities, 33*, 417-424.

Maynard, J., Tyler, J. L., & Arnold, M. (1999). Co-occurrence of attention-deficit disorder and learning disability: An overview of research. *Journal of Instructional Psychology, 26*, 183-187.

Mazzocco, M. M., & Meyers, G. F. (2003). Complexities in identifying and defining mathematics learning disability in the primary school-age years. *Annals of Dyslexia, 53*, 218-253.

McAfee, J. K., & Greenawalt, C. (2001). IDEA, the courts, and the law of transition. *Preventing School Failure, 45*(3), 102-107.

McBride, J. W., & Forgnone, C. (1985). Emphasis of instruction provided LD, EH, and EMR students in categorical and cross-categorical resource programs. *Journal of Research and Development in Education, 18*(4), 50-54.

McCarl, J. J/, Svobodney, L., & Beare, P. L. (1991). Self-recording in a classroom for students with mild to moderate mental handicaps: Effects on productivity and on-task behaviors. *Education and Training in Mental Retardation, 26*, 79-88.

McConnell, K., Ryser, G., & Higgins, J. (2000). *Practical ideas that really work for students with ADHD.* Austin, TX: Pro-Ed.

McDonnell, L. M., McLaughlin, M. J., & Morrison, P. (1997). *Educating one and all: Students with disabilities and standards-based reform.* Washington, DC: National Academic Press.

McDougall, D., & Brady, M. (1998). Initiating and fading self-management interventions to increase math fluency in regular education classes. *Exceptional Children, 64*, 151-166.

McGinnis, E., & Goldstein, A. P. (1997). *Skillstreaming the elementary school child: New strategies and perspectives for teaching social skills.* Campaign, IL: Research Press.

McIntyre, T., & Forness, S. R. (1996). Is there a new definition yet or are our kids still seriously emotionally disturbed? *Beyond Behavior, 7*(3), 4-9.

McIntyre, T., & Silva, P. (1992). Culturally diverse child-rearing practices: Abusive or just different? *Beyond Behavior, 4*(1), 8-12.

McKinnon, J. (2003). The black population in the United States: March 2002. *Current Population Reports*, Series P20-541. Washington, DC: U.S. Census Bureau.

McLaughlin, W. W., & Shepard, L. A. (1995). *Improving education through standards-based reform.*

Stanford, CA: National Academy of Education.

McLean, J., & Snyder-McLean, L. (1999). *How children learn language.* San Diego, CA: Singular.

McLoughlin, J. A., & Lewis, R. B. (1994). *Assessing special students* (4th ed.). New York: Macmillan.

McMaster, K., & Fuchs, D. (2002). Effects of cooperative learning on the academic achievement of students with learning disabilities: An update of Tateyama-Sniezek's review. *Learning Disabilities Research and Practice, 17*, 107-117.

McMaster, K., Fuchs, D., & Fuchs, L. S. (2002). Using peer tutoring to prevent early reading failure. In J. S. Thousand, R. A. Villa, & A. I. Nevin (Eds.), *Creativity and collaborative learning: The practical guide to empowering students, teachers, and families* (2nd ed., pp. 235-246). Baltimore: Brookes.

McTighe, J., Self, E., & Wiggins, G. (2004). You can teach for meaning. *Educational Leadership, 62*(1), 26-30.

Mechling, L., & Langone, J. (2000). The effects of computer-based instructional program with video anchors on the use of photographs for prompting augmentative communication. *Education and Training in Mental Retardation and Developmental Disabilities, 35*(1), 90-105.

Meeks, K. I. (1991). Note taking in mathematics class. *Mathematics Teacher, 84*, 190-191.

Meese, R. L. (2001). *Teaching learners with mild disabilities: Integrating research and practice.* Belmont, CA: Wadsworth/Thomson Learning.

Meier, T. (2003). "Why can't she remember that?" The importance of storybook reading in multilingual, multicultural classrooms. *Reading Teacher, 57*, 242-252.

Melamed, J. C., & Reiman, J. W. (2000). Collaboration and conflict resolution in education. *High School Magazine, 7*(7), 16-20.

Mellard, D. (1996). Strategies for transition to postsecondary educational settings. In D. Deshler, E. Ellis, & K. Lenz (Eds.), *Teaching adolescents with learning disabilities* (2nd ed., pp. 475-521). Denver, CO: Love.

Meltzer, L. J., Roditi, B. N., Haynes, D. P., Biddle, K. R., Paster, M., Taber, S. E., & Ciccarelli, A. J. (1996).

Strategies for success: Classroom teaching techniques for students with learning problems. Austin, TX: Pro-Ed.

Menlove, R. R., Hudson, P. J., & Suter, D. (2001). A field of IEP dreams: Increasing general education teacher participation in IEP development process. *TEACHING Exceptional Children, 33* (5), 28-33.

Mercer, C. D., & Mercer, A. R. (2005). *Teaching students with learning problems* (7th ed.). Upper Saddle River, NJ: Merrill/Prentice Hall.

Mercer, C. D., & Miller, S. P. (1992). Teaching students with learning problems in math to acquire, understand and apply basic math facts. *Remedial and Special Education, 13* (3), 19-35, 61.

Mercer, C. D., & Pullen, P. C. (2005). *Students with learning disabilities* (6th ed.). Upper Saddle River, NJ: Pearson/Merrill/Prentice-Hall.

Merriam-Webster Dictionary online. Retrieved November 16, 2004, at http://www. m-w.com/cgi-bin/dictionary.

Metropolitan Achievement Tests (8th ed.). (2000). San Antonio, TX: Harcourt Brace Educational Measurement.

Meyen, E. L., Vergason, G. A., & Whelan, R. J. (1996). *Strategies for teaching exceptional children in inclusive settings.* Denver: Love.

Miller, M., Miller, S. R., Wheeler, J. J., & Selinger, J. (1989). Can a single-classroom treatment approach change academic performance and behavioral characteristics in severely behaviorally disordered adolescents? An experimental inquiry. *Behavioral Disorders, 14,* 215-225.

Miller, S. P. (1994). Peer coaching within an early childhood interdisciplinary setting. *Intervention in School and Clinic, 30,* 109-113.

Miller, S. P., Butler, F. M., & Lee, K. (1998). Validated practices for teaching mathematics to students with learning disabilities: A review of literature. *Focus on Exceptional Children, 31,* 1-24.

Miller, S. P., & Mercer, C. D. (1997). Educational aspects of mathematics disabilities. *Journal of Learning Disabilities, 30,* 47-56.

Miner, C. A., & Bates, P. E. (1997). Person-centered transition planning. *TEACHING Exceptional Children, 30,* 66-69.

Moats, L. C. (2001). Spelling disability in adolescents and adults. In A. M. Bain, L. L. Bailet, & L. C. Moats (Eds.), *Written language disorders: Theory into practice* (2nd ed., pp. 43-76). San Antonio, TX: Pro-Ed.

Moch, P. L. (2001). Manipulatives work! *Educational Forum, 66,* 81-87.

Modell, S. J., & Valdez, L. A. (2002). Beyond bowling: Transition planning for students with disabilities. *TEACHING Exceptional Children, 34* (6), 46-51.

Montague, M., & Warger, C. (1997). Helping students with attention deficit hyperactivity disorder succeed in the classroom. *Focus on Exceptional Children, 30* (4), 1-16.

Montague, M., Warger, C., & Morgan, T. H. (2000). Solve it! Strategy instruction to improve mathematical problem solving. *Learning Disabilities Research and Practice, 15,* 110-116.

Morgan, J., & Ashbaker, B. Y. (2001). *A teacher's guide to working with paraeducators and other classroom aides.* Alexandria, VA: Association for Supervision and Curriculum Development.

Mortweet, S. L., Utley, C. A., Walker, D., Dawson, H. L., Delquadri, J. C., & Reddy, S. S. (1999). Classwide peer tutoring: Teaching students with mild mental retardation in inclusive classrooms. *Exceptional Children, 65,* 524-536.

Most, T., & Greenbank, A. (2000). Auditory, visual, and auditory-visual perception of emotions by adolescents with and without learning disabilities, and their relationship to social skills. *Learning Disabilities Research and Practice, 15,* 171-178.

Mount, B. (1992). *Personal futures planning: Promises and precautions.* New York: Graphic Futures.

Mount, B., & Zwernick, K. (1988). *It's never too early, it's never too late. A booklet about personal futures planning for persons with developmental disabilities, their families and friends, case managers, service providers and adocates.* St. Paul, MN: Metropolitan Council. (ERIC Document Reproduction Services No. ED 327 997).

Mueller, P. H., & Murphy, P. V. (2001). Determining when a student requires paraeducators support. *TEACHING*

Exceptional Children, 33 (6), 22-27.

Munk, D. D., & Bursuck, W. D. (1998). Report card grading adaptations for students with disabilities: Types and acceptability. *Intervention in School and Clinic, 33,* 306-308.

Munk, D. D., & Bursuck, W. D. (2001a). Preliminary findings on personalized grading plans for middle school students with learning disabilities. *Exceptional Children, 67,* 211-234.

Munk, D. D., & Bursuck, W. D. (2001b). What report card grades should and do communicate: Perceptions of parents of secondary students with and without disabilities. *Remedial and Special Education, 22,* 280-287.

Munk, D. D., Call, D. T., Stoehrmann, T., & Radandt, E. (1998). Strategies for enhancing the performance of students with LD in inclusive science classes. *Intervention in School and Clinic, 34,* 73-78.

Murawski, W. W., & Dieker, L. A. (2004). Tips and strategies for co-teaching at the secondary level. *TEACHING Exceptional Children, 36* (5), 52-58.

Murawski, W. W., & Swanson, H. L. (2001). A meta-analysis of co-teaching research. *Remedial and Special Education, 22,* 258-267.

Murdick, N., Gartin, B., & Crabtree, T. (2002). *Special education law.* Upper Saddle River, NJ: Merrill/ Prentice Hall.

Murphy, E., Grey, I. M., & Honan, R. (2005). Co-operative learning for students with difficulties in learning: A description of models and guidelines for implementation. *British Journal of Special Education, 32,* 157-164.

Muscott, H. S. (2002). Exceptional partnerships: Listening to the voices of families. *Preventing School Failure, 46* (2), 66-69.

National Center for Educational Statistics (NCES) (2001). *Digest of Educational Statistics, 2001,* Chapter 2, Table 52. Retrieved May 23, 2003, http://nces.ed.gov/ pubs2002/digest2001/tables/dt052.asp.

National Center for Educational Statistics (NCES) (2002a). *Digest of Educational Statistics: Elementary and Secondary Education.* Retrieved November 11, 2003, http://nces.ed.gov/programs/digest/d02/tables/dt042.

asp.

National Center for Educational Statistics (NCES) (2002b). *Overview of public elementary and secondary schools and districts: School year 2000-01.* Retrieved September 19, 2003, http://nces.ed.gov/ pubs2002/overview/table10.asp.

National Center for Educational Statistics (NCES) (2003). *Percentage of students by reading achievement level and race/ethnicity, grade 4: 1992-2003.* Retrieved March 25, 2005, from http://nces.ed.gov/ nationsreportcard/reading/results2003/natachieve-re-g4.asp.

National Center for Study of History in the Schools (1996). *National standards for Untied States history.* Los Angeles: University of California at Los Angeles.

National Council for the Social Studies (1994). *Expectations of excellence: Curriculum standards for social studies.* Silver Springs, MD: Author.

National Council of Supervisors of Mathematics (NCTM) (1989). Essential mathematics for the twenty-first century: The position of the National Council of Supervisors of Mathematics. *Arithmetic Teacher, 36,* 27-29.

National Council of Teachers of Mathematics (NCTM) (2000). Principles and standards for school mathematics. Retrieved May 16, 2005, http://www. standards.nctm.org.

National Information Center for Children and Youth with Disabilities (NICHCY) (n.d.). *Learning disabilities.* Washington, D.C.: Author.

National Information Center for Children and Youth with Disabilities (NICHCY) (1998, June). *News digest: The IDEA amendments of 1997, 26.* Retrieved October 16, 2004, from www.nichcy.org/pubs/newsdig/ nd26.pdf.

National Information Center for Children and Youth with Disabilities (NICHCY) (1999, September). *Individu-alized education programs* (4th ed.). Washington, D.C.: Author.

National Institute on Disanility and Rehabilitation Research (n.d.). *Postsecondary education and employment for students with disabilities: Focus group discussions on supports and barriers in lifelong learning*. Honolulu, HI: National Center on the Study of Postsecondary Educational Supports.

National Reading Panel (2000). *Report on research-based approaches to reading instruction*. Bethesda, MD: Author.

Naughton, C. C., & McLaughlin, T. F. (1995). The use of a token economy system for students with behavioral disorders. B.C. *Journal of Special Education, 19* (2-3), 29-38.

Neal, L. V. I., McCray, A. D., Webb-Johnson, G., & Bridgest, S. T. (2003). The effects of African American movement styles on teachers' perceptions and reactions. *Journal of Special Education, 37*, 49-57.

Nel, J. (1993). Preventing school failure: The Native American child. *Preventing School Failure, 37* (3), 19-24.

Neufeldt, A., Sandys, J., Fuchs, D., & Logan, M. (1999). Supported and self-directed employment support initiatives in Canada: An overview of issues. *International Journal of Practical Approaches to Disability, 23* (3), 24-36.

Neumann, M. D. (2003). The mathematics of Native American star quilts. *Mathematics Teaching in the Middle School, 9*, 230-236.

Nevin, A. (1998). Curriculum and instructional adaptations for including students with disabilities in cooperative groups. In J. W. Putnam (Ed.), *Cooperative learning and strategies for inclusion: Celebrating diversity in the classroom* (2nd ed., pp. 49-65). Baltimore: Brookes.

Nevin, A. I., Thousand, J. S., & Villa, R. A. (1994). Introduction to creative cooperative group lesson plans. In J. S. Thousand, R. A., Villa, & A. I. Nevin (Eds.), *Creativity and collaborative learning: The practical guide to empowering students, teachers, and families* (pp. 131-225). Baltimore: Brookes.

NICHE ECCRN. (2002). The relation of global first-grade classroom environment to structural classroom features and teacher and student behaviors. *Elementary School Journal, 102*, 367-387.

NICHE ECCRN. (2005). A day in third grade: A large-scale study of classroom quality and teacher and student behavior. *Elementary School Journal, 105*, 305-323.

Noell, G. H., & Witt, J. C. (1999). When does consultation lead to intervention implementation? Critical issues for research and practice. *Journal of Special Education, 33*, 29-35.

Noguchi, R. R. (1991). *Grammar and the teaching of writing: Limits and possibilities*. Urbana, IL: National Council of Teachers of English.

Nolet, V., & McLaughlin, M. J. (2000). *Accessing the general curriculum: Including students with disabilities in standards-based reform*. Thousand Oaks, CA: Corwin.

Nolet, V., & McLaughlin, M. J. (2005). *Accessing the general curriculum: Including students with disabilities in standards-based reform*. (2nd ed.). Thousand Oaks, CA: Corwin.

Nordlund, M. (2003). *Differentiated instruction: Meeting the educational needs of all students in your classroom*. Lanham, MD: Scarecrow Education.

Norris, C., & Datillo, J. (1999). Evaluating the effects of a social story intervention on a young girl with autism. *Focus on Autism and Other Developmental Disabilities, 14* (3), 180-186.

Nowicki, S., Jr., & Duke, M. P. (1992). *Helping the child who doesn't fit in*. Atlanta, GA: Peachtree.

Obiakor, F. E. (1999). Teacher expectations of minority exceptional learners: Impact on "accuracy" of self-concepts. *Exceptional Children, 66* (1), 39-53.

Odom, S. L., Chandler, L. K., Ostrosky, M., McConnell, S. R., & Reaney, S. (1992). Fading teacher prompts from peer-initiation interventions with young children with disabilities. *Journal of Applied Behavior Analysis, 25*, 307-317.

Odom, S. L., & McConnell, S. R. (1992). Improving social competence: An applied behavior analysis perspective. *Journal of Applied Behavior Analysis, 25*, 239-244.

Office of Special Education and Rehabilitation Services (OSERS) (2005, March). *IDEA Reauthorization Statues*. Retrieved July 10, 2005, from the OSERS website: www.ed.gov/about/offices/list/osers/index.html.

Office of Special Education Programs (2002), Mathematics. *Research Connections in Special Education, 11*.

Retrieved June 3, 2005, from www.ericec.org/osep/recon11/rc11cov.html.

Office of Technology Assessment (1982). *Technology and handicapped people*. Washington, DC: U.S. Government Printing Office.

Office of Technology Assessment (1995). *Teachers and technology: Making the connection*. Washington, DC: U.S. Government Printing Office. Also avaliable at http://www.wws.princeton.edu:80/~ota/disk1/1995/9541_n.html.

Orkwis, R. (2003). *Universally designed instruction*. Washington, DC: Office of Special Education Programs, U.S/Department of Education. (ERIC Document Reproduction Service No. EC309565.)

Orkwis, R., & McLane, K. (1998). *A curriculum every student can use: Design principles for student access*. Reston, VA: ERIC Clearinghouse on Disabilities and Gifted Education.

Ornstein, A. C. (1991). Homework, studying, and note taking: Essential skills for students. *NASSP Bulletin, 78*, 58–70.

Ortiz, A. A., & Yates, J. R. (2001). A framework for serving English language learners with disabilities. *Journal of Special Education Leadership, 14*, 72–80.

Osborne, S. S., Kosiewicz, M. M., Crumley, E. B., & Lee, C. (1987). Distractible students use self-monitoring. *TEACHING Exceptional Children, 19*, 66–69.

O'Shea, L. J., O'Shea, D. J., & Algozzine, B. (1998). *Learning disabilities: From theory toward practice*. Upper Saddle River, NJ: Prentice Hall.

Osipow, S. H., & Fitzgerald, L. F. (1996). *Theories of career development* (4th ed.). Needham Heights, MA: Allyn and Bacon.

Palardy, J. M. (1996). Taking another look at behavior modification and assertive discipline. *NASSP Bulletin, 80* (581), 66–70.

Pancheri, C., & Prater, M. A. (1999). What teachers and parents should know about Ritalin. *TEACHING Exceptional Children, 31* (4), 20–26.

Parette, P. (1999). Transition and assistive technology planning with families across cultures. *Career Development for Exceptional Individuals, 22*, 213–231.

Parette, P., & McMahan, G. A. (2002). What should we expect of assistive technology: Being sensitive to family goals. *TEACHING Exceptional Children, 35* (1), 56–61.

Parette, P., VanBiervliet, A., & Hourcade, J. J. (2000). Family-centered decision making in assistive technology. *Journal of Special Education Technology, 15* (1), 45–55.

Pastor, P. N., & Reuben, C. A. (2002). Attention deficit disorder and learning disability: United States, 1997–1998. *Vital and Health Statistics* (Series 10, No. 206). Washington, DC: U.S. Government Printing Office.

Patton, J. R. (1995). Teaching science to students with special needs. *TEACHING Exceptional Children, 27* (4), 4–6.

Payne, R. K. (2003). *A framework for understanding poverty* (3rd ed.). Highlands, TX: Aha!

Pearpoint, J., Forest, M., & Snow, J. (1992). *The inclusion papers: Strategies to make inclusion work*. Toronto: Inclusion Press. (ERIC Document Reproduction Service No. ED 327 677).

Peraino, J. M. (1992). Post-21 follow-up studies: How do special education students fare? In P. Wehman (Ed.), *Life beyond the classroom: Transition strategies for young people with disabilities* (pp. 21–70). Baltimore: Brookes.

Pianta, R. C., La Paro, K., Payne, C., Cox, M. J., & Bradley, R. (2002). The relation of kindergarten classroom environment to teacher, family, and school characteristics. *Elementary School Journal, 102*, 225–238.

Piercy, M., Wilton, K., & Townsend, M. (2002). Promoting the social acceptance of young children with moderate-severe intellectual disabilities using cooperative-learning techniques. *American Journal of Mental Retardation, 107*, 352–360.

Pisha, B., & Coyne, P. (2001). Smart from the start: The promise of universal design for learning. *Remedial and Special Education, 22* (4), 197–203.

Polloway, E. A., & Epstein, M. H. (1994). Classroom grading: A national survey of policies. *Remedial and Special Education, 15*, 162–170.

Polloway, E. A., Patton, J. R., & Serna, L. (2001). *Strategies for teaching learners with special needs* (7th ed.). Upper Saddle River, NJ: Merrill/Prentice Hall.

Polloway, E. A., Patton, J. R., & Serna, L. (2005). *Strategies for teaching learners with special needs* (8th ed.). Upper Saddle River, NJ: Merrill/Prentice Hall.

Polloway, E. A., Smith, J. D., Patton, J. R., & Smith, T. E. (1996). Historic changes in mental retardation and developmental disabilities. *Education and Training in Mental Retardation and Developmental Disabilities, 31*, 3-12.

Porte, L. K. (2001). Cut and paste 101: New strategies for notetaking and review. *TEACHING Exceptional Children, 34* (2), 14-20.

Prater, M. A. (1992). Increasing time-on-task in the classroom. *Intervention in School and Clinic, 28*, 22-27.

Prater, M. A. (1998). Teaching concepts: Procedures for the design and delivery of instruction. In E. L. Meyen, G. A. Vergason, & R. J. Whelan (Eds.), *Educating students with mild disabilities: Strategies and methods* (2nd ed., pp. 417-435). Denver: Love.

Prater, M. A. (2003). She will succeed! Strategies for success in inclusive classrooms. *TEACHING Exceptional Children, 35* (5), 58-64.

Prater, M. A., Bruhl, S., & Serna, L. A. (1998). Acquiring social skills through cooperative learning and teacher-directed instruction. *Remedial and Special Education, 19*, 160-172.

Prater, M. A., Joy, R., Chilman, B., Temple, J., & Miller, S. R. (1991). Slef-monitoring of on-task behavior by adolescents with learning disabilities. *Learning Disability Quarterly, 14*, 164-177.

Prater, M. A., Hogan, S., & Miller, S. R. (1992). Using self-monitoring to improve on-task behavior and academic skills of an adolescent with mild handicaps across special and regular education settings. *Education and Treatment of Children, 15*, 43-55.

Prater, M. A., Serna, L., & Nakamura, K. K. (1999). Impact of peer teaching on the acquisition of social skills by adolescents with learning disabilities. *Education and Treatment of Children, 22*, 1-17.

Prater, M. A., Sileo, T. W., & Sileo, N. M. (1997). Introduction to the filed of exceptionalities: Do textbooks reflect cultural diversity? *Teacher Education and Special Education, 20*, 11-21.

Premack, D. (1965). Reinforcement theory. In D. Levine (Ed.), *Nebraska symposium on motivation* (pp. 123-188). Lincoln: University of Nebraska Press.

Pressley, M., Woloshyn, V., Burkell, J., Cariglia-Bull, T., Lysynchuk, L., McGoldrick, J. A., et al. (1995). *Cognitive strategy instruction that really improves children's academic performance* (2nd ed.). Cambridge, MA: Brookline.

Pruitt, P., Wandry, D., & Hollums, D. (1998). Listen to us! Parents speak out about their interactions with special educators. *Preventing School Failure, 42*, 161-166.

Pugach, M. C., & Johnson, L. J. (2002). *Collaborative practitioners: Collaborative schools* (2nd ed.). Denver: Love.

Putnam, J. (1998). *Cooperative learning and strategies for inclusion: Celebrating diversity in the classroom* (2nd ed.). Baltimore: Brookes.

Putnam, J., Markovchick, K., Johnson, D. W., & Johnson, R. T. (1996). Cooperative learning and peer acceptance of students with learning disabilities. *Journal of Social Psychology, 136*, 741-752.

Putnam, M. L. (1992). The testing practices of mainstream secondary classroom teachers. *Remedial and Special Education, 13* (5), 11-21.

Putnam, M. L., Deshler, D. D., & Schumaker, J. B. (1992). The investigation of setting demands: A missing link in learning strategy instruction. In L. Meltzer (Ed.), *Cognitive, linguistic, and developmental perspectives on learning disorders*. Boston: Little Brown.

Rashotte, C. A., & Torgesen, J. K. (1985). Repeated reading and reading fluency in learning disabled children. *Reading Research Quarterly, 20*, 180-188.

Raymond, E. B. (2000). *Learners with mild disabilities: A characteristics approach*. Needham Heights, MA: Allyn and Bacon.

Rea, P. J., McLaughlin, V. L., & Walther-Thomas, C. (2002). Outcomes for students with learning disabilities in inclusive and pullout programs. *Exceptional Children, 68*, 203-222.

Reetz, L., Ring, M. M., & Jacobs, G. M. (1999). Examine test modifications. *Intervention in School and Clinic*, *35*, 117-118.

Reeves, T., & Bennett, C. (2003). The Asian and Pacific Islander population in the United States: March 2002. *Current Population Reports* (No. P20-540). Washington, DC: U.S. Census Bureau.

Reid, E. R. (1992a). *Teaching writing (creative and expository) skills*. Salt Lake City: Cove.

Reid, E. R. (1992b). *Teaching grammar for sentence reading and writing*. Salt Lake City: Cove.

Reid, E. R. (1996). Teaching new words through phonics. Salt Lake City: Cove.

Reid, E. R. (1997a). *Teaching manuscript and cursive penmanship*. Salt Lake City: Cove.

Reid, E. R. (1997b). Exemplary Center for Reading Instruction (ECRI). *Behavior and Social Issues*, *7* (1), 19-24.

Reid, E. R. (1997c). *Teaching spelling and proofing through dictation*. Salt Lake City: Cove.

Reid, R., & Nelson, J. R. (2002). The utility, acceptability, and practicality of functional behavioral assessment students with high-incidence problem behaviors. *Remedial and Special Education*, *23*, 15-23.

Repetto, J. B., Webb, K. W., Garvan, C. W., & Washing, T. (2002). Connecting student outcomes with transition practices in Florida. *Career Development for Exceptional Individuals*, *25*, 123-139.

Retish, P. M. (1989). Educators' roles in the transition process. In D. E. Berkell & J. M. Brown (Eds.), *Transition from school to work for persons with disabilities* (pp. 108-126). New York: Longman.

Rich, H. L., & McNeils, M. J. (1988). A study of academic time-on-task in the elementary school. *Educational Research Quarterly*, *14*, 164-177.

Richgels, D. (1995). Invented spelling ability and printed word learning in kindergarten. *Reading Research Quarterly*, *30*, 96-109.

Riggs, C. G. (2004). Top 10 list to teachers: What paraeducators want you to know. *TEACHING Exceptional Children*, *36* (5), 8-12.

Riley, R. (2000). High school transition plans not making the grade. *Special Education News*. Retrieved August 30, 2005, from http://www.specialedews.com/transition/transnews/transitionriley062400.html.

Robbins, P. (1995). Peer coaching: Quality through collaborative work. In J. Block, S. F. Everson, & T. R. Guskey (Eds.), *School improvement programs: A handbook for educational leaders*. New York: Scholastic.

Robinson, C. S., Menchetti, B. M., & Torgesen, J. K. (2002). Toward a two-factor theory of one type of mathematics disabilities. *Learning Disabilities Research and Practice*, *17*, 81-89.

Roblyer, M. D. (2003). *Integrating educational technology into teaching* (3rd ed.). Upper Saddle River, NJ: Merrill/Prentice-Hall.

Rogers, M. F., & Myles, B. S. (2001). Using social stories and comic strip conversations to interpret social situations for an adolescent with Asperger syndrome. *Intervention in School and Clinic*, *36*, 310-313.

Rojewski, J. W. (1996). Educational and occupational aspirations of high school seniors with learning disabilities. *Exceptional Children*, *62*, 463-476.

Rolon, C. A. (2002-2003). Educating Latino students. *Educational Leadership*, *60* (4), 40-43.

Rooney, K. J. (1993). Classroom interventions for students with attention deficit disorders. *Focus on Exceptional Children*, *26*, 1-16.

Rowe, C. (1999). The Stanley Segal award: Do social stories benefit children with autism in mainstream primary schools? *British Journal of Special Education*, *26* (1), 12-14.

Rowley, J. B. (1999). The good mentor. *Educational Leadership*, *56* (8), 20-22.

Rueda, R., & Garcia, E. (1997). Do portfolios make a difference for diverse students? The influence of type of data on making instructional decisions. *Learning Disabilities Research and Practice*, *12*, 114-122.

Rutherford, R. B., & Nelson, C. M. (1995). Management of aggressive and violent behavior in the schools. *Focus on Exceptional Children*, *27* (6), 1-15.

Saenz, L. M., Fuchs, L. S., & Fuchs, S. (2005). Peer-assisted learning strategies for English language learners with learning disabilities. *Exceptional Children*, *71*, 231-247.

Salend, S. J. (1998a). Using an activities-based approach to teach science to students with disabilities. *Intervention in School and Clinic, 34*, 67-72, 78.

Salend, S. J. (1998b). Using portfolios to assess student performance. *TEACHING Exceptional Children, 31* (2), 36-43.

Salend, S. J., & Gajria, M. (1995). Increasing the homework completion rates of students with mild disabilities. *Remedial and Special Education, 16*, 271-278.

Salend, S. J., & Rohena, E. (2003). Students with attention deficit disorders: An overview. *Intervention in School and Clinic, 38*, 259-266.

Salvia, J., & Ysseldyke, J. E. (2004). *Assessment in special and inclusive education* (9th ed.). Boston: Houghton Mifflin.

Sams, L. (2003). How to teach grammar, analytical thinking, and writing: A method that works. *English Journal, 92* (3), 57-65.

Sands, D. J., Adams, L., & Stout, D. M. (1995). A statewide exploration of the nature and use of curriculum in special education. *Exceptional Children, 62*, 68-83.

Santos, K. E., & Rettig, M. D. (1999). Going on the block: Meeting the needs of students with disabilities in high schools with blocks scheduling. *TEACHING Exceptional Children, 31* (3), 54-59.

Saphier, J., & Gower, R. (1997). *The skillful teacher: Building your teaching skills.* Carlisle, MA: Research for Better Teaching.

Saunders, G. W., Wise, K. C., & Golden, T. S. (1995). Visual learning: Note-taking techniques for aiding comprehension. *Science Teacher, 62* (2), 42-45.

Scanlon, D. (2002). PROVE-ing what you know: Using a learning strategy in an inclusive class. *TEACHING Exceptional Children, 34* (4), 48-54.

Scanlon, D. (2003, August). Changing LD eligibility— Proceed with caution. CEC *Today, 10* (2), 12.

Scanlon, D., Deshler, D. D., & Schumaker, J. B. (1996). Can a strategy be taught and learned in secondary inclusive classrooms? *Learning Disabilities Research and Practice, 11*, 41-57.

Scheuermann, B. (2003, November). Where's IDEA? *Council for Children with Behavioral Disorders Newsletter, 17* (3), 1-5.

Schloss, P. J., Smitjh, M, A., & Schloss, C. N. (2001). *Instructional methods for secondary students with learning and behavior problems* (3rd ed.). Needham Heights, MA: Allyn and Bacon.

Schumm, J. S. (1999). *Adapting reading and math materials for the inclusive classroom.* Reston, VA: Council for Exceptional Children.

Schwab Learning. (2003). *Assistive technology guide* (3rd ed.). San Mateo, CA: Author.

Scott, C. M. (2000). Principles and methods of spelling instruction: Applications for poor spellers. *Topics in Language Disorders, 20* (3), 66-82.

Scott, S. S. (1994). Determining reasonable academic adjustments for college students with learning disabilities. *Journal of Learning Disabilities, 27*, 403-412.

Scruggs, T. E., & Mastropieri, M. A. (1990). Mnemonic instruction for students with learning disabilities: What it is and what it does. *Learning Disabilities Quarterly, 13*, 271-280.

Scruggs, T. E., & Mastropieri, M. A. (1992a). Classroom applications of mnemonic instruction: Acquisition, maintenance, and generalization. *Exceptional Children, 58*, 219-229.

Scruggs, T. E., & Mastropieri, M. A. (1992b). *Teaching test-taking skills: Helping students show what they know.* Cambridge, MA: Brookline.

Scruggs, T. E., & Mastropieri, M. A. (1995). Science education for students with behavioral disorders. *Education and Treatment of Children, 18*, 322-334.

Scruggs, T. E., & Mastropieri, M. A. (1998). Tutoring and students with special needs. In K. Topping & S. Ehly (Eds.), *Peer-assisted learning* (pp. 165-182). Mahwah, NJ: Erlbaum.

Scruggs, T. E., & Mastropieri, M. A. (2000). The effectiveness of mnemonic instruction for students with learning and behavior problems: An update and research synthesis. *Journal of Behavioral Education, 10*, 163-173.

Shapiro, E. S. (1989). Teaching self-management skills to learning disabled adolescents. *Learning Disability Quarterly, 12*, 275-287.

Share, D. L., & Stanovich, K. E. (1995). Cognitive processes in early reading development: Accommodating individual differences into a model of acquisition. *Issues in Education: Contributions from Educational Psychology, 1,* 1-57.

Shaywitz, S. (2003). *Overcoming dyslexia: A new and complete science-based program for reading problems at any level.* New York: Knopf.

Shimabukuro, S. M., Prater, M. A., Jenkins, A., & Edelen-Smith, P. (1999). The effects of self-monitoring of academic performance on students with learning disabilities and ADD/ADHD. *Education and Treatment of Children, 22,* 397-414.

Shin, J., Deno, S. L., & Espin, C. (2000). Technical adequacy of the maze task for curriculum-based measurement of reading growth. *Journal of Special Education, 34,* 164-172.

Shinn, M. R. (Ed.). (1989). *Curriculum-based measurement: Assessing special children.* New York: Guilford.

Shriner, J. G., & Destefano, L. (2003). Participation and accommodation in state assessment: The role of individualized education programs. *Exceptional Children, 69,* 147-161.

Sileo, T. W., & Prater, M. A. (1998). Creating classroom environment that address the linguistic and cultural backgrounds of students with disabilities: An Asian Pacific American perspective. *Remedial and Special Education, 19,* 323-337.

Sileo, T. W., Sileo, A. P., & Prater, M. A. (1996). Parent and professional partnerships in special education: Multicultural considerations. *Intervention in School and Clinic, 31,* 145-153.

Silva, J. A. (2004). *Teaching inclusive mathematics to special learners, K-6.* Thousand Oaks, CA: Corwin.

Silvaroli, N. J., & Wheelock, W. H. (2004). *Classroom reading inventory* (10th ed.). New York: McGraw-Hill.

Simmons, D. C., Fuchs, D., Fuchs, L. S., Hodge, J. P., & Mathes, P. G. (1994). Importance of instructional complexity and role reciprocity to Classwide Peer Tutoring. *Learning Disabilities Research and Practice, 9,* 203-212.

Simmons, D. C., Fuchs, L. S., Fuchs, D., Mathes, P., &

Hodge, J. P. (1995). Effects of explicit teaching and peer tutoring on the reading achievement of learning-disabled and low-performing students in regular classrooms. *Elementary School Journal, 95,* 387-408.

Simon, R., & Hanrahan, J. (2004). An evaluation of the Touch Math method for teaching addition to students with learning disabilities in mathematics. *European Journal of Special Needs Education, 19,* 191-209.

Simpson, R. L. (1995). Using social stories to teach social and behavioral skills to children with autism. *Focus on Autistic Behavior, 10* (1), 1-16.

Sindelar, P. T., Espin, C. A., Smith, M. A., & Harriman, N. E. (1990). A comparison of more and less effective special education teachers in elementary-level programs. *Teacher Education and Special Education, 13,* 9-16.

Sirvis, B. P., Alcouloumre, D. S., & Ryndak, D. L. (2001). Leisure educations for positive leisure life-styles. In P. J. Schloss, M. A. Smith, & C. N. Schloss (Eds.), *Instructional methods for secondary students with learning and behavior problems* (3rd ed., pp. 326-350). Needham Heights, MA: Allyn and Bacon.

Sitlington, P. L., & Clark, G. M. (2006). *Transition education and services for adolescents with disabilities* (4th ed.). Needham Heights, MA: Allyn and Bacon.

Sitlington, P. L., Clark, G. M., & Kolstoe, O. P. (2000). *Career development and transition education for adolescents with disabilities* (3rd ed.). Neddham Heights, MA: Allyn and Bacon.

Skinner, M. E., & Lindstrom, B. D. (2003). Bridging the gap between high school and college: Strategies for the successful transition of students with learning disabilities. *Preventing School Failure, 47* (3), 132-137.

Slavin, R. E. (1991). *Student team learning: A practical guide to cooperative learning* (3rd ed.). Washington, DC: National Education Association.

Slavin, R. E. (1995). *Cooperative learning: Theory, research, and practice* (2nd ed.). Needham Heights, MA: Allyn and Bacon.

Slavin, R. E., & Cheung, A. (2004). How do English language learners learn to read? *Educational Leadership, 57,* 52–57.

Smith, C. B. (2003a). *The value of expository text for today' world* (Report No. TBC–030010). Bloomington, IN: Clearinghouse on Reading, English, and Communication. (ERIC Document Reproduction Service No. ED480889.)

Smith, C. B. (2003b). *The importance of expository text: Reading and writing* (Report No. TBC–03007). Bloomington, IN: Clearinghouse on Reading, English, and Communication. (ERIC Document Reproduction Service No. ED480886.)

Smith, G. J., Stodden, R., James, R., Fisher, D., & Pumpian, I. (1999). Facilitating and focusing whole-school change. In D. FIsher, C. Sax, & I. Pumpian (Eds.), *Inclusive high schools: Learning from contemporary classrooms.* Baltimore, MD: Brookes.

Smith, J. D. (1997). Mental retardation as an educational construct: Time for a new shared view? *Education and Training in Mental Retardation and Developmental Disabilities, 32,* 167–173.

Smith, R. O. (2000). Measuring assistive technology outcomes in education. *Diagnostique, 25,* 273–290.

Smith, T. E. C. (2002). Section 504: What teachers need to know. *Intervention in School and Clinic, 37,* 259–266.

Smolen, L. A., & Ortiz-Castro, V. (2000). Dissolving borders and broadening perspectives through Latino traditional literature. *Reading Teacher, 7,* 566–575.

Snell, M. E., & Janney, R. E. (2000). Teachers' problem-solving about children with moderate and severe disabilities in elementary classrooms. *Exceptional Children, 66,* 472–490.

Snyder, E. P., & Shapiro, E. S. (1997). Teaching students with emotional/behavioral disorders the skills to participate in the development of their own IEPs. *Behavioral Disorders, 22,* 246–259.

Soto, G., Toro-Zambrana, W., & Belfiore, P. J. (1994). Comparison of two instructional strategies on social skills acquisition and generalization among individuals with moderate and severe mental retardation working in a vocational setting: A meta-analytical review. *Education and Training in Mental Retardation and Developmental Disabilities, 29,* 307–320.

Spencer, V. G., & Balboni, G. (2003). Can students with mental retardation teach their peers? *Education and Training in Developmental Disabilities, 38,* 32–61.

Spencer, V. G., Scruggs, T. E., & Mastropieri, M. A. (2003). Content area learning in middle school social studies classrooms and students with emotional or behavioral disorders: A comparison of strategies. *Behavioral Disorders, 28,* 77–93.

Spohn, J. R., Timko, T. C., & Sainato, D. M. (1999). Increasing the social interactions of preschool children with disabilities during mealtimes: The effects of an interactive placemat game. *Education and Treatment of Children, 22,* 1–18.

Stanford Achievement Test Series (9th ed.) (2001). San Antonio, TX: Harcourt Educational Measurement.

Stein, M., Kinder, D., Silbert, J., & Carnine, D. W. (2006). *Designing effective mathematics instruction: A direct instruction approach* (4th ed.). Upper Saddle River, NJ: Merrill/Prentice Hall.

Stein, M., Silbert, J., & Carnine, D. W. (1997). *Designing effective mathematics instruction: A direct instruction approach* (3rd ed.). Upper Saddle River, NJ: Merrill/Prentice Hall.

Stellwagen, J. B. (2001). A challenge to the learning style advocates. *Clearing House, 74,* 265–268.

Sternberg, R. J., & Grigorenko, E. L. (2001). Learning disabilities, schooling, and society. *Phi Delta Kappan, 83,* 335–338.

Stevahn, L. (2004). Integrating conflict resolution training into the curriculum. *Theory into Practice, 43,* 50–58.

Stevens, D. R., & Englert, C. S. (1993). Making writing strategies work. *TEACHING Exceptional Children, 26*(1), 36.

Stevens, R. J., & Slavin, R. E. (1995). The cooperative elementary school: Effects on students' achievement, attitudes, and social relations. *American Education Research Journal, 32,* 321–351.

Stevens, S. H. (1995). *Getting the horse to drink: How to*

motivate unmotivated students. Columbia, MO: Hawthorne.

Stodden, R. A., & Jones, M. A. (2002, December). Supporting youth with disabilities to access and succeed in postsecondary education: Essentials for educators in secondary schools. *NCSET Issue Brief, 1* (5). Retrieved May 1, 2003, from http://www.ncset. org/publications/viewdesc.asp?id=706.

Strichart, S. S., & Mangrum, C. T. (2002). *Teaching strategies and study skills to students with learning disabilities, attention deficit disorders, or special needs* (3rd ed.). Needham Heights, MA: Allyn and Bacon.

Strickland, D. S., Bodin, A., Buchan, K., Jones, K. M., Nelson, A., & Rosen, M. (2001). Teaching writing in a time of reform. *Elementary School Journal, 101*, 385-397.

Sugai, G., Lewis-Palmer, T., & Hagan, S. (1998). Using functional assessments to develop behavior support plans. *Preventing School, Failure, 43*(1), 6-13.

Swafford, J. (1998). Teachers supporting teachers through peer coaching. *Support for Learning, 13*, 54-58.

Swaggert, B. L., Gagnon, E., Bock, S. J., Earles, T. L., Quinn, C., Myles, B. S., & Simpson, R. L. (1995). Using social stories to teach social and behavioral skills to children with autism. *Focus on Autistic Behavior, 10*(1), 1-6.

Swanson, H. L. (1999). Reading research for students with LD: A meta-analysis of intervention outcomes. *Journal of Learning Disabilities, 32*, 504-532.

Swanson, H. L., & Hoskyn, M. (1998). Experimental intervention research on students with learning disabilities: A meta-analysis of treatment outcomes. *Review of Educational Research, 68*, 277-321.

Swanson, H. L., & Saez, L. (2003). Memory difficulties in children and adults with learning disabilities. In H. L. Swanson, K. R. Harris, & S. Graham (Eds.), *Handbook of learning disabilities* (pp. 182-198). New York: Guilford.

Tabassam, W., & Granger, J. (2002). Self-concept, attributional style and self-efficacy beliefs of students with learning disabilities with and without attention deficit hyperactivity disorder. *Learning Disability Quarterly, 25*, 141-151.

Talbott, E., Lloyd, J. W., & Tankersley, M. (1994). Effects of reading comprehension interventions for students with learning disabilities. *Learning Disability Quarterly, 17*, 223-232.

Tarver, S. G. (2000). Direct instruction: Teaching for generalization, application and integration of knowledge. *Learning Disabilities, 10*, 201-207.

Tateyama-Sniezek, K. (1990). Cooperative learning: Does it improve the academic achievement of students with handicaps? *Exceptional Children, 56*, 426-437.

Teglasi, H., & Rothman, L. (2001). STORIES: A Classroom-based program to reduce aggressive behavior. *Journal of School Psychology, 39*(1), 71-94.

Tepper, E. (1992). Culture and a classroom: One teacher's voyage of discovery. *Kamehameha Journal of Education, 3*(2), 1-21.

Test, D. W., & Ellis, M. E. (2005). The effects of LAP fractions on addition and subtraction of fractions with students with mild disabilities. *Education and Treatment of Children, 28*, 11-24.

Test, D. W., Browder, D. M., Karvenon, M., Wood, W., & Algozzine, B. (2002). Writing lesson plans for promoting self-determination. *TEACHING Exceptional Children, 35*(1), 8-14.

Test, D. W., Mason, C., Hughes, C., Konrad, M., Neale, M., & Wood, W. (2004). Students involvement in Individualized Education Program meetings. *Exceptional Children, 70*, 391-412.

Tharp, R. G. (1989). Psychocultural variables and constants: Effects on teaching and learning in school. *American Psychologist, 44*, 349-359.

Thibadeau, S. F. (1998). How to use response cost. In R. V. Hall & M. L. Hall (Eds.), *How to manage behavior series* (2nd ed.). Austin, TX: Pro-Ed.

Thomas, C. C., Correa, V. I., & Morsink, C. V. (2001). *Interactive teaming: Enhancing programs for students with special needs.* Upper Saddle River, NJ: Merrill/Prentice Hall.

Thorndike, R. L., Hagen, E., & Sattler, J. (1986). *Stanford-Binet Intelligence Scale* (4th ed.). Itasca, IL: Riverside.

Thurlow, M. L., Elliott, J. L., & Ysseldyke, J. E. (2003).

Testing students with disabilities: Practical strategies for complying with district and state requirements (2nd ed.). Thousand Oaks, CA: Corwin Press.

Thurlow, M. L., & Liu, K. K. (2001). Can "all" really mean students with disabilities who have limited English proficiency? *Journal of Special Education Leadership, 14,* 63-71.

Thurlow, M. L., Ysseldyke, J. E., Graden, J., & Algozzine, B. (1983). Instructional ecology for students in resource and regular classrooms. *Teacher Education and Special Education, 6,* 248-254.

Tomlinson, C. A. (2001). *How to differentiate instruction in mixed-ability classrooms* (2nd ed.). Alexandria, VA: Association for Supervision and Curriculum Development.

Topping, K. (1988). *The peer tutoring handbook: Promoting co-operative learning.* Cambridge, MA: Brookline.

Torgesen, J. K. (1982). The learning disabled child as an inactive learner: Educational implications. *Topics and Language and Learning Disabilities, 2,* 45-51.

Torgesen, J. K. (2002). The prevention of reading difficulties. *Journal of School Psychology, 40* (1), 7-26.

Torgesen, J. K., Rashotte, C. A., & Alexander, A. (2001). Principles of fluency instruction in reading: Relationships with established empirical outcomes. In M. Wolf (Ed.), *Dyslexia, fluency, and the brain* (pp. 333-355). Parkton, MD: York.

Townsend, B. L. (2000). The disproportionate discipline of African American learners: Reducing school suspensions and expulsions. *Exceptional Children, 66,* 381-391.

Trautman, M. L. (2004). Preparing and managing paraprofessionals. *Intervention in School and Clinic, 39,* 131-138.

Troia, G. A., & Graham, S. (2002). The effectiveness of a highly explicit, teacher-directed strategy instruction routine: Changing the writing performance of students with learning disabilities. *Journal of Learning Disabilities, 35,* 290-305.

Tuley, K., & Bell, N. (1997). *On cloud nine: Visualizing and verbalizing for math.* San Luis Obispo, CA: Gander.

Turnbull, A. P., & Turnbull, H. R. (1996). Group action planning as a strategy for providing comprehensive family support. In K. Koegel, R. L. Koegel, & G. Dunlap (Eds.), *Positive behavioral support: Including people with difficult behavior in the community* (pp. 99-114). Baltimore: Brookes.

Turnbull, A. P., Blue-Banning, M. J., Anderson, E. L., Turnbull, H. R., Seaton, K. A., & Dinas, P. A. (1996). Enhancing self-determination through group action planning: A holistic emphasis. In D. J. Sands & M. L. Wehmeyer (Eds.), *Self-determination across the life-span: Independence and choice for people with disabilities* (pp. 237-256). Baltimore: Brookes.

Turnbull, A. P., Blue-Banning, M., Turbiville, V., & Park, J. (1999). From parent education to partnership education: A call for a transformed focus. *Topics in Early Childhood Special Education, 19,* 164-172.

Turnbull, H. R., Turnbull, A. P., Wehmeyer, M. L., & Park, J. (2003). A quality of life framework for special education outcomes. *Remedial and Special Education, 24,* 67-74.

Turner, L. A., & Matherne, J. L., III (1994). The effects of performance feedback on memory strategy use and recall accuracy in students with and without mild mental retardation. *Journal of Experimental Education, 62,* 303-316.

Tyree, R. B., Fiore, T. A., & Cook, R. A. (1994). Instructional materials for diverse learners: Features and considerations for textbook design. *Remedial and Special Education, 13,* 363-377.

Uberti, H. Z., Scruggs, T. E., & Mastropieri, M. A. (2003). Keywords make the difference: Mnemonic instruction in inclusive classrooms. *TEACHING Exceptional Children, 35* (3), 56-61.

U.S. Department of Education (USDOE) (1999, March 12). Assistance to states for the education of children with disabilities and the early intervention program for infants and toddlers with disabilities: Final regulations. *Federal Register, 64,* 12406-12672. Retrieved July 12, 2003, from http://www.ideapractices.org/law/downloads/fullregs.pdf.

U.S. Department of Education (USDOE) (2001a). *OSERS*

twenty-third annual report to Congress on the implementation of the Individuals with Disabilities Education Act. Washington, DC: Author.

U.S. Department of Education (USDOE) (2001b). *To assure the free appropriate public education of all children with disabilities: Twenty-third annual report to Congress on the implementation of the Individuals with Disabilities Education Act.* Washington, DC: Author.

U.S. Department of Education (USDOE) (2002a). Annual report to Congress on the implementation of IDEA (pp. II-18-20). Retrieved March 23, 2004, from http://www.ed.gov/about/reports/annual/osep/2002/section-ii.pdf.

U.S. Department of Education (USDOE) (2002b). *No Child Left Behind executive summary.* Washington, DC: Author.

U.S. Department of Education (USDOE) (2002c). *Guidance for the Reading First program.* Washington, DC: Author.

U.S. Department of Education (USDOE) (2002d). *To assure the free appropriate public education of all children with disabilities: Twenty-fourth annual report to Congress on the implementation of the Individuals with Disabilities Education Act.* Washington, DC: Author.

Vacc, N. N., & Cannon, S. J. (1991). Cross-age tutoring in mathematics: Sixth graders helping students who are moderately handicapped. *Education and Training in Mental Retardation, 22,* 89-97.

Valdes, K. A., Williamson, C. L., & Wagner, M. M. (1990). *The national longitudinal transition study of special education students. Statistical Almanac, Volume 1. Overview.* Menlo Park, CA: SRI International.

Van Luit, J. E., & Naglieri, J. A. (1999). Effectiveness of the MASTER program for teaching special children multiplication and division. *Journal of Learning Disabilities, 32,* 98-107.

Vandercook, T., York, J., & Forest, M. (1989). The McGill action planning system (MAPS): A strategy for building the vision. *Journal of the Association for Persons with Severe Handicaps, 14*(3), 205-215.

Vaughn, S., & Coleman, M. (2004). The role of mentoring in promoting use of research-based practices in reading. *Remedial and Special Education, 25,* 25-38.

Vaughn, S., Levy, S., Coleman, M., & Bos, C. S. (2002). Reading instruction for students with LD and EBD: A synthesis of observation studies. *Journal of Special Education, 36* (1), 2-13.

Vaughn, S., Linana-Thompson, S., & Hickman, P. (2003). Response to instruction as a means of identifying students with reading/learning disabilities. *Exceptional Children, 69,* 391-409.

Vellutino, F. R., Scanlon, D. M., & Lyon, G. R. (2000). Differentiating between-to-remediate and readily remediated poor readers: More evidence against the IQ-achievement discrepancy definition of reading disability. *Journal of Learning Disabilities, 33,* 223-238.

Venn, J. J. (2004). *Assessing students with special needs* (3rd ed.). Upper Saddle River, NJ: Pearson.

Villa, R. A., & Thousand, J. S. (1996). One divided by two or more. In J. S. Thousand, R. A. Villa, & A. I. Nevin (Eds.), *Creativity and collaborative learning: The practical guide to empowering students, teachers, and families* (pp. 79-101). Baltimore: Brookes.

Vygotsky, L. S. (1978). *Mind in society.* Ed. by M. Cole, V. John-Steiner, S. Scribner, & E. Souberman. Cambridge, MA: Harvard University Press.

Wadsworth, B. J. (1996). *Piaget's theory of cognitive and affective development: Foundations of constructivism* (5th ed.). White Plains, NY: Longman.

Wagner, M., Blackorby, J., Cameto, R., Hebbeler, K., & Newman, L. (1993, December). *The transition experiences of young people with disabilities: A summary of findings from the National Longitudinal Transition Study of special education students* (OSEP Contract No. 300-87-0054). Menlo Park, CA: SRI International.

Wagner, R. K., Torgesen, J. K., & Rashotte, C. A. (1994). Development of reading-related phonological processing abilities: New evidence of bidirectional causality from a latent variable longitudinal study. *Developmental Psychology, 30,* 73-87.

Wallace, T., Shin, J., Bartholomay, T., & Stahl, B. J. (2001). Knowledge and skills for teacher s supervising the work of paraeducators. *Exceptional Children, 67,* 520–533.

Walsh, J. M., & Jones, B. (2004). New models of cooperative teaching. *TEACHING Exceptional Children, 36*(5), 14–20.

Walther-Thomas, C. S. (1997). Co-teaching experiences: The benefits and problems that teachers and principals report over time. *Journal of Learning Disabilities, 30,* 395–407.

Walther-Thomas, C., Korinek, L., & McLaughlin, V. L. (1999). Collaboration to support student success. *Focus on Exceptional Children, 32*(3), 1–18.

Wang, M. C., Haertel, G. D., & Walberg, H. J. (1990). What influences learning? A content analysis of review literature. *Journal of Educational Research, 84,* 30–43.

Washburn-Moses, L. (2003). What every special educator should know about high-stakes testing. *TEACHING Exceptional Children, 35*(4), 12–15.

Weaver, C., McNally, C., & Moerman, S. (2001). To grammar or not to grammar: That is not the question! *Voices from the Middle, 8*(3), 17–33.

Webber, J., et al. (1993). Research on self-monitoring as a behavior management technique in special education classrooms: A descriptive review. *Remedial and Special Education, 14*(2), 38–56.

Webster, D., Clary, G., & Griffith, P. (2001). Postsecondary education and career paths. In R. Flexer, T. Simmons, P. Luft, & R. Baer (Eds.), *Transition planning for secondary students with disabilities* (pp. 439–473). Upper Saddle River, NJ: Merrill/Prentice Hall.

Wechsler, D. (1991). *Wechsler Intelligence Scale for Children* (3rd ed.). San Antonio: Psychological Corporation.

Wechsler, D. (2001). *Wechsler Individual Achievement Test* (2nd ed.). San Antonio: Psychological Corporation.

Wehman, P. (1996). *Life beyond the classroom: Transition strategies for young people with disabilities* (2nd ed.). Baltimore: Brookes.

Wehman, P. (2001). *Life beyond the classroom: Transition strategies for young people with disabilities* (3rd ed.). Baltimore: Brookes.

Wehman, P., Brooke, V., & Inge, K. J. (2001). Vocational

placements and careers. In P. Wehman (Ed.), *Life beyond the classroom: Transition strategies for young people with disabilities* (3rd ed., pp. 211–246). Baltimore: Brookes.

Wehmeyer, M. (1992). Self-determination: Critical skills for outcomes-oriented transition services. *Journal for Vocational Special Needs Education, 15*(1), 3–7.

Wehmeyer, M. L. (2001). Self-determination and transition. In P. Wehman (Ed.), *Life beyond the classroom: Transition strategies for young people with disabilities* (3rd ed., pp. 35–60). Baltimore: Brookes.

Wehmeyer, M. L. (2002). Transition and access to the general education curriculum. In C. Kochhar-Bryant & D. Bassett (Eds.), *Aligning transition and standards-based education* (pp. 25–40). Arlington, VA: Council for Exceptional Children.

Wehmeyer, M. L. (2003). Defining mental retardation and ensuring access to the general curriculum. *Education and Training in Developmental Disabilities, 38,* 271–282.

Wehmeyer, M., & Metzler, C. A. (1995). How self-determined are people with mental retardation: The national consumer survey. *Mental Retardation, 33,* 111–119.

Wehrung-Schaffner, L., & Sapona, R. H. (1990). May the FORCE be with you: A test preparation strategy for learning disabled adolescents. *Academic Therapy, 25,* 291–300.

Welch, M., & Jensen, J. B. (1991). Write PLEASE: A video-assisted strategic intervention to improve written expression of inefficient learners. *Remedial and Special Education, 12,* 37–47.

Weller, D. R., & McLeskey, J. (2000). Block scheduling and inclusion in a high school: Teacher perceptions of the benefits and challenges. *Remedial and Special Education, 21,* 209–218.

West, M. D. (2001). Independent living. In P. Wehman (Ed.), *Life beyond the classroom: Transition strategies for young people with disabilities* (3rd ed., pp. 261–274). Baltimore: Brookes.

White, W. A. T. (1988). A meta-analysis of the effects of direct instruction in special education. *Education and Treatment of Children, 11,* 364–374.

Wiederhold, J. L., & Bryant, B. R. (2001). *Oral Reading Tests* (4th ed.). Austin, TX: Pro-Ed.

Wilkinson, G. S. (1993). *Wide Range Achievement Test 3.* Wilmington, DE: Wide Range.

Will, M. C. (1983). *OSERS programming for the transition of youth with disabilities: Bridges from school to working life.* Washington, DC: Office of Special Education and Rehabilitative Services. (ERIC Document Reproduction Service No. ED 256 132.)

Will, M.C. (1984). Let us pause and reflect—but not too long. *Exceptional Children, 51,* 11-16.

Williams, G. J., & Reisberg, L. (2003). Successful inclusion: Teaching social skills through curriculum integration. *Intervention in School and Clinic, 38,* 205-210.

Willis, J. (1993). What conditions encourage technology use? It depends on the context. *Computers in the Schools, 9* (4), 13-32.

Winzer, M. A., & Mazurek, K. (1998). *Special education in multicultural contexts.* Upper Saddle River, NJ: Merrill/Prentice Hall.

Wissick, C. A. (1999a). Quickstarts: Developing functional literacy skills around food. *Special Education Technology Practice, 1* (3), 22-25.

Wissick, C. A. (1999b). Quickstarts: Let's go grocery shopping. *Special Education Technology Practice, 1*(4), 33-36.

Wissick, C. A., Gardner, J. E., & Langone, J. (1999). Video-based simulations: Considerations for teaching students with developmental disabilities. *Career Development for Exceptional Individuals, 22,* 233-249.

Witte, R. H., Phillips, L., & Kakela, M. (1998). Job satisfaction of college graduates with learning disabilities. *Journal of Learning Disabilities, 31,* 259-265.

Wolford, P. L., Heward, W. L., & Alber, S. R. (2001). Teaching middle school students with learning disabilities to recruit peer assistance during cooperative learning group activities. *Learning Disabilities Research and Practice, 16,* 161-173.

Wong, B. Y. L. (2000). Writing strategies instruction for expository essays for adolescents with and without learning disabilities. *Topics in Language Disorders,* 20 (4), 29-44.

Wong, B. Y. L., Butler, D. L., Ficzere, S. A., & Kuperis, S. (1996). Teaching low achievers and students with learning disabilities to plan, write, and revise opinion essays. *Journal of Learning Disabilities, 29,* 197-212.

Wong, B. Y. L., & Jones, W. (1982). Increasing metacomprehension in learning disabled and normally achieving students through self-questioning training. *Learning Disability Quarterly, 5,* 228-240.

Wong, B, Y, L., Wong, R., Perry, R., & Sawatsky, D. (1986). The efficacy of a self-questioning summarization strategy for use by underachievers and learning disabled adolescents in social studies. *Learning Disability Focus, 2,* 20-35.

Wood, D. K., & Frank, A. R. (2000). Using memory-enhancing strategies to learn multiplication facts. *TEACHING Exceptional Children, 32* (5), 78-82.

Wood, K. A., Rosenberg, M. S., & Carran, D. T. (1993). The effects of tape-recorded self-instruction cues on the mathematics performance of students with learning disabilities. *Journal of Learning Disabilities, 26,* 250-258, 269.

Woodcock, R. (1998). *Woodcock Reading Mastery Tests* (rev. ed.). Circle Pines, MN: American Guidance Service.

Woodcock, R. J., McGrew, K., & Mather, N. (2001). *Woodcock-Johnson III Tests of Achievement.* Itasca, IL: Riverside.

Woods, M. L., & Moe, A. J. (2003). *Analytical reading inventory.* Upper Saddle River, NJ: Merrill/Prentie Hall.

Woodward, J. (2004). Mathematics education in the United States: Past to present. *Journal of Learning Disabilities, 37,* 16-31.

Yates, J. R., & Ortiz, A. A. (2004). Classification issues in special education for English language learners. In A. M. Sorrells, H. J. Rieth, & P. T. Sindelar (Eds.), *Critical issues in special education: Access, diversity, and accountability* (pp. 38-56). Needham Heights, MA: Allyn and Bacon.

Yell, M. L., & Busch, T. W. (2003). Message from the guest

editors. *Assessment for Effective Instruction, 28* (3&4), 1-2.

Ysseldyke, J. E., Algozzine, B., & Thurlow, M. L. (2000). *Critical issues in special education* (3rd ed.). Boston: Houghton Mifflin.

Ysseldyke, J., & Thurlow, M. (1994). *Guidelines for inclusion of students with disabilities in large-scale assessments.* Minneapolis: National Center on Educational Outcomes. University of Minnesota.

Zabala, J. (2005). The SETT Framework: Critical areas to consider when making informed assistive technology decisions. Retrieved December 13, 2005, from http://www.joyzabala.com.

Zaslavsky, C. (2002). Exploring world cultures in math class. *Educational Leadership, 60* (2), 66-69.

Zigmond, N., & Magiera, K. (2001). Current practice alerts: Co-teaching. Publication of the Division for Learning Disabilities and the Division for Research, Council for Exceptional Children. Retrieved February 3, 2004, from http://www.teachingld.org/pdf/Alert6.pdf.

Zirpoli, T. J. (2005). *Behavior management: Application for teachers* (4th ed.). Upper Saddle River, NJ: Prentice Hall.

찾아보기

… 인 명 …

··· 내 용 ···

저자 소개

Mary Anne Prater

• 유타 대학교 대학원 졸업(박사)
• 켄터키 대학교 특수교육 및 재활상담 박사 후 과정
• 현재 브리검 영 대학교 사범대학 교육상담 및 특수교육과 학과장

〈주요 연구 분야〉
• 경도 및 중등도 장애학생을 위한 교육과정과 교수
• 다문화 교육
• 교사양성 및 전문가 개발
• 교수방법 및 전략

 역자 소개

김자경

• 가톨릭대학교 사회학과 졸업(학사)
• 미주리 주립대학교 특수교육과 졸업(석사/박사)
• 현재 부산대학교 특수교육과 교수

최승숙

• 이화여자대학교 특수교육과 졸업(학사)
• 펜실베이니아 주립대학교 특수교육과 졸업(석사)
• 일리노이 대학교 특수교육과 졸업(박사)
• 현재 강남대학교 초등특수교육과 교수

경도·중등도 장애 학생을 위한 교수전략

Teaching Strategies for Students with Mild to Moderate Disabilities

2011년 1월 20일 1판 1쇄 인쇄
2011년 1월 25일 1판 1쇄 발행

지은이 • Mary Anne Prater
옮긴이 • 김자경 · 최승숙
펴낸이 • 김진환
펴낸곳 • (주)**학지사**

        121-837 서울특별시 마포구 서교동 352-29 마인드월드빌딩 5층
대표전화 • 02)330-5114   팩스 • 02)324-2345
등록번호 • 제313-2006-000265호

홈페이지 • http://www.hakjisa.co.kr
커뮤니티 • http://cafe.naver.com/hakjisa

ISBN 978-89-6330-569-1 93370

정가 22,000원